U0830956

LAW & BUSINESS
法商图书

IPO

企业上市实战攻略

业务盈利问题
深度剖析

白小飞 著

法律出版社 | LAW PRESS

P R E F A C E

序言

当大家看到这本书的时候，与本书相对应的另一本书《IPO企业上市实战攻略：法律合规问题深度剖析》已经出版4个月有余。最初的设想这其实本身应是一本书，但写作到一定程度才发现，整本书的结构较为庞大，体系较为全面，无法在一本书的篇幅内展现完所有的内容，思考再三，对整本书的结构和内容进行了调整，分为了“法律合规问题”与“业务盈利问题”两个维度进行了撰写，并分别出版。两本书的组合基本涵盖了企业目前IPO上市过程中面临的大部分问题，虽然未能同时出版，但好在时间间隔不长，值得大家等待。

本套书起笔到完稿，经历了近三年时间，在这写作的三年间，我国的资本市场经历了2017年的IPO加速期，全年新增上市公司400余家；也经历了2018年的IPO低谷期，审6过1、审5过1的情形时有发生，第十七届发审委被业内称为史上最严发审委；更迎来了2019年IPO的变革期，科创板、注册制正如火如荼的展开。

三年间，首发管理办法进行过修订，首发审核指导意见发布过两次，与上市公司相关的监管规则，与企业相关的土地、环保、税收、工商等法律法规均有一定程度的修订，造成本书在尚未完稿前需要反复核对修订，甚至稿件已经交给出版社后根据证监会出台的最新审核意见又进行了大量修订。好在不管外界如何发生变化，不变的是这件事经历过诸多困难之后仍然坚持做了下来，并且最终呈现出了比我最初设想的更好的样子。

这两本书分别从“法律合规问题”与“业务盈利问题”两个维度，对企业在IPO上市过程中面临的问题一一进行了解读分析，并提出了解决的建议。目前市面上IPO相关书籍琳琅满目，但本书的最大不同之处，是将理论知识、实操案例、解决建议高度的结合，并且搭建了一个全新的系统化的解读企业IPO问题的框架体系。

过去近30年核准制下的中国资本市场，留给了发审委较大的审核尺度，并在实践中形成了一定的审核规律和审核标准。本套书收集了2017年以来的300多个IPO案例，在大量案例事实的基础上，更重视对这些事实进行总结，努力找出具有普遍意义的规律和标准，使之具有更现实的指导意义。

尤其是本次出版的关于企业“业务盈利问题”的深度剖析，其中的问题在首发管理办法中几乎没有明文规定，相关的分析均是建立在事实、法律、理性基础上的系统分析和全面总结，追求具有普遍意义的审核标准。

值得庆幸的是，注册制已经在科创板上进行试点，增量市场的改革必将推动存量市场的改革，如果未来的主板、中小板及创业板由核准制转变为注册制，则整个中国的资本市场将会迎来一个新的时期，届时，本套书也将随着注册制的实施完成其最大的使命。

在本书的写作过程中，我的合伙人搭档别传远先生给予了大力支持；我的同事们尤其是程丹女士给予了非常有力的支持，法律出版社的薛晗女士和田浩先生也给予了本书热情的支持。在此，谨向他们表示真诚的感谢！

还要特别感谢我的家人，尤其是我的太太，在我忙碌的日子里默默支持和包容我，让我顺利的完成本书的撰写。

由于时间和水平所限，本书的不足肯定在所难免，在此真诚希望各位读者、前辈和同行能够提出批评和指正意见，和你们一样，我仍然在学习和追求进步的道路上。

白小飞

2019年12月

C O N T E N T S

目录

上篇 业务篇

下篇　盈利篇

第八章

募集资金运用

|上　篇|

业务篇

企业所经营的业务是企业得以存续并发展的基础和命脉，企业主营业务是否符合发行条件，是否满足独立性与完整性要求，以及相关产、供、销、研发等业务流程是否规范等，受到监管机构的重点关注。

IPO 审核过程中，要求拟 IPO 企业主营业务稳定，主板、中小板发行人主营业务最近 3 年没有发生重大变化；创业板发行人主营业务最近 2 年没有发生重大变化，并要求“主要经营一种业务”。另外，拟 IPO 企业业务需要具备独立性与完整性，避免存在同业竞争，减少并规范关联交易。这些都是 IPO 条件中明文规定的发行条件，需要拟 IPO 企业遵守并提前规范。

此外，IPO 审核过程中，监管机构对企业经营过程中的产、供、销、研发等业务流程非常关注。包括模式、客户、供应商、收款、付款、存货、研发费用及相关内控流程等方方面面，相关审核关注点包括合理性、真实性、规范性、可持续性等多个角度。需要注意的是，监管机构对拟 IPO 企业产、供、销、研发四大业务环节的审核是比较灵活的，遵循实质重于形式原则，一些关注点甚至无明确的法条规定，需要结合以往审核案例和历届发审委的审核态度和审核风格进行综合把握，因此，相关案例的分析与总结显得非常关键。

第一章

业务总体性要求

虽然不同行业拟 IPO 企业的业务模式、业务流程会有一定的差异，在审核中也会出现相应针对性的审核关注点，但企业仍然会面临一些共性的业务问题，如主营业务的稳定性、上市前发生的业务重组、业务的独立性及完整性等。针对这类共性的问题，监管机构通过上市规则、保荐代表人培训、窗口指导、证券期货法律适用意见、首发业务问题等形式给予了明确的审核意见。相比公司业务循环中的具体问题，这些总体性问题的审核要求更为明确，如企业处理不当，可能会成为 IPO 的实质性障碍。

第一节　主营业务

主营业务是指企业为完成其经营目标而从事的日常活动中的主要活动。主营业务的稳定是企业稳定发展的重要保障之一，因此中国证券监督管理委员会（以下简称证监会）对此给出了较为严格的审核条件。实务中，证监会对主营业务的审核，主要包括以下四个方面：

1. 一般主营业务问题：报告期主营业务的稳定性；创业板要求“主要经营一种业务”。

2. 业务重组情况下的主营业务问题：同一控制和非同一控制下的业务重组对主营业务变化的影响。

3. 募投项目与主营业务相关性问题：募集资金是否用于主营业务。

4. 主营业务毛利率问题：主营业务毛利率是否存在异常，是否高于或低于同行业平均水平，不同报告期主营业务毛利率波动幅度是否较大等。

其中，第三、四项在第八章“募集资金运用”和第七章“公司业绩的质量”中第二节“业绩的合理性”部分有具体介绍分析，此章节不再赘述。

一、一般主营业务问题

（一）理论基础

监管机构对主营业务的审查主要包括两个方面：一是主营业务的稳定性，主板、中小板要求最近 3 年主营业务没有发生重大变化，创业板要求最近 2 年主营业务没有发生重大变化；二是主营业务的数量，创业板要求“主要经营一种业务”，主板、中小板没有此要求，只要求生产经营符合国家产业政策。

▶相关法条：

《首次公开发行股票并上市管理办法》（2018 年修正）（以下简称《首发管理办法》）

第十一条　发行人的生产经营符合法律、行政法规和公司章程的规定，符合国家产业政策。

第十二条　发行人最近 3 年内主营业务和董事、高级管理人员没有发生重大变化，实际控制人没有发生变更。

《首次公开发行股票并在创业板上市管理办法》（2018 年修正）（以下简称《创业板首发管理办法》）

第十三条　发行人应当主要经营一种业务，其生产经营活动符合法律、行政法规和公司章程的规定，符合国家产业政策及环境保护政策。

第十四条　发行人最近 2 年内主营业务和董事、高级管理人员均没有发生重大变化，实际控制人没有发生变更。

《首发业务若干问题解答（一）》

问题 24：《首次公开发行股票并在创业板上市管理办法》规定“发行人应当主要经营一种业务”，应如何理解并从哪些方面进行核查？

答：对“一种业务”可界定为“同一类别业务”或相关联、相近的集成业务。中介机构核查判断是否为“一种业务”时，应充分考虑相关业务是否系发行人向产业上下游或相关业务领域自然发展或并购形成，业务实质是否属于相关度较高的行业类别，各业务之间是否具有协同效应等，实事求是进行把握。

对于发行人确属在一种业务之外经营其他不相关业务的，在最近两个会计年度以合并报表计算同时符合以下标准，可认定符合创业板主要经营一种业务的发行条件：

1）主要经营的一种业务之外的其他业务收入占营业收入总额的比重不超过30%；

2）主要经营的一种业务之外的其他业务利润占利润总额的比重不超过30%。

对于其他业务，应视对发行人主营业务的影响情况，充分提示风险或问题，上述要求同样适用于募集资金运用的安排。

《公开发行证券的公司信息披露内容与格式准则第1号——招股说明书（2015年修订）》

第四十四条　发行人应根据重要性原则披露主营业务的具体情况，包括：……（四）列表披露报告期内各期主要产品（或服务）的产能、产量、销量、销售收入，产品或服务的主要消费群体、销售价格的变动情况；报告期内各期向前五名客户合计的销售额占当期销售总额的百分比，如向单个客户的销售比例超过总额的50%或严重依赖于少数客户的，应披露其名称及销售比例。如该客户为发行人的关联方，则应披露产品最终实现销售的情况。受同一实际控制人控制的销售客户，应合并计算销售额……

1. 主营业务的稳定性

从上述法条来看，“主营业务没有发生重大变化”是明文规定的发行条件，是IPO审核红线。但是对主营业务变化的判断要根据“实质重于形式”的原则，在审核实践中，对主营业务发生重大变化的认定需要考虑多方面的因素，符合一定条件下的产品结构、客户结构等业务变化可以不被认定为主营业务发生重大变化。具体判定的标准总结如下：

（1）主营业务的性质是否有实质变化

通常来说，公司主营业务的性质、产品内容不能有实质性的改变，比如报告期内主营业务跨行业，原来是机械行业，后来是医药行业等。但是，一些情形下的主营业务变化可以不被认定为主营业务发生重大变化。具体如下：

①产品结构发生变化。公司目前的主营产品销售比例大幅下降，其他新产品销售比例大幅上升，但新老产品之间具有必然的联系：如新老产品属于产业链上下游产品；属于一种技术不同的发展路径或发展阶段；同类产品应用在不同领域；不同产品应用于相同类型客户；等等。

需要注意的是，虽然产品结构发生重大变化在上述情形下是可行的，但是，产品结构的变化必须要循序渐进，且符合基本商业逻辑。

②客户结构发生重大变化。因为产品结构发生重大变化，导致客户结构发生重大变化，是符合商业逻辑的。

（2）新产品新业务对公司盈利能力的影响

拟IPO企业的新产品新业务需要有明确的情况分析说明及披露，说明该产品是成熟产品还是完全创新产品；新产品相较于旧产品的竞争力如何，对公司未来的发展是否是重大利好等。

如果新业务是因为业绩增长乏力，报告期内临时开展新产品突击增加收入和利润，未来的销售不能保证，则会让监管机构认为新业务属于一种偶然性销售行为，质疑公司的持续盈利能力，审核风险较大。

如果新产品新业务符合技术趋势和商业竞争目标，未来的销售能够稳定持续且有良好预期，则新产品新业务一般不会成为审核的障碍。

同时，需要注意新产品的销售单价、销售客户、销售毛利率等核心财务指标与同行业相比不存在重大差异，避免让监管机构质疑公司通过新业务调节业绩。

总体来说，监管机构要求“主营业务稳定，没有发生重大变化”只是一种监管手段，本质是为了保证上市主体持续盈利能力的稳定性。所以如果拟IPO企业报告期内业绩和未来持续盈利能力不被质疑，则监管机构对主营业务稳定性问题的审核会相对宽松，即使产品、客户都变化了，只要技术具有相通性，变化符合商业逻辑，通常能被接受。如上机数控（2018年9月4日过会）、亿嘉和（2018年4月3日过会）。相反，如果公司持续盈利能力存在问题，收入利润恶化，或者虽然收入利润保持增长但是经营现金流恶化，再或者即便三者均比较良好，但是未来存在重大不确定性也很难过会。

2.主营业务的数量

（1）对单一业务的具体规定

创业板要求公司主要经营一种业务。根据目前的审核标准，其他业务收入和净利润占比不超过30%，即可以认定为主要经营一种业务。

主板、中小板发行条件中没有规定公司应主要经营一种业务，但实践中发行人从事两种完全不同业务的情形几乎不存在，通常都是论证两种或多种业务之间存在各种不同类型的联系。

（2）“主要经营一种业务”的判定

鉴于IPO上市有业绩规模要求，所以很多企业会通过各种办法扩大规模，经营多种业务属于其中的一种手段。但是创业公司通常规模相对较小，一般处于快速发展阶段，如果业务范围分散，缺乏核心业务，不利于有效控制风险，也不利于形成核心竞争力。因此，创业板要求发行人主要经营一种业务。

审核实践中，要求主要经营一种业务，并不表示只能经营一种产品或服务，而是可以合理延伸。例如可以围绕主营业务向上下游延伸，提供多种但有联系的产品或服务。但并不是所有的上下游延伸都可以被认定为是经营一种业务，需要结合产品或服务的核心技术、客户群体、业务模式等进行深入分析，采用同一核心技术、客户群体相同或类似，业务模式没有发生实质变化的方可被认定为是经营一种业务。

（3）产品结构单一情形

创业板要求公司主营一种业务，并不是说申报创业板的拟 IPO 企业只能生产一种产品。相反，如果产品结构单一，亦会受到监管机构的质疑。因为产品结构单一，容易被监管机构质疑公司的抗市场风险和经营风险的能力，进而影响上市主体的持续盈利能力。例如 2018 年 2 月 7 日上会被否的朝歌科技，即因为存在单一产品依赖问题而被否。

需要注意的是，产品结构单一需要结合公司的核心竞争优势、市场前景、公司盈利能力等因素综合考虑。2018 年上会的康辰药业、华培动力、有友食品等企业皆被问及产品结构较为单一的问题，但皆通过了审核。

（二）审核关注点及典型案例

从最近两年的审核案例来看，对于主营业务，监管机构主要核查业务的稳定性，以及创业板企业是否主要经营一种业务。总体而言，其本质是核查拟 IPO 企业经营业绩的稳定性和持续盈利能力。具体审核关注点如下：

1. 报告期内发行人主营业务、主要产品、服务是否发生重大变化，变化对公司未来持续盈利的影响；

2. 公司是否符合《创业板首发管理办法》中主要经营一种业务，以及最近 2 年内主营业务没有发生重大变化情形的相关规定；

3. 产品结构较单一，是否影响公司的持续盈利能力。

相关案例：

案例 1

北京品恩科技股份有限公司（2017 年 6 月 7 日被否）

——主营产品收入变动大，且存在单一客户依赖

案例背景 品恩科技主营业务为面向部队与公共安全等领域的管理信息化软件的研发与销售，以及提供相应的技术服务与解决方案。主要产品类型包括

软件产品、解决方案、技术开发、运维服务、硬件销售。

报告期（2014 ~ 2016 年）内，公司营业收入分别为 5758.47 万元、12,133.04 万元、21,550.23 万元；净利润分别为 1029.41 万元、4443.19 万元、4795.39 万元。主要产品：软件产品和解决方案，按收入分布情况如下：

收入类别	2016 年度		2015 年度		2014 年度	
	金额（万元）	占比（%）	金额（万元）	占比（%）	金额（万元）	占比（%）
软件产品	123.93	0.58	1842.05	15.19	4466.44	77.56
解决方案	20,923.86	97.12	6651.49	54.85	675.62	11.73

公司最大客户为中国电子科技集团公司某科研单位下属某单位 / 公司，2016 年销售金额为 18,931.83 万元，占同期收入比例为 87.85%。2016 年来自该单位的合同共有 63 个，合同金额为 2166.95 万元，截至 2017 年 4 月 30 日，双方再次签订了 53 个合同，合同金额合计 15,312.60 万元。

反馈意见 1. 请发行人对招股说明书关于客户集中度较高、收入构成变动风险的披露内容更新最新一期财务数据。请发行人对招股说明书 1-1-3、419 关于品恩信息、品恩资产 2011 年及 2012 年 1 ~ 3 月有关财务数据的披露内容予以规范。

2. 请发行人详细分析并披露报告期内软件产品收入和软件项目服务收入变化的原因及其合理性，重点分析软件项目收入占比下降的原因。

发审会问题 1. 发行人报告期内发行人软件产品、解决方案、技术开发三项主要收入各年度差异大、分布无规律，2016 年度经营性现金流为负。2016 年度来自第一大客户中国电子科技集团公司某科研单位下属某单位 / 公司签订的合同共有 63 个，合同金额为 2166.95 万元，截至 2017 年 4 月 30 日，双方再次签订 53 个合同，合同金额合计 15,312.60 万元。请发行人代表说明：（1）2015 年度技术开发、2016 年度解决方案业务内容的差异，以及收入快速增长的原因；（2）2017 年 1 ~ 5 月在手订单的签订以及收入利润的实现情况，2017 年第一季度的盈亏情况。请保荐代表人对下述问题进行说明并发表核查意见：（1）与中国电子科技集团公司某科研单位下属某单位 / 公司签订合同未招投标的原因，发行人取得上述业务是否符合法律法规，是否额外支付其他费用；（2）发行人对该客户是否存在重大依赖；（3）对发行人持续盈利能力的影响、风险等信息披露是否充分。

案例分析 品恩科技最近三年主营产品收入变动幅度较大，2014 年的主要收入来源于软件产品，占当年全部收入的比重超过了 3/4，而到了 2016 年，软件产品收入比重大幅下降，仅占全年收入的 0.58%。同时，解决方案收入由 2014 年的 11.73% 到了 2016 年的 97.12%，取代软件产品成为 2016 年品恩科技的主营业务贡献类型，也即公司 2014 年的主营业务收入为软件销售，2016 年主营业务收入为解决方案。

事实上，品恩科技主营产品的变化，存在一定的解释空间，毕竟软件产品和解决方案皆属于同一产业链范围内，但是两大产品收入变化幅度太大。同时，品恩科技还存在单一大客户依赖问题，2016 年对第一大客户中国电子科技集团公司某科研单位及其下属单位的销售占比高达 87.95%，而报告期前两年占比很低，2014 年并未被列示在品恩科技前十大客户名单中，而在 2015 年时，也仅以 580 万元、4.78% 的销售占比位列品恩科技当年第 7 大客户的位次。

因此，总体来说，品恩科技被否的主要原因之一是主营业务产品的变化及单一客户依赖，导致发行审核委员会（以下简称发审委）质疑品恩科技的业绩稳定性与持续盈利能力。

案例 2

世纪恒通科技股份有限公司（2017 年 9 月 13 日被否）

——大力发展低毛利新产品，商业逻辑合理性、是否主营一种业务以及主营业务是否发生重大变化被质疑

案例背景 世纪恒通是移动信息服务提供商，从事移动增值业务，属于电信增值业务范畴。公司主要客户为国内三大电信运营商，最终服务用户为移动手机用户，报告期内公司直接来自三大电信运营商收入合计占主营业务收入比例在 96% 以上，是公司收入的主要来源。公司主营产品包括手机报、音乐互娱、电子优惠券、积分兑换、车友助理等七种。

报告期（2014 ~ 2017 年 1 ~ 6 月）内，公司营业收入分别为 20,528.43 万元、25,237.99 万元、52,396.85 万元、25,897.38 万元；扣除非经常性损益后归属于母公司股东的净利润分别为 2196.22 万元、1670.91 万元、3416.02 万元、2016.54 万元；综合毛利率分别为 51.16%、40.10%、28.85%、30.06%。

反馈意见 请发行人说明：（1）根据报告期各类主要经营业务的具体内容、开展时间及收入情况，说明发行人是否主要经营一种业务。（2）根据不同

电信运营商名称及手机支付等其他获取收入渠道说明报告期主营业务收入结构、各电信运营商报告期的提成比例及变动情况和原因、发行人与电信运营商建立业务关系的过程、方式及合法合规性、报告期是否存在须履行招投标程序获取业务的情况，如有，请说明具体履行招投标类别及对应业务类别及收入和占比、报告期是否存在应履行招投标获取业务或者建立业务渠道而未履行的情形。

发审会问题 积分兑换业务为公司 2015 年引入的新业务，该业务的毛利率较低。2015 年、2016 年及 2017 年 1 ~ 6 月，积分兑换业务的毛利率分别为 7.79%、1.21%、1.04%，产生营业收入分别为 2215.79 万元、18,289.43 万元、9824.18 万元。请发行人说明：（1）积分兑换业务毛利率极低的情况下大力发展该业务的目的。（2）说明公司是否符合《创业板首发管理办法》中主要经营一种业务，以及最近两年内主营业务没有发生重大变化情形的相关规定。请保荐代表人对上述问题说明核查过程并发表核查意见。

案例分析 世纪恒通共有七类主营产品，其中电子优惠券、积分兑换、车友助理 2016 年的收入贡献率达 70%。2014 ~ 2017 年（1 ~ 6 月），电子优惠券销售占比分别为 34.92%、24.34%、9.32%、8.55%；毛利率分别为 49.77%、61.27%、71.28%、85.99%。积分兑换销售占比分别为 0、8.78%、35.26%、38.58%；毛利率分别为 0、7.79%、1.21%、1.04%。公司电子优惠券产品毛利率越来越高，但销售占比越来越低，而最后一年毛利率只有 1% 的积分兑换产品销售占比逐渐提升，这一变动趋势不符合基本的商业逻辑。

同时，世纪恒通大力发展的积分兑换业务，属于一项新业务新产品，2016 年才有了一定规模，虽然与其他产品同属于移动增值业务，但业务差异较大，是否符合创业板“主要经营一种业务”以及“最近两年内主营业务发生重大变化”这两项发行条件，受到了发审委质疑。而世纪恒通在申报材料中并没有对这一情况进行充分说明解释，最终被否。

案例 3

北京朝歌数码科技股份有限公司（2018 年 2 月 7 日被否）

——主营产品占营业收入 90% 以上，且毛利率持续降低，
被质疑单一产品依赖及持续盈利能力

案例背景 朝歌科技主营业务包括互动电视智能终端产品、网络视频行业应用系统及解决方案。其中互动电视智能终端占主营业务收入的 90% 以上，

报告期内该产品毛利率分别为 13.95%、11.89%、9.40%。

报告期（2015 ~ 2017 年）内，公司营业收入分别为 59,732.96 万元、92,667.32 万元、179,459.28 万元；净利润分别为 3175.92 万元、4488.05 万元、7177.70 万元。

反馈意见 补充报告期内发行人同行业公司的对比论证说明，包括基本情况、选取原因、依据及合理性、主要财务数据、主营业务及收入情况、主要产品及贡献当期收入情况；结合报告期内发行人与同行业公司的生产规模、销售规模、销售价格、原材料价格、主要客户资质、资金状况，以及境内外需求波动情况，说明发行人是否存在产品过于单一的风险，论证发行人核心竞争力、产品的市场竞争力及所处的市场地位情况。

发审会问题 1. 请发行人代表结合互动电视智能终端产品的行业发展情况、市场饱和程度、发行人的市场占有份额等，说明发行人的核心竞争力、商业模式合理性，主营业务的发展空间，发行人现存业务是否存在新的衍生拓展领域和业务增长点，是否对发行人未来持续盈利能力构成重大不利影响。请保荐代表人发表核查意见。

2. 发行人报告期主营业务收入主要来源于互动电视智能终端产品，其毛利率逐年下降至 9.4%，低于同行业毛利率水平。发行人网络视频行业应用系统及解决方案毛利率较高。请发行人代表说明毛利率变动的合理性以及对未来持续经营的影响。请保荐代表人发表核查意见。

案例分析 朝歌科技主营业务依赖单一产品互动电视智能终端，该项产品的盈利能力对公司本身的持续盈利能力的影响至关重要，但是，从报告期的数据来看，该产品的毛利率一直处于下降趋势，且低于同行业毛利率水平。让发审委对公司的持续盈利能力产生了质疑。

此外，根据招股书披露毛利率下降的原因，其解释是在规模化效应和技术发展带来产品价格变化的同时，由于境内电信运营商对普及型终端的需求量大且价格敏感度高，终端设备厂商配合运营商推广主动降低价格。而上游重要原材料价格还在上涨，不能将价格上涨传导至下游客户，所以毛利率持续下降。如果是此种情形，公司对上游供应商、下游客户的议价能力都很弱，引发发审委对公司主营产品的行业竞争地位和在产业链上地位的质疑。

因此，产品结构单一加上毛利率下滑，再加上行业前景不容乐观，上会被否也是意料之中了。

案例 4

彩讯科技股份有限公司（2018 年 1 月 24 日通过）

——主营产品收入下降，新产品收入上升，但两者技术相同，且有利于提升盈利能力

案例背景　彩讯科技是一家产业互联网技术和服务供应商，公司自设立以来，一直专注于企业信息化领域，致力于为大中型企业和政府部门等提供基于邮件系统、云存储、协同办公、大数据平台及应用、电子渠道建设和运营支撑、数字营销等产品的互联网应用平台的建设及运营支撑服务，并整合产业链众多合作伙伴产品及服务，满足客户整合、集约、协同的管理特征，面向客户服务和价值创造，打造健康、多赢、可持续的商业生态环境。公司目前形成了企业信息化、大数据、信息安全、数字营销、智能渠道五个核心产品线。

报告期（2014 ~ 2017 年 6 月）内，公司来自电信行业客户的营业收入占公司当期营业收入的比例分别为 94.31%、92.24%、74.50%、73.53%，其中 139 邮箱业务实现的营业收入分别为 26,561.22 万元、20,874.16 万元、16,764.31 万元、7941.08 万元，占公司当期营业收入的比例分别为 76.04%、59.47%、36.30%、30.54%。报告期内，客户中移互联网有限公司带来的收入占营业收入比例分别为 0、0、46.36%、41.51%。

反馈意见　报告期内，公司来自中国移动及其关联方的营业收入分别为 32,517.13 万元、32,944.28 万元、32,216.17 万元和 15,952.84 万元，占公司当期营业收入的比例分别为 99.36%、94.31%、91.78% 和 87.67%。请发行人补充说明：2016 年上半年发行人对中国移动广东公司的销售收入同比大幅下降、对中移互联网公司的销售收入大幅增加的原因及合理性，量化说明具体体现在何种产品何种定价、生产量、销售量及贡献收入占比的变化上；结合报告期内中国移动 139 邮箱全网运营服务项目收入金额及占公司营业收入比例逐渐下降的情况，说明报告期内发行人主营业务、主要产品、服务是否发生重大变化；对中移互联网公司的销售收入大幅增加情形，说明发行人是否新增主营业务、产品、服务。论证该变化对发行人持续盈利能力带来的影响。

发审会问题　报告期内，发行人来自中国移动的营业收入占比 70% 以上，139 邮箱全网运营服务毛利占比较高。请发行人代表说明：（1）139 邮箱业务收入占发行人比重的变动情况，发行人产品结构是否发生重大变化，是否对持续盈利能力存在重大不利影响；（2）发行人对中国移动及其关联方是否构成重大依赖，对 139 邮箱全网运营服务是否构成重大依赖，客户集中

度是否符合行业特征。请保荐代表人说明核查过程、依据和核查意见。

案例分析 根据招股书披露，彩讯科技对中国移动 139 邮箱全网运营支撑项目收入呈下降趋势，由 2014 年的 76.04% 到 2017 年 1 ~ 6 月的 30.54%。而其他项目的技术服务收入占营业收入的比重呈上升趋势，由 2014 年的 25.48% 到 2017 年 1 ~ 6 月的 56.86%，特别是大客户中移互联网公司，最后一期占比达 41.51%。据招股书披露解释，中国移动 139 邮箱全网运营支撑项目收入下降主要系 139 邮箱性能逐渐稳定，所需运维服务量降低所致，公司采取了积极有效的措施改善收入结构，不断丰富产品和服务，为客户提供全方位的解决方案。

虽然其他项目的技术服务在技术上相通，理论上不应该质疑主营业务重大变化，但是发审委依然问询了产品结构是否发生重大变化，是否影响公司的持续盈利能力。实质上，从发审会问题可以看出，监管层关注的是业务结构变化是否是有利变化，是否影响公司的持续盈利能力，特别是在公司对中国移动存在单一客户依赖的情形下。

虽然公司 139 邮箱业务收入不断下降，但 139 邮箱业务萎缩，公司在同一技术范围内，大力拓展其他类型的技术服务业务，属于一种积极改进行为，亦有利于降低单一客户依赖风险，因此，属于一种有利变化，有利于提升公司持续盈利能力，因此获得认可。

案例 5

苏州晶瑞化学股份有限公司（2017 年 4 月 11 日通过）

——主营四类产品，但皆属于微电子化学品，券商保荐工作报告合理分析解释，获得认可

案例背景 苏州晶瑞是一家专业从事微电子化学品的产品研发、生产和销售的高新技术企业，主要生产四大类微电子化学品，应用到五大下游行业：主导产品包括超净高纯试剂、光刻胶、功能性材料和锂电池粘结剂四大类微电子化学品，广泛应用于半导体、光伏太阳能电池、LED、平板显示和锂电池五大新兴行业。

报告期（2014 ~ 2016 年）内，公司营业收入分别为 33,608.79 万元、31,880.78 万元、43,987.79 万元; 净利润分别为 5876.16 万元、3905.82 万元、4407.42 万元。

发审会问题 发行人的主要产品包括超净高纯试剂、光刻胶、功能性材料、锂电池粘结剂等。上述四种产品的毛利率（31.33%、57.35%、29.73% 和

17.68%）、销售模式（直销模式下主要产品为超净高纯试剂及锂电池粘结剂，经销模式下主要产品为光刻胶）、技术来源和生产工艺均存在较大差异。请发行人代表进一步说明发行人是否主要经营一种业务。请保荐代表人发表明确核查意见。

案例分析 据招股书披露，超净高纯试剂、光刻胶、功能性材料、锂电池粘结剂四种产品之间的关系为：均属于微电子化学品，下游应用领域为半导体、光伏太阳能电池、LED、平板显示和锂电池制造等电子信息产业。公司主营业务和主要产品经历了一个产品线逐渐拓展、技术含量逐渐提高、应用领域逐渐丰富、功能特征逐渐增强的发展历程，属于同一技术领域内的业务延伸。因此，晶瑞股份虽然有四类产品，但皆属于微电子化学品范围内，可以认定为主营一种业务。

至于各产品毛利率和销售模式存在差异，这是由不同产品的价值、供需关系、市场竞争格局造成的，在券商保荐工作报告里进行了详细分析，不影响主营一种业务的判定。

案例 6

有友食品股份有限公司（2018 年 10 月 10 日通过）

——主营泡椒凤爪，但卓越的行业地位、核心技术及有效的改进措施，使得持续盈利能力有保证，通过了审核

案例背景 有友食品的主营业务为泡卤风味休闲食品的研发、生产和销售，主要产品包括泡椒凤爪、卤香火鸡翅及豆干、花生、竹笋等。

报告期（2014 ~ 2017 年 1 ~ 6 月）内，公司营业收入分别为 87,971.46 万元、75,171.61 万元、82,716.12 万元、49,403.40 万元，实现扣除非经常性损益后归属于母公司所有者净利润分别为 11,797.92 万元、10,376.81 万元、11,818.99 万元、9956.29 万元。

报告期内，公司泡椒凤爪分别实现收入 74,209.91 万元、64,549.00 万元、57,499.93 万元、29,602.92 万元，占主营业务收入的比例分别达 75.94%、73.56%、76.63%、75.42%。

反馈意见 发行人主营业务为泡卤风味休闲食品的研发、生产和销售，主要产品包括泡椒凤爪、卤香火鸡翅、豆制品、花生及竹笋等，其中泡椒凤爪收入占比达 70% 以上。请保荐机构进一步说明并披露，发行人产品结构较为单一、泡椒凤爪类收入占比高达 75% 的原因；发行人泡椒凤爪类产品从销

售定价、销售模式、原材料供货渠道、产品成本等因素来看，与同行业竞争对手是否存在差异；是否存在改善目前收入对单一产品较为依赖的具体措施或计划。请保荐机构发表核查意见。

发审会问题 报告期各期发行人泡椒凤爪营业收入占比均在 70% 以上。请发行人代表说明：（1）发行人产品结构较为单一、泡椒凤爪类收入较高的原因及发行人可能面临的经营风险；（2）因病毒基因变异等因素导致人感染禽流感病例增加，是否会对发行人经营业绩造成重大不利影响；（3）是否存在改善目前收入对单一产品较为依赖的具体措施或计划及其可行性；（4）报告期，发行人研发投入明显低于同行业可比公司的原因及可能对发行人持续发展产生的影响。请保荐代表人说明核查依据、过程并发表明确核查意见。

案例分析 长期以来，有友食品凭借着鸡的副产品凤爪，成为行业龙头企业，但也带来了产品结构单一、抗风险性差等重要问题。因此在审核时被反复问到产品结构单一是否影响经营业绩，是否有改进措施。

有友食品虽然存在产品结构单一问题，但仍然通过了审核，总结起来有三点：一是卓越的行业地位，有友食品是泡椒风味食品的开创者，而且也是行业龙头企业，在品牌、声誉、竞争力等方面有明显的竞争优势，未来几年内的市场占有率有一定保证；二是有友食品拥有一定的核心技术，凭借着泡椒凤爪专利和保鲜技术就能在行业拥有一席之位；三是公司有改进措施，推出了许多非泡椒凤爪类食品，且制定了强化非泡椒凤爪类产品的销售业绩考核的相关制度。

因此，虽然有友食品存在产品结构单一的问题，但是该问题并没有让发审委质疑公司的持续盈利能力，最终通过了审核。

（三）应对建议

上市审核中，对于主营业务相关问题，要从主营业务本身及公司经营业绩、持续盈利能力等方面综合分析，主要应对建议如下：

1. 重要前提是保持业绩稳定性和持续盈利能力

对于拟 IPO 企业来说，报告期内业绩稳定，具备持续盈利能力是审核通过的前提。证监会要求主营业务稳定，也是为了保证持续盈利能力。

因此，拟 IPO 企业在选择申报期时，需要注意三年一期的经营业绩、未来几年的成长性、以及行业景气周期；同时，在原有业务的基础上，开拓的新业务新产品需要有良好的市场前景和盈利空间，在手订单充足。在这个基础上，再判断、解释、披露主营业务没有发生重大变化。

2. 注意主营业务变化的实质判断

认定主营业务没有发生变化的依据是比较广泛的，如处于同一产业链上下游、使用同一核心技术、相同业务不同应用领域等皆可以认定为主营业务没有发生变化。

因此，拟 IPO 企业在有上市计划时，发展现有业务的同时，可以充分探索产业链上下游新业务，积极发展核心价值链业务，保证公司的经营业绩和未来持续盈利能力，不宜为了拼凑业绩而发展盈利能力差、前景不佳的业务，这种情形的审核风险较大。

近两年被质疑主营业务发生变化但最终过会的典型案例如下：

公司简称	过会时间	发审会问题	案例分析
金逸影视	2017 年 9 月	请发行人代表进一步说明：报告期营业收入、毛利结构变化的原因以及对发行人未来经营业绩的影响，相关风险披露是否充分。请保荐代表人发表核查意见	公司电影放映收入占比呈现下降趋势、广告收入不断增长，但广告收入也属于电影放映的附属收入，不属于主营业务发生变化
嘉友国际	2017 年 12 月	发行人报告期内收入结构中供应链贸易收入占比大幅提升，利润结构中大宗矿产品物流、智能仓储和跨境多式联运业务占比较大，且智能仓储和跨境多式联运业务收入主要来源于境外。请发行人代表说明：收入结构变化的合理性，对持续盈利能力的影响，是否符合《首发管理办法》第 12 条、第 30 条的规定	尽管供应链贸易占比显著提升，其他业务比例不断下降，但都属于物流相关的业务，因而不构成重大变化
亿嘉和	2018 年 4 月	发行人主营业务分智能化产品和智能化服务，报告期内收入结构变化较大。请发行人代表说明：2015 年基础数据服务和 2016 年、2017 年智能巡检机器人、2017 年智能化改造业务之间的关系，该业务未来发展是否稳定，是否符合《首发管理办法》主营业务 3 年未发生重大变化的相关规定	智能巡检机器人与基础数据业务均围绕电力数据采集与处理的需求，两者之间存在相通性，属于自然演化

续表

公司简称	过会时间	发审会问题	案例分析
上机数控	2018年9月	发行人报告期内产品结构及客户结构发生了重大变化。请发行人代表说明：（1）报告期收入结构变化的基本情况及原因，与行业变动趋势是否一致，相关的风险是否充分提示；（2）前述变化是否构成发行人最近3年主营业务发生重大变动；（3）2016年以来光伏专用设备销售大幅增长的原因及合理性，光伏专用设备是否具有较大的市场拓展空间，持续盈利能力是否存在重大不确定性	上机数控是产品与客户均发生重大变化但认定主营业务稳定的典型案例。公司对两种产品的销售变化做出了详细解释。整体来看，两种产品具有技术的相通性
铂科新材	2018年9月	报告期发行人营业收入结构变化较大，其中，合金软磁粉芯收入占比较高且逐年上升，电感元件收入占比逐年下降。请发行人代表说明：（1）报告期收入结构变化较大的原因，对公司未来持续盈利能力是否具有重大影响；（2）报告期主要客户变动的原因及合理性，发行人是否与主要客户存在关联关系，是否存在利益输送情形	合金软磁粉、合金软磁粉芯、电感元件都属于电能变换领域，其中合金软磁粉是制造合金软磁粉芯的核心材料，合金软磁粉芯是生产电感元件的核心部件，三种产品是同一业务不同环节的产品形态。公司详细解释了变化的原因

3. 注意创业板主营一种业务的实质判断

同主营业务是否发生重大变化的认定一样，创业板要求主营一种业务，并不是说主营一种产品，可以围绕主营业务向上下游延伸，提供多种但有联系的产品或服务。但需要充分披露、分析虽然公司有多种产品或多种业务，但不同业务间存在密不可分的内在联系，例如同一产业链、相同技术、相同客户群体范围、相同业务模式等。

4. 产品结构单一需充分重视

拟上市企业若存在产品结构较单一问题，需要判断分析和充分披露单一产品的市场竞争优势、产品短期内是否存在替代风险，定价是否可持续，为改善产品结构单一问题所采取的改善措施，以及对未来持续盈利能力的影响。

同时，为降低审核风险，避免让发审委认为公司产品结构单一严重影响未来的持续盈利能力，需要选择业绩良好的报告期进行申报，并需要注意行业景气周期及行业未来的市场前景。

5. 提前做好信息披露

为避免被发审委问询主营业务是否发生重大变化，或是否主营一种业务，降低审核风险，拟IPO企业在制作上市申报材料时，需要积极配合保荐机构对主营业务进行充分分析与披露，以说明公司主营业务符合IPO发行条件。

二、业务重组情况下的主营业务问题

（一）理论基础

出于经营策略或避税的考虑，很多企业将相同或类似业务及相关资产分散在不同的企业进行经营，即同一实际控制人同时经营着多个相同、相似或相关业务的企业。这类企业容易产生同业竞争和独立性问题，因此需要在上市前进行资产与业务重组。

所谓资产与业务重组（以下统称为"业务重组"），就是选定一个拟上市主体，由该主体收购相关企业的股权或经营性资产，把相关业务与资产向拟上市主体集中。该重组行为可能导致拟上市主体在报告期内资产、收入、利润规模等发生较大变化。

上市前的业务重组有利于增强拟上市企业的独立性及解决同业竞争、关联交易等问题，但是上市前业务重组可能导致实际控制人变更、管理层变动、主营业务发生重大变化等。同时，存在一些企业上市前突击重组，拼凑业绩，因此，上市前的业务重组受到了监管机构的重点关注。

关于上市前的业务重组是否导致企业主营业务发生变化的认定，分为了同一控制下的业务重组和非同一控制下的业务重组，两种情形下对主营业务发生重大变化的认定存在差异。

从最近两年的审核案例来看，因为很容易被质疑是拼凑业绩，上市前进行大量非同一控制下业务重组的企业较少，大多是进行同一控制下的企业重组。同时，同一控制下的业务重组不同指标下的业务相关性、运行时间、财务报告等披露要求皆较明确，属于明确的发行条件与申报前提，如果不满足相关要求，保荐机构不会进行材料申报，证监会不会进行材料受理。所以即使很多存在上市前同一控制下业务重组的拟IPO企业在反馈意见和上会阶段会被问及，但因此问题被否的较少。

相关法条：

《首发业务若干问题解答（二）》

问题 11：《首次公开发行股票并上市管理办法》要求发行人最近 3 年主营业务没有发生重大变化；《首次公开发行股票并在创业板上市管理办法》要求发行人最近 2 年主营业务未发生重大变化。申请在主板、中小板、创业板上市的首发企业为谋取外延式发展，在报告期内发生业务重组行为，如何界定主营业务是否发生重大变化？

答：发行人在报告期内发生业务重组，要依据被重组业务与发行人是否受同一控制分别进行判断。如为同一控制下业务重组，应按照《证券期货法律适用意见第 3 号》相关要求进行判断和处理；如为非同一控制下业务重组，通常包括收购被重组方股权或经营性资产、以被重组方股权或经营性资产对发行人进行增资、吸收合并被重组方等行为方式，发行人、中介机构可关注以下因素：

（1）重组新增业务与发行人重组前的业务是否具有高度相关性，如同一行业、类似技术产品、上下游产业链等；

（2）业务重组行为对实际控制人控制权掌控能力的影响；

（3）被合并方占发行人重组前资产总额、资产净额、营业收入或利润总额的比例，业务重组行为对发行人主营业务变化的影响程度等。

实务中，通常按以下原则判断非同一控制下业务重组行为是否会引起发行人主营业务发生重大变化：

（1）对于重组新增业务与发行人重组前业务具有高度相关性的，被重组方重组前一个会计年度末的资产总额、资产净额或前一个会计年度的营业收入或利润总额，达到或超过重组前发行人相应项目 100%，则视为发行人主营业务发生重大变化；

（2）对于重组新增业务与发行人重组前业务不具有高度相关性的，被重组方重组前一个会计年度末的资产总额、资产净额或前一个会计年度的营业收入或利润总额，达到或超过重组前发行人相应项目 50%，则视为发行人主营业务发生重大变化。

对主营业务发生重大变化的，应根据《首次公开发行股票并上市管理办法》《首次公开发行股票并在创业板上市管理办法》的规定，符合相关运行时间要求。

对于重组新增业务与发行人重组前业务具有高度相关性的，被重组方重组前一个会计年度末的资产总额、资产净额或前一个会计年度的营业收入或利润总额达到或超过重组前发行人相应项目 50%，但未达到 100% 的，通常不视为发行人主营业务发生重大变化，但为了便于投资者了解重组后的整体运营情况，原则上发行人重组后运行满12个月后方可申请发行。

12个月内发生多次重组行为的，重组对发行人资产总额、资产净额、营业收入或利润总额的影响应累计计算。

对于发行人报告期内发生的业务重组行为，应在招股说明书中披露发行人业务重组的原因、合理性以及重组后的整合情况，并披露被收购企业收购前一年的财务报表。保荐机构应当充分关注发行人业务重组的合理性、资产的交付和过户情况、交易当事人的承诺情况、盈利预测或业绩对赌情况、人员整合、公司治理运行情况、重组业务的最新发展状况等。

1. 同一控制下的业务重组

同一控制下的业务重组，顾名思义，就是重组方和被重组方在重组前受同一方或者相同多方最终控制，将其他涉及相同、相似、相关业务的公司（被重组方）重组至拟上市主体（重组方）中。

相关法条：

《〈首次公开发行股票并上市管理办法〉第十二条　发行人最近3年内主营业务没有发生重大变化的适用意见——证券期货法律适用意见第3号》

……二、发行人报告期内存在对同一公司控制权人下相同、类似或相关业务进行重组情况的，如同时符合下列条件，视为主营业务没有发生重大变化：

（一）被重组方应当自报告期期初起即与发行人受同一公司控制权人控制，如果被重组方是在报告期内新设立的，应当自成立之日即与发行人受同一公司控制权人控制；

（二）被重组进入发行人的业务与发行人重组前的业务具有相关性（相同、类似行业或同一产业链的上下游）。

重组方式遵循市场化原则，包括但不限于以下方式：

（一）发行人收购被重组方股权；

（二）发行人收购被重组方的经营性资产；

（三）公司控制权人以被重组方股权或经营性资产对发行人进行增资；

（四）发行人吸收合并被重组方。

三、发行人报告期内存在对同一公司控制权人下相同、类似或相关业务进行重组的，应关注重组对发行人资产总额、营业收入或利润总额的影响情况。发行

> 人应根据影响情况按照以下要求执行：
>
> （一）被重组方重组前一个会计年度末的资产总额或前一个会计年度的营业收入或利润总额达到或超过重组前发行人相应项目 100% 的，为便于投资者了解重组后的整体运营情况，发行人重组后运行一个会计年度后方可申请发行。
>
> （二）被重组方重组前一个会计年度末的资产总额或前一个会计年度的营业收入或利润总额达到或超过重组前发行人相应项目 50%，但不超过 100% 的，保荐机构和发行人律师应按照相关法律法规对首次公开发行主体的要求，将被重组方纳入尽职调查范围并发表相关意见。发行申请文件还应按照《公开发行证券的公司信息披露内容与格式准则第 9 号——首次公开发行股票并上市申请文件》（证监发行字〔2006〕6 号）附录第四章和第八章的要求，提交会计师关于被重组方的有关文件以及与财务会计资料相关的其他文件。
>
> （三）被重组方重组前一个会计年度末的资产总额或前一个会计年度的营业收入或利润总额达到或超过重组前发行人相应项目 20% 的，申报财务报表至少须包含重组完成后的最近一期资产负债表。
>
> 四、被重组方重组前一会计年度与重组前发行人存在关联交易的，资产总额、营业收入或利润总额按照扣除该等交易后的口径计算。
>
> 五、发行人提交首发申请文件前一个会计年度或一期内发生多次重组行为的，重组对发行人资产总额、营业收入或利润总额的影响应累计计算。

上述法条对主营业务没有发生重大变化的认定条件、运行时间及披露要求都有明确的规定。

（1）对主营业务没有发生重大变化的认定条件

同一控制下的业务重组，对主营业务没有发生重大变化的认定，总结起来就是，要求自报告期期初起就受同一方共同控制，且与重组前业务具有相关性。

（2）相关指标与运行时间、信息披露要求

需要注意被重组方重组前一个会计年度末的资产总额或前一个会计年度的营业收入或利润总额达到或超过重组前发行人相应项目的不同比例要求的规定，具体如下。

①相关指标达到或超过重组前发行人相应项目 100% 的，需要运行一个会计年度。

例如，乙公司于 2019 年 6 月对 B 公司进行了同一控制下的重组，2018 年 12 月 31 日，乙公司资产总额 10 亿元，B 公司资产总额 12 亿元，由于比例为 120%，所以乙公司需要运行一个完整会计年度后方可申请发行，由于该重组是在 2019 年

6月进行的，所以2019年剩余时间已经不符合一个完整年度要求，因此需要运行2020年会计年度，最早的申报时间是2021年1月。

②相关指标达到或超过重组前发行人相应项目50%，但不超过100%的，保荐机构和律师应将被重组方纳入尽职调查范围并发表相关意见，同时申报报表至少须包含重组完成后的最近一期资产负债表。

③相关指标达到或超过重组前发行人相应项目20%，申报报表至少须包含重组完成后最近一期资产负债表。

例如，甲公司于2019年4月对A公司进行了同一控制下的重组，2018年年末甲公司资产总额5亿元，A公司资产总额2亿元，由于资产总额指标比例为40%，所以申报财务报表至少须包含重组完成后的最近一期资产负债表，由于IPO的一期是以季度为单位，所以申报财务报表需要包括截至6月30日的资产负债表，这样最早的申报时间是2019年7月。

（3）三个相关指标需要注意的问题

①资产总额、营业收入、利润总额三个指标是“或”的关系，即满足其中一个即可；

②关于比例指标比较口径的问题，发行人和被重组方使用的都是重组前一个会计年度的相应指标，同时发行人应使用重组前的合并报表作为比较基准，而不是与合并日编制的合并报表数据进行比较；

③被重组方重组前一会计年度与重组前发行人存在关联交易的，资产总额、营业收入或利润总额按照扣除该等交易后的口径计算；

④发行人提交首发申请文件前一个会计年度或一期内发生多次重组行为的，重组对发行人资产总额、营业收入或利润总额的影响应累计计算。

2. 非同一控制下的业务重组

非同一控制下的业务重组，是与同一控制下业务重组相对应的一个概念，就是被重组方与重组方重组前后不受同一方或相同的多方最终控制，在上市前将其他涉及相同、相似、相关业务的公司（被重组方）重组至拟上市主体（重组方）中。

（1）企业及中介机构需关注的因素

非同一控制下业务重组，通常包括收购被重组方股权或经营性资产、以被重组方股权或经营性资产对发行人进行增资、吸收合并被重组方等行为方式。对非同一控制下的业务重组，拟IPO企业需要关注以下因素：

①重组新增业务与发行人重组前的业务是否具有高度相关性，如同一行业、类似技术产品、上下游产业链等；

②业务重组行为发生后，发行人实际控制人对公司控制权掌控能力的影响；

③被合并方占发行人重组前资产总额、资产净额、营业收入或利润总额的比例，业务重组行为对发行人主营业务变化的影响程度等。

（2）业务重组的比例对 IPO 的影响

由于非同一控制下的业务重组很容易被质疑是为了上市而拼凑业绩，所以在审核尺度上从来都是从严把握，并且对于重组的规模也有严格的标准限制。

实务中，非同一控制下的业务重组是否导致发行人主营业务发生重大变化，通常按被重组方重组前一个会计年度末的资产总额、资产净额或前一个会计年度的营业收入或利润总额，达到或超过重组前发行人相应项目的比例进行判断，并且区分业务具有高度相关性和不具有高度相关性两种情形。

①业务具有高度相关性，比例为 100%。

对于重组新增业务与发行人重组前业务具有高度相关性的，被重组方重组前一个会计年度末的资产总额、资产净额或前一个会计年度的营业收入或利润总额，达到或超过重组前发行人相应项目 100%，则视为发行人主营业务发生重大变化。

②业务不具有高度相关性，比例为 50%。

对于重组新增业务与发行人重组前业务不具有高度相关性的，被重组方重组前一个会计年度末的资产总额、资产净额或前一个会计年度的营业收入或利润总额，达到或超过重组前发行人相应项目 50%，则视为发行人主营业务发生重大变化。

（3）重组后运行时间要求

2018 年以前，对于非同一控制下的业务重组后运行时间要求，均是通过历次保荐代表人培训进行指导要求，并且相关的运行要求比较严格，2018 年后，证监会以首发审核知识问题及问题解答的方式，对相关内容进行了明确规定，相对于 2018 年以前，对于重组后运行时间放宽要求，具体如下。

对主营业务发生重大变化的，应根据《首发管理办法》《创业板首发管理办法》的规定，符合相关运行时间要求。即主板运行 36 个月，创业板运行 24 个月。

对于重组新增业务与发行人重组前业务具有高度相关性的，被重组方重组前一个会计年度末的资产总额、资产净额或前一个会计年度的营业收入或利润总额达到或超过重组前发行人相应项目 50%，但未达到 100% 的，通常不视为发行人主营业务发生重大变化，但为了便于投资者了解重组后的整体运营情况，原则上发行人重组后运行满 12 个月后方可申请发行。

（二）审核关注点及典型案例

根据上市前业务重组行为对主营业务发生变化的认定条件及要求，相关的审核关注点主要如下：

1. 报告期内是否存在重大资产重组，是否符合业务重组的相关规定；

2. 业务重组行为是否导致公司报告期内主营业务发生重大变化；
3. 业务重组运行时间是否符合相关规定；
4. 业务重组对公司持续盈利能力的影响；
5. 被重组方相关信息披露是否充分、准确、完整。

相关案例：

案例 1

浙江京华激光科技股份有限公司（2017 年 9 月 5 日通过）

——报告期内收购同一控制下的关联公司股权，利润总额未超过重组前 100%，主营业务未发生变更且无须运行 1 年

案例背景 京华激光是一家专业从事激光全息模压制品制造、销售及技术开发的国家高新技术企业，是中国防伪行业协会正式团体会员、副理事长单位，中国防伪行业十强企业。主要产品包括激光全息防伪膜和防伪纸。报告期（2014 ~ 2017 年 1 ~ 6 月）内，公司营业收入分别为 4.73 亿元、4.29 亿元、4.41 亿元、2.60 亿元；净利润分别为 6188.27 万元、6540.36 万元、6777.35 万元、4272.46 万元。

根据招股说明书披露，长江包装为实际控制人孙建成控制的企业，孙建成持有长江包装 31.17% 的股份。长江包装报告期曾持有京华科技（发行人京华激光全资子公司）70% 股份。发行人于 2016 年 1 月收购了京华科技 100% 的股权。本次收购京华科技重组前一个会计年度末的利润总额超过重组前京华制品（发行人京华激光前身）相应项目 85%，收购价格参考京华科技经评估的净资产价值确定，本次收购发行人界定为同一控制下的企业合并。

反馈意见 请保荐机构、发行人律师补充说明并披露认定孙建成为长江包装实际控制人的依据和理由，长江包装实际经营业务的内容及是否与发行人构成同业竞争或上下游关系，补充说明并披露将收购京华科技认定为同一控制下资产重组的依据和理由，相关收购程序是否合规。请发行人对以下事项进行说明：（1）收购时京华科技从事的主营业务，资产及负债情况，收购后的业务整合及运行情况；收购过程中是否涉及应缴纳税收的情形，若有，请说明税收缴纳情况。（2）2013 年至 2016 年 1 ~ 6 月，京华科技实现的净利润为 2528.38 万元、2630.96 万元、3006.24 万元和 989.06 万元，本次股权转让定价 1530.25 万元，请说明本次收购的定价依据，定价依据的合理性及公允性，收购时京华科技的净资产账面值、评估值，补充说明双方的会

计处理情况以及是否符合企业会计准则的相关规定。（3）若该重组构成同一控制下的企业合并，请详细说明是否符合《证券期货法律适用意见第3号》的相关规定。请保荐机构和会计师进行核查并明确发表核查意见。

发审会问题 请发行人代表进一步说明：（1）发行人将收购绍兴京华激光材料科技有限公司（以下简称“京华科技”）认定为同一控制下企业合并的理由和依据；（2）收购京华科技是否导致发行人报告期内主营业务发生重大变更；（3）收购京华科技的定价依据及其公允性，是否存在税务违规风险。请保荐代表人发表核查意见。

案例分析 重组前京华制品（发行人京华激光前身）和京华科技（发行人京华激光全资子公司，下同）同受实际控制人孙建成控制，所以本次业务重组构成了同一控制下企业合并。在此基础上，只要符合《证券期货法律适用意见第3号》相关要求即可。

京华科技成立于2007年4月，成立至招股说明书披露日，实际控制人一直为孙建成。京华科技与京华制品均为激光全息模压制品业务，属于生产环节的上下游关系，其中京华科技以激光全息防伪膜为主，京华制品以激光全息防伪纸张为主。所以根据《证券期货法律适用意见第3号》的规定，不属于主营业务发生变更的情形。

根据招股说明书披露，业务重组前一年即2015年年末，京华制品和京华科技主要财务指标如下：本次收购京华科技重组前一个会计年度末的资产总额、营业收入、利润总额超过重组前京华制品相应项目50%，未超过100%。因此，京华制品对京华科技的收购行为符合《证券期货法律适用意见第3号》的有关规定，重组后无须运行1年。

案例2

重庆长江造型材料（集团）股份有限公司（2017年11月14日通过）

——收购子公司部分股权，之后又全部转出，理由合理，不构成重大资产重组

案例背景 长江材料是国内大型专业覆膜砂生产供应商及废（旧）砂资源化解决方案提供商，具备原砂开采与加工，铸造用覆膜砂、砂芯和铸造辅料生产，铸造废（旧）砂再生技术和设备的研发生产，压裂支撑剂生产等能力。形成了原料自给、产品生产及延伸制造、铸造废（旧）砂循环利用的一体化综合服务优势。

报告期（2014～2017年1～6月）内，公司营业收入分别为71,132.96

万元、60,912.75 万元、65,355.51 万元、37,106.57 万元；归母净利润分别为 7184.80 万元、7149.91 万元、9876.48 万元、4142.66 万元。

公司涉及的重大资产重组情况如下：

（1）收购子公司少数股权

为规范治理结构，优化子公司股权结构，2015 年 11 月 18 日，长江材料召开第一届董事会第十九次会议，审议通过以 6,419,898.56 元收购舒惠宗持有的凯米尔 16.43% 的股权。经第一届董事会第十九次会议及 2015 年 12 月 5 日召开的 2015 年第二次临时股东大会审议通过，公司以 17,662,390.67 元收购 Zhuang Xiong 持有的成都长 25.46% 的股权；以 9,553,797.98 元收购其持有的昆山长江 27.5% 的股权。本次资产重组完成后，昆山长江、成都长江和凯米尔均成为长江材料全资子公司。

（2）出售子公司股权

由于受近几年国内柴油机排放标准日益提高以及国际经济形势持续低迷的影响，报告期内公司中小功率柴油机业务经营业绩持续下滑，经公司董事会慎重分析中小功率柴油机行业未来发展趋势及公司发展战略，从优化公司业务结构、完善内部管理、降低运营成本，更好集中精力发展铸造用砂及压裂支撑剂业务的角度出发，公司将所持有的全资子公司凯米尔 100% 的股权转让给控股股东、实际控制人，其中将 55% 的股权以人民币 1155 万元转让给熊鹰；将 45% 的股权以人民币 945 万元转让给熊杰，转让后公司不再持有凯米尔股权，不再把凯米尔纳入合并报表范围，不再从事柴油机的生产、销售。

截至 2017 年 6 月 30 日，凯米尔资产总额为 8745.72 万元，所有者权益为 2092.03 万元；营业收入为 5600.23 万元，净利润为 -43.81 万元。上述财务数据已经天健会计师事务所审计。

反馈意见　招股说明书显示，发行人在报告期内收购了对控股子公司凯米尔、成都长江、昆山长江的少数股权，请发行人说明相关股权收购的会计处理情况，说明相关交易作价是否公允，履行程序是否合法合规，结合协议说明对价中是否包含薪酬性质的价款。请保荐机构、会计师说明核查程序和结论，并发表意见。

发审会问题　关于报告期内发行人收购凯米尔股权后又将其全部转让。请发行人代表进一步说明：（1）向舒惠宗收购凯米尔股权的必要性、定价公允性，前后两次股权转让对凯米尔估值不一致的原因及合理性。（2）长江有限曾代职工持有凯米尔的股份，清理过程中是否存在纠纷和诉讼，清理结果是否符合规定。（3）发行人将凯米尔100%股权转让给实际控制人的必要性、合理性，是否履行了必要的决策程序，转让定价是否公允、评估方法是否恰当、款项是否收到，对发行人的业务发展是否会产生不利影响，是否符合《首发管理办法》“最近3年主要业务没有发生重大变化”的规定。（4）告知函回复称凯米尔已将智能装备事业部相关的资产、人员、财务等重新转回了发行人，该事项是否构成关联交易。请保荐代表人说明核查方式、核查过程及结论。

案例分析 长江材料收购子公司凯米尔少数股权，是为了实现公司股权结构的优化，彻底解决关联交易与独立性问题，避免利益输送嫌疑。之后又将全部股权出售，是因为凯米尔主营的中小功率柴油机业务经营业绩下滑且市场形势低迷，属于合理的业务调整。因此，两次资产重组存在合理性。

招股说明书披露，截至2017年6月30日，凯米尔资产总额为8745.72万元，所有者权益为2092.03万元，营业收入为5600.23万元，净利润为-43.81万元，根据《非上市公众公司重大资产重组管理办法》、《上市公司重大资产重组管理办法》（2014年7月7日审议通过）的相关规定，长江材料收购Zhuang Xiong和舒惠宗所持上述公司的股权以及出售凯米尔全部股权不构成重大资产重组。

案例3

华宝香精股份有限公司（2018年1月10日通过）

——为解决关联交易和同业竞争，报告期进行了两次同一控制下的业务重组，相关指标皆未超过100%，不属于主营业务发生重大变化的情形

案例背景 华宝香精主要从事香精的研发、生产和销售，同时经营少量食品配料业务。客户包括云南中烟、上海烟草、湖南中烟、亿滋、光明、汇源、太太乐、金锣等行业著名企业。公司旗下拥有“喜登”“华宝”“孔雀”“天宏”“华芳”“澳华达”“琥珀”等一系列知名香精品牌。报告期（2014～2017年1～6月）内，公司营业收入分别为320,948.54万元、279,179.71万元、261,498.60万元、95,365.11万元；归属于母公司净利润分别为155,330.03万元、132,665.39万元、126,337.31万元、46,230.29万元。

2015年和2016年，为规范与实际控制人之间的关联交易和同业竞争，发行人进行了两次资产重组，2015年重组主要将部分原在发行人体系外的烟草用香精业务、卷烟新材料业务纳入体系内，2016年重组则将原在发行

人体系外的其他香精及食品配料业务纳入发行人体系内，同时，对再造烟叶、卷烟新材料等非香精及非食品配料类业务进行了剥离。经过上述业务和资源整合，发行人主营业务集中于香精及食品配料的研发、生产和销售。

反馈意见 关于报告期内的资产重组。发行人于2015年至2016年进行了两次重大资产重组。（1）请发行人结合重组前后各业务（区分烟草用香精与食品用香精）收入金额及占比的变化情况补充披露发行人的主营业务是否发生变化。（2）重组过程中部分企业的收购与转让为协议定价，未按照净资产或评估作价。请发行人结合企业的业务、资产及财务状况说明定价的依据及公允性。（3）发行人收购的部分企业（如华置贸易）与发行人主营业务无关。请发行人说明收购前述企业的原因，前述企业持有的主要资产，是否能起到与发行人主营业务产生协同效应等积极作用。（4）Huabao Group持有韩国华宝100%股权，韩国华宝主要从事卷烟新材料的研究开发。请发行人说明于2015年收购Huabao Group又于2016年出售Huabao Group的原因。请保荐机构、发行人律师发表明确的核查意见，说明核查过程与依据。

发审会问题 关于发行人的业务。请发行人代表：（1）说明发行人与实际控制人及其控制的其他企业在香原料业务、电子烟业务方面是否存在同业竞争；（2）对比分析资产重组前后公司业务结构的变化情况，是否存在主营业务发生变化的情形；（3）结合公司的业务、资产及财务状况，说明重组过程中的定价依据及公允性，是否存在利益输送或其他利益安排的情形；（4）结合行业发展和市场需求量，说明发行人烟草用香精产销的占比，是否触及行业发展瓶颈，是否会对发行人持续盈利能力产生影响；（5）说明配方在发行人生产体系的具体作用及重要程度，公司的保密制度及竞业禁止安排，发行人在生产流程中对相关技术的保密措施；（6）说明“华宝拉萨净土健康食品项目”特医食品项目研发及产品工艺优化进展，是否存在未能按照《特殊医学用途配方食品注册管理办法》规定完成产品注册的可能性，相关风险是否已充分披露。请保荐代表人说明核查过程和结论。

案例分析 华宝香精在报告期内进行了两次业务重组，其中，2015年主要将部分原在发行人体系外的烟草用香精业务、卷烟新材料业务纳入体系内，2016年将原在发行人体系外的其他香精及食品材料业务纳入发行人体系内，同时对再造烟叶、卷烟新材料等非香精及非食品配料业务进行了剥离。两次业务重组皆属于股权结构及业务结构的优化调整，有效解决了同业竞争和关联交易问题，且使得上市主体业务更加集中，集中于香精及食品配料的研发、生产和销售。

两次皆属于同一控制下的相关性业务重组，据招股书披露，2015 年的业务重组，收购整合标的营业收入、资产总额占发行人上一会计年度相应指标的比例均未超过 40%，利润总额占比更是低于 9%；2016 年的业务重组，收购整合标的营业收入、资产总额占发行人上一会计年度相应指标的比例均未超过 20%，利润总额占比低于 1%；本次剥离资产利润总额占发行人剥离前一年利润总额的比例不足 10%。因此，两次业务重组对发行人的经营和财务状况不构成重大影响，发行人主营业务未发生重大变化且无须运行 1 年后再申报。

案例 4

石药集团新诺威制药股份有限公司（2018 年 12 月 11 日通过）

——为消除同业竞争，扩大经营规模，完善产品结构及获得土地、厂房、设备等资源，进行同一控制下的业务重组，但不属于主营业务发生重大变化的情形

案例背景 新诺威的主营业务为功能食品的研发、生产与销售。公司目前生产的功能食品主要为维生素类保健食品和咖啡因类功能饮料添加剂。目前公司的主要产品为维生素 C 含片和咖啡因。报告期（2015 ~ 2018 年 1 ~ 6 月）内，公司营业收入分别为 74,201.02 万元、89,047.72 万元、103,118.10 万元、61,673.46 万元；扣非后归母净利润分别为 8479.05 万元、14,585.10 万元、19,096.04 万元、11,009.45 万元。

自公司设立以来，公司重大的资产重组情况为新诺威于 2016 年收购同一控制下河北果维康 100% 股权及中诺泰州 100% 股权。收购前，河北果维康系由公司同一控制下的关联方中诺药业控股、恩必普药业参股的从事保健食品研发、生产、销售业务的公司；中诺泰州系由公司同一控制下的关联方中诺药业控股、维生药业参股的公司，业务定位于在江苏泰州建设功能食品研发、生产基地，拓展功能食品业务规模。河北果维康及其子公司泰州果维康、中诺泰州与发行人同属于功能食品业务板块，为消除同业竞争，扩大经营规模，完善产品结构，并为发行人业务发展取得所需的土地、厂房、设备等要素资源。新诺威于 2016 年收购了同一控制下河北果维康 100% 股权及中诺泰州 100% 股权。

反馈意见 据招股说明书披露，发行人于 2016 年收购同一控制下河北果维康 100% 股权及中诺泰州 100% 股权，构成同一控制下的企业合并和业务合

并，其中河北果维康系由关联方中诺药业及恩必普药业以保健食品所需的经营性资产出资设立，中诺药业出资的经营性资产于 2016 年 6 月投入河北果维康，股权转让时河北果维康收购恩必普药业厂房、仓库及配套设备。2012 年，中诺泰州通过出让方式取得位于泰州医药城一宗工业用地土地使用权，目前一期厂房以及动力车间、仓库等基础设施已经建设完成并投入使用，报告期内中诺泰州处于建设期，收入规模较小。

请发行人说明：（1）中诺药业及恩必普药业出资设立河北果维康的具体经营性资产情况，相关资产价格与发行人收购时是否存在较大差异，本次交易的具体过程；（2）中诺泰州成立于 2011 年 8 月 22 日，一直处于建设期未能取得收入的具体原因；（3）收购时河北果维康及中诺泰州的主营业务情况、财务数据、具体资产情况；（4）重组新增业务与发行人重组前的业务是否具有高度相关性，如同一行业、类似技术产品、上下游产业链等，被合并方占发行人重组前资产总额、资产净额、营业收入或净利润的比例，业务重组行为对发行人主营业务变化的影响程度。

发审会问题 发行人于 2016 年通过同一控制下企业合并和业务合并收购了维生素类保健食品业务。请发行人代表说明：（1）收购的保健食品业务与发行人原咖啡因业务是否具有相关性；（2）收购完成后运行时间是否符合《证券期货法律适用意见第 3 号》等法律法规的要求，是否构成发行人最近两年主营业务发生变化；（3）咖啡因类产品与维生素类产品是否源自同一核心技术，是否面向同类销售客户，收购业务占比，报告期内是否主要经营一种业务，是否符合《首发管理办法》的相关规定。请保荐代表人说明核查依据、过程并发表明确核查意见。

案例分析 新诺威收购同一控制下河北果维康 100% 股权属于同一控制下的企业合并和业务合并。河北果维康成立于 2015 年 10 月，河北果维康系由公司同一控制下的关联方中诺药业以保健食品所需的经营性资产出资设立，中诺药业出资的经营性资产于 2016 年 6 月投入河北果维康。在此之前，相关保健食品业务自 2004 年以来由中诺药业经营，具有投入、加工处理过程和产出能力，且中诺药业能够独立计算其成本费用和所产生的收入。因此，公司于 2016 年 12 月收购河北果维康 100% 股权，构成企业合并的同时亦构成业务合并。由于合并前后合并双方均受公司间接控股股东石药集团的控制，且该控制并非暂时性，故本次收购构成同一控制下的企业合并和业务合并，视同合并后的报告主体在报告期间一直存在。

新诺威收购同一控制下中诺泰州 100% 股权，构成同一控制下的企业合并。由于合并前后合并双方均受公司间接控股股东石药集团的控制，且该控制并非暂时性，故本次收购构成同一控制下的企业合并，视同合并后的报告主体在报告期间一直存在。

本次重组完善了公司功能食品业务板块，有利于公司资产、业务、人员、机构、财务的独立性和完整性。重组前一年，即 2015 年，河北果维康和中诺泰州的期末资产总额、营业收入、利润总额合计后占新诺威相应项目的比例分别为 42.51%、32.03% 及 34.73%，均未超过 50%，无须运行 1 年后再申报。

案例 5

广州金域医学检验集团股份有限公司（2017 年 7 月 4 日通过）

——公司实施多起股权收购，均未导致公司主营业务发生变化

案例背景　金域医学系一家专业从事第三方医学检验及病理诊断业务的独立医学实验室，主营业务为向各类医疗机构（包括医院、妇幼保健院、卫生院等）提供医学检验及病理诊断外包服务，属医疗服务行业。报告期（2014 ~ 2017 年 1 ~ 6 月）内，公司营业收入分别为 183,785.77 万元、238,939.22 万元、322,157.97 万元、179,888.09 万元，归母净利润分别为 3125.60 万元、13,143.08 万元、17,003.52 万元、8408.88 万元。

报告期，公司实施多起股权收购，其中 2013 年 2 月，收购了石家庄金域 100% 股权；2013 年 3 月，收购了太原金域 100% 股权；2014 年 11 月，收购了青岛金域 60% 股权；2015 年 4 月，收购了南杰生物 50% 股权；2015 年 8 月，收购了金墁利 100% 股权；2015 年 10 月，收购了震球医学 100% 股权。

反馈意见　请发行人：（1）补充披露仅收购南杰生物 50% 股权的原因，以及将其作为发行人子公司的依据；（2）补充披露上述收购股权的定价依据，收购后的整合情况，以及对发行人业务模式、经营业绩、未来盈利能力的影响等；（3）补充披露上述股权收购的相关会计处理是否合规，如构成同一控制下或非同一控制下企业合并，是否符合《证券期货法律适用意见第 3 号》和企业会计准则的相关规定。请保荐机构和申报会计师对上述事项进行核查，并发表核查意见。

案例分析　金域医学收购石家庄金域、太原金域、青岛金域、南杰生物构成

非同一控制下的业务重组，收购业务属于与公司高度相关的业务，并且各年度收购的相关指标影响比例均未超过 20%，未导致公司主营业务发生变化。

收购金墁利和震球医学构成同一控制下的业务重组，有利于公司避免同业竞争、减少关联交易、优化公司治理、确保规范运作，提高上市公司质量。金墁利和震球医学被公司收购前一个会计年度的主要财务项目（资产总额、营业收入、利润总额）占公司同期相应财务项目的比重分别为 11.63% 和 0.74%、0.04% 和 0.78%、-0.26% 和 0.65%，合计均未超过 20%，因此不影响公司报告期内业绩的连续计算，收购符合《证券期货法律适用意见第 3 号》的相关规定。

案例 6

浙江大胜达包装股份有限公司（2019 年 5 月 23 日通过）

——报告期内进行 10 项业务重组，重组行为均未导致公司主营业务发生变化

案例背景　大胜达主营业务为研发、生产、印刷和销售瓦楞纸箱、纸板。产品被广泛地运用于食品、饮料、烟草、酒类、电子、家电、家具、化工、服装、机械等行业的内外包装。报告期（2015 ~ 2018 年 1 ~ 6 月）内，公司营业收入分别为 101,244.92 万元、108,407.97 万元、120,994.71 万元、60,137.85 万元，归母净利润分别为 3502.41 万元、4867.35 万元、16,418.12 万元、7072.73 万元。

大胜达设立以来主要资产重组事项共 13 项，其中 3 项发生于报告期外，包括 2007 年 12 月收购胜铭纸业 25% 股权、2010 年 3 月收购胜达预印 10% 股权、2010 年 9 月收购大胜达苏州 100% 股权；其余 10 项发生均于报告期内，其中 3 项不属于业务重组，7 项属于业务重组。

反馈意见　1. 请发行人逐项披露与资产重组相关的工商变更登记的完成时间，被重组企业重组时的主营业务、经营业绩及财务情况，主要资产、负债的内容，重组定价的依据，发行人及被重组企业的会计处理情况；被重组企业重组后的主营业务情况、经营业绩及财务情况；被重组企业注销或吸收合并时主要资产、负债情况及处理情况，发行人及被重组企业的会计处理情况。请保荐机构和会计师核查重组定价的公允性和历次会计处理的合规性。

2. 请发行人补充披露被重组方重组前一个会计年度末的资产总额或前一个会计年度的营业收入或利润总额达到或超过重组前发行人相应项目的具体占比，并披露相关重组是否符合《证券期货法律适用意见第 3 号》相关规定。

请保荐机构、会计师补充核查，并就运行时间等相关情况发表核查意见。

案例分析 大胜达报告期内进行了10项资产重组，有7项属于业务重组，属于拟IPO企业里业务重组较多的企业，公司对业务重组区分为同一控制下的业务重组与非同一控制下的业务重组两类。

对同一控制下的业务重组，总共有5项，其中以突出主营业务、解决同业竞争为目的的重组有2项；以完善资产完整性、减少关联租赁为目的的重组有3项。均属于《证券期货法律适用意见第3号》规定的对同一公司控制权人下相同、类似或相关业务进行重组的情况，不构成主营业务发生变化的情形。同时相关指标的影响比例均未达到100%，无须另外运行一个完整的会计年度，申报时间满足要求。

对非同一控制下的业务重组，总共有2项，但被重组方与公司重组前业务具有高度相关性，属于同一行业内重组，重组前后公司实际控制人对公司控制权掌控能力不变，同时，相关指标的影响比例均未超过20%，重组行为未导致公司主营业务变化，也无须运行一定时间后再申报。

（三）应对建议

针对业务重组对主营业务影响的相关规定，主要应对建议如下：

1. 同一控制下的业务重组

（1）为优化业务结构、股权结构的业务重组较容易通过审核

从通过审核的案例来看，为解决同业竞争、关联交易、独立性等问题，以及为集中发展主营业务而进行的同一控制下的业务重组，只要符合《证券期货法律适用意见第3号》的相关规定，审核风险相对较低。

（2）业务重组后需要有助于提升公司未来持续盈利能力

规范性和持续盈利能力一直是IPO最关键的审核关注点，拟IPO企业在报告期内进行同一控制下的业务重组，需要注意分析和披露业务重组后，对现有业绩及公司未来持续盈利能力的提升和促进作用，可降低审核风险。

2. 非同一控制下的业务重组

（1）除非理由充足，尽量避免在上市前进行非同一控制下的业务重组

非同一控制下的业务重组，容易让发审委质疑为了上市前拼凑业绩，因此，除非有十分充足的理由，应尽量避免在上市前进行非同一控制下的业务重组。

（2）若理由充足，应尽早完成业务重组

如果有充足理由进行非同一控制下的业务重组，需要注意业务重组的重组比

例与运行时间的要求。为了尽量缩短企业申报上市的周期，企业的重组尤其是非同一控制下的重组要尽量提早完成，以最大限度缩短运行时间的要求。

（3）业务重组需要注意业务的相关性

虽然实务中非同一控制下业务重组，被重组方也可以与重组方主营业务不相关，只是相关指标规定及运营时间要求不同，但具有业务相关性的业务重组会降低审核风险，反之，若被重组方与拟上市主体业务不相关，则被否率较高。

第二节　业务的独立、完整性

拟上市公司的独立性一直是IPO审核最重要的问题点之一，也是企业IPO被否的主要原因之一。对于业务方面，拟上市公司应当具有完整的业务体系和直接面向市场独立经营的能力，业务独立于控股股东、实际控制人及其控制的其他企业，与控股股东、实际控制人及其控制的其他企业间不存在同业竞争或者显失公平的关联交易。

同业竞争和关联交易作为影响公司业务独立性、完整性的两大典型问题，在拟IPO企业上市前普遍存在，监管机构对两者的审核态度存在较大的区别，其中同业竞争应在上市前彻底解决，而关联交易在满足一定的条件下可以合理存在，需要企业根据自身的情况找出最好的解决方案，避免对上市造成影响。

一、同业竞争

（一）理论基础

同业竞争是指公司所从事的业务与其控股股东或实际控制人所控制的其他企业所从事的业务相同或近似，双方构成或可能构成直接或间接的竞争关系。

同业竞争问题是IPO审核的红线，监管机构一直对同业竞争秉持着严格的审核态度。因为关联方与拟IPO企业从事相同或相似业务，一方面可能造成利益冲突，影响发行人独立性；另一方面，容易出现利益转移或利益输送，损害股东利益，阻碍公司发展。因此，同业竞争成为IPO申报前必须解决的问题。

▶ 相关法条：

《首发管理办法》

第四十二条　发行人应当在招股说明书中披露已达到发行监管对公司独立性

的基本要求。

《创业板首发管理办法》

第三十四条　发行人应当在招股说明书中披露已达到发行监管对公司独立性的基本要求。

《公开发行证券的公司信息披露内容与格式准则第1号——招股说明书》（2015年修订）

第五十一条　……（五）业务独立方面。发行人的业务独立于控股股东、实际控制人及其控制的其他企业，与控股股东、实际控制人及其控制的其他企业间不存在同业竞争或者显失公平的关联交易。

第五十二条　发行人应披露是否存在与控股股东、实际控制人及其控制的其他企业从事相同、相似业务的情况。对存在相同、相似业务的，发行人应对是否存在同业竞争作出合理解释。

第五十三条　发行人应披露控股股东、实际控制人作出的避免同业竞争的承诺。

《公开发行证券的公司信息披露内容与格式准则第28号——创业板公司招股说明书》（2015年修订）

第四十九条　发行人应披露已达到发行监管对公司独立性的下列基本要求：……（五）业务独立方面。发行人的业务独立于控股股东、实际控制人及其控制的其他企业，与控股股东、实际控制人及其控制的其他企业间不存在同业竞争或者显失公平的关联交易。发行人应披露保荐人对前款内容真实、准确、完整发表的结论性意见。

第五十条　发行人应披露是否存在与控股股东、实际控制人及其控制的其他企业从事相同或相似业务的情况。对存在相同或相似业务的，发行人应对是否存在同业竞争作出合理解释。

第五十一条　发行人应披露控股股东、实际控制人作出的避免同业竞争的承诺。

《公开发行证券公司信息披露的编报规则第12号——公开发行证券的法律意见书和律师工作报告》（证监发〔2001〕37号）（已废止，实践中仍具有指导意义）

第三十八条　关联交易及同业竞争：（一）发行人是否存在持有发行人股份5%以上的关联方，如存在，说明发行人与关联方之间存在何种关联关系；……（六）发行人与关联方之间是否存在同业竞争。如存在，说明同业竞争的性质；（七）有关方面是否已采取有效措施或承诺采取有效措施避免同业竞争；（八）发行人是否对有关关联交易和解决同业竞争的承诺或措施进行了充分披露，以及有无重大遗漏或重大隐瞒，如存在，说明对本次发行上市的影响。

“2011年保代培训”不构成同业竞争的解释方向：不能仅以细分行业、细分产品、细分客户、细分区域等界定同业竞争，生产、技术、研发、设备、渠道、客户、供应商等因素都要进行综合考虑，设备、工艺流程、技术通用性等相似的应整体上市，关注是否存在直接竞争、替代关系，是否存在利益冲突、商业机会，是否用了同样的商号、商标、原料、销售渠道、经销商、供应商等。

对于避免同业竞争承诺的认可度：实质性判断构成同业竞争，实际控制人承诺不进行同业竞争，仍然构成发行障碍。

“2012年保代培训”对于同业和竞争的关注情况：既关注竞争，也关注同业，主板和创业板审核标准一致，关注发行人在业务、技术、工艺、原材料、供应商、客户等方面与实际控制人及其控制的其他企业间的关系；相同、相似业务，均存在商业机会的竞争。

对于非实际控制人控制的潜在同业竞争企业的核查要求：发行人直系亲属控制的企业，从事相同、相似、上下游资产业务必须整合进来，但可作为同一控制下企业合并处理。旁系亲属的情况，要从资产来源、业务、客户渠道的重合性等方面充分论证，做好尽职调查，如实信息披露，关注亲属关系远近、业务紧密度、历史上及目前的相互关联等；若不影响独立性，需要对日后是否收购、具体的收购安排、定价公允性等作出披露和承诺。董监高、其他主要股东（由其是对于销售、生产、研发等影响较大的）控制的企业与发行人之间的同业竞争也需关注。

“2017年保代培训”（1）主要关注控股股东、实际控制人及其控制其他的企业与发行人是否存在同业竞争。对于二股东、三股东等所控制的企业，如果存在相同或类似业务，并不算同业竞争，但要关注是否存在业务的冲突；（2）从同业不竞争、地域、档次等角度来解释不构成同业竞争，均不予接受；（3）两类业务相同、类似或具有替代性，共用采购或销售渠道，均认为构成同业竞争。比如：大股东做女装，上市主体做男装，尽管没有替代性，但销售渠道是相同的，仍然构成同业竞争；（4）实际控制人的近亲属控制的企业从事与发行人相竞争业务的关注点：第一，关注历史上是否同源；如果从最开始就相互独立发展，没有交集，可以不作为同业竞争。第二，关注二者是否存在业务混同的情形，是否在采购端、销售端大量重叠，如不存在混同，可以不作为同业竞争。

1.“竞争方”的核查范围

同业竞争的“竞争方”的核查范围一般是指直接、间接地控制发行人的自然人或法人及其控制的企业。实践中，董监高、其他主要股东、实际控制人的直系亲属和关系密切的旁系亲属控制的企业从事与发行人相同、相似或者上下游的业务，一般也需纳入核查范围。但一般来说，财务投资者控制的公司之间不构成同业竞争。此外，在实践中，除上述“竞争方”外，也不乏控股股东、实际控制人以及持股5%以上的自然人股东在相关企业兼任董事、高级管理人员并能够影响相关企业运营的独立性，对于该类董事和高级管理人员是否属于“竞争方”，与发行人是否构成同业竞争，在一些个案中也会被证监会基于“实质重于形式”的原则所关注。

（1）控股股东或实际控制人控制的企业

如果控股股东、实际控制人控制的企业与发行人存在相同或相似业务，则必定会被认定为同业竞争，必须在申报前解决。

（2）控股股东、实际控制人及其配偶的直系亲属、其他近亲属、其他亲属控制的企业

①控股股东、实际控制人及其配偶的直系亲属：若拥有与发行人相竞争的业务，则构成同业竞争。

②控股股东、实际控制人的其他近亲属（兄弟姐妹、祖父母、外祖父母、孙子女、外孙子女）及其控制的企业与发行人存在竞争关系的，原则上认定为构成同业竞争，但发行人能够充分证明与前述相关企业在历史沿革、资产、人员、业务、技术、财务等方面基本独立且报告期内较少交易或资金往来，销售渠道、主要客户及供应商较少重叠的除外。

③控股股东、实际控制人的其他亲属及其控制的企业与发行人存在竞争关系的，一般不认定为构成同业竞争。但对于利用其他亲属关系，或通过解除婚姻关系规避同业竞争认定的，以及在资产、人员、业务、技术、财务等方面有较强的关联，且报告期内有较多交易或资金往来，或者销售渠道、主要客户及供应商有较多重叠的，中介机构在核查时应审慎判断。

相关法条：

《首发业务若干问题解答（一）》

问题15：首发办法对同业竞争行为作出了限制性规定，发行人及中介机构在核查判断同业竞争事项时，应当主要关注哪些方面？

答：（1）核查范围。中介机构应当针对发行人控股股东（或实际控制人）及其近亲属全资或控股的企业进行核查。

（2）判断原则。同业竞争的“同业”是指竞争方从事与发行人主营业务相同或相似业务。核查认定“竞争”时，应结合相关企业历史沿革、资产、人员、

主营业务（包括但不限于产品服务的具体特点、技术、商标商号、客户、供应商等）等方面与发行人的关系，以及业务是否有替代性、竞争性、是否有利益冲突等，判断是否对发行人构成竞争。发行人不能简单以产品销售地域不同、产品的档次不同等认定不构成“同业竞争”。

（3）亲属控制的企业应如何核查认定。如果发行人控股股东或实际控制人是自然人，其夫妻双方直系亲属（包括配偶、父母、子女）控制的企业与发行人存在竞争关系的，应认定为构成同业竞争。发行人控股股东、实际控制人的其他近亲属（即兄弟姐妹、祖父母、外祖父母、孙子女、外孙子女）及其控制的企业与发行人存在竞争关系的，原则上认定为构成同业竞争，但发行人能够充分证明与前述相关企业在历史沿革、资产、人员、业务、技术、财务等方面基本独立且报告期内较少交易或资金往来，销售渠道、主要客户及供应商较少重叠的除外。

发行人控股股东、实际控制人的其他亲属及其控制的企业与发行人存在竞争关系的，一般不认定为构成同业竞争。但对于利用其他亲属关系，或通过解除婚姻关系规避同业竞争认定的，以及在资产、人员、业务、技术、财务等方面有较强的关联，且报告期内有较多交易或资金往来，或者销售渠道、主要客户及供应商有较多重叠的，中介机构在核查时应审慎判断。

《证监会发行监管部关于同业竞争的研究纪要》

第一条　原则上，拟上市公司控股股东、实际控制人夫妻双方的直系亲属拥有的相竞争业务应认定为构成同业竞争。

第二条　对于拟上市公司控股股东、实际控制人夫妻双方的其他亲属拥有的相竞争业务是否构成同业竞争，应从相关企业的历史沿革、资产、人员、业务和技术等方面的关系、客户和供应商、采购和销售渠道等方面进行个案分析判断，如相互独立，则可认为不构成同业竞争。

第三条　审核中应要求保荐机构对拟上市公司控股股东、实际控制人夫妻双方的近亲属（具体范围按民法通则相关规定执行，即配偶、父母、子女、兄弟姐妹、祖父母、外祖父母、孙子女、外孙子女）的对外投资情况进行核查，以判断是否存在拥有相竞争业务的情形。

第四条　对于利用其他亲属关系，或者以解除婚姻关系为由来规避同业竞争的，应从严把握，要求在报告期内均不存在同业竞争，且相关企业之间完全独立规范运作，不存在混同的情形。

第五条　对于拟上市公司的控股股东、实际控制人夫妻双方的亲属拥有与拟上市公司密切相关联的业务是否影响拟上市公司的独立性及符合整理上市的要求，参照上述原则执行，即拟上市公司的控股股东、实际控制人夫妻双方直系亲属拥有与拟上市公司密切相关联的业务，原则上认定为独立性存在缺陷，其他亲属拥有则按照第二条的规定进行个案分析判断。

（3）持股 5% 以上的股东（重点关注持股比例较大的二股东、三股东）控制的企业

①若公司股权分散，则持股 5% 以上股东也被视为需要重点审核对象，本质在于考察其是否为对公司具有重要影响的关联方，若是，则其所从事的与公司具有相同或近似影响的业务必然会影响公司的独立性。

②对于持股比例较大的股东，首先需对该重大股东持股比例，对发行人是否存在重大影响，是否与发行人之间存在不独立的情况进行判断，如存在上述问题，则会被认定存在同业竞争，一般情况下都要求清理；如不存在上述问题，则充分披露即可，如明德电子（股票代码：300656）。

③纯财务投资者无须清理。

（4）董事、监事、高级管理人员控制的企业

《公司法》第 148 条第 1 款第 5 项对董事、高管的忠实义务进行了规定："未经股东会或者股东大会同意，利用职务便利为自己或者他人谋取属于公司的商业机会，自营或者为他人经营与所任职公司同类的业务。"因此，在 IPO 审核中，拟 IPO 企业的董事、监事、经理及其他高级管理人员（包括董事会秘书、财务总监、核心技术人员及公司章程中规定的其他人）经营或控制的其他企业也在考察的范围内，如存在同业竞争也需要进行清理。

相关法条：

《公司法》

第一百四十八条第一款第五项　董事、高级管理人员不得有下列行为：……（五）未经股东会或者股东大会同意，作出利用职务便利为自己或者他人谋取属于公司的商业机会，自营或者为他人经营与所任职公司同类的业务……

2. "同业"的认定

IPO 审核中，证监会对"同业"的认定几乎不设限制条件，较为宽松，拟 IPO 企业很容易与相关"竞争方"落入"同业"的范畴。如何判断"同业"，不仅局限于从经营范围上作判断，还应遵循"实质重于形式"原则，从业务性质、客户对象、

产品或劳务的可替代性、市场差别等方面综合判断，同时应充分考虑对公司的客观影响。

拟 IPO 企业与竞争方是否构成“同业”，可从以下几个方面进行判断：

（1）一般来说，只要拟 IPO 企业与“竞争方”从事相同、相似业务，就构成“同业”，证监会不再接受从销售区域、产品、客户等方面存在差异的角度解释不存在同业竞争的说法。

（2）根据证监会 2017 年 9 月保代培训文件，只要业务之间具备替代性即可认为是相同或相似业务，或虽业务不具替代性，但拟 IPO 企业与“竞争方”之间共用采购或销售渠道等对独立性有重大影响的事项也有可能被认定为“同业”。

（3）根据《国民经济行业分类》（GB/T 4754—2011）采取分大类的方式进行说明，认定拟 IPO 企业与“竞争方”之间是否属于“同业”，具体判断如下：

①在行业分类中不属于同一门类，则可认定不属于同业，例如，A 类和 C 类显然不同业。但实际上，如果能进行这类区分，监管机构可能就不会问及同业竞争的问题；

②在同一门类中，大类不同，一般可认定不属于同业，如同属于 A 类的农林牧副渔，A01 农业与 A02 林业属于不同业，如好太太（股票代码：603848）；

③同一门类同一大类中的不同中类或不同小类，除非有特别的区分，一般应认定属于“同业”。从目前的过会和被否案例来看，证监会不接受发行人仅以细分产品或细分市场的不同来说明与“竞争方”之间不构成同业竞争。

（4）实务中，若产品不具有可替代性，则可被认定为“不同业”。如果可从专业领域、业务资质、产品品种、生产工艺、主要客户、客户需求、采购及销售渠道、产品的特性、用途等多个维度，比较说明拟 IPO 企业与“竞争方”之间的产品或服务不具有可替代性，分属不同的行业领域，则可被认定为“不同业”。

3.“竞争”的认定

认定“竞争”时，应结合相关企业历史沿革、资产、人员、主营业务（包括但不限于产品服务的具体特点、技术、商标商号、客户、供应商等）等方面与发行人的关系，以及业务是否有替代性、竞争性、是否有利益冲突等，判断是否对发行人构成竞争。

IPO 实务中，相关方只要被认定为“同业”，则必然被认定为存在“竞争”。一些企业试图通过“同业不竞争”的思路来对关联的同业企业进行解释，通常较难获得监管机构的认可。

同业不竞争，是指公司与其关联方所从事的业务相同或类似，但由于销售区域不同，销售对象不同、产品档次不同等多种原因而不发生业务竞争及利益冲突的情况。实务中，对于“虽同业但不竞争”的判断，监管机构往往从严审核，核心是拟 IPO 企业与竞争方的业务是否具有可替代性，如果具有可替代性，则构成同业竞争。此外，即使两者业务不具备可替代性，但如果两者有着共同的采购、销售渠道，仍然构成同业竞争。

4. 科创板对同业竞争的审核标准

同业竞争问题是 IPO 审核的红线，科创板发行条件上亦强调了同业竞争问题，但相较于以往的 IPO 法条规定，科创板对同业竞争显露出一定的容忍态度。具体如下：

（1）不存在构成重大不利影响的同业竞争

和主板 IPO 规则类似，科创板也对拟 IPO 企业的同业竞争强调了“全面信息披露”要求，保荐机构及发行人律师需要从各角度进行核查并发表明确意见。但是，《科创板首次公开发行投票注册管理办法（试行）》规定“不存在对发行人构成重大不利影响的同业竞争”，可见监管机构对科创板企业在“同业竞争”上的态度有了一定的容忍和让步。

实际审核中，科创板上市的企业在准备材料时还是应尽量按照主板上市规则中关于同业竞争的相关规定及实务操作方法处理企业存在的同业竞争情形。如在短期内确实无法消除同业竞争，应当将同业竞争的影响程度降到最低，并做好充足的解释，说明公司的同业竞争不存在“重大不利影响”。

（2）如何认定“构成重大不利影响”

拟 IPO 企业的同业竞争被认定构成“重大不利影响”，通常是同业竞争方已经实质性地威胁到拟 IPO 企业的主营业务收入且持续了较长时间。

根据科创板“审核问答”的有关答复，可看出证监会对如何判断“构成重大不利影响”的同业竞争采取了两套认定标准，具体如下：

一是实质业务标准。主要关注以下几点：①竞争方与发行人在经营地域、产品或服务的定位；②同业竞争是否会导致发行人与竞争方之间的非公平竞争；③同业竞争是否会导致发行人与竞争方之间存在利益输送；④同业竞争是否会导致发行人与竞争方之间相互或者单方让渡商业机会情形；⑤同业竞争对未来发展的潜在影响等。

二是营业收入比例标准。根据《上海证券交易所科创板股票发行上市审核问答》的规定：“竞争方的同类收入或毛利占发行人该类业务收入或毛利的比例达 30% 以上的，如无充分相反证据，原则上应认定为构成重大不利影响。”

相关法条：

《科创板首次公开发行股票注册管理办法（试行）》（证监会令第153号）（2019年）（以下简称《科创板首发管理办法》）

第十二条第一项　发行人业务完整，具有直接面向市场独立持续经营的能力：（一）资产完整，业务及人员、财务、机构独立，与控股股东、实际控制人及其控制的其他企业间不存在对发行人构成重大不利影响的同业竞争，不存在严重影响独立性或者显失公平的关联交易。……

《上海证券交易所科创板股票发行上市审核问答》（2019年）中关于科创板“同业竞争”问题作出以下回复：对发行条件发行人“与控股股东、实际控制人及其控制的其他企业间不存在对发行人构成重大不利影响的同业竞争”中的“重大不利影响”，应当如何理解？

答：申请在科创板上市的企业，如存在同业竞争情形，认定同业竞争是否构成重大不利影响时，保荐机构及发行人律师应结合竞争方与发行人的经营地域、产品或服务的定位，同业竞争是否会导致发行人与竞争方之间的非公平竞争、是否会导致发行人与竞争方之间存在利益输送、是否会导致发行人与竞争方之间相互或者单方让渡商业机会情形，对未来发展的潜在影响等方面，核查并出具明确意见。竞争方的同类收入或毛利占发行人该类业务收入或毛利的比例达30%以上的，如无充分相反证据，原则上应认定为构成重大不利影响。

（二）审核关注点及典型案例

同业竞争问题构成IPO上市的实质性障碍，必须在申报前解决。从以往审核案例来看，关于同业竞争，监管机构的主要审核关注点如下：

1. 竞争方是否与发行人之间存在业务、资产、人员、技术等方面的往来；

2. 竞争关系不限于销售，还包括生产、技术、研发、设备、渠道、供应商等因素，需要说明相关企业的历史沿革、资产、人员、业务和技术等方面与发行人的关系，采购销售渠道、客户及供应商等方面是否影响发行人的独立性，发行人与“竞争方”是否存在供应商或客户重叠的情形；

3. 虽然经营区域、细分产品、细分市场不同，控股股东、实际控制人控制的公司与发行人之间是否存在实质的同业竞争关系；

4. 发行人控股股东控制的部分企业存在亏损的情况，是否存在为发行人代垫费用、代为承担成本或转移定价的情形；

5. 竞争方业务是否属于发行人上下游关联业务，如属于，需要说明发行人未将其整合入拟上市主体的原因，或未将其纳入发行人是否对发行人资产完整性和业务独立性构成重大影响；

6. 关于同业竞争解释的是否全面、合理，是否制订明确的解决计划；

7. 报告期内存在同业竞争，成本费用是否分摊，是否影响发行人财务指标，是否给独立性造成严重障碍。

相关案例：

案例 1

广东国立科技股份有限公司（2017 年 9 月 20 日通过）

——实际控制人对外转让同业企业的股权以解决同业竞争问题，获得认可

案例背景 国立科技的主营业务为低碳、环保、再生高分子材料及高分子材料制品的研发、生产、销售和技术服务，主要产品包括 EVA 环保改性材料及制品、TPR 环保改性材料及制品、改性再生工程塑料等三大系列，产品被广泛应用于高档运动及休闲鞋材、运动器材、电子配套产品、家用电器、汽车汽配等领域。报告期（2014 ~ 2017 年 1 ~ 6 月）内，公司营业收入分别为 37,965.44 万元、52,340.96 万元、63,133.73 万元、34,880.42 万元；净利润分别为 3997.69 万元、4650.55 万元、5976.74 万元、2755.49 万元。

肇庆汇塑、肇庆汇合、和展化工三家关联公司与国立科技存在同业竞争关系，2014 年 1 ~ 4 月，公司实际控制人及其兄弟先后将这三家公司转让给了赵志峰，2016 年，国立科技全资子公司肇庆汇展现有场地已不能满足改性再生工程塑料的发展需要。经过双方协商，为了规避股权收购可能存在的风险，公司决定收购肇庆汇合、肇庆汇塑的土地、房产，2017 年完成过户手续。

反馈意见 请发行人说明控股股东、实际控制人、与实际控制人关系密切的近亲属投资或担任重要职务的其他企业与发行人是否存在同业竞争或交易、资金往来。请保荐机构、律师核查并发表明确意见。

发审会问题 招股说明书披露肇庆汇塑系实际控制人杨娜控制的公司，肇庆汇合、和展化工系实际控制人杨娜兄弟杨锋控制的公司，三家公司的主营业务与发行人存在同业竞争。2014 年 1 ~ 4 月这三家公司先后转让给了赵志锋。请发行人代表说明：发行人及其实际控制人与赵志锋是否存在关联关系；三

家公司均转让给赵志锋的原因；肇庆汇塑转让后仍与发行人存在较多交易的原因，以及在 2016 年 12 月又分别以 819.39 万元和 566.44 万元的价格受让肇庆汇塑、肇庆汇合房产的原因和合理性；发行人是否有回购这几家公司的计划或安排。请保荐代表人发表核查意见。

案例分析 为解决同业竞争问题，实际控制人杨娜将肇庆汇塑、肇庆汇合、和展化工三家关联公司转让给了无关联第三方赵志锋，国立科技招股说明书和补充法律意见书中详细披露说明了上述三家公司的转让原因、转让过程、各公司资产负债情况及转让价格，并详细披露了赵志峰的个人简历，说明赵志峰与实际控制人不存在关联关系。

关于国立科技受让肇庆汇塑、肇庆汇合房产的原因及合理性，公司招股书中作了详细披露，说明为了满足子公司肇庆汇展的业务拓展需要，受让肇庆汇塑、肇庆汇合土地和房产，说明受让价格以国众联资产评估土地房地产估价有限公司出具的“国众联评报字（2016）第 2-1081 号”及“国众联评报字（2016）第 2-1082 号”资产评估报告之评估价格 8,193,857.00 元和 5,664,448.00 元为作价依据。上述房产的产权过户手续已经全部完成。

总体来说，国立科技通过股权转让的方式解决同业竞争，理由充分、程序合规；后续受让肇庆汇塑、肇庆汇合房产是为满足业务拓展的需要，受让价格公允，程序合规，获得了监管机构的认可。

案例 2

浙江长城电工科技股份有限公司（2018 年 1 月 30 日通过）

——注销实际控制人控制的企业来消除同业竞争，获得认可

案例背景 长城股份主营业务为电磁线的研发、生产和销售。报告期（2015 ~ 2017 年）内，公司营业收入分别为 288,971.44 万元、322,869.62 万元、458,395.09 万元；净利润分别为 5236.90 万元、11,384.70 万元、17,742.29 万元。公司控股股东为长城集团，实际控制人为顾林祥。

控股股东长城集团控制的企业如下：杭州华健资产管理有限公司、湖州卓盛电工新材科技有限公司及其子公司湖州嘉德房地产开发有限公司；长城集团曾经控制的企业如下：湖州捷易置业有限公司（已于 2014 年 3 月注销）、湖州新跃金属材料有限公司（已于 2016 年 1 月注销）。

实际控制人顾林祥曾控制的其他企业如下：湖州新州机电材料有限公司（已于 2016 年 5 月注销）及其子公司浙江信宇佳实业有限公司（已于 2016 年 5 月注销）、湖州玮杰金属材料有限公司（已于 2015 年 2 月注销）、永康市永玮漆包线销售有限公司（已于 2015 年 6 月注销）、宁波市鄞州华阳漆包线销售有限公司（已于 2015 年 6 月注销）、嵊州市恒远漆包线销售有限公司（已于 2015 年 6 月注销）。

反馈意见 关于同业竞争。请保荐机构和律师补充核查披露：（1）发行人控股股东、实际控制人控制企业的实际经营业务，说明是否简单依据经营范围对同业竞争进行判断，是否仅以细分产品、细分市场的不同来认定不构成同业竞争的情形，如涉及大行业的细分行业、细分产品的区分认定，请保荐机构和律师结合上述企业的历史沿革、资产、人员、业务、专利取得主体和技术来源等方面与发行人的关系，以及是否共享采购销售渠道、相同的供应商或客户等方面情节分析论证对发行人独立性的影响，并对是否构成同业竞争明确发表意见；（2）发行人控股股东、实际控制人、董监高及其近亲属对外投资情况，是否存在与发行人利益冲突的情形，如存在，请核查说明对发行人独立性的影响。

发审会问题 报告期内，多家受发行人实际控制人或控股股东控制的企业注销，并存在关联采购和销售行为。请发行人代表说明：（1）实际控制人、控股股东设立上述企业的目的，注销上述企业的原因；（2）注销企业的资产、技术、人员是否进入发行人；（3）报告期上述企业是否存在为发行人分摊成本、承担费用或其他利益转移的情形，是否与发行人存在同业竞争的情形。请保荐代表人说明核查过程、依据，并发表明确核查意见。

案例分析 为解决同业竞争问题，长城股份采用了“注销＋披露解释＋承诺”的方式，具体如下：（1）注销：申报前（2014 ~ 2016 年）将 6 家受公司实际控制人或控股股东控制的无战略经营意义的企业注销，注销后，实际控制人顾林祥不存在控制其他企业情况；控股股东长城集团控制的其他企业为杭州华健资产管理有限公司、湖州卓盛电工新材料科技有限公司及其子公司湖州嘉德房地产开发有限公司，长城股份与上述公司不存在同业竞争关系；（2）披露解释：公司招股书中详细披露了控股股东长城集团控制的企业的经营范围、经营情况，解释与发行人不存在同业竞争；（3）承诺：控股股东、实际控制人作出了避免同业竞争的承诺。

案例 3

广东宏川智慧物流股份有限公司（2018 年 1 月 25 日通过）

——采用新设主体收购仓储业务的方式解决同业竞争问题，获得认可

案例背景　宏川智慧系一家仓储物流综合服务提供商，主要为境内外石化产品生产商、贸易商和终端用户提供仓储综合服务及其他相关服务，业务具体包括装卸、仓储、过驳、中转、物流链管理等。报告期（2014 ~ 2017 年 1 ~ 9 月）内，公司营业收入分别为 28,726.20 万元、33,223.40 万元、36,727.22 万元、26,966.23 万元；净利润分别为 6615.97 万元、8049.77 万元、8396.85 万元、7198.14 万元。

公司控股股东为宏川集团，实际控制人为林海川。为实现仓储业务的整体上市，2012 年 12 月开始，公司对仓储业务进行了重组，具体如下：（1）新设宏川智慧作为仓储控股主体；（2）宏川智慧收购仓储经营主体太仓阳鸿；（3）宏川智慧收购仓储经营主体三江港储；（4）宏川智慧收购仓储经营主体南通阳鸿；（5）重组其他与仓储相关资产。

反馈意见　报告期内发行人分别收购了太仓阳鸿、南通阳鸿、宏川发展（香港）100% 股权和三江港储 75% 股权，请发行人：（1）结合太仓阳鸿、南通阳鸿、宏川发展（香港）和三江港储的基本情况、主要财务数据、股权结构、所从事的业务、历史沿革等补充说明并披露发行人收购上四家公司的背景和原因；（2）补充披露上述收购行为的定价过程和会计处理情况，说明是否符合《企业会计准则》的规定，并量化分析对发行人相关项目的累积影响；（3）补充披露发行人重组后的运行期间，申报时是否符合运行期要求。

发审会问题　发行人关联方宏川供应链控制多家仓储综合服务与物流链管理服务公司，发行人报告期为宏川供应链等关联方提供仓储综合服务与物流链管理服务。请发行人代表人说明：（1）宏川供应链的业务定位与发展规划及各关联方的经营情况，是否与发行人构成同业竞争或潜在同业竞争；为避免潜在同业竞争，购买宏川能源所持有的东莞宏元 100% 股权的进展情况；（2）关联交易价格是否公允，是否存在利益输送；（3）是否存在关联交易规模进一步扩大的可能，是否有相应的减少关联交易的措施。请保荐代表人发表核查意见。

案例分析　在上市之前，出于仓储业务整体上市需求，并解决与实际控制人控制企业之间同业竞争问题，公司采用“新设主体 + 并购”的方式将第三方

仓储业务集中在新设拟上市主体宏川智慧，重组完成后宏川智慧拥有了具备码头、储罐等经营性资产的三家主要子公司三江港储、太仓阳鸿及南通阳鸿。宏川智慧在招股书中详细披露了收购上述三家仓储经营主体的背景及原因，股权收购和转让的过程及定价依据等，信息披露非常规范。

关于东莞宏元与发行人之间的同业竞争问题。公司实际控制人控制的企业中有一家名为东莞宏元的公司未纳入上市主体（与三江港储同位于广东东莞），为解释东莞宏元与上市公司不构成同业竞争，公司提供了以下理由和解决方案：（1）根据《成品油市场管理办法》，拥有库容不低于10,000立方米的油库是取得成品油批发经营资格的必要条件之一；（2）承诺东莞宏元建设的储罐初始规划也仅作为贸易关联企业的自用仓储基地，不会向市场上其他主体提供仓储服务；（3）承诺若东莞宏元经营的业务被有权机关认为与公司产生同业竞争时，东莞宏元的股东宏川能源及其实际控制人林海川同意将其持有的东莞宏元100%股权转让给宏川智慧。上述解决方案未取得中国证监会的认可，根据招股说明书，2018年1月1日，宏川智慧召开第一届董事会第二十三次会议审议通过了公司购买宏川能源所持有的东莞宏元100%股权，同时也进一步说明同业竞争问题作为IPO审核的实质条件，在方案设计时不能抱以任何侥幸心理。

关于宏川供应链与发行人之间的同业竞争问题。宏川供应链为公司的股东，亦为公司实际控制人控制的企业，主营业务为石化产品贸易与股权投资，宏川智慧从所处行业、业务内容、资产构成、盈利模式等方面进行了充分的解释，认为宏川供应链与公司不存在同业竞争关系，获得了监管机构的认可。

案例4

浙江晨丰科技股份有限公司（2017年9月12日通过）

——采用“收购+注销+转让+解释+承诺”的方式解决同业竞争问题，获得认可

案例背景　晨丰科技主要从事照明产品结构组件的研发、生产和销售，主要产品包括灯头类产品、LED灯泡散热器、灯具金属件及其他产品。报告期（2014～2017年1～6月）内，公司营业收入分别为30,241.19万元、46,200.23万元、58,150.74万元、38,172.42万元；净利润分别为2788.83万元、5820.50万元、9250.52万元、5703.06万元。公司控股股东为求精投资，实际控制人为何文健与魏新娟夫妇。

原与晨丰科技存在同业竞争的企业如下：江西晨航原为魏新娟控制的企

业香港骥飞的全资子公司；晨丰科技董事魏一骥原持有晨丰商贸 50% 股权；何文健曾持有晨诚电镀 60% 股权；何文健曾持有华阳光电 35% 股权。这些企业与晨丰科技业务类似。

此外，实际控制人魏新娟之胞妹魏云华、胞妹夫钱红杰全资控股的海宁杰瑞、魏新娟之舅舅宋月明持股 48% 且担任法定代表人的海宁飞宇，主要经营灯头类产品，与发行人存在相同或者相似业务的情形。

反馈意见 1. 请发行人代表说明：（1）补充说明收购江西晨航相关股权评估情况，收购资金来源，转让涉及的税收缴纳情况；（2）补充说明收购前，发行人持有晨丰商贸 50% 股权、将其纳入合并报表的依据，发行人收购定价依据及资金来源；（3）补充披露上述股权收购后的业务、人员整合情况。

2. 报告期，晨诚电镀、华阳光电存在关联采购、销售、租赁等。晨诚电镀于 2013 年解散并注销，何文健于 2016 年 4 月将其所持华阳光电 35% 股权转让给无关联第三方。请发行人：（1）补充披露晨诚电镀注销时是否履行了必要的注销程序，注销后相关资产、债务、人员的处置情况，注销时是否存在债权债务纠纷、劳资纠纷或其他纠纷，存续期间是否存在违法违规经营的情况；注销后是否存在相关替代电镀业务加工商，如有，请披露名称。（2）补充披露报告期内华阳光电的基本情况，包括但不限于成立时间、注册资本、注册及经营地、主要业务、财务和经营情况、股权结构等；说明与发行人是否存在同业竞争和上下游关系，华阳光电的主要生产经营地址与发行人及其他关联方是否相邻或相近，其董事、监事、高级管理人员和核心技术人员是否在发行人及除该公司以外的发行人关联方任职，华阳光电的股权结构、其他股东与发行人是否存在关联关系或一致行动关系，并结合其公司治理结构、业务情况等说明发行人实际控制人何文健为其第一大股东而不控制该公司的具体依据；结合报告期华阳光电的经营情况补充说明发行人未收购华阳光电股权的原因；实际控制人转让华阳光电 35% 股权履行的法律程序、定价依据及公允性、税费缴纳情况，股权转让是否存在纠纷或潜在纠纷；股权受让方海宁新艺机电有限公司受让股权的原因，其主营业务是否与华阳光电相同或相似，相关股权转让款的资金来源，股权转让价款是否已真实收到，股权转让后与发行人的持续交易情况，股权转让是否存在关联关系非关联化。

发审会问题 请发行人代表进一步说明：（1）发行人实际控制人魏新娟之胞妹魏云华、胞妹夫钱红杰全资控股的海宁杰瑞灯头有限公司（以下简称"海宁杰瑞"）、魏新娟之舅舅宋月明持股 48% 且担任法定代表人的海宁飞宇灯头电器股份有限公司（以下简称“海宁飞宇”），主要经营灯头类产品，与发行人存在相同或者相似业务的情形，海宁杰瑞、海宁飞宇与发行人是否存在同业竞争，发行人的独立性是否存在缺陷。（2）海宁杰瑞、海宁飞宇是否存在人员、技术、资产、客户和销售渠道来源于发行人的情形。（3）报告期内，海宁杰瑞、海宁飞宇与发行人在技术上是否相互独立，是否存在共用采购及销售渠道，是否存在资产、人员、技术共用、产供销环节分不开的情形。（4）报告期内海宁杰瑞与发行人主要客户部分重叠，海宁飞宇与发行人主要供应商、主要客户部分重叠，发行人与海宁杰瑞、海宁飞宇是否存在通过重叠客户及供应商输送利益的情形。（5）不将海宁杰瑞、海宁飞宇并入发行人主体的原因，在市场、客户、供应商上是否存在其他协议安排。（6）发行人是否符合《首发管理办法》第42条、《公开发行证券的公司信息披露内容与格式准则第1号——招股说明书》（2015年修订）第51条第5项以及《上市公司治理准则》的相关规定。请保荐代表人发表核查意见。

案例分析 从招股书披露信息来看，晨丰科技主要通过“收购+注销+转让+解释+承诺”的综合方式来解决同业竞争问题。具体如下：

1. 收购：2015年7月，公司收购实际控制人间接控制的企业江西晨航、晨丰商贸为全资子公司。招股书中详细披露了收购目的、程序、定价依据、价款支付、对公司影响以及业务人员处理等情况。

2. 注销：2013年7月，注销实际控制人何文健曾持股60%的晨诚电镀，招股书中详细披露了注销的程序、资产债务、人员处置及纠纷、合规经营等情况。

3. 转让：2016年4月，实际控制人何文健将其持股35%（第一大股东）的华阳光电转让给第三方海宁新艺机电有限公司，价款已付清，工商变更已办理完成。

4. 解释：公司实际控制人的妹妹和妹夫100%持股的公司海宁杰瑞以及其舅舅控制的公司海宁飞宇，均与公司产品相似，存在同业情形，并且还存在供应商和客户重叠的情形，但公司未将海宁杰瑞和海宁飞宇进行处理。上会时，发审委问询了此两家公司与发行人是否存在同业竞争，是否影响独立性等。可能因为此两个关联企业的业务规模较小，与发行人重合的采购和销售金额和占比皆非常低，公司虽未将其进行整合，但不构成IPO上市的实质性障碍。公司解释此两个关联企业与公司互相独立运营，在业务、知识产权等方面没有关联，不影响独立性，获得了认可。

5. 承诺：实际控制人、控股股东做出出具避免同业竞争的承诺。

案例 5

红星美凯龙家居集团股份有限公司（2017 年 12 月 5 日通过）

——从经营范围、业务类型、相互独立性等方面解释公司与实控人及其近亲属控制企业之间不存在同业竞争，获得认可

案例背景 红星美凯龙主营业务为家居装饰及家具商场的经营、管理和专业咨询服务，通过自营和委管两种模式，为“红星美凯龙”家居商场的商户、消费者和合作方提供全方位的服务。

据招股书披露，公司实际控制人关系密切之家庭成员控制或施加重大影响，或担任董事、高级管理人员的其他企业共 26 家（其中拥有、租赁或在建部分用于经营家居商场物业的企业 7 家），且上述部分企业仍使用红星美凯龙的名号。

发审会问题 请发行人代表说明：（1）发行人房地产业务是否实质性剥离；（2）报告期内发行人与控股股东控制的红星企发、红星商管商业地产运营业务是否构成同业竞争；（3）发行人与实际控制人近亲属签订的“委托建设和经营合同”的期限，能否彻底解决同业竞争问题，是否存在潜在的同业竞争。

案例分析 从招股说明书披露来看，发行人从以下几个方面对同业竞争进行了解释与处理：

1. 转让股权与回购资产：为突出主营业务，转让 12 家拥有附带房地产开发业务的公司或与发行人主营业务无关的公司的股权。为避免同业竞争，回购其中 7 家公司所持有的家居商场资产，招股书中详细披露了回购形式、过程、实施情况等。

2. 解释：（1）对于公司与红星企发、红星商管之间是否构成同业竞争，公司从经营范围，业务类型等方面解释公司与其不存在同业竞争关系，红星企发主营业务为投资咨询业务，红星商管主营业务为非家居管理服务，而公司主营业务为家居装饰及家具商场的经营、管理和专业咨询服务。

（2）对于实际控制人近亲属控制的企业，从历史来源（历史发展同源性，后续发展的独立性以及任职管理上已无任何关联性）说明与关联企业之间竞争业务形成的原因，作出相互之间均独立的判断。

（3）7 家近亲属控制企业委托公司经营管理，交易定价为市场价，价

格公允，不存在利润的转移。

3. 承诺：实际控制人关系密切的家庭成员做出避免同业竞争的承诺。

案例 6

上海通领汽车科技股份有限公司（2017 年 12 月 26 日被否）

——解释公司与非实控人的第一大股东控制的企业虽然业务类似，
但相互独立，不存在竞争，未获得认可

案例背景　通领汽车主要从事汽车内饰件研发、生产和销售，及相关模具的研发和销售，是国内应用 INS/IMD 工艺专业生产汽车内饰件产品的重要企业之一。报告期（2014 ~ 2017 年 1 ~ 6 月）内，公司营业收入分别为 38,333.92 万元、47,384.70 万元、61,370.39 万元、32,429.94 万元；净利润分别为 3941.66 万元、4189.85 万元、2875.94 万元、2589.80 万元。

从公司股权结构来看，第一大股东为江德生，持有 1286.92 万股，持股比例近 28%，第二大股东为项春潮，持有发行人 645 万股，占比 13.86%。项春潮通过签署《一致行动协议》控制了其余 16 人共持有发行人 50.22% 的股权，合计控制发行人 64.08% 的股份，行使发行人的经营发展决策权，其余 16 名股东大多为项春潮的亲属及好友。但江德生并未签署上述《一致行动协议》。在实际控制人认定上，将项春潮认定为公司实际控制人，并未将第一大股东江德生认定为实际控制人。而公司第一大股东江德生投资的企业智达复合、金智达、天津金智达、广州金智达等均从事汽车内饰业务，与发行人的主营业务一致。

发审会问题　发行人第一大股东江德生控制的智达复合、金智达、天津金智达和广州金智达等企业均从事汽车内饰生产相关业务。说明发行人与江德生控制的上述企业是否存在同业竞争或利益冲突等情况。

案例分析　公司实际控制人项春潮控制的其他企业主要从事投资管理、物业出租、服饰、宾馆餐饮等业务，与公司不存在同业竞争关系。但公司第一大股东、董事、总经理江德生投资的企业智达复合、金智达、天津金智达、广州金智达等均从事汽车内饰业务，与发行人的主营业务一致。发审委问询公司与江德生控制的上述企业之间是否存在同业竞争或利益冲突等情况。

该案例对于实际控制人的认定方式比较少见，实际经营公司的第一大股东不被认定为共同控制，也不与其他股东签署一致行动协议，有从法条上规避被认定为同业竞争的嫌疑。

从招股书来看，公司主要采用解释的方式，说明公司与上述企业不存在同业竞争，主要如下：（1）详细列出了实际控制人项春潮控制的企业的主营业务范围，主要是从事物业出租、投资、餐饮、贸易等业务，并从这些企业的业务、独立性、采购销售等方面作出了不存在同业竞争的解释；

（2）详细列出了公司第一大股东江德生控制的企业的主营业务范围，主要是从事汽车复合材料生产、销售，业务类型与公司类似，与公司存在同业竞争的嫌疑，但从资产、业务、人员的独立性以及采购销售占比情况等作出了不存在同业竞争的解释，也即解释为“同业但不竞争”。显然监管机构未能接受这样的解释。

可见，对于大股东（非实际控制人）控制的企业，必须考虑其是否能对公司产生重大影响，其控制下的公司是否与发行人存在同业竞争，如是则必须按照 IPO 审核要求进行解决并披露解释。

案例 7

中国出版传媒股份有限公司（2017 年 7 月 21 日通过）

——企业类型为央企，采用承诺的方式解决同业竞争，获得认可

案例背景　中国出版是以图书、报刊、电子音像等出版物出版为主，集出版、发行、物资供应、印刷等业务于一体的大型出版企业。

公司控股股东和实际控制人为出版集团，为国有企业，出版集团下属与公司存在同业竞争关系的公司主要包括研究出版社与新华书店成都有限公司，其中研究出版社与中国出版一样，主要从事出版业务；新华书店成都有限公司与中国出版子公司中版教材一样，主要从事销售中小学教材业务。

发审会问题　请发行人代表结合出版集团下属与发行人存在相同或相似业务子公司的业务范围，进一步说明发行人是否存在同业竞争，相关各方“避免同业竞争的承诺函”是否存在可行性。

案例分析　中国出版与控股股东、实际控制人控制的企业研究出版社、新华书店成都有限公司主营业务相同或类似，中国出版与其存在同业竞争关系。但公司未在申报前将同业竞争问题进行清理，而是通过承诺择机并购的方式来解决同业竞争。具体承诺如下：

为避免同业竞争，本公司控股股东出版集团于 2015 年 12 月 14 日出具了《关于避免同业竞争的承诺函》，具体如下：“一、本公司承诺：1. 在

研究出版社完成改制工作后，会择机将研究出版社注入中国出版。2. 自本承诺函出具之日起 5 年内，会择机将新华书店成都有限公司注入中国出版。二、本公司承诺：1. 严格按照本公司对各主要业务板块的定位制定本公司及各子公司发展战略、规划、经营方针、经营决策等，并通过符合《公司法》等规定的方式促使本公司控制的企业按照本公司发展战略、规划、经营方针、经营决策等开展经营，避免本公司及本公司控制的企业与中国出版构成同业竞争。2. 未来，根据经济、行业、市场、经营等环境的变化情况，如中国出版认为有必要对其主营业务进行调整，作为中国出版控股股东及实际控制人，出版集团将支持并优先满足中国出版的业务发展需要，同时根据中国出版的业务调整情况，促使其他业务板块进行调整，以避免出版集团及其控制的其他企业与中国出版产生同业竞争。三、为避免与中国出版构成同业竞争，本公司进一步承诺：1. 本公司及本公司控制的企业不会在中国境内或境外，以直接从事、直接控股或间接控制的方式参与与中国出版及其全资或控股子公司主营业务构成竞争的任何业务或活动。2. 如中国出版及其全资或控股子公司今后进一步拓展主营业务范围，本公司及本公司控制的企业将不与中国出版及其全资或控股子公司拓展后的产品或业务相竞争。3. 上述承诺在中国出版发行的股票于上海证券交易所上市且本公司持有发行人 5% 以上股份期间持续有效。四、本公司同时承诺：因未履行上述承诺而给中国出版及其他股东造成损失的，本公司将承担相应的赔偿责任。"

本案例承诺解决同业竞争获得监管机构认可，属于比较特殊的情形，通常适用于央企、国企等特殊类型的企业，普通民营企业不具备可参考性。

（三）应对建议

同业竞争是 IPO 审核的红线，为降低 IPO 过会风险，拟 IPO 企业原则上应当在申报前彻底消除同业竞争。

通常来说，拟 IPO 企业若存在同业竞争问题，可采取以下措施进行解决：

1. 注销竞争方或改变其经营范围

为消除同业竞争问题，最彻底的解决办法就是注销与拟 IPO 企业存在同业竞争关系的关联企业，或者改变同业竞争方的经营范围，不再从事与发行人相同或类似的业务。

注销与拟 IPO 企业存在竞争性业务的竞争方，就是按照《公司法》规定的解散清算程序，把相关竞争方直接关闭注销。这种方法一般适用于该竞争方业务规模小，直接注销或改变经营范围不会造成过多损失的情形。

监管机构通常会关注注销竞争方的目的以及相关人员、资产的安排，需要做好详细的信息披露与说明。

2. 并购竞争方股权或业务资产

拟 IPO 企业并购竞争方的股权或并购其竞争性的业务和资产，这种方式既有利于解决同业竞争问题，又有利于增强拟 IPO 企业的竞争力，缺点就是需要付出一定的并购成本。

股权并购，就是将存在同业竞争的公司即竞争方纳入上市主体内，使其成为拟 IPO 企业的控股子公司或全资子公司。股权并购方式适用于竞争方财务规范，无重大法律瑕疵，不存在上市实质性障碍的情形。

业务与资产并购，就是将竞争方的竞争性业务及相关资产纳入上市主体中，竞争方停止经营竞争性业务。采用这种方式，竞争方可以继续开展非竞争性业务，适合那些需要继续保留竞争方独立地位的情形。

监管机构通常会关注并购价格是否公允，是否存在利益输送，并购资金来源，税款缴纳情况，并购后业务人员的整合等，需要做好详细的信息披露与说明。

此外，需要注意的是，根据被并购方的规模不同，拟上市主体有不同的运行时间的要求，因此需要做好提前规划与安排，尽早完成并购工作。

3. 转让竞争方股权给无关联第三方

将存在同业竞争的公司转让给无关联的第三方，也是解决同业竞争的方式之一。这种方式适用于因各种原因无法将竞争方纳入上市主体内，且存在愿意受让竞争方股权的无关联第三方的情形。

通过股权转让的方式解决同业竞争问题容易被监管机构质疑股权转让的真实性与合理性，也即同业竞争的解决是否彻底，因此，须保证受让方与拟 IPO 企业确实不存在关联关系。

4. 解释不存在同业竞争关系

拟IPO企业与关联方是否存在同业竞争关系，必须遵守“实质重于形式”的原则，如果确实不存在同业竞争关系，可从以下角度进行解释：

（1）业务范围、经营模式不同；

（2）所处大的行业（细分行业较难通过）、业务内容不同；

（3）资产构成（固定资产、无形资产占比）、盈利模式不同；

（4）市场竞争差异、客户重合度低（需结合采购、销售渠道、客户占比等数据对比分析）；

（5）人员、机构、资产、业务、财务互无联系，均为独立的。

需要注意的是，仅仅通过经营范围、细分行业、销售分区、产品分类等方面来解释不存在同业竞争，则较难被监管机构所接受。

但是，如果拟 IPO 企业为国有企业性质，则解释不存在同业竞争的方法和思路存在一些特殊之处，因为国有企业存在行业、业务、产品等诸多特殊性，一些大型国有集团常将其下属某一盈利能力较强的业务板块打造成上市主体，华能水电（股票代码 600025）就是典型案例。这种情形下，可从以下几个方面解释：

（1）明确拟上市主体在集团内的业务定位。拟上市主体所从事业务与其他业务板块不同，不存在业务交叉。

（2）明确拟上市主体的独立性。从历史溯源、业务关联等方面进行实质性分析，说明拟上市主体与控股股东及其控制的其他企业各自独立发展，在资产、业务、人员等方面不存在混同，客户及供应商不存在大量重叠。

（3）明确控股股东及实际控制人无法影响拟上市主体与潜在同业竞争企业之间的利益分配。

同业竞争的初衷是为了避免控股股东及实际控制人通过可能构成同业竞争的业务主体，对拟上市主体进行利益侵害或利益输送，影响拟上市主体上市后的规范运作，进而侵害广大中小股东的利益。因此，明确控股股东及实际控制人无法影响拟上市主体与潜在同业竞争企业之间的利益，可以不被认为存在同业竞争。

5. 信息披露与实际控制人书面承诺

（1）如果拟 IPO 企业存在同业竞争，不论采用何种办法解决，解决程度如何，皆需要实际控制人及控股股东在招股书等申报材料中作出避免同业竞争的承诺。

（2）完善的信息披露

如果拟 IPO 企业存在同业竞争，需按照《公开发行证券的公司信息披露内容与格式准则第 1 号——招股说明书》以及其他相关信息披露文件的要求进行信息披露。同业竞争信息披露的内容包括但不限于以下几个方面：

①披露是否存在与控股股东、实际控制人或除控股股东以外的其他持有发行人股份 5% 以上的股东及其控制的其他企业从事相同、相似业务的情况；

②对发行人控股股东、实际控制人以及夫妻双方的近亲属（配偶、父母、子女、兄弟姐妹、祖父母、外祖父母、孙子女、外孙子女）及相关人员对外投资、任职情况进行核查，应披露相关企业的历史沿革、资产、人员、业务和技术等方面与发行人的关系，是否存在拥有相竞争业务或者其他可能导致利益冲突或者转移的情形；

③对是否存在同业竞争作出合理解释；

④披露控股股东、实际控制人作出的避免同业竞争的承诺；

⑤如发行人历史上曾存在同业竞争，发行人应详细披露解决同业竞争的措施、过程、效果。

6. 特殊解决方式

（1）承诺解决

一些特殊类型的企业，如国企、央企等，存在通过“承诺解决”的方式应对同业竞争问题，如中国出版（601949）。这种方式审核风险较大，且一般不适合普通中小民营企业。

（2）委托经营

竞争方将存在同业竞争的业务委托给拟 IPO 企业经营。实务中，通过这种方式解决同业竞争的成功案例比较少见，一些国有企业因特殊原因无法在上市前彻底消除同业竞争时，可能采用此种方式，并承诺待条件具备时，将该等同业竞争业务转至拟上市主体内。

二、关联交易

（一）理论基础

关联交易，是企业关联方之间的交易。关联交易涉及的面较广，企业与关联方之间发生的所有商业行为，几乎都构成关联交易。具体来说，企业与关联方之间的以下行为皆构成关联交易：购买或销售产品、购买或销售商品以外的其他资产、提供或接受劳务、担保、提供资金（贷款或股权投资）、租赁、代理、研究与开发项目的转移、许可协议、代表企业或由企业代表另一方进行债务结算、关键管理人员薪酬等。

关联交易在企业日常经营中普遍存在，关联交易具有两面性，一方面，关联交易可能导致利润转移、粉饰业绩、侵害中小股东利益、影响公司独立性；另一方面，关联交易具有高效、优质、持续、稳定的优点。因此，IPO 审核中，关联交易并非完全禁止，但要求规范。拟 IPO 企业需要注意关联交易的必要性、公允性、真实性，避免对关联方存在重大依赖，影响独立性。此外，还需注意关联交易决策机制和决策程序的规范性。最后，实务中，监管机构对关联方及关联交易的审核遵循实质重于形式原则，关注隐性关联交易，以及企业对关联方进行非关联化处理等。

▶相关法条：

《首发管理办法》

第二十五条　发行人应完整披露关联方关系并按重要性原则恰当披露关联交易。关联交易价格公允，不存在通过关联交易操纵利润的情形。

1. 关联方、关联关系及关联交易的认定

证监会及相关部门多部法律法规对企业关联方、关联关系、关联交易的认定及信息披露要求作了具体规定，主要包括《公司法》《公开发行证券的公司信息披露内容与格式准则》《上海证券交易所股票上市规则》《深圳证券交易所股票上市规则》《深圳证券交易所创业板股票上市规则》《上市公司信息披露管理办法》《企业会计准则第 36 号——关联方披露》等，其中，上交所和深交所对关联方的认定标准基本相同，但《企业会计准则第 36 号——关联方披露》对关联方、关联关系及关联交易等相关概念的定义略有差异。

相关法条：

《公开发行证券的公司信息披露内容与格式准则第 1 号——招股说明书》（2015 年修订）

第五十四条　发行人应根据《公司法》和《企业会计准则》的相关规定披露关联方、关联关系和关联交易。

第五十五条　发行人应根据交易的性质和频率，按照经常性和偶发性分类披露关联交易及关联交易对其财务状况和经营成果的影响。

购销商品、提供劳务等经常性的关联交易，应分别披露最近三年及一期关联交易方名称、交易内容、交易金额、交易价格的确定方法、占当期营业收入或营业成本的比重、占当期同类型交易的比重以及关联交易增减变化的趋势，与交易相关应收应付款项的余额及增减变化的原因，以及上述关联交易是否仍将持续进行。

偶发性的关联交易，应披露关联交易方名称、交易时间、交易内容、交易金额、交易价格的确定方法、资金的结算情况、交易产生利润及对发行人当期经营成果的影响、交易对公司主营业务的影响。

第五十六条　发行人应披露是否在章程中对关联交易决策权力与程序作出规定。公司章程是否规定关联股东或利益冲突的董事在关联交易表决中的回避制度或做必要的公允声明。发行人应披露最近三年及一期发生的关联交易是否履行了公司章程规定的程序，以及独立董事对关联交易履行的审议程序是否合法及交易价格是否公允的意见。

第五十七条　发行人应披露拟采取的减少关联交易的措施。

《公开发行证券的公司信息披露内容与格式准则第 28 号——创业板公司招股说明书》（2015 年修订）

第五十二条　发行人应根据《公司法》和企业会计准则的相关规定披露关联

方、关联关系和关联交易。

第五十三条　发行人应根据交易的性质和频率，按照经常性和偶发性分类披露关联交易及关联交易对其财务状况和经营成果的影响。购销商品、提供劳务等经常性关联交易，应分别披露报告期内关联交易方名称、交易内容、交易金额、交易价格的确定方法、占当期营业收入或营业成本的比重、占当期同类型交易的比重以及关联交易增减变化的趋势，与交易相关应收应付款项的余额及增减变化的原因，以及上述关联交易是否仍将持续进行。

偶发性关联交易，应披露关联交易方名称、交易时间、交易内容、交易金额、交易价格的确定方法、资金结算情况、交易产生的利润及对发行人当期经营成果的影响、交易对公司主营业务的影响。

发行人应披露报告期内所发生的全部关联交易的简要汇总表。

第五十四条　发行人应披露报告期内发生的关联交易是否履行公司章程规定的程序，披露独立董事对关联交易履行的审议程序是否合法及交易价格是否公允的意见。

《公司法》

第二百一十六条第三项　关联关系，是指公司控股股东、实际控制人、董事、监事、高级管理人员与其直接或者间接控制的企业之间的关系，以及可能导致公司利益转移的其他关系。但是，国家控股的企业之间不仅因为同受国家控股而具有关联关系。

《企业会计准则第 36 号——关联方披露》

第三条　一方控制、共同控制另一方或对另一方施加重大影响，以及两方或两方以上同受一方控制、共同控制或重大影响的，构成关联方。

控制，是指有权决定一个企业的财务和经营政策，并能据以从该企业的经营活动中获取利益。

共同控制，是指按照合同约定对某项经济活动所共有的控制，仅在与该项经济活动相关的重要财务和经营决策需要分享控制权的投资方一致同意时存在。

重大影响，是指对一个企业的财务和经营政策有参与决策的权力，但并不能够控制或者与其他方一起共同控制这些政策的制定。

第四条　下列各方构成企业的关联方：（一）该企业的母公司。（二）该企业的子公司。（三）与该企业受同一母公司控制的其他企业。（四）对该企业实施共同控制的投资方。（五）对该企业施加重大影响的投资方。（六）该企业的合营企业。（七）该企业的联营企业。（八）该企业的主要投资者个人及与其关系密切的家庭成员。主要投资者个人，是指能够控制、共同控制一个企业或者对一个企业施加重大影响的个人投资者。（九）该企业或其母公司的关键管理人员及与其关系密切的家庭成员。关键管理人员，是指有权力并负责计划、指挥和控制企业活动的人员。与主要投资者个人或关键管理人员关系密切的家庭成员，是指在处理与企业的交易时可能影响该个人或受该个人影响的家庭成员。（十）该企业主要投资者个人、关键管理人员或与其关系密切的家庭成员控制、共同控制或施加重大影响的其他企业。

第五条　仅与企业存在下列关系的各方，不构成企业的关联方：（一）与该企业发生日常往来的资金提供者、公用事业部门、政府部门和机构。（二）与该企业发生大量交易而存在经济依存关系的单个客户、供应商、特许商、经销商或代理商。（三）与该企业共同控制合营企业的合营者。

第六条　仅仅同受国家控制而不存在其他关联方关系的企业，不构成关联方。

第七条　关联方交易，是指关联方之间转移资源、劳务或义务的行为，而不论是否收取价款。

第八条　关联方交易的类型通常包括下列各项：（一）购买或销售商品。（二）购买或销售商品以外的其他资产。（三）提供或接受劳务。（四）担保。（五）提供资金（贷款或股权投资）。（六）租赁。（七）代理。（八）研究与开发项目的转移。（九）许可协议。（十）代表企业或由企业代表另一方进行债务结算。（十一）关键管理人员薪酬。

《上市公司信息披露管理办法》

第七十一条第三项　上市公司的关联交易，是指上市公司或者其控股子公司与上市公司关联人之间发生的转移资源或者义务的事项。

关联人包括关联法人和关联自然人。

具有以下情形之一的法人，为上市公司的关联法人：1. 直接或者间接地控制上市公司的法人；2. 由前项所述法人直接或者间接控制的除上市公司及其控股子公司以外的法人；3. 关联自然人直接或者间接控制的、或者担任董事、高级管理人员的，除上市公司及其控股子公司以外的法人；4. 持有上市公司 5% 以上股份的法人或者一致行动人；5. 在过去 12 个月内或者根据相关协议安排在未来 12 月内，存在上述情形之一的；6. 中国证监会、证券交易所或者上市公司根据实质重于形式的原则认定的其他与上市公司有特殊关系，可能或者已经造成上市公司对其利益倾斜的法人。

具有以下情形之一的自然人，为上市公司的关联自然人：1. 直接或者间接持有上市公司5%以上股份的自然人；2.上市公司董事、监事及高级管理人员；3.直接或者间接地控制上市公司的法人的董事、监事及高级管理人员；4.上述第1、2项所述人士的关系密切的家庭成员，包括配偶、父母、年满18周岁的子女及其配偶、兄弟姐妹及其配偶，配偶的父母、兄弟姐妹，子女配偶的父母；5.在过去12个月内或者根据相关协议安排在未来12个月内，存在上述情形之一的；6.中国证监会、证券交易所或者上市公司根据实质重于形式的原则认定的其他与上市公司有特殊关系，可能或者已经造成上市公司对其利益倾斜的自然人。

IPO申报材料对关联方的界定同时适用证券监管规则相关规定和企业会计准则两套标准，并以其“并集”作为关联方的范围。综合上述法规规定，IPO审核过程中，企业关联方主要包括关联法人和关联自然人，其中关联法人主要包括：

（1）拟上市公司的母公司（直接或者间接控制上市公司的法人或其他组织）；

（2）拟上市公司的兄弟公司（由前项所述法人直接或者间接控制的除上市公司及其控股子公司以外的法人或其他组织）；

（3）拟上市公司的子公司、联营企业、合营企业（企业会计准则单独规定）；

（4）持有拟上市公司5%以上股份的其他法人或组织（企业会计准则中仅规定对拟上市公司实施共同控制或施加重大影响的投资方）；

（5）关联自然人控制的其他公司（由关联自然人直接或者间接控制的除上市公司及其控股子公司以外的法人或其他组织）；

（6）关联自然人任董事、高管的其他公司（由关联自然人担任董事、高级管理人员的除上市公司及其控股子公司以外的法人或其他组织）；

（7）在过去12个月内或者根据相关协议安排在未来12个月内，存在上述情形之一的。

关联自然人主要包括：

（1）拟上市公司的董事、监事、高管及其家庭成员；

（2）直接或间接持有拟上市公司5%以上股份的自然人及其家庭成员；

（3）母公司的董事、监事、高管（直接或者间接地控制上市公司的法人的董事、监事及高级管理人员）；

（4）在过去12个月内或者根据相关协议安排在未来12个月内，存在上述情形之一的。

根据上述内容，相关关联方的示意图可以梳理如下：

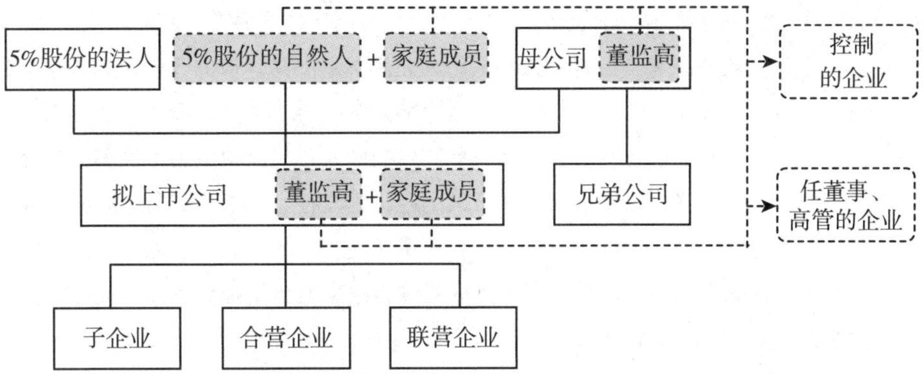

除了上述法规规定的关联方及关联关系外，证监会对关联方和关联关系的认定遵循实质重于形式原则，从严认定。曾控制或持股公司的股东、曾任职公司的董监高及员工、曾经为关联方的自然人及法人等皆会被监管机构作为公司“疑似关联方”进行重点关注。如果上述人员持有公司股份，或存在其他投资合作关系，则会视同公司关联方。

2. 关联交易需要注意的核心问题

除了上述法条规定外，证监会 2019 年 3 月 25 日发布的《首发业务若干问题解答（一）》对关联交易具体要求作了规定，包括关联方认定、关联交易的必要性、公允性、关联交易的决策程序等，具体如下：

相关法条：

《首发业务若干问题解答（一）》

问题 16：首发企业报告期内普遍存在一定比例的关联交易，请问作为拟上市企业，应从哪些方面说明关联交易情况，如何完善关联交易的信息披露？中介机构核查应注意哪些方面？

答：中介机构在尽职调查过程中，应当尊重企业合法合理、正常公允且确实有必要的经营行为，如存在关联交易的，应就交易的合法性、必要性、合理性及公允性，以及关联方认定，关联交易履行的程序等事项，基于谨慎原则进行核查，同时请发行人予以充分信息披露，具体如下：

（1）关于关联方认定。发行人应当按照《公司法》、《企业会计准则》和中国证监会的相关规定认定并披露关联方。

（2）关于关联交易的必要性、合理性和公允性。发行人应披露关联交易的交易内容、交易金额、交易背景以及相关交易与发行人主营业务之间的关系；还应结合可比市场公允价格、第三方市场价格、关联方与其他交易方的价格等，说明并摘要披露关联交易的公允性，是否存在对发行人或关联方的利益输送。

对于控股股东、实际控制人与发行人之间关联交易对应的收入、成本费用或利润总额占发行人相应指标的比例较高（如达到 30%）的，发行人应结合相关关联方的财务状况和经营情况、关联交易产生的收入、利润总额合理性等，充分说明并摘要披露关联交易是否影响发行人的经营独立性、是否构成对控股股东或实际控制人的依赖，是否存在通过关联交易调节发行人收入利润或成本费用、对发行人利益输送的情形；此外，发行人还应披露未来减少与控股股东、实际控制人发生关联交易的具体措施。

（3）关于关联交易的决策程序。发行人应当披露章程对关联交易决策程序的规定，已发生关联交易的决策过程是否与章程相符，关联股东或董事在审议相关交易时是否回避，以及独立董事和监事会成员是否发表不同意见等。

（4）关于关联方和关联交易的核查。保荐机构及发行人律师应对发行人的关联方认定，发行人关联交易信息披露的完整性，关联交易的必要性、合理性和公允性，关联交易是否影响发行人的独立性、是否可能对发行产生重大不利影响，以及是否已履行关联交易决策程序等进行充分核查并发表意见。

综合证监会及相关部门对关联交易的要求，以及以往的 IPO 审核案例，拟 IPO 企业若在报告期内存在关联交易，主要应注意以下核心问题，并逐一进行规范：

（1）关联交易的必要性

关联交易必要性的解释通常需要有合理完备的商业逻辑，例如，交易双方具有上下游关系，关联交易是市场化选择的结果；关联方具有优越的市场地位，实力雄厚且在业界具有良好的信誉，公司与之进行关联交易有利于保持货源的稳定、产品质量的稳定或市场份额的快速提升等。

实务中，关联交易的必要性通常难以通过合理解释而获得监管机构的认可，比较可行的做法是，拟 IPO 企业在充分说明关联交易必要性的基础上，在报告期内最大程度降低关联交易的比例，或消除关联交易，审核风险会进一步降低。

（2）关联交易的公允性

关联交易的定价政策及其公允性论证是申报材料必须披露和保荐机构必须发表意见的内容。关联交易定价与非关联交易的定价对比是否合理，实践中需要找到足够的数据样本进行对比，以充分论证关联交易价格的公允性。通常来说，交易价格的差异在 3% 以内，可以获得认可。

（3）关联交易的真实性

实务中，一些企业会利用关联方制造虚假交易，从而达到粉饰业绩的目的，造成关联交易不真实和业绩不真实，一旦被发现或质疑，被否率很高。

需要注意的是，监管机构除了核查已披露关联交易的真实性，还会对一些异常的或金额较大的交易进行核查，以判断真实的关联关系及交易的真实性。

（4）关联交易的程序合规性

关联交易的程序合规性主要是指关联交易的决策机制和决策程序是否规范。主要包括：①关联交易的程序需要在公司章程中予以明确规定；②关联交易的决策与批准，需要关联方回避表决，并由独立董事发表意见；③如果报告期内涉及关联业绩的剥离与清理的，应注意程序的完备性，禁止涉及私底下的回购条款及其他不合规条款等。

（5）关联交易的比例限制及对独立性的影响

IPO 审核过程中，监管机构对关联交易的比例限制无具体规定。证监会《首发业务若干问题解答（一）》中规定：关联交易对应的收入、成本费用或利润总额占发行人相应指标的比例较高（如达到 30%），发行人需要充分说明披露关联交易对发行人独立性的影响，是否构成依赖。

实务中，关联交易是否构成“重大”的标准，要遵循实质重于形式的原则，不仅要看比例，还要看交易内容。如果在业务链的核心环节发生关联交易，抽掉这项关联交易，企业难以正常运转，则说明该关联交易对企业来讲影响是重大的，即使比例很低，也会被监管机构重点关注。

3. 关联方及关联交易的几种特殊情形

（1）与子公司的关联交易

实务中，除了普通的关联交易，监管机构还关注拟 IPO 企业与子公司之间的交易，包括对合并报表范围内的关联交易和合并报表范围外的关联交易。通常合并范围外的关联交易审核风险更大。

对于拟 IPO 企业与子公司的关联交易，需要注意以下两点：①交易是否具备合理性和必要性，是否由于发行人与子公司的分工合作造成的；②交易的定价是否公允，是否存在母子公司利润转移避税的情形。

（2）实质关联方的认定

实务中，企业可能会通过多层嵌套的方式使得实质上的关联方变为形式上的非关联方，因此，IPO 审核中对关联方从严认定，监管机构对关联方的识别遵循实质重于形式原则，可能导致公司利益转移的其他关系也可能构成公司关联方。

①证监会重点关注的情形

从以往审核案例来看，拟 IPO 企业如果存在以下情形，则会被监管机构质疑是否为公司关联方，是否实质为关联交易。

A. 拟 IPO 企业的重要客户及供应商

监管机构在对客户及供应商进行核查时，重点关注前几大客户及供应商，特别是构成依赖关系的客户或供应商，新成立即成为公司大客户或供应商，刚合作即成为公司大客户或供应商等情形，是否与公司存在实质的关联关系，需要公司予以充分披露与解释。

B. 拟 IPO 企业的重大及异常交易

关于企业的重大及异常交易，监管机构主要关注以下几种情形：一是交易金额大且交易频次低；二是与自然人发生大额交易及资金往来；三是交易不通过银行转账，而是采用现金结算或多方债权债务抵销方式进行结算等。

②隐性（实质）关联方的核查方式

监管机构主要从以下几个维度进行隐性（实质）关联方的核查：

A. 从公司董、监、高关联的企业入手；

B. 关注企业董监高及股东的变化；

C. 关注企业的大额资金往来；

D. 关注交易对手的注册地址与联系地址；

E. 从交易的合理性判断企业与交易对手是否为关联交易；

F. 关注企业与两家有关联关系的企业同时存在销售、采购的情况。

③企业常用的几种隐藏关联交易的手段

A. 分解关联交易，使之非关联化。拟 IPO 企业将与关联方之间的交易通过一个或几个非关联方转换为若干笔非关联的业务。

B. 隐蔽的非关联方利益输送。拟 IPO 企业可能通过员工减薪、供应商减价供应、经销商加价提货或囤货、PE 股东通过外部公司为拟 IPO 企业报销费用或虚增收入等方式进行利益输送。企业向员工、供应商等关联利益方作出承诺，上市后对其进行利益补偿。

C. 关联关系非关联化。一些拟 IPO 企业通过转让关联方股权的形式，达到法律上要求的非关联关系，但实质上企业仍控制着原关联方。

（3）关联方处置的真实性与合理性

一些拟 IPO 企业会在报告期内处置关联方及相关业务，将关联企业注销或转让给无关联第三方，这是解决关联交易的方法之一，但一些企业将关联方处置后，实质上仍控制着关联方，这种情形容易引起监管机构的高度警惕。主要审核要求包括：

①在信息披露方面严格要求。要求发行人详细披露“非关联化”的相关具体情况，包括但不限于注销、转让等情况。在报告期内注销、转出的关联方仍然要做详尽披露，包括注销的要提供清算之前的财务数据。

②如果是以转让的方式进行“非关联化”，要重点核查以下事项：A. 转让的

真实性、合法性、合理性，包括受让主体的身份，与发行人是否存在关联关系，是否存在委托或代理持股，是否存在未来回购安排（申报前出售、上市后购回）、仍然掌控控制权等“抽屉协议”等。特别是要从商业合理性方面考虑交易的真实性；B. 转让价格是否公允；C. 转让后与发行人是否仍存在交易及资金往来情况；D. 转让后相关资产、人员的最终去向。

③如果是以注销的方式进行“非关联化”，要重点核查以下事项：注销的关联企业情况，注销的原因，是否存在较多的债务或持续的亏损；该注销主体自设立以来的生产经营情况，存续期间是否合法经营，注销前从事的业务及与发行人的业务、资产、技术、营销网络等方面之间的关系，注销后管理人员和生产人员的去向，与发行人的人员是否重叠。一般还会要求提供注销前一年的财务报表和注销的相关证明文件，注销履行的内部决策程序和债权人告知程序以及是否存在纠纷和潜在纠纷。

④非关联化的标的历史上是否存在重大违法行为。

（二）审核关注点及典型案例

从以往审核案例来看，关联交易受到监管机构的重点关注，主要关注关联交易的必要性、公允性、真实性、程序合规性、独立性等，主要审核关注点如下：

1. 关联交易的金额及占比情况；

2. 关联交易发生的原因、真实性及必要性；

3. 关联交易的决策权限、程序及定价机制；

4. 关联交易的合规性和公允性，是否对关联方存在重大依赖，未来关联交易是否可持续，是否有减少和规范关联交易的具体安排等；

5. 关联交易对企业业务独立性及财务状况的影响；

6. 是否存在关联交易非关联化的问题；

7. 关联交易的内部决策程序、内部控制措施及规范关联交易所采取的措施是否充分、有效，相关内部控制是否完善；是否有健全的内部交易关联制度；关联交易的决策和表决程序是否有瑕疵。

相关案例：

案例 1

珠海元盛电子科技股份有限公司（2017 年 8 月 9 日被否）

——关联方众多且复杂，关联交易数量和金额较大，虽占比逐年降低，但仍被质疑公允性、必要性和真实性

案例背景 元盛电子主要从事挠性印制电路板（FPC）及其组件（FPCA）

的研发、生产和销售，先后成功开发各类用于激光读取头、汽车电子、LCM、CTP、摄像头、生物识别的FPC和FPCA产品。报告期（2014～2016年）内，公司营业收入分别为42,065.66万元、58,180.28万元、71,532.51万元；净利润分别为1483.72万元、3555.05万元、4595.80万元。

公司报告期内存在众多关联方销售、关联方采购的情形。公司向关联方销售商品或提供劳务情况如下：

关联方名称	2017年1~3月		2016年度		2015年度		2014年度	
	金额（万元）	占营业收入比（%）	金额（万元）	占营业收入比（%）	金额（万元）	占营业收入比（%）	金额（万元）	占营业收入比（%）
勤本电子	—	—	—	—	16.34	0.03	155.42	0.37
新新科技	—	—	—	—	1871.14	3.22	2692.71	6.40
艾赋醍	301.20	1.40	2305.02	3.22	1837.17	3.16	2109.22	5.01
新加坡元盛	46.03	0.21	28.25	0.04	—	—	—	—
合计	347.23	1.62	2333.27	3.26	3724.65	6.40	4957.35	11.78

报告期内，公司从关联方购买商品或接受劳务的情况如下：

关联方名称	2017年1~3月		2016年度		2015年度		2014年度	
	金额（万元）	占营业成本比（%）	金额（万元）	占营业成本比（%）	金额（万元）	占营业成本比（%）	金额（万元）	占营业成本比（%）
合计	363.96	2.08	2120.89	3.71	1838.17	3.91	2047.43	5.85

其中，公司报告期内与艾赋醍、新加坡元盛同时存在关联方采购及关联方销售的情形。

反馈意见 招股说明书披露，报告期内发行人与其关联方之间存在多笔关联交易。请发行人：（1）补充说明并披露与艾赋醍、新新科技之间关联交易的公允性和必要性，发行人通过以上关联方而非直接将产品销售至最终客户的原因及合理性，以及报告期内发行人对艾赋醍、新新科技的销售占其采购总额的比例，艾赋醍、新新科技就相关产品对最终用户的销售占其销售总额的比例；（2）补充说明并披露与深圳勤本电子有限公司、新加坡元盛之间关联交易的公允性和必要性；（3）补充说明并披露与中山立顺、艾赋醍、珠海亿浩模具有限公司、华烁科技股份有限公司、金湾区全升五金配件商行、金湾区同升商行、珠海比昂电子设备有限公司、珠海众汇通自动化设备有限公司、珠海市柏康电子科技有限公司之间关联采购的公允性和必要性；（4）补充说明并披露艾赋醍解除与发行人关联关系的过程，认定关联关系得以解除的依据及合理性，以及解除关联关系前后与发行人的交易情况，是否存在关联交易非关联化的情形；（5）补充说明并披露关联方租赁的公允性和必要性；（6）补充说明发行人与关联方之间借款的公允性和必要性；（7）补充说明并披露发行人转让富元电子20% 股份的公允性。请保荐机构、申报会计师对上述问题进行核查并发表明确意见。

发审会问题 请发行人代表：（1）结合对新新科技 2014 年毛利率为47.81%、远高于其他客户毛利率的情形，说明对各个关联方销售和采购定价的公允性，并逐项与第三方采购及销售价格进行比较分析、对关联方销售毛利率与第三方毛利率逐项进行分析对比；（2）说明与艾赋醍、新新科技、深圳勤本电子、新加坡元盛之间关联交易的公允性和必要性，发行人通过以上关联方而非直接将产品销售至最终客户的原因及合理性；（3）说明与中山立顺、艾赋醍、珠海亿浩模具、华烁科技、金湾区全升、金湾区同升、珠海比昂、珠海众汇通、珠海市柏康之间关联采购的公允性和必要性；（4）说明艾赋醍解除与发行人关联关系的过程，认定关联关系得以解除的依据及合理性，以及解除关联关系前后与发行人的交易情况，是否存在关联交易非关联化的情形；（5）说明并披露关联方租赁的公允性和必要性；（6）说明发行人与关联方之间借款的公允性和必要性。请保荐代表人发表核查意见。

案例分析 从上述问题来看，监管机构主要对元盛电子各个关联方销售和采购定价的公允性、关联交易的必要性及关联关系解除的真实性进行了问询。

元盛电子招股书中对关联方与关联关系情况进行了详细披露，除了董监高及其家庭成员外，还有 40 余名关联法人和关联自然人。此外，公司披露了报告期内关联关系的解除情况，公司与 18 名关联法人和关联自然人解除了关联关系，其中包括与公司既存在关联采购又存在关联销售的艾赋醒。据披露，艾赋醒系持有发行人 2.10% 股权的股东富国东海的全资子公司，发行人实际控制人之一张宣东弟弟张宣立曾在其担任高管。2016 年 7 月，张宣立从艾赋醒辞职，从而解除了公司与艾赋醒的关联关系。解除关联关系后，公司与艾赋醒的关联交易金额逐渐减少，直至最后一期（2017 年第一季度），公司向艾赋醒采购电子元器件 274.34 万元，向艾赋醒销售 FPC/FPCA 301.20 万元。

此外，元盛电子在招股书中详细披露了公司经常性关联交易和偶发性关联交易情况，并说明了关联交易的必要性和公允性，总体来说，公司关联交易的披露过程是比较规范的。但是，公司给监管机构留下了关联方多如牛毛的印象，从历史沿革和持股结构可以看出，中山立顺、APPLE、华烁科技、新迪公司等皆是元盛电子产业链上的公司，且持有元盛电子的股份最少的 7.54%，最多的 10.90%。同时这些关联公司的股东的实际控制人还在元盛电子担任董事等职务，其亲属控制的公司又和元盛电子发生各种关联交易，这些复杂的关联关系给监管机构留下了不良印象，质疑公司关联交易的必要性、公允性，以及关联关系解除的真实性等。元盛电子反馈意见和发审会问题都提到了“补充说明并披露艾赋醒解除与发行人关联关系的过程，认定关联关系得以解除的依据及合理性”就是例证，说明反馈意见回复未能使发审委满意，始终对公司关联交易及关联关系解除的真实性保持质疑。

案例 2

上海龙旗科技股份有限公司（2018 年 1 月 3 日被否）

——客户入股成为公司关联方后，关联销售金额快速增加，被质疑真实性与合理性

案例背景　龙旗科技定位于移动终端领域，是一家专业提供移动终端设备设计方案和生产服务的高新技术企业。报告期（2014 ~ 2017 年 1 ~ 6 月）内，公司营业收入分别为 689,372.61 万元、815,698.00 万元、834,479.66 万元、348,413.25 万元；净利润分别为 16,796.53 万元、16,784.08 万元、13,837.44 万元、2511.95 万元；扣非后归母净利润分别为 305.01 万元、11,891.22 万元、12,634.81 万元、1386.80 万元。

报告期内，公司关联交易情况如下：

单位：万元

类别	交易内容	2017年1～6月	2016年度	2015年度	2014年度
经常性关联交易	销售商品、提供劳务	47,445.52	32,844.61	26,807.17	11,908.59
	关联租赁	—	—	—	34.31
小计		47,445.52	32,844.61	26,807.17	11,942.90
占当期营业收入比例		13.62%	3.94%	3.29%	1.73%
经常性关联交易	采购商品、接受劳务	2441.05	1256.20	394.80	54.13
	关联租赁	—	—	16.42	143.07
小计		2441.05	1256.20	411.22	197.20
占当期营业成本比例		0.76%	0.16%	0.05%	0.03%
经常性关联交易	支付董事、监事、高级管理人员薪酬	566.89	951.47	721.22	2779.08

其中，报告期内，公司向小米通讯、小米科技销售商品、提供劳务实现的收入分别为6532.27万元、25,505.49万元、29,427.59万元、42,499.80万元。2015年3月，雷军控制的天津金米和苏州顺为通过增资方式成为公司股东，小米通讯和小米科技是公司间接股东雷军控制的公司。

反馈意见 据招股说明书披露，发行人报告期内关联交易较多，2015年、2016年上半年公司客户小米通讯为公司股东天津金米、苏州顺为的关联方。请发行人：（1）逐项说明报告期内关联交易较多的原因及必要性，是否履行必要的决策程序，结合可比市场价格分析定价是否公允，并说明关联销售的最终销售实现情况，针对关联交易的后续安排，以及公司关联方或其他利益相关方是否存在为发行人代为承担成本、支付费用的情形，是否存在体外资金支付货款从而少计成本的情形，并说明公司相关内部控制是否有效。（2）说明小米通讯采购发行人劳务的原因；说明公司向其提供劳务的公允性以及在后续交易中保持公允性的主要措施并做补充披露，除已披露的相关合作协议外，双方是否还有其他利益安排，是否存在利益输送情形，并说明是否存在其他客户为关联方情形，如存在，比照小米通讯进行披露及说明。

发审会问题 报告期内，小米公司成为发行人关联方后与发行人的关联交易逐年增长，其中技术服务收入中的提成和技术开发测试收入毛利率较高。请发行人代表说明：（1）前述交易的必要性，是否存在利益输送的情形，是否符合小米公司出具的“本公司及本公司控制的其他企业将尽量避免、减少与股份公司之间产生不必要的交易事项”的承诺；（2）发行人为小米公司按产品出货量提成收费是否符合行业惯例，发行人上述业务在小米公司同类业务中所占比重，发行人与小米公司约定的协议有效期限，是否可持续。请保荐代表人说明核查方法、过程，并发表明确核查意见。

案例分析 雷军于 2015 年通过天津和苏州的两个有限合伙企业入股龙旗科技，合计持有龙旗科技 20% 的股权，至此小米公司成为了龙旗科技的关联方。关于客户入股拟 IPO 企业，监管机构关注的核心是商业合理性以及交易的必要性和真实性，是否存在利益输送，证监会提出的反馈意见和发审会问题也印证了这一点。

本案例中，小米公司的入股受到了监管机构的重点关注和质疑，原因有两点：一是交易金额不断增大。小米公司原本不是龙旗科技的大客户，自小米入股后，公司对其销售金额迅速增加，从 2014 年的 6000 余万元增至 2017 年上半年的 4.2 亿元。二是公司自身的行业地位和经营优势并不明显，经营风险较大，毛利率与净利率水平低，与品牌手机企业合作，看似可以为企业增添色彩，其实会加剧监管机构的质疑，与小米的合作是否具备可持续性，是否存在利益输送。

案例 3

北京时代凌宇科技股份有限公司（2018 年 5 月 8 日被否）

——佰能电气与公司在人员、资金、业务、专利等方面联系密切，被质疑是否属于关联方，是否对其存在重大依赖

案例背景 时代凌宇主营业务为在城市运行和安全管理、智能建筑等领域内提供前期咨询、方案设计、设备供货、软件开发、工程施工、集成调试及运行维护等智慧城市解决方案综合服务。公司以物联网技术为核心，利用一系列自主研发的专利产品及物联网应用支撑平台，在城管与市政、城市交通、城市安全、智能建筑等多个行业细分领域开展业务。

报告期（2014 ~ 2017 年 1 ~ 6 月）内，公司营业收入分别为 20,844.09

万元、31,392.58 万元、38,875.05 万元、16,555.33 万元；扣非后归母净利润分别为 658.40 万元、2117.03 万元、2575.98 万元、375.14 万元。

公司实际控制人及控股股东黄孝斌，董事魏剑平，监事张晓燕、樊勇、李珂及部分高管皆曾就职于佰能电气技术有限公司。此外，董事魏剑平、乔稼夫，副总裁司博章分别持有佰能电气 0.79%、0.71%、0.24% 股份。

报告期内，公司曾向佰能电气租赁房产作为办公场所。同时，公司与佰能电气存在组成联合体合作项目的情况，具体如下：

合同签订主体	合同金额（万元）	合同签订日期
甲方乙方柳州东城投资开发时代凌宇有限公司	3028.58	2013-1-30
北京住总集团有限时代凌宇责任公司	1540.00	2013-9-28
柳州东城投资开发时代凌宇有限公司	1171.29	2014-3-30
合计	5739.87	

报告期内，公司与与佰能电气的资金往来情况如下：

单位：万元

年度	项目	期初余额	本年借方	本年贷方	期末余额
2014	应收账款	2397.90	0.00	528.70	1869.20
	其他应收款	0.00	164.50	164.50	0.00
2015	应收账款	1869.20	0.00	1098.04	771.16
	其他应收款	0.00	161.53	161.53	0.00
2016	应收账款	771.16	0.00	771.16	0.00
	其他应收款	0.00	129.46	129.46	0.00

反馈意见 （1）请发行人补充披露报告期内与佰能电气联合体投标的项目名称、金额、内容、客户名称、发行人与佰能电气的项目分成机制、各自承担的主要工作内容、毛利率，对比发行人同类项目说明是否存在显著差异，如有，请说明原因，并补充说明在上述项目中佰能电气是否存在为发行人代垫成本费用的情形；（2）请发行人补充披露与发包方佰能电气开展钢厂电讯业务 10 个合同的名称、金额、项目内容、毛利率、结算模式、信用政策等，对比发行人同类项目毛利率是否存在显著差异，如有，请说明原因；（3）请发

行人补充说明佰能电气及其控股股东、实际控制人、主要股东、董事、监事、高级管理人员、其他核心人员与发行人及其关联方是否存在关联关系，有无交易、资金往来，如是，请发行人说明原因，请保荐机构、律师核查并发表明确意见；（4）请保荐机构、申报会计师对上述事项进行核查并发表明确意见。

发审会问题 请发行人代表说明:（1）佰能电气是否属于根据“实质重于形式”原则认定的关联方，发行人是否存在对佰能电气的重大依赖，是否与佰能电气存在知识产权等方面的纠纷。（2）魏剑平、乔稼夫等4人加入发行人后继续持有佰能电气股权的原因及合理性。（3）发行人与佰能电气采用联合体投标的原因、必要性及佰能电气未实际承担项目工作的原因。请保荐代表人说明核查过程和依据，并明确发表核查意见。

案例分析 佰能电气为公司2013年至2015年应收账款前五名客户、房屋租赁的主要出租方，且黄孝斌、魏剑平等公司实际控制人、部分董事、监事、高管及其他核心人员均曾任职佰能电气。此外，公司现任董事、副总裁魏剑平、乔稼夫、副总裁司博章持有佰能电气股份。业务往来方面，报告期内，公司与佰能电气存在联合体投标的情况，涉及三个项目，合计金额为6229万元。报告期内，公司存在与发包方佰能电气开展钢厂电讯业务合作的情况，涉及10个合同，合计金额为1873万元。

反馈意见虽要求详细说明佰能电气是否为发行人关联方，若否，应说明依据和理由，但公司最终既未将其认定为关联方也未将上述交易视同关联交易进行披露。但是基于公司与佰能电气上述千丝万缕的联系，监管机构根据实质重于形式原则，可能认为佰能电气应为公司实质上的关联方，同时，基于公司与佰能电气在人员、资金、业务、专利等方面的往来活动，监管机构质疑公司对佰能电气是否存在重大依赖。

案例4

华宝香精股份有限公司（2018年1月10日通过）

——关联交易比例较高，但交易真实、公允且符合商业逻辑，获得认可

案例背景 华宝香精主要从事香精的研发、生产和销售，同时经营少量食品配料业务。公司设立以来，以“美味生活引领者”为发展愿景，为客户提供产品风格系统解决方案和综合技术服务。报告期（2014～2017年1～6月）内，公司营业收入分别为320,948.54万元、279,179.71万元、261,498.60

万元、95,365.11 万元；归属于母公司净利润分别为 155,330.03 万元、132,665.39 万元、126,337.31 万元、46,230.29 万元。

报告期内，公司向前五大客户销售收入占比分别为 61.95%、58.22% 和 59.67%，均为烟草行业客户；华宝香精重要客户如云南中烟、广东中烟等作为少数股东与发行人共同成立公司，且发行人存在向前述重要子公司的少数股东及其关联方（包括 2016 年的第 1 大客户云南中烟和第 5 大客户广东中烟）销售商品和提供服务的情形，报告期内销售金额分别为 136,323.34 万元、101,367.26 万元、97,706.54 万元，占同期营业收入的比重分别为 42.48%、36.31%、37.36%。

反馈意见 请发行人：（1）合并关联方披露前十大客户情况；补充披露报告期内前十大客户名称、销售内容、销售金额及占比，销售数量、销售模式、说明报告期内对发行人采购金额占其同期同类产品采购总额的比重，主要客户的基本情况，包括成立时间、注册资本、股权结构、合作历史等。（2）说明前述重要子公司成立的背景与原因，设立是否履行相应的国资审批程序，是否违反相关法律法规。（3）逐一说明前述关联交易中各商品以及服务的具体内容，结合第三方价格说明定价依据及公允性，说明获得相关业务的方式、金额及其占比，说明以共同出资设立公司的方式与主要客户发生销售与采购的合理性与必要性，是否对特定客户如云南中烟和广东中烟存在重大依赖，发行人是否存在被替代的风险。（4）说明报告期内订单的获取方式，各省级烟草公司是否独立运营及审批权限，主要业务合同是否需履行公开招投标程序，是否存在应履行公开招投标程序而未履行的情形，是否曾存在违反招投标相关法律法规的情形，是否存在法律纠纷以及合同撤销的风险，是否存在商业贿赂、不正当竞争的情形。（5）预计未来是否仍将继续发生前述关联交易。

发审会问题 请发行人代表：（1）说明前述重要子公司成立的背景与原因；结合第三方价格，说明相关关联交易的定价依据及公允性，是否对特定客户如云南中烟和广东中烟存在重大依赖，是否存在被替代的风险；说明报告期内相关订单的获取方式，主要业务合同是否需履行公开招投标程序，是否存在应招标未招标的情形，是否存在法律纠纷以及合同无效或被撤销的风险，是否存在商业贿赂、不正当利益交换或不正当竞争的情形。（2）说明发行人商标、商号是否存在与关联方共用或授权关联方使用的情况，是否存在潜在风险。请保荐代表人说明核查过程和结论。

案例分析 本案例中，公司与关联方交易比重较高，报告期内比例在40%左右，但基于本身客户国企背景的稳定性，且公司仅为参股性质，并无法对对方造成实质性影响，故相应关联交易的真实性可以得到一定保障。另外，公司招股书，从多角度细致分析了与各个关联方之间的交易价格的公允性，且部分商品相应价格还将受到烟草专卖局的监督，价格公允性可以得到有效保证。故公司关联交易比例虽然较高，但因为客户及行业的特殊性，关联交易的公允性、必要性、稳定持续性获得了监管机构的认可。

案例5

广东宏川智慧物流股份有限公司（2018年1月26日通过）

——关联交易比例持续减小，且充分证明交易的公允性

案例背景 宏川智慧系一家仓储物流综合服务提供商，主要为境内外石化产品生产商、贸易商和终端用户提供仓储综合服务及其他相关服务，业务具体包括装卸、仓储、过驳、中转、物流链管理等。报告期（2014～2017年1～9月）内，公司营业收入分别为28,726.20万元、33,223.40万元、36,727.22万元、26,966.23万元；净利润分别为6615.97万元、8049.77万元、8396.85万元、7198.14万元。

报告期内公司为关联方宏川供应链、瑞丰石油、宏川新材、江苏宏川、南通宏川、德利石油提供仓储综合服务与物流链管理服务，具体情况如下：

关联方	交易内容关联	2017年1～9月		2016年度		2015年度		2014年度	
		金额（万元）	占同类交易比（%）	金额（万元）	占同类交易比（%）	金额（万元）	占同类交易比（%）	金额（万元）	占同类交易比（%）
宏川供应链	仓储综合服务	177.89	0.69	330.06	0.97	844.11	2.58	1028.58	3.64
	物流链管理服务	—	—	52.00	2.95	—	—	—	—

续表

关联方	交易内容关联	2017 年 1 ~ 9 月		2016 年度		2015 年度		2014 年度	
		金额（万元）	占同类交易比（%）	金额（万元）	占同类交易比（%）	金额（万元）	占同类交易比（%）	金额（万元）	占同类交易比（%）
瑞丰石油	仓储综合服务	—	—	37.72	0.11	674.92	2.07	341.16	1.21
宏川新材	仓储综合服务	591.28	2.29	847.90	2.50	34.62	0.11	—	—
江苏宏川	仓储综合服务	—	—	—	—	153.53	0.47	—	—
南通宏川	仓储综合服务	—	—	—	—	—	—	40.10	0.14
德利石油	仓储综合服务	23.32	0.09	120.72	0.36	163.38	0.50	433.06	1.53
	物流链管理服务	—	—	6.85	0.39	—	—	—	—
合计		792.49	2.94	1395.25	3.80	1870.57	5.63	1842.90	6.42

反馈意见 请发行人补充披露：（1）报告期关联交易中各类交易内容的价格确定方法、同行业价格比较情况、并结合同类服务销售情况说明并披露关

联交易价格的公允性，说明上述交易占当期同类交易的比重；（2）拟采取的减少关联交易的措施，说明经常性关联交易是否仍继续进行，是否存在交易规模扩大的可能性；（3）与关联方之间拟采取的减少担保事项的措施及效果；（4）担保对象的基本情况，是否存在为客户担保的情形。请保荐机构、会计师对上述事项进行核查，并发表核查意见。

发审会问题 发行人关联方宏川供应链控制多家仓储综合服务与物流链管理服务公司，发行人报告期为宏川供应链等关联方提供仓储综合服务与物流链管理服务。请发行人代表人说明：（1）宏川供应链的业务定位与发展规划及各关联方的经营情况，是否与发行人构成同业竞争或潜在同业竞争；为避免潜在同业竞争，购买宏川能源所持有的东莞宏元100%股权的进展情况。（2）关联交易价格是否公允，是否存在利益输送。（3）是否存在关联交易规模进一步扩大的可能，是否有相应的减少关联交易的措施。请保荐代表人发表核查意见。

案例分析 本案例中，公司关联交易比例相对较低，但监管机构仍然对关联交易的公允性与真实性存在质疑，质疑其价格不公允及关联交易金额是否会进一步扩大。但从招股书披露信息来看，公司经常性关联交易金额及占比呈逐年下降趋势，并无进一步扩大的趋势；监管机构提出反馈意见后，关联交易价格的公允性也进行了较为完整的补充披露，将其与每个客户的价格与其他相关的客户均进行了对比，论证较为充分。另外，公司对其他关联方租赁、担保等事项进行了清理，且后续年度并未再发生，同时制定了关联交易的相关制度，最终获得了监管机构的认可。

（三）应对建议

关联交易虽不构成上市审核的实质性障碍，但监管机构一直将对关联交易的审核作为重点事项，关联交易可能影响到拟IPO企业的独立性、业绩真实性和内控有效性等方面，因此监管机构要求对关联交易进行规范。

针对关联交易问题，主要应对建议如下：

1. 合理清理关联交易

若拟IPO企业报告期内存在关联交易，需要充分合理的商业逻辑进行解释，申报前将关联交易彻底清理，是比较妥当的方法，可以有效降低审核风险。实务中，清理关联交易，主要有两种方式：

（1）收购。拟IPO企业通过收购等方式将关联方股权或核心资产、业务纳入上市主体中，以消除关联交易。这种方式属于证监会鼓励的解决方案，但成本较高，如果关联方在拟 IPO 企业的产供销中扮演重要角色，则可以考虑此方案。此外，如果关联交易的对象是设备、生产厂房所有权、土地使用权、专利、商标等资产类交易，影响到拟 IPO 企业资产完整性的，则最好将该资产纳入上市主体。

（2）转让或注销。将涉及关联交易的企业转让给无关联第三方，或者直接注销，以消除关联交易。这种方案适用于关联交易金额不大或关联交易不涉及公司核心业务的情形，要注意转让的真实性、价格公允性、程序合规性。此种方式容易被监管机构质疑是否实质为“关联交易非关联化”，即是否真正地完成了转让，需要妥当处理和解释。

证监会要对转出的目的、内容、是否公允等进行实质审查，并需要中介机构发表意见。关联方注销的，要表明注销前有无实际经营，有实际经营的，需提供清算之前的财务数据。

2. 规范关联交易并充分解释

实务中，很多企业的关联交易是公司正常经营所必需的，且对关联方的清理较为复杂或成本较高，这种情形下，可以尽可能规范关联交易，并进行充分解释。

（1）关联交易的真实性：说明关联交易是出于公司正常经营需要的，不存在商业以外的目的与动机；同时，关联销售的商品被关联方实际使用或实现了最终销售。

（2）关联交易的必要性与合理性：说明公司与关联方而非市场第三方进行交易是必要的，具备商业合理性。如关联方在细分市场具有较强的市场竞争力，品牌影响力强，产品质量稳定，区域优势明显等。

（3）关联交易价格的公允性：提供足够证据证明公司与关联方的交易价格公允，与其他同类客户 / 供应商的价格进行比较，与市场价格进行比较等。同时说明公司来自关联销售的业务毛利率与非关联销售的业务毛利率无显著差别。

（4）关联交易程序合规：制定关联交易相关内控制度，说明公司按照章程规定的程序予以决策和批准，关联方回避表决，独立董事发表意见。

3. 逐渐降低关联交易的比例

若拟 IPO 企业与重要客户或供应商之间的交易属于关联交易或疑似关联交易，则应在说明必要性、公允性、真实性、独立性、合理性的同时，注意在报告期内逐渐降低关联交易的金额和比例，寻找可替代客户或供应商，这说明了公司为改进关联交易所做的努力，且公司对关联方不存在重大依赖，有利于降低审核风险。

4. 规范关联交易的信息披露

严格按照证监会及相关部门的要求进行关联交易的信息披露，并提出未来减少关联交易的措施。

关联交易的信息披露分为经常性关联交易披露和偶发性关联交易披露两种情形，对于经常性关联交易披露，应注意以下几点：

（1）及时披露所签订书面协议的主要条款和决策程序，如果协议未确定具体交易价格而仅说明参考市场价格的，应当同时披露实际交易价格，市场价格及其确定方法，两种价格存在差异的原因以及差异的比率；

（2）已经过公司董事会或股东大会审议通过且正在执行的关联交易协议，执行过程中主要条款未发生重大变化的，应当在披露资料中按要求披露相关协议的实际履行情况；

（3）执行过程中协议主要条款发生重大变化或协议期满要续签的，及时披露变化或进展。

对于偶发性关联交易，主要需披露交易概述，交易标的基本情况，审议过程，交易对手关联方情况，交易条款，交易目的及对上市公司的影响等，其中，最重要的是通过对交易定价的披露，说明关联交易的公允性。另外，对于不重要的关联交易，申报期内应尽量减少和规避，体现出公司解决和改进关联交易所做的努力，使监管机构对公司清理和规范关联交易更有信心，降低审核风险。

5. 控股股东或实际控制人承诺

控股股东或实际控制人应对公司未来解决关联交易以及避免关联交易的措施和进程作出承诺。

第二章

销售业务的关注要点

企业销售业务，即企业出售商品（或提供劳务）及收取款项等相关活动，相关流程主要包括销售计划管理、客户开发与信用管理、销售定价、订立销售合同、发货、收款、客户服务和会计系统控制等。

销售环节是企业实现营业收入和净利润的直接来源，企业销售业务中容易存在销售政策和策略不当，市场预测不准确，销售渠道管理不当；客户信用管理不到位、结算方式选择不当、账款回收不力；销售过程存在舞弊行为等可能导致企业利益受损或不持续的风险。

因此，企业应当结合实际情况，全面梳理销售业务流程，完善销售业务相关管理制度，确定适当的销售政策和策略，明确销售、发货、收款等环节的职责和审批权限，按照规定的权限和程序办理销售业务，定期检查分析销售过程中的薄弱环节，采取有效控制措施，确保实现销售目标。

IPO 审核过程中，监管机构主要关注销售模式及相关客户的稳定性与可持续性、企业销售流程的规范性、销售收入的真实性等方面。

第一节　销售模式

销售模式是指企业把商品通过某种方式或手段，送达至消费者的方式，完成“制造—流转—消费者—售后跟进”的过程。实务中，销售模式可以分为多种，但从证监会审核的角度来看，拟 IPO 企业的销售模式主要可分为两种：直接销售模式和经销模式。

一、直接销售模式

所谓直接销售模式，就是厂家直接销售商品或服务至顾客手中，去掉中间商，降低产品流通环节成本的一种销售方式。

由于不同企业产品、客户的特殊性，直接销售的具体方式也不同，除了企业销售人员通过上门拜访、电话、网络、会议等方式取得客户信任，实现销售外，很多企业还采用线上直接销售、直营门店销售、招投标直销以及借助业务发展商直销等方式，这些直接销售模式因为其固有的特点，相应的收入确认、回款、销售流程的规范性以及销售的真实性等皆受到监管机构的重点关注。

（一）线上直接销售

1. 理论基础

线上直接销售模式，就是企业利用电子商务平台进行销售，买卖双方不谋面，实现消费者网上购物、商户之间网上交易的一种商业运营销售模式。目前，线上直接销售模式主要有企业对企业（B2B）、企业对消费者（B2C）两种。

IPO审核过程中，线上直接销售模式的可持续性、真实性和规范性受到监管机构的重点关注。具体来说，因为模式本身的特性，监管机构特别关注线上销售的收入确认方式、刷单行为的处理方式、资金的管控方式等方面。

（1）线上销售的收入确认方式

线上销售平台众多，销售结算方式多样，因此，线上销售的收入确认方式容易受到监管机构的关注，不同收入确认方式会影响收入的金额和收入的真实性。通常来说，企业线上销售模式收入确认应以客户确认交易完成时点或退货期满为收入确认时间。此外，相对于线下销售，线上销售的退货情形较多，企业对于退货的处理方式也会影响收入确认的合规性及收入的金额。

（2）刷单行为的处理方式

为了提升客户的信任度，很多企业在线上销售时，会存在刷单行为，即店家付款请人假扮顾客，以提升网店的排名和销量，获取销量和好评，从而达到吸引顾客的目的。刷单行为会影响收入的真实性、经营的规范性和内控的有效性，若企业被质疑存在刷单行为，则存在较大的审核风险。而刷单行为在线上销售模式中普遍存在，因此，拟IPO企业若存在刷单行为，应尽早规范并如实披露。

（3）资金的管控方式

天猫商城、淘宝等线上销售平台的运营模式，通常是由客户付款后，资金先暂存至支付宝平台，待客户确认收货后方转入商家账户，企业再从线上销售账户转入公司对公账户，这个过程可能存在资金安全问题，也可能存在非公司对公账户收款的情形，需要企业做好内控设计。

2. 审核关注点及典型案例

从最近两年的审核案例来看，监管机构对线上直接销售模式的审核关注点主要如下：

（1）线上销售的模式及其稳定性、内容、金额以及占比；

（2）线上销售与线下销售的主要区别、相关财务指标的对比以及对企业未来生产经营的影响；

（3）线上销售收入确认的具体方式以及核查思路；

（4）线上销售及线下销售的比重变化、基本商业逻辑、各自优劣分析以及未来发展计划；

（5）是否真正实现对外销售；

（6）是否存在刷单行为；

（7）电商推广费核算的准确性；

（8）对电商平台的主要权利及义务。

相关案例：

案例 1

稳健医疗用品股份有限公司（2017 年 11 月 31 日被否）

——线上销售收入逐年增长，被问询收入可持续性、线上收入确认的合规性、毛利率的真实性

案例背景 稳健医疗是一家研发、生产和销售以棉花为主要原材料的医用敷料和日用消费品企业，目前医用敷料和日用消费品齐头并进，旗下品牌分别有 winner 和全棉时代，产品口碑较好。

公司日用消费品业务由于定位契合消费者需求而呈现出爆发式增长，日用消费品业务以线上销售为主。公司全棉时代品牌线上主要通过天猫商城、京东商城等第三方 B2C 电商平台以及全棉时代官网销售。

报告期（2014 ~ 2016 年）内，公司日用消费品业务占销售收入比重分别为 23.22%、36.11%、53.10%，日用消费品中线上销售占比分别为 53.36%、56.69%、63.03%。

反馈意见 1. 对于电商客户，请按照主要的电商平台说明公司在报告期内销售金额及占比，并对报告期内的变动情况进行分析说明；2. 对于电商渠道和

商超渠道，请结合合作协议的具体内容，说明对收入确认的具体影响。

发审会问题 请发行人代表结合行业情况、产品市场占有率、电商销售的特点进一步说明：（1）日用消费品收入逐年增长与同行业收入的变化趋势是否一致，收入逐年增长是否具有可持续性；（2）对于电商客户的收入确认是否正确，核算是否符合企业会计准则的规定；（3）发行人毛利率较高的原因；请保荐代表人说明核查方法、核查过程和依据，并发表核查意见。

案例分析 稳健医疗电子商务规模越来越大，监管机构质疑线上销售收入增长的可持续性，收入确认的方式以及核查是否能够保证收入的真实性。这些问题是线上销售模式的核心问题，也是最大的难点。

监管机构之所以质疑公司线上销售收入真实性，原因之一是公司日用消费品毛利率较高，从公司披露的 2014 ~ 2016 年业绩数据来看，日用消费品的毛利率分别为 64.44%、62.65% 和 63.47%，远高于医用敷料产品和全棉无纺布卷材业务的毛利率。而同行业公司无印良品、中顺洁柔、恒安国际等毛利率基本在 30% ~ 50%。稳健医疗对毛利率高的解释是电商模式省去中间流通环节，成本较低，且公司品牌溢价较高，但该解释显然没有获得发审委的认同。

案例 2

上海丽人丽妆化妆品股份有限公司（2018 年 1 月 26 日被否）

——被质疑存在刷单行为，导致销售的真实性存疑

案例背景 丽人丽妆主营业务为化妆品电商零售，另外还涉及品牌营销服务、化妆品分销等业务。在上述业务中，化妆品电商零售业务是公司最核心的业务，品牌营销服务、化妆品分销等业务占比较低。

报告期（2014 ~ 2017 年 1 ~ 6 月）内，公司化妆品电商零售业务收入占总营业收入的比例分别为 91.54%、92.89%、95.52% 和 94.69%。

反馈意见 请保荐机构和申报会计师说明对发行人化妆品电商零售业务的核查情况，说明核查方法和过程，对于电子商务的销售如何核查收入和客户的真实性、是否引入专家的工作、是否存在刷单的情形，并对电子商务销售的准确性、真实性明确发表意见。

发审会问题 发行人 B2C 平台的核心运营数据与可比公司比较是否合理，是否存在刷单、虚构交易和快递等不真实的情况；月度 ARUP（客单价）是

否存在异常，是否已完整披露相关信息。请保荐代表人发表核查意见。

案例分析 刷单行为自新三板挂牌公司爱尚鲜花（股票代码 836638）对外公布后，这一电商平台的潜规则基本较为清晰地展现在了市场和消费者面前，刷单行为涉及的首要问题是财务数据的真实性，其次是内控有效性和运营合法合规性。

本案例中，公司销售模式基本完全依赖于阿里旗下的天猫、淘宝平台，客户也基本以个人散户为主，销售数据也基本完全来自电商平台上的数据，所以公司收入的真实性基本完全依赖于对该平台数据的审核情况。而公司对于刷单行为这一电商销售共性的问题，在申报文件中几乎只字未提，再加阿里巴巴投资入股公司，监管机构质疑是否会因阿里巴巴入股而存在降低获客成本、增加获客渠道等特殊利益安排，是否存在利益输送，最终导致被否。

案例 3

广东天元实业集团股份有限公司（2018 年 1 月 17 日被否）

——行业相对传统，综合毛利率异常，且线上毛利率与综合毛利率变动趋势不一致，被质疑合理性

案例背景 天元集团系一家主营快递物流包装印刷产品的研发、生产和销售的高新技术企业，其产品主要配套快递物流、电子商务企业，为客户提供涵盖包装方案优化、工艺设定、生产制作、分区配送在内的整体解决方案服务。

报告期（2014 ~ 2017 年 1 ~ 9 月）内，公司营业收入分别为 39,358.24 万元、57,847.80 万元、67,100.14 万元、57,840.60 万元；净利润分别为 2505.25 万元、4341.11 万元、5346.43 万元、4250.74 万元。公司综合毛利率分别为 19.02%、21.74%、24.82%、20.52%。

公司的产品采用直销模式，直接面向客户，包含线上、线下销售与海外出口业务。由于网络采购的兴起，公司适时推出线上业务，通过天猫商城、京东商城及阿里巴巴等行业垂直电商平台，以及自建天元商城开展线上销售。线上销售主要为零散小单，销售规模较小，且产品多为标准化产品。公司主营业务中线上渠道销售额分别为 336.80 万元、1110.84 万元、1132.22 万元、1277.03 万元，占主营业务收入的比例分别为 0.86%、1.93%、1.72%、2.28%。

反馈意见 1. 根据招股说明书披露，报告期内，发行人主要产品包括塑胶制品系列、票据系列、快递封套系列、标签系列、气泡袋系列、封箱胶系列等，上述系列产品的销售收入合计占当期主营业务收入的比例在 95% 以上。此外，

公司的产品采用直销模式，直接面向客户，包含线上、线下销售与海外出口业务。请发行人：（1）补充披露报告期各期线上销售、线下销售与海外出口三种模式下销售产品的类型、数量、价格、金额及其变动情况和变动原因；（2）补充提供线上销售各主要平台的合作协议，补充披露线上销售的业务模式、各主要平台名称、合作年限、结算方式等，说明线上销售是否掌握终端客户信息；（3）说明同行业可比上市公司的收入确认政策，与发行人的收入确认政策是否存在显著差异，如是，请说明原因。

2. 根据招股说明书披露，报告期内，公司主营业务毛利率分别为19.01%、21.69%和24.59%。请发行人说明报告期各期同类产品线上、线下及海外的毛利率，说明是否存在显著差异，如是，请说明原因。

发审会问题 2014 ~ 2016年发行人综合毛利率总体呈上升趋势，毛利率上升速度明显高于行业平均水平。请发行人代表：（1）说明毛利率上升幅度远高于同行业可比上市公司平均水平的原因及合理性；（2）结合同行业可比上市公司同类产品情况，说明部分产品毛利率大幅上升的原因及合理性；（3）说明线上销售毛利率持续提高的原因，尤其是发行人2017年1 ~ 9月综合毛利率大幅下降，而线上销售毛利率仍上涨的原因；（4）说明发行人产品定价政策，对不同客户调整价格差异较大的原因，调价政策是否制定了相关的内控制度，相关内控制度是否有效执行。请保荐代表人说明核查的方法、过程，并发表明确核查意见。

案例分析 天元集团主营快递物流包装印刷产品，行业相对传统，传统行业的财务指标相对透明。因此，监管机构将公司综合毛利率及不同销售模式毛利率从不同年度、与同行业公司两个维度进行纵横向对比。报告期内，公司综合毛利率由19%增长至25%，最后一期又回落至20%，波动较大，且与行业毛利率水平不一致，被质疑合理性。另外，公司线上销售规模逐年提升，且最后一期公司综合毛利率大幅下降的情形下，线上销售毛利率仍上涨，引起了监管机构的质疑。对于综合毛利率波动，公司解释原因主要系客户结构变化、市场竞争加剧、原材料价格波动、产品构成变化以及规格型号差异较大等因素的影响所致，原因较为笼统，未逐一进行相应的数据对比和分析，未能减轻监管机构的疑虑。

对于线上销售毛利率的上涨，从2017年12月21日报送的招股书来看，公司并未就其进行合理解释。从公司线上销售平台及所销售的产品来看，公司通过天猫商城、京东商城及阿里巴巴等行业垂直电商平台，以及自建天元商城开展线上销售。线上销售主要为零散小单，销售规模较小，且产品多为标准化产品。普通的线上销售平台及普通的标准化产品销售，而线上毛利率却表现出与综合毛利率不一致的变动趋势，不具备合理性。

案例 4

御家汇股份有限公司（2017 年 11 月 15 日通过）

——线上销售为主，充分披露线上销售的真实性、价格公允性、退货情况、刷单情况、收入确认条件等，获得认可

案例背景 御家汇是一家以自主品牌为核心、依托互联网电子商务进行销售的"互联网 + 护肤品"企业。产品品牌主要包括"御泥坊""小迷糊""花瑶花""师夷家""薇风"等，产品种类包括面膜类、水乳膏霜类等，其中以面膜类为主。报告期内，"御泥坊"品牌销售收入占公司主营业务收入的比重分别为 89.02%、85.17%、82.23%、79.42%。

公司通过线上和线下两种渠道对外销售，以线上销售为主。线上线下划分依据主要为是否利用电子商务渠道（包括电话、电视购物）进行产品销售。公司线上销售主要通过天猫、淘宝、唯品会、京东、聚美优品、快乐购等互联网电商平台和电视购物平台以及公司自有线上平台对外销售；线下销售主要通过直营店、经销 / 代销商进行销售。

反馈意见 1. 请发行人：（1）进一步披露线上及线下自营、经销、代销的划分依据，区分自营、代销、分销的销售模式，结合与主要渠道商在权利义务、定价政策、扣点分成、售卖产品品牌、物流运输、退换货政策、是否买断等方面的约定及实际履行情况（包括退换货率、退换货高发时段等），说明各主要销售模式、主要渠道商的差异及原因。（2）列表说明发行人线上及线下自营、经销、代销全部平台中前十大渠道商的名称、销售金额及占比，前十大渠道商的基本情况，包括注册时间、注册地、注册资本及实缴资本、股权结构、控股股东及实际控制人情况，是否与发行人及其关联方存在关联关系，说明发行人是否对唯品会或某单一平台存在重大依赖，并在招股书中作重大风险提示。（3）说明在线上自营模式下，主要网店、平台的运营主体，日均浏览量、订单个数、销货数量、销售金额及付款方式等。（4）结合主要运营模式、收费模式，说明发行人是否存在利用其他公司、组织刷空单、刷好评的情形。请保荐机构、律师核查上述问题、提供依据并发表意见。

2. 请保荐机构、申报会计师说明对线上模式下产品最终销售的核查情况，包括但不限于核查方法、比例、过程以及结论，并发表明确意见。

发审会问题 发行人报告期主要以线上销售为主。请发行人代表说明：（1）信息系统、财务核算和内部控制是否反映电商业态的特点，是否能确保发行人采购销售及财务状况的真实性；（2）分析相关运营数据，包括报告期客户人均消费、地区分布、性别比例、年龄结构、职业情况、操作时段、次均消费额、购买频次等，与可比公司比较是否存在明显差异，是否存在虚构交易、提升信誉、“空包裹”等情况；（3）线上及线下自营、经销、代销的主要划分依据，收入确认条件及依据，销售结算模式与收入确认条件是否相一致，是否与同行业可比公司存在显著差异；（4）线上自营的退换货金额和退换率较线下偏低的具体原因和商业合理性；（5）报告期内发行人主要自营平台线上销售的关键业务指标中客单价在不同平台差异较大的原因。请保荐代表人说明具体核查方法、过程，并发表明确意见。

案例分析 2014~2017 年 1 ~ 6 月，天猫商城（包括天猫国际）、淘宝、唯品会、京东商城、聚美优品渠道产生的销售收入占公司主营业务收入的比重合计分别为 86.26%、83.04%、78.94%、80.52%，是公司主要的渠道。关于公司线上销售，监管机构主要问询采购销售的真实性、是否存在“空包裹”等刷单行为、收入确认条件是否一致、退货率低的原因、客单件在不同平台差异较大的原因等。

公司在招股书及各版本补充法律意见书中对上述问题进行了具体披露与解释。其中：（1）关于是否存在刷单行为，公司针对具体线上模式进行了说明。线上经销、线上代销模式下，公司向唯品会、京东、聚美优品发货，终端消费者在电子商务平台上下单后，由各电子商务平台自行向终端消费者发货，唯品会、京东、聚美优品均系知名互联网电子商务平台，不存在配合发行人发送空邮包进行刷空包、刷好评的动机；线上自营模式下，公司主要通过天猫、淘宝等电商平台开设旗舰店或通过自有线上平台直接向消费者销售商品，公司在天猫淘宝平台主要通过钻展、直通车、聚划算等推广方式进行推广，推广方式合规且效果良好，公司无须通过刷空单、刷好评等违规手段提高品牌知名度。且详细说明了对于交易量较大的店铺，以刷空单、刷好评等手段提高品牌知名度不具备可操作性且成本较高。此外，公司补充法律意见书中详细披露了中介机构对公司是否存在刷单行为的核查方法，以说明公司不存在刷单行为。（2）关于不同平台的销售价格，公司详细披露了各平台及客户采购的产品类别及所属品牌，说明公司与客户的销售价格的确定依据为公司与客户根据市场零售价协商确定供货价格折扣，对于终端零售价进行指导，交易价格双方自主协商决定，具备公允性。（3）关于退货情况及最终销售情况，公司根据具体销售模式，向主要客户发函确认退货情况及最终销售情况，回函客户比例较高，基本达到 80% 以上。公司通过电商平台和自有渠道销售给消费者的，由于公司无法获知终端用户信息，中介机构主要通过对公司主要客户聚美优品、唯品会等最终销售客户情况进行函证，报告期内，回函客户销售收入占线上经销和代销收入的 80% 以上。（4）关于收入确认方式，公司在招股书中就各销售模式及销售平台下的收入确认方式进行了详细披露。例如，自营模式下，在天猫、淘宝、蘑菇街等平台销售，以消费者已确认收到货或者退货期满，公司已收到货款，风险与报酬实现转移，收入与成本能够可靠计量确认收入；经销模式下，在京东、聚美优品以实现产品对外销售，滞销退货或库存过剩退货风险灭失，风险与报酬转移，收入成本能够可靠计量确认收入等。公司线上销售模式下收入确认原则符合会计准则的规定。

3. 应对建议

从业务模式及电子商务市场前景方面来看，线上直接销售模式有其存在的合理性和必要性，是企业获取业绩高增长的一条可取路径。但是拟 IPO 企业需要注意线上直接销售模式的业务的可持续性、真实性和相关财务管理规范性。

（1）线上业务的可持续性

关于业务的稳定性与可持续性，拟 IPO 企业可从历史的业绩数据和行业未来市场前景两个方面进行佐证分析，说明公司线上业务具备可持续性。

（2）线上业务的真实性

关于线上业务的真实性，最为关键的是避免让监管机构认为公司存在线上刷单行为。如果曾经存在刷单行为，需要如实予以披露，并保证后续不再有刷单等影响业务真实性的行为。

①如果曾经存在刷单行为，需解释原刷单行为的商业合理性。如原刷单行为只是一种营销手段，属于行业惯例，主要目的是提高产品在电商平台的销量排名，从而提高实际销量。

②说明原刷单行为不影响公司收入的真实性。由于刷单产生的订单并非真实销售，公司财务报表收入是按照发货验收进行确认的。

③说明停止刷单后，公司的持续盈利能力未受到影响。表明公司已通过加大营销推广，改善用户体验，加大与品牌商合作等方式进行业务推广，不存在停止刷单行为后严重影响公司持续盈利能力的情形。

④实际控制人兜底承诺。自承诺书签字之日起，公司今后不再发生刷单行为，若因标的公司的刷单行为受到相关监管部门及电商平台等处罚或给标的公司造成其他损失的，由实际控制人承担无限连带赔偿责任。

（3）线上业务的规范性

线上业务的规范性主要体现在业务流程和财务规范方面，监管机构主要从内控有效性，收入确认方式，产品毛利率与同行业对比等方面发现拟IPO企业线上业务的不规范之处，因此，在规范性方面，拟IPO企业首先应建立完善的业务流程及财务管理制度，确保有据可依，在此基础上，注意财务数据的合理性，如毛利率与同行业的对比是否存在异常等，注意调整或者解释。

（二）直营店模式

1. 理论基础

直营店是由公司直接经营的连锁店，即由公司总部或区域总部直接经营、投资、管理各个零售点的经营形态。直营店通常采用分公司、办事处等形式。由总公司直接供应产品和垂直管理。

直营店模式是企业实现直接销售的一种典型方式，企业能够直接面对消费者，获得最直接有效的市场信息，也可以快速地提升公司品牌影响力。但是，从IPO审核角度来看，由于直营店模式通常面对的是零散的个体消费者以及经营场所各自独立等特点，现金收款、无票收入、直营店权属瑕疵、直营店内控管理等问题受到监管机构的重点关注。

（1）现金收款

由于直营店模式下，企业直接面对终端消费者，除了POS机刷卡消费外，企业与消费者之间经常直接以现金形式进行交易。如果企业内控不完善，则现金收款容易造成企业财务不规范、收入不真实等问题，存在较大的审核风险。

（2）无票收入

直营店模式下，产品销售予终端消费者，经常存在不开票销售的情形。虽直营店模式下无票收入具备合理性，但为降低审核风险，应逐渐降低未开票收入比例，并完善相关内控体系。此外，企业销售未开票容易形成账外收入，因此此类企业存在较大的审核风险，应格外注意内控的规范性和信息披露的完整性。

（3）直营店权属瑕疵

一些企业门店众多，相关生产经营场所可能存在权利瑕疵或权利受限的情形，资产瑕疵可能影响企业的规范性和持续盈利能力，需要在申报前予以规范。但是，如果企业能够证明存在瑕疵的资产不影响企业的持续经营，也不对公司财务状况产生重大不利影响，通常可以获得认可。

（4）直营店内控管理

直营店内控规范性与有效性是企业整体经营规范和收入真实的前提和保证，直营店虽然受公司统一管理，但日常经营存在独立性，如果直营店内控不完善，不受公司相关管理制度的统一控制与管理，则会受到监管机构的质疑。因此，拟 IPO 企业应注重对直营店制定科学完善的管理制度，由公司进行统一管理，并注意信息披露，以降低审核风险。

2. 审核关注点及典型案例

从最近两年的审核案例来看，监管机构对直营店销售模式的审核关注点主要如下：

（1）公司对直营店的管理措施、管理方法；

（2）直营店销售额占公司收入的比例，涉及的区域情况；

（3）直营门店内存货的真实情况；

（4）直营店所用的生产经营场所是否存在权利瑕疵或权利受限的情形；

（5）直营门店的是否涉及行政处罚，是否构成重大违法违规行为；

（6）个人客户现金收入的处理方式；

（7）个人客户是否涉及无票收入。

相关案例：

案例 1

上海爱婴室商务服务股份有限公司（2018 年 1 月 30 日通过）

——直营店模式占比 90% 以上，被问询直营店的经营情况、现金收款、无票收入、行政处罚、存货及内控措施等问题，逐一详细披露分析获认可

案例背景 爱婴室主要从事母婴商品的销售及相关服务业务，公司定位于“中高端母婴市场，为孕前至 6 岁婴幼儿家庭提供一站式母婴用品采购及孕婴童健康服务”的专业连锁零售商。

公司主要的销售模式分为直营门店销售和电子商务销售两大类。报告期内，直营门店的销售约占公司总销售额的 90% 以上，而线上销售作为辅助销售手段，也用于支持门店销售的拓展。

反馈意见 1. 据招股说明书披露，在直营门店销售结算方式包括现金支付、银行系统支付和第三方平台支付，现金支付方式占比分别为 40.79%、39.85%、36.97% 和 32.92%。请发行人补充披露报告期销售中无发票、以内部凭证作为会计核算原始凭证的金额及比例，现金交易相关内部控制制度

及执行情况。

2. 报告期内，直营门店的销售约占公司总销售额的 90% 以上。请发行人：（1）按区域补充披露报告期各期直营店单店收入情况，并结合门店数量、单店收入等补充分析并说明报告期各期营业收入及各类产品收入的变动原因和合理性；（2）补充披露报告期各期公司新开门店和关闭门店情况及原因，新开店相关费用支出情况及会计核算方法、经营状况及盈利情况，包括存货、营业收入、毛利率、销售金额和销售费用等，并与老门店同期财务数据进行比较，分析说明新门店经营业绩的合理性；（3）补充披露公司对直营门店的具体管理方法和措施，包括收入确认方法、存货确认等，各种结算模式下收入确认的具体方法、时点和依据；（4）结合直营门店较多、现金销售占比较高的特点，补充披露发行人确保收入、费用、存货等核算真实、准确所采取的措施及其实际效果。

发审会问题 1. 报告期内，发行人直营门店销售占总销售额的 90% 以上，关闭门店 43 家，新开门店 97 家。请发行人代表说明：（1）各期新增或减少直营门店、电商渠道的变化原因，结合线上、线下销售优劣说明各期电商渠道销售收入下降的合理性，发行人应对互联网销售冲击所采取的措施；（2）报告期直营门店每平米销售收入的变化情况，是否与发行人经营情况一致；（3）关闭门店相关费用的核算方法及对报告期资产状况和经营成果的影响。请保荐代表人说明核查过程、依据，并发表明确核查意见。

2. 报告期内，发行人现金收款比例和未开票收入占比较高。部分直营门店在主管部门日常监管中受到多起行政处罚。请发行人代表说明：（1）现金收款结算与未开票销售是否真实可靠，发行人相关内控制度是否健全并有效运行；（2）关于直营门店合规运营方面的内控制度是否健全、是否得到有效执行；产品质量安全管理方面的内控制度是否存在重大缺陷。请保荐代表人说明核查过程、依据，并发表明确核查意见。

3. 发行人报告期各期末存货余额逐年提高，占流动资产比重分别为 69.62%、70.29%、67.42% 和 65.00%，高于同期同行业可比上市公司，商品库存全部为买断方式。请发行人代表：（1）结合各类存货周转周期和门店数量，说明目前存货余额较高和单店存货余额逐年增长的原因及合理性；（2）说明直营门店的库存与最终销售情况，发行人对直营门店销售产品对账单与实际销售情况一致性核验的内控措施安排及是否有效执行，营销费用分摊如何约定；（3）说明是否存在存货积压、产品质量不合格、销售退回等情形，存货跌价准备计提是否充分、准确、合理。请保荐代表人说明核查过程、依据，并发表明确核查意见。

案例分析 爱婴室的发审会问题中几乎问到了所有关于直营店模式关注的关键问题，如直营店的经营情况、现金收款、无票收入、行政处罚、存货及内控措施等。

关于直营店的经营情况，关闭门店和新开门店的原因及对经营成果的影响，爱婴室在招股书中详细披露了 2015 ~ 2017 年新增门店及关闭门店的地址、面积、租赁日期，并说明了新增、关闭店铺的原因是出于经营战略的考虑，由沿街店改为进场商场、广场店。同时，从爱婴室披露的单店销售情况来看，新开店面不影响公司的持续经营。

关于现金收款、无票收入及行政处罚问题，对于直营店模式来说，因直接面对零散的最终消费者，故顾客未索取发票及现金付款的情形是不可避免的。关键是公司是否建立了健全的内控体系和财务核算体系。爱婴室在招股书中详细披露了无票收入情况，公司以内部凭证作为会计核算原始凭证进行收入确认；对于现金收款，公司说明了收款记录过程、现金管理流程以及对账流程，表明现金收款是真实、准确和完整的；对于行政处罚，主要为几百元至几千元的小额处罚，并不构成重大违法违规行为，不存在实质性障碍。

关于存货核算及存货管理问题，公司从存货周转情况（周转快）、存货账龄（账龄 95% 以上为 1 年以内）、与同行业经营模式不同（同行业线上模式较多，而公司几乎都为直营店面，需要大量铺货）等多种角度进行解释，最终获得认可。

案例 2

云南健之佳健康连锁店股份有限公司（2018 年 1 月 10 日撤材料）

——通过关闭亏损店面提升利润，持续盈利能力存疑

案例背景 健之佳主要从事药品、保健食品、医疗器械、个人护理品、生活便利品等健康产品、便利产品的连锁零售业务，并提供相关专业服务。

公司坚持“健康、专业、便利”的经营定位，成功开设了以药店为主，以便利店、药妆店、健康广场等为辅的多种健康连锁店，同时还针对居民的健康需求，设立了体检中心、中医诊所、社区诊所等健康医疗服务机构，致力于打造多元化社区健康服务生态圈。公司坚持以直营连锁门店为核心的经营策略，截至 2016 年 12 月 31 日，公司门店分布于云南、重庆、四川和广西，

共计拥有 1185 家直营店和 3 家加盟店。申报期内，直营门店销售收入占总收入比例均为 97% 以上。

反馈意见 请发行人补充披露：（1）报告期各期直营店店铺数量、单店收入情况，并结合门店数量、单店收入等补充分析并说明报告期各期营业收入及各类产品收入的变动原因和合理性；（2）报告期各期公司新开门店和关闭门店情况及原因，新开店相关费用支出情况及会计核算方法、经营状况及盈利情况，包括存货、营业收入、毛利率、销售金额和销售费用等，并与老门店同期财务数据进行比较，分析说明新门店经营业绩的合理性；（3）公司对直营门店的具体管理方法和措施，包括收入确认方法、存货确认等；（4）各结算模式下收入金额及占比，各种结算模式下收入确认的具体方法、时点和依据；（5）结合直营门店较多、现金销售占比较高的特点，补充披露发行人确保收入、费用、存货等核算真实、准确所采取的措施及其实际效果。请保荐机构和会计师详细核查上述情况，说明核查过程、方法、比例和结论，并发表明确意见。

案例分析 监管机构对直营店经营模式的审核主要关注经营的可持续性及规范性，只要涉及直营店模式，一般皆会被问及现金收款、无票收入、门店收益、管理模式等问题。

对于现金收款问题，健之佳在招股书中就现金交易内控制度进行了详细的披露，应该可以获得发审委的认可。

但是关于直营店的经营问题，从数据显示，2016 年云南零售药店共有 17,047 个，其中零售个体药店 11,683 个，剩余 5300 多家是连锁药店，其中深交所上市公司一心堂（股票代码 002727）2700 多家，健之佳约有 1000 家，并从 2015 年开始几乎没有增长，在云南本地经营中，规模上已远输同行业竞争对手。

在异地经营的药店里，从财务数据来看，健之佳的对外扩张战略同样收效甚微：其中四川福利大 2016 年亏损 971.45 万元，2017 年上半年亏损 229.33 万元；重庆健之佳 2016 年亏损 589.74 万元，2017 年上半年亏损 119.34 万元；广西健之佳 2016 年盈利 29.41 万元，2017 年上半年亏损 45.78 万元；绵阳健之佳 2016 年亏损 297.32 万元，2017 年上半年亏损 103.40 万元，可以看出该公司近年来扩张发展实际严重受阻。并且，健之佳的毛利率、净利率等关键盈利指标，也都大大低于同行。

2016 年健之佳虽有放缓开店速度以及关店等“救急”举措，但门店经营不佳及盈利能力不及同行的现状，导致公司最终主动撤回材料。

案例 3

比音勒芬服饰股份有限公司（2016年8月19日通过）

——少部分直营门店出租方未取得或未提供相关房屋权属证明文件，但不影响公司的稳定经营，不对公司财务状况产生重大影响，获认可

案例背景　比音勒芬主要从事自有品牌比音勒芬高尔夫服饰的研发设计、品牌推广、营销网络建设及供应链管理。公司产品定位于高尔夫运动与时尚休闲生活相结合的细分市场。报告期（2013 ~ 2015 年）内，公司营业收入分别为 56,727.61 万元、64,968.27 万元、75,361.39 万元；净利润分别为 9587.56 万元、10,750.46 万元、12,319.02 万元。

公司产品通过直营店和加盟店进行销售。截至 2015 年 12 月 31 日，公司拥有覆盖全国 31 个省、直辖市、自治区的 601 个终端门店，其中直营店 280 个，加盟店 321 个，公司在一二线城市以设立直营店为主，在其他城市以设立加盟店为主。

截至报告期末，公司存在部分直营店的生产经营场所的出租方尚未取得相关房屋权属证明文件，涉及的店铺数量 14 家。

反馈意见　据招股说明书披露，截至 2014 年 12 月 31 日，发行人在全国拥有直营店和加盟店共计 559 个，直营店 251 个，其中 239 家直营店采取联营方式，加盟店 308 个。请在招股说明书“业务与技术”章节分析并补充披露：（1）主要直营店店面开业时间、租金水平、装修支出、装修费用的摊销政策、员工人数、员工薪酬，以及报告期内各期的营业收入、净利润情况；（2）报告期各期，新开店相关费用支出情况及会计核算方法、经营状况及盈利情况，包括存货、营业收入、毛利率、销售数量和销售费用等，并与老店铺同期财务数据进行比较，分析新店经营业绩的合理性；（3）对加盟店的折扣政策、返点政策及结算政策，产品调换率的确定依据、各期实际产品调换率的情况，主要加盟店的开业时间、加盟许可期间、报告期是否收取加盟费、商标许可使用费等费用，新增加盟商对收入增长的贡献情况；（4）报告期内关闭店铺的时间、原因，新增店面是否与关闭店面在同一区域或邻近区域；（5）联营方式直营店销售收入分成比例的确定依据、主要店面的分成比例、收入确定的依据。请保荐机构、会计师说明对直营店和加盟店经营情况的核查方法和核查结论，说法发行人是否与加盟店存在关联关系。

发审会问题 请发行人代表进一步说明直营店所使用的经营场所的产权是否存在法律瑕疵，该等情形对发行人经营及财务状况的影响情况，发行人有无相应的补救措施。请保荐代表人说明核查情况。

案例分析 审核实践中，如果企业生产经营场所存在产权等方面的瑕疵，特别是租赁所得的经营场所，只要说明不影响企业正常的生产经营，通常可以获得认可。

比音勒芬直营店经营场所为租赁所得，存在少部分门店出租方未取得或未提供相关房屋权属证明文件的情形，公司从租赁经营场所的稳定性、可持续性以及所占比例小来说明房屋权属证明不影响公司的稳定经营，不对公司财务状况产生重大影响。具体来说，公司 14 家直营店出租方未取得相关房屋权属证明文件，其中有 11 处租赁房产位于机场、火车站内的商铺，机场、火车站作为城市的重要公共设施，其存续一般会具有一定程度的稳定性，单纯由于未取得建筑物产权证的原因被拆除或改变用途的可能性较小。另外，上述情形涉及的店铺数量（14 家）占公司 2015 年年底的店铺总数（601 家）的比例较小，不会对公司的生产经营产生重大不利影响。

案例 4

大参林医药集团股份有限公司（2017 年 6 月 6 日通过）

——更新的招股书中详细披露直营门店管理措施、收入确认方法、内控设计、现金及存货管理措施等，获得认可

案例背景 大参林股份一直专注于中西成药、参茸滋补药材及中药饮片、保健品、医疗器械及其他商品的直营连锁零售业务，致力于为消费者提供优质实惠的健康产品和专业周到的服务。报告期（2014 ~ 2016 年）内，公司营业收入分别为 454,501.10 万元、526,548.19 万元、627,372.20 万元；归母净利润分别为 26,550.16 万元、39,543.41 万元、43,018.87 万元。

公司坚持以直营连锁门店为核心的经营策略，在深入开发和巩固华南市场的基础上，不断向周边省市辐射，实现跨区域发展。截至 2016 年年末，公司已建立了覆盖广东、广西、河南、福建、江西、浙江等多个省（自治区）、共计 2409 家直营连锁门店的营销网络，其中 1591 家门店拥有医保定点资格。

反馈意见 根据招股说明书披露：公司坚持以直营连锁门店为核心的经营策略，截至 2016 年 6 月 30 日，公司建立了覆盖全国六个省（自治区）、共计 2129 家直营连锁门店的营销网络。请发行人：（1）补充披露报告期各期

直营店店铺数量、单店收入情况，并结合门店数量、单店收入等补充分析并说明报告期各期营业收入及各类产品收入的变动原因和合理性；（2）补充披露报告期各期公司新开门店和关闭门店情况及原因，新开店相关费用支出情况及会计核算方法、经营状况及盈利情况，包括存货、营业收入、毛利率、销售金额和销售费用等，并与老门店同期财务数据进行比较，分析说明新门店经营业绩的合理性；（3）补充披露公司对直营门店的具体管理方法和措施，包括收入确认方法、存货确认等；（4）补充披露各结算模式下收入金额及占比，各种结算模式下收入确认的具体方法、时点和依据；（5）结合直营门店较多、现金销售占比较高的特点，补充披露发行人确保收入、费用、存货等核算真实、准确所采取的措施及其实际效果。请保荐机构和会计师详细核查上述情况，说明核查过程、方法、比例和结论，并发表明确意见。

案例分析 大参林股份销售模式以直营连锁门店为主，公司 2017 年 4 月 13 日报送的招股书中详细披露了直营门店的规模和分布情况、直营门店管理措施、各结算模式下收入确认方法、公司收入费用存货管理方面的主要内控制度、零售业务主要风险点的内控设计、现金结算内控设计、费用核算的主要管理措施、存货的主要管理措施等。基本回复了监管机构反馈意见中的问询。

关于直营门店管理措施，大参林披露了以下措施：公司以职能划分部门，以条线划分层级，以地域划分管理，保证人员职责明确，地区差异化经营。门店运营管理分为经营管理、门店卖场形象管理、商品管理、人事管理、财务管理、顾客管理、促销管理、信息管理、收入确认、存货确认等几个部分。

关于结算模式下收入确认的具体方法、时点和依据。总体上，公司于收到款项或确定相关经济利益能够流入企业，商品所有权转移时确认销售收入。在零售业务下，收银员扫描读取商品销售信息（如商品名称、单价、销售数量等），录入门店 POS 系统，收到现金或者办理完成银行卡、医保卡、微信、支付宝刷卡手续后，打印收银单据；商品离开柜台，商品所有权上的主要风险和报酬转移给购买方。门店 POS 销售后，将销售明细实时传输到总部后台，门店后台每日将商品销售信息汇总并传输到 Oracle 系统或者时空系统并实现收入确认，系统自动汇总生成销售凭证或者销售汇总表。

3. 应对建议

直营店模式相对于复杂的经销商模式来说，其控制力更强，经营也相对规范，因此，总体来说，直营店模式的拟IPO企业通过率比较高，如水星家纺、绝味食品、尚品宅配等皆通过了审核。但是直营店模式由于其本身的特性，现金收款、无票收入、店面管控、持续盈利等皆受到重点关注，需要提前予以规范。

（1）搭建完善的内控体系

虽然直营店模式下现金收款和无票收入无法避免，但可以尽量逐步降低比例，体现公司规范的决心。另外，企业应搭建完善的内控体系，并通过建立信息系统的方式促进内控流程的有效执行，确保资金流与票据流完整、一致。

（2）梳理直营店模式的问题，提前解决规范

对于直营店模式可能存在的存货余额高、门店数量波动、行政处罚等问题，需要逐一进行解决及规范，如果是因为公司经营战略及经营模式原因造成的问题，可以在招股书中予以分析及披露，说明合理性。

（三）招投标模式

1. 理论基础

招投标作为企业常用的一种直接销售模式，可分为公开招投标和邀请招投标两种，公开招标的信息全公开，所有的竞标企业都可能参与；而邀请招标则是采购方先进行一定的筛选，在指定的几家投标方中进行谈判选择。

IPO审核过程中，监管机构主要关注招投标的合规性，即拟IPO企业中标的原因及合理性，是否存在商业贿赂或利益输送等情形；企业招标流程的合规性；是否存在应招投标而未招投标的情形；相关资质是否齐全等。

（1）需要招投标项目的范围

在我国境内进行下列工程建设项目包括项目的勘察、设计、施工、监理以及与工程建设有关的重要设备、材料等的采购，必须进行招标：

①大型基础设施、公用事业等关系社会公共利益、公众安全的项目；

②全部或者部分使用国有资金投资或者国家融资的项目；

③使用国际组织或者外国政府贷款、援助资金的项目。

其中，国有资金占控股或者主导地位的依法必须进行招标的项目，应当公开招标；但技术复杂、有特殊要求或者受自然环境限制，只有少量潜在投标人可供选择的；或者采用公开招标方式的费用占项目合同金额的比例过大的，可以采用邀请招标。

相关法条：

《招标投标法》

第三条　在中华人民共和国境内进行下列工程建设项目包括项目的勘察、设

计、施工、监理以及与工程建设有关的重要设备、材料等的采购，必须进行招标：

（一）大型基础设施、公用事业等关系社会公共利益、公众安全的项目；

（二）全部或者部分使用国有资金投资或者国家融资的项目；

（三）使用国际组织或者外国政府贷款、援助资金的项目。

前款所列项目的具体范围和规模标准，由国务院发展计划部门会同国务院有关部门制订，报国务院批准。

法律或者国务院对必须进行招标的其他项目的范围有规定的，依照其规定。

《招标投标法实施条例》

第八条第一款　国有资金占控股或者主导地位的依法必须进行招标的项目，应当公开招标；但有下列情形之一的，可以邀请招标：

（一）技术复杂、有特殊要求或者受自然环境限制，只有少量潜在投标人可供选择；

（二）采用公开招标方式的费用占项目合同金额的比例过大。

《必须招标的工程项目规定》（2018）

第二条　全部或者部分使用国有资金投资或者国家融资的项目包括：

（一）使用预算资金 200 万元人民币以上，并且该资金占投资额 10% 以上的项目；

（二）使用国有企业事业单位资金，并且该资金占控股或者主导地位的项目。

第三条　使用国际组织或者外国政府贷款、援助资金的项目包括：

（一）使用世界银行、亚洲开发银行等国际组织贷款、援助资金的项目；

（二）使用外国政府及其机构贷款、援助资金的项目。

第四条　不属于本规定第二条、第三条规定情形的大型基础设施、公用事业等关系社会公共利益、公众安全的项目，必须招标的具体范围由国务院发展改革部门会同国务院有关部门按照确有必要、严格限定的原则制订，报国务院批准。

（2）需要招投标项目的规模标准

国家对需要招投标工程建设项目的规模标准进行了统一规定，同时各省、自治区、直辖市政府根据实际情况，可以规定本地区必须进行招标的具体范围和规模标准，但不得缩小国家规定确定的必须进行招标的范围。具体如下：

需要招标的各类工程建设项目，其勘察、设计、施工、监理以及与工程建设有关的重要设备、材料等的采购达到下列标准之一的，必须招标：

①施工单项合同估算价在 400 万元人民币以上的；

②重要设备、材料等货物的采购，单项合同估算价在 200 万元人民币以上的；

③勘察、设计、监理等服务的采购，单项合同估算价在100万元人民币以上的。

同一项目中可以合并进行的勘察、设计、施工、监理以及与工程建设有关的重要设备、材料等的采购，合同估算价合计达到上述规定标准的，必须招标。

此外，针对政府采购项目，亦有相关招标规定。根据《政府采购法》的规定，采购人采购货物或者服务应当采用公开招标方式的，其具体数额标准，属于中央预算的政府采购项目，由国务院规定；属于地方预算的政府采购项目，由省、自治区、直辖市人民政府规定。

目前，国务院办公厅印发的中央预算单位政府集中采购目录及标准的文件中对政府分散采购限额标准、公开招标数额标准规定如下：

政府分散采购限额标准为：单项或批量金额达到100万元以上的货物和服务的项目、120万元以上的工程项目应按《中华人民共和国政府采购法》和《中华人民共和国招标投标法》有关规定执行。

公开招标数额标准为：政府采购货物或服务项目，单项采购金额达到200万元以上的，必须采用公开招标方式。政府采购工程公开招标数额标准按照国务院有关规定执行。

应当注意的是，在执行上述这些规模标准时，无论何种类型的招标项目，任何单位和个人不得将依法必须进行招标的项目化整为零或以其他任何方式规避招标。

▶相关法条：

《必须招标的工程项目规定》（2018）

第五条　本规定第二条至第四条规定范围内的项目，其勘察、设计、施工、监理以及与工程建设有关的重要设备、材料等的采购达到下列标准之一的，必须招标：

（一）施工单项合同估算价在400万元人民币以上；

（二）重要设备、材料等货物的采购，单项合同估算价在200万元人民币以上；

（三）勘察、设计、监理等服务的采购，单项合同估算价在100万元人民币以上。

同一项目中可以合并进行的勘察、设计、施工、监理以及与工程建设有关的重要设备、材料等的采购，合同估算价合计达到前款规定标准的，必须招标。

（3）需招标项目的豁免情形

工程建设项目有下列情形之一的，依法可以不进行施工招标：

①涉及国家安全、国家秘密或者抢险救灾而不适宜招标的；

②属于利用扶贫资金实行以工代赈需要使用农民工的；
③施工主要技术采用特定的专利或者专有技术的；
④施工企业自建自用的工程，且该施工企业资质等级符合工程要求的；
⑤在建工程追加的附属小型工程或者主体加层工程，原中标人仍具备承包能力的；
⑥法律、行政法规规定的其他情形。

相关法条：

《招标投标法》

第六十六条　涉及国家安全、国家秘密、抢险救灾或者属于利用扶贫资金实行以工代赈、需要使用农民工等特殊情况，不适宜招标的项目，按照国家有关规定可以不进行招标。

《工程建设项目施工招标投标办法》

第十二条　工程建设项目有下列情形之一的，依法可以不进行施工招标：
①涉及国家安全、国家秘密或者抢险救灾而不适宜招标的；
②属于利用扶贫资金实行以工代赈需要使用农民工的；
③施工主要技术采用特定的专利或者专有技术的；
④施工企业自建自用的工程，且该施工企业资质等级符合工程要求的；
⑤在建工程追加的附属小型工程或者主体加层工程，原中标人仍具备承包能力的；
⑥法律、行政法规规定的其他情形。

（4）无效中标情形

实践中，部分机构未严格按照国家法律法规进行招投标行为，可能导致中标无效，中标无效的，应当依照法律规定的中标条件从其余投标人中重新确定中标人或者依法重新进行招标。具体中标无效情形如下：

①投标人以他人名义投标或者以其他方式弄虚作假，骗取中标的，中标无效。

②依法必须进行招标的项目，招标人违法与投标人就投标价格、投标方案等实质性内容进行谈判的，影响中标结果的，中标无效。

③招标人在评标委员会依法推荐的中标候选人以外确定中标人的，依法必须进行招标的项目在所有投标被评标委员会否决后自行确定中标人的，中标无效。

④投标人相互串通投标或者与招标人串通投标的，投标人以向招标人或者评标委员会成员行贿的手段谋取中标的，中标无效。

⑤法律规定必须进行招标的项目的招标人向他人透露以获取招标文件的潜在投标人的名称、数量或者可能影响公平竞争的有关招标投标的其他情况，或者泄露标底的，影响中标结果的，中标无效。

⑥依法必须进行招标的项目违反法律规定，未进行招标的，中标无效。

⑦投标人以向招标人或者评标委员会成员行贿的手段谋取中标的，中标无效。

⑧中标人将中标项目转让给他人的，将中标项目肢解后分别转让给他人的，违反招标投标法规定将中标项目的部分主体、关键性工作分包给他人的，或者分包人再次分包的，转让、分包无效。

⑨招标人以不合理的条件限制或者排斥潜在投标人的，对潜在投标人实行歧视待遇的，强制要求投标人组成联合体共同投标的，或者限制投标人之间竞争的，从而影响中标结果的，中标无效。

⑩招标代理机构违反招标投标法规定，泄露应当保密的与招标投标活动有关的情况和资料，从而影响中标结果的，中标无效。

需要注意的是，中标无效的，发出的中标通知书和签订的合同自始没有法律约束力，但不影响合同中独立存在的有关解决争议方法的条款的效力。

2. 审核关注点及典型案例

关于招投标销售模式，主要审核关注点如下：

（1）获取订单、项目是否符合招投标法的规定，是否属于必须招投标的类型，是否存在应招投标而未招投标的情形；

（2）公司是否具有与招投标项目相对应的资质；

（3）招投标关键经办人员与发行人及其关联方是否存在关联关系，有无交易、资金往来；

（4）公司是否涉及竞标补偿或商业贿赂等问题。

相关案例：

案例 1

北京品恩科技股份有限公司（2017 年 6 月 7 日被否）

——大客户依赖，且业务未履行招投标程序，被质疑业务真实性与合规性

案例背景 品恩科技主营业务为面向部队与公共安全等领域的管理信息化软件的研发与销售、技术服务与解决方案。主要产品包括面向部队与公共安全等领域管理信息化的平台软件系统、通用软件系统、军用 / 警用管理软件系统和智能软件系统共四大类软件。

2016 年度公司来自第一大客户中国电子科技集团公司某科研单位下属某单位 / 公司签订的合同共有 63 个，合同金额为 2166.95 万元，截至 2017 年 4 月 30 日，双方再次签订 53 个合同，合同金额合计 15,312.60 万元。

发审会问题 1. 请保荐代表人对下述问题进行说明并发表核查意见：与中国电子科技集团公司某科研单位下属某单位 / 公司签订合同未招投标的原因，发行人取得上述业务是否符合法律法规，是否额外支付其他费用；

2. 发行人报告期确认的最大笔合同内容为三维人像采集比对解决方案，2016 年度确认收入金额为 17,634.29 万元。请发行人代表说明上述合同未履行招投标程序的原因，说明上述合同对应的应收账款的回收情况。

案例分析 根据品恩科技招股书披露，公司取得销售订单的方式主要有三种：（1）公司作为联合体成员共同承接部队信息化建设项目，如公司曾与中国电科十五所联合实施公安边防应用软件一体化建设项目；（2）作为分包商与部队及政府单位信息化建设项目总体单位合作，如公司向中国电科电科院提供解决方案、向中国电科十五所提供技术开发服务等；（3）为涉军国有科研院所实施管理信息化建设。对于该类客户，公司的销售订单取得方式主要为参与投标与谈判等。

品恩科技 2016 年解决方案类项目收入为 20,923.86 万元，占收入比重为 97.12%。其中最大笔合同确认收入金额为 17,634.29 万元，占收入比重为 81.85%。对于如此大金额的合同，品恩科技招股书中解释与中国电科院采取单位合作的方式进行，而具体如何合作，是否需要招投标，如何获取业务，品恩科技未作详细披露与解释。因此，业务真实性与合规性受到了监管机构的质疑，成为被否原因之一。

案例 2

北京煜邦电力技术股份有限公司（2018 年 6 月 12 日被否）

——与客户存在关联关系并支付关联方投标服务费，被质疑存在商业贿赂

案例背景 煜邦电力主营业务为智能用电领域产品的研发、生产和销售，并向客户提供电能信息采集与管理整体解决方案和电网信息化技术开发与服务。

报告期内，公司主要客户为国家电网、南方电网及其下属省网公司及大型发电企业，主要产品包括单相智能电能表、三相智能电能表、集中器、采集器、专变终端、主站系统及相关软件的技术开发与服务等。

公司主要通过参加国家电网、南方电网及其下属省网公司、其他电力行业企业公开招标获取销售订单。

反馈意见 报告期内，主要客户为国家电网、南方电网及其所属的各网省电力公司。（1）说明上述客户及其控股股东、实际控制人、主要股东、董事、监事、高级管理人员、招投标关键经办人员与发行人及其关联方是否存在关联关系，有无交易、资金往来；（2）报告期内发行人获取客户的相关招投标等程序是否合法合规，报告期内发行人支付投标费的具体构成及发生背景，是否涉及商业贿赂等违法违规情形，是否存在应履行招投标程序而未履行的情形。发行人对新增客户的拓展方式及其合法合规性，报告期内发行人支付业务招待费的内容及其合法合规性。

发审会问题 请发行人代表说明：（1）报告期内发行人获取客户的相关招投标等程序是否合法合规，是否涉及商业贿赂等违法违规情形，是否存在应履行招投标程序而未履行的情形；（2）华北电力物资总公司工贸公司为持有发行人 7.47% 股份股东圣德信的主管单位及 100% 控股股东，报告期内发行人向电力物资支付投标服务费的背景、原因、必要性、合理性，投标服务费定价的公允性，是否涉及商业贿赂。请保荐代表人发表核查意见。

案例分析 华北电力物资总公司工贸公司（以下简称“电力物资公司”）为持有发行人 7.47% 股份股东圣德信的主管单位及 100% 控股股东，也就是说电力物资公司为煜邦电力的股东的控股股东；同时，煜邦电力原董事刘晓东目前在电子物资公司担任执行董事。公司与电力物资公司千丝万缕的关联关系，难免让发审委怀疑公司的投标涉嫌商业贿赂及暗箱操作。与此同时，公司申报资料中亦未说明是否履行了完整的招投标程序，该问题成为公司 IPO 被否原因之一。

案例 3

苏州规划设计研究院股份有限公司（2019 年 4 月 11 日被否）

——存在应履行招投标程序而未履行的情形，且涉及金额较大

案例背景 规划院立足苏州、走向全国，以技术性、经济性、政策性、社会性理念为指导，以规划延续性、延伸性的业务路线为特色提供涵盖城乡规划、市政规划、交通规划、景观规划、建筑工程设计、市政工程设计、景观工程设计等规划设计和工程设计类服务。报告期（2015 ~ 2017 年）内，公司营

业收入分别为 13,559.72 万元、17,348.11 万元、22,101.46 万元；扣非后归母净利润分别为 2409.31 万元、2452.75 万元、5239.18 万元。

报告期内，公司通过招投标（包括公开招标、邀请招标）和直接委托等方式获取业务，具体实现收入情况如下：

项目	2017 年度		2016 年度		2015 年度	
	收入（万元）	占比（%）	收入（万元）	占比（%）	收入（万元）	占比（%）
招投标	16,123.82	73.26	11,790.06	68.34	8512.32	63.37
直接委托	5886.16	26.74	5461.72	31.66	4919.40	36.63
合计	22,009.98	100.00	17,251.79	100.00	13,431.72	100.00

报告期内，公司应履行招投标程序而未履行的项目所确认的收入金额分别为 1354.74 万元、1263.55 万元、1107.14 万元，占比分别为 10.09%、7.32%、5.03%。

反馈意见 招股说明书披露：公司主要通过招投标（包括公开招标、邀请招标）和直接委托等方式获取业务。其中，城乡规划、市政工程、政府类工程设计等政府委托的公共项目涉及招投标程序。请发行人补充披露：（1）报告期内发行人通过招投标程序获取项目的程序是否合法合规，是否存在法律纠纷。（2）报告期内未履行招投标程序的受客户直接委托的业务收入金额及占比，是否存在应履行公开招投标程序而未履行的情形，是否存在合同被撤销风险，是否存在法律纠纷。（3）报告期内是否存在不正当竞争或商业贿赂等违法违规行为，是否受到相关行政处罚，说明客户主要经办人员是否与发行人实际控制人、控股股东、董监高、其他核心人员存在关联关系，是否存在委托持股或其他利益安排的情形。请保荐机构、发行人律师核查并发表明确意见，说明核查过程和依据。

发审会问题 1. 改制为有限公司之前，发行人前身为苏州市规划局下属单位，报告期苏州市规划局及其下属单位为发行人第一大客户。请发行人代表说明：（1）报告期发行人参与招投标的具体情况，通过投标和直接委托获得项目的数量、占比和对应项目金额等情况，与同行业可比上市公司相比有无明显差异；（2）报告期发行人分别通过投标和直接委托获得苏州市规划局及其下属单位项目的数量、占比和对应项目金额等情况，占其对外发标项目数量和金额的比例情况；（3）发行人与苏州市规划局及其下属单位交易的定价机制和付款条款与非苏州市规划局及其下属单位相比是否存在重大差异，报告期内苏州市规划局及其下属单位是否均按照约定及时支付款项，是否存在推迟支付或者发行人放宽信用政策的情形。

2. 报告期发行人存在应履行而未履行招投标程序的项目，且惠州分公司曾受到行政处罚。请发行人代表说明：（1）合同投标和中标过程中，是否发生与招投标相关的费用；（2）过往及正在履行的招标合同中存在招标程序瑕疵的业务合同，相关款项的回收期及回收情况，是否存在后续无法回收款项等情形；（3）客户未履行招投标程序或获得上级主管部门批准，发行人是否需承担相应责任，发行人是否涉及不正当竞争或其他不规范事项；（4）是否存在配合发包方通过分拆等形式规避招投标程序承接业务的情形；（5）未履行招投标程序签订的合同是否有被认定为无效的法律风险，是否存在合同被撤销风险，是否存在法律纠纷或潜在纠纷，相关内控机制是否健全并有效运行。请保荐代表人说明核查依据、过程并发表明确核查意见。

案例分析 从发审会问题来看，关于招投标，监管机构主要关注两大事项，一是存在应招投标而未招投标的情形；二是未履行招投标程序，是否涉及不正当竞争，相关合同是否会被认定为无效等情形。

关于第一个问题，公司存在应招投标而未招投标的情形，由于不符合招投标相关法律法规的规定，这在 IPO 审核中算是一个实质性的障碍。公司招股书中承认存在应履行招投标程序而未履行的情形，根据招投标相关法律法规的规定，政府单位及国企客户向公司采购合同金额 30 万元以上的工程设计服务和合同金额 50 万元以上的规划设计服务，需要履行招投标程序。从应招投标而未招投标的金额和理由来看，都是不能被监管机构认可的。关于未招投标的理由，公司给出如下解释：一是规划设计业务延续性和延伸性特征导致发包方倾向于将业务直接委托给发行人；二是工程设计业务知识密集型特征导致发包方倾向于将业务直接委托给发行人；三是招投标程序固有的周期长、成本高特点导致发包方倾向于将业务直接委托给发行人；关于金额，报告期内，公司应履行未履行招投标程序项目所确认的收入金额每年皆在 1000 万元以上。

关于第二个问题，据招股书披露，公司存在应履行公开招标程序而未履行的情形，可能存在合同被认定为无效的风险，但即使被认定为无效，发行人实际遭受损失的可能性较小。另外，招股书说明了公司不存在通过不正当竞争或商业贿赂等方式获取项目的违法违规行为。但从事实来看，公司存在因在一招标项目的投标方式不符合投标的相关规定而被惠州市城市管理行政执法局处以 5.1371 万元罚款的违规事项。

因此，公司招投标不合规，虽然给出了很多解释，但仍未能获得监管机构的认可。

3. 应对建议

对于采用招投标模式获取订单的拟 IPO 企业，监管机构主要核查招投标程序的合法合规性，拟 IPO 企业应注意招投标程序、资质、费用等方面的合规性。

论证招投标程序是否合规主要依靠外部证据链条及内部内控体系。具体可从以下几个方面进行规范：

（1）梳理报告期内的在手订单及新增订单，是否履行了法定的招投标程序。若存在没有履行招投标程序的合同，特别是大额合同，需要充分分析未履行招投标程序的原因，尽量补齐相关程序。

（2）规范资质挂靠行为。如果企业在经营过程中，挂靠他人资质进行招投标的，建议在申报期内取得相关资质，确保未来持续盈利能力不受影响；如果企业资质被其他公司挂靠，建议以业务承揽费的形式支付给相关承揽人，工程施工和项目管理必须由公司完成。

（3）避免存在商业贿赂行为，企业在通过招投标方式获取业务的过程中，应注意避免关联方及公司招投标相关人员与招标方的非正常往来，相关投标费用应该合理，避免被认为存在商业贿赂，进而怀疑公司业务获取渠道的合法性。

（四）业务发展商

1. 理论基础

业务发展商是指公司以支付业务费用的方式，选择特定自然人作为发展商，形成正式、长期的合作发展关系，并制定一系列市场拓展的业务流程和内控方面的程序，指导和规范业务发展商的市场拓展行为，使其协助公司将产品直销给客户，从而达到减少中间环节的一种特定的直销模式。

业务发展商既不是经销商，也不是代理商，也不属于公司的员工，而是类似于“掮客”的中介人员，他们为公司的销售服务，按照一定的标准收取报酬，在一定程度上接受公司的管理，但并不采购企业的产品。

业务发展商的概念及上述内涵最早由上市公司电光科技（股票代码 002730）在 2014 年 IPO 的时候提出，2017 年华荣股份（股票代码 603855）IPO 时描述其销售模式与电光科技相同，为业务发展商模式，并且两公司属于同行业公司。除此之外，其他上市公司均没有使用业务发展商作为其主要销售模式。

与业务发展商相类似的，很多公司在销售过程中都存在类似“掮客”角色的中介服务机构，但这类服务机构更多地被定义为销售服务商，并且主要为公司性质，像电光科技、华荣股份的业务发展商主要为自然人性质的相对较少。

正因为业务发展商的自然人属性，注定其管理难度较高。业务发展商的持续性、稳定性、管理难度、反商业贿赂、业务发展费的标准与支付等方面皆受到监管机构的重点关注。

2. 审核关注点及典型案例

关于业务发展商，监管机构主要关注该模式的合理性、可持续性、真实性、规范性等方面，主要审核关注点如下：

（1）现有业务发展商的规模构成；

（2）业务发展商与公司的合作年限、关联关系等；

（3）报告期各期公司通过业务发展商取得的收入金额以及支付的费用金额，在报告期变化的原因；

（4）业务发展商承担的工作、对应的客户情况；

（5）向业务发展商支付费用的具体依据及比例和具体支付时点等相关政策；

（6）公司与业务发展商相关收入是否真实，业务发展费是否完整、准确，公司是否存在利用业务发展商模式调节利润的情形；

（7）公司是否在防范商业贿赂等违法违规行为方面制定并执行了相关规章制度；

（8）公司与业务发展商的主要合作流程；

（9）公司对业务发展商营销管理方式。

相关案例：

案例

华荣科技股份有限公司（2017年4月19日通过）

——大客户属于国企性质，业务发展商模式属于行业惯例，获得认可

案例背景 华荣股份是国内领先的防爆电器、专业照明设备供应商，报告期内主要从事防爆电器、专业照明设备等产品的研发、生产和销售，产品广泛应用于石油、化工、煤矿、天然气等存在易燃易爆气体的危险作业环境及配套厂区以及公安、消防、铁路、港口、场馆等需要专业照明设备的领域。

公司采用业务发展商协助销售为主，公司自主销售为辅的销售模式。报告期（2014 ~ 2016 年）内，公司营业收入分别为 136,919.43 万元、131,707.33 万元和 120,044.87 万元，其中属于业务发展商模式实现的收入分别为 113,829.66 万元、95,173.50 万元和 86,685.75 万元，占比分别为 83.14%、72.26% 和 72.21%。

反馈意见 请补充核查并披露业务发展商模式是否是行业通行的模式，有无可比的上市公司；采用业务发展商模式、未采用经销商模式或者直销模式的具体原因；现有业务发展商的规模构成，补充核查验证主要业务发展商与发行人的合作年限、是否属突增发展商、主要发展商与发行人是否有关联关系或其他特殊关系。

1. 发行人与业务发展商相关收入是否真实，业务发展费是否完整、准确，发行人是否存在利用业务发展商模式调节利润的情形。发行人在防范商业贿赂方面制定有何相关规章制度，是否建立了符合法律法规规定的财务内控制度，发行人是否存在通过业务发展商进行商业贿赂行为。

2. 报告期公司前五大客户多为大型国有企业，请补充披露公司前十大客户对应的业务发展商及支付的相关费用，请说明公司开拓大型国有企业客户仍支付业务发展费用的合理性（若有）。

发审会问题 1. 请发行人代表进一步说明：（1）发行人采用业务发展商销售模式以及由关联自然人作为发行人业务发展商的原因及其合理性，此种模式是否符合行业惯例，业务发展商与发行人主要客户是否存在关联关系，关联交易定价是否公允、合理，是否存在输送利益、损害公司及中小股东利益的情形，关联交易决策程序是否合法合规；（2）发行人与业务发展商签订的相关业务发展协议的主要内容，发行人与业务发展商关于客户维护方面的分工情况，报告期各期是否存在业务发展商退出带走客户的情况，相关的风险披露是否充分。请保荐代表人发表核查意见。

2. 请发行人代表进一步说明：（1）发行人业务费计提政策、计提依据和支付约定，业务费的计提是否准确、完整、合法、合规，相关内部控制制度是否建立健全并且有效执行；（2）报告期内业务费占销售收入的比重变动情况及其原因和合理性；（3）发行人是否存在拖欠业务费的情况，不支付利息是否合理，与业务发展商是否存在诉讼、争议或纠纷，是否存在通过业务发展商进行商业贿赂情况或存在相关风险。

3. 请发行人代表进一步说明发行人报告期各期发生市场推广费的原因及

合理性，市场推广费的形成、计提依据、使用及支付等情况，支付使用市场推广费是否符合相关的法律法规的规定，是否存在受到行政处罚等违法违规情形，相关风险和信息是否充分披露。请保荐代表人发表核查意见。

案例分析 从华荣股份发审会问题来看，共 5 个问题有 3 条皆与业务发展商相关，可见发审委对业务发展商销售模式的关注。从具体问题来看，发审委主要关注业务发展商与公司的关联关系，是否存在利益输送；业务发展商的稳定性；是否存在商业贿赂及行政处罚等违规情形。

业务发展商的销售模式比较特殊，但恰好有同为温州乐清柳市镇的同行业上市公司电光科技（股票代码 002730）也存在业务发展商的情形，可以作为对比和参考，业务发展商应属于行业惯例，使得业务发展商这种模式存在的必要性、合理性有了解释的空间，也可以更好地获得发审委的理解和认可。

华荣股份在招股书中就业务发展商的具体情况作了详细披露与分析，如业务发展商的区域、规模、数量、合作年限、关联关系、定价公允性、支付的费用、具体职责及管理等。华荣股份的客户以中石油、中石化、国家电网等大型国企为主，这些大型国企通常管理较规范、严格，作为他们的供应商，华荣股份可以私下操作的空间较小，因此，华荣股份业务发展商模式获得了证监会的认可。

3. 应对建议

对比业务发展商模式与经销商模式的核查思路会发现，两者在基本的思路上是一致的，即完整披露区域、规模、数量、合作年限、关联关系、定价的公允性等相关情况即可。区别在于业务发展商并不从企业采购货物，即业务发展商核查中最终的销售去向不再成为一个问题。

不过，由于业务发展商为自然人，核查中更重点关注业务费的提取支付情况，税收缴纳情况，业务发展商与公司之间的关联关系，业务发展商对特定客户存在的合理性等，特别是对业务发展商防范商业贿赂等情况进行关注，需要企业针对性地进行规范和披露。

另外，业务发展商销售模式虽是一直存在的，但是很少有企业的销售主要依靠业务发展商，这是因为业务发展商为自然人，不确定性较大。从业务发展商的角度，其掌握客户资源，可以销售任何一家企业的产品，对企业的销售稳定性风险较大，故该模式实际审核中较为少见，除特殊行业外并不建议使用。

二、经销模式

经销模式下企业将其产品销售给经销商，由经销商实现最终的对外销售。除了厂家直接销售给终端用户外，大多数企业都存在利用经销模式进行商品销售的情况。采用经销模式，一方面企业可以专注于研发、生产，继续提升产品或服务的竞争力；另一方面，由于经销商有着深厚的渠道建设和耕耘的基础和资源，如果企业与经销商建立了良好的合作关系，企业的业绩规模很可能得到大幅增长。

IPO 审核中，经销模式是监管机构特别关注和严格审核的领域，经销商作为拟 IPO 企业的销售渠道，直接影响着企业业绩的真实性、经营规范性和持续盈利能力。从以往审核案例来看，监管机构对企业经销模式的审核是全方位的，包括公司经销模式具体情况、经销模式的必要性与稳定性、经销商最终销售去向、经销商与公司的关联关系、个人经销商、经销商经营合规性等。其中，不同经销模式收入确认的规范性、经销商与公司的关联关系、个人经销商、经销商最终销售去向、经销商经营合规性等问题主要影响着企业经营业绩的真实性和经营规范性；经销商及经销模式的必要性与稳定性主要影响着企业的持续盈利能力。

（一）经销模式的类别

经销模式包括买断式销售和代理式销售两种。其中买断式销售是指经销商买下货物，自行定价、自行销售并且自负盈亏。在商品权属及风险转移至经销商时企业即可确认收入并结转成本，经销商的产品能否最终实现对外销售不会影响企业的收入；代理式销售又称非买断式销售或佣金式销售，代理商不买下货物，按照委托方所订的价格，以委托方名义销售，收入归委托方所有，代理商抽取一定比例作为报酬，即佣金。在这种模式下，在商品权属及风险最终转移至终端客户或其他买断式经销商时方能确认收入并结转成本，产品仅转移至代理式经销商时企业不能确认收入。

1. 审核关注点及典型案例

关于买断式销售和代理式销售两种经销模式，监管机构在审核过程中主要关注以下问题：

（1）企业主要采用哪种经销模式，具体销售流程情况；

（2）两种模式下，经销商和代理商的权利义务差异情况；

（3）两种模式下，公司产品毛利率情况，是否与行业水平保持一致；

（4）两种模式下企业的内控管理制度情况，内控是否健全；

（5）经销商的资金规模与业务规模是否匹配。

相关案例：

案例 1

北京宝兰德软件股份有限公司（2017年5月10日被否）

——被质疑代理销售模式下业绩的真实性及规范性

案例背景 宝兰德主营业务为中间件软件、云管理平台软件及应用性能管理软件的研发和销售，并提供专业技术服务。主要产品包括应用服务器BES Application Server、消息中间件BES MQ、交易中间件BES VBroker、云管理平台软件BES CloudLink和应用性能管理软件BES WebGate系列产品。报告期（2014～2016年）内，公司营业收入分别为4161.19万元、5871.70万元、8062.90万元；扣非后归母净利润分别为1109.22万元、2642.70万元、3709.91万元。

宝兰德的销售模式分为直接销售和通过系统集成商代理销售两种，最终用户主要为中国移动、中国电信、中国联通等电信运营商。其中2014～2016年，代理销售收入占比分别为72.16%、75.34%和45.78%。宝兰德的代理模式下，代理销售的实质是发行人与最终客户达成销售产品（或服务）的意向后，代理商与发行人签订相关产品（或服务）供货合同，发行人产品（或服务）能否销售给最终用户并不取决于代理商。

反馈意见 请发行人说明：主要采用代理销售的原因、是否为行业惯例，前十大客户报告期内变动较大的原因、是否均为直销客户、与代理销售为主的披露是否矛盾。

发审会问题 1.发行人代理销售和直接销售的终端客户主要为电信行业客户，请发行人代表说明，电信行业终端客户在直接销售模式下要求发行人试运行但在代理销售模式下却无此要求的原因及合理性。请保荐代表人就发行人与代理商之间的法律关系及收入确认是否符合准则要求发表核查意见。

2.请发行人代表说明：（1）代理销售客户业务中涉及的安装、调试的具体实施方；（2）代理商的权利，代理商与最终客户之间是否为代理法律关系；（3）主要通过代理商对中国移动进行销售的原因及其合理性；在未能取得代理商销售发票或中国移动出具的验收报告的情形下，如何核查代理销售的真实性。

案例分析 从发审会问题来看，发审委主要质疑公司代理销售模式下业绩的真实性和规范性。首先，从报告期销售数据来看，宝兰德前两年基本以代理销售为主，之后逐渐降低代理销售的比例，但仍占据一半的比例。公司并未对代理销售比例降低的原因进行说明。其次，宝兰德招股书中披露，公司代理销售模式的实质是公司与最终客户达成销售产品（或服务）的意向后，代理商与发行人签订相关产品（或服务）供货合同，公司产品（或服务）能否销售给最终用户并不取决于代理商。而宝兰德直接销售模式下要求公司产品试运行而代理销售模式下无此要求，似乎代理商的地位更为强势。显然，前后两者是互相矛盾的，代理商到底在公司销售中承担怎样的角色，令人质疑。最后，宝兰德存在未取得代理商向终端客户出具的销售发票及终端客户向代理商出具的验收报告，这部分销售的真实情况无法确认，代理销售模式的内控规范性存在缺陷。

案例 2

钜泉光电科技（上海）股份有限公司（2017 年 11 月 3 日被否）

——前五大经销客户占比 90% 以上，最高达 99%，主要最终客户仅 23 个，被质疑真实性与合理性

案例背景 钜泉光电的主营业务为智能电网终端设备芯片的研发、设计与销售，主要产品包括电能计量芯片、载波通信芯片和智能电表 MCU 芯片等。报告期（2014 ~ 2017 年 1 ~ 6 月）内，公司营业收入分别为 14,676.52 万元、15,010.42 万元、16,310.26 万元、8706.77 万元；扣非后归母净利润分别为 2936.93 万元、2295.85 万元、2241.63 万元、1418.17 万元。

公司销售采取以经销商代理销售为主的模式，同时公司也向部分电能表厂商进行直接销售。公司与经销商的关系属买断式销售关系，即公司将商品销售给经销商并由经销商确认收货后，商品的所有权转移。报告期内，不同销售模式获取的收入及占报告期各期主营业务收入的比重如下：

销售模式	2017 年 1 ~ 6 月		2016 年度		2015 年度		2014 年度	
	金额（万元）	比例（%）	金额（万元）	比例（%）	金额（万元）	比例（%）	金额（万元）	比例（%）
经销模式	8540.25	98.09	15,892.13	97.74	14,723.17	98.09	14,112.75	96.16
直销模式	166.52	1.91	368.13	2.26	287.24	1.91	563.77	3.84
合计	8706.77	100.00	16,260.26	100.00	15,010.42	100.00	14,676.52	100.00

反馈意见 在招股说明书中，发行人披露了报告期内前五大客户的销售金额及占比。（1）请补充披露主要客户属于直销客户还是经销商客户，披露主要客户的主要情况、销售内容，分析说明主要客户销售金额变化原因，说明是否对主要客户存在重大依赖；（2）对于经销商客户，请说明其最终销售对象、销售区域、其销售客户及所处行业的集中程度，并说明其资金规模与业务规模是否匹配。

发审会问题 发行人报告期内销售以经销商代理销售为主，各期经销收入占比均在 96% 以上，发行人与经销商的关系属于买断式销售关系。请发行人代表说明：（1）报告期前五名经销商销售占营业收入持续 95% 左右，主要最终客户仅为 23 个，上述客户是否存在关联关系，销售变化情况，详细阐明原因，分析销售的可持续性；结合可比公司销售政策进一步分析说明，采取经销商买断模式的合理性。（2）经销商买断模式对发行人收入确认真实性、准确性的影响，收入确认政策是否符合企业会计准则的相关规定。（3）报告期发行人对其参股子公司前景无忧最终销售占比不断增加，2017 年上半年已成为第一大最终客户，不认定为关联方和关联交易的依据，未直接向北京前景无忧销售的原因，说明业务合理性、真实性。（4）客户昊辉电子销售收入占发行人营业收入比重稳定在 50% 左右，结合与昊辉电子的历史合作情况、经销代理方式、销售结算模式等，说明发行人对其是否存在单一客户重大依赖，是否对发行人持续盈利能力构成重大不利影响。请保荐代表人说明核查方法、过程、依据，并明确发表核查意见。

案例分析 钜泉光电主要采用经销模式进行销售，报告期内经销收入占比达 95% 以上，最高达 98%。同时，公司前五大客户皆为经销商，且合计占比超过 90%（报告期内最低达到 93% 的比例，最高达 99% 的比例），经销客户非常集中，这种情形在以往 IPO 案例中比较少见。监管机构主要质疑公司经销收入的真实性及经销商如此集中的合理性。

此外，在公司经销客户如此集中的情况下，公司主要最终客户仅有 23 个，这是明显不合理的。通常情况下，即使某个行业因为垄断竞争，经销商较集中，但最终用户应该是相对分散的，而钜泉光电的情况明显与常理不符。

最后，监管机构还关注了一些细节问题，钜泉光电对其参股子公司前景无忧最终销售占比不断增加，2017 年上半年已成为第一大最终客户。公司在 2016 年年底才入股这家企业成为第二大股东持股 16.15%，公司以没有重大影响为由，未将其认定为关联方，这引起了监管机构对其实质的关联关系及交易的真实性的质疑。

案例 3

深信服科技股份有限公司（2018 年 4 月 4 日通过）

——渠道代理销售为主，被问询合理性、最终销售情况及关联控制关系，充分披露与解释获得认可

案例背景　深信服科技专注于软件和信息技术服务行业，主营业务为向企业级用户提供信息安全、云计算、企业级无线相关的产品和解决方案。主要产品包括上网行为管理、VPN、下一代防火墙、应用交付等。报告期（2015 ~ 2017 年）内，公司营业收入分别为 131,875.83 万元、175,004.68 万元、247,247.45 万元；归母净利润分别为 34,422.31 万元、24,322.28 万元、59,992.86 万元。

公司销售实行渠道代理销售为主、直销为辅的销售模式。其中，渠道代理销售是指先将产品销售给渠道代理商，再由渠道代理商将产品销售给最终用户。公司产品的主要客户为渠道代理商，公司产品的适用性广，主要最终用户群体包括企业、政府、金融机构、电信运营商等。2015 年至 2017 年，公司渠道代理销售收入占主营业务收入的比例分别为 95.06%、94.59%、97.01%。

反馈意见　招股说明书披露：公司销售实行渠道代理销售为主（渠道代理商人数高达五千余家）、直销为辅的销售模式，地域性销售特征不明显并存在少量境外销售情形。请发行人：（1）补充披露报告期内前十大渠道代理客户和前十大直销客户的销售情况，包括客户名称、销售内容、合作历史、结算方式、信用政策等情况，是否与发行人股东、实际控制人、董监高、其他核心人员存在关联关系、委托持股或其他利益安排，按产品类别分别说明报告期内对应最终用户的情况。（2）结合同行业上市公司的销售模式，说明发行人销售模式是否与同行业公司存在重大差异。（3）说明报告期内代理、直销销售模式产品价格是否存在较大差异；如有，请分析并披露价格差异较大的原因及其合理性，请说明报告期内发行人主要产品产能、产量、销量的情况，报告期内主要产品销售均价变动情况，产品售价的确定依据。请保荐机构核查并发表意见，请发行人律师对是否存在上述关联关系发表核查意见。

发审会问题　发行人渠道代理商客户分散度高、订货频率高、单笔订货金额较小，渠道代理销售收入占主营业务收入的比例高。请发行人代表说明：（1）渠道代理销售收入占比较大的原因及商业合理性；（2）渠道代理商开展业务

是否实现了真实销售；（3）渠道代理商或其主要负责人是否曾在发行人处担任职务，是否存在发行人控制或变相控制渠道代理商的情况。请保荐代表人说明核查程序、方法，并发表明确核查意见。

案例分析 从发审会问题来看，监管机构主要关注公司渠道代理销售收入大的原因及商业合理性，是否真正实现了销售，以及渠道代理商是否与公司存在关联关系及控制关系。

关于这几个问题，公司在招股书和补充法律意见书中都进行了相关披露和解释：（1）关于采用渠道代理销售模式的原因。主要与公司经营战略、产品特点有关。主要有以下几点：一是公司致力于全业务、全产品在全行业、全区域进行覆盖，全面渠道化战略是最适合公司的销售模式；二是公司专注于提供满足客户需求的产品，不开展集成业务，产品和解决方案趋于标准化，易于掌握和交付，为推行全面渠道化战略提供了有利条件；三是搭建了科学完善的渠道代理商管理体系。(2)关于渠道代理的管理，是否真正实现了销售。公司在补充法律意见书（二）中进行了披露与说明，披露了报告期内渠道代理商的数量及具体情况，渠道代理商数量多，涉及数千家，公司产品最终用户为企业、政府、金融机构、电信运营商等，最终用户包括华为、浪潮、东风、太平洋保险、平安银行、中国电信、京东商城等知名企业，可信度高，不存在为公司提供虚假销售的可能。（3）关于渠道代理商与公司是否存在关联关系及控制关系。深信服在补充法律意见书（四）中，说明了公司不存在控制或变相控制渠道代理商的情况。公司制定了《反舞弊制度》《关于避免员工与公司利益冲突的规定》等制度，以规避任何高管和员工利用自身的身份和职务便利，通过渠道代理商获取利益、损害发行人利益的行为。此外，中介机构发表了公司与渠道代理商不存在关联关系的意见，同时，公司实际控制人、董事、监事、高级管理人员、其他核心人员、发行人报告期内前十大渠道代理客户出具了不存在关联关系的书面声明。

2. 应对建议

相对于代理式销售而言，买断式销售能够提前确认收入、有效隔离经销商与企业之间的风险，因此被更多的企业使用。拟 IPO 企业亦越来越多地使用买断式经销模式。但是买断式经销模式下企业确认收入与产品是否实现最终对外销售未直接挂钩，容易导致企业为了经营业绩需要而虚增销售，因此，无论企业采用何种经销模式，皆需要注意流程的规范性和真实性。

（二）经销模式的必要性与稳定性

经销模式的必要性与稳定性受到证监会的重点关注，主要考量经销模式是否具有业务必然性与长期稳定性，如突击新增买断式销售模式且无合理解释，则可能会被质疑虚增业务收入或虚增利润；经销商数量变动频繁，报告期内经销商存在较多新增与退出情况，可能会被质疑影响持续盈利能力等。

1. 审核关注点及典型案例

关于经销模式的必要性与稳定性，主要审核关注点如下：

（1）经销商进入、退出及存续情况；

（2）发行人是否存在期末集中新增加经销商的情形；

（3）报告期内与发行人持续存在业务往来的经销商数量及销售收入；

（4）每个经销商的销售金额、成本、毛利变化情况；

（5）公司对经销商进入或退出的管理方式。

相关案例：

案例 1

河南润弘制药股份有限公司（2017 年 3 月 31 日被否）

——报告期内经销商数量变动较大，销售稳定性存疑

案例背景 润弘制药主要从事化学药品制剂的研发、生产和销售业务，产品以心脑血管药物为主，其他包括抗感染药物、补益类药物等。报告期（2014 ~ 2016 年）内，公司营业收入分别为 44,002.01 万元、45,446.19 万元、54,141.68 万元；净利润分别为 14,495.64 万元、12,831.06 万元、14,091.90 万元。

公司针对不同的产品，采用不同的销售模式。对于长春西汀注射液、中风回春片等很有特色，具有很强竞争力的产品，主要采取专业化学术推广模式进行销售；对于大部分 OTC 产品及市场竞争力较强的处方药，主要采取终端控销模式；对于其他产品采取渠道分销模式。

公司 2016 年期初经销商数量为 639 家，当期新进 513 家，当期退出 307 家。另外，根据公司披露的退货情况，2014 ~ 2016 年退货金额分别为 16.2 万元、15.51 万元、2.05 万元，占营业收入比例为 0.04%、0.03%、0。

反馈意见 1. 请发行人在“管理层讨论与分析”中补充披露经销商的分布情况，各报告期内经销商增减变动情况及增减原因，平均每个经销商的销售金额、成本及毛利的变化情况；请保荐机构核查。

2. 请发行人补充披露学术推广模式下的核心经销商的数量大幅减少的原因；补充披露报告期内不同模式下经销商进入或退出的详细情况，并说明具体的原因；补充披露是否存在经销商退货或换货的情形。

发审会问题 请说明："报告期内存在较大数量经销商进出的原因，退出经销商所经销发行人产品的处置情况。"

案例分析 润弘制药报告期内经销商数量变动较大，存在频繁进出情形。监管机构主要质疑经销商数量变动较大的原因，以及经销商退出后，存货如何处理的问题。

从招股书披露信息来看，润弘制药几乎每年都在更换经销商，其解释更换的原因是：当经销商业绩不达标时将其替换，同时为了提升销量，又不断引进新的经销商。但是，招股书中并没有详细披露经销商的退货情况，从退货数据来看，退货量极少，这可能与频繁的经销商退出、进入情况不符，引起发审委的质疑。

案例 2

如意情生物科技股份有限公司（2017 年 8 月 21 日被否）

——报告期内经销商数量大幅下降，被质疑经销模式规范性，业绩真实性

案例背景 如意情主营业务为鲜品食用菌的研发、工厂化培植及销售。目前公司的主要产品为金针菇、海鲜菇、白玉菇、蟹味菇。截至本招股说明书签署日，公司金针菇日产能达 293 吨左右，位列国内工厂化金针菇产能前三位。报告期（2014 ~ 2017 年 1 ~ 6 月）内，公司营业收入分别为 40,481.66 万元、57,206.74 万元、54,152.34 万元、25,477.49 万元；扣非后归母净利润分别为 -3354.72 万元、6149.25 万元、8813.43 万元、2493.81 万元。

公司产品主要采取经销商买断式销售模式，近三年经销商销售模式占比均为 99% 以上。

反馈意见 请发行人补充披露经销商的管理政策、销售政策、信用政策以及退换货政策，具体销售流程，产品配送方式，结算方式，是否存在现金交易情形，报告期内经销商数量变动及地域分布情况，是否买断式经销或独家经销，各自覆盖区域，报告期内退换金额和数量，报告期内经销商的相关政策是否发生变动。

发审会问题 报告期内，公司产品销售主要通过经销商模式实现，请保荐代

表人就下述事项说明核查过程及核查意见：发行人在2013年度至2015年度期经销商数目持续增加，而2015年关闭外设仓库后，经销商数目开始出现较大幅度下降，上述情况是否存在关联，关闭了外设仓库的真实原因，上述措施是否符合行业特点。

案例分析 如意情销售收入99%通过经销模式实现，但如意情招股书等公开披露资料并未详细披露对经销商的核查情况；此外，如意情2015年关闭外设仓库后，经销商数量开始大幅下降，引起了发审委质疑，即原外设仓库是否为经销商囤货所用，而公司并未对此问题进行合理解释。同时，公司所处行业为农业，农业企业通常更受监管机构的关注，审核也更加严格。

总体来说，公司作为农业企业，经销商核查情况不清晰、外设仓库与经销商存在关联关系，让经销模式的规范性、合规性受到了质疑，进而可能被质疑业绩的真实性。

案例3

苏州富士莱医药股份有限公司（2018年12月18日被否）

——经销模式与境外销售占比均较高，财务核查难度大，被质疑经销模式的必要性和真实性

案例背景 富士莱主营业务为原料药及中间体、保健品原料的研发、生产和销售，包括硫辛酸类、肌肽类、磷脂酰胆碱类三大系列产品。报告期（2015～2018年1～6月）内，公司营业收入分别为24,591.99万元、32,150.15万元、37,515.70万元、19,982.39万元；扣非后归母净利润分别为4632.00万元、7213.19万元、7331.88万元、4584.53万元。

公司存在直销、经销两种销售模式。报告期内，公司经销收入占比分别为70.78%、53.15%、55.64%、72.54%。公司与经销商之间均未签订经销协议，对销售区域、销售数量等都不做限制，公司与经销商之间签订的销售合同与直销的销售合同一致。公司在直销和经销两种模式下收入确认及收款政策一致。

发审会问题 报告期发行人经销收入较高，出口销售是其重要收入来源。请发行人代表说明：（1）经销商销售模式的必要性，是否符合行业惯例；（2）经销商选取标准及考核管理办法，是否对经销商划分区域，经销商与发行人实际控制人、董监高及其关联方是否存在关联关系，经销商是否专门销售发行人产品；（3）主要经销商对外销售和回款、退换货、终端销售及期末存货情况；（4）境外销售与海关报关数据、出口退税金额等是否相匹配；

（5）报告期各期直销占比大幅波动的原因及合理性，2018 年 1 ~ 6 月直销收入大幅下降而经销收入占比提高的原因及合理性，如何应对直销客户变动风险；（6）2018 年上半年发行人主要产品硫辛酸系列产品销售单价和毛利率均下滑的原因，是否存在持续下滑的情形，是否影响发行人未来经营业绩。

案例分析 富士莱报告期内经销收入较高，且境外销售占比也较高，即同时存在经销销售和境外销售，且这两种销售比例皆超过了 70%。IPO 审核过程中，经销模式和境外销售皆受到监管机构的重点关注，且核查难度较大。本案例中，经销销售和境外销售相重叠，因此，财务真实性和规范性的核查难度较大，存在较大的审核风险。发审会问题中，监管机构从各角度对公司经销模式的相关情况进行问询。

关于公司经销商销售模式的必要性，是否符合行业惯例。富士莱在招股书中作了关于相关披露与说明，说明经销商销售是目前医药中间体、保健品原料（食品添加剂）生产厂商普遍采用的销售模式，经销商可以根据终端客户的需求，发挥规模效应，大批量采购，降低单位成本；专业经销商一般贸易规模大，可为终端厂家提供仓储和资金周转服务等。公司通过经销商进行销售系结合行业惯例、客户需求、节约成本等综合因素后形成的商业模式。

因此，从上述披露信息分析来看，公司采用经销模式具备必要性与合理性，但经销模式与境外销售结合在一起，大大增加了财务核查的难度，值得注意的是，富士莱在上会前还经历了现场检查，最终仍未能通过审核，可能原因之一就是监管机构对公司经销模式下收入的真实性和财务规范性表示质疑。

案例 4

上海永冠众诚新材料科技（集团）股份有限公司（2018 年 12 月 18 日通过）

——尝试以经销方式销售自有品牌产品，报告期内经销毛利率持续为负且逐期下降，被质疑可持续性，但占比很小且合理解释获得认可

案例背景 永冠新材主营业务为各类胶带产品的研发、生产和销售。公司的主要产品为民用型布基胶带、美纹纸胶带、清洁胶带、PVC 胶带、OPP 胶带、牛皮纸胶带等，并正逐步打开工业用胶带市场。报告期（2015 ~ 2017 年）内，公司营业收入分别为 70,002.47 万元、99,277.57 万元、141,019.39 万元；归母净利润分别为 6584.54 万元、9582.28 万元、8154.20 万元。

公司尝试以经销方式销售自有品牌产成品，采用买断方式。2015 年至 2017 年，公司经销收入分别为 300.92 万元、957.38 万元、2968.29 万元，占主营业务收入比例分别为 0.43%、0.96%、2.11%；经销毛利分别

为 -2.94 万元、-55.36 万元、-216.51 万元，占毛利总额比例分别为 -0.02%、-0.25%、-0.92%。

反馈意见 招股说明书披露，对于国内市场，行业内企业一般通过经销商及直销的方式进行销售。请在招股说明书补充披露并说明：（1）按照经销、直销的方式，列表披露经销、直销产品的主要产品类型、数量、金额及占比；（2）主要经销商的情况，包括但不限于名称、注册资金、经营范围及经营情况等，经销产品的最终去向，经销商的库存情况，结算方式，是否为买断销售，是否存在退货，与发行人是否存在关联关系；（3）报告期内新增、退出经销商的情况，包括但不限于：新增、退出经销商的数量及主要分布，新增、退出的原因，新增经销商当年销售收入占当年销售收入的比重，退出经销商前一完整会计年度销售收入及占比；（4）对经销商是否存在返利政策，如果存在，说明返利政策的条款、报告期内的返利金额和相关的会计处理方法。

发审会问题 报告期发行人综合毛利率波动较大，且低于同行业可比公司平均水平，内、外销毛利率差异较大。请发行人代表说明：（1）毛利率波动较大及低于同行业可比公司平均水平的原因及合理性；（2）内销毛利率持续下降、胶带母卷毛利率波动、膜基胶带毛利率低且呈下降趋势的原因及合理性，膜基胶带毛利率未来持续下降的可能性；（3）经销毛利率持续为负且逐期下降的原因及合理性，经销模式是否具有可持续性；（4）内外销毛利率差异较大的原因及合理性。请保荐代表人说明核查依据、过程并发表明确核查意见。

案例分析 永冠新材尝试采用买断式经销模式销售自有品牌产成品，2015 ~ 2017 年，公司经销模式综合毛利率分别为 -0.98%、-5.78%、-7.29%。经销毛利率持续为负且逐期下降。因此，监管机构质疑公司经销模式是否具有可持续性。

关于经销毛利率持续为负且逐期下降的原因，公司解释是 2016 年公司为了拓展国内市场，对胶带中的遮蔽胶带、铝箔胶带进行让利，进而拉低了经销毛利率；2017 年，国内经销毛利率下降主要系原材料价格上涨所致。

关于经销模式是否具有可持续性，从公开披露资料来看，公司并未给出直接解释，但从披露的信息和发审委最终审核结果来看，公司经销模式的持续性是可以获得认可的。一方面，从具体数据来看，公司经销毛利率有好转趋势。从 2019 年 2 月 12 日，公司公告的招股意向书披露信息来看，公司 2018 年 1 ~ 9 月，经销模式毛利率开始转负为正，经销模式综合毛利率为

2.97%。主要原因是经过 2016 年及 2017 年对自有品牌的推广，公司保留了毛利率相对高的产品，且 2018 年 1 ~ 9 月提高了部分经销产品的价格。另一方面，从经销商数量和经销商进出情况来看，公司经销模式具备可持续性，招股书中披露了公司报告期内新增、退出经销商的情况，公司报告期内经销商数量由 33 家增加至 209 家，每年退出数量极少，只有几家，退出原因主要是经销商经营范围变化及公司主动淘汰不符合管理要求的经销商。最后，从经销收入比例来看，公司尝试经销模式，经销收入占主营业务收入比例，及经销毛利占毛利总额比例均很小，经销模式短时间内不会影响公司的持续盈利能力。

2. 应对建议

关于经销模式的必要性与稳定性，主要应对建议如下：

（1）关于经销模式的必要性，主要从公司产品特性、客户类型及行业经营模式等角度来解释，只要符合行业惯例，一般可以获得认可。

（2）关于经销模式的稳定性，主要核查报告期内经销商数量变动情况。拟IPO 企业若报告期内经销商数量变动幅度较大，需要作出合理解释，如果是出于公司战略考虑，属于正常的变动，相应解释可以获得监管机构认可。

但若报告期内经销商数量增减幅度较大，很容易被发审委问询，需要提前做好信息披露，特别是对经销商的核查情况进行披露，并提前做好应对。

（3）经销模式的稳定性，通常与退货情况、存货情况、销售收入等情况联系起来，如果经销商数量变动与相关联的数据变动不一致，很容易引起发审委的质疑，很可能被质疑拟 IPO 企业销售的真实性、规范性等核心敏感问题。

（4）报告期内新增经销商，公司应制定经销商内控管理制度，确保保荐机构能够有效核查。保荐机构对经销商的核查程序如下：

①取得发行人报告期各期新增经销商名单，与公司管理人员进行沟通，了解公司经销模式的情况及主要新增经销商的具体情况及接洽方式。

②取得报告期内部分新增经销商的营业执照等注册文件，查询全国企业信用信息公示系统核查境内新增经销商股权结构、董监高人员信息，通过中国出口信用保险公司等渠道查询取得主要境外新增经销商基本信息、资信报告等资料，登录香港公司注册处综合资讯系统（ICRIS）的网上查册中心查询香港经销商的基本信息，将上述信息与发行人关联方进行信息比对，核查是否存在关联关系。

③根据重要性原则，对新增经销商销售额超过重要性以上的经销商客户进行了实地走访和收入函证；对超过一定金额的新增经销商客户进行了抽样函证。并通

过函证的方式对经销商商品销售的最终去向和库存情况进行确认。

（三）经销商最终销售去向

目前的 IPO 审核实践中，关于拟 IPO 企业经销模式下经销商产品的最终销售去向，几乎成了必问问题，通常情况下会要求对经销商的经营行为进行核查，核查其是否真正实现对外销售、是否囤货，其原因在于产品最终销售去向可能影响拟 IPO 企业业绩的持续性及销售的真实性，拟 IPO 企业可能通过经销商虚增利润。

实践中的核查思路是将发行人的经销商不视同是发行人的客户，而只是发行人产品销售的一个环节，将最终客户纳入核查范围。所以核查起来通常比较困难，尤其是经销商数量较多时，核查工作量会非常大，因为经销商毕竟不是发行人的销售部，财务规范程度不同，配合程度也不同。

具体来说，对经销商的核查主要从两方面着手，一是经销商产品最终销售实现情况；二是经销商仓储的产品盘存情况。在投行业务实践中经销商及其终端客户销售实现情况核查的比例应超过 50%，70% ~ 80% 为更保险的范围。对于新增客户、突然消失的客户、销售额波动较大的经销商需要重点核查。

1. 审核关注点及典型案例

关于经销商最终销售去向，主要审核关注点如下：

（1）经销商的产品是否实现对外销售，是否存在大额囤货或不合常规的备货情形，或报告期末大额进货；

（2）主要经销商的最终销售和最终客户情况，最终客户对发行人产品的实际使用情况；

（3）经销商的层级、发行人对经销商的管理方法、管理制度及控制能力；

（4）发行人对各级经销商及其对外销售价格的掌控情况；

（5）发行人是否建立跟踪核实经销商库存数量的制度；

（6）各级经销商的销售是否存在超过其销售能力和所在地区市场容量的情况；

（7）直销客户是否存在与经销商的最终客户重合的情况，存在的原因是什么；

（8）经销收入的比例，与同行业公司经销收入比例差异较大的原因。

相关案例：

案例 1

深圳雷杜生命科学股份有限公司（2018 年 1 月 3 日被否）

——经销商数量大幅下降，经销商的最终销售情况真实性存疑

案例背景 雷杜股份是国内具有一定市场领先地位的体外诊断仪器及配套

试剂的专业提供商，主要从事生化分析、免疫分析、凝血分析、血细胞分析等领域的体外诊断仪器及配套试剂的研发、生产和销售。公司的主要产品为体外诊断仪器和配套试剂。报告期（2014 ~ 2017 年 1 ~ 6 月）内，公司营业收入分别为 20,030.57 万元、19,766.35 万元、21,361.46 万元、11,969.91 万元；净利润分别为 5263.23 万元、5402.51 万元、5055.89 万元、2531.04 万元。

报告期（2014 ~ 2017 年 1 ~ 6 月）内，公司经销商家数分别为 867 家、813 家、837 家和 634 家，经销商销售额占主营业务收入的比例分别为 75.70%、75.93%、76.46% 和 72.75%。招股书显示，公司没有与经销商签署长期经销合同（风险披露），在客户稳定性、品牌管理、回款方面，均存有不确定性。

反馈意见 说明主要经销商的最终销售和最终客户情况，最终客户对发行人产品的实际使用情况，发行人最终产品销售的医院等级分布情况。

发审会问题 报告期内，发行人采用以经销商为主，直销渠道为辅的销售模式。请发行人代表说明：经销商的选取标准，经销商与发行人实际控制人、董监高及其关联方等是否存在关联关系，经销商的最终销售情况，是否存在利用经销商输送利益、虚增收入等情形。

案例分析 雷杜股份报告期内经销商数量下跌严重，2017 年 6 月 30 日的国内经销商数量从 624 家大幅下降至 477 家，降幅高达 24%；国外经销商从 2016 年末的 213 家大幅下降至 157 家，降幅高达 26%。而且招股书披露“公司与经销商并未签署对合作期限等事项有约束力的合同”，加上最近一期的经销商数量雪崩式下跌的现实，为 IPO 过会蒙上了一层阴影。

此外，发审委问及的经销商的最终销售和最终客户情况，以及最终客户对产品的实际使用情况，公司在招股书等申报资料中亦未作详细披露与说明。

案例 2

浙江双飞无油轴承股份有限公司（2017 年 10 月 18 日被否）

——未披露经销模式下产品最终销售情况，加上相关财务指标异常，被质疑存在虚假销售情形

案例背景 双飞轴承主要从事自润滑轴承及自润滑轴承复合材料的研发、生产及销售。报告期（2014 ~ 2016 年）内，公司营业收入分别为 35,468.37 万元、30,347.39 万元、36,460.09 万元；扣非后归母净利润分别为 3701.14 万元、

3248.00 万元、4733.71 万元。

双飞轴承主要采用直销和经销两种销售模式，其中直销销售收入比例为 60% 左右，经销销售收入比例 40% 左右。国内销售主要采用直销模式，国外销售主要采用经销模式。

反馈意见 请按照最终用户所属行业，说明报告期内营业收入的构成情况，并按不同行业说明报告期内主要客户的情况，销售金额及占比、主要销售内容，并注明是否属于经销商。

请保荐机构核查发行人对主要经销商的销售金额、销售量、应收账款及回款情况，按直销和经销分别披露收入确认具体原则方法、时点、结算方式及销售政策，进一步核查从大到小经销商金额累计占 70% 的最终销售实现情况。

请发行人补充提供由海关部门盖章确认的外销出口报关单，请保荐机构和申报会计师对外销对象、内容和从大到小累计销售金额 70% 进行核查，并对外销的最终销售是否真实、准确、完整发表明确意见。

发审会问题 发行人销售采用直销和经销两种模式，经销商模式 70% 左右的收入销往国外。请发行人代表进一步说明经销模式的具体销售流程，经销商的毛利率及最终销售情况，公司对经销业务的内部控制制度及执行情况。请保荐代表人说明对经销商的销售核查方法，替代方法的有效性，是否有第三方核验证据，并发表明确核查意见。

案例分析 从反馈意见和发审会问题来看，监管机构想要了解公司经销商销售的最终销售是否真实，但招股书等公开披露资料皆未提到公司经销商的最终销售情况，再加上公司财务指标上同时出现产品价格下降，但销售收入上升、应收账款上升、经营现金流下降等关联性敏感事项，极易使监管机构对公司销售的真实性产生怀疑，导致最终被否。

案例 3

上海晶丰明源半导体股份有限公司（2018 年 7 月 31 日被否）

——报告期最后一年业绩大幅增长，经销收入占比大，经销商库存数量大幅上升，被质疑经销商是否真正实现对外销售

案例背景 晶丰明源是国内领先的模拟和混合信号集成电路设计企业之一，主营业务为模拟和混合信号集成电路的研发与销售，主要产品为 LED 照明驱动芯片，包括通用 LED 照明驱动芯片、智能 LED 照明驱动芯片等。报告期

（2015 ~ 2017 年）内，公司营业收入分别为 35,712.04 万元、57,088.11 万元、69,826.48 万元，归母净利润分别为 1924.51 万元、2991.53 万元、7611.59 万元。

公司采取以“经销为主、直销为辅”的销售模式，即公司主要通过经销商销售产品，少部分产品直接销售给 LED 照明制造商。在经销模式下，公司向经销商进行买断式销售。

反馈意见 2014 年至 2017 年 1 ~ 3 月，公司经销业务收入分别为 23,103.30 万元、28,446.63 万元、45,242.94 万元和 12,636.73 万元，占主营业务收入的比重分别为 68.52%、79.88%、79.72% 和 82.57%。请发行人补充披露：（1）经销的主要模式，包括但不限于主要经销商的基本情况、合作历史、主营业务、退货政策，说明是否有调节收入的可能性，并说明经销商经销的产品的最终流向情况；（2）经销商进销存的情况，是否存在经销商渠道压货、突击进货的情况；（3）经销商的增减变动情况、经销收入的增减变动情况；（4）直销客户是否存在与经销商的最终客户重合的情况，若存在，请披露原因；（5）经销商的层级、对经销商的管理模式、对各级经销商及其对外销售价格的掌控情况、对各级经销商的销售是否存在超过其销售能力和所在地区市场容量的情况；（6）是否存在第三方回款及相关内控情况；（7）经销商的退货制度、退货后续处理及报告期内的退货情况。请保荐机构、会计师补充核查，说明核查方法、范围、证据、结论，并发表核查意见。

发审会问题 报告期内经销收入占比较高，有折扣销售收入占比较高且逐期提升。请发行人代表说明：（1）经销商对外销售是否真实实现；（2）有折扣销售收入逐期增长、年度折扣率逐期上升的原因，期末商业折扣计提是否充分，商业折扣的处理是否符合会计准则及税收相关法律法规的规定；（3）是否建立跟踪核实经销商库存数量的制度，2017 年年末经销商库存数量大幅增加的原因及合理性。请保荐代表人说明核查依据、过程并发表明确核查意见。

案例分析 晶丰明源 2017 年实现了经营业绩的大幅增长，增长的原因是智能照明芯片销售占比增加。但是公司业绩快速增长的原因引起了监管机构的质疑，原因之一是公司产品主要通过经销模式进行销售，且折扣销售收入逐期增长，经销商库存数量大幅增加，经销商产品未对外真正实现销售。

报告期内，公司经销收入分别为 2.8 亿元、4.5 亿元、5.5 亿元，占主营业务比重分别为 79.88%、79.72%、79.36%，比例较大，折扣销售比例也从 2015 年的 15% 上升到 2017 年的 19%，结合公司 2017 年收入和利润骤增的情况来看，公司净利润与经营活动现金流量严重不匹配，2017 年公司净利润为 7600 多万元，但是经营性现金流量净额却只有 660 多万元。另外经销商的库存大幅上升，期末库存数量由 2015 年年末的 6642.27 万粒增加至2017年年末的14,310.53万粒，也说明了公司经销交易真实性存在问题，即公司存在通过压货调节利润的可能，经销商向公司采购的产品没有真正实现对外销售，可能是导致公司被否的核心原因之一。

2. 应对建议

虽然对经销商最终销售去向的核查较困难，但为降低审核风险，仍然应该去做。经销商最终销售去向的核查需要公司与中介机构共同组成项目组，密切配合完成。具体方法如下：

（1）项目组应对经销商的外围情况详细核查，这是项目组能够自主开展的一项工作，应做到高质量结果。

（2）选择部分比较有代表性的长期合作的经销商进行详细核查并进行流程上的“穿行测试”，以保证发行人销售直到经销商销售能够形成一个“闭环”。项目组可以某一个订单为线索，核查发行人将产品销售给经销商之后产品的后续流转路径，直到最后在客户的产品或实施上使用。

（3）利用一切资源进行经销商的现场核查，核查经销商负责人的销售经验、经销商的仓储情况、经销商下游客户的合作情况等。

（4）利用一切手段进行访谈，包括对行业专家、监管机构相关人员、周围居民、行业合作伙伴等进行访谈，了解经销商的相关信息。

（四）经销商与公司的关联关系

关联经销商是指经销商与发行人控股股东、实际控制人、董监高、核心技术人员以及相关关联方存在关联关系。除了相关法律法规规定的关联方及关联关系外，监管机构对关联方的认定遵循实质重于形式原则，从严认定。发行人前股东、前董监高、前员工，曾经为发行人关联方的自然人及法人，以及刚成立的公司即成为发行人重要经销客户的，皆可能被监管机构认定为公司的疑似关联方经销商，从而进行重点关注。

监管机构关注经销商与公司是否存在实质和潜在的关联关系，主要是考虑公司业务独立性，以及是否存在相关利润操作的机会。对经销商关联关系的核查不仅包括经销商的历次股权变动及其对发行人的影响等因素，同时，还要核查拟 IPO 主体对经销商是否存在统一的管理政策和标准，对经销商是否存在依赖，从实质判断经销商的关联关系。

1. 审核关注点及典型案例

关于经销商与公司的关联关系，主要审核关注点如下：

（1）经销商和发行人是否存在实质和潜在关联关系；

（2）经销商成立不久就成为发行人的重要经销商的合理性，是否存在关联关系；

（3）经销商的历次股权变动及其对发行人的影响；

（4）发行人对经销商是否存在统一的管理政策和标准，对经销商是否存在依赖；

（5）对关联经销商的管理政策和操作流程，关联经销商的收入占发行人总收入的比例；

（6）关联交易的必要性；

（7）向关联经销商交易同类产品价格是否公允及原因；

（8）关联经销商最终销售实现情况。

相关案例：

案例 1

嘉必优生物技术（武汉）股份有限公司（2017 年 6 月 9 日被否）

——关联经销商占比较高且销售价格远高于无关联第三方

案例背景 嘉必优股份主要从事花生四烯酸（ARA）和二十二碳六烯酸（DHA）的开发、生产和销售，并研发和生产 β-胡萝卜素（BC）。公司是为国内外婴幼儿配方食品及健康食品厂商提供特定食品配料的高新技术企业。报告期（2014 ~ 2016 年）内，公司营业收入分别为 18,652.95 万元、18,115.73 万元、18,947.44 万元；扣非后归母净利润分别为 3971.66 万元、3093.97 万元、3377.54 万元。

报告期内，嘉吉曾是发行人的关联方且是发行人的经销商、供应商，发行人向嘉吉的销售额分别为 2178.00 万元、3014.71 万元和 3122.23 万元，占发行人当期经销收入的比例分别为 62.92%、66.10% 和 59.36%，主要产品包含 ARA 油剂、粉剂和少量 DHA 粉剂。

反馈意见 结合与无关联第三方的同类产品交易价格，披露报告期内与嘉吉及所属企业之间关联交易的公允性；销售价格“主要取决于嘉吉对其自身客户的议价能力”的合理性，是否损害发行人的合法权益；同时存在关联销售及采购的原因及必要性；嘉吉投资转让发行人股权前后，上述关联交易价格的变化情况；说明报告期内对嘉吉及所属企业销售的最终实现情况。

发审会问题 请发行人代表：（1）结合发行人对嘉吉的销售价格与向无关联第三方销售同类产品价格相对较高，其中 2016 年 AOG 产品高出第三方 23% ~ 72%，APG10 产品高出第三方 54% ~ 125% 的情况，说明原因及合理性；（2）以 2016 年度向嘉吉公司销售 AOG、APG10 产品为例，说明存在较大价格区间的原因；（3）说明不同客户间销售价格差异较大的原因。请保荐代表人发表核查意见。

案例分析 报告期内，嘉吉曾是发行人的关联方且是发行人的经销商、供应商，占经销收入比重分别为 95.86%、97.49%、94.13%。嘉必优股份向嘉吉销售的主要产品包含 ARA 油剂、粉剂和少量 DHA 粉剂。

引起监管机构质疑的事项主要在两个方面，一是公司对嘉吉销售价格明显偏高；二是不同客户间价格存在差异。而关于这两个敏感问题，公司并未在招股书等公开披露资料中详细披露与解释，且关联经销商销售比例占比高，如果价格不公允，很难排除利润操纵的嫌疑，审核风险很大。

案例 2

国科恒泰（北京）医疗设计股份有限公司（2018 年 11 月 27 日被否）

——经销商数量多，核查难度大，存在经销商关联方代回款，业绩质量差，被质疑经销收入的真实性，是否存在关联关系及利益输送

案例背景 国科恒泰主要从事高值医用耗材的分销，并在分销过程中提供仓储物流配送管理、渠道管理以及信息管理等专业服务。报告期（2015 ~ 2017 年）内，公司营业收入分别为 97,191.94 万元、156,382.03 万元、219,496.06 万元；归母净利润分别为 1541.22 万元、5604.39 万元、7443.94 万元。

公司销售以经销模式为主，直销为辅。报告期内，经销收入占比分别为 97.42%、98.12%、98.77%；下游经销商数量分别为 662 家、1349 家、1908 家。

反馈意见 请发行人补充说明发行人及经销商在相关产品的销售过程中，是否存在商业贿赂情形，防止商业贿赂的措施和方法及有效性。请保荐机构、发行人律师对上述事项进行核查，并发表明确意见。

发审会问题 1. 报告期内发行人主要采用经销模式进行产品销售，部分经销

商还存在分销行为。在药品“两票制”政策逐步推进的背景下，部分省市率先开始推行高值医用耗材“两票制”。请发行人代表说明：（1）发行人认为公司作为全国总代理或者境外原厂全国物流平台进行销售，其对经销商的销售行为属于两票制中的第一票，是否符合“两票制”的政策要求，是否属于行业通行理解；（2）发行人对经销商销售的主要产品被认可为属于“第一票”的销售收入、毛利的占比；（3）高值医用耗材“两票制”的逐步实施对发行人销售模式变化等方面的影响，对销售费用率、毛利率的影响，是否属于《首发管理办法》有关“公司的经营模式、产品或服务的品种结构已经或者将发生重大变化，并对公司的持续盈利能力构成重大不利影响”的情形，是否构成本次发行上市的实质性障碍。

2. 发行人的销售以经销为主，经销商数量增长较快。请发行人代表说明：（1）经销商的选取标准，报告期内经销商的增减变化是否合理，是否存在大量个人等非法人实体；（2）经销商是否专门销售发行人产品，经销商的终端销售及期末存货情况；（3）主要经销商、主要的终端客户与发行人是否存在关联关系以及利益安排；经销商和发行人是否存在实质和潜在关联关系；（4）发行人同行业可比上市公司采用经销商模式的情况，发行人通过经销商模式实现的销售比例和毛利是否与同行业可比上市公司存在差异；（5）寄售模式下收入的确认是否符合行业惯例，2017 年年底因升级信息系统，在 2017 年年末集中上报系统切换期间的销量并确认收入是否合理。请保荐代表人说明核查依据、过程并发表明确核查意见。

案例分析　国科恒泰业务定位于高值医用耗材的分销商，即介于上游生产商和下游经销商之间的流通环节，提供仓储物流和信息管理职能。在医药行业“两票制”的大力推行下，公司相当于在原有流通环节的基础上，又增加了一个环节，显得与政策环境背道而驰，因此，监管机构质疑公司对经销商的销售行为属于两票制中的第一票的合理性，以及“两票制”的实施是否会导致公司的经营模式等发生重大变化，并影响公司的持续盈利能力。也就是说，公司的业务和经营模式本身就存在一定的审核风险。

关于公司的经销模式相关问题，公司报告期内销售模式基本全部采用经销模式，直销比例极低。因为公司所处的产业链环节的特殊性，导致上游供应商比较集中，而下游经销客户非常分散，报告期最后一年达到了 1908 家，如此庞大的经销商数量规模，导致财务核查的难度非常大，因此，监管机构质疑主要经销商、主要的终端客户与公司是否存在关联关系及利益安排、经销商增减变化的合理性、是否存在大量个人经销商等。

关于公司与主要经销商、终端客户等是否存在关联关系，招股书中未见详细披露与说明，但是公司存在经销商通过其关联方向公司付款的情形，也即第三方回款，理由是部分经销商及其关联公司均为公司签约经销商，部分经销商需要公司紧急发货情况下，存在经销商先行通过其关联方向公司支付回款的情形。这种比较随意的回款情况可能让监管机构对公司是否与经销商之间实质关联关系产生质疑。另外，公司报告期内的营业收入和净利润虽然在增长，但经营活动现金流量持续为负，且金额较大，存货净额占当期流动资产的比例高达 75% 以上，让监管机构对公司的业绩质量和业绩真实性产生质疑，进而怀疑公司的经销收入的真实性，是否存在关联经销商的利益安排。

案例 3

深圳市明微电子股份有限公司（2018 年 2 月 27 日被否）

——第一大经销客户为公司疑似关联方，被质疑真实性与公允性

案例背景 明微电子是一家专业从事集成电路的技术研发、设计、测试和销售的高新技术企业。自设立以来，发行人一直深耕于驱动芯片设计领域，产品广泛应用于 LED 显示屏、LED 照明及电源、LED 景观亮化等领域。报告期（2014 ~ 2017 年 1 ~ 6 月）内，公司营业收入分别为 2.39 亿元、2.22 亿元、3.12 亿元、1.81 亿元；净利润分别为 2804.90 万元、1817.51 万元、3884.85 万元、3627.04 万元；扣非后归母净利润分别为 1693.92 万元、624.28 万元、3053.98 万元、2666.57 万元。

创锐微电子和壹卡科技（两者于 2016 年下半年进行了合并）为公司 2016 年和 2017 年第一大经销客户，其中壹卡科技系公司前员工亲属所创办的公司。报告期内，创锐微电子和壹卡科技两家公司合计经销收入分别为 1111.73 万元、1546.79 万元、2275.56 万元、1913.11 万元；占经销收入的比例分别为 9.05%、20.54%、20.85%、29.16%。

反馈意见 1. 保荐工作报告显示，发行人前五大客户壹卡科技为发行人原销售业务员王海英弟弟王建华所创办的公司。请发行人说明：（1）壹卡科技及其关联方创锐微电子的成立时间、注册资本、主营业务，报告期内主要财务数据。（2）发行人向其销售的产品内容，与向无关联第三方销售价格的差异情况，价格是否公允。（3）壹卡科技、创锐微电子采购发行人产品后

的最终销售情况。请保荐机构、发行人律师和申报会计师对上述事项进行核查，说明核查过程、提供相关依据并发表意见。

2. 补充披露“壹卡科技 & 创锐微电子”成为发行人 2016 年第一大经销客户的主要原因及合理性；该公司采购相关产品的最终销售去向、终端客户名称及对应销售额；结合最终客户的经营规模说明其产品采购量的合理性。

发审会问题 请发行人代表说明：（1）发行人与创锐微电子、壹卡科技的合作背景及原因；结合上述两家单位实际经营情况和财务状况，说明其成为最大经销商的的主要原因和合理性；（2）发行人向上述两家单位销售的产品内容、占比以及上述两家单位向发行人采购同类产品的相应占比；销售定价是否公允，是否存在利益输送行为；（3）两家单位报告期向发行人采购的芯片产品的收发存情况，是否存在囤货情形。请保荐代表人发表核查意见。

案例分析 2016 年、2017 年壹卡科技和创锐微电子为同一控制下的企业，其系公司 2016 年第一大经销客户，而壹卡科技为公司原销售业务员王海英弟弟王建华所创办的公司。虽然壹卡科技、创锐微电子并非法律规定的公司的关联方，但两者为公司第一大经销客户且存在一定关系，故监管机构将其作为公司疑似关联方进行审核，在 IPO 审核过程中，疑似关联方被重点关注和趋严审核。

本案例中，从实质重于形式原则来看，原销售业务员很可能会促进双方间业务往来，销售定价是否公允，是否存在利益输送受到监管机构的质疑。同时，公司在报告期内对上述两家公司的经销收入是逐年上升的，且金额较大，这进一步加剧了监管机构的质疑。

2. 应对建议

对关联经销商，需要注意以下几点：

（1）关联经销商价格的公允性。但凡公司披露资料中涉及有关联交易，监管机构必然会针对与关联方交易的真实性、交易价格的公允性进行询问，以确认该公司是否存在利益输送、虚增交易等事项。如企业上市前确实存在该问题，即便关联方占比较低，也应在申报期内尽量规避；而如果确实是真实交易并无法避免，则应准备充足证据及资料从商业合理性、价格、与关联方关系形成等角度说明该事项的真实、公允性，并说服监管机构。

（2）如果关联经销商属于公司前员工，还需要注意以下问题：

①公司的内部控制问题，公司的直销团队是否会持续离职而变成经销商的情

形，此种销售模式的变动是否会对公司的经营业绩造成不利影响；

②员工持股经销商成立时间、经营范围及股权演变过程，进一步核查经销商与公司是否存在关联关系或者其他利益安排的情形；

③是否存在委托代理的风险，经销商利用客户对员工离职不知情的情形，仍旧以公司员工身份进行业务开拓和产品销售，并且实施了损害公司利益或形象的情形。

（3）规范时间需要合理。若拟 IPO 企业存在关联经销商价格不公允或其他不规范的情形，应及时整改规范，但需要注意规范期间，应考虑规范前后收入规模、占比情况的合理性，如果变动较大，则审核风险大，可通过适当延后申报期进行解决。

（五）个人经销商

经销商按主体性质分为个人（个体工商户）和法人。其中个人经销商通常不规范之处较多，会计、税务、资金及内控风险也较大，通常会受到证监会重点关注。

首先，在财务、税务规范性方面，个人经销商大多数没有建立财务账簿，税务为核定征收，其采购和销售行为存在不规范之处，无法提供有据可查的记录；其次，资金管控方面，个人经销商往往缺乏相应的资金管理制度，在向拟 IPO 企业采购及付款时，可能会涉及现金付款，或付款至个人账户等情形；最后，个人经销商在商品货物管理方面，通常缺乏完善的进销存管理系统及相应管理制度，难以核查个人经销商的最终销售情况、库存情况等，增加了中介机构及监管机构的核查难度，也增加了审核风险。

1. 审核关注点及典型案例

关于个人经销商，监管机构的审核关注点主要如下：

（1）公司对个人经销商如何管理，相关的销售收款内部控制制度是否完善；

（2）是否存在现金结算、个人卡结算、第三方回款等情形；

（3）是否存在资金风险；

（4）个人经销商变动情况，产品最终销售情况。

相关案例：

案例 1

京博农化科技股份有限公司（2017 年 12 月 27 日被否）

——经销商数量庞大，且多为个体工商户，未详细披露核查情况

案例背景 京博农化主要从事高效、低毒、低残留、环境友好型农药原药、制剂及农药中间体的研发、生产和销售业务，同时兼营植物营养剂、农药软

包装业务。报告期（2013 ~ 2016 年 1 ~ 6 月）内，公司营业收入分别为 76,125.09 万元、80,037.82 万元、75.617.65 万元、51,105.00 万元；净利润分别为 7002.21 万元、7398.72 万元、5222.47 万元、2801.20 万元。

京博农化主要采用直销模式与经销模式相结合的销售模式，报告期内，公司经销模式销售收入分别为 21,950.16 万元、23,246.63 万元、26,527.64 万元和 17,060.22 万元，占主营业务收入的比例分别为 29.18%、29.12%、35.35% 和 33.43%。经过多年发展，公司已拥有遍布全国主要地区的 1200 多个经销商，大部分为个人经销商，初步建立起了覆盖全国重点区域的营销网络。

反馈意见 请发行人说明：经销商是否存在年度业绩指标、报告期前十大经销商信息、经销发行人哪些产品、产品最终用途及客户信息、实现业绩指标的情况、限定的销售区域。

发审会问题 1. 2014 年度经销商客户真实性核查比例大大低于前后年度，请保荐代表人解释原因并说明该核查比例是否足够；2. 请保荐代表人说明对广东盛世国丰农业发展有限公司承接发行人在广东省（除湛江、茂名及阳江行政区域）694 家小规模经销商的核查情况。

案例分析 报告期末，京博农化遍布全国的经销商数量为 1200 多个，且多为个人经销商，核查难度大。

2014 年，京博农化经销商数量减至 1000 个，虽然从财务数据来看，暂未对业绩造成影响，但保荐机构却在这一年降低了经销商的核查比例，未说明具体核查情况，令人质疑。

在经销商问题上，真实性和合规性一直是重中之重，而公司在信息披露与核查工作两方面均未做到严谨，且公司经营的是农药产品，该类批发商、零售商很多为个人、个体户，管理较为困难，公司业绩真实性可能存在问题，成为 IPO 审核中的硬伤。

案例 2

浙江三锋实业股份有限公司（2017 年 6 月 14 日被否）

——申报期存在法人经销商转为个人经销商的情形

案例背景 三锋股份主营业务为园林工具为主的专用工具的研发、设计、生产及销售，致力于成为国际领先的专用工具制造商。产品涉及电链锯、汽油锯、割灌机、修枝剪、磨链机、打草机、高枝锯、割草机、草坪机、角磨机、电钻、电锤、切割机、雕刻机、电焊机等专用工具，共包含 28 个系列 130 个品种。

报告期（2013 ~ 2015 年）内，公司营业收入分别为 35,328.56 万元、43,203.38 万元、40,809.78 万元; 净利润分别为 1348.67 万元、2097.64 万元、2820.93 万元。

公司产品销售主要包括自营出口、间接出口、内销三种模式。自营出口的下游客户主要为国外品牌商、国外大型超市等；间接出口主要是通过贸易商的形式出口至国外品牌商、国外大型超市等；国内销售主要以经销商模式为主，公司通过建立经销商渠道，建立了覆盖全国的经销网点，将产品通过买断销售的方式销售给经销商，由经销商对该地区范围内的消费者销售。

发审会问题 根据申请文件，报告期发行人销售模式包括自营出口、间接出口和内销。（1）发行人自营出口 ODM 模式相较于经销商模式在市场营销、渠道建设和售后服务费用、备货方面更具备优势，但发行人 2014 年、2015 年内销经销的毛利率高于自营出口毛利率，请发行人代表说明原因。（2）发行人报告期内通过外贸公司间接出口的毛利率高于自营出口的毛利率，请发行人代表说明原因。（3）请发行人代表以贵州省为例，说明 2016 年度内销经销商由法人经销商转为个人经销商的原因。请保荐代表人说明核查过程并发表核查意见。

案例分析 三锋股份境内外销售皆以经销模式为主，经销商数量众多，财务核查难度较大，特别是对于境外销售，很难核查到产品最终销售去向。这种类型的企业审核风险本身就较大。从经销模式相关数据逻辑合理性来看，公司内销经销毛利率高于自营出口毛利率，通过外贸公司间接出口毛利率高于自营出口毛利率，皆存在矛盾和不合常理之处。而招股书及相关披露资料中并未就其给出合理的披露与解释。而且如此不合理的数据，无论如何解释，也很难获得监管机构的认同。

此外，公司在申报前存在将法人经销商转为个人经销商的情形，这与拟 IPO 企业通行做法也是相悖的，通常来说，为了更加规范，企业会尽量减少，甚至全部清理个人经销商的销售行为，以降低审核风险。而公司为何在 2016 年度将法人经销商转为个人经销商，相关申报资料中未给出明确答复，这种行为通常是不能被监管机构所认可的。

2. 应对建议

对于个人、个体户经销商，在农业、建材、日用品、家居用品等行业普遍存在，如果拟 IPO 企业不可避免地存在个人经销商销售的情形，需要从可核查性和规范性两个角度进行把控。

（1）可核查性。控制经销商总体数量，避免存在数量基数太过庞大，导致中介机构核查比例不足，工作量过大的情况发生。

（2）规范性。规范经销商主体情况，即经销商最好以企业法人为主，尽量避免与大量个体工商户的交易，或进行提前规范管理，通过个体转企业法人、集中部分个体工商户，设立区域性销售代理等方式进行，最终达到监管机构的审核要求。

（六）经销商经营合规性

经销商经营合规性，主要核查经销商业务资质是否齐全，是否存在商业贿赂情形等。业务资质是否齐全主要影响经销商的稳定性，如果经销商业务资质不齐全，则存在被责令停止经营的可能，进而影响拟 IPO 企业的销售业绩；关于商业贿赂，则关注是否对拟 IPO 企业造成不利影响及是否通过经销商从事特定的不合规事项。

1. 审核关注点及典型案例

关于经销商经营合规性，主要审核关注点如下：

（1）经销商业务资质是否齐全；

（2）发行人是否存在对经销商向最终客户销售过程合法合规性的管理措施；

（3）经销商在经营过程中是否存在商业贿赂或不正当竞争等违法违规的情形；

（4）经销商经营合规性是否影响公司业务的稳定性和持续性。

相关案例：

案例 1

南京圣和药业股份有限公司（2017 年 3 月 27 日被否）

——报告期内存在商业贿赂诉讼，被质疑存在变相商业贿赂行为

案例背景 圣和药业主营业务是化学药和中药等药物的研发、生产和销售，目前主导产品包括独家抗肿瘤中药圣和消癌平静脉注射液等产品，其中圣和消癌平静脉注射液为圣和药业独家品种。

公司销售主要采用“自主学术推广 + 经销商”的销售模式，2014 ~ 2016 年，公司经销收入占比分别为 97.89%、98.37%、99.03%。

反馈意见 请发行人补充说明对营销支持人员和驻外营销人员的激励方式，相关提成、奖金等的会计处理方式；对经销商的激励方式，相关返点、返利

等的会计处理方式。

发审会问题 1. 黑龙江省黑河市中级人民法院于 2015 年 9 月 18 日作出的“刘彦铎贪污、单位受贿一案刑事判决书”显示，上诉人刘彦铎就任华润医药公司（发行人主要客户）总经理期间，在与多个医药公司进行业务往来中，多次收受各药品供应商药品回扣款。

请发行人代表进一步说明，针对上述情形，发行人是否进行过披露，是否存在被追责的风险。发行人经营过程中是否还存在类似情形。发行人内控存在何种缺失，作出了何种整改措施。发行人防范商业贿赂的内部控制是否有效健全。

2. 请发行人代表进一步说明，（1）报告期，市场拓展费金额较大的原因，是否符合商业模式和行业惯例；（2）在营销活动中是否存在给予过相关医生、医务人员、医药代表或客户回扣、账外返利、礼品，是否存在承担上述人员或其亲属境内外旅游费用等变相商业贿赂行为；（3）有关支出是否存在直接汇入自然人或无商业往来第三方账户的情形；（4）自主学术推广会议相关组织和支出情况，包括召开频次、召开内容、平均参与人次、费用报销情况等；（5）针对市场拓展费，发行人是否建立并完善了相关的内控制度，报告期内控制度的执行情况。请保荐代表人发表核查意见，并说明核查过程和方法。

案例分析 医药企业是商业贿赂问题的高发区，发审委对圣和药业的问询非常直接，明确问到是否存在变相商业贿赂行为。

圣和药业报告期内本身存在商业贿赂相关的诉讼案件，但上市申报资料中未对公司是否存在商业贿赂行为作出说明与披露，仅针对商业模式（主要是学术推广会议）的合理性以及销售费用对比的情况进行披露，不足以让发审委信服。

对于上述情况，一方面因刑事判决书的原因表明公司确实存在向其他公司人员进行商业贿赂的事实，直接涉及发行人业务合法合规性的问题；另一方面，公司对于信息的披露也不够及时，并未设立有效的内控防范机制，最终导致被否。

案例 2

浙江叁益科技股份有限公司（2018 年 4 月 3 日被否）

——最终客户为政府部门，经销商销售过程中可能涉及招投标程序不合规的情形

案例背景 叁益科技是一家专业从事人防专用设备的研发、生产和销售的高新技术企业，公司的产品主要应用于国家人防建设，目前正积极推进新型北

斗卫星通信防空防灾警报设备的研发、生产和销售。报告期(2015～2017年)内，公司营业收入分别为51,645.90万元、25,548.03万元、25,014.20万元；净利润分别为20,181.14万元、4747.26万元、5104.04万元。

公司防护设备（人防门）产品主要在浙江省内销售，以直销为主；防化设备、警报设备产品销售总体采用直销和经销相结合的方式，其中在浙江省内两种销售模式并存，在浙江省外以经销模式为主。

发审会问题 请发行人代表说明：（1）报告期各期发行人或其经销商销售发行人产品、开展业务是否需要依法履行公开招投标程序或政府采购程序，是否存在违反《招标投标法》、《政府采购法》及《政府采购法实施条例》等法律规定的情况，是否存在因违反前述法律规定受到行政处罚的情形;(2)所开展业务经营活动是否合法有效,是否存在法律纠纷和其他风险。请保荐代表人说明核查过程、依据，并发表明确核查意见。

案例分析 无论是经销还是直销模式，叁益科技直接客户类型都是房地产开发商、建筑承包商、政府和事业单位等，最终用户都应该是政府的人防管理部门，因为产品最终都被使用于人防工程，此类工程具有很浓厚的政府工程的意味。公司业务与政府相关，因此监管机构会考虑两个基本问题，一是公司是否执行了合法合规的招投标流程，二是是否存在商业贿赂行为。而公司申报资料中，关于是否执行了招投标程序，是否违反招投标等法律法规的规定，并未作明确披露与解释，公司可能涉及不合规的经销商销售行为。

2. 应对建议

经销商经营合规性主要体现在两个方面，一是经销商业务资质的合规性；二是经销商销售合规性，是否存在商业贿赂等。针对经销商经营合规性，主要应对建议如下：

（1）经销商业务资质的合规性

拟IPO企业在选择经销商时，应核查经销商的业务资质是否合规，避免因经销商的资质不齐全不合规给公司IPO上市造成影响。

同时，需要注意建立经销商管理制度与管理流程，并在招股书等公开披露资料中进行信息披露，表明公司对经销商建立了有效的管理与考核制度，不存在不具备业务资质的经销商。

（2）经销商销售合规性

拟IPO企业在审核过程中，关于销售费用（主要是市场推广费、学术研讨费、会议费等名目）一直是一个典型且又疑难的问题。很多企业为了规避风险，采取经销的模式，将一些潜规则的风险转移给经销商。部分企业必须采取直销模式的情况下，也会寻找一些类似于中介公司的角色，帮助企业开具发票规范费用支出。同时，经销商为了促进销售，可能也会进行商业贿赂或变相商业贿赂。

对于此类问题，在实践中，一些灰色的支出是不可避免的，拟 IPO 企业需要在形式上和外部证据上能够自我论证，能够给予合理的解释，基本上可以得到监管机构的认可。从现有的审核通过的企业来看，都遵循了这样的基本原则。当然，商业贿赂通常体现在各种费用中，这些费用指标如果出现异常，则必然会加大审核风险，拟 IPO 企业在申报时需要注意相关指标在不同年度及同行业企业中进行对比。

三、销售模式的变化

销售模式的变化，主要是指直接销售模式与经销模式之间的转换，或者直销模式、经销模式内部具体模式之间的转换，如直营店模式转为线上模式、代理式销售转为买断式销售等。

目前 IPO 审核中，尚未对企业的销售模式作具体要求规定，但对拟 IPO 企业销售模式的变化比较关注，销售模式作为企业经营模式中非常重要的一个环节，对企业的持续盈利能力会产生直接和重要影响，如果销售模式的改变效果不及预期，将对企业的持续盈利能力构成重大不利影响。因此，为降低审核风险，较少拟 IPO 企业会在申报期内大幅度地转变销售模式。

▶ 相关法条：

《首发管理办法》

第三十条第一项　发行人不得有下列影响持续盈利能力的情形：（一）发行人的经营模式、产品或服务的品种结构已经或者将发生重大变化，并对发行人的持续盈利能力构成重大不利影响。

（一）审核关注点及典型案例

关于销售模式的变化，主要审核关注点如下：

1. 公司销售模式变化的背景和原因，对公司经营策略、经营状况及未来持续盈利能力的影响；

2. 公司各年度不同销售模式下的收入、毛利情况；

3. 不同的销售模式下，同一类产品的销售政策、信用政策等是否存在差异；
4. 销售模式变化是否涉及关联交易、关联客户；
5. 销售模式变化是否涉及利润转移或利益输送。

相关案例：

案例 1

南通国盛智能科技集团股份有限公司（2018 年 3 月 27 日被否）

——报告期内销售模式由直销逐渐转为经销，经销毛利率远高于同行且多个客户疑似存在关联关系，被质疑收入真实性

案例背景　国盛智科是一家从事数控机床和机床附件制造的高新技术企业，主营产品为数控机床、以机床设备为主的精密钣焊产品和精密机床铸件。报告期（2014 ~ 2017 年 1 ~ 6 月）内，公司营业收入分别为 38,360.29 万元、32,453.97 万元、40,638.22 万元、27,167.17 万元；扣非后归母净利润分别为 4532.37 万元、3852.16 万元、6294.24 万元、3906.72 万元。

公司采用直销与经销相结合的销售模式，申报期内直销与经销的比例变化如下：

类别	2017 年 1~6 月		2016 年度		2015 年度		2014 年度	
	收入（万元）	占比（%）	收入（万元）	占比（%）	收入（万元）	占比（%）	收入（万元）	占比（%）
直销	15,706.66	58.64	30,262.75	75.13	28,168.02	87.72	35,139.01	92.65
经销	11,077.51	41.36	10,018.66	24.87	3944.88	12.28	2786.34	7.35
合计	26,784.17	100.00	40,281.41	100.00	32,112.90	100.00	37,925.35	100.00

从上表可以看出，报告期内，公司直销收入占比分别为 92.65%、87.72%、75.13% 和 58.64%，呈逐年下降趋势；经销收入占比分别为 7.35%、12.28%、24.87% 和 41.36%，呈持续上升趋势；公司销售模式转变趋势明显。

反馈意见　1. 按具体业务类别、销售模式等，列示报告期前十大客户的具体情况及销售变化情况，并结合行业状况、主要客户的市场地位以及相关合同

条款，详细分析公司与主要客户交易的可持续性；

2. 按产品类别，披露公司的销售模式及不同销售模式下，同一类产品的销售政策、信用政策等是否存在明显差异。

发审会问题 1. 报告期内，发行人经销规模增幅较大。请发行人代表说明：（1）经营模式变化的背景及原因，经销规模大幅提升的合理性；（2）经销商是否与发行人、控股股东及董监高存在关联关系，是否为发行人前员工；（3）以经销为主的数控机床报告期平均单价持续提升，与同行业公司产品单价变动趋势不一致的原因及合理性；（4）向经销商支付服务费和顾问费的相关政策，与经销商在数控机床维护、运输等配套服务方面的具体约定及会计核算情况；（5）不同类型经销商实现最终销售的模式，终端销售是否真实。请保荐代表人发表核查意见。

2. 请发行人代表说明：(1)报告期内，纳迪克大量购买发行人光机的用途、与发行人上下游关系及报告期出现大幅波动的原因；（2）2017 年台州市黄岩宝镁精密机械有限公司成为直销第三大客户的原因；（3）东莞市名图数控机械有限公司的股东曾为中谷科技的员工，成立后即进入发行人前十大客户的原因及合理性；（4）台州市黄岩宝镁精密机械有限公司、宁波盛斯机械有限公司均为 2015 年 11 月成立，2016 年即成为发行人重要客户的原因及合理性；（5）上述客户是否存在为发行人分摊成本、承担费用或利益转移的情形。请保荐代表人发表核查意见。

案例分析 报告期内，公司直销比重大幅下降，经销比重大幅上升，公司解释为产品转型，即更多进行整机的销售，但实际情况是整机几乎都是定制化的非标产品，实际并不适合经销模式。而上述直销向经销的大幅度转型，理论上会导致公司毛利率有所下降。但是公司产品在行业整体规模下行，同行业公司毛利率也下行的趋势下，毛利率持续上升，相对同行业公司表现出异常的变化。

此外，销售模式变化后，公司出现了控股股东前员工的公司成为重要客户，新成立公司即成为公司重要客户等情形。让发审委质疑此类客户是否存在为发行人分摊成本、承担费用或利益转移的情形。

总体而言，公司销售模式转变后，在毛利率、客户等方面存在众多不合理之处，使得监管机构对公司报告期内业绩的真实性产生了怀疑，成为被否主因之一。

案例 2

苏州吉人高新材料股份有限公司（2017 年 7 月 21 日取消审核）

——非买断式经销商转为买断式经销商，公司总体收入平稳的情况下，对买断式经销商收入大幅增长，且部分买断式经销商为前员工，被质疑销售真实性

案例背景 吉人高新主营业务为工业防护涂料等高新材料的研发、生产和销售。公司主要产品包括工业防护涂料、地坪涂料、水性工业涂料和水性涂料等。报告期（2014 ~ 2016 年）内，公司营业收入分别为 30,712.11 万元、28,648.42 万元、31,771.80 万元；归母净利润分别为 3525.73 万元、3358.92 万元、3106.13 万元。

2013 年之前（非申报期）公司有大量非买断式经销商，从 2014 年起（申报期），原非买断式经销商成为公司买断式经销商，并对经销模式进行调整。根据招股说明书，2013 年对非买断式经销商的销售占经销总收入 25.46%。发行人 2014 年清理非买断式经销商，清理后，当年对非买断式经销商销售金额下降至不到 1000 万元，占比为 3.16%。

申报期内，公司实现的经销收入分别为 2498.94 万元、2950.66 万元、4874.83 万元，随着该部分经销商的业务拓展，报告期买断式经销收入呈逐年增长趋势。

反馈意见 1. 请发行人披露：非买断式模式经销在报告期内逐步减少直至终止的原因，报告期内非买断式经销商转为买断式经销商的情况及其涉及的销售情况及销售的真实性，经销主要经销商向发行人采购、对外销售、期末存货情况及销售是否最终实现。

2. 发行人部分经销客户系前员工开办的，因此，请发行人在“业务与技术”中进一步披露发行人经销客户与近五年离职或现任的员工及其直系亲属是否存在关联关系或其他利益约定。

案例分析 根据招股书披露，吉人高新经销模式发生重大变化，共有 22 家非买断式经销商转化为买断式经销商。这些经销商 2016 年销售金额 4874.83 万元，平均每家 221.58 万元，较 2013 年增长 115%。而 2013 年至 2016 年，发行人年经销总收入仅增长了 16.9%，尽管可以合理推断，只有规模较大、实力较强的非买断式经销商，才会选择转化为买断式经销商，但在其他条件没有明显变化，仅仅是形式上成立公司之后原自然人经销商业绩规模可以获得超过 1 倍的增长，这与市场整体增长趋势相比显得突兀。

上述 22 家经销商中，存在大量经销客户系前员工开办，2016 年公司由离职员工转化的经销商占发行人当年经销总收入超过 20%，但发行人在首次预披露中并未披露相应关系，证监会在反馈意见中明确要求核查并披露之后发行人才补充披露。此外，公司还存在员工离职转化为经销商后，近亲属还尚在公司任职的情况，使监管层质疑其是否存在关联关系、利益约定等问题。

此外，在首次预披露中，发行人未对经销商最终实现销售情况进行分析。经证监会在反馈意见中追问之后，发行人在预披露更新中补充以下信息：“保荐机构等中介机构对报告期 50% 以上的经销商进行了现场走访。经核查，主要经销商的期末库存基本为正常周转库存，除个别经销商形成了少量积压外，基本实现了最终销售。”相比其他涉及经销模式的 IPO 企业在核查经销商最终销售时的明确结论，吉人高新一句笼统的“基本实现了最终销售”可能很难令证监会感到满意。

案例 3

天津天堰科技股份有限公司（2018 年 2 月 9 日取消审核）

——直销转经销，但销售模式转变后出现业绩下滑，被迫撤材料

案例背景 天堰科技主要从事医学教学模型、教学仪器和训练管理软件等医学教育产品的研发、生产与销售业务，经营的产品主要包括基础模拟器、智能仿真模拟器、虚拟现实模拟器、训练与管理软件及训练辅助配套五大类，主要用于医学教育、培训方面。报告期（2014 ~ 2016 年）内，公司营业收入分别为 24,689.81 万元、28,397.95 万元、22,870.61 万元；净利润分别为 5105.72 万元、4513.33 万元、5051.30 万元。

公司采用直销与经销相结合的销售模式，报告期内，公司经销销售收入分别为 7539.52 万元、15,393.99 万元和 20,562.80 万元，占同期营业收入的比例分别为 30.56%、54.22% 和 89.90%。报告期内，公司经销收入比例呈持续上升趋势。

案例分析 在 2015 年之前，公司销售主要为直销模式，主要通过招投标、竞争性谈判或直接谈判协商等方式获得订单，然后与客户签订销售合同。

随着公司发展战略的转变，为进一步拓展国内市场，加大市场开发力度，公司于 2015 年 4 月起开始在全国实施区域战略经销商制度，销售模式由原来的“直销为主，经销为辅”逐步转变为“经销为主、直销为辅”。随着公

司全国经销网络的建成，经销模式的销售比例在 2015 年与 2016 年均大幅上升。

但通过查看经营数据发现，公司的转型之路实际并不顺畅，2014 ~ 2016 年公司收入分别为 24,671.11 万元、28,396.61 万元、22,870.61 万元，2015 年虽收入有所提升，但 2016 年相对上年收入下降 13.12%。根据公司披露的最新报表，2017 年公司营业总收入虽上涨 5.65%，但归属于母公司股东的净利润出现负增长 39.1%，下降幅度较大。

公司业务转型后造成的业绩增长不达预期，直接影响公司未来的上市进程。根据公司披露的行业分析，公司业务主要面向 B 端市场，而目前国内 B 端市场容量相对有限，未来预期增长幅度较慢。

在这样的环境下，企业如果业绩突然下降，而整个行业又处于市场容量有限的赛道上，则短期内难以出现爆发式增长。最终公司在面对销售模式转型不及预期，导致业绩不足的压力下，被迫撤回了材料。

（二）应对建议

销售模式的变化是否造成 IPO 审核的实质障碍，核心在于销售模式的变化是否影响公司的持续盈利能力。同时，销售模式的变化应为公司健康持续发展服务，避免让监管机构质疑公司涉嫌操纵利润，虚增业绩。

1. 销售模式的变化不影响公司的持续盈利能力

（1）销售模式的变化应尽量发生在报告期外，如果销售模式变化经营的时间太短，则监管机构无法判断销售模式变化对公司经营成果的影响，对公司持续盈利能力的影响，会加大审核风险；

（2）销售模式的转变应是一个循序渐进的过程，如果拟 IPO 企业销售模式发生大幅度转变，特别是在报告期内，则审核风险很大；

（3）销售模式的变化，要避免报告期内的经营业绩下滑，最好是快速或稳步增长，以表明销售模式变化不影响公司持续盈利能力，有利于提升业绩。

2. 销售模式的变化不存在操纵利润，虚增业绩的情形

通过转变销售模式来调节业绩，被一些企业所使用。如销售模式发生转变，转变后的客户很多皆为前员工或其他关联方；再如销售模式转变，某客户一年之内成为公司大客户等，这些情形极易被发审委质疑，审核风险较大。拟 IPO 企业应注意以下两点：

（1）应重视因销售模式变化而发生的渠道、客户变化，尽量杜绝大量前员工变为经销商、新公司或新客户承接公司大量业务的方式，该类方式很容易被监管机

构质疑公司涉嫌利润操纵。

（2）销售模式变化后，做好渠道、经销商的管控措施及最终销售实现情况的核查工作，向监管机构证明公司商品确实实现终端用户销售，销售是真实的。

3. 详细的信息披露

对于销售模式的变化情况，应进行详细信息披露，包括收入、毛利、销售渠道、政策等，说明变化的原因及数据的合理性，尤其注意模式变化过程中，毛利率、业绩情况与同行业公司的对比情况，一旦存在相反变化，则需要有理有据的合理解释。

四、销售渠道依赖

销售渠道是产品从生产者向消费者转移所经过的通道或途径。产品通过直营店、经销商、代理商、零售商等销售，这些皆可被称为销售渠道。

一些企业会采用比较单一的销售渠道，如 90% 以上的销售收入来源于经销商渠道、加盟店渠道或线上商城渠道等，这种通常被称为销售渠道依赖。销售渠道依赖本身并不构成 IPO 审核的障碍，但是会被重点关注，特别是所依赖的销售渠道前景不佳、管控能力弱、不具备可持续性时，会被反复问询，审核风险较大。

（一）审核关注点及典型案例

关于销售渠道的依赖，监管机构主要关注拟 IPO 企业对某种销售渠道是否存在重大依赖，是否影响公司的持续盈利能力。此外，围绕着销售渠道依赖，监管机构对所依赖的销售渠道的结算方式、获客成本、关联关系、竞争对手情况等也重点关注。具体审核关注点如下：

1. 公司对目前销售渠道是否存在重大依赖；

2. 销售渠道的结算方式；

3. 销售渠道的推广方式、获客成本及其合法合规性；

4. 销售渠道申报期内的收入情况及波动情况；

5. 销售渠道内的主要竞争对手及其相关情况；

6. 销售渠道与发行人是否存在关联关系、是否影响发行人的独立性，是否存在销售渠道来源于发行人的情形；

7. 不同销售渠道的情形下，客户的毛利率差异情况；

8. 销售渠道收入的真实性及是否实现最终销售。

相关案例：

案例 1

国金黄金股份有限公司（2017 年 11 月 7 日被否）

——主要依赖银行渠道代理销售，存在不可控性，被质疑业绩的可持续性

案例背景 国金黄金主要从事贵金属产品的研发、设计、生产和销售，产品目前以小克重及总价在千元左右的贵金属产品为主，如邮品、纪念币、纪念册、生活器皿、挂饰挂件等。报告期（2014 ~ 2017 年 1 ~ 6 月）内，公司营业收入分别为 21.33 亿元、20.36 亿元、37.42 亿元、20.20 亿元；归母净利润分别为 1.67 亿元、1.67 亿元、4.48 亿元、1.88 亿元。

公司主要通过银行等渠道将产品提供给广大消费者，报告期内，公司通过银行渠道实现的销售收入分别为 194,798.41 万元、363,075.17 万元和 424,881.99 万元，占当期营业收入的比重分别为 95.68%、98.43% 和 97.39%。

反馈意见 （1）请说明各销售模式下的具体业务流程和资金收付流程，并说明在银行渠道销售模式下，采用净额结算和总额结算的具体情形以及对不同情形采用不同结算方式的依据；

（2）请说明银行渠道下产品是否实现最终销售以及主要的终端客户的构成；

（3）银行为公司产品销售推广的核心平台，请保荐机构核查并说明发行人银行渠道内贵金属工艺品销售的主要竞争对手及其基本情况。

发审会问题 发行人报告期毛利率逐期上升，远高于同行业可比公司毛利率平均值。请发行人代表对比同行业可比公司说明发行人进入银行渠道的方式、优势、是否有重大依赖以及该业务模式的可持续性。请保荐代表人发表明确核查意见。

案例分析 目前，贵金属行业的销售模式主要有实体店销售、银行渠道代理销售和电商平台销售，如潮宏基、周大福等以实体店销售为主，国金黄金则以银行渠道代理销售为主。

申报期内，国金黄金通过银行渠道销售的收入占总收入比例均超过 95%，即销售渠道基本完全依赖第三方进行，因该渠道的特殊性，风险控制能力较弱，如未来银行相关政策或战略发生变化，则公司经营风险较大。

此外，公司完全依赖银行渠道代理销售，容易造成公司经营与财务方面

的风险，从公司招股书披露的数据来看，国金黄金的资产周转情况不及老凤祥、周大福、周生生等同行业上市公司，且主要依靠销售人员的增加来推动销售规模的扩张。

总体来说，发审委认为国金黄金所依赖的银行渠道存在不可控性，未来持续盈利风险较大，因此，特殊销售渠道依赖成了被否原因之一。

案例 2

三只松鼠股份有限公司（2019 年 5 月 16 日通过）

——依赖线上渠道销售，之后通过大规模开设线下“投食店”的方式，实现全渠道销售

案例背景 三只松鼠是以休闲食品为核心的品牌电商，主要从事自有品牌休闲食品的研发、销售，产品组合覆盖坚果、干果、果干、花茶及零食等多个主要休闲食品品类。报告期（2014 ~ 2017 年 1 ~ 6 月）内，公司营业收入分别为 92,447.27 万元、204,306.20 万元、442,269.62 万元、289,396.02 万元；扣非归母净利润分别为 -2387.14 万元、284.51 万元、24,771.75 万元、23,949.21 万元。

公司主要通过天猫商城、京东商城、天猫超市等电商平台进行线上销售，报告期内，线上销售收入占营业收入的比例分别为 96.53%、95.06%、89.71%、90.41%。

反馈意见 请发行人说明：（1）报告期内是否存在发行人及其关联方自身或委托第三方对发行人线上销售渠道虚构信用评价、好评返现等引导好评、免单或全额返现、修改或删除中差评等行为，相关行为是否构成重大违法违规及本次发行上市的法律障碍。请保荐机构、律师核查并发表意见。

（2）报告期内发行人在天猫商城、京东、自营手机 APP 等互联网平台以及团购、线下体验店等各销售渠道的推广方式及其合法合规性、获客成本。

（3）关于发行人线上渠道销售的真实性、合法合规性。请发行人说明：发行人及其关联方是否存在通过自身或委托第三方对发行人线上销售平台进行寄发空包裹、虚构快递单号、利用真实快递单号等方式“刷单”、虚构交易、提升信誉等行为，如存在，请说明相关行为对发行人经营业绩的影响，是否构成重大违法违规及本次发行上市的法律障碍。

发审会问题 发行人销售渠道高度集中于天猫商城、京东等第三方平台。请发行人代表：（1）说明是否对天猫商城、京东等第三方平台渠道存在重大依赖；（2）结合发行人与天猫商城、京东等第三方平台渠道的合作历史、合作模式等，

以及同行业可比公司情况，说明相关平台经营政策的变化是否会对发行人生产经营产生重大影响，发行人与第三方平台渠道合作的稳定性和可持续性，是否存在对发行人持续盈利能力有重大不利影响的情形；（3）结合行业发展趋势以及自身经营情况，说明拓展自营 APP，团购、线下体验店等其他销售渠道面临的竞争情况、挑战及应对措施，以及对未来持续盈利能力的影响；（4）说明入仓模式下报告期各年度京东自营毛利率高于天猫超市毛利率的原因、合理性以及京东自营相对较高毛利率的可持续性。请保荐代表人说明核查依据、过程并发表明确核查意见。

案例分析 三只松鼠对于线上销售渠道具有很强的依赖性，2014 ~ 2016 年，三只松鼠通过前五大销售平台实现的收入分别占总营收的 96.53%、94.34%、88.21%。其中，报告期（2014 ~ 2017 年 1 ~ 6 月）内，仅天猫商城实现的销售收入就分别占比：78.55%、75.72%、63.69%、55.22%。

反馈意见中，证监会围绕公司线上销售渠道，提出了一系列问询，如电商渠道的虚拟信用评价系统是否真实；渠道的推广方式是否合法合规；渠道销售的真实性，是否存在刷单行为等。可见，监管机构对公司线上销售的真实性与规范性产生了质疑。

三只松鼠 2017 年 12 月被取消审核，大家猜测不一，但是从大环境上来看，审核推迟后，三只松鼠可以有更多的时间对自己目前存在的细节问题进行一一梳理，如食品安全问题、电商刷单问题等，且尚有其同类公司来伊份因食品安全问题被否，故被迫推迟审核也是无奈之举。

之后，2018 年 6 月 25 日，三只松鼠重新进行了 IPO 申报，进入 IPO 排队阶段，并于2019年5月16日成功过会。为改进其对线上销售渠道的依赖，并及时应对“线上渠道流量红利消退、线下渠道获客能力逐步上升”的行业趋势，三只松鼠改变了销售模式，从互联网转为全渠道销售，2016年9月开始，三只松鼠大力进军线下开设“投食店”，到 2018 年年底，线下店的数量已超过 50 家。2019 年，三只松鼠全国门店的开店计划是增加至 150 家。

案例 3

绝味食品股份有限公司（2017 年 1 月 18 日通过）

——产品销售主要采用加盟连锁渠道，但食品安全及加盟店管控等内控完善，获得认可

案例背景 绝味食品专注于休闲卤制食品的研发、生产和销售，休闲卤制食品主要分为两类：一类是以鸭、鸡为原料的休闲卤制肉制品，如鸭

脖、鸭翅等；另一类是以毛豆、花生、豆皮等为原料的休闲卤制素食品。报告期（2013 ~ 2015 年）内，公司营业收入分别为 227,009.41 万元、262,972.60 万元、292,129.85 万元；归母净利润分别为 19,345.96 万元、23,633.82 万元、30,081.61 万元。

绝味食品以“以直营连锁为引导、加盟连锁为主体”的方式进行运营管理。报告期内，绝味食品的门店总数分别为 5746 家、6187 家和 7172 家，其中加盟门店数量分别为 5600 家、6029 家、7044 家。加盟门店数量占门店总数比例分别为 97.46%、97.45%、98.21%。

营业收入方面，直营门店实现的主营业务收入占发行人主营业务收入的比例仅为 6.39%、6.82%、6.07%，即 90% 以上的主营业务收入均来源于加盟门店。

反馈意见 请保荐机构、发行人律师进一步核查说明：（1）发行人对加盟店的经营管理模式、质量管理及食品安全控制措施、人事管理、区域配送等方面的具体规定；（2）发行人各地区加盟店在报告期内的销售金额，加盟费、商标许可使用费等加盟费用收取情况；（3）加盟模式、加盟条件及标准、特许经营权定价模式、推广模式以及针对报告期内加盟店连锁数量发生的增减变化，核查披露相关变动原因。

发审会问题 1. 请发行人代表补充说明，报告期内发行人及其加盟店被监管部门或媒体发现存在食品安全问题的具体情况，结合经销模式的特点进一步说明发行人在食品质量管控方面存在的风险、采取的整改措施与实施效果，相关信息披露和风险揭示是否充分。请保荐代表人发表核查意见。

2. 请发行人代表进一步说明对加盟商的管控手段和方法，对加盟商能否做到有效管控。加盟商的销售规模是否能够维持加盟门店的正常经营，其盈利能力是否处于正常水平。

案例分析 绝味食品主要采用加盟渠道进行产品销售，因此，发审委重点关注到了加盟店的食品安全问题以及加盟店的管控问题。这是涉及加盟渠道的企业皆会被关注的问题。

关于食品安全问题，绝味食品首先在招股书开篇作了风险提示，说明公司虽然建立了门店食品安全管理制度和层级检核制度，构建了五级门店管理体系，最大限度地保证各直营门店和加盟门店的质量控制。但如果任一环节出现疏忽，仍可能发生食品安全问题。其次，绝味食品的招股书中详细披露了公司产品质量控制情况，逐一说明公司在各个环节对食品安全问题的控制，相关措施也做得比较完善。

关于加盟店的管控问题，绝味食品也首先作了加盟模式管理的相关风险提示；且对加盟模式作了逐层披露与分析，说明公司建立了健全的连锁管理制度，严格的加盟商筛选和管理制度，加盟模式产品销售的收入确认模式及内部控制，加盟费及保证金收取标准，结算及收入确认政策，等等。

连锁模式是绝味食品同行业公司的通行做法，公司在食品安全、加盟店管控方面做好充分的内控措施及信息披露，最终获得了证监会的认可。

（二）应对建议

总体来说，采用何种销售模式与销售渠道是根据企业所处行业特性、客户类型及企业自身情况决定的，只要具备合理性，通常可以得到证监会认可。

但是，如果拟 IPO 企业报告期的经营业绩主要依赖于一种销售渠道，则可能会被监管机构问询，特别是拟 IPO 企业所依赖的销售渠道比较特殊，管控能力差，业绩增长乏力时，审核风险较大，会被反复问询甚至最终被否。

关于销售渠道依赖，需要注意以下几点：

1. 所依赖的销售渠道所产生的业绩真实、业务合规

避免让监管机构质疑公司业绩真实性、业务合规性是首要前提，如通过所依赖的销售渠道实现的销售收入波动幅度，收入水平、毛利率等与同行业上市公司对比是否存在重大差异，销售费用波动幅度及销售费用率是否存在重大差异等，均需要对比分析、考虑，避免被监管机构质疑业绩真实性、业务合规性。

2. 所依赖的销售渠道符合行业发展趋势及前景

在确保真实性、规范性的基础上，如果拟 IPO 企业主要销售渠道符合行业惯例，且销售渠道与行业发展趋势一致，行业前景看好，则审核风险会进一步降低。

3. 完善销售渠道的管控机制

公司应对销售渠道有较强的管控能力和管控措施，根据不同的销售渠道特点建立相适应的管控机制，以经销商渠道为例的管控措施如下：

（1）经销商的供货管理，保证供货及时，在此基础上帮助经销商建立并理顺销售子网，分散销售及库存压力，加快商品的流通速度。

（2）经销商广告、促销支持，减少商品流通阻力，提高商品的销售力。

（3）经销商产品服务支持，妥善处理销售过程中出现的产品损坏变质、顾客投诉、顾客退货等问题，切实保障经销商的利益不受无谓的损害。

（4）经销商的订货处理管理，减少因订货处理环节中出现的失误而引起发货不畅。

（5）经销商的结算管理，规避结算风险，保障制造商的利益。同时避免经销商利用结算便利制造市场混乱。

第二节　客户

客户是购买产品或服务以满足其某种需求的群体。客户创造了市场，企业的产品只有迎合了客户的需求才能符合市场需求，客户是企业销售环节的核心要素。

IPO 审核中，客户作为拟 IPO 企业的经营业绩的直接来源，受到监管机构的重点关注，特别是拟 IPO 企业存在境外销售客户、客户与供应商重合、客户集中及客户依赖等情形，更是受到监管机构的特别关注，因为这些情形可能影响拟 IPO 企业的持续盈利能力、规范性及业绩的真实性。

一、境外销售客户

（一）理论基础

境外销售客户，首要特征是企业的商品交易或服务对象在中国境外。拟 IPO 企业将产品或服务销往境外，相对于境内销售，境外销售通常是企业财务造假的重灾区，核查难度更高，因此，受到了监管机构的重点关注。

总体来说，拟 IPO 企业存在境外销售客户并不构成 IPO 的实质障碍，但需要注意境外销售收入的真实性、规范性和持续性。同时，为打消监管机构的疑虑，降低审核风险，在对境外销售业务进行核查时，需要注意核查比例和客户覆盖率，虽然境外客户核查难度大，但至少要对重点客户实地核查，非重点客户可以实地核查其在境内的办事处（如有），或通过电话访谈、当地律师协助核查等方式。

1. 境外销售的真实性

境外销售的真实性是监管机构关注的核心问题，境外销售不易核查，客户关系又错综复杂，稍有不慎，就会被质疑销售数据的真实性。

监管机构对境外销售真实性的关注，主要侧重于以下三个方面：

（1）交易主体真实性

交易主体真实性即境外销售客户是真实的，具体一般通过查验境外客户的销售区域、股东结构、工商登记信息、经营范围、资信状况等资料来核实。

（2）交易内容真实性

交易内容真实性的判断更为复杂，通常通过以下三个方面判断：一是拟 IPO 企业与境外客户之间的交易实质，是否为正常的购销关系，是否涉嫌通过虚构交易虚增收入、利润的情形；二是拟IPO企业与境外客户交易价格是否公允；三是拟IPO企业与境外客户签订的销售合同中的交易条款、信用政策、合同期限等内容是否具备商业合理性。

（3）销售回款真实性

正常的购销交易中，通常要求物流、资金流及信息流保持一致，也就是产品采购方和付款方为同一企业或个人，但境外销售因为外汇管制等原因，可能会出现第三方回款的情形，即回款方与境外客户名称不一致，容易让监管机构质疑境外销售收入的真实性，拟IPO企业需要详细披露第三方回款的原因、资金轨迹等，中介机构需要发表核查意见。

2. 境外销售的规范性

境外销售的规范性，是IPO境外销售审核中的又一个重点。企业境外销售过程中的内部控制、海关税收、境外税收、境外法律、收款方式、关联交易等都有可能出现不合规之处，需要特别注意。

境外销售的规范性主要体现在内部控制、收入执行、海关报关、增值税退税、退换货等几个方面。

（1）境外销售环节相关内部控制。除了境外销售相关的管理流程及管理制度外，主要核心点在相关内部控制的关键控制点，包括销售合同、销售定价政策、客户信用政策、销售出库、销售收入确认、销售收款等，这些关键控制点的执行情况是判断相关内控有效性的重要因素。

（2）销售收入实现过程相关情况。包括抽查、审阅订单、原始单据、销售合同等；函证；入库抽样测试；收入循环测试；收入截止测试；期后回款检查；账龄分析；海关数据交叉核对等。

（3）退换货相关情况。重点会关注年底有大额确认，第二年年初又有大额退货的情形。

（4）海关报关、增值税退税情况。主要从行政处罚、税务合规等角度核查。

3. 境外销售的持续性

监管机构对拟IPO企业境外销售的持续性的关注，主要考虑企业是否具备持续盈利能力，这是IPO审核的核心点之一。如何证明企业的境外销售具备可持续性，通常可从行业前景、产品优势以及与客户签订的长期合作协议等角度进行披露解释。

此外，如果境外客户是大型跨国企业或世界500强公司，一方面说明公司产品质量可靠，另一方面也可以说明公司境外销售的可持续性。

（二）审核关注点及典型案例

对境外销售客户的核查本质上是关注拟IPO企业业绩真实性、规范性和可持续性，具体审核关注点如下：

1. 境外销售的比例、发展历程、境外销售客户的基本情况、分布情况、合作历史、合作内容；

2. 境外销售的收入确认方式、海关报关数据情况、增值税退税的流程以及合理性、人民币汇兑损失以及套期保值；

3. 境外销售的函证情况、实地核查情况、收入真实性的核查方法、核查比例、核查过程以及核查结果；

4. 境内销售和境外销售在产品定价、产品种类、销售政策、销售毛利、信用政策等方面是否存在重大差异，境内销售和境外销售的发展思路以及未来发展规划；

5. 当境外销售主要为经销模式时，经销产品的最终去向，经销商的库存情况，结算方式，是否为买断销售，是否存在退货，与发行人是否存在关联关系，回款情况等；

6. 中介机构结合物流运输记录、资金划款凭证、发货验收单据、出口单证与海关数据、中国出口信用保险公司数据、最终销售或使用等情况发表核查意见，并说明核查的过程、结论和依据。

相关案例：

案例1

福建永德吉灯业股份有限公司（2017年5月9日被否）

——境外销售超90%，第一大客户通过第三方回款且
发生股权变动，客户稳定性与收入真实性存疑

案例背景 永德吉灯业是一家具有自主研发能力的节能光源专业制造厂商，自成立以来，一直专注于节能照明产品的生产、研发与销售，主要以ODM模式向包括欧司朗在内的国际知名照明企业提供节能灯及LED灯产品。

报告期（2014～2016年）内，公司营业收入分别为31,045.94万元、30,569.36万元、43,593.17万元，扣非后归母净利润分别为2160.05万元、2381.04万元、4215.47万元，其中来自境外的收入占收入总额比例分别为98.97%、97.23%、94.95%。

反馈意见 发行人90%以上收入来自于境外，请发行人：（1）结合不同的

外销模式补充披露各种销售模式下风险报酬转移的具体时点和方式，披露收入确认的时点、方法、依据，确认外销收入真实的依据。（2）补充说明是否存在集中确认收入、跨期确认收入、大额异常销售的情况；请发保荐机构和发行人会计师说明针对收入真实性、准确性、收入确认时点的适当性进行核查，说明所采取的核查方法、核查程序、核查范围以及核查结论，并发表明确核查意见。

请发行人补充披露：（1）结合销量、单价、产品结构等因素说明发行人分地区收入呈现上述波动特点的原因；（2）报告期内各地域主要境外客户名称、成立时间、销售额、占比，客户获取方式、合作年限、说明各区域主要客户的稳定性；（3）发行人外销收入的主要结算货币及汇率波动对发行人的影响。请保荐机构和发行人会计师对上述事项进行核查，说明核查程序、范围、占比并发表明确结论性意见。

发审会问题 请发行人代表进一步说明:（1）境外客户的开发方式、交易背景，有关大额合同订单的签订依据、执行过程；（2）发行人出口退税与其境外销售规模、出口收入、与其汇兑损失之间的匹配性；（3）第一大客户朗德万斯由欧司朗集团付款、第二大客户 BITRATE 的付款方和客户不一致的具体情况、原因和合理性，上述交易是否真实。请保荐代表人结合物流运输记录、资金划款凭证、发货验收单据、出口单证与海关数据、中国出口信用保险公司数据、最终销售或使用等情况，说明境外客户销售收入的核查方法、过程、依据及结论。

案例分析 永德吉灯业 2015 年 12 月首次披露招股书，正式开启上市之路。2017 年 4 月 28 日，永德吉灯业更新披露招股书，再次冲击 IPO。公司收入 90% 以上来自境外且客户比较集中，导致监管层非常关注境外收入的真实情况。

公司第一大客户曾经是世界三大照明巨头之一欧司朗，欧司朗在 2016 年 7 月将照明业务剥离，由朗德万斯独立运营。并宣布将朗德万斯出售给 A 股上市公司木林森，此事项可能会导致公司与朗德万斯的交易存在重大不确定性并对公司的持续盈利能力构成重大不利影响，但公司对于该事项并未作出任何披露，也未作出任何风险提示。更为重要的是其第一大客户朗德万斯和第二大客户 BITRATE 的付款方均与客户不一致，存在第三方回款问题。公司并没有在招股书中进行相应解释仍至证据链的展示，使监管机构对公司境外收入的真实性存有较大疑虑。

案例 2

深圳华智融科技股份有限公司（2018 年 1 月 24 日被否）

——外销收入证据链缺失，毛利率对比不合理且客户集中度逐年提升

案例背景　华智融科主要从事金融 POS 终端产品及相关软件的技术研发、生产、销售、技术支持与售后服务。公司国内客户主要为银联商务、通联支付、汇付天下、乐富支付、易宝支付及快钱等支付机构，同时积极拓展海外市场，产品远销中东、印度、俄罗斯和尼日利亚等 40 多个国家和地区。

国外市场的销售工作主要由公司海外营销总部负责，该部门主要通过参加国际性展会、专业杂志招商和拜访行业重点客户等方式拓展海外业务。在确定国外客户订单需求后，公司委托供应链公司将相关产品报关出口交给国外客户，并由其提供收款服务。

报告期（2014 ~ 2017 年 1 ~ 6 月）内，公司营业收入分别为 48,270.38 万元、39,405.72 万元、52,466.29 万元、22,225.37 万元，扣非后归母净利润分别为 6189.17 万元、3632.56 万元、5415.91 万元、2451.86 万元。其中境外销售收入分别为 2843.92 万元、12,734.37 万元、24,613.85 万元和 15,584.12 万元，占同期主营业务收入分别为 5.91%、32.39%、47.03% 和 70.43%，逐年上升。

反馈意见　请发行人：（1）说明发行人与主要客户建立合作关系的背景，境外客户开拓的具体经过，发行人股东或关联方是否存在为发行人介绍客户的情形，如存在，列表说明介绍人、被介绍客户、销售产品、销售金额、占比、毛利率等情况；（2）区分境内、外客户说明客户的类型及向客户的销售方式，不同销售方式下产品的定价依据、销售价格、毛利率及差异原因。比照同行业公司，说明发行人的销售是否符合行业惯例，是否存在明显异常；（3）说明是否存在贴牌生产的情形，如存在，说明主要贴牌客户的基本情况、贴牌的原因、所贴的品牌、销售价格、金额、占比、毛利率，是否存在异常情形；（4）说明发行人产品是否由客户提供设计，发行人是否只负责产品的生产。

发审会问题　1. 发行人境外销售收入占比不断增加，无法直接从海关部门查询到发行人整体外销数据。请发行人代表说明：（1）境外收入是否具有可持续性；（2）境外销售通过信利康进行的必要性及境外最终销售的真实性，境外销售产品启用信息及软件升级信息与实际销售情况是否配比，境外相关销售不存在贴牌生产情形、客户均为最终用户等表述是否真实、准确，境外销售的核查过程、方法和依据；（3）结合对 AMP 和 MRL 的销售情况及未

来趋势，说明发行人是否对上述客户存在重大依赖；（4）发行人产品销售行为是否存在因相关国家出口管制导致的风险。请保荐代表人说明核查方法、过程，并发表明确核查意见。

2. 发行人报告期内同一型号产品，境外客户毛利率显著高于境内客户，境内不同客户间毛利率差异也较大。请发行人代表说明：（1）上述情况产生的原因及合理性，是否存在利益输送情形；（2）主要材料采购价格下降但产品销售价格却持续增长的原因及合理性；（3）境外销售高毛利、产品价格持续增长是否具有可持续性；（4）福州大西岸进出口公司成立时间较短即成为重要客户的过程及合理性，第三方回款占比较高的原因及合理性。请保荐代表人说明核查方法、过程，并发表明确核查意见。

案例分析 华智融科在 2014 年境外收入占比仅为 5.91%，到 2017 年上半年，该比例已达到 70%，而公司总的收入增长不超过 10%，并且 2014 年到 2015 年收入还呈现下降趋势，下降比例约为 18.26%。说明公司销售属于被迫转型，即在境内销售困难的情况下被迫进行境外客户与市场的拓展，业务模式发生了重大变化，且收入稳定性不佳。

此外，从发审会问题及招股说明书可以发现：（1）无法直接从海关部门查询到公司整体外销的数据。因为海关数据为核查境外收入最有力的证据，但此处数据的缺失必然导致业绩真实性确认存在较大问题。（2）公司目前销售模式为委托供应链公司进行对外出口，相应的则会存在第三方回款问题。（3）公司毛利率异常，同一型号产品，境外客户毛利率显著高于境内客户，境外销售的毛利率从 2014 年的 25% 一直增长到 47%，综合毛利率从 27% 提高至 34%。（4）报告期内公司前五大客户的销售收入合计占营业收入的比例分别为 48.74%、52.73%、66.24% 和 77.76%，存在客户集中度较高的问题。

在公司外销数据的多条证据链存在疑问，且自身财务数据还存在较大问题的情况下，监管机构较难对公司披露数据的真实性给予认可。

案例 3

浙江三锋实业股份有限公司（2017 年 6 月 14 日被否）

——第三方回款比例上升，境外客户销售真实性、持续性存疑

案例背景 三锋实业主营业务为园林工具为主的专用工具的研发、设计、生产及销售，致力于成为国际领先的专用工具制造商。目前公司产品涉及电链

锯、汽油锯、割灌机、修枝剪、等专用工具，主要包含28个系列130个品种。

报告期（2014 ~ 2016年）内，公司自营出口业务占主营业务收入的比例分别为67.50%、61.14%和73.13%。

反馈意见 1. 请发行人补充说明：（1）报告期内境外销售的结算币种及具体金额，结算币种汇率的波动对发行人经营业绩的影响，请定性并定量分析；（2）发行人各类产品申报期内主要销售对象及相应的销售数量、价格、销售金额，不同地区的销售对象销售单价是否存在较大差异及原因。请保荐机构、申报会计师核查并发表意见。

2. 请发行人补充说明：（1）各报告期内外销收入结构发生变化的原因，2016年内销收入占比明显下降的原因，各期内销收入中经销收入占比情况，外销不同结算模式下收入的构成情况；（2）申报期各期直接出口、间接出口、内销模式下前10名客户的名称、所在地区、与发行人的交易背景、开始或终止合作的时间、各期销售收入、主要销售产品、销售数量及单价，相同类型产品针对不同地区客户的销售单价、毛利率是否存在差异及相关原因，发行人对上述客户的销售单价、毛利率与其他客户相比是否存在差异，请逐一进行对比分析。

发审会问题 根据申请文件，发行人2016年主营业务收入较2015年增长15,789.36万元，主要系出口至俄罗斯、乌克兰等国家产品的收入增长所致。报告期内发行人第三方回款金额分别为5588.10万元、4508.12万元和9935.96万元，第三方回款客户主要来自俄罗斯、乌克兰。发行人2016年第一大客户SHANGHAI GUANG LIAN COMPANY LIMITED及客户YONGKANG ELECTRIC TOOLS CO.，LTD.、TYSON PROPERTIES LTD.均系受HüTER品牌运营商（Hütter Technik GmbH）委托，向发行人采购产品。报告期内在HüTER品牌产品销售中向发行人付款的有13家境外公司，业务人员均为Elena Petrova（俄罗斯国籍）。

请保荐代表人说明对下述事项的核查过程及结论，并说明相关事项是否充分披露：（1）上述第三方回款客户的基本情况及实际控制人；HüTER品牌运营商基本情况、对上述公司授权或相关协议；对最终客户的销售情况；上述公司及WENZHOU DIANDONG TECHNOLOGIES LIMITED的股东、高级管理人员和业务人员是否与发行人存在关联关系。（2）俄罗斯、乌克兰等客户的需求及与发行人的合作是否可持续。

案例分析 三锋实业申报期内前五大客户发生较大变化，且均为境外客户，公司解释为上述客户均受公司的品牌商运营商 H ü tter Technik 委托，但招股书中并未披露出相关的委托书。该公司产品大多为 ODM 模式销售，即相关产品均应销售给品牌商运营商 H ü tter Technik 的相关公司，在缺乏委托书的情况，监管机构将会质疑境外客户的真实性，且客户频繁变动又导致客户稳定性存在疑问。

此外，报告期（2014 ~ 2016 年）内，三锋实业第三方回款金额分别为 5588 万元、4508 万元和 9936 万元，营收占比分别为 12%、11% 和 17%，不仅没有改善，还有上升趋势，进一步加深了监管机构对境外销售收入真实性的质疑。

案例 4

成都尼毕鲁科技股份有限公司（2017 年 11 月 7 日被否）

——境外客户收入难以核实，真实性存疑

案例背景　尼毕鲁主营业务为移动网络游戏的研发、运营及移动网络游戏领域的投资。公司自主研发及运营的游戏产品包括《海岛帝国》《全球危机》《银河帝国》《银河传说》《王者帝国》《斯巴达战争》《海岛联盟》《战地风暴》《荣耀帝国》等。

报告期（2013 ~ 2016 年 1 ~ 6 月）内，公司来自境外游戏收入分别达到 29,131.19 万元、48,700.16 万元、52,169.22 万元、27,752.76 万元，占公司报告期内游戏收入总额的比例分别为 94.47%、95.87%、96.04%、80.19%。

发审会问题　发行人报告期内的收入主要通过苹果 AppStore 和 GooglePlay 等第三方平台向游戏玩家收取。请发行人代表进一步说明：（1）苹果 AppStore 和 GooglePlay 不接受对发行人收入进行函证的情况下如何保证收入的可靠性；（2）公司记录的游戏充值金额与玩家确认的游戏金额是否一致，如何确认现金流水及收入的真实性、准确性、完整性，是否存在通过自充值、刷榜等方式增加收入情形。

发行人主要收入来源于海外，由香港子公司代理发行人部分海外业务并分成，发行人有大量资金跨境流动。请发行人代表：（1）说明发行人与子公司海外代理协议的主要内容并说明分成比例的合理性；（2）说明是否存在单个玩家资金金额较大且通过发行人渠道流入境内的情况，是否涉及洗钱、套汇或逃汇等问题；（3）说明不同业务模式下跨境资金流动、结换汇情况，是否符合国家外汇、税务等相关法律法规的规定。请保荐代表人对上述事项说明核查过程、依据并发表明确意见。

案例分析 尼毕鲁的客户主要来自于境外，收入主要通过苹果 App Store 和 Google Play 等第三方平台向游戏玩家收取，但上述两平台不接受对发行人收入进行函证，故而在没有取得函证回函的情况下，对于境外客户收入的真实性确认将留下较大疑问及被质疑隐患。如果是正常货物的产品销售，即使收入全部是境外也有核查依据，毕竟有报关手续、出口数据进行把关。对于尼毕鲁来说，游戏业务不涉及海关而是直接进行线上充值，境外收入真实性判断的最重要第三方证据（海关出口数据）亦无法取得，使得公司境外销售收入的真实性无法得到有效证实。

此外，在境外客户稳定性上，游戏行业属于高研发投入行业，但尼毕鲁科技在报告期内研发投入波动较大、研发人员数量下降，因此未来的产品更新能力、对于现有客户的稳定性都存在不确定性；而目前公司多款产品已进入衰退期，如果替代产品难以准时进入市场，将使该问题更加严重。

（三）应对建议

关于境外销售客户，主要需要注意境外销售的真实性、规范性和持续性，此外，需要格外注意对境外销售客户的核查比例与核查方式。具体应对建议如下：

1. 自查公司境外销售业务的真实性及合规性

拟 IPO 企业在有上市计划时，应聘请专业的机构或公司自行对公司境外销售业务的真实性及合规性进行自查梳理，并提前整改规范，具体核查思路如下：

（1）内部访谈，对客户高管人员或相关负责人员就客户基本情况、经营规模、产品评价、地区贸易政策、渠道数量、产品市场认可度、与公司的业务合作历史、产品质量及售后服务、未来合作意向等情况进行现场访谈。

（2）客户访谈，包括网上查询、电话访谈、实地走访等：除了解客户基本信息外，了解其经营情况、与公司的交易起始时间、交易内容和金额、回款情况、是否实现最终销售等，并了解客户的实际控制人及关键经办人员与公司是否存在关联关系。

（3）核查梳理公司销售环节相关内部控制关键控制点，包括签订销售合同、销售定价政策、客户信用政策、销售出库、销售收入确认、销售收款。

（4）对销售收入执行的核查梳理，包括抽查、审阅订单、原始单据、销售合同等；函证；入库抽样测试；收入循环测试；收入截止测试；期后回款检查；账龄分析；海关数据交叉核对。

（5）核查退换货情况，重点关注年底有大额确认、第二年年初有大额退货的情形。

（6）同行业对比，通过比较各年度之间主营业务收入、成本及毛利率的波动情况，分析其变动趋势是否正常，并与同行业上市公司进行比较，分析其合理性。

2. 积极配合中介机构进行函证、实地核查及其他替代程序

因境外客户对于发行人的函证配合程度较低，实地核查因地域限制等原因也较难达到合理的比例（境内客户要求核查比例为 50% 以上，境外客户因成本、签证等问题难以实现），故中介机构会较多选用相应的替代程序。为了境外客户最终能够达到满意的核查结果，公司应积极对中介机构的相关程序进行配合，多利用电话访谈、当地律师协查等方式，以确认境外客户销售的真实性。

3. 制定严格的内控体系及流程

针对境外客户应制定全面的内控程序：（1）事前对境外客户资信、银行账号等信息进行管理，与境外客户建立交易关系后，公司对其设立客户档案；（2）收款时严格核实第三方付款公司，业务人员及时通知财务人员记录备查，收到款项后与境外客户确认并留下书面确认记录；（3）定期与境外客户对账，对账时将当期销售及回款的记录给境外客户进行确认，对账的内容应包括当期销售及回款的记录。

4. 合理地应对汇兑风险

对于应对汇兑风险问题，主要存在以下方法，企业在制定产品价格时，参考未来汇率的走势，将汇率变化纳入产品报价中，如建立产品报价与汇率联动的价格公式（当期报价 = 前期报价 ÷ 当期汇率 × 前期汇率）来保证未来的收益；或采用在出口贸易中增加使用人民币结算的方式，以直接规避汇率波动的风险。

此外，还可以采用贸易双方汇率风险共担的模式。由贸易双方分摊汇率风险，事前在合同中约定好分摊比例，对于汇率变化导致的风险，直接按照合同约定的比例承担，节省了双方为规避汇率风险而投入的成本。

5. 完整地进行数据信息披露

为防止监管层对于境外销售客户的诸多疑问，完整地对大额合同、出口退税、汇兑损失等数据进行披露并结合相关数据进行说明解释，在事前做好相应工作，将风险杜绝在上会前。

二、客户和供应商重合

（一）理论基础

客户和供应商重合，是指企业对同一交易对象既销售产品又采购材料，即该交易对象既是企业的供应商又是客户。例如，制造业企业购买客户生产线的下脚料

继续回炉加工、购买客户生产的部分原材料或零部件加工后再销售给客户；商业、流通业、消费品行业购买彼此所缺的货物等。

IPO 审核过程中，偶发的、交易金额小的客户与供应商重合不会对审核造成影响，通常来说，报告期内前 10 名客户和供应商的重合，尤其是前 5 名客户和供应商的重合是审核的重点，本文所分析的客户与供应商重合亦是指大客户与大供应商的重合，随着大客户或大供应商所占销售或采购比例的提高，审核风险也随之提升。

1. 客户和供应商重合的商业合理性

虽然客户和供应商重合在一定商业背景下具备合理性，但由于客户与供应商重合容易产生交易不公允、程序不规范，甚至可能存在利益输送等不合规行为，因此，受到监管机构重点关注。拟 IPO 企业需要在申报资料中详细说明客户和供应商重合的原因及合理性。

从基本的商业逻辑来分析，大客户与大供应商重合，根本上是由产业链中的核心企业优势竞争地位、较强的话语权及产业链分工形成的。产业链上的核心企业，尤其是制造业的部分核心企业，处于垄断地位，如芯片行业，由少数巨头垄断，巨头们既采购又销售的情况较常见。核心企业向配套企业采购部件或产成品，并向配套企业销售核心原材料或关键部件，核心企业与配套企业之间互相形成供应商、客户关系。

再如，汽车制造业，整车制造企业是当之无愧的核心，甚至会要求上游供应商建立“客户仓”（供应商承担客户存货的仓储费用），议价能力和付款条件都有很大的优势。在此情形下，整车制造企业向配套的零部件生产企业采购的同时，又要求相关配套企业向其采购核心零部件或其他原材料。此外，拥有许可和专利的医药企业、烟草厂商、手握勘探资源的采掘业企业等，这些企业与其配套企业之间，皆存在互相采购与销售的现象。

总体来说，监管机构判断拟 IPO 企业的客户和供应商重合是否具备商业合理性，主要从客户所处的行业产业链、所拥有的独特资源及较强的议价能力等方面考虑。如果不具备这些要素，可能会被质疑存在其他利益关系，引发监管机构一系列问询和质疑。

2. 客户和供应商重合的业务实质

客户和供应商重合通常属于独立的购销业务，但在部分情形下容易与委托加工或外协加工混淆，需要拟 IPO 企业有充分的证据对业务实质进行解释说明。

（1）采购与销售分属于不同业务领域

如果销售和采购的产品分属不同的业务领域，销售的产品和采购的货物没有上下游的生成链条关系，这种情形下应认定为独立的购销业务，客户和供应商存在重合。

（2）采购与销售属于同一业务领域

如果销售和采购的产品属于同一业务领域，产品存在生成链条关系，则需要有充分的证据认定销售和采购属于独立的购销业务，而不是属于委托加工或外协加工。

①合理性，向客户采购货物具有合理性，因行业特征原因，行业价值链上核心客户要求公司向其采购原材料或半成品，或从客户处采购同样货物有从其他途径采购无法比拟的优势，但非价格优势等。

②公允性，采购和销售货物的价格具有公允性，与独立第三方的销售和采购价格基本一致，不存在其他利益关系。

③独立性，业务处理及会计处理具有独立性，在业务上，销售与采购为分别开展，分别谈判，分别签订合同；在会计处理上分别核算，分别记录。

满足以上三点的业务可以被认定为独立的购销业务，同时需要注意的是，对于独立购销业务，在对外披露财务报告的时候，由于销售和采购是两项不同业务，一般不应对同一家企业的应收账款和应付账款直接抵销后按净额列示。从过往的案例来看，分开列示一般容易被理解和通过，如已经成功 IPO 的剑桥科技、京华激光和新三板挂牌的爱尚游等公司均为分开列示，而 2017 年被否的珠海市赛纬电子材料股份有限公司按照抵消后的净额列示，未能通过审核。

3. 客户和供应商重合对拟 IPO 企业的影响

IPO 审核中，对于客户与供应商重合的情形，产业链中核心企业与配套企业作为拟 IPO 企业受到的影响不同，虽然核心企业与配套企业互相采购和销售，但对于核心企业来说，由于其具备产业链上的话语权和定价权，可能其会有很多配套企业；而对于配套企业来说，通常是核心企业的跟随者，核心企业是其大客户也是其大供应商的可能性较大。从 IPO 审核案例来看，监管机构重点关注的也是配套企业。

在满足商业合理性的基础上，如果产业链上的核心企业是拟 IPO 企业，则客户与供应商重合情形对 IPO 审核的影响较小，拟 IPO 企业需要注意的是交易价格的公允性，避免与配套企业存在关联关系及利益输送等情形。

如果配套企业是拟 IPO 企业，则会导致公司业务独立性存在较大问题，配套企业可能对核心企业存在重大依赖，同时可能导致虚构收入、成本等情形，公司业绩的真实性、可靠性降低，对 IPO 审核的影响较大。

（1）对公司独立性的影响

如果拟 IPO 企业为产业链配套企业，其最大供应商和客户属于同一家企业，那么意味着公司的上下游都处于该交易对象手里，上游原料和下游市场都由该交易对象掌控，公司的业务受到较大的制约，业务独立性会受到较大的影响。

在此情形下，如果公司与该交易对象存在关联关系，或者公司与该交易对象的交易价格不公允，则基本上会被监管机构认为公司的独立性受到严重影响，审核风险较大。

（2）可能导致虚构收入、成本

拟IPO企业向交易对象销售的同时又向其采购，很可能扭曲收入成本、毛利、毛利率等业绩数据。企业大量的收入和成本都来自同一家公司，难以保证双方不进行特别协商，同时提高或同时压低收入和成本数据，以调整毛利率和净利润，此外，双方还可能协商将交易数据落在不同账期，从而调整报告期的经营业绩。

因此，如果拟IPO企业存在客户和供应商重合的情形，公司的毛利率水平、收入及净利润增长幅度与同行业发展水平明显不一致，则会被监管机构质疑存在虚构收入、成本情形。

（二）审核关注点及典型案例

从最近两年的审核案例来看，客户和供应商重合相关的审核关注点主要如下：

1. 报告期内是否存在客户和供应商重合的情形。

2. 如果报告期内存在客户和供应商重合的情形：

（1）发行人对同一单位既销售又采购的原因，商业合理性，是否符合行业惯例；

（2）交易对方基本情况，是否与发行人存在关联关系，是否具有真实的商业背景；

（3）发行人对其采购、销售金额及占比；

（4）发行人与其交易是否属于委托加工行为，接受委托方是否具有相应资质；

（5）发行人对其销售的产品与采购的原材料是否存在对应关系；

（6）发行人与交易对方的具体合作模式；

（7）对比向第三方销售或采购价格/市场价格的基础上说明相关交易定价的合理性/公允性；

（8）是否存在为发行人分摊成本或利益输送的情形；

（9）发行人产品的竞争优势，是否具有替代风险。

3. 如果交易对方股东同时为发行人股东：

（1）交易对方控制人的简历，是否存在代持情形，交易对方控制人与发行人控制人及关系密切的近亲属是否存在交易、资金往来；

（2）交易对方向发行人采购的金额的资金来源，发行人对交易对方销售的产品是否最终实现对外销售；

（3）是否存在为发行人客户、发行人供应商分摊成本或利益输送的情形。

4. 如果交易对手为发行人大客户或大供应商：

（1）发行人是否仅是其代工厂；

（2）说明发行人对其是否存在重大依赖；

（3）发行人对其的依赖度是否影响发行人的独立性；

（4）与该交易对手是否存在商业贿赂或其他未披露的利益安排；

（5）发行人对其信用政策、结算方式，以及发行人向其采购情况，包括采购商品的类别、金额等。

相关案例：

案例 1

珠海市赛纬电子材料股份有限公司（2017 年 9 月 13 日被否）

——客户与供应商重合，实质是公司缺乏独立性及持续盈利能力

案例背景 赛纬电子主营业务为锂离子电池电解液、一次锂电池电解液和锂离子电池铝塑复合膜的研发、生产和销售。其中，锂离子电池电解液和铝塑膜应用于锂离子电池，一次锂电池电解液应用于一次锂电池。

报告期内，公司前五大客户销售额占当期营业收入比例分别为 41.66%、35.93%、37.85%、63.77%。2015 年深圳市沃特玛电池有限公司成为公司第一大客户，销售占营业收入比例 11.63%，2016 年上半年上升至 43.53%，2015 年前深圳市沃特玛并不在公司前五大客户之列。2017 年 1 ~ 6 月公司向沃特玛的采购金额达到 6379.48 万元，沃特玛成为公司的第一大供应商，占比达到 47.98%。截至 2017 年 6 月 30 日，公司对沃特玛的应收账款和应收票据合计 8598.90 万元，其中应收账款 1898.90 万元、应收商业承兑汇票 6700.00 万元。

反馈意见 深圳市沃特玛与发行人、发行人控股股东、实际控制人、董事、监事、高级管理人员是否存在关联关系；深圳市沃特玛与发行人之间业务往来的历史及每年销售金额，以及该金额占当期营业收入的比例，确定订单的方式，采购发行人产品主要为生产加工还是直接销售；2015 年前深圳市沃特玛不在发行人前五大客户之内，而 2015 年后快速上升至发行人第一大客户的发展过程、原因及合理性；结合深圳市沃特玛自身经营状况，说明报告期内发行人对其销售金额及比例大幅上升与其自身经营情况是否匹配；该变动情况对发行人未来的持续经营带来的影响；结合发行人的销售情况及募集资金项目计划，说明发行人目前及未来是否会对深圳市沃特玛构成依赖，发

行人是否对此制定了行之有效的解决措施。

发审会问题 请发行人代表：（1）说明沃特玛既是发行人第一大客户又是第一大供应商的合理性和必要性，说明沃特玛对发行人后续经营的重要性；（2）发行人向沃特玛采购六氟磷酸锂，采购款项直接从发行人应收沃特玛销售款项中抵扣，说明抵销应付账款和应收账款对发行人报告期现金流量表和利润表的影响，说明上述会计处理是否能准确反映发行人的经济业务；（3）说明发行人向沃特玛采购六氟磷酸锂的价格远高于市场平均价格的原因，说明发行人向沃特玛销售产品的价格是如何确定的，并据此说明与沃特玛的合作模式属于商品买卖还是属于委托加工；（4）公司对沃特玛的产品销售价格，是在对方提供的主要原材料的价格基础上加成计算而来，请说明从沃特玛采购原材料后，在公司提供产品之前，原材料的价格的波动是否会影响向对方的销售价格，请说明该交易模式对双方而言，是否符合风险和报酬的转移的条件，交易的实质是委托加工还是产品销售；（5）请同时从销售和采购的角度分析，公司的生产经营对沃特玛是否存在依赖。请保荐代表人对上述问题发表核查意见。

案例分析 赛纬电子申报期的业绩增长主要依靠对沃特玛销售的大幅增加，所以对于合理性和必要性问题更多变成了对于该客户是否存在依赖。由于赛纬电子产品附加值并不是很高，向沃特玛采购的原材料占成本的比例在70%以上，因而被关注此种交易是否属于委托加工模式，公司更像是大客户沃特玛的代工厂。

此外，赛纬电子处于产业链中游，上游产品紧俏，产品涨价且付款周期短；下游企业作为行业龙头，因账期原因同样会对处于中游的公司进行资金方面的占用。所以公司可能被迫委托沃特玛从上游采购原材料再转售给自己。即该情形客户与供应商重合只是表象，实质是公司持续盈利能力和业务独立性的缺失，最终成为被否原因之一。

案例2

联德精密材料（中国）股份有限公司（2017年11月28日被否）

——客户与供应商重合，且对该客户存在重大依赖、交易公允性难以核实

案例背景 联德精材主要从事精密金属冲压件与模具的研发、生产与销售，主要产品包括散热模组、冲压件与模具。公司生产的产品均为客户定制的标准化或非标准化零部件产品，主要用于3C、汽车与建材等方面。

报告期（2014～2017年1～6月）内，公司营业收入分别为62,957.53万元、59,444.78万元、68,571.57万元、38,961.52万元，公司向前五大客户销售占比均在62%以上，其中日本古河及其关联企业同时为发行人第一大客户和第一大供应商，报告期内公司向古河的销售收入占营收总额的比例分别为26.38%、29.15%、26.79%、34.59%；向古河集团的采购金额占采购总额的比例分别为28.20%、41.42%、33.28%、37.06%。

反馈意见 报告期，古河电气工业株式会社（日本古河）及其关联企业既是发行人第一大客户，同时是发行人第一大供应商。请保荐机构、发行人律师补充披露：（1）古河电气工业株式会社及其关联企业作为发行人第一大客户和第一大供应商的原因及合理性；（2）古河电气工业株式会社及其关联企业的基本情况、与发行人主要交易内容，分析交易定价的公允性，核查发行人实际控制人、股东、董监高、核心技术人员、主要关联方及其近亲属与古河电气工业株式会社及其关联企业是否存在任何关联关系或利益输送安排，说明对相关销售、采购真实性核查的程序、范围及结论；（3）古河电气工业株式会社及其关联企业目前对公司产品的总需求量、公司产品所占比例、该等客户未来的业务发展计划；（4）公司产品的竞争优势，是否具有替代风险；（5）结合相关合同条款，详细分析公司同其交易的可持续性；（6）公司是否存在销售客户、供应商集中、指定采购的相关风险，并酌情披露；（7）发行人报告期主要供应商变动的原因及合理性；（8）结合前述情况对发行人独立性和持续盈利能力发表明确意见。

发审会问题 报告期内，日本古河集团是发行人的第一大客户与第一大供应商，且是其风扇与散热管的唯一供应商。请发行人代表说明：与日本古河集团上述合作的商业合理性，是否对其存在重大依赖；与古河集团的交易金额占其同类业务的比例及变化趋势，与其业务是否可持续；古河集团与发行人是否存在关联关系，是否向发行人输送利益。请保荐代表人说明核查方法、依据，并发表明确核查意见。

案例分析 联德精材主要收入来自于海外，第一大客户为日本古河集团，同时也是公司的第一大供应商。联德精密散热模组业务中，两项重要原材料风扇和散热管的采购全部来源于古河集团，而且到报告期末，公司的重要产品散热模组销售收入均来源于古河集团，即对古河集团在购销两端已形成严重的依赖。

在被问及古河集团向公司销售散热管、风扇的价格是否公允时，公司解释由于商业原因，无法获取苏州古河向其他第三方销售散热管的价格情况，也无法获取日本古河的供应商日本松下或日本电产向其他第三方销售风扇的价格情况，即对交易的公允性难以印证。

对于联德精材的客户、供应商重合情形，交易的合理性是前提，交易的公允性是基本要求，而公司在合理性方面没有较强的说服力情况下，交易的公允性亦无法进行印证，监管机构无法判断公司与古河集团是否存在利益输送，进而无法判断公司业绩的真实性与稳定性。

案例 3

广州信联智通实业股份有限公司（2018 年 1 月 9 日被否）

——重要客户和供应商由同一方控制，独立性存在重大缺陷

案例背景 信联智通所处行业为包装行业中的塑料包装子行业。自成立以来，公司专注于绿色环保型塑料包装容器的研发、设计、生产、销售和相关配套服务。公司主要产品为 PET 瓶、PET 瓶胚和 PET 瓶盖等塑料包装用品，广泛应用于饮料、调味品、日化品、食用油等领域。

报告期（2014 ~ 2017 年 1 ~ 6 月）内，公司对前五大客户的销售收入总计分别为 98,413.99 万元、81,877.93 万元、79,993.64 万元和 38,298.89 万元，占公司营业收入的比例分别为 99.21%、99.25%、98.99% 和 99.31%。其中，公司对华润怡宝的销售收入分别为 80,593.37 万元、66,913.92 万元、64,992.11 万元和 30,026.19 万元，占公司营业收入的比例分别为 81.24%、81.11%、80.42% 和 77.86%；公司对海天味业的销售收入分别为 14,379.36 万元、11,338.87 万元、10,079.20 万元和 6691.44 万元，占公司营业收入的比例分别为 14.50%、13.75%、12.47% 和 17.35%。

报告期内公司向前五大供应商采购占比分别为 85.80%、91.98%、87.84% 和 85.79%，主要供应商华润化工与主要客户华润怡宝同属华润集团旗下公司，报告期内华润化工占总采购比例分别为 68.98%、74.62%、61.94% 和 43.97%。

反馈意见 1. 请发行人补充详细披露报告期内前五大供应商和客户发生变动的原因，结合第一大客户和第一大供应商的销售和采购占比较高的实际情况，说明是否存在客户或供应商依赖；补充说明主要供应商华润化工与主要客户华润怡宝同属华润集团旗下公司在商业上是否具备合理性，说明发行人与主

要客户和供应商之间的合作关系是否具备稳定性和可持续性。请保荐机构、律师核查发行人是否存在大客户依赖，主要供应商和客户同属华润集团控制是否对发行人的独立性是否存在重大不利影响，并构成发行人本次发行上市的实质障碍，发表核查意见，出具核查结论。

2. 招股说明书披露，2015 年 5 月，华润怡宝饮料（中国）有限公司华南分公司确认对母公司及其子公司信联包装于 2014 年度向其销售的部分规格的 PET 瓶加工费单价进行调整（其中母公司的不含税收入调减 5,534,688.06 元、信联包装的不含税收入调减 4,317,117.48 元，合计调减不含税收入 9,851,805.54 元）。（1）请说明以上加工费的性质，发行人对华润怡宝的销售是否仅为受托加工的方式，发行人采取全额确认收入还是净额确认收入，是否符合准则规定；（2）发行人对其他客户的销售模式是否类似对华润怡宝的销售模式；（3）请说明以上价格调整的具体原因。请保荐机构和申报会计师对以上情况进行核查，说明核查过程并明确发表意见。

3. 请说明发行人同时向华润集团旗的供应商华润化工采购及向华润怡宝销售是否存在其他利益安排，是否存在体外资金循环的情形。

发审会问题 报告期内，发行人存在重要客户和供应商由同一方控制的情况。请发行人代表说明：（1）报告期发行人第一大客户、第一大供应商同属华润集团，客户集中度较高的原因及合理性，主要供应商和客户同属华润集团控制是否对发行人独立性产生重大不利影响，是否影响发行人持续盈利能力；（2）华润怡宝对发行人合格供应商范围认可的具体内容及商业合理性；（3）华润怡宝与 27 家外部 OEM 工厂建立合作关系的基本情况、合作模式，华润怡宝向发行人采购占其总采购额的比例；（4）发行人与华润怡宝签署“战略合作协议书”的具体内容，是否能有力保障双方合作的长期性和稳定性；（5）报告期各期发行人与华润怡宝不同类型产品的定价模式，是否具有稳定性，是否具有自主定价能力，相关信息披露是否一致；（6）2015 年 5 月对 2014 年已销售的部分空瓶加工费进行调低价格的合理性，是否符合相关协议和合同的约定，其他期间是否存在类似情况；（7）发行人第二大客户海天味业与前五大供应商海盛食品同属海天集团控制，上述销售与采购是否存在捆绑安排。请保荐代表人说明核查过程和依据，并发表明确核查意见。

案例分析 信联智通第一大客户、第一大供应商同属华润集团，且对其销售及采购比例均超 60%，虽公司进行多番解释，但实质上仍然是因为华润集团在产业链中具有较强的话语权，公司在业务上较为依赖华润集团，造成公司存在客户与供应商重合的现象，是公司业务独立性不佳的体现。

同时，公司不仅在第一大客户上存在客户与供应商重合的现象，第二大客户海天味业与公司前五大供应商海盛食品亦同属海天集团控制，被监管机构直接质疑公司销售与采购是否存在捆绑销售的行为，而海天味业亦为行业中具有较强话语权的上市公司。面临两大集团的“包围”，而公司又无技术上的优势，采购销售两端全受制于对手，最终被否并不令人意外。

案例 4

赣州腾远钴业新材料股份有限公司（2018 年 1 月 23 日被否）

——大客户与供应商重合，且同时还是第三大股东，业务独立性存疑

案例背景 腾远钴业主要从事钴、铜产品的研发、生产与销售，为国内最具竞争力的钴盐生产企业之一。公司的核心产品为氯化钴、硫酸钴等钴盐以及四氧化三钴等钴氧化物。

报告期（2014 ~ 2017 年 1 ~ 6 月）内，发行人向前五大客户销售占比分别为 56.88%、58.51%、56.52%、67.74%，其中第一大客户厦门钨业系是发行人的第三大股东，持有发行人 15% 股份。

报告期内，公司向厦门钨业及其子公司销售钴产品金额分别为 12,790.68 万元、11,385.73 万元、13,806.50 万元、19,250.00 万元，占营业收入的总额分别为 18.13%、20.18%、22.18%、23.17%。同时 2016 年公司向厦门钨业采购钴中间品 809.44 万元，占采购总额的比重为 1.31%。

另外，除厦门钨业外，公司申报期内还与金川科技、江苏润捷、Traxys North America LLC、三家公司存在客户与供应商重叠的情形。

反馈意见 （1）请发行人补充披露厦门钨业既是客户又是供应商的原因及合理性，发行人与其交易是否属于委托加工行为，发行人对其销售的产品与采购的原材料是否存在对应关系。请保荐机构、会计师分别独立核查发行人上述交易内容是否真实，相关会计处理是否符合企业会计准则的规定，相关交易价格是否公允，发表核查意见，提供核查依据。（2）说明该种合作模式下发行人如何持续保障上市后发行人与厦门钨业之间关联交易的真实性和价格的公允性。（3）进一步披露报告期内发行人与厦门钨业之间关联交易的真实性和价格的公允性，发行人与厦门钨业之间合作关系的可持续性，披露相关关联交易是否会持续扩大。（4）披露发行人与厦门钨业之间的主要

合作协议，包括但不限于合作的期限、主要合作内容、关于采购和销售的承诺。（5）请发行人充分揭示与厦门钨业之间的利益安排并充分提示与厦门钨业间持续存在的大额关联交易风险。（6）请发行人补充披露报告期和上市后是否会通过与厦门钨业之间的关联交易侵害中小股东利益的情况。请保荐机构和发行人会计师对上述事项逐一进行核查并发表明确核查意见。

发审会问题 报告期内，发行人存在较多的关联方及关联交易，其中持股5%以上股东厦门钨业既是客户又是供应商。请发行人代表说明：（1）厦门钨业既是客户又是供应商的原因、合理性，关联交易定价是否公允；（2）关联交易金额逐年上升的原因；（3）上述关联交易是否影响发行人的业务独立性，发行人的业务和盈利来源是否存在依赖于关联方的情形；（4）和厦门钨业、金川科技披露的采购、销售金额不相一致的原因。请保荐代表人说明核查方法、依据，并发表明确核查意见。

案例分析 腾远钴业涉及与多家公司存在客户与供应商重合的情形，公司在招股书中单列标题“报告期各期既是客户又是供应商的相关单位情况说明”，以对该情形进行详细说明，并表示采购比例较小，各方以各自商业利益为基础，符合商业原则，定价公允。但未能打消监管机构的疑虑，在发审会上仍被追问厦门钨业既是客户又是供应商的原因及合理性。

基于厦门钨业持有公司15%股份，作为公司关联方，又是公司第一大客户，又是公司供应商，监管机构对于公司的业务独立性及交易公允性存在较大质疑，而公司又存在申报期业绩波动大，毛利率异常等问题，故最终被否。

（三）应对建议

关于客户与供应商重合的拟IPO企业，结合近两年的审核案例，主要应对建议如下：

1. 充分说明合理性，并尽量降低大供应商、大客户重合的比例

如果拟IPO企业是产业价值链上的配套商，相关核心企业既是其大客户，也是其大供应商，容易引起监管机构对于其重大依赖性、独立性、可持续性等一系列的质疑。

拟IPO企业首先应主动披露与说明双方合作的原因及商业合理性，在此基础上，采取多种措施降低对核心企业的销售与采购比例，如积极寻找其他企业进行合作，用报告期内的数据说明公司对相关核心企业不存在重大依赖等。

2. 寻找市场上具可替代性的供应商

虽然供应商与客户重合具备一定商业合理性，但容易引发其他不合规行为，因此，拟 IPO 企业应尽量减少向同一交易对象既采购又销售的情形。可在市场上寻找具有同样品质、规格产品的供应商来对现有供应商进行替代，以彻底解决客户与供应商的重合问题。

3. 避免存在关联关系或不公允的交易

即使客户与供应商重合存在商业合理性，也会在一定程度上影响公司业务的独立性，这种情形下，监管机构会重点关注双方交易价格的公允性，是否存在关联关系，是否存在利益输送，甚至是否会配合进行财务调节。所以，如果拟 IPO 企业存在客户与供应商重合情形，应避免与该交易对象存在法律规定的关联关系，以及潜在的影响公司独立性的关联关系，同时，应保证与该交易对象交易价格的公允性，只有价格公允才能证明独立性未受到严重影响，才能证明不存在关联关系，不存在利益输送，不存在财务调节。

4. 正确地进行财务处理

不规范的账务处理方式，容易加深监管机构对公司客户与供应商重合行为的质疑和误解，因此，拟 IPO 企业应注意相关账务处理的规范性。对于客户与供应商重合情形，分别按照销售产品和采购原材料进行记录核算，销售产品增加收入和应收账款，采购货物增加存货和应付账款，在没有充分的证据情况下，不宜直接抵销应收账款和应付账款。另外，在对外披露财务报告的时候，由于销售和采购是两项不同业务，建议一般也不要对同一家企业的应收账款和应付账款直接抵销后按净额列示。

5. 合理地进行披露和解释

对于已出现客户与供应商重合情形，如采购与销售分属于不同业务领域。销售的产品和采购的货物没有上下游的生成链条关系，这种情况一般问题较小，通过率也相对较高。

如采购与销售属于同一业务领域，则解释相对复杂。在业务上要有充分的证据来说明销售和采购确实需要分别开展、分别核算记录。并且尤其注意以下几点：（1）向同一交易对象同时采购与销售的合理性与必要性；（2）对于交易价格的公允性进行说明；（3）业务处理上要分别开展、谈判、签订合同；（4）要有充分证据说明该种合作模式属于商品买卖，不属于委托加工。

三、客户集中及客户依赖

（一）理论基础

通常情况下，拟上市公司前五大客户合计主营业务收入或毛利贡献比重超过 50%，则认为该公司客户集中度偏高；当客户集中到一定程度，直至拟上市公司来自单一大客户主营业务收入或毛利贡献占比超过50%以上的，表明公司对该单一大客户存在重大依赖。

监管机构关注客户集中及客户依赖，实质是关注拟IPO企业的业务独立性和持续盈利能力，也即从客户的角度来核查拟IPO企业是否具备完善的业务结构、是否具有独立面对市场变化的能力，是否影响企业的稳定经营与持续盈利能力。

▶ 相关法条：

《首发管理办法》

第三十条第三项　发行人不得有下列影响持续盈利能力的情形：……（三）发行人最近1个会计年度的营业收入或净利润对关联方或者存在重大不确定性的客户存在重大依赖。

《公开发行证券的公司信息披露内容与格式准则第1号——招股说明书》（2015年修订）

第四十四条第四项　发行人应根据重要性原则披露主营业务的具体情况，包括：……（四）列表披露报告期内各期主要产品（或服务）的产能、产量、销量、销售收入，产品或服务的主要消费群体、销售价格的变动情报告期内各期向前五名客户合计的销售额占当期销售总颖的百分比，如向单个客户的销售比例超过总额的50%或严重依赖于少数客户的，应披露其名称及销售比例。如该客户为发行人的关联方，则应披露产品最终实现销售的情况。受同一实际控制人控制的销售客户，应合并计算销售额。

《公开发行证券的公司信息披露内容与格式准则第28号——创业板公司招股说明书》（2015年修订）

第四十二条第二项　发行人应披露销售情况和主要客户，包括：……（二）报告期内各期向前五名客户合计的销售额占当期销售总额的百分比，向单个客户的销售比例超过总额的50%、前五名客户中新增的客户或严重依赖于少数客户的，应披露其名称或姓名、销售比例。该客户为发行人关联方的，则应披露产品最终实现销售的情况。受同一实际控制人控制的销售客户，应合并计算销售额。

第七十九条第四项　对发行人持续盈利能力构成重大不利影响的因素包括但不限于下列情形：……（四）发行人最近一年的营业收入或净利润对关联方或者存在重大不确定性的客户存在重大依赖。

《保荐人尽职调查工作准则》

第二十二条　销售情况：……获取或编制发行人报告期对主要客户（至少前

10名）的销售额占年度销售总额的比例及回款情况，是否过分依赖某一客户（属于同一实际控人的销售客户，应合并计算销售额）……

《首发业务若干问题解答（二）》

问题13：部分首发企业客户集中度较高，如向单一大客户销售收入或毛利占比超过50%以上，在何种情况下不构成重大不利影响？

答：发行人来自单一大客户主营业务收入或毛利贡献占比超过50%以上的，表明发行人对该单一大客户存在重大依赖，但是否构成重大不利影响，应重点关注客户的稳定性和业务持续性，是否存在重大不确定性风险，在此基础上合理判断。

对于非因行业特殊性、行业普遍性导致客户集中度偏高的，保荐机构应充分考虑该单一大客户是否为关联方或者存在重大不确定性客户，是否为异常新增客户；客户高度集中是否可能导致对其未来持续盈利能力存在重大不确定性的重大疑虑，进而影响是否符合发行条件的判断。

对于发行人由于下游客户的行业分布集中而导致的客户集中具备合理性的特殊行业（如电力、电网、电信、石油、银行、军工等行业），发行人应与同行业可比上市公司进行比较，充分说明客户集中是否符合行业特性，发行人与客户的合作关系是否具有一定的历史基础，有充分的证据表明发行人采用公开、公平的手段或方式独立获取业务，相关的业务具有稳定性以及可持续性，并予以充分的信息披露。

针对因上述特殊行业分布或行业产业链关系导致发行人客户集中情况，中介机构应当综合分析考量以下因素的影响：一是发行人客户集中的原因，与行业经营特点是否一致，是否存在下游行业较为分散而发行人自身客户较为集中的情况及其合理性。二是发行人客户在其行业中的地位、透明度与经营状况，是否存在重大不确定性风险。三是发行人与客户合作的历史、业务稳定性及可持续性，相关交易的定价原则及公允性。四是发行人与重大客户是否存在关联关系，发行人的业务获取方式是否影响独立性，发行人是否具备独立面向市场获取业务的能力。

同时，保荐机构应当提供充分的依据说明上述客户本身不存在重大不确定性，发行人已与其建立长期稳定的合作关系，客户集中具有行业普遍性，发行人在客户稳定性与业务持续性方面没有重大风险。发行人应在招股说明书中披露上述情况，充分揭示客户集中度较高可能带来的风险。符合上述要求，一般不认为对发行条件构成重大不利影响。

客户集中或客户依赖问题仅从比例上来判断并不是首发上市的绝对障碍，监管机构需要判断客户集中和依赖是否构成重大不利影响，只有不具备合理性，影响客户的稳定性和业务持续性，存在利益输送嫌疑的关联关系，存在重大不确定性风险这些影响企业未来持续盈利能力的因素出现，才会对上市审核带来影响。

事实上，近两年的IPO案例中，爱乐达（股票代码300696）对中航工业下属单位依赖度达到98.11%；东方嘉盛（股票代码002889）对惠普的依赖度达到90%；中曼石油（股票代码603619）对俄气依赖度达到82.91%；虽从比例上看构成了单一客户依赖，但通过详细论证行业特性，客户的行业地位，公司与客户不存在关联关系，与客户的合作关系长期稳定等，均顺利过会。

1. 行业特性

行业特性是存在客户集中问题的拟IPO企业能否通过审核的首要影响因素，通常来说，客户集中多出现在半垄断性质的行业。

比如通信行业，移动、电信、联通垄断国内通信行业，所以其供应商一般只能依赖于三家运营商，客户集中度大多过高。

烟草行业，烟草为烟草局统一管理，且因行业整合烟草生产企业越来越少，此类烟草企业的供应商集中度也过高。

能源行业，典型的如中石油、中石化，此外煤炭、天然气、原油等行业的采掘、运输也呈现寡头格局，为这些寡头提供产品或服务的公司客户集中度也较高。

此外，还有电力、银行、军工等行业，通常都具有垄断特性，由于此类行业的竞争格局导致拟上市公司的客户集中具备合理性，只要不存在其他影响未来持续盈利能力的情形，不会对上市审核造成实质性障碍。

而如果拟IPO企业的下游行业是充分竞争的行业，出现客户集中或客户依赖的情形，监管机构会重点核查此类大客户是否为关联方或者为存在重大不确定性的客户，或者是否为异常新增客户，监管机构会对公司未来持续盈利能力产生重大疑虑，审核风险较大。

所以行业特性是此类拟IPO企业顺利通过审核的首要条件。

2. 客户行业地位

一般情况下，集中客户属于行业龙头、国有垄断企业，这些企业信用好、盈利能力强、行业地位高。拟IPO企业的客户集中于此类企业的经营风险相对较小，对未来持续盈利能力的影响较小，属于审核风险较低的一种情形。

相反，如果拟IPO企业客户集中于或依赖于相对开放市场的非寡头企业的或寡头垄断市场内的不知名企业，则会给证监会留下公司客户渠道有限、经营发展受到限制的印象，进而引起监管机构对公司未来持续盈利能力的质疑，通过率较低。

3. 关联关系

关联客户在业务获取方面会影响拟IPO企业的独立性，在销售业务的真实性、关联交易的公允性、是否涉及利益输送等方面有固有的瑕疵，本身属于监管机构审核的重点。如果拟IPO企业客户集中或依赖于少数企业，这些企业和拟IPO企业又存在着关联关系，则进一步增加了对企业独立面向市场获取业务的能力的质疑，加大了审核风险。

4. 客户稳定性和业务持续性

对客户依赖的稳定性与业务持续性的关注，核心是考虑拟IPO企业的持续盈利能力。一旦相关客户与公司的业务合作出现变化，持续盈利将受到严重威胁。因此，拟IPO企业应从不同角度解释和论证客户的稳定性与业务的持续性，论证公司主要客户不存在重大不确定性，如公司是客户的主要供应商，双方属于相互依赖、公司与其签订了长期的合作协议等。

（二）审核关注点及典型案例

对于客户集中及客户依赖，监管机构的主要审核关注点如下：

1. 发行人客户集中（依赖）的原因及合理性，是否属于行业特性；

2. 客户订单获取是否合法合规，是否存在商业贿赂或不正当竞争行为；

3. 与客户交易的可持续性，相关合同的签订情况，是否存在被替代风险；

4. 发行人是否与该客户具有关联关系，定价是否公允，是否涉及利益输送；

5. 发行人对于客户依赖的问题是否采取了相关措施，是否得到有效改善。

相关案例：

案例1

上海威士顿信息技术股份有限公司（2017年6月27日被否）

——存在单一客户重大依赖，未来客户的稳定性及业务的持续性存疑

案例背景 威士顿是一家具有十多年专业经验，以提供面向制造业客户为主，金融业客户为辅的整体信息化解决方案供应商。公司的主营业务是向客户提供企业信息系统解决方案的咨询、设计、开发、实施、运维等各类信息化产品和服务。

报告期（2013～2016年1～6月）内，公司对上烟集团及其下属企业的合计销售额占公司当期营业收入的比例分别为87.92%、82.21%、82.86%及84.21%，公司对上烟集团依赖性较大。

反馈意见 请保荐机构、发行人律师核查、分析并披露：（1）发行人客户集中且主要客户为烟草公司的原因，是否属于行业共有特点；（2）发行人主要客户的基本情况、主要交易内容；（3）上烟集团采用何种方式采购，

是否符合相关规定，发行人的主要竞争对手情况，是否包括省内和省外企业，发行人多次获得上烟集团订单的原因分析；（4）发行人与上烟集团是否存在长期的业务合作协议或特殊利益安排，上烟集团及其下属企业董监高人员、相关采购部门负责人员及其亲属是否直接或间接持有发行人股权，是否存在利益输送；（5）发行人拓展其他烟草行业及非烟草行业客户的情况、面临的困难及未来发展规划；（6）结合以上方面及发行人的竞争优劣势，分析发行人与上烟集团的交易是否具有可持续性，是否存在替代风险，发行人有何防范和应对措施。请保荐机构、发行人律师核查说明发行人是否对上烟集团存在严重依赖，是否构成本次发行上市的障碍，发表明确核查意见，并充分提示相关风险。

发审会问题 请发行人代表进一步说明：（1）发行人客户集中且主要客户为上海烟草集团有限责任公司（以下简称上烟集团）的原因及其商业合理性，是否属于行业共有特点。（2）上烟集团采购的方式和发行人的主要竞争对手情况，发行人近三年高比例中标取得上烟集团项目的原因及其合理性，是否符合需通过招投标方式获取等规定。（3）发行人与上烟集团是否存在长期的业务合作协议或特殊利益安排，报告期发行人与上烟集团及其下属企业的主要合同条款、信用政策、结算及收款方式与其他主要客户相比的差异、原因及合理性；上烟集团及其下属企业董监高人员、相关采购部门负责人员及其亲属是否直接或间接持有发行人股权，是否存在利益输送。（4）在毛利率高于同行业平均毛利率的情形下，发行人与上烟集团的交易是否具有可持续性，在烟草行业“统一领导、垂直管理、专卖专营”的管理体制下，发行人产品和服务是否存在国家烟草专卖局（中国烟草总公司）统一进行信息化建设而被取代的风险，发行人的有效防范和应对措施。（5）报告期各期末预收款项波动较大的原因及其合理性，发行人在报告期各期末是否存在突击增加收入的情况，发行人向上烟集团销售的真实性，发行人的在手订单以及来自上烟集团及其下属公司的订单情况，上烟集团及其下属公司的未来信息技术系统的需求和投入情况，发行人是否对上烟集团存在严重依赖，是否对发行人的持续盈利能力构成重大影响，发行人的营业收入或净利润对存在重大不确定性的的客户是否存在重大依赖；相关信息和风险是否充分披露。

案例分析 威士顿的客户集中在烟草和金融行业，其中烟草行业的收入占主要部分。从威士顿的前五大客户中看到，2016 年上烟集团及旗下多家子公司为公司贡献销售额合计 1.5 亿元，占比达到 81.01%，仅上烟集团自身就贡献了 64.36%，不但客户集中，且存在单一客户依赖的问题。

在招股书中，公司十分详尽地在风险提示中披露了公司客户集中度高的风险，并列举同行业软件服务行业上市公司（如天源迪科 300047、网达软件 603189 等）的数据，表示该行业客户集中属于正常情形，但却忽略了证监会关心的另一问题，即上烟为国企，国企项目一般都是公开招标，为何在公司毛利率高于同行业公司的情况下，却年年都能中标，是否涉嫌关联关系、利益输送；如果存在潜在的关联关系，那么公司业绩的真实性就无法得到保证，如果不存在关联关系，未来如何能保证客户的稳定性及业务的持续性。根据招股书中的表述，公司可能短期内无法根本解决对上烟集团单一客户依赖的问题，未来持续盈利能力问题存在不确定性。

案例 2

北京品恩科技股份有限公司（2017 年 6 月 7 日被否）

——存在单一客户重大依赖，被质疑业务独立性，持续盈利能力

案例背景 品恩科技主营业务为面向部队与公共安全等领域的管理信息化软件的研发与销售，以及提供相应的技术服务与解决方案。主要产品包括面向部队与公共安全等领域管理信息化的平台软件系统、通用软件系统、军用 / 警用管理软件系统和智能软件系统四大类软件产品。

公司主要收入来源于解决方案项目，2016 年，解决方案项目收入为 20,923.86 万元，占收入比重为 97.12%。其中最大客户为中国电子科技集团公司某科研单位下属某单位，销售金额为 18,931.83 万元，占同期收入比例为 87.85%。2016 年来自该单位的合同共有 63 个，合同金额为 2166.95 万元，截至 2017 年 4 月 30 日，双方再次签订了 53 个合同，合同金额合计 15,312.60 万元。

反馈意见 （1）请进一步补充分析并披露客户集中度较高对持续盈利能力的影响以及未来应对措施。请保荐机构发表明确核查意见，并具体说明对发行人产品最终销售的核查过程。请律师对是否存在上述关联关系发表明确核查意见。（2）请发行人按业务类别披露报告期内来源于各类客户的销售收入及其占比，以及报告期内来源于军用客户和民用客户的销售收入及其占比，报告期各季度营业收入及其占比。（3）请发行人完整披露对各类客户的销售模式，是否与涉军国有科研院所存在不同。请补充披露报告期各期向前十大客户的销售内容、销售金额及其占比，报告期内对公安部边防管路局、中

电十五所销售的具体内容和项目，报告期各期设备生产商、系统集成商客户情况、具体销售内容以及销售金额占比，产品最终销售情况，并结合上述情况完善招股说明书有关销售模式的披露内容，说明是否具备独立面向市场的能力。（4）请进一步补充分析并披露客户集中度较高对持续盈利能力的影响以及未来应对措施。请保荐机构发表明确核查意见，并具体说明对发行人产品最终销售的核查过程。

发审会问题 请保荐代表人对下述问题进行说明并发表核查意见：（1）与中国电子科技集团公司某科研单位下属某单位 / 公司签订合同未招投标的原因，发行人取得上述业务是否符合法律法规，是否额外支付其他费用；（2）发行人对该客户是否存在重大依赖；（3）对发行人持续盈利能力的影响、风险等信息披露是否充分。

案例分析 从招股书所披露的信息来看，2016 年品恩科技存在非常明显的单一客户依赖现象，对第一大客户中国电子科技集团公司某科研单位及其下属单位合计销售额为 18,931.3 万元、占品恩科技全年收入的 87.95%，仅从数据占比看，中国电子科技集团公司某科研单位应是品恩科技 2016 年收入增长的唯一驱动，其近九成的销售占比已经严重影响到品恩科技的经营结果，假如剔除该客户的销售额，则品恩科技 2016 年的销售额只有不足 3000 万元。另外，该关键客户还并非是品恩科技的持续客户，其在 2014 年时并未被列示在品恩科技前十大客户名单中，而在 2015 年时，也仅以 580 万元、4.78% 的销售占比位列品恩科技当年第 7 大客户的位次，实际存在较大不稳定因素。

同时，针对该关键客户，发审委提出询问，“与中国电子科技集团公司某科研单位下属某单位 / 公司签订合同未招投标的原因，发行人取得上述业务是否符合法律法规，是否额外支付其他费用”，表明发审委质疑公司是否存在商业贿赂。

因此，由于重大单一客户依赖，且未履行招投标程序，发审委质疑公司的业务独立性和持续盈利能力。

案例 3

钜泉光电科技（上海）股份有限公司（2017 年 11 月 3 日被否）

——净利润较低且存在单一客户依赖，与客户合作合同将到期，业务持续性存在不确定性

案例背景 钜泉光电主营业务为智能电网终端设备芯片的研发、设计与销售，主要产品包括电能计量芯片、载波通信芯片和智能电表 MCU 芯片等。

报告期（2014～2017年1～6月）内，公司营业收入分别为14,676.52万元、15,010.42万元、16,310.26万元、8,706.77万元，扣费后归母净利润分别为2936.93万元、2295.85万元、2241.63万元、1418.17万元。前五大客户中，销售占比最大的为深圳市昊辉微电子有限公司，该公司销售额占营业收入比例分别为53.61%、46.47%、47.76%、44.08%。

反馈意见 公司前五大客户集中。请补充披露：（1）公司主要客户的基本情况、主要交易内容；（2）客户目前对公司产品的总需求量、公司产品所占比例、该等客户未来的业务发展计划；（3）公司产品的竞争优势，是否具有替代风险；（4）结合相关合同条款，详细分析公司同主要客户交易的可持续性；（5）详细披露公司销售客户集中相关风险。

发审会问题 发行人报告期内销售以经销商代理销售为主，各期经销收入占比均在96%以上，发行人与经销商的关系属于买断式销售关系。请发行人代表说明：（1）报告期前五名经销商销售占营业收入持续95%左右，主要最终客户仅为23个，上述客户是否存在关联关系，销售变化情况，详细阐明原因，分析销售的可持续性；结合可比公司销售政策进一步分析说明，采取经销商买断模式的合理性；（2）经销商买断模式对发行人收入确认真实性、准确性的影响，收入确认政策是否符合企业会计准则的相关规定；（3）报告期发行人对其参股子公司前景无忧最终销售占比不断增加，2017年上半年已成为第一大最终客户，不认定为关联方和关联交易的依据，未直接向北京前景无忧销售的原因，说明业务合理性、真实性；（4）客户昊辉电子销售收入占发行人营业收入比重稳定在50%左右，结合与昊辉电子的历史合作情况、经销代理方式、销售结算模式等，说明发行人对其是否存在单一客户重大依赖，是否对发行人持续盈利能力构成重大不利影响。请保荐代表人说明核查方法、过程、依据，并明确发表核查意见。

案例分析 深圳市昊辉微电子有限公司在报告期内分别为钜泉光电贡献了53.61%、46.47%、47.76%和44.08%的销售收入，为公司第一大客户，公司对昊辉微电子存在较大的依赖。另外，招股书中披露，钜泉光电与昊辉微电子的“代理合约书”到2019年5月就将到期，为公司后续的业务合作带来重大不确定性。

同时，公司目前本身的业绩情况较差，最近三年一期的扣非后净利润分别是2936.93万元、2295.85万元、2241.63万元、1418.17万元，并未达到目前实际审核标准的利润要求。

总体来看，公司较低利润水平的情形下还存在对不确定客户的依赖，是审核被否的主要原因之一。

案例 4

深圳中天精装股份有限公司（2017 年 11 月 21 日被否）

——存在单一关联客户重大依赖

案例背景 中天精装是国内批量精装修服务提供商，主要为国内大型房地产商提供住宅批量精装修服务，具体业务包括建筑装饰工程施工、建筑装饰工程设计等方面，申报期内其精装修业务占其收入比例均为 98% 以上。

报告期（2014 ~ 2017 年 1 ~ 6 月），公司批量精装修业务中对前五大客户的营业收入分别为 70,221.09 万元、58,431.95 万元、66,334.13 万元和 26,337.82 万元，占当期营业收入的比重分别为 83.08%、67.66%、66.35% 和 70.13%。

其中，万科地产是公司第一大客户，报告期内公司从万科地产实现的销售收入分别为 49,412.11 万元、38,083.94 万元、46,372.00 万元和 16,375.97 万元，占公司当期营业收入的比例分别为 58.46%、44.10%、46.39% 和 43.60%，公司单一客户收入占比较高。

反馈意见 （1）补充说明万丰资产入股前后与万科地产销售金额和单价变动情况，双方之间交易的销售价格、交易条件、信用政策与对其他主要客户的对比情况，交易价格是否公允，销售金额与最终客户的需求是否匹配，双方是否存在关联关系或最低采购量等特殊利益安排；（2）补充说明与主要客户是否存在关联关系或潜在关联关系；（3）补充说明是否存在改善目前客户较为集中的措施和计划，如有请详细说明措施和效果。请保荐机构和会计师对公司主要客户销售的真实性、准确性、完整性、客户与公司是否存在关联关系及其他利益约定等情况进行详细核查，说明核查方式（各核查方式涉及的具体金额及占比）、核查人员、核查时间、核查范围及核查结论，并发表明确核查意见。

发审会问题 请发行人代表说明：（1）根据实质重于形式原则，万科地产是否为关联方，发行人是否构成对关联方存在重大依赖的情形；（2）万丰资产未来的减持计划，是否对发行人持续盈利能力产生重大不利影响。请保荐代表人说明核查方法、依据，并发表明确核查意见。

案例分析 中天精装主要依托于房地产行业进行业务开展，申报期内前五大客户均为行业内知名房地产公司，且万科连续多年成为公司最大客户，比例较高，已形成单一客户重大依赖。公司虽解释其为避免客户集中带来依赖而加大了与其他优质客户的合作，但从目前万科所占比例来看并未产生根本性改变。

招股书显示，发行人股东之一为万丰资产，持发行人股份比例为4.89%，万丰资产的实际控制人为深圳市万科企业股资产管理中心，依托万科企业股资产设立，万科地产员工代表大会对该中心的宗旨及理事会人选有最终决定权。也就是说，万科不仅仅是中天精装的客户，其资产管理中心已经成为了中天精装的股东，直接参与公司管理。从招股说明书来看，中天精装并未将万科地产纳为公司的关联方，但从本次上会问题来看，该种处理方式并未得到监管机构的认可。且公司与万科地产之间还多次存在房地产抵扣工程款的现象，而其中大量房产并未取的房产证，处于无法交易的状况，直接影响公司未来的现金流状况。公司对于其重大客户，既存在依赖又存在关联关系，还有收益难以实现的隐患，最终被否。

案例5

中山联合光电科技股份有限公司（2017年5月5日通过）

——单一客户销售收入占比超50%，但通过优化产品结构、优化客户结构使单一客户的依赖程度逐步降低

案例背景 联合光电致力于为市场提供高端光学镜头产品及其应用解决方案，专业从事光学镜头及镜头相关光电器件的研发、设计、生产和销售。公司主要产品为光学镜头，目前主要应用于安防视频监控领域，报告期对海康威视的销售金额分别为31,272.80万元、41,909.31万元、45,474.32万元和8753.78万元，占公司当期营业收入的比例分别为71.67%、68.68%、62.01%和59.36%。

反馈意见 请发行人：（1）说明将产品分为安防类、消费类和新兴类的分类标准，以此为分类标准的合理性；结合同行业上市公司收入变动情况，分产品类别说明报告期内发行人主营业务收入波动的合理性；披露报告期内前十大客户名称、是否新增客户、销售标的、收入金额及占比；对受同一实际控制人控制的客户，分别披露收入占比并合并计算，说明被合并披露客户的股权结构及被合并披露的原因。

（2）说明报告期内前十大客户是否变动较大，如果有请解释原因及合理性；报告期新增客户的拓展方式；说明新增客户的具体情况，包括客户名称、成立时间、注册资本、主营业务、股权结构、控股股东及实际控制人、主要

业务、与发行人及其股东、实际控制人、董事、监事、高级管理人员、其他核心人员之间是否存在关联关系、新增客户的种类、数量、收入金额及其占比，说明主要新增客户的背景，与发行人是否存在关联关系；说明是否存在对单一客户的重大依赖情况。

（3）说明其与海康威视历年来的合作情况，产品定价依据、与其他安防产品销售价格相比是否存在异常；与海康威视未来合作的可持续性，发行人为应对大客户订单减少所采取的措施；是否对海康威视销售构成依赖，并在招股说明书中做充分的风险提示。

发审会问题 请发行人代表说明:（1）是否对第一大客户海康威视存在依赖，申报材料中表述对该等客户不存在重大依赖的合理性；（2）是否采取相关措施降低对海康威视的销售依赖；（3）发行人高技术含量产品是否能够获得更多客户认可。

请保荐代表人说明：（1）龚虹嘉系海康威视副董事长，认定其实际上为海康威视的财务投资人的理由；（2）对海康威视交易公允性所履行的核查程序和核查结论。

案例分析 该案例属于典型的对单一客户存在依赖，申报期内海康威视占公司当期营业收入的比例均为 50% 以上。但该案例最终通过审核并成功上市，说明企业即使单一客户比例超过 50% 也并非一定构成 IPO 审核的实质性障碍，发审委更多地还是关注该客户比例较大的合理性，是否采用了相关措施降低依赖，是否与公司存在关联关系，客户是否稳定，业务是否有持续性等问题。

而联合光电较好地对上述问题作出了解释，不仅调整客户结构、开发新产品并积极发展新客户使海康威视收入占比申报期内连续下降，也以控制力、持股比例低、本身为知名天使投资人等观点说明了自然人龚虹嘉为财务投资者，非发行人关联方，不存在关联交易、利益输送等问题，最终通过审核。

案例 6

杭州纵横通信股份有限公司（2017 年 7 月 4 日通过）

——通信行业客户集中度超 90% 且存在较强区域性，但不存在关联关系、不合规获取业务、客户不稳定等影响未来持续盈利能力的其他因素

案例背景 纵横通信是一家通信网络技术服务提供商，为中国移动、中国电信、中国联通、铁塔公司等业内主要客户服务，针对大型公共设施、通信基站、住宅和商业建筑、交通网络等多种物理建筑及通信设施，提供移动通信技术和无线互联技术的系统解决方案和组网应用服务。

公司前五大客户基本保持稳定。2014 年度及 2015 年度，公司前五名客户均为中国移动通信集团有限公司、武汉虹信通信技术有限责任公司、中国联合网络通信有限公司、中国电信股份有限公司和华为技术服务有限公司。报告期（2014 ~ 2016 年）内，公司向前五大客户销售金额占总收入的比重分别为 97.52%、96.33%、97.70%，其中向第一大客户中国移动销售金额占总收入比重分别为 76.28%、77.13%、76.98%。

同时公司业务集中在浙江省，服务于浙江省内电信运营商。报告期内，公司对中国移动浙江区域的销售收入分别为 17,267.28 万元、23,482.27 万元和 23,593.88 万元，占公司营业总收入比例分别为 52.03%，56.24%，46.17%。

反馈意见 请发行人：（1）按业务类别披露对中国移动的销售情况，包括但不限于不同业务类别产品的销售金额、销售单价、销售量、期末应收账款及回款情况，分析销售单价与对其他客户的销售单价之间是否存在差异，并披露报告期内对中国移动销售金额及占比上升的原因，说明对中国移动是否存在重大依赖；（2）补充说明对中国移动具体的合同情况及合同执行情况；（3）结合合同、行业变化趋势等相关情况，说明所处行业的经营环境或产品的品种结构是否发生或将要发生重大变化，披露对中国移动的销售是否存在不确定性的风险；（4）补充披露前五大客户的基本情况，并披露发行人历史上是如何形成与这些客户的业务关系的；（5）补充披露对大客户的销售情况，包括但不限于销售的产品、结算方式、主要合同条款等，并披露主要客户销售占比变动和主要客户变动的具体原因，结合行业状况详细分析发行人与主要客户交易的可持续性。请保荐机构、会计师说明对公司主要客户的核查方法、范围、证据、结论，并发表明确核查意见。

发审会问题 请发行人代表进一步说明：（1）发行人客户集中的原因，是否属于行业共有特点。（2）报告期前五名客户销售占比变化的原因以及前五名客户变化的原因，并结合行业状况、前五名客户的市场地位以及相关合同条款，详细分析发行人与前五名客户交易的可持续性。（3）发行人与中国移动是否存在长期的业务合作协议或其他关联关系；发行人与中国移动的交易是否具有可持续性，是否存在被替代风险；发行人是否对中国移动存在重大依赖。（4）针对客户集中度较高的情况，发行人已经和将要采取的风险控制措施。请保荐代表人说明核过程、依据和结论。

案例分析 报告期内，纵横通信前五大客户占比合计均超过 96%，且其中一半均集中于浙江区域，对于客户的依赖程度不言而喻。但基于公司所处行业本身便是垄断性行业，业务很难脱离中国移动、中国联通、中国电信三家公司进行发展，同时上述三家公司均为国企兼上市公司，在一定程度上可以表明公司业务实际规范程度较高。在实际审核中可能并非减分项，而是作为了加分项。

在这种情况下，监管机构往往会特别关注业务来源、持续性及关联性问题。而公司并无客户参股等关联性问题，同时申报期内业务较为稳定，前五大客户几乎未发生变化，合同方面亦通过框架协议的方式进行长期的合作，业务订单几乎全部通过招投标形式获取，并无违法违规的相关情形，得到了监管机构的认可。

（三）应对建议

通过研究最近两年的审核案例，针对客户集中及客户依赖问题，相应的应对建议如下：

1. 优化客户结构，尽量降低前五大客户销售比例，特别是第一大客户销售比例

对于客户集中及客户依赖问题，首先就是要尽量降低比例，让发审委看到公司在报告期内为缓解客户集中或客户依赖问题的改进措施，降低审核风险。

通常降低比例的措施有两种：一是开拓新客户和开发新渠道，此方法被认为是降低对单一客户依赖最有效的方法之一；二是通过开发新产品，进而调整现有客户结构的方式降低现有客户的依赖程度。

查阅2017年1月至2018年12月的审核案例，发审委共审核首发企业697家（多次上会的，分次计算），其中报告期最后一年前五大客户占比在50%以上的企业有245家，占比35.15%，审核通过169家，通过率为68.98%，与同期A股总体审核通过率持平。前五大客户合计占比50%以上的企业具体情况及过会情况统计如下：

前五大客户比例	审核企业家数（家）	过会企业家数（家）	过会率（%）
50% ~ 60%	57	44	77.19
60% ~ 70%	54	36	66.67
70% ~ 80%	46	29	63.04
80% ~ 90%	42	30	71.43
90% 以上	46	30	65.22
合计	245	169	68.98

注：以上数据统计依据为，2017年上会的企业以2016年为报告期最后一年，少部分以2015年为报告期最后一年；2018年上会的企业部分以2017年为报告期最后一年，部分以2016年为报告期最后一年。

2. 避开审核实质障碍：业务独立性、持续盈利能力、关联关系等

通过有力证据说明，公司虽然形式上有客户集中，或者对单一客户存在依赖的情形，但有其存在的合理原因，且实质上不影响公司业务的独立性、不影响持续盈利能力，且不存在关联关系及利益输送。

（1）详细说明集中和依赖产生的原因，从公司所处行业及业务的特殊性进行解释集中度高的合理性。说明公司产品的质量、品种是合作客户最佳选择，同时也要说明自身产品对客户有足够的议价能力，公司与客户是长期合作关系，双方互相存在依赖。

（2）重点说明客户依赖不会导致公司业务不独立，公司与依赖客户无论是法律上还是实质上均不存在关联关系，有充分的证据表明公司采用公开、公平的手段或方式独立获取业务。

（3）说明业务的确定性与可持续性，不影响公司持续盈利能力。结合行业及下游行业整体情况，景气周期等，对公司的行业地位及核心竞争力作出认定，并说明客户的稳定性与订单的可持续性，最好是与大客户签订长期的购销合同或者合作框架协议，用事实证明业务的确定性与可持续性。

3. 提高综合盈利能力和抗风险能力

虽然客户集中和客户依赖一定条件下不会成为 IPO 过会的实质障碍。但拟 IPO 企业在筹划上市事项时，还是应该尽最大可能杜绝客户依赖，杜绝影响业务独立性和持续盈利能力的嫌疑，降低审核风险。此外，对公司的长久经营来说，客户依赖也是不可取的。

因此，拟 IPO 企业应提高综合盈利能力，一方面要注重宏观经营方向的把握，即企业战略的选择，应结合自身优势发展最有市场空间的项目进行建设投资；另一方面，影响企业综合盈利能力的微观经营方式也尤为重要，包括企业的客户结构、产品结构、成本控制、经营管理等，它直接关系企业经营质量与经营能力的成长问题，为此，对公司的内控体系进行持续优化与完善也极其重要。

4. 进行详细的信息披露

若拟 IPO 企业存在客户集中或客户依赖问题，应在招股书中作重大风险提示。同时，应在招股书正文中作详细的信息披露，具体披露内容包括但不限于：（1）公司对客户的集中或依赖程度，报告期内对前五大或前十大客户销售金额占当年销售总额的比重；（2）与重大客户的合作模式，是否存在稳定的合作关系，是否是战略合作伙伴；（3）该重大客户的获取方式、交易背景、定价政策和销售方式；（4）该重大客户的稳定性及未来的变化趋势，是否存在无法继续

经营的可能；（5）该客户的依赖程度对公司持续经营的影响。

第三节 收款方式

销售收款作为企业销售业务内部控制中的一个重要环节，是销售收入真实性确认的重要证据，在IPO上市审核过程中，受到监管机构重点关注。不少企业上市之前，往往因为结算便利或其他原因在销售收款方式上不太规范，一旦企业准备上市，销售收款的方式必须开始逐步进行规范。

企业收款方式一般包括公司直接收款、通过第三方间接收款、通过个人账户间接收款等；此外，按支付方式不同，企业收款方式包括现金、支票、本票、商业汇票、银行承兑汇票、信用证等。上述收款方式中，有比较典型的三种不规范情形，受到监管机构的重点关注，分别是现金收款、个人账户收款和第三方回款。这三类收款方式可能影响企业运营的规范性与内控有效性，进而影响拟IPO企业业绩的真实性。

一、现金收款

（一）理论基础

现金收款是指企业在商品交易、劳务供应等业务过程中直接使用现金进行收款结算的行为，现金收款主要适用于公司与个人之间的款项收付以及公司之间的零星小额收付。

▶相关法条：

《现金管理暂行条例》

第二条第二款　国家鼓励开户单位和个人在经济活动中，采取转账方式进行结算，减少使用现金。

第五条　开户单位可以在下列范围内使用现金：（一）职工工资、津贴；（二）个人劳务报酬；（三）根据国家规定颁发给个人的科学技术、文化艺术、体育等各种奖金；（四）各种劳保，福利费用以及国家规定的对个人的其他支出；（五）向个人收购农副产品和其他物资的价款；（六）出差人员必须随身携带的差旅费；（七）结算起点以下的零星支出；（八）中国人民银行确定需要支付现金的其他支出。

前款结算起点定为 1000 元。结算起点的调整，由中国人民银行确定，报国务院备案。

实务中，一些企业为了结算方便等原因，大额收付也使用现金方式。相比银行转账，现金收款缺乏有迹可循的交易记录，且现金交易凭证属于证明力较弱的内部证据，企业大量使用现金收款容易产生舞弊行为，同时也容易被质疑存在操纵企业利润的风险。

1. 企业使用现金结算的原因

现金收款普遍存在于零售、农业、餐饮等行业企业中，因为行业的特殊性，此类企业上下游存在较多的个人客户或供应商。另外，其他行业企业因为自身业务的特殊性或其他原因，也存在大额现金收款的现象。企业使用现金收款的原因主要如下：

（1）行业自身特点，避免不了现金收款；

（2）财务人员或者老板法制观念淡薄，对大额现金收款问题重视不够；

（3）企业内控制度不严，缺乏对使用大额现金有效的内部监督和约束机制；

（4）利用现金不易留下资金运行痕迹的特点，来逃避有关部门监管，达到不可告人的其他目的；

（5）个别财务人员以银行网点少、路途远，结算不方便为借口，大量使用现金收款。

2. 现金收款的风险和危害

现金收款容易造成企业资金流不连续，危害企业资金安全，同时企业也存在财务舞弊的风险。拟 IPO 企业如果存在大量的现金收款，将会受到监管机构的重点关注，存在较大的审核风险。

具体来说，企业如果存在大额现金收款，可能造成以下风险和危害：

（1）降低资金的安全性，大大增加了坐收坐支现金的隐患，容易造成钱物不符；

（2）隐藏了资金运行轨迹，难以追查资金去向，容易产生舞弊行为，为贪污、挪用公款、套取资金、设立小金库和公款私存提供了可能；

（3）增加财务人员工作量，不利于提高工作效率；

（4）难以核实财务数据的真实性，无法规避财务核算方面的风险，容易被质疑存在操纵企业利润的风险。

3. 证监会的审核态度

关于现金收款，证监会在 2018 年的《IPO 审核 51 条问答指引（上）：首发审核财务与会计知识问答》（以下简称《问答指引51条》）中给出了具体的审核态度及中介机构核查办法，另外，证监会2019年发布的《首发业务若干问题解答（二）》中对现金交易的审核要求进行了更新，基本与《问答指引51条》的内容一致，要求“近三年一期一般不超过同行业平均水平或与类似公司不存在重大差异”，但删除了“现金交易比例整体呈下降趋势”强制规定，改为了“整体处于合理范围内”。同时企业与单位机构发生的现金交易删除了10%的比例限制，改为“仅限于必要的零星小额收支”。

因此，现金收款并非IPO上市的实质障碍，但受到监管机构的重点关注。只有特定行业经营特点或经营模式的企业，如线下商业零售、餐饮、农业等企业方允许存在现金收款；现金收款的客户不应是关联方；现金交易比例需在合理范围内，与同行业平均水平一致；现金管理制度与业务模式匹配且执行有效等。

▶ 相关法条：

《首发业务若干问题解答（二）》

问题17：部分首发企业，特别是面对个人交易的零售业务企业、农业企业等，由于其行业特点或经营模式等原因，其销售或采购环节存在一定比例的现金交易，对此应当如何处理？

答：企业在正常经营活动中发生的现金销售或现金采购，通常情况下应考虑是否同时符合以下条件：

（1）现金交易情形符合行业经营特点或经营模式（如线下商业零售、向农户采购、日常零散产品销售或采购支出等）；

（2）现金交易的客户或供应商不是关联方；

（3）现金交易具有可验证性，且不影响发行人内部控制有效性，申报会计师已对现金交易相关内部控制有效性发表明确核查意见；

（4）现金交易比例及其变动情况整体处于合理范围内，近三年一期一般不超过同行业平均水平或与类似公司不存在重大差异（如能获取可比数据）；

（5）现金管理制度与业务模式匹配且执行有效，如企业与个人消费者发生的商业零售、门票服务等现金收入通常能够在当日或次日缴存公司开户银行，企业与单位机构发生的现金交易仅限于必要的零星小额收支，现金收支业务应账账一致、账款一致。

如发行人报告期存在现金交易，保荐机构及申报会计师通常应关注并核查以下方面：

（1）现金交易的必要性与合理性，是否与发行人业务情况或行业惯例相符，与同行业或类似公司的比较情况；

（2）现金交易的客户或供应商的情况，是否为发行人的关联方；

（3）相关收入确认及成本核算的原则与依据，是否存在体外循环或虚构业务情形；

（4）与现金交易相关的内部控制制度的完备性、合理性与执行有效性；

（5）现金交易流水的发生与相关业务发生是否真实一致，是否存在异常分布；

（6）实际控制人及发行人董监高等关联方是否与客户或供应商存在资金往来；

（7）发行人为减少现金交易所采取的改进措施及进展情况；

（8）发行人是否已在招股说明书中充分披露上述情况及风险。结合上述要求，中介机构应详细说明对发行人现金交易可验证性及相关内控有效性的核查方法、过程与证据，对发行人报告期现金交易的真实性、合理性和必要性发表明确意见。符合上述要求的现金交易通常不影响内控有效性的判断。

（二）审核关注点及典型案例

IPO 审核过程中，监管机构主要关注现金交易的必要性及合理性、财务数据的真实性、资金管理内控有效性、减少现金交易的改进措施、信息披露的完整性等方面，具体审核关注点如下：

1. 现金交易的必要性及合理性

（1）报告期内现金交易的金额以及占比；

（2）通过现金进行交易的必要性及合理性；

（3）是否与发行人业务情况或行业惯例相符；

（4）与同行业或类似公司的比较情况。

2. 财务数据的真实性

（1）所有的现金交易是否全部入账，是否存在隐藏部分现金收支，逃避税款的情况；

（2）将现金交易的收入、成本或者费用认定为企业所有的依据，是否存在调节企业利润的情况；

（3）现金交易是否有合同、发票、发货单、物流单等支持性凭据；

（4）现金交易流水的发生与相关业务发生是否真实一致，是否存在异常分布；

（5）实际控制人及发行人董监高等关联方是否与客户或供应商存在资金往来；

（6）是否完整披露申报期内各年的前十大个人客户名称和交易金额，是否属于关联方。

3. 资金管理内控有效性

（1）现金交易、收入确认的内控制度、内控流程、内控实施部门以及内控的有效性，是否足以保证发行人收入与成本核算的合规性；

（2）是否存在坐支现金的现象，资金安全是否可以保证。

4. 减少现金交易的改进措施

发行人报告期内现金结算的比例是否有整改迹象，占比是否逐年减少，相应的内控制度是否逐步完善。

5. 信息披露的完整性

发行人是否已在招股说明书中充分披露现金交易相关情况及风险。

相关案例：

案例 1

常州恐龙园股份有限公司（2018 年 3 月 27 日被否）

——现金收款占比逐年降低，但总体水平依然较高，被质疑销售的真实性和内控设计的有效性

案例背景 恐龙园股份是一家以恐龙主题为核心文化元素，提供景区运营服务、文化创意和内容产品开发的文化企业。公司门票的销售模式主要有三种：一是游客通过公司的网络售票平台、400 电话订票客服及各合作旅游电商平台预订景区门票；二是游客自行至景区售票窗口买票；三是游客通过各地的旅行社报名预订组团至景区游玩。

报告期（2014 ~ 2017 年 1 ~ 9 月）内，公司营业收入分别为 44,500.88 万元、47,868.67 万元、42,399.96 万元、37,645.60 万元；净利润分别为 6051.43 万元、6473.38 万元、2919.56 万元、6953.05 万元。

报告期（2014 ~ 2017 年 1 ~ 9 月）内，公司现金收款额占各期营业收入的比例分别为 64.21%、49.31%、41.55%、31.33%。公司涉及现金结算的销售环节有：园区售票处门票销售、游客园内消费、材料销售和定额租金收取。

反馈意见 公司销售收入主要实现形式是直接收取现金购票款，请发行人补充说明并披露：（1）公司在采购和销售中发生现金交易的环节及背景原因、交易金额及占比。（2）说明公司与现金交易相关的内控制度设计及有效性。请保荐机构和会计师对发行人现金采购和销售的真实性进行核查并说明核查方法、程序、范围和结论。并请保荐机构和会计师对发行人内控制度的有效

性及财务制度的健全性进行核查并发表核查意见。

发审会问题 报告期内，发行人现金销售金额占收入比重较高。请发行人代表说明现金销售相关内部控制制度的有效性，并结合不同渠道的收款方式和行业可比公司情况等说明现金销售的真实性和完整性。请保荐代表人发表核查意见。

案例分析 公司主要从事恐龙主题公园的运营业务，客户主要是个人消费者，因此大多采用现金交易方式，公司现金交易与行业特点及经营模式相关，具备合理性。对于这种类型的公司，通常需要注意现金结算的规范性、数据真实性、内控有效性以及减少现金交易的改进措施等。

从现金交易金额占比来看，公司 2014 ~ 2017 年 1 ~ 9 月，现金收款占各期营业收入的比例分别为 64.21%、49.31%、41.55% 和 31.33%，呈逐年降低趋势，但总体比例依然较高。因此，监管机构问询公司现金销售相关内控有效性、不同渠道收款方式和行业可比公司对比情况。查阅公司招股书，并未发现其披露同行业公司现金收款的比例数据。

关于现金交易的内控程序，公司招股书第 140~144 页详细披露了现金交易各环节涉及岗位、流程说明和控制要点等，内控设计总体上比较规范与完善。

总体来说，恐龙园在应对现金结算问题时，相关解决措施还是可以值得借鉴和认可的，但最终上会时公司现金结算问题仍被反复询问，且公司未能过会，原因之一可能与公司现金结算比例过高有关，发审委可能认为如此大的现金结算比例无法控制风险。此外，公司报告期内净利润波动大、毛利率水平较同行业偏低，以及在上海迪士尼 2016 年开业，华强方特、万达和恒大都频繁推出大规模的儿童主题乐园的情况下，公司仅仅依靠一个主题和运营单体去对抗大环境的变化以及同行业竞争对手的竞争，未来的客流增量存在不确定性，让发审委对公司未来的持续盈利能力产生质疑，可能是被否的主因之一。

案例 2

云南神农农业产业集团股份有限公司（2017 年 11 月 8 日被否）

——现金收款比例不降反升，被质疑合理性及未来降低现金收款的措施

案例背景 神农股份的主营业务为饲料产品的生产和销售、生猪的养殖和销售、生猪屠宰加工、猪肉食品销售。报告期（2014 ~ 2017 年 1 ~ 6 月）内，公

司营业收入分别为 8.44 亿元、8.07 亿元、10.14 亿元和 5.23 亿元；净利润分别为 4170.77 万元、8512.08 万元、16,882.51 万元和 8771.53 万元。

屠宰业务中猪肉制品的主要客户为农贸市场的肉贩子，公司主要以零售方式向猪肉个体经营户进行销售，猪肉个体经营户采购猪肉制品后再通过农贸市场对外销售，经营环境特殊性使得猪肉个体经营户一般采用钱货两清交易方式，公司该部分交易主要以现金方式收款。

报告期内，公司自有养殖场出栏的生猪由主要直接对外出售生猪逐渐向主要通过公司自有屠宰场屠宰加工后对外出售猪肉制品进行过渡，随着公司生猪出栏量逐步提高，公司自有生猪经屠宰场屠宰后对外出售的数量也在不断提高，从而导致公司现金收款金额相应增加。2014 ~ 2016 年及 2017 年 1 ~ 6 月，公司现金收款占业务收款总额比例分别为 1.63%、7.88%、25.43%、28.16%，且随着屠宰业务中猪肉制品销售规模的扩大，2017 年及以后年度公司现金收款金额可能会进一步升高。

反馈意见 根据招股说明书披露，随着屠宰业务中猪肉制品销售规模的扩大，2016 年及以后年度公司现金收款金额可能会进一步升高。请发行人补充说明并披露：（1）公司在三大业务采购和销售中发生现金交易的环节、主要现金交易对手方的基本情况、交易内容、交易金额及占比。（2）发行人向非法人客户销售和采购金额及占比，非法人客户采购和销售的会计凭证信息、发票开具情况、记载要素以及个人身份信息等。（3）详细说明报告期内发行人现金交易逐年上升的原因及合理性，并说明公司与现金采购销售相关的内控制度设计及有效性。（4）请说明公司通过个人银行账户代收款项的原因、客户基本情况、充分披露上述类型交易的流程、各期发生金额及占比，并请详细说明回款是否来自于与公司签订经济合同的客户等。（5）请补充说明并披露公司采取何种措施降低现金收款，强化现金结算管理内部控制。请保荐机构和会计师对发行人现金采购和销售的真实性进行核查并说明核查方法、程序、范围和结论。并请保荐机构和会计师对发行人内控制度的有效性及财务制度的健全性进行核查并发表核查意见。

发审会问题 报告期内，发行人现金销售占营业收入的比重逐年上升，2016 年占当年销售金额 25.43%，2017 年 1 ~ 6 月占比 28.16%，发行人交易过程中免税环节较多。同时，发行人经销收入占比接近 99%，客户较为分散且变动较大，大多为个体工商户，ERP 系统不健全，保荐机构未取得经销商的进销存数据。请发行人代表说明：（1）现金交易的真实性、必要性以及逐年上升的原因，现金交易的流程及相关内部控制措施，未来拟降低现金交易的相关措施；（2）发行人实际控制人及其关联方，与发行人董监高及其控制的企业或其他利益相关方、主要客户、供应商之间是否存在资金往来，是否存在资金体外循环以及第三方向发行人输送利益的情形；（3）经销模式终端销售的真实性。请保荐代表人就上述问题明确发表核查意见。

案例分析 神农股份属于典型的农业企业，申报期内存在大量的现金交易。虽然2017年上半年，神农集团取消了利用个人银行卡代收款的方式，但现金收款金额依然较大，并逐年上升，接近30%，且因该公司现金收款主要为屠宰业务中与农贸市场的肉贩子采用现金交易，随着该业务中猪肉制品销售规模的扩大，2017年及以后年度公司现金收款金额可能会进一步升高。公司现金收款比例不降反升，让监管机构质疑现金交易的真实性、必要性以及逐年上升的原因。根据《首发业务若干问题解答（二）》问题17，拟IPO企业现金交易比例及其变动情况要整体处于合理范围内，中介机构核查时要注意发行人为减少现金交易所采取的改进措施及进展情况，而公司申报资料中并未见其降低现金交易的措施，现金交易的比例也是不降反升。

虽然招股书中披露了公司现金收款内控设计措施，但逐渐升高的现金收款比例，让监管机构无法相信公司内控制度的有效性。

案例3

上海爱婴室商务服务股份有限公司（2018年1月20日通过）

——现金收款比例逐年降低，详细披露完善的内部控制制度，获得认可

案例背景 爱婴室主要从事母婴商品的销售及相关服务业务，公司定位于“中高端母婴市场，为孕前至6岁婴幼儿家庭提供一站式母婴用品采购及孕婴童健康服务”的专业连锁零售商。报告期（2014～2017年1～6月）内，公司营业收入分别为122,429.24万元、138,806.60万元、158,496.32万元、88,051.79万元；扣非后归母净利润分别为3903.17万元、5526.39万元、6969.62万元、3326.43万元。

公司主要的销售模式分为直营门店销售和电子商务销售两大类。报告期内，直营门店的销售约占公司总销售额的90%以上，公司的直营门店主要销售以奶粉类、用品类、棉纺类、食品类、玩具类、车床类为主的母婴商品，直营门店销售结算方式包括现金支付、银行系统支付和第三方平台支付，

其中现金支付比例2015年度、2016年度、2017年度分别为36.97%、29.74%、19.30%。未开票收入比例2015年度、2016年度、2017年度分别为74.89%、72.70%、75.30%。

反馈意见 据招股说明书披露，在直营门店销售结算方式包括现金支付、银行系统支付和第三方平台支付，现金支付方式占比较高。请发行人补充披露报告期销售中无发票、以内部凭证作为会计核算原始凭证的金额及比例，现金交易相关内部控制制度及执行情况。请保荐机构和会计师补充说明针对现金交易履行的核查及审计程序，并说明核查过程和结论，明确发表核查意见。

发审会问题 报告期内，发行人现金收款比例和未开票收入占比较高。部分直营门店在主管部门日常监管中受到多起行政处罚。请发行人代表说明：（1）现金收款结算与未开票销售是否真实可靠，发行人相关内控制度是否健全并有效运行；（2）关于直营门店合规运营方面的内控制度是否健全、是否得到有效执行；产品质量安全管理方面的内控制度是否存在重大缺陷。请保荐代表人说明核查过程、依据，并发表明确核查意见。

案例分析 爱婴室经营模式定位于“专业连锁零售商”，因此公司报告期内存在大额的现金收款，具备合理性。同时，公司现金收款比例呈逐年降低趋势，说明了公司有明确的减少现金交易的措施。

另外，公司招股书中详细披露了现金收款相关的管理制度及内控措施，公司在直营门店日常经营中，消费者通常采取POS机刷卡结算（银行系统支付）、现金支付及第三方平台支付。消费者付款时若选择现金支付，公司制定了一系列的现金交易内部控制制度，具体流程如下：

1. 门店收银员在视频监控系统下收款，收款时需在收银机上选择付款方式为“现金”，并进行收银操作。

2. 收银员在收银机上操作后，富基门店POS系统会将收银机中销售记录传递至富基总部系统；每天营业结束后，富基总部系统会自动形成销售日报，同时，将每日销售信息经由富基中台系统传输至SAP系统，SAP系统会根据当日销售情况自动生成销售凭证。

3. 每天营业结束，由门店负责人和收银员交叉清点库存现金后，封存放入保险箱，并做记录；次日开店前，交接的另一班次的营业人员再次清点库存现金，并在交接表上签字确认。

4. 所有门店当日营业款必须在次日上午（节假日视对公银行营业情况顺

延）由门店负责人安排人员到公司指定的银行存入公司开立的银行账户，并填写现金解款单，由银行盖章确认后，留存银行回单备查；任何人不得将现金收款存入公司以外的账户。

5. 财务人员自公司销售管理系统中导出各门店上传的销售日报表，将销售日报表中记录的现金支付、银行系统支付和第三方平台支付金额，分别与公司银行账户收款明细、销售管理系统记录的销售收入核对一致后，通过财务管理系统进行相应的财务处理。

公司已经建立了与现金交易相关的信息系统，包括富基 POS 系统、富基中台系统、富基总部系统和 SAP 系统。信息系统相关的内部控制主要体现在以下两个方面，一是应用程序控制，主要为收银员在收银机上操作后，SAP 系统自动根据销货数量和价格生成收入确认凭证；二是依赖 IT 的手动控制，主要为财务人员从富基总部系统中导出各门店的销售日报表，将销售日报表中记录的现金支付、银行系统支付和第三方平台支付金额，分别与公司银行账户收款明细、销售管理系统记录的销售收入核对一致。

最后，虽然公司现金收入中无票收入较高，始终在 70% 以上，但公司通过上述信息系统相关内控控制制度的建立和执行，可以为公司收入确认的真实、准确、完整提供保障，并加以严格执行，对于公司未开票的收入，公司纳税申报时按照实际收入申报，不会导致少缴税的情况，最终得到了监管机构的认可。

案例 4

湘北威尔曼制药股份有限公司（2017 年 10 月 24 日被否）

——报告期内存在少量现金结算情况，与公司经营模式不符，被质疑内控有效性

案例背景 威尔曼主营业务是药品的研发、生产和销售，核心产品为抗耐药复方抗生素制剂。报告期（2014 ~ 2017 年 1 ~ 6 月）内，公司营业收入分别为 2.7 亿元、3.42 亿元、4.22 亿元、2.28 亿元；净利润分别为 0.75 亿元、1.64 亿元、1.77 亿元、1.04 亿元。

威尔曼绝大部分产品是处方药，主要通过经销商的方式将药品销售给终端医院。报告期内公司存在少量现金结算情况，主要因为公司采取先款后货的销售政策，少数客户急需购货时偶尔会采用现金结算的方式。2016 年度公司已经不再与客户采用现金结算方式。公司报告期内现金结算情况如下：

项目	2017年1~6月	2016年	2015年	2014年
现金结算金额（万元）	—	—	71.03	55.74
经营活动现金流入金额（万元）	26,755.16	48,003.34	39,621.52	32,877.08
占比	—	—	0.18%	0.17%

反馈意见 关于收入确认，请发行人：补充披露发行人与经销商之间是否存在现金结算的情形，如有，请说明现金结算的金额和占比，对于现金结算交易发行人是否建立了完善的内控机制。请保荐机构、申报会计师对上述事项进行核查，说明核查的程序、方式及结论，并发表明确核查意见。

发审会问题 报告期发行人存在以下问题：（1）无实际销售活动的发票开具行为；（2）实际销售收入确认与招股说明书中描述不符；（3）发货指令单上无发货人、储运部主管、出纳签字；产成品出库单上仅有制单人名字，无复核人、发货人、主管签字审核；原材料采购入库环节原始单据无编号，车间到仓库的产成品入库环节原始单据无编号；（4）报告期内现金交易金额较大，相关的资金管理制度对现金的提现标准与现金使用无明确规定等。请发行人代表进一步说明：（1）发行人在开票、产品发货和出库、原材料采购、资金管理等方面的内部控制制度及实际执行情况，如何保证相关制度的有效实施；（2）申报材料有关销售收入确认原则前后披露不一致的原因，发行人实际执行的收入确认原则是否符合企业会计准则的要求。请保荐代表人对发行人收入确认原则是否符合企业会计准则要求，以及发行人内部控制制度是否健全且被有效执行，是否符合《首发管理办法》规定的发行条件发表明确意见。

案例分析 监管机构在审核过程中发现公司存在无实际销售活动的发票开具行为，并且在出入库、发货等采购及销售环节中存在签字缺失、编号遗漏等瑕疵，另外，资金管理制度对现金的提现标准与现金使用也无明确规定，监管机构因此质疑过程中各个重点业务循环的内部控制制度的设计与执行的有效性。

威尔曼报告期内现金交易的金额虽然不大，但是按照公司的产品特点和经营模式，公司现金交易本身不具备合理性。对于现金结算情况，威尔曼给出的解释是由于公司采用现款后货的销售政策，少数客户急需购货时偶尔会采用现金结算方式。但是，查看威尔曼的预收账款发现，公司报告期内预收账款占当期主营业务收入的比例比较低，这与威尔曼描述的先款后货的销售政策不符，同时，威尔曼的产品绝大部分为处方药，主要通过经销商进行销售，经销商必须使用公司账户进行购销结算，因此与部分继续购货的客户采用现金结算方式不符合内控的规定。

此外，威尔曼存在二级经销商的业务员因商业贿赂被判处刑罚和用现金支付市场推广费的情形，因此更容易引起发审委对公司现金管理和内部控制的质疑。总体来说，对现金交易应该分情况处理，如果是经销商的必须使用公司账户，如果是终端消费者的话，应该对每一笔情况进行分析，不应该存在同一时间大批量购买的情况。

案例 5

新疆东方环宇燃气股份有限公司（2018 年 4 月 24 日通过）

——现金交易原因具备合理性，比例逐年下降，内控完善，获得认可

案例背景　东方环宇是以城市燃气供应为主，包括 CNG 汽车加气、居民生活用气、工商业客户用气，覆盖燃气供应管网建设和供热业务，以及围绕燃气市场开发的设备安装等业务，并为客户量身订制燃气供应解决方案的燃气综合服务商。报告期（2014 ~ 2017 年 1 ~ 6 月）内，公司营业收入分别为 33,146.84 万元、34,913.64 万元、32,531.48 万元、24,119.47 万元；净利润分别为 10,710.14 万元、9501.21 万元、14,297.39 万元、5008.09 万元。

公司车用天然气销售中存在“现充现结”方式现金结算的客户。报告期内，公司车用天然气现金收款金额、占公司收入的比重情况如表所示：

项目	2017 年度	2016 年度	2015 年度
车用天然气现金结算金额（万元）	9415.91	9292.39	12,317.79
占主营业务收入合计的比例（%）	21.38	29.06	35.73

发审会问题　发行人报告期车用天然气销售收入存在较大比例现金交易情形。请发行人代表说明：（1）现金交易的必要性，是否与发行人业务情况或行业惯例相符；（2）现金交易的客户情况，是否为发行人的关联方，发行人实际控制人及发行人董监高等关联方是否与现金交易客户存在资金往来；（3）现金交易流水是否存在异常分布；（4）现金交易相关内控制度是

否健全并有效执行。请保荐代表人说明核查过程、依据，并明确发表核查意见。

案例分析 东方环宇报告期车用天然气销售收入存在较大比例现金交易情形，主要原因是公司天然气销售中存在“现充现结”方式现金结算的客户，因此，公司存在现金交易情形是由产品特点与经营模式决定的，具备合理性。

为降低现金支付金额及比例，公司采用鼓励天然气汽车客户在公司营业厅办理车用气 IC 卡（办理 IC 卡适当予以折扣），逐步开通防爆闪付 POS 机与移动支付、开拓充值网点范围等方式。报告期内，公司现金结算金额占营业收入的比例逐年降低。

此外，公司根据自身业务特点制定了严格的《资金安全管理办法》等现金收款内控制度，将不相容岗位与职责在业务部门、财务部门之间分离相互监管核对，建立车用天然气的信息化管理系统对车用气加气数据进行管理，具体情况如下：（1）将不相容岗位与职责在业务部门、财务部门之间分离相互监管核对；（2）公司车用气加气结算流程；（3）建立车用天然气的信息化管理系统；（4）加气站资金安全管理工作流程；（5）与银行现金的交接；（6）收银员与财务上的交接。

综上所述，东方环宇现金结算问题获得了监管机构的认可。

（三）应对建议

现金收款可能导致企业财务数据真实性及内控有效性难以核查，因此，拟 IPO 企业报告期内应尽量避免或减少现金收款的金额和比例，并注意现金收款的合理性和内控有效性等方面。

关于现金收款，具体应对建议如下：

1. 现金交易需要具备必要性与合理性

从以往审核案例来看，只有农业、餐饮业、零售业等需要与个人或终端消费者交易的行业企业存在大量的现金收款，方能被认可。其他类型的企业，只要不具备现金交易的合理性，即使现金交易金额小，仍无法获得监管机构的认可。也就是说，现金交易需要符合行业经营特点或经营模式。

2. 现金交易的比例需要与同行业可比公司保持一致

拟 IPO 企业现金交易比例及其变动情况应整体处于合理范围内，近三年一期一般不超过同行业平均水平或与类似公司不存在重大差异。

3. 逐渐降低现金交易的金额和比例

为降低审核风险，拟 IPO 企业应积极采取措施，尽量在报告期内逐年降低现金交易的金额和比例，说明公司为改进现金交易问题的所做的努力和决心。

4. 注意现金管理内控制度建设

完善公司内部控制制度、内部审批流程和监督流程，加强现金结算的管理。如制定“货币资金内部管理制度”“销售与收款内部管理制度”等。详细说明现金结算的内部控制流程，每笔交易需要有详细完整的支持性文件，关键环节形成的支持性文件如“订货单—销售合同—物流单—销售发票—签收单—银行对账单”（现金缴款单、POS 及收款记录）前后信息一致，无冲突情形。

二、个人账户收款

（一）理论基础

个人账户收款是指企业通过个人银行账户收取客户款项的情形，包括但不限于以实际控制人个人、出纳个人、财务总监个人、财务经理个人以及销售经理个人名义开具的账户作为公司收取客户款项的账户。

个人账户收款行为不仅违反了我国金融等相关法律法规的规定，对公司的资金安全、收入确认等都有很大的影响，所以个人账户收款一直是证监会的审核关注重点。

相关法条：

《公司法》

第一百四十八条第一款第二项　董事、高级管理人员不得有下列行为：……（二）将公司资金以其个人名义或者以其他个人名义开立账户存储……

第一百七十一条　公司除法定的会计账簿外，不得另立会计账簿。对公司资产，不得以任何个人名义开立账户存储。

《商业银行法》

第四十八条　企业事业单位可以自主选择一家商业银行的营业场所开立一个办理日常转账结算和现金收付的基本账户，不得开立两个以上基本账户。任何单位和个人不得将单位的资金以个人名义开立账户存储。

《现金管理暂行条例》

第三条　开户单位之间的经济往来，除按本条例规定的范围可以使用现金外，应当通过开户银行进行转账结算。

《首发管理办法》

第二十二条　发行人的内部控制在所有重大方面是有效的，并由注册会计师出具了无保留结论的内部控制鉴证报告。

第二十三条　发行人会计基础工作规范，财务报表的编制符合企业会计准则和相关会计制度的规定，……

1. 个人账户收款的原因

个人账户收款在企业的销售业务中普遍存在，主要原因有以下几种：

（1）银行对公业务受营业时间限制，特别是休息日与节假日不办理对公业务，影响公司收款的及时性，从而影响销售工作的效率；

（2）部分客户或经销商所在地较为偏远，所在地的部分银行营业网点未开立对公结算业务（如新疆部分地区）；

（3）部分客户或经销商为个人、个体工商户，由于对公账户结算汇款手续复杂、到账不及时，出于便利性考虑，形成了向个人账户支付款项的交易习惯；

（4）公司利用个人账户收款，隐瞒部分收入降低税负。

2. 个人账户收款的风险和危害

个人账户收款不符合企业会计准则、公司法以及IPO上市相关法律法规的规定。同时，个人账户收款可能影响收入真实性、税款缴纳完整性以及内控有效性。对于上市而言，个人账户收款的风险和危害如下：

（1）营业收入的真实性，相应的收入是否能够确认为公司的收入；

（2）公司是否存在利用个人账户隐瞒收入，偷逃税款；

（3）公司的资金安全存在重大风险，内部控制无法得到有效保证。

3. 个人账户收款的核查方法

个人账户收款容易造成企业资金流不连续，可能影响拟IPO企业财务真实性、内控有效性，因此，证监会要求中介机构对个人账户收款情形进行详细核查，具体核查方法如下：

（1）对个人卡持有人、使用人、财务负责人、公司实际控制人等相关人员进行访谈，获取完整的个人卡清单；

（2）查阅公司使用个人账户的内部记录（如有）；

（3）查阅全部个人账户至少覆盖报告期的完整银行流水；

（4）将个人账户流水与公司涉及收到相关资金的记账凭证、个人账户资金转公司账户的相关凭证进行比对；

（5）将个人账户流水与公司涉及确认相关收入的记账凭证、业务合同/订单、发货单、发票等资料进行比对；

（6）如果个人账户内资金存在用于向公司账户转账以外用途的，查阅资金使用的相关资料；

（7）对向个人账户打款的客户 / 经销商进行访谈；

（8）查阅向个人账户打款的客户 / 经销商的银行流水或相关凭证。

4. 证监会的审核态度

总体来说，个人账户收款是不合规的，构成了 IPO 上市的障碍。但是，一些特殊情形存在个人账户代收付款行为有其深刻的业务根源，规范过程涉及公司内部管理体系的调整以及公司与银行关系的改变，通常需要一定的时间才能完成。因此，证监会对拟 IPO 企业存在个人账户收款情形的总体审核态度是：清理 + 规范。

具体来说，拟 IPO 企业应逐步降低个人账户收款行为，至少做到报告期内逐年下降，申报前一年内做到彻底清理。此外，个人账户收款行为至全部清理期间，公司应当建立严格的内控管理制度，保证个人账户款项及时转入公司账户。

（二）审核关注点及典型案例

IPO 审核过程中，监管机构主要关注个人账户收款的必要性及合理性、营业收入的真实性与完整性、资金管理内控有效性、减少并清理个人账户收款的措施等方面，具体审核关注点如下：

1. 个人账户收款的原因及必要性

（1）报告期内个人账户收款的金额及占比；

（2）通过个人账户收款的原因及必要性。

2. 营业收入的真实性与完整性

（1）将个人账户收款认定为公司销售收款的真实性及依据，相应的收入是否能够确认为公司的收入，是否存在调节企业收入的情况；

（2）个人账户流水是否仅与业务相关、是否与个人资金混淆，是否存在虚增销售的情形；

（3）是否存在利用个人账户隐瞒收入，偷逃税款，是否存在税务风险；

（4）个人账户流水是否有合同、发票等支持性凭据。

3. 资金管理内控有效性

（1）公司与销售收款循环相关内控制度是否健全并有效运行；

（2）个人账户相关内部控制是否完备，包括并不限于对银行卡及密码的控制措施、个人账户转账的具体流程及控制措施、开户行的许可、对卡内余额的控制、单笔结算金额的控制等；

（3）公司资金的安全是否存在重大风险，是否存在通过个人卡挪用公司资金的情形，针对资金被挪用或侵吞的相关制度是否得到有效保证。

4. 减少并清理个人账户收款的措施

（1）个人账户收款情形是否已清理；如未清理，未清理的原因及合理性。

（2）减少或清理个人账户收款的具体措施。

相关案例：

案例 1

仲景大厨房股份有限公司（2017 年 6 月 21 日被否）

——个人账户收款、现金交易及第三方回款问题同时存在，且整改规范效果不明显，被质疑内控有效性

案例背景　仲景食品主营业务为以仲景香菇酱为代表的香菇食品和以超临界花椒油 120 为代表的香辛食品配料的研发、生产和销售。根据客户、渠道的不同，仲景香菇酱产品主要通过经销方式对外销售，香辛食品配料产品主要通过直销方式对外销售。

报告期公司存在向个人采购、现金支付以及销售回款经过个人账户的情形。公司的基本账户与公司员工孙晨资金往来频繁，除此之外还存在部分其他业务人员代收销售款的情况。

报告期内，公司向个人供应商的采购情况如下：

项目	2016 年	2015 年	2014 年
个人采购（万元）	3025.44	4589.01	4837.88
采购总额（万元）	29,318.40	25,495.14	22,391.92
个人占比（%）	10.32	17.99	21.61

反馈意见　据招股说明书披露，报告期发行人存在向个人采购、现金支付以及销售回款经过个人账户的情形。请发行人补充说明：（1）报告期发行人向个人供应商采购产品的真实性和具体内容，补充披露数量、单价和运输方式；（2）向自然人采购如何支付款项和完成税收缴纳义务，发行人是否存在偷漏税的情形，发行人相关内控制度是否健全并有效运行，是否符合企业会计准则要求；（3）发行人的基本账户中国工商银行西峡县支行账户与发行人员工孙晨的个人账户之间的收款频繁且金额较大，孙晨账户收款认定为发行人销售收款的真实性，是否存在调节企业真实收入的情况，是否存在偷漏税的情形，发行人相关内控制度是否健全并有效运行，是否符合企业会计准则要求，是否存在孙晨外的其他同类情形；（4）是否存在其他未披露的

现金采购。请保荐机构和申报会计师核查上述事项并对采购和销售收款的真实、准确、完整发表明确意见。

发审会问题 招股说明书披露，报告期发行人存在向个人采购、现金支付以及销售回款经过个人账户的情形。发行人的基本账户中国工商银行西峡县支行账户与发行人员工孙晨的个人账户之间的收款频繁且金额较大，除此之外，报告期还有部分其他业务人员代收销售款的情况发生。请发行人代表说明：孙晨及其他业务人员账户收款认定为发行人销售收款的真实性，是否存在调节企业收入的情况，发行人与销售收款循环相关内控制度是否健全并有效运行，以个人账户收款是否符合相关法律法规的规定。请保荐代表人说明核查过程并发表核查意见。

报告期内发行人第三方付款金额占当期营业收入比例分别为 12.09%、16.57%、14.43%，请发行人代表从企业商业模式的角度，解释说明接受第三方支付的必要性，说明是否制定了相应的内部控制流程，如有，请说明关键控制点的设计及执行情况，并说明这些关键控制点防范了哪些风险。

案例分析 仲景食品属于农产品深加工行业，上游采购会面对数量众多的农民，不可避免地会涉及个人采购、现金支付的问题。下游销售通过经销和直销两种方式，存在个人账户收款和第三方回款的问题。可以说，公司把农业企业常涉及的个人账户收款、现金交易、第三方回款等几种不合规的收付款方式都使用了，大大增加了上市审核的风险。

关于个人账户收款问题，从公司 2017 年 4 月 14 日报送的招股说明书来看，公司只披露了个人供应商的采购金额及占比情况，并未详细披露通过员工孙晨及其他业务人员代收销售款的具体情况。

从公司向个人供应商采购情况来看，虽然占比逐年降低，但仍然偏高，个人供应商采购比例降至 5% 以内是比较可靠的；另外，公司个人卡的资金流水需要清晰可查，个人卡只能用于销售回款，不与个人交易混同，个人卡应及时与企业账户合并，这些暂时未能从仲景食品公开披露资料中得知。

案例 2

厦门新立基股份有限公司（2017 年 12 月 6 日被否）

——报告期内个人账户收款金额 2.8 亿元，未能尽早清理且理由不充分，被质疑财务规范性和收入真实性

案例背景 新立基为道路沥青供应链服务商，提供道路沥青的采购、仓储、研发、加工、销售、物流及技术服务等供应链综合服务。道路沥青主要包括

重交沥青、改性沥青、乳化沥青等各类沥青，广泛运用于高速公路、国省道路、市政道路、桥梁及机场等基础设施建设领域。

报告期内公司存在通过员工个人银行卡进行货款结算的情形，具体如下：

项目	2016 年度		2015 年度		2014 年度	
	金额（万元）	占含税收入的比例（%）	金额（万元）	占含税收入的比例（%）	金额（万元）	占含税收入的比例（%）
个人卡收款	73.96	0.10	11,868.98	8.72	16,114.24	10.25

此外，公司存在客户委托第三方回款的情形，各期金额占比分别为16.84%、20.93%、25.16% 和 31.01%，占比逐年提高。

反馈意见 根据保荐工作报告，报告期内，发行人存在使用个人银行卡进行货款结算的情形。请发行人补充披露报告期内大量使用员工个人银行卡进行货款结算的原因，上述情形起始时间，履行的内部决策程序，股东以及上级主管单位是否知晓该情形，如何保证资金完整、安全，是否存在税收方面的违法违规行为，是否受到相关行政处罚，资金来源是否存在真实交易背景，提供相关依据，金额是否匹配，说明具体交易明细以及员工情况，员工入职时间、所任职务，目前仍未销户的银行卡情况和数量，上述银行账户 2016 年 3 月以后的资金往来情况。请保荐机构、发行人律师对上述事项发表明确核查意见，重点说明发行人内控制度是否健全有效，发行人董事、监事、高级管理人员是否了解股票发行上市相关法律法规及其法定义务责任，保荐机构辅导情况。

发审会问题 发行人报告期内存在通过员工个人银行卡进行货款结算的情形，合计金额约 2.8 亿元。请发行人代表说明：（1）该行为是否违反了《公司法》和《商业银行法》有关账户管理的规定；（2）发行人报告期会计基础工作是否规范，是否有严格的资金管理制度，是否能够保证货款结算环节相关内部控制制度健全且有效运行，是否能够有效保证财务报告的真实性、可靠性。请保荐代表人说明核查方法、过程、依据并发表核查意见。

案例分析 新立基在报告期内存在大额通过个人账户收款的情形，合计金额高达 2.8 亿元，虽然在报告期最后一年减少至 70 多万元，但报告期内的金额过大，让监管机构产生了质疑。在目前金融体系和支付手段如此发达和丰富的情况下，除非行业特殊或业务模式特殊，一般难以被认可，新立基对个人账户收款的原因解释是：公司在非工作日也存在沥青销售情形，采取个人账户代收货款的方式，可以有效避免非工作日客户不能通过银行进行对公转账的限制。这个理由不够充分，应该是可以通过一定措施解决的，而且公司报告期最后一年个人账户收款金额骤减至 70 多万元，也说明了这一点。因此，监管机构质疑公司的内部控制措施存在较大的缺陷，财务不规范。

此外，从公司清理个人账户收款的时间进度来看，按监管机构的审核要求，公司在进入 IPO 辅导期以后就应该逐步规范相关问题，而公司在进入辅导期后个人账户收款规模依然很大，公司解释是由于某些个人卡与贷款挂钩不能注销，说明员工的个人卡存在自我使用和结算贷款的混用，这进一步加剧了监管机构对公司财务规范性和收入真实性的质疑。

案例 3

力同科技股份有限公司（2018 年 3 月 30 日终止审查）

——报告期内存在大额个人账户收付款，内控存在缺陷，并可能存在面临外汇、商务、税收等政府部门行政处罚的风险

案例背景 力同科技专注于无线通信领域的研发、设计、生产和销售，包括自主产品及代理产品两项业务。自主产品领域专注于无线通信射频芯片、无线通信 SoC 芯片、无线语音及数传模块、射频大功率线性功放、专网通信终端产品和智慧物联终端产品及配件等产品的研发、生产、销售和服务。是摩托罗拉、美国眼镜蛇、建伍、中兴、华为、大唐、海能达等企业的核心供应商。

报告期（2014 ~ 2017 年 1 ~ 6 月）内，公司营业收入分别为 84,731.26 万元、66,175.99 万元、49,429.78 万元、17,962.53 万元；归母净利润分别为 1909.00 万元、3713.17 万元、6089.01 万元、4792.62 万元。

子公司力同香港除开立了对公账户外，在中国内地以蔡金凤（实际控制人蔡东志之妹）的名义开立的个人账户代力同香港收货款、代付货款，并代付费用。通过个人账户代收支款情况如下：

项目	2014 年度		2015 年度	
	金额（元）	占收入 / 成本 / 费用比例（%）	金额（元）	占收入 / 成本 / 费用比例（%）
代收款收入	114,661,777.88	13.53	—	—
代支付成本	49,891,516.08	6.29	—	—
代支付费用	5,968,220.46	19.60	1,787,923.20	5.19
合计	170,521,514.42	—	1,787,923.20	—

为规范公司资金管理，以上个人账户已于 2016 年 2 月 25 日完成清理，并进行了销户。

反馈意见　发行人子公司力同香港除开立了对公账户外，在中国内地以蔡金凤（蔡东志之妹）的名义开立的个人账户代力同香港收货款、代付货款，并代付费用，2014 年度代收货款 1.14 亿元，代支付成本 4989.15 亿元，2014 年、2015 年代支付费用 596.82 万元、178.79 万元。发行人披露使用个人账户是因为个人账户比力同香港在境内设立账户更为方便。请发行人：（1）补充披露是否存在其他使用个人账户代收代付的行为；（2）结合与之相关的外汇、贸易、税务的法律法规监管要求，披露使用个人账户代收代付的必要性、合法合规性，是否存在面临外汇、商务、税收等政府部门重大行政处罚的风险；（3）说明利用个人账户代代为支付的业务是否存在真实的交易背景，说明相关交易的具体内容、主要交易方、交易金额，是否存在利用个人账户虚构交易的情况，相关交易合同、协议的签署方与付款方之间是否存在差异，发行人对上述交易入账是否具有充分的证据；（4）说明发行人关于资金收付的内部控制措施及其执行情况，为何未能有效防范相关不规范行为，内部控制的完善情况和执行情况，发行人的内部控制是否具有重大缺陷；（5）说明发行人是否符合《首发管理办法》第 17 条、第 20 条、第 23 条的规定。请保荐机构和发行人律师对第（1）、（2）、（5）项进行核查，请保荐机构对第（3）、（4）、（5）项说明具体的核查方法、依据和核查结论并发表明确核查意见。

案例分析　子公司力同香港在 2014 年创造了 7.8 亿元营业收入和 1353.53

万元利润，而同年度力同科技的净利润仅为 876.63 万元。2015 年，力同香港实现了 929.71 万元净利润，占当年力同科技利润总额的 42%，可见，力同香港早年间对力同科技利润的贡献较大，力同香港是力同科技的重要子公司。但是，作为重要子公司，却存在严重不合规行为，力同香港在中国内地以蔡金凤（实际控制人蔡东志之妹）的名义开立的个人账户代替力同香港收货款、代付货款，并代付费用，2014 年度代收货款 1.14 亿元，代支付成本 4989.15 亿元，2014 年、2015 年代支付费用 596.82 万元、178.79 万元。

关于力同香港利用个人账户收付款的原因的解释是：个人账户比力同香港在境内设立账户更为方便。这个理由显然不具备充足的合理性，作为拟上市公司，报告期内存在大额的个人账户收支款项，表明公司内控方面存在重大缺陷。

案例 4

大参林医药集团股份有限公司（2017 年 6 月 6 日通过）

——个人银行卡使用符合行业特征与经营模式，内控完善，且上会前全部清理，获得认可

案例背景　大参林股份一直专注于中西成药、参茸滋补药材及中药饮片、保健品、医疗器械及其他商品的直营连锁零售业务，致力于为消费者提供优质实惠的健康产品和专业周到的服务。报告期（2014 ~ 2016 年）内，公司营业收入分别为 454,501.10 万元、526,548.19 万元、627,372.20 万元；归母净利润分别为 26,550.16 万元、39,543.41 万元、43,018.87 万元。

公司以直营门店方式开展药品零售业务，且业务已深入到部分地区的乡镇一级市场，若某门店所处地区的银行网点周末或节假日不开展对公业务、无法办理对公缴存现金业务等特殊情况，为确保现金营业款的存放安全，降低门店资金留存的风险，公司要求相应门店将由门店指定人员将现金营业款存至公司指定个人银行卡账户，待银行对公业务开放和出纳核对后，由出纳将其款项转存至公司对公账户。因此，公司存在使用个人账户存放现金营业款的情况。

截至 2016 年 12 月 31 日，公司及子公司共使用个人银行卡合计数为 36 张，2016 年年末余额为 94.05 万元。具体情况如下：

单位：万元

项目	2016年	2015年	2014年
个人银行卡借方发生额	15,282.73	26,802.31	27,514.13
扣减批发业务、电商业务后门店零售业务收入（含税）	698,733.92	585,809.42	508,077.36
占扣减批发业务、电商业务后门店零售业务收入（含税）比重（%）	2.19	4.58	5.42

发审会问题 发行人报告期内存在员工个人账户收款的情况，目前已停止使用全部个人账户。请发行人代表进一步说明行业内其他公司的情况，发行人采取的措施是否能有效防范风险，是否实际执行。请保荐代表人发表核查意见。

案例分析 针对发审委提出的问题，大参林股份在招股书和补充法律意见书中作了详细披露与说明。关于使用个人银行卡的原因，公司以直营门店方式开展药品零售业务，不可避免存在现金收款的情形，而使用个人银行卡是为了保证现金的安全，且个人银行卡只用于收取门店现金并及时存入公司账户，因此公司使用个人银行卡符合行业特征及经营模式，具备合理性。

另外，公司在使用个人银行卡期间，制定了较完善的个人银行卡内控措施，包括个人卡的保管、存款方式、存款时间、缴存要求、财务对账等，报告期内，公司个人银行卡存放的现金营业款全部归财务部严格管理，未发生过丢失事件。

最后，公司为进一步规范资金管理，降低风险，自2012年中介机构进场之后，与公司一起制定了对现金个人银行卡营业款收支管理的规则，随着银企合作政策推进，公司积极争取银行对公业务的支持，并严格要求各门店尽量避免使用个人银行卡进行营业款的存放，因此使用个人银行卡存放现金营业款占营业收入比重已较低，且截至上会前，公司已停止使用全部个人账户。

案例5

道道全粮油股份有限公司（2017年1月13日通过）

——个人账户收款真实性经得起核查，相应管理措施得当并在申报期早期进行了规范清理

案例背景 道道全主要从事食用植物油产品的研发、生产和销售。主要产品

为“道道全”牌包装菜籽油，包括纯菜籽油、菜籽调和油。

报告期内公司存在大量与个人经销商的交易，对经销商的销售模式主要采取预收款方式，存在通过财务总监徐丹娣个人账户收款的情况，具体如下：

财务总监徐丹娣的农行卡收款情况：在2012年、2013年收经销商货款51,008.86万元、6713.35万元，转入公司账户49,784.39万元、6713.78万元，申购理财产品21,073.50万元、860.20万元，赎回理财产品21,088.51万元、860.75万元。

财务总监徐丹娣的建行卡收款情况：2012年收客户货款17,819.90万元，转入公司账户17,699.06万元，申购理财产品10,609.60万元，赎回理财产品10,620.68万元。

2012年、2013年合计通过个人账户收款金额占当年度营业收入的比例分别为30.31%、3.05%。

案例分析 公司首次披露招股说明书时间是2015年4月，2012年、2013年发生个人账户收款的情形尚处在申报期内。针对个人账户收款，中介机构进行了详细的核查。具体如下：

1. 对财务总监徐丹娣、发行人资金部经理及出纳人员进行了访谈，得知发行人通过个人卡收款的主要背景和目的：下游经销商大部分为个体户，其打款一般通过经销商家庭成员的个人银行账户，由于银行对公业务工作时间一般为周一至周五，周六、周日不办公。为确保经销商回款及时，以财务总监徐丹娣个人名义开立账户作为经销商的回款账户。

2. 项目组获取了报告期内公司通过财务总监徐丹娣个人账户进行收款的两个银行账户的银行日记账，查阅银行日记账的银行存款流入和流出性质是否与公司经营业务相关。获取了两个个人账户的银行流水，将其与个人账户的银行日记账进行核对，确认银行日记账记录的真实性。

3. 项目组对2012年、2013年和2014年前70大包装油经销商客户进行了实地走访，取得了经销商的银行流水，将其与徐丹娣的个人卡收款进行核对。

4. 该账户虽为徐丹娣个人账户，但其保管和使用管理均严格按照公司的资金管理制度执行，由出纳和资金部经理进行保管，徐丹娣不知晓其密码也无权使用。报告期内徐丹娣未使用过该账户进行个人款项收付。

5. 随着公司财务管理制度的逐步规范，公司逐步减少并取消了通过个人账户进行收款行为，徐丹娣的建行卡于2012年6月注销，农行卡于2013

年 8 月注销。

经核查，发行人通过财务总监徐丹娣个人账户进行资金收付的行为虽然不符合公司相关财务管理制度，但公司已对其使用进行了严格的控制和管理，账户款项收支均为公司正常业务往来，报告期内不存在徐丹娣个人使用该账户进行资金收付情况，且该账户已分别于 2012 年 6 月和 2013 年 8 月注销，综上所述，发行人通过徐丹娣个人账户进行资金收付情况未对公司的生产经营产生影响，该种情况不构成重大违法违规行为。

从上述过程可以看出，中介机构针对公司个人账户收款的问题，核查的角度主要为：个人账户使用的原因是银行对公业务受营业时间限制，影响收款的及时性；个人账户的流水与公司业务相关，且公司对个人账户的使用有严格的限制；个人账户已在报告期内注销。

道道全清理个人账户在时间上选择了申报期较早期，2012 年、2013 年即对个人账户进行了注销，且通过个人账户收款金额占当年度营业收入的比例从 2012 年的 30.31% 下降为 2013 年的 3.05%，整改规范效果明显，在 2017 年公司正式上会审核时，关于个人账户收款问题，公司已经规范运行了 3 年多，所以在证监会反馈意见及发审会问题中，都没有特别提出公司个人账户收款的问题，这也成为了公司顺利通过审核的有利因素。

（三）应对建议

个人账户收款总体而言是不合规的，对收入的真实性、收入确认时间、税款缴纳、资金安全等都有不利影响，所以在企业 IPO 之前必须要尽早注销个人账户并且规范财务内控制度。一般而言，在报告期内越早清理带来的审核风险越小，最晚在申报前一年彻底清理完毕，并且在报告期内个人账户代收货款的金额及占比要逐年降低。

关于个人账户收款，具体应对建议如下：

1. 清理方法

（1）要求经销商在工作日汇款到公司账户，同时提示客户在工作日合理预计非工作日的产品需求，并在工作日提前汇款到公司账户。

（2）目前国内个人账户对公司账户转账，在非工作时间仅能够查询到转账记录；当客户提供个人网上银行转账记录后，视同客户已经付款，为客户安排发货。

（3）公司与开户银行协商，开通银行账户通存业务。

（4）通过第三方网上支付平台收款，如支付宝、微信等。

（5）在公司经营现场接受客户缴款。

（6）银行为公司开通速汇通业务，在指定的银行系统内公司账户可在非工作日接受客户汇款。

2. 注意事项

对于报告期内已经存在的个人账户收款情况，根据证监会的审核关注点及相关案例，企业在个人账户收款的规范和使用过程中，应注意以下几个方面：

（1）个人账户收款有合理的原因和必要性，如银行对公业务受营业时间限制，影响收款的及时性等，不能有调节收入、隐瞒收入、虚增收入的嫌疑。

（2）个人账户仅用于公司业务，相关资金及时并完全进入了公司账户，不存在同时用于个人收入、支出的情况。

（3）个人账户收款对应的交易真实，收入确认真实、完整。个人账户流水与业务合同 / 订单、发货单、发票、相关收入记账凭证能够一一对应。

（4）个人账户比照公司账户进行了内控管理，资金安全不存在重大风险。如卡与卡主隔离、银行实时自动归集转款、取消网银支付业务、通过第三方（银行）协助监管等管控措施。

三、第三方回款

（一）理论基础

第三方回款，是指在销售业务中，销售合同签订的客户名称与回款账户名称不一致，回款方是购销双方之外的第三方的情形。第三方回款在企业销售业务中普遍存在，但在 IPO 上市审核中，第三方回款是重点审查事项。

▶ 相关法条：

《首发管理办法》

第十七条　发行人的内部控制制度健全且被有效执行，能够合理保证财务报告的可靠性、生产经营的合法性、营运的效率与效果。

第二十二条　发行人的内部控制在所有重大方面是有效的，并由注册会计师出具了无保留结论的内部控制鉴证报告。

《首发业务若干问题解答（二）》

问题 16：首发条件要求发行人内部控制制度健全且被有效执行，如首发企业报告期存在财务内控不规范情形，应如何把握？

答：部分首发企业在提交申报材料的审计截止日前存在财务内控不规范情形，如④通过关联方或第三方代收货款。

（1）保荐机构在上市辅导期间，应会同申报会计师、律师，要求发行人严格按照现行法规、规则、制度要求对涉及问题进行整改或纠正，在提交申报材料前强化发行人内部控制制度建设及执行有效性检查。具体要求可从以下方面把握：

……

④首次申报审计截止日后，发行人原则上不能再出现上述内控不规范和不能有效执行情形。

⑤发行人的对外销售结算应自主独立，内销业务通常不应通过关联方或第三方代收货款，外销业务如因外部特殊原因确有必要通过关联方或第三方代收货款的，应能够充分提供合理性证据，不存在审计范围受到限制的重要情形。

问题18：首发企业收到的销售回款通常是来自签订经济合同的往来客户，实务中，发行人可能存在部分销售回款由第三方代客户支付的情形，该情形是否影响销售确认的真实性，发行人、保荐机构及申报会计师需要重点关注哪些方面？

答：第三方回款通常是指发行人收到的销售回款的支付方（如银行汇款的汇款方、银行承兑汇票或商业承兑汇票的出票方式或背书转让方）与签订经济合同的往来客户不一致的情况。

企业在正常经营活动中存在的第三方回款，通常情况下应考虑是否符合以下条件：（1）与自身经营模式相关，符合行业经营特点，具有必要性和合理性，例如，①客户为个体工商户或自然人，其通过家庭约定由直系亲属代为支付货款，经中介机构核查无异常的；②客户为自然人控制的企业，该企业的法定代表人、实际控制人代为支付货款，经中介机构核查无异常的；③客户所属集团通过集团财务公司或指定相关公司代客户统一对外付款，经中介机构核查无异常的；④政府采购项目指定财政部门或专门部门统一付款，经中介机构核查无异常的；⑤通过应收账款保理、供应链物流等合规方式或渠道完成付款，经中介机构核查无异常的；⑥境外客户指定付款，经中介机构核查无异常的。（2）第三方回款的付款方不是发行人的关联方。（3）第三方回款与相关销售收入勾稽一致，具有可验证性，不影响销售循环内部控制有效性的认定，申报会计师已对第三方回款及销售确认相关内部控制有效性发表明确核查意见。（4）能够合理区分不同类别的第三方回款，相关金额及比例处于合理可控范围。

如发行人报告期存在第三方回款，保荐机构及申报会计师通常应重点核查以下方面：（1）第三方回款的真实性，是否存在虚构交易或调节账龄情形；（2）第三方回款形成收入占营业收入的比例；（3）第三方回款的原因、必要性及商业合理性；（4）发行人及其实际控制人、董监高或其他关联方与第三方回款的支付方是否存在关联关系或其他利益安排；（5）境外销售涉及境外第三方的，其代付行为的商业合理性或合法合规性；（6）报告期内是否存在因第三方回款导致的货款归属纠纷；（7）如签订合同时已明确约定由其他第三方代购买方付款，该交易安排是否具有合理原因；（8）资金流、实物流与合同约定及商业实质是否一致。

同时，保荐机构及申报会计师还应详细说明对实际付款人和合同签订方不一致情形的核查情况，包括但不限于：抽样选取不一致业务的明细样本和银行对账单回款记录，追查至相关业务合同、业务执行记录及资金流水凭证，获取相关客户代付款确认依据，以核实和确认委托付款的真实性、代付金额的准确性及付款方和委托方之间的关系，说明合同签约方和付款方存在不一致情形的合理原因及第三方回款统计明细记录的完整性，并对第三方回款所对应营业收入的真实性发表明确意见。

通过上述措施能够证实第三方回款不影响销售真实性的，不构成影响发行条件事项。发行人应在招股说明书营业收入部分充分披露第三方回款相关情况及中介机构的核查意见。

第三方回款主要包括经常性的第三方回款以及偶发性的第三方回款。

1. 经常性的第三方回款

经常性的第三方回款，主要存在于以下两种情况：

（1）经销商或客户主要为自然人、个体工商户等非法人经营单位

在客户为非法人经营单位或者经销商规模较小的情况下，经营方式主要是家庭成员共同经营，本身的规范性可能较差，为了资金流转或者税收的原因，一般会设立很多经营主体，这种情况下就可能存在订货和收货是一个主体，而付款是另外一个主体的情形，也可能会存在亲属之间代为支付或者关联方代为支付的情形。

（2）客户为境外销售客户

某些国家或地区存在外汇管制的情形。公司部分境外客户所在的国家受外汇管制，需委托其他国家和地区的公司汇款，这种情形在境外销售中经常存在。

2. 偶发性的第三方回款

偶发性的第三方回款，主要存在于以下几种情形：

（1）资金周转临时有困难等原因，委托关联方单位代为付款；

（2）由于客户与第三方公司存在债权债务关系，委托第三方公司代为付款；

（3）同一控制下的集团公司内，内部关联方代为付款；

（4）政府采购项目指定财政部门或专门部门统一付款。

通常来说，采用经销模式销售的，存在第三方回款，被否决的概率大大上升；

如果通过经销模式海外销售，存在第三方回款，通过审核的概率极低。

（二）审核关注点及典型案例

销售回款是对销售交易真实性最直接有效的证据，通常证监会会对第三方回款问题给予重点关注，若发行人对于第三方回款不能给予合理的解释，一般会使财务数据的真实性大打折扣。监管机构主要审核关注点如下：

1. 第三方回款的原因及合理性，是否有合理的商业逻辑；

2. 相关的第三方协议或者委托付款协议是否齐全；

3. 第三方付款是否经客户和付款方书面确认，确认比例是否过低；

4. 第三方与客户的关系，付款是否真实；

5. 发行人与第三方的关系，是否有关联关系；

6. 第三方回款的比例是否过高；

7. 代收收入及第三方回款的规范情况，通过第三方回款的相关内控制度是否健全，以及执行情况如何；

8. 销售货物的真实性，第三方回款对销售收入确认的影响，相关会计处理是否符合《企业会计准则》的规定；

9. 重点关注是否存在境外销售的第三方回款。涉及境外第三方支付机构的，其代付行为是否合法合规。

相关案例：

案例 1

上海步科自动化股份有限公司（2017 年 6 月 21 日被否）

——境外销售部分通过第三方回款，第三方回款及收入真实性的论证未得到认可

案例背景 步科股份主要从事工业自动化控制产品的研发、生产、销售和相关技术服务。报告期内，公司采取分销为主、直销为辅的销售模式，即主要通过国内及海外的分销商将产品销售给终端用户，而对少数采购量大、个性化要求较高或重点战略客户则采取直销方式。其中外销收入部分通过第三方回款，报告期公司外销收入占主营业务收入比例在 20% 左右。

发审会问题 发行人的主营业务为人机界面、伺服系统、步进系统、低压变频器等，报告期内发行人的营业收入分别为 212,464,996.86 元、205,770,769.24 元、236,554,726.91 元（其中外销收入部分通过第三方回款），从企业商业模式的角度，解释说明外销收入部分通过第三方回款的理由。请保荐代表人：结合“保荐机构认为……支付货款的第三方与发行人不存在

关联关系，上述第三方付款情况对发行人的收入真实性不构成影响”的陈述，说明作出上述结论的依据及取得相关证据的途径。

案例分析 从发审会提出的问题我们可以看出，即使保荐代表人明确说明第三方付款对收入真实性不构成影响，但发审会仍然认为论述的依据和证据不足。至于公司是否给出了更进一步的证据，我们无从知晓，但可以肯定的是发审会对于境外销售第三方回款的高度怀疑，除非有充足的第三方回款的理由，而且可以充分证明第三方回款对收入的真实性不构成影响，否则境外销售第三方回款的情况要尽量杜绝。境外销售占总收入比例 20% 左右，部分通过第三方付款，未有相应的证据说明第三方付款的合理性以及收入的真实性不受第三方付款的影响，这种情况被否实属必然。

案例 2

四川天邑康和通信股份有限公司（2018 年 2 月 7 日通过）

——完善企业内控，合理解释第三方资金平台回款，第三方回款比例逐年降低，二次上会通过审核

案例背景 天邑通信立足于光通信产业和移动通信产业，专业从事宽带网络终端设备、通信网络物理连接与保护设备、移动通信网络优化系统设备等的研发、生产、销售和服务。公司产品广泛运用于通信网络中的接入网系统。

公司存在销售回款单位与销售合同签署单位不一致的情形，主要为通信运营商通过指定的资金平台公司向公司支付货款、部分零星客户通过其法定代表人或员工或约定的第三方向公司支付货款等。报告期（2014 ~ 2017 年 1 ~ 9 月）内，第三方回款占总回款的比例分别为 10.41%、2.60%、0.84%、0.51%。

发审会问题 根据发行保荐工作报告，报告期内，发行人存在第三方支付的情形。请发行人说明销售回款中存在第三方回款的原因、第三方付款对象是否与发行人存在关联关系、是否与发行人及其关联方存在资金往来、第三方回款的金额是否与合同相匹配、与第三方回款相关的营业收入是否经客户确认、报告期内是否存在其他销售收入结算回款来自于非签订合同的销售客户相关账户的情况（包括应收款项、银行汇款、预收账款等）、控制或减少第三方付款的措施。请保荐机构、申报会计师对上述事项进行核查并发表明确意见，说明对于第三方回款的核查比例、方法、结论。

案例分析 公司在 2016 年 7 月 22 日第一次 IPO 上会时被否，当时发审会

曾提出：报告期内中国电信四川分公司及电信重庆分公司通过第三方资金平台公司向发行人支付货款的金额较大。虽然发行人取得了其客户中国电信100%的确认，但是回款方第三方资金平台对该事项的书面确认比例低于50%。证监会要求发行人解释通过第三方支付平台公司向发行人支付货款的合理性，以及第三方资金平台对该事项的书面确认比例低的原因。

2018年2月，公司第二次上会，针对证监会的问题对第三方资金平台再次做了书面确认，证监会最后认可了第三方资金平台的付款方式。除大客户中国电信集团内的第三方资金平台回款，其他零星的第三方付款的比例逐年降低，报告期最后一期降到了0.10%，第三方回款的问题基本解决。

除此之外，公司还制定《销售环节控制制度》《关于应收账款收回的通知》，对第三方付款的控制和减少措施，明确应当尽量避免第三方付款的情形，若发生第三方付款情形时，相关业务人员应及时履行下列程序：

（1）若属于购货单位负责人或员工或关联自然人通过个人账户付款，业务人员应向财务部提交书面说明，并尽量提供付款人与购货单位之间的关系证明。

（2）若属于：①购货方指定或委托其关联公司、无关联第三方单位付款，②购货方受制裁或外汇管制等客观原因，指定或委托第三方付款，除业务员向财务部书面说明情况外，应视具体情况要求签订三方协议（或委托付款协议）。此外，公司还制定了第三方付款及相关协议的审批权限，分别对不足10万元、10万元以上但不足100万元、100万元以上制定了不同的审批权限，以控制和减少第三方付款。

发行人针对证监会提出的问题，合理解释第三方资金平台回款，第三方付款比例逐年降低，除此之外，完善自身内控，并加以严格执行。给了证监会充足的理由相信发行人第三方付款的情况对收入的真实性不构成实质性障碍，也让证监会也看到了发行人解决问题的良好态度，最终给予通过。

案例3

北京时代凌宇科技股份有限公司（2018年5月8日被否）

——第三方回款形式多，占比高，且最后一年大幅增长

案例背景 时代凌宇主营业务为在城市运行和安全管理、智能建筑等领域内提供前期咨询、方案设计、设备供货、软件开发、工程施工、集成调试及运行维护等智慧城市解决方案综合服务。公司以物联网技术为核心，利用一系

列自主研发的专利产品及物联网应用支撑平台，在城管与市政、城市交通、城市安全、智能建筑等多个行业细分领域开展业务。

报告期（2014 ~ 2017 年 1 ~ 6 月）内，公司营业收入分别为 20,844.09 万元、31,392.58 万元、38,875.05 万元、16,555.33 万元；扣非后归母净利润分别为 658.40 万元、2117.03 万元、2575.98 万元、375.14 万元。

报告期内，公司存在销售收入结算回款来自于非签订合同的销售客户相关账户的情况，主要是公司存在政府项目通过体系内的不同部门付款、同一集团内部母子公司或总分公司代为付款、由第三方机构或个人代为支付的情形，具体情况如下：

回款单位	2017 年 1 ~ 6 月		2016 年		2015 年		2014 年	
	金额（万元）	占收入例（%）	金额（万元）	占收入例（%）	金额（万元）	占收入例（%）	金额（万元）	占收入比例（%）
政府体系内代付款	1904.62	11.50	5580.81	14.36	11,250.81	35.84	12,694.75	60.90
母子、总分公司	708.97	4.28	424.34	1.09	954.36	3.04	1737.94	8.34
第三方支付	3.53	0.02	79.20	0.20	9.76	0.03	16.15	0.08
合计	2617.12	15.80	6084.35	15.65	12,214.93	38.91	14,448.84	69.32

反馈意见 请保荐机构、申报会计师说明各期收入、应收账款的对账比例，说明各期应收账款的函证比例、选取标准、函证内容、回函比例、未回函的具体项目及替代程序，说明各期末银行流水的核查程序、比例、选取标准，与应收账款台账、回款的穿行测试情况，说明是否存在第三方代为付款的情形。

发审会问题 请发行人代表说明：（1）报告期内客户委托第三方回款占比较高的原因，第三方回款 2017 年大幅增长的原因，平谷项目资金由北京绿都基础设施投资有限公司支付给发行人的原因及合理性；（2）客户委托第三方回款是否具有真实交易背景，是否存在潜在纠纷，是否存在资金体外循环情形，是否制定了相应的内部控制制度并有效执行。请保荐代表人说明核查过程和依据，并明确发表核查意见。

案例分析 时代凌宇报告期内通过第三方回款的比例较高，且涉及三种形式，即政府项目通过体系内的不同部门付款、同一集团内部母子公司或总分公司代为付款、由第三方机构或个人代为支付。发审委问询公司客户委托第三方回款占比较高的原因、是否具有真实交易背景、相关内控是否有效执行，并点名询问平谷项目资金由北京绿都基础设施投资有限公司支付给发行人的原因及合理性。

关于第三方回款的原因，根据最新的审核政策，要求第三方回款必须有合理的理由，公司第三方回款主要是政府体系内的情形，或母子公司总分公司的情形，虽然这两种情形具备一定合理性，但体系内的回款证据链条可能并不清晰、完整，很难核查清楚。此外，从目前的公开披露信息来看，暂无法得知平谷项目资金由北京绿都基础设施投资有限公司支付给公司的原因。

对于第三方回款的金额及比例，通常要求第三方回款金额占营业收入的比例需要一直下降且最后一期比例较低，通常降到 5% 以内是比较安全的。从时代凌宇第三方回款情况来看，公司报告期初第三方回款比例很高，近 70%，不过报告期最后一期降至 15.81%，但仍然较高。此外，从公开披露信息上暂无法获得公司 2017 年全年的数据，但从发审委提出的问题来看，公司 2017 年第三方回款金额大幅增长。除非理由非常合理，或者情况特殊，公司第三方回款比例和大幅增长趋势很难获得监管机构的认可。

案例 4

重庆百亚卫生用品股份有限公司（2017 年 12 月 27 日被否）

——第三方回款比例高，且下降缓慢，最后一期仍高达 17.28%

案例背景 重庆百亚主营业务为一次性卫生用品的研发、生产和销售，产品包括卫生巾和纸尿裤，旗下拥有“自由点”、“妮爽”和“好之”三个品牌。报告期（2014 ~ 2016 年）内，公司营业收入分别为 62,409.98 万元、69,140.41 万元、73,879.94 万元；扣非后归母净利润分别为 5039.84 万元、6024.09 万元、6670.03 万元。

公司部分经销商的下游销售终端（如食杂店、便利店等）在日常销售活动中会从消费者收到大量现金，部分经销商习惯于将收到的现金直接存入发行人账户，省去了将现金存入经销商的银行账户再通过网银转账给发行人的烦琐步骤。此外，经销商基于财务管理习惯、资金周转和简化交易流程等因素的考虑，存在通过第三方回款（下游客户、亲属、员工、合作伙伴回款）给发行人的情况。

报告期（2014 ~ 2016 年）内，公司第三方回款金额分别为 14,189.04 万元、15,997.71 万元、14,187.93 万元；占当年销售回款总额的比例分别为 21.16%、20.38%、17.28%。

反馈意见 请发行人在“业务与技术”中补充披露：（1）公司通过个人银行账户代收经销商货款以及部分经销商通过第三方向公司回款的原因；充分披露上述类型交易的流程、各期发生金额及占比。（2）对于经销商通过第三方向公司回款的客户：请逐一列示回款方与经销商的关系，回款金额与回款时间是否与发行人的销售业务以及合同约定相匹配；经销商是否与发行人存在关联关系或其他利益约定；发行人报告期内收到的销售收入回款是否来自于签订经济合同的往来客户。请保荐机构和会计师通过核查发行人与上述客户间的银行流水等对发行人上述销售业务的真实性、准确性进行核查，并说明核查过程、方法、范围及结论。（3）请会计师对发行人内控有效性和公司财务制度是否健全进行核查并发表核查意见。

发审会问题 报告期内，发行人第三方回款金额较高，占销售回款比例较大。请发行人代表说明：（1）对第三方回款的管理情况及相关内控措施，经销商等第三方是否严格执行了发行人的管理要求；（2）报告期内是否存在因第三方回款安排而产生争议或潜在争议的情形。请保荐代表人针对第三方回款问题说明核查方法和过程，并发表明确核查意见。

案例分析 关于反馈意见中提到的关于公司第三方回款的相关问题，重庆百亚在 2017 年 7 月 21 日报送的招股书第 147 ~ 150 页做了补充披露与回复，说明了公司存在第三方回款的原因及相关内控措施等。这是涉及第三方回款的拟 IPO 企业的通行做法。

通常来说，境内销售采用经销模式的，存在第三方回款，被否决的概率大大上升。重庆百亚虽然就第三方回款的原因和内控措施进行了充分披露，但公司第三方回款金额较高，占回款总额的比例也较高，虽然报告期内呈下降趋势，但下降速度缓慢，截至报告期最后一期，公司第三方回款占比仍高达 17.28%，未能获得监管机构的认可。

案例 5

上海永冠众诚新材料科技（集团）股份有限公司（2018 年 12 月 18 日通过）

——第三方回款比例最后一期突击降至 5% 以下，但理由合理、披露完整、中介机构核查清晰，获得认可

案例背景 永冠股份主营业务为各类胶带产品的研发、生产和销售。公司的主要产品为民用型布基胶带、美纹纸胶带、清洁胶带、PVC 胶带、OPP 胶带、牛皮纸胶带等，并正逐步打开工业用胶带市场。报告期（2015 ~ 2017 年）内，公司营业收入分别为 70,002.47 万元、99,277.57 万元、141,019.39 万元；归母净利润分别为 6584.54 万元、9582.28 万元、8154.20 万元。

2015 ~ 2017 年，公司第三方回款总额分别为 6543.90 万元、13,421.29 万元、18,295.51 万元，占当期营业收入的比例分别为 9.35%、13.52%、12.97%。第三方回款的主要原因包括客户付款由其集团集中管理、客户委托金融机构、下游客户、其他商业合作伙伴代为支付。公司第三方回款的客户集中在印度、俄罗斯、巴基斯坦、越南，与当地商业惯例及外汇支付实践有关。

公司通过第三方回款的具体原因及比例如下：

第三方付款原因	2017 年		2016 年		2015 年	
	金额（万元）	占比（%）	金额（万元）	占比（%）	金额（万元）	占比（%）
同一集团关联方支付	1682.84	9.20	501.56	3.74	29.66	0.45
委托金融机构支付	10,865.69	59.39	6132.90	45.70	3453.74	52.78
委托下游客户支付	2843.62	15.54	2077.08	15.48	966.20	14.76
委托其他合作伙伴支付	2903.36	15.87	4709.75	35.09	2094.30	32.00
合计	18,295.51	100.00	13,421.29	100.01	6543.90	100.00

发审会问题 第三方回款占当期营业收入的比例分别为 9.35%、13.52%、12.97% 及 4.45%。请发行人代表说明：（1）2015~2017 年第三方回款占比较高，及 2018 年 1~9 月大幅降低的原因及合理性，是否符合国家外汇管理制度；（2）第三方回款是否出现过坏账，是否在合同中明确约定；（3）发行人核对第三方回款对应外销收入真实性所建立的内控制度及执行情况；（4）减少第三方回款规模措施的真实性及合法性。请保荐代表人说

明核查依据、过程并发表明确核查意见。

案例分析 永冠股份产品主要销往境外，主要是境外一些客户存在第三方回款的情形，公司报告期内第三方回款的比例存在增长的趋势，从 9% 增加至 13%，一直保持在 10% 左右的水平，直到 2018 年的 9 月，报告期最后一期期末才降低至 4.45%，算是勉强降低至 5% 以下。这样过于明显的规避规定的情形，受到了监管机构的质疑，发审会中被问询 2018 年 1 ~ 9 月大幅降低的原因及合理性，是否符合国家外汇管理制度。

永冠股份第三方回款问题之所以获得认可，主要原因可能与以下几点有关：

（1）在 IPO 审核中对于境外销售的第三方回款的要求要比境内销售的低很多，这主要是考虑境外销售确实会因为外汇管理以及其他原因导致存在一些非做不可的第三方回款行为。可能也就是因为这样的考虑，永冠股份将第三方回款突击降低到 5% 以下（4.45%）也得到了认可。

（2）第三方回款的原因具备特殊性与合理性：客户数量多、分布广，主要是一些金融不发达国家等。

（3）中介结构核查思路清晰，保荐机构核查思路如下：①取得客户委托付款协议，覆盖金额占比为 83.21%、83.51% 及 75.60%；②取得涉及第三方付款的客户函证，函证覆盖率分别为 79.72%、81.03% 及 79.59%；③核查第三方付款客户的潜在利益输送、关联关系；④验证发行人对第三方付款的内部控制制度设计和执行的有效性；⑤其他验证销售收入真实性的核查，包括实地访谈、电话及邮件访谈、实地走访客户销售渠道、客户背景核查、海关数据、外销收入与出口免抵退税申报表进行对比、外销收入与销售订单进行对比、外销收入与运输费进行对比。

（4）详细完整的信息披露可供示范：招股书中详细披露了第三方回款情况，包括公司第三方回款概况、第三方回款的原因、第三方回款客户的国家、内部控制措施、改进措施、保荐机构核查等，且每一项披露内容都非常详细、完整。

（三）应对建议

第三方回款最大的问题在于交易的真实性容易受到质疑，在 IPO 的过程中，建议拟 IPO 企业从以下两个方面去应对审核：

1. 从各个方面详细论证第三方回款的真实性

（1）详细披露解释由第三方回款的原因及合理性、第三方与客户的关系、第三方回款金额占收入的比例、第三方与发行人是否存在关联关系以及与第三方回款相关的内部控制。

需要注意的是，正常情况下第三方与发行人不能存在关联关系，否则会被严重怀疑销售业务的真实性；同时，与第三方回款的相关内部控制在披露时不能概括描述，应具体到相应的流程和业务，如客户出具委托第三方付款的说明、财务部逐笔核对回款账户是否与备案账户一致、不一致情况下的处理流程、财务部每月与客户对账、内部审计部对销售收入定期进行内部审计等。

（2）报告期内第三方回款金额经客户和付款方书面确认的比例至少达到50%以上，确认比例越高，审核的风险越低。

（3）注重整个销售货物流程中原始资料的一致性，回款的金额与合同金额的一致性，对收入的确认有影响的，需要补充相关资料。

2. 采取规范措施，降低报告期内第三方回款的比例

（1）要求客户尽量使用企业自身对公账户进行汇款，如实在存在特殊原因需要通过第三方付款的，需要签订第三方付款协议或者委托付款协议；

（2）严格实施第三方回款的相关内控制度；

（3）报告期内第三方回款的比例应逐年降低。

实践中第三方回款的比例应降低至5%以内比较安全。2018年证监会发布的《最新IPO审核51条问答指引》问题18，要求第三方回款比例报告期整体呈下降趋势，且最近一期通常不高于当期收入的5%，之后2019年3月发布的《首发业务若干问题解答（二）》，删除了5%的比例限制，仅要求“相关金额及比例处于合理可控范围”），但实践中5%仍然是一个审核的参考比例。

2017年9月28日过会的名臣健康，第三方回款比例由2014年17.85%，逐年下降到2015年12.7%、2016年0.38%、2017上半年0.39%。2017年12月5日过会的德邦物流，第三方回款比例由2014年的56.9%，降低到2015年的18.67%，2016年的1.42%。

但仍有部分企业第三方回款的比例超过5%最终通过审核，如2017年1月13日过会的尚品宅配，上会前半年第三方回款占比为24.88%，2017年3月8日过会的新日电动车，上会前一年第三方回款占比14.73%，2017年7月5日过会的海川智能，上会前一年第三方回款占比为13.08%。更为极端的是2017年12月12日过会的河北养元智汇（主营核桃乳“六个核桃”），报告期第三方回款占比持续为85%左右，虽然通过详细的论证销售和回款业务的真实性得到了证监会的认可，

但特殊案例不具有普遍参考性，如要降低IPO审核的风险，第三方回款的比例还是应该降低到更安全的范围，如能避免尽量避免。同时还应加强客户销售回款的内部控制，多参考上市成功案例，然后根据自身行业特点制定内部控制制度，从而不影响收入的准确确认，也可确保客户资金准确及时入账，避免一些不必要的纠纷。

第四节　应收账款

一、理论基础

应收账款是指公司在正常的经营过程中因销售商品、提供劳务应向其他单位收取的款项，包括应由购买单位或接受劳务单位负担的税金、代购买方垫付的各种运杂费等。

IPO审核过程中，应收账款受到监管机构的重点关注，主要原因有两点：一是应收账款过高，可能造成现金流短缺，影响企业发展的可持续性。具体来说，如果拟IPO企业收入规模大且持续增长，但应收账款余额也较大且增长速度超过了收入的增长速度，则说明公司收入的变现能力差，容易造成现金流不足，可能影响公司的正常持续经营，同时，公司存在放宽信用政策增加收入的嫌疑。二是企业可能通过应收账款虚增利润或调节利润，是财务造假的高发区域。具体来说，企业可能通过虚增客户、虚增营业收入、通过应收账款坏账计提调节利润、用应收账款坏账转移资金等。例如，创业板造假退市第一股“欣泰电气”，就是利用应收账款科目进行造假，并通过调整应收账款坏账准备计提比例的方式，变相调节利润。

应收账款过高，是很多拟IPO企业的“通病”，甚至有一些案例，应收账款占营业收入比重超过100%、200%。由于比例过高，通常会受到监管机构的重点关注与问询。关于应收账款，监管机构主要关注应收账款的余额、回收风险、计提比例、管理制度以及刻意操纵业绩等。

▶相关法条：

《公开发行证券的公司信息披露内容与格式准则第28号——创业板公司招股说明书》（2015年修订）

第八十条第三项　发行人应披露最近三年及一期末应收款项的账面原值、坏账准备、账面价值，结合应收款项的构成、比例、账龄、信用期、主要债务人等，分析说明报告期内应收款项的变动情况及原因； 披露最近三年及一期末应收账款中主要客户的应收账款金额、占比及变化情况，新增主要客户的应收账款金额及占比情况。

《公开发行证券的公司信息披露内容与格式准则第 1 号——招股说明书》（2015 年修订）

第九十三条第三项　发行人应披露最近三年及一期应收账款周转率、存货周转率等反映资产周转能力的财务指标的变动趋势，并结合市场发展、行业竞争状况、公司生产模式及物流管理、销售模式及赊销政策等情况，分析说明公司的资产周转能力。

《首发业务若干问题解答（二）》

问题 3：部分首发企业以应收账款为关联方客户、优质客户、政府工程客户等信用风险较低为理由不计提坏账准备，部分首发企业对于应收票据不计提减值准备，部分首发企业报告期存在应收账款保理业务，部分首发企业应收账款坏账计提比例明显低于同行业上市公司水平，发行人及相关中介机构对上述涉及应收款项相关事项应关注哪些方面？

答：应收款项坏账准备的计提应符合《企业会计准则第 22 号——金融工具确认和计量》的相关规定，考虑预期信用风险。对于应收款项，应当先将单项金额重大的应收款项区别开来，单独进行减值测试。单独测试未发生减值的应收款项（包括单项金额重大和不重大的应收款项），应当包括在具有类似信用风险特征的应收账款组合中再进行减值测试。发行人不应以欠款方为关联方客户、优质客户、政府工程客户等理由而不计提坏账准备。

应收票据应当按照《企业会计准则第 22 号——金融工具确认和计量》关于应收项目的减值计提要求，根据其信用风险特征考虑减值问题。对于在收入确认时对应收账款进行初始确认，后又将该应收账款转为商业承兑汇票结算的，发行人应按照账龄连续计算的原则对应收票据计提坏账准备。

如果对某些单项或某些组合应收款项不计提坏账准备，发行人需充分说明未计提的依据和原因，详细论证是否存在确凿证据，是否存在信用风险，账龄结构是否与收款周期一致，保荐机构和申报会计师应结合业务合作、回款进度、经营环境等因素谨慎评估是否存在坏账风险，是否符合会计准则要求。

对于应收账款保理业务，如为有追索权债权转让，发行人应仍根据原有账龄计提坏账准备。

发行人应参考同行业上市公司确定合理的应收账款坏账准备计提政策，对于计提比例明显低于同行业上市公司水平的，应在招股说明书中披露具体原因。

保荐机构及申报会计师应对上述事项进行核查并发表明确意见。

（一）影响应收账款的因素

只有应收账款实现回款，现金流流入企业后才能参与企业生产经营，为企业创造收益。实务中，很多因素都会对应收账款造成影响，主要如下：

1. 收入确认原则。如果企业收入确认原则过于激进，则会出现应收账款余额高的问题。

2. 销售信用政策。企业对客户的销售信用政策越宽松，应收账款就越大。

3. 客户的付款方式。不同类型的客户付款方式存在不同，例如一些客户为大型国企性质，付款审批手续多，付款时间长；另外，一些客户较强势，要求完工验收后一次性付款，而公司根据完工百分比确认收入，如果工期较长，就会存在大量应收账款。

4. 项目周期。对于一些工程项目来说，如果竣工验收、结算、回款周期长，则会影响应收账款的回收。

5. 质保金。一些企业在销售产品后，客户要求留存一定比例的质保金，如 5%、10% 等，一些质保金期限长达 1 ~ 2 年，甚至更久。如果企业销售额较大，那么累积的质保金的金额也会较大，从而造成应收账款余额大。

（二）容易出现应收账款问题的企业类型

应收账款与企业的销售模式、货款结算方式有着直接关系。虽然应收账款问题普遍存在于各类拟 IPO 企业中，但从 IPO 审核案例来看，以下两种类型的公司更容易出现应收账款问题，备受监管机构的关注。

1. 从事大型工程项目类企业。这类企业的工程项目周期通常较长，相应的竣工验收、结算、回款周期长，再加上还需要留存一部分质保金，所以应收账款余额较高。

2. 客户为大型国企、政府、事业单位、军队等，这些客户通常较为强势，但通常采购量大，信誉较高，资金也较为雄厚，所以即使付款周期较长，仍有很多公司愿意承担一定的应收账款回收风险继续合作。

（三）拟 IPO 企业通常存在的应收账款问题

应收账款是大部分拟 IPO 企业最重要的流动资产之一，应收账款的可收回性是“资产质量良好”这一财务核心要求的重要内容。拟 IPO 企业通常存在以下应收账款问题，需要予以注意并提前规范。

1. 应收账款余额过大

（1）应收账款余额过大的判断

应收账款的大小没有绝对的标准，通常需要结合公司所处行业特点、具体经营模式、报告期内应收账款的波动及与同行业可比公司相关指标的对比来进行综合判断。

此外，从以往审核案例来看，如果拟 IPO 企业应收账款余额占资产比例过高、应收账款占营业收入比例过大，监管机构皆会质疑其原因及合理性。特别是应收账款的增长幅度超过了营业收入的增长幅度，监管机构会质疑公司是否通过放宽信用政策来增加经营业绩。

（2）应收账款余额过大存在的问题及风险

如果拟 IPO 企业报告期内应收账款余额过大，可能存在以下潜在问题和风险：

①增加发生坏账的风险。一旦欠款较多的客户出现财务状况恶化或其他影响付款的问题时，就很可能会形成较大的坏账损失并影响经营业绩。

②资金周转缓慢，经营性现金流量差。应收账款过大，回收周期过长，会造成企业营运资金周转缓慢，公司经营性现金流量净额低，直接影响业绩的质量。

③坏账准备计提影响经营业绩。如果企业应收账款大且账龄长，根据企业会计准则的规定，需要计提应收账款坏账准备，会直接影响企业当期的净利润。

④可能涉嫌业绩操纵。应收账款增长幅度如远超营业收入增幅，则很可能存在通过临时放宽信用政策增加收入，情形严重的，也有可能涉嫌虚构交易操纵业绩。

（3）应收账款余额变动的实质性分析判断

监管机构不仅关注应收账款余额的大小，同时关注应收账款余额的变动情况及变动原因。通常来说，企业期末应收账款余额减少的主要原因为客户回款。但实务中，也存在一些特殊情况，例如，应收账款由于保理、贴现、转换成商业承兑汇票、甚至虚构回款等造成应收账款不正常减少，对于这些情形，皆需要在分析应收账款时予以剔除。

2. 应收账款回收风险大

（1）应收账款回收风险的判断

实务中，通常通过客户分析、账龄分析和信用期分析，来判断应收账款可回收风险的大小。如果企业应收账款账龄较长或超出信用期，说明该应收账款回收风险较大。此外，因为与客户存在合同纠纷、产品质量纠纷，或者客户因财务状况不佳而难以按期付款，则该应收账款回收风险较大。

（2）应收账款回收风险控制

拟 IPO 企业应密切关注应收账款的回收情况，对应收账款的回收进行风险控制。

①逐一梳理应收账款，根据是否在信用期内进行分类管理，分为正常欠款和非正常欠款；

②超过信用期且金额较大的，可列为管理重点，应加大催收力度；

③注意应收账款余额波动情况，以及应收账款周转率、应收账款回收率的改善优化。

3. 应收账款坏账准备计提不足

实务中，账龄分析法是计提应收账款坏账准备的通行做法，部分企业会结合信用期标准，信用期内不提或少提坏账准备，超出信用期再根据不同账龄来加大计提。这类型企业通常会被问询应收账款坏账准备计提的合理性。

此外，由于大部分公司应收账款账龄集中在 1 年以内，因此 1 年以内应收账款计提比例尤为重要，实务中，按 5% 的比例计提是比较通用且稳健的标准，部分企业 1 年以内应收账款坏账准备按 3% 计提，则很可能会被监管机构问询是否计提不足。

（1）与同行业可比公司比较

坏账准备计提比例的高低，除 5% 的绝对值标准之外，还需要与同行业可比公司进行比较，比较的标准，一是不同账龄段的计提比例，二是通过实际计提的坏账准备与应收账款原值比较，计算综合计提比例。计提比例明显低于可比公司的，监管机构就会质疑公司坏账准备计提的充分性。

（2）单项计提的问题

除以相同风险特征为基础的账龄分析之外，对某些风险特征明显不同的应收账款需要进行单项计提。单项计提没有统一可控的明确标准，风险依据往往难以量化，且单项计提金额未来转回时，形成的损益冲回属于非经常性损益，所以公司经常倾向于采用较低的计提标准。实际上，除基于回收风险很大而全额计提之外，其他的单项计提往往缺乏足够的可靠性。

4. 应收账款内控及风控管理不完善

企业应收账款余额大，回收难，除了企业主观地放宽信用政策、刻意操纵利润或经营模式、客户类型特殊外，通常与企业应收账款内控管理不完善有着密切的关系，主要表现在以下方面：

（1）缺乏应收账款管理的责任部门，未明确责任，造成互相推卸责任的情形；

（2）缺少定期清查制度，对应收账款不做定期分析；

（3）缺乏对劣质客户的筛选，比如通过信誉评级等方法；

（4）未设立应收账款的奖惩制度，造成无人催收；

（5）未设立严格的监督赊销审批程序，造成不进行信誉评级就延长客户信用期等情形；

（6）坏账核销程序不完善，核销的流程、审议程序不完善；

（7）坏账计提标准与同行业对比差距较大，需要单项计提坏账的，或明显无法回收的应收账款未单项计提坏账。

应收账款内控管理不完善会被监管机构质疑企业内控的有效性，审核风险较大。因此，拟 IPO 企业应在申报前完善应收账款管理制度，并有效执行，逐渐减少应收账款相关问题和风险。

5. 通过应收账款操纵业绩

通过应收账款操纵业绩的手法很多，例如企业在年底虚构交易，虚开发票，增加应收账款的同时增加了营业收入，应收账款长期挂账或次年通过退货等方式将其冲回；通过关联方将无法收回的应收账款转变为其他应收款；不合理地少提坏账准备，虚增利润等。

监管机构对刻意操纵业绩的行为是零容忍的，一旦被质疑，审核风险较大。

二、审核关注点及典型案例

从最近两年的审核案例来看，不论是审核通过的还是被否的，监管机构对应收账款的核查非常重视，甚至提高到了一个全新的高度和层次。关于应收账款，监管机构主要关注应收账款余额大的合理性、应收账款回收风险、应收账款内控管理、应收账款的合规性等方面，具体审核关注点如下：

1. 应收账款余额过大

（1）应收账款余额是否过大，应收账款增长速度是否高于营业收入的增长速度，是否对经营活动现金流量净额造成影响；

（2）应收账款占流动资产的比例是否过高。

2. 应收账款回收风险

（1）发行人是否通过诉讼或仲裁、或者债务重组的方式开始大规模催收账款；

（2）发行人的应收账款回收率是否过低；

（3）应收账款的周转率对比同行业是否异常；

（4）应收账款是否存在质押的情形。

3. 应收账款坏账准备的计提

（1）应收账款的账龄是否异常，是否存在报告期内账龄逻辑不符的现象，账龄超过 1 年以上的应收账款是否大幅增加；

（2）坏账准备计提比例与可比公司是否保持一致，是否审慎合理；

（3）是否存在需要单独进行减值测试并进行坏账准备计提的情形。

4. 应收账款的管理制度

（1）发行人是否制定应收账款管理制度以及执行情况如何；

（2）应收账款的客户性质、信用评级情况、以前的回款情况、是否存在恶意拖欠的情况等，是否有相应管理制度；

（3）如果存在核销应收账款情形，核销的范围、依据、流程、审议程序及权限，相应的内部控制制度。

5. 应收账款的合规性

（1）发行人是否存在大幅放宽销售信用政策，从而增加收入的情形；

（2）是否存在开具没有真实交易背景的承兑汇票、应收票据因无法贴现、承兑、无法到期收回而转为应收账款的情形；

（3）是否存在通过第三方公司回款进行冲抵的方式调节应收账款账龄的情形；

（4）期末是否存在以外部借款、自有资金减少应收账款，下期初再冲回的情形；

（5）期末是否存在应收账款转应收票据，下期初再转回的情形。

相关案例：

案例 1

广州方邦电子股份有限公司（2018 年 4 月 24 日被否）

——应收账款余额逐年升高，应收账款周转率远低于同行业水平，被质疑合理性与可持续性

案例背景 方邦电子主营业务为电子薄膜材料产品的研发、生产及销售，提供电子薄膜材料产品及应用解决方案，核心产品为电磁屏蔽膜。报告期（2014 ~ 2017 年 1 ~ 6 月）内，公司营业收入分别为 10,099.12 万元、12,933.34 万元、19,028.26 万元、9841.86 万元；净利润分别为 3240.66 万元、4279.22 万元、8356.29 万元、4007.22 万元。

2014 年年末 ~ 2017 年年末，方邦电子应收账款余额分别为 4579.18 万元、8193.60 万元、9373.08 万元、10,065.31 万元；应收账款周转率分别为 2.50%、1.91%、2.04%、0.96%；同行业上市公司应收账款周转率平均值分别为 4.02%、3.50%、3.47%、1.67%。

反馈意见 请发行人披露应收账款周转率低于同行业上市的原因；披露与主要客户合同中约定的信用政策、结算方式和结算周期；披露报告期内应收账款增长与营业收入增长不匹配的原因；分析并说明报告期内应收账款、应收票据和报告期末背书且在资产负债表日尚未到期的应收票据占相应营业收入比例的合理性，是否存在放宽信用政策增加销售收入的情形；披露应收账款周转率低于同行业上市公司的原因；对比同行业上市公司坏账准备计提比例，分析并说明发行人坏账准备计提比例的充分性；说明报告期内单项计提应收账款的客户名称、金额、占比、计提坏账准备的金额、计提原因；列表说明报告期内核销应收账款的具体情况，包括应收账款的客户名称、金额、占比、账龄、计提坏账准备的金额、核销原因、履行的审批程序；说明报告期内应

收账款逾期的具体情况，包括逾期应收账款的金额、占比及构成；说明应收账款期后回款情况；请保荐机构、申报会计师核查并发表意见。

发审会问题 请发行人代表：（1）结合产品单价、单位成本变动、市场竞争形势、同行业公司情况，说明毛利率大幅上升的原因及合理性；（2）对比同行业可比公司，并结合市场竞争形势，说明发行人毛利率远高于可比公司的原因及合理性；（3）说明高毛利是否具有可持续性；（4）说明应收票据和应收账款余额及占比较高的原因及合理性。请保荐代表人说明核查过程、依据并明确发表核查意见。

案例分析 从上述业绩指标可以看出，方邦电子营收和净利润增长的同时，应收账款也在增长，且增长幅度超过了营业收入增长幅度，报告期内，公司应收账款占营业收入的比例分别为45.34%、63.35%、49.26%、102.27%，对应的应收账款周转率分别为2.50%、1.91%、2.04%、0.96%，应收账款余额逐年上升，周转率总体逐年下降，且远低于同行业上市公司平均水平。如果公司出现应收账款不能按期回收或无法回收的情形，将对公司的经营业绩和持续经营产生不利影响。因此，公司应收账款问题引起了发审委的关注。

关于应收账款周转率远低于同行业平均水平，方邦电子招股书中作了一定解释：主要原因是发行人直接客户为FPC厂商，其毛利率相对较低，资金压力较大，为缓解资金压力，会要求供应商延长信用期，发行人在认真分析客户信用及其支付能力，并考虑竞争对手以及客户其他供应商信用期的情况后，审慎制定每一客户的信用政策，对于采购数量较大、支付能力较强的长期合作客户，给予适当的信用期延长优惠。公司的解释虽然存在一定合理之处，但也有放宽信用政策增加收入的嫌疑。

另外，公司应收账款余额逐年升高，占营业收入的比例也逐年上升，让监管机构质疑其原因及合理性。而公司产品毛利率远高于同行业上市公司，公司2014年、2015年毛利率达到60%多，2016年、2017年毛利率到了70%以上，而同行业可比公司毛利率为17%左右，公司毛利率约是同行业可比公司的4倍。发审委可能质疑公司毛利率的真实性、可持续性，及经营业绩的真实性。虽然说毛利率与应收账款不存在必然联系，但毛利率高说明了公司产品竞争力强，而公司应收账款逐年升高，周转率低于同行，又可能说明公司议价能力弱，两者存在一定的矛盾之处。

案例 2

明珠电气股份有限公司（2018 年 3 月 22 日终止审查）

——应收账款余额大，占比高，存在回收风险，且应收票据未计提减值，不具备合理性

案例背景 明珠电气是从事输配电设备研发、制造及销售的高科技企业，产品主要应用于风电、光伏、核电等新能源发电领域。报告期（2015 ~ 2017 年）内，公司营业收入分别为 78,018.68 万元、79,885.90 万元、82,058.66 万元；扣非后归母净利润分别为 4390.05 万元、4290.51 万元、5000.91 万元。

2015 年年末 ~ 2017 年年末，公司应收账款余额分别为 64,379.30 万元、71,133.33 万元、70,022.77 万元，流动资产分别为 111,421.65 万元、103,222.36 万元、110,755.83 万元，应收账款余额占主营业务收入比例分别为 83.23%、89.67%、86.12%，应收账款占流动资产的比例分别为 54.58%、64.07%、54.58%，占比均较高。

反馈意见 1. 根据招股书披露，2014 年年末、2015 年年末及 2016 年年末，公司应收账款余额分别为 39,252.42 万元、64,379.30 万元和 71,133.33 万元。报告期应收账款占流动资产比例分别为 56.28%、54.58%、64.07%，应收账款占比较大。请发行人补充披露：（1）各细分产品的应收账款前五大客户情况，账期及占比情况，其应收账款余额是否同其营业收入波动情况相匹配；（2）结合细分产品收入结构的变化以及收入增长情况，披露应收账款金额及占比持续增长是否同业务情况相匹配；（3）结合销售合同约定的收款条款以及质保期限，分析应收账款账龄结构的合理性，一年以内应收账款占比逐年下降的原因；（4）各主要客户应收账款的信用账期、收款比例，账期审批需履行的内控制度，是否存在到期未足额收回的情况以及对应的客户，以及对待违约客户的应对措施及处理办法；（5）报告期各年应收账款的逾期金额以及占比情况；（6）各年末应收账款在报告期各年以及截至到本反馈意见回复之日的回款情况；（7）说明报告期信用政策是否发生变化，如发生变化，请披露变化情况、履行的内控程序、对公司经营和应收账款质量的影响；（8）结合同行业应收账款账龄结构，分析坏账计提政策的谨慎性；（9）报告期是否涉及诉讼并需要单项计提坏账准备的情况，如有请进行披露。

2. 根据招股书披露，报告期应收票据分别为 1363.71 万元、1649.17 万元和 4015.69 万元，金额逐年上涨且均为商业承兑汇票。请发行人补充披露：（1）2016 年应收票据快速增长的具体原因，商业承兑汇票是否均能够承兑，是否存在应转为应收账款计提坏账准备的情形，请充分提示相关风险；

（2）是否存在开具没有真实交易背景的承兑汇票和应收票据因无法到期收回而转为应收账款的情形。请保荐机构和会计师对以上情况进行核查并发表核查意见。

案例分析 明珠电气主要客户为大型国有发电集团，付款周期较长，合同金额相对较大，加之质量保证金制度，导致公司期末应收账款的余额较大。公司应收账款余额占主营业务收入比例分别为 83.23%、89.67%、86.12%，占流动资产的比例分别为 54.58%、64.07%、54.58%，比例皆较高。

虽然公司客户的信誉和资金实力良好，但信用政策及付款政策，导致应收账款占用公司大量流动资金。从招股书披露信息来看，公司营运资金非常紧张，已经抵押多处房产向银行贷款，用于补充流动资金。如果公司应收账款不能及时收回，可能会导致公司现金流进一步紧张，影响公司的正常运转。

此外，公司未对客户开具的商业承兑汇票计提减值准备，而这些商业票据与应收账款性质相同，根据《首发业务若干问题解答（二）》问题 3 的相关规定，应收票据应当按照《企业会计准则第 22 号——金融工具确认和计量》关于应收项目的减值计提要求，根据其信用风险特征考虑减值问题。对于在收入确认时对应收账款进行初始确认，后又将该应收账款转为商业承兑汇票结算的，发行人应按照账龄连续计算的原则对应收票据计提坏账准备。因此，公司对应收票据的处理不符合相关规定，且影响了经营业绩。

案例 3

浙江绩丰岩土技术股份有限公司（2017 年 6 月 13 日被否）

——应收账款余额大，占比高，且存在回收风险，经营现金流紧张，被质疑持续盈利能力

案例背景 绩丰岩土的主营业务为地基与基础工程业务及建筑物资租赁服务，公司拥有浙江省住房与城乡建设厅颁发的地基与基础工程专业承包一级资质，具有地基与基础工程领域最高等级的专业施工资质。同时，公司自有工程设备及 H 型钢、拉森钢板桩等建筑物资在闲暇时对外出租。报告期（2014 ~ 2016 年）内，公司营业收入分别为 42,780.22 万元、45,930.48 万元、48,554.05 万元；归母净利润分别为 4805.20 万元、4767.91 万元、5255.54 万元。

2014 年年末 ~ 2016 年年末，公司应收账款净额分别为 44,404.92 万元、47,804.95 万元、50,391.72 万元，占总资产的比例分别为 36.22%、

36.13%、36.39%，占流动资产的比例分别为 78.25%、66.49%、63.01%。

发审会问题 请发行人代表结合报告期各期营业收入和各期末应收账款变化情况进一步说明，是否存在放松信用政策增加收入的情形。与合同签署、应收账款等相关内控制度的制定及执行情况。结合应收账款的逾期、涉诉和期后回款情况进一步说明，应收账款的回款是否存在风险，坏账准备计提是否充分。报告期各期经营活动产生的现金流净额均低于当年净利润的原因。上述情形对发行人持续盈利能力是否构成了重大不利影响。请保荐代表人发表核查意见。

案例分析 2014 年年末 ~ 2016 年年末，绩丰岩土应收账款在流动资产结构中的比重较高，占流动资产的比例分别为 78.25%、66.49%、63.01%，2016 年应收账款占营业收入比重高达 103.78%，应收账款金额大，对公司现金流造成了很大影响。为了满足日常经营活动所需要的资金，公司将部分资产抵押给银行等金融机构以获得贷款、授信及发行债券。

公司应收账款余额高跟业务类型相关，据招股书披露的风险提示：公司应收账款高与公司所处的地基与基础工程行业密切相关，公司应收账款年末净额增加的主要原因是项目分期结算、客户付款审批流程较长。今后，随着公司地基与基础工程业务规模的迅速增长，应收账款余额仍可能继续保持较高的水平。如果公司应收账款大幅上升，客户出现财务状况恶化或无法按期付款的情况，将会使公司面临坏账损失的风险。

此外，公司发生的重大诉讼全部是向客户催收账款的诉讼，截至招股书签署日，公司尚未了结的诉讼案件共计 9 件，均由公司或子公司为原告涉案工程款或租金合计 2182.46 万元。可见，公司应收账款回收风险较大。

案例 4

哈尔滨森鹰窗业股份有限公司（2017 年 10 月 31 日被否）

——应收账款占营业收入比例逐年升高，但工程项目收入逐年递减，被质疑合理性

案例背景 森鹰窗业专注于超保温节能环保型木窗行业，主要从事铝包木窗的研发、设计、生产和销售。公司木窗系统主要分为标准窗、被动窗、中式园林窗、幕墙阳光房 4 大系列共 15 个品种，全部产品均为以木材为主要受力构件。

报告期（2014 ~ 2017 年 6 月）内，公司营业收入分别为 35,498.95 万元、37,252.69 万元、39,798.67 万元、16,510.10 万元；归母净利润分

别为 4864.11 万元、6073.84 万元、6952.41 万元、2805.37 万元。

公司对工程客户的销售收款基本采用“按合同约定进度收款”的方式，工程项目的收入确认与付款时点存在时间差异，收入确认后未到付款期而形成应收款项；公司工程类项目具有金额大、多批次、分阶段执行的特点，存在单个合同应收款项累计余额较大的情形；公司工程项目整体竣工验收至客户最终付款存在 3 ~ 6 个月的付款期，公司三四季度未完成竣工验收的工程项目往往涉及跨期结算。因此，公司对工程客户的收入形成较大金额的应收账款。报告期各期末，公司工程客户的应收账款余额分别为 13,172.29 万元、16,187.80 万元、22,575.71 万元、18,549.50 万元。

反馈意见 据招股说明书披露，报告期各期末，公司应收账款余额分别为 8730.67 万元、12,959.54 万元、15,222.21 万元和 19,053.88 万元，占当期营业收入的比例分别为 24.55%、36.51%、40.86% 和 122.05%。请发行人在“管理层讨论与分析”中补充披露：（1）按照地区分布和销售模式细化披露报告期应收账款前五大客户的名称、金额、账期及占比情况，是否和各区域市场销售规模及主要客户销售规模相匹配、账期是否和合同约定付款期一致；（2）进一步分析整体规模、各地区市场及各销售模式应收账款占营业收入比重变化的原因及合理性；（3）报告期内公司具体的信用政策、主要客户信用期、相关政策是否存在变更，主要客户各报告期末应收账款超过信用期的具体情况、各报告期末应收账款期后回款情况、期后回款的付款方是否为交易对应的具体客户、报告期内各月末应收账款余额的变动情况（重点分析各报告期末前后数月的变动原因），应收账款周转率低于同行业可比公司的具体原因，以及是否存在放宽信用政策增加收入的情况；（4）一年以上应收款项形成的具体原因及对应的项目情况，进一步说明一年以上应收款项占比高于同行业可比公司的原因及合理性；（5）对比同行业可比公司，请会计师说明应收账款坏账准备计提政策是否存在差异及差异的原因，说明坏账准备计提政策的谨慎性，并发表意见；（6）请保荐机构和会计师对上述事项进行核查，详细说明对应收账款的具体核查工作（包括但不限于核查程序、核查人员、核查时间、核查范围及核查结果），并发表明确的核查意见。

发审会问题 报告期内，发行人工程渠道销售收入占比逐年下降，工程客户应收账款占主营业务收入比例逐年上升。请发行人代表：（1）结合下游需求变化，特别是工程类业务集中地——东北、华北地区房地产市场及政策变化情况，进一步说明 2017 年工程渠道销售收入同比下降的原因，结合在手订单情况，分析说明发行人工程渠道业务未来的发展趋势；（2）结合工程渠道下签订的合同类型、各期主要工程项目的开工时间、期末完工进度、预计完工时间、竣工验收时间及单个项目的时间周期，进一步说明发行人对工程渠道实现的收入按建造合同准则以完工百分比法确认收入的依据，是否符合企业会计准则的要求；（3）结合发行人信用政策、客户结构的调整策略、完工百分比法的确认原则，说明 2016 年、2017 年 1 ~ 6 月末应收账款占主营业务收入比例较高的主要原因及其合理性。请保荐代表人说明核查方法、依据，并发表明确核查意见。

案例分析 据森鹰窗业招股书披露，公司应收账款高主要是由于工程渠道销售收入确认周期长所致，房地产商等工程客户付款期限较长，收入确认与付款时点存在时间差异，形成大额应收账款。但是，报告期内，公司工程客户收入占主营业务收入比例分别为 76.45%、76.20%、63.04%、32.78%，呈逐年下降趋势，但工程客户的应收账款余额分别为 13,172.29 万元、16,187.80 万元、22,575.71 万元、18,549.50 万元，总体上是逐年上升的。两者之间存在矛盾之处。此外，公司坏账准备计提比例与同行业公司对比，存在差异。公司 2 ~ 3 年、3 ~ 4 年应收账款坏账准备计提比例较同行业公司略低。

案例 5

北京元六鸿远电子科技股份有限公司（2019 年 3 月 22 日通过）

——应收账款信用期长、坏账准备计提比例低于行业平均水平，但公司产品技术含量高，业绩良好，剔除应收账款坏账计提因素后仍然具有较好的经营业绩

案例背景 元六鸿远从事以多层瓷介电容器（MLCC）为主的电子元器件的技术研发、产品生产和销售。公司主营业务包括自产业务和代理业务两大类，符合“军民融合”的国家战略。报告期（2014 ~ 2017 年 1 ~ 6 月）内，公司营业收入分别为 44,563.17 万元、52,480.23 万元、65,206.27 万元、37,423.58 万元；扣非后归母净利润分别为 10,049.64 万元、10,498.87 万元、14,492.59 万元、8335.73 万元。

各报告期末，公司应收账款分别为 26,648.70 万元、35,562.73 万元、39,763.94 万元、52,943.41 万元，占流动资产比例分别为 50.56%、50.48%、45.57%、55.50%；公司应收票据分别为 11,867.74 万元、13,284.35 万元、19,865.79 万元、15,451.79 万元，占流动资产比例分别为 22.51%、18.85%、22.77% 及 16.20%。公司自产业务产品大部分面向航天、航空、船舶、兵器等领域的客户。销售回款时间需要根据客户整体项

目的拨款进度而定，付款周期相对较长。

公司采用账龄分析法计提坏账准备，计提政策如下：1 年以内 3%、1 ~ 2 年 10%、2 ~ 3 年 20%、3 ~ 4 年 50%、4 年以上 100%。

发审会问题 发行人在报告期内（特别在 2018 年）销售收入与应收账款余额均增长较快，信用期较长（自产业务信用期不超过 24 个月，代理业务信用期不超过 12 个月），按账龄计提坏账准备比例低于行业平均水平。请发行人代表：（1）结合同行业可比公司情况，说明对主要客户信用政策的合理性；（2）说明 2018 年是否存在通过放松信用政策刺激销售的情形；（3）结合各期末应收账款回款情况、2018 年年末应收账款预期回款情况等，说明坏账准备计提政策是否谨慎，坏账准备计提是否充分合理。请保荐代表人说明核查依据、过程，并发表明确核查意见。

案例分析 元六鸿远因为客户类型的特殊性，净利润大部分都形成了应收账款，且应收账款的信用期较长，整个现金流循环较慢，造成公司营运资金紧张，短期借款金额较大，接近 2 亿元，大额的财务费用又侵蚀了公司部分净利润。

公司应收账款坏账准备计提政策偏谨慎，1 年以内的应收账款按 3% 计提坏账准备，而通行计提比例为 5%，且公司一年以内应收账款占比较高，分别为 87.70%、86.33%、86.10%、86.04%。如果计提比例上调至 5%，将会一定程度削减各期净利润；因此，发审委问询公司应收账款坏账准备计提比例低于行业平均水平，计提政策是否谨慎，是否充分合理。

但是，最终元六鸿远通过了监管机构的审核。原因可能与公司产品技术含量高，行业前景好，客户稳定且信用良好有一定关系，公司虽然应收账款存在一些问题，但公司报告期内业绩良好，去除应收账款坏账计提因素后仍然具有较好的经营业绩，监管机构认为公司未来持续盈利能力存在重大不确定的可能性较低。

案例 6

江苏国茂减速机股份有限公司（2019 年 4 月 30 日通过）

——应收账款余额逐年增大，但与营业收入增幅相匹配，周转率高于同行，坏账准备计提合理，获得认可

案例背景 国茂股份主营业务为减速机的研发、生产和销售。作为工业动力传动不可缺少的重要基础部件之一，减速机广泛应用于环保、建筑、电力、化工、食品、物流、塑料、橡胶、矿山、冶金、石油、水泥、船舶、水利、

纺织、印染、饲料、制药等行业。报告期（2015 ~ 2017 年）内，公司营业收入分别为 110,104.63 万元、115,145.47 万元、147,840.70 万元；归母净利润分别为 7578.12 万元、9668.15 万元、13,367.85 万元。

2015 年年末 ~ 2017 年年末，公司应收账款余额分别为 17,553.95 万元、18,850.88 万元、24,062.39 万元，计提的坏账准备分别为 2027.15 万元、2948.49 万元、4010.03 万元，坏账准备占应收账款余额的比例分别为 11.55%、15.64% 和 16.67%。坏账准备计提政策为：1 年以内 5%，1 ~ 2 年 20%，2 ~ 3 年 50%，3 年以上 100%。公司应收账款周转率分别为 6.61、6.33、6.89。

反馈意见　报告期各期末，应收账款余额呈增长趋势。请发行人补充说明并披露：（1）报告期各期末应收账款余额主要客户、不同性质客户的信用政策及执行情况、应收账款余额金额及占比、应收账款账龄。（2）结合发行人报告期内销售收入的增长情况，说明应收账款增长是否与该类业务增长相匹配、应收账款账龄是否与相应的信用政策相匹配，是否存在过度延长信用账期的情况。（3）A 类经销商管理的 B 类经销商和由 A 类经销商管理的终端客户应收账款金额较大，结合该类客户性质，信用政策、结算方式等补充说明应收账款余额较大的原因及合理性，坏账准备计提是否充分。（4）结合销售模式、信用政策等对公司与同行业可比公司在应收账款周转率上的差异进行比较分析。（5）报告期内收取货款进度是否与合同约定一致，各期末应收账款金额及期后回款进度。请保荐机构、会计师进行核查并明确发表核查意见。

发审会问题　报告期内发行人应收账款及应收票据金额持续增长，逾期应收账款金额及占比较高。请发行人代表：（1）结合收入确认原则、各类经销商信用政策、结算方式等说明期后回款时间较长的原因及合理性；（2）说明应收账款及应收票据金额逐期持续增加的原因及合理性，是否存在延长信用期促销等情形，是否与同行业可比公司保持一致；（3）说明发行人报告期各期末逾期应收账款期后回收情况，逾期金额占比较高的原因及合理性、是否与同行业可比公司一致，坏账准备计提比例的合理性；（4）说明款到发货结算模式下，仍给予客户一定信用周期的合理性，是否符合行业惯例，不同信用期限应收款项占比情况；（5）说明合同条款约定的信用政策的合理性和可行性，与实际执行的差异和合理性及补救措施。请保荐代表人说明核查依据、过程并发表明确核查意见。

案例分析 虽然反馈意见和发审会问题中皆问到了国茂股份的应收账款相关问题，但国贸股份招股说明书和补充法律意见书中对发审委提出的问题皆进行了充分的披露与解释，具备合理性。

首先，国茂股份虽然各报告期末应收账款余额呈逐年上涨趋势，但公司营业收入也为逐年上涨，各报告期末，公司应收账款账面价值分别为15,526.80万元、15,902.39万元、20,052.36万元，占当期营业收入的比例分别为15.94%、16.37%、16.28%，占比比较稳定，应收账款余额变动与收入变动趋势保持一致。

其次，公司应收账款周转率分别为6.61次/年、6.33次/年、6.89次/年，周转率基本保持稳定，不存在过度延长信用期，从而导致应收账款周转率下降的情况。而且公司应收账款周转率高于行业平均值，同行业上市公司平均应收账款周转率分别为2.85次/年、3.00次/年、3.13次/年。

最后，公司应收账款账龄大部分在一年以内，据招股书披露，账龄在一年以内的应收账款占比分别为76.30%、72.25%、74.71%。公司对应收账款坏账准备计提政策也比较合理，1年以内5%，1～2年20%，2～3年50%，3年以上100%计提，且对一些特殊的应收账款进行单项计提坏账准备。

三、应对建议

从最近两年的审核案例来看，应收账款越发受到监管机构的重点关注，需要拟IPO企业予以高度重视。对于应收账款，主要应对建议如下：

1. 解释应收账款余额较大的原因

拟IPO企业可按照以下思路，在招股书和法律意见书等申报资料中，对应收账款余额较大的原因进行披露与解释：

（1）对比同行业上市公司，说明应收账款余额较大的原因系公司所处行业通行的产品购销特点以及货款结算惯例（如分期付款）而导致货款结算期较长。

（2）说明是客户的原因造成的，如国有企业付款申请一般审批环节较多，造成结算周期较长。但尚不存在款项无法收回的情况。

2. 对应收账款进行分析

（1）对应收账款账龄进行分析，说明不同账龄应收账款的占比情况，一般最好3年以上的应收账款占比较少或没有；

（2）说明应收账款账龄主要在1年以内，不存在回收风险，亦不存在刻意放宽信用政策来增加收入；

（3）分析应收账款所对应的主要客户，说明其资信情况以及判断是否存在坏账的风险；

（4）应收账款虽然余额较高且持续增长，但营业收入的增长速度高于应收账款的增长速度，且应收账款占营业收入的比例持续下降。

3. 加强应收账款管理

（1）制定严格的客户资信评估程序，建立完善的客户信用评估及授信体系，根据客户的历史交易记录及抗风险能力，对客户进行分类分档管理并授予相应的信用额度。

（2）应收账款由财务部门和销售部门分别核算和统计，并定期对账分析。对尚在信用期内的款项，由销售人员按合同协议条款定期催收，对部分长期合作的优质客户在资金紧张，提出展期要求后，根据授予的相应信用额度，经公司销售部门和财务部门负责人确认并报总经理批准后，方可执行，并严格控制。对超过延长信用期限仍未还款的客户，公司派专人以“一对一”方式加强催款，并在收回以前欠款后，才继续接受该客户的新订单。

（3）定期召开客户的应收账款分析会，分析市场发展和客户经营情况，优先安排效益好，信誉高、货款支付及时的客户订单，保证应收账款能及时、全额收回。

4. 应收账款坏账准备计提合规

公司应根据《企业会计准则》和《首发业务若干问题解答》的规定，参照同行业上市公司坏账准备计提比例，并结合公司实际情况，对应收账款合理地制定并执行减值准备计提政策。

5. 杜绝不合规的手法操纵业绩

杜绝使用不合规的手法调节应收账款、调节利润，企业应反映自身最真实的财务数据，否则很有可能因为财务数据之间逻辑不符而被监管机构怀疑业绩的真实性。

第五节　销售费用

销售费用是企业在销售商品和提供劳务的过程中发生的各种费用，包括保险费、包装费、展览费、广告费、商品维修费、装卸费以及销售机构的职工薪酬、业务费、折旧等费用。

销售费用是 IPO 审核中监管机构关注最多的科目之一，销售费用的比例及波动情况异常可能影响拟 IPO 企业营业收入及利润的真实性，此外，销售费用中可能涉及不合规的销售返利及商业贿赂，也是监管机构的审核重点。

一、销售费用比例及内部结构波动

（一）理论基础

销售费用占营业收入比例波动及内部结构波动与企业发展不一致，或与同行业公司波动趋势不一致，容易被监管机构质疑合理性，即存在操纵利润的可能性。

1. 销售费用比例波动

销售费用占营业收入比例波动情况是销售费用分析的基础，若销售费用占营业收入比例波动较大，则需要具体分析原因。如果销售费用占营业收入比例下降，一方面有可能被质疑隐瞒了销售费用，从而达到增加公司利润的目的；另一方面也有可能被质疑虚增了销售收入，因为销售费用通常与营业收入成正比例增长，如果销售费用变动不大或下降，而营业收入增长较多，则可能存在造假嫌疑。

针对销售费用比例波动，需要对公司整体运营情况进行分析，再分析销售费用的结构，分析具体由哪一些具体费用引起的销售费用波动，从而进行规范及披露解释。

2. 销售费用内部结构波动

销售费用内部结构波动情况，首先要对销售费用内部结构进行分析，分析销售费用具体由哪些明细项目构成，这些明细项目占销售费用比例的波动情况，是否存在异常波动的项目，每一明细项目波动的具体原因。

IPO 审核中，比较关注的销售费用明细项目如下：

（1）职工薪酬

销售机构的职工薪酬纳入销售费用核算，通常职工薪酬是销售费用中占比最大的一个项目，也是销售费用最重要的明细科目之一。职工薪酬主要考虑以下几点：

①销售人员整体平均薪酬

一段时间内，无论是销售费用波动如何，销售人员的整体工资水平通常应该变化不大，如果平均工资大幅波动，需要进行充分披露与解释，结合公司的销售管理制度，说明是否因为销售人员整体业绩的波动而导致平均工资的波动。

②销售人员平均薪酬与当地社会及与同行业公司平均薪酬比较

企业的工资可能与当地平均工资会有一定差异，但是企业在不同区域的工资表现应当与全国不同区域社会平均工资表现出一样的差异性。如二三线城市平均薪酬应该低于一线城市平均薪酬，如果相反，则说明可能存在异常。

此外，监管机构通常会将拟 IPO 企业的薪酬水平与同行业公司作比较，如果存在明显异常，则也会被质疑真实性与合理性。

③销售人员的激励政策

销售人员薪酬的重要组成部分是销售提成奖励，中介机构及监管机构在核查销售人员的工资水平时，会根据销售提成奖励政策进行测算，若表现出差异较大，则会持怀疑态度。

（2）差旅费

由于差旅费明细内容较杂，很多企业会把一些非正规发票放在此处列支，差旅费是一项比较难以核查且容易造假的科目。

监管机构对差旅费的核查，主要先将差旅费与营业收入进行比较，然后再获取拟 IPO 企业出差补贴及费用报销标准的政策进行测算等。

（3）运输费用

总体而言，运输费用通常与营业收入的增长是正相关的，因此，运输费用的增长趋势应该与营业收入保持一致。

此外，企业销售产品的具体运输政策也影响着运输费用的波动，一般公司销售产品都会约定由销售方承担运费或者采购方承担运费，因此分析运输费用时，必须先弄清运输费用的承担方；同时还要分析公司的运费承担状况是否符合行业惯例，如果不符合，可能企业本身值得怀疑。

（4）市场推广费用

市场推广费用是证监会重点关注费用之一，因为里面能包含的费用项目非常多，而且容易被怀疑存在商业贿赂问题。

一般市场推广费用也需要根据公司实际情况进行分析，如会议费要求公司提供真实开会的资料以及与会务机构等的合同明细；对于广告费用要求公司提供与推广机构签订的广告投放合同，支付费用明细等。

核查公司是否存在大额只有发票，不能提供其他如合同、具体业务发生明细等资料的费用，对于这种费用则有可能涉及异常费用甚至商业贿赂等情形，需要重点关注。

（二）审核关注点及典型案例

关于销售费用比例及内部结构波动问题，主要审核关注点如下：

1. 报告期发行人营业收入大幅增长，销售费用率低于同行业平均水平的原因及合理性；

2. 营业收入及净利润增长较快的情况下，销售费用与上一年基本持平的原因及合理性；

3. 说明发行人销售费用占营业收入的比例不断下降的原因及合理性；

4. 销售费用率远低于行业可比公司的原因及合理性；

5. 销售费用变化与销售业务的匹配情况；
6. 销售人员工资占销售费用比例下降的原因及合理性。

相关案例：

案例 1

珠海安联锐视科技股份有限公司（2018 年 9 月 27 日被否）

——报告期内收入大幅增长，但销售费用率远低于同行业公司，被质疑业绩真实性

案例背景 安联锐视专注于安防视频监控产品软硬件的研发、生产与销售。公司主要产品包括前端摄像机和后端硬盘录像机，较多应用于家庭、社区、企业、商铺、车辆等消费类领域，最终消费以欧美市场为主。报告期（2015~2017 年）内，公司主营业务收入分别为 42,362.66 万元、54,476.29 万元和 93,337.05 万元；净利润分别为 2290.41 万元、3471.55 万元、7469.13 万元。

公司期间费用率在同行业中处于较低水平。公司销售费用主要包括职工薪酬、广告宣传费、运费、保险费、差旅费、报关费等。报告期各期公司销售费用占营业收入的比重分别为 4.67%、3.82% 和 2.91%，保持较低水平。2016 年和 2017 年，公司营业收入增幅分别为 28.60%、71.34%，而同期销售费用增幅分别为 5.08%、30.65%，低于同期营业收入增幅。

反馈意见 据招股说明书披露，发行人 2014 年 ~ 2016 年，发行人期间费用分别为 5426.97 万元、6635.69 万元、7184.36 万元，占当期营业收入的比重分别为 16.78%、15.66%、13.19%。

请发行人：（1）补充披露发行人销售费用率低于同行业其他上市公司的主要原因及合理性；（2）结合发行人报告期内销售人员数量变动情况、销售人员人均工资变动、人均差旅费变动情况说明销售人员薪酬与收入变动不匹配的主要原因及合理性；（3）补充披露 2016 年发行人收入增速较快、但广告费同比出现下降的原因及合理性；是否存在发行人大股东及关联方代垫费用的情况；补充说明发行人广告费主要支付对象、发行人广告宣传的主要载体、价格、广告宣传期间、相关费用是否存在跨期的情况。

发审会问题 发行人报告期收入利润快速增长，毛利率持续下滑。请发行人代表说明：（1）结合公司行业地位、核心竞争力说明营业收入快速增长，特别套装产品大幅增长的原因及合理性；（2）毛利率逐年下滑且低于行业

可比公司的原因及合理性，是否与行业变动趋势一致；（3）销售费用及管理费用率远低于行业可比公司的原因及合理性；（4）2018 年上半年经营活动现金流量净额为负数的原因及合理性。请保荐代表人说明核查依据、过程并发表明确核查意见。

案例分析 安联锐视的产品在大类上属于监控设备，该行业可能涉及的城市安防、智慧城市等概念，如今已不再新颖，且该行业目前格局纷乱，竞争十分激烈。公司虽然报告期内业绩实现了快速增长，但主要是基于境外销售的实现。同时，发审委还关注到公司销售真实性、毛利率和期间费用率合理性等问题。总体来说，发审委对安联锐视所关注的问题，本质是质疑其市场竞争地位的稳固性和未来发展的可持续性问题。

具体到销售费用率偏低问题，公司的销售费用率与同比公司差异确实比较大，而公司在招股书中解释原因主要是公司销售模式造成的，但确未作进一步详细解释。结合发审委对公司行业竞争地位及未来发展可持续性的疑虑，销售费用率偏低，可能加剧了对公司业绩真实性的质疑。

案例 2

浙江恒强科技股份有限公司（2018 年 9 月 18 日被否）

——报告期业绩爆发式增长，但销售费用占营业收入比例不断下降，被质疑业绩合理性

案例背景 恒强科技是专业从事各类针织机械电脑控制系统研发、生产和销售的高新技术企业。公司生产的电脑控制系统是针织机械的核心零部件。报告期（2014 ~ 2017 年 1 ~ 6 月）内，公司营业收入分别为 12,405.41 万元、17,489.96 万元、33,760.14 万元、34,658.88 万元；扣非后归母净利润分别为 -3249.85 万元、978.92 万元、3965.84 万元、6947.32 万元。

报告期内，公司销售费用分别为 1011.18 万元、881.70 万元、1040.94 万元、672.79 万元。2015 年，公司销售费用较 2014 年减少 129.48 万元，降幅 12.80%。公司披露主要原因为：一方面，由于横机行业低迷，公司于 2014 年精简了销售人员，使得 2015 年职工薪酬及社保下降 48.35 万元；另一方面，广告及业务宣传费下降 79.21 万元。随着公司业务规模扩大，公司 2015 年运输费用上升 55.13 万元。2016 年，公司销售费用较 2015 年增长 159.24 万元，增幅 18.06%，随着业务规模进一步扩大，公司运输费用增加 71.16 万元，公司广告及业务宣传费增加 58.15 万元。

反馈意见 据招股说明书披露，发行人销售费用在 2015 年下降后，2016

年再次增长，占营业收入的比例不断下降，请结合各明细项目变化的具体情况，说明销售费用的变化与营业收入的变化是否匹配。请保荐机构和申报会计师就上述问题进行核查并明确发表意见。

发审会问题 报告期内，发行人净利润的增长速度高于营业收入增长速度，应收账款金额增加，占主营业务收入比例提高，经营活动现金流净额与净利润存在较大差异。结合发行人所处的行业、行业竞争地位、毛利率水平变化、收款方式等情况，请发行人代表：（1）说明报告期内营业收入、净利润较快增长的原因以及可持续性，净利润同比增速远高于营业收入的原因及合理性；（2）说明发行人销售费用及管理费用占营业收入的比例不断下降的原因及合理性；（3）结合营业收入增长、客户开发、信用政策情况等，说明是否存在放宽信用政策，提前确认收入的情形，应收账款坏账准备计提是否充分；（4）说明经营活动现金流净额与净利润存在较大差异的原因。请保荐代表人说明核查依据、过程并发表明确核查意见。

案例分析 恒强科技报告期内的业绩呈爆炸式增长，2014 年亏损 3000 多万元，直到 2017 年上半年实现了 6000 多万元的净利润，但从公司所处的行业来看，纺织行业最近几年不是很景气，虽然公司从事纺织机械业务，产业链环节不同，但应该也是息息相关的，除非公司在核心技术等方面有非常大的突破，因此，恒强科技业绩增长快的合理性容易受到质疑。

公司销售费用及管理费用占营业收入的比例不断下降，而又没有给出让人认可的解释，成为发审委质疑公司业绩真实性的理由之一。

案例 3

南通国盛智能科技集团股份有限公司（2018 年 3 月 27 日被否）

——销售费用率远低于同行，销售人员工资比例下降，被质疑合理性

案例背景 国盛智科是一家从事数控机床和机床附件制造的高新技术企业，主营业务为数控机床、以机床设备为主的精密钣焊产品和精密机床铸件的研发、生产和销售。报告期（2014 ~ 2017 年 1 ~ 6 月）内，公司营业收入分别为 38,360.29 万元、32,453.97 万元、40,638.22 万元、27,167.17 万元；实现归属于母公司所有者的净利润分别为 4762.52 万元、4461.99 万元、6694.56 万元、4263.92 万元。

公司销售费用主要由运输费用、工资福利及社保费用、业务差旅费、展览及宣传费用及销售服务费构成。报告期内公司销售费用率分别为 3.23%、

3.44%、4.06%和4.08%，同行业公司平均销售费用率为7.51%、9.63%、9.55%和9.10%。公司销售费用率显著低于同行业公司。

反馈意见 发行人报告期内销售费用分别为1238.17万元、1115.23万元、1650.78万元，销售费用率显著低于同行业上市公司；管理费用分别为3358.14万元、3454.61万元、5100.56万元，财务费用分别为57.82万元、-119.21万元、-23.58万元。请在招股说明书“管理层讨论与分析”部分补充：（1）补充披露期间费用中主要项目在报告期各期的波动原因，销售费用率显著低于同行业公司是否合理。（2）销售费用主要为运输费，请结合业务类型、公司与客户、供应商关于运输费用的约定，相关运输合同数量、种类和具体条款等，说明运输费用规模与销售量、采购量之间的匹配性。

发审会问题 发行人披露“发行人销售服务费率低于同行业上市公司平均值，主要系销售服务费主要在经销模式下产生”。请发行人代表说明：（1）销售费用变化与销售的匹配情况；（2）销售人员工资占销售费用比例下降的原因；（3）销售费用显著低于同行业上市公司的原因及合理性。请保荐代表人发表核查意见。

案例分析 国盛智科销售费用率显著低于同行业公司，据招股说明书解释，主要原因有以下三点：一是客户数量较为稳定，开拓和维护费用较低；二是机床整机的经销模式占比上升较快，与经销商的合作可以有效降低整机客户开拓的费用；三是客户以国际知名机械设备厂商为主，客户较为稳定，维护成本低。这样的解释虽然表面上存在一定的合理之处，但是综合公司毛利率在同行业毛利率普遍下降的情形下，反而上升，同时经销客户与公司存在关联关系，这些让监管机构质疑公司业绩的真实性与合理性。

在此情形下，过低的销售费用率其实又进一步验证了上述质疑公司经销收入金额及比重大幅上升的异常，从而导致公司被否。

（三）应对建议

销售费用比例及内部结构波动问题并不是构成IPO被否的本质问题，其间费用率问题属于典型的技术性财务问题，每个企业都有不同的情况，只要企业有充足合理的理由解释，符合企业实际情况，一般可以获得认可。

关于销售费用比例及内部结构波动，需要注意以下几点：

1. 销售费用率通常要与报告各期保持一致，并与同行业企业平均水平保持一致

从财务数据对比来看，拟IPO企业销售费用率需要与内外部可比数据保持一致，

即内部报告各期数据及外部同行业企业平均数据，若对比差异较大，则必然会引起监管机构质疑，至少会在审核阶段被问询，加大审核风险。

2. 业绩合理性与销售费用合理性紧密结合

监管机构对企业的销售费用合理性质疑，除对企业规范性有疑虑外，更重要的是对企业的持续盈利能力及业绩合理性产生质疑，而销售费用的波动及异常情况是监管机构对企业业绩合理性产生质疑的一大推手。因此，业绩合理性及销售费用合理性是紧密结合的，两者需要互相佐证，方可降低审核风险。

3. 正常业务合理解释与披露

费用的异常波动必然也是由业务的变化所引起的，异常波动并不可怕，只要是真实发生的，能够由正常业务合理解释的都可以被接受。因此，如果拟 IPO 企业销售费用存在大幅波动，但由公司业务变化所致，公司应作详细披露与解释。

二、销售返利

（一）理论基础

为激励经销商，很多企业都会制定销售返利奖励政策，目的是通过返利来调动其积极性。销售返利是一种合法的商业促销方式，属于折扣的一种表现形式，即“支付价款总额后再按一定比例予以退还”。但销售返利必须满足《反不正当竞争法》和原国家工商行政管理局《关于禁止商业贿赂行为的暂行规定》关于明示、入账的要求，否则按回扣处理。

总体上，销售返利主要分为两种形式：一是实物返利，即达到规定数量赠实物的形式；二是货币返利，即直接返还货款或者冲抵货款的形式。这两种销售返利形式，皆会影响企业经营业绩，因此，销售返利的合理性、合规性受到监管机构的重点关注。

1. 销售返利相关的税务及会计处理

按照最新的《企业会计准则第 14 号——收入》（2018 年），企业与客户的合同中约定的对价金额可能会因折扣、价格折让、返利、退款、奖励积分、激励措施、业绩奖金、索赔等因素而变化，企业应对计入交易价格的可变对价进行估计。企业应付客户对价的，应当将该应付对价冲减交易价格，并在确认相关收入时点或者支付客户对价孰晚时点冲减当期收入。

因此，总体来说，对于销售返利的会计处理需要按照权责发生制原则，对于货币返利，应冲减收入，对于实物返利，应递延到返利时，确认为当期的销售收入。

需要注意的是，实务中，存在一些企业将销售返利计入销售费用的情形，如格力电器（股票代码 000651）2017 年的销售返利全部计入销售费用处理，但其年报中并未详细披露销售费用的明细。蔚蓝生物（2018 年 10 月 23 日过会，股票代码 603739）在申报期内将对经销商的实物返利计入销售费用处理。此外，亦有许多未上市企业将销售返利计入销售费用处理，但该种处理方式是否合规，仍存在很多争议，相同处理方式的案例也相对较少，并且不符合企业会计准则关于收入的相关规定。因此，对于拟 IPO 企业来说，为降低审核风险，本书建议按照以下方式进行销售返利的税务及会计处理。

（1）销售返利的增值税处理

①货币返利

根据税法规定，销售货物并给购买方开具专用发票后，如发生退货或销售折让，对于购货方已付款或货款未付已作账务处理，发票联和抵扣联无法退还的情况下，购货方必须取得当地税务机关开具的“进货退出或索取折让证明单”送交销货方，作为销货方开具红字专用发票的合法依据，并开具红字专用发票。

②实物返利

根据《增值税暂行条例实施细则》第 4 条第 8 款的规定，将自产、委托加工或者购进的货物无偿赠送其他单位或者个人，增值税应视同销售。实物返利应当视同销售处理。

（2）销售返利的会计处理

①货币返利

企业要根据与经销商签订的框架合同和具体销售合同规定的返利条款，以及以往的历史经验等因素，合理预计各经销商最终享受返利的可能性，如果很有可能最终会享受到，且在销售确认时又符合《企业会计准则第 14 号——收入》规定的“很可能导致经济利益流出的现时义务”的条件，应作为预计负债予以计提，借方科目为冲减所确认的当期销售收入。以后经销商实际享受返利时，转销该预计负债。

将返利计入预计负债符合权责发生制要求，收入代表的经济利益流入应当是导致所有者权益增加的。但此处的部分经济利益与应在未来享受的返利相关，需递延到以后确认，所以不构成现在的收入，计提时应冲减当期收入。此外，现金返利不属于无偿赠送，应冲减收入，不建议计入销售费用。

具体来说，货币返利相关的会计处理如下：

例如，2018 年，A 公司对经销商 B 约定，当经销商 B 向 A 公司采购额达到 10,000 元时，就进行现金返利 3480 元，用以抵扣下一批货款。2019 年年初，对经销商结算时，确定经销商已达标，返利 3480 元。

具体会计处理如下：

A. 2018 年，制定返利政策，预计企业很可能返利时

借：应收账款 10,000

贷：主营业务收入 8620［10,000/（1+16%）］

应交税费—应交增值税（销项税额）1380

借：主营业务收入—折扣 3000［3480/（1+16%）］

贷：预计负债 3000

B.2019 年，实际开具红字折扣发票抵顶货款时

借：预计负债 3000

应交税费—应交增值税（销项税额）480

贷：应收账款 3480

需要注意的是，实务中，关于货币返利，返利部分具体计入哪个科目，不同公司有不同的做法，如上海威派格（2018 年 12 月 4 日过会）、青岛森麒麟股份（2018 年 10 月 11 日预披露招股书）计入了其他应付款；景兴健护（2018 年 12 月 28 日预披露招股书）计入了其他流动负债；新希望乳业（2019 年 1 月 15 日预披露招股书）直接冲减应收账款等。本书认为计入预计负债是最合理的。

②实物返利

实物返利在增值税方面应当视同销售，但会计上不认为是无偿赠送而作为商业折扣冲减收入。《企业会计准则讲解》第十五章关于商业折扣，指企业为促进商品销售而在商品标价上给予的价格扣除，其本质上是为了促进销售，即便是实物在会计处理上也可作为商业折扣处理。

依据会计的权责发生制原则，按照扣除实物折扣后的金额确定本期销售商品收入金额，把将于下年支付的实物返利确认为合同负债，递延至下一年度交付作为返利的实物时，确认为下一年度的销售收入。

具体来说，实物返利相关会计处理如下：

例如，2018 年，C 公司为了鼓励经销商多销售其代理的笔记本电脑，签订返利协议：年度销售额超过 1000 台，次年可给予销售数量 5% 的电脑奖励。2019 年，经销商 D 销售笔记本电脑 1100 台，每台销售价格 0.3 万元，成本价 0.25 万元 / 台（暂不考虑增值税和企业所得税）。

A. 2018 年确认收入并对下一年度交付的实物返利预提处理：

借：应收账款等 3,300,000

贷：主营业务收入 3,140,000［3,300,000/（1+5%）］

合同负债 160,000

借：主营业务成本 2,750,000

贷：库存商品 2,750,000

B. 2019 年实物返利时：

借：合同负债 160,000

贷：主营业务收入 160,000

借：主营业务成本 137,500［1100 × 5% × 0.25 × 10,000］

贷：库存商品 137,500

2. 销售返利需要注意的问题

从 IPO 审核角度来看，拟 IPO 企业若在报告期内存在销售返利情形，需要注意以下问题：

（1）销售返利的合理性与真实性。主要包括销售返利与同行业可比公司的对比情况及会计政策处理合理性两方面。如果拟 IPO 企业对经销商或其他客户销售返利金额较同行业超过较多，则很容易让监管机构对销售返利的合理性及真实性产生质疑；会计处理方面，几乎只要涉及销售返利的拟 IPO 企业在反馈意见阶段皆会被问询相关会计处理的合理性，需要企业作进一步披露与解释。

（2）销售返利的合规性。主要侧重于企业的销售返利政策及相关处理是否符合法律法规的要求，是否构成商业贿赂。商业贿赂构成 IPO 的实质障碍，企业需避免该审核红线。

（3）销售返利对经营业绩的影响。如果企业经营依赖于销售返利，而销售返利通常存在较大的不确定性，意味着企业的经营业绩受制于人，这种情形下，监管机构很可能会质疑企业的持续盈利能力，审核风险较大。

（二）审核关注点及典型案例

从最近两年的审核案例来看，销售返利相关的审核关注点主要如下：

1. 对经销商是否存在返利政策，如果存在，说明返利政策的条款、报告期内的返利金额和相关的会计处理方法；销售返利是否按照权责发生制原则核算；

2. 发行人报告期返利金额，返利政策是否按约定执行，对发行人经营业绩是否构成重大影响；

3. 不同客户（供应商）的返利政策是否存在重大差异，同一客户（供应商）返利政策报告期是否发生重大变化；

4. 主要客户（供应商）的返利计提情况及实际返利情况，两者是否存在重大差异；

5. 发行人计提返利的依据、确认时点及会计处理方式，是否符合会计准则，是否与同行业可比公司一致；

6. 部分返利款长期挂账的原因，是否存在跨期确认的情形；

7. 对境外客户销售是否存在返利或补贴，是否存在第三方回款情况；发行人的关联方与境外客户是否存在资金往来，是否存在代垫成本费用的情形；

8. 发行人是否涉及账外返利的情形，是否存在商业贿赂风险；

9. 发行人是否制定返利相关的内控制度，相应制度是否健全有效。

相关案例：

案例 1

上海丽人丽妆化妆品股份有限公司（2018 年 1 月 26 日被否）

——收到销售返利金额对业绩影响较大，存在较大不确定性

案例背景 丽人丽妆主营业务包括化妆品电商零售、品牌营销服务、化妆品分销等业务。在上述业务中，化妆品电商零售业务是公司最核心的业务，销售收入贡献超九成，品牌营销服务、化妆品分销等业务占比较低。公司作为国内领先的化妆品品牌正品授权网络零售服务商，通过与品牌方直接合作，在天猫上开设官方旗舰店，打通了品牌方与消费者之间的网络销售渠道；致力于提升消费者购物体验，方便消费者挑选不同品牌的化妆品。

截至 2017 年 6 月 30 日，公司已与兰蔻、雅漾、碧欧泉、雪花秀、兰芝、美宝莲、妮维雅等 55 个化妆品品牌达成合作关系，是天猫美妆平台中获得品牌授权数量最多的网络零售服务商之一。报告期（2014 ~ 2017 年 1 ~ 6 月）内，公司分别实现营业收入 71,563.63 万元、121,724.76 万元、201,579.80 万元和 121,315.43 万元。2014~2016 年，公司营业收入年复合增长率达到 67.83%。

2014 ~ 2017 年上半年，丽人丽妆向阿里支付的广告推广费用分别为 0.73 亿元、1.15 亿元、1.71 亿元及 0.61 亿元；支付平台运营费用分别为 0.34 亿元、0.61 亿元、0.88 亿元、0.66 亿元。

2014 ~ 2017 年上半年，丽人丽妆收到的品牌返利分别为约 1 亿元，1.33 亿元，1.75 亿元及 1742 万元，占比主营业务毛利的 36.71%、30.50%、24.56% 及 4.03%。返利占公司毛利的比例较高。

反馈意见 （1）请说明品牌方返利的收取流程、每个环节的账务处理。（2）请说明店铺保证金的收取比例，各期的发生额。（3）请说明品牌方往来款和其他项的具体内容、报告期各期的发生额以及发生的合理性。请保荐机构和申报会计师核查上述事项，说明核查过程，并明确发表意见。（4）请在“业务与技术”章节详细披露发行人的仓储管理和物流模式；补充披露返利的具体政策，是否属于行业惯例。

发审会问题 发行人报告期品牌方返利金额较大，品牌方执行的返利政策对发行人经营业绩构成重要影响。请发行人代表说明：（1）不同品牌方的返利政策是否存在重大差异，同一品牌方的返利政策报告期是否发生重大变化；（2）报告期主要品牌方的返利计提情况及实际返利情况，两者是否存在重大差异；（3）发行人计提返利的依据、确认时点及会计处理方式，是否符合会计准则，是否与同行业可比公司一致；（4）品牌方返利款支付相关政策，部分返利款长期挂账的原因，是否存在跨期确认的情形；（5）返利主要以红票、票折或货返形式兑现的情况下，报告期有无因停止采购而导致原已计提返利无法兑现的情况及具体财务影响，返利计提是否谨慎、合理，是否存在报告期内调节采购量进而调节利润的情形。请保荐代表人发表核查意见。

案例分析 丽人丽妆销售收入中电商零售占比超过九成，但公司没有自有品牌化妆品，更像是一家化妆品品牌集合的渠道公司。据招股书披露，丽人丽妆成立于 2010 年 5 月，2012 年阿里创投 A 轮投资丽人丽妆，之后将股份转让给阿里网络，目前阿里网络持股比例为 19.55%，居于创始人黄韬之后，位列第二大股东，是公司的关联方。公司目前长期依赖关联方天猫平台，基本收入都来自该平台中，销售渠道较为单一。

根据前述对于品牌方返利的数据，其占公司利润比重较大，即品牌方执行的返利政策对公司的经营业绩构成较大的影响。如果品牌方返利政策变化或其他因素导致公司获得的返利出现下降甚至无法收取返利，公司的盈利能力将受到较大影响。

案例 2

广州若羽臣科技股份有限公司（2018 年 3 月撤材料）

——信息披露延迟，返利金额对利润影响较大

案例背景 若羽臣科技主营业务系为全球优质快消品品牌提供全方位的电子商务综合服务，主要包括线上代运营、渠道分销、品牌策划三种经营模式，其中线上代运营模式下，公司与品牌方采用零售结算或服务费结算方式，分别形成零售收入或运营服务收入；公司在渠道分销模式和品牌策划模式下分别形成分销收入和策划服务收入。

报告期内，线上代运营收入和分销收入是公司营业收入的主要来源，2015~2017 年占主营业务收入的比例分别为 100.00%、98.15% 和 95.11%。随着公司客户在品牌策划方面的需求不断提升，公司策划服务收入

及其占主营业务收入的比例逐年整体呈上升趋势，从2016年的1.86%升至2017年的4.89%。

报告期（2014～2017年1～3月）内，公司获得返利金额分别为1172.25万元、2596.90万元、4929.87万元和978.39万元，占报告期各期营业毛利的比例分别为23.99%、29.34%、30.62%和24.05%。

反馈意见 补充披露应收代垫费用和应收供应商返利的款项构成、发生原因；发行人根据品牌方给予的返利冲减相应的存货成本。请发行人补充披露发行人获得返利的合法合规性，是否符合行业惯例，对应会计处理方式以及会计处理是否符合会计准则的规定。请保荐机构、申报会计师核查并发表意见。

案例分析 若羽臣科技2015年12月在新三板挂牌，两年后摘牌。而两年间，若羽臣先后5次更正了业绩报告，2015年审计税后净利润由最初的1311.55万元，一路修正为521.31万元，降幅达到六成。根据招股书，若羽臣是一家以母婴、美妆、个护、食品、保健品等快消品为主营业务的代理商公司。因公司没有实际生产能力，所有的产品来自上游品牌商，而渠道又依附于电商平台，故自身盈利水平受品牌商及电商平台双重影响，经营状况受其他方的依附性较强。

经营状况方面，公司近三年营业收入分别为18,657.97万元、37,818.99万元、67,363.66万元，年均复合增长率为90.01%。但毛利率却逐年下降，2015年至2017年，公司综合毛利率分别为47.44%、42.57%、33.29%；净利润数据分别为521.31万元、3503.43万元、6301.34万元。同期销售返利2015年为2596.90万元、2016年为4929.87万元，远超同期净利润521.31万元及3503.43万元，即扣除销售返利后，当期净利润为负。

对于此重要信息，可能公司基于风险规避，在最新更新的招股书中，若羽臣对返利金额并未进行及时披露，仅仅只是花较大篇幅去强调品牌返利的合理性。一方面是盈利能力不足，另一方面是延迟披露，基于上述两方面难以得到监管层的认可，故最终被迫撤销申报。

案例3

江苏爱朋医疗科技股份有限公司（2018年9月27日通过）

——经销模式为主，对经销模式进行了完整详细信息披露，销售返利会计处理亦获得认可

案例背景 爱朋医疗是专业从事疼痛管理及鼻腔护理领域用医疗器械产品研发、生产及销售的高新技术企业，主要产品包括微电脑注药泵、一次性注药泵、

无线镇痛管理系统、脉搏血氧仪及传感器等疼痛管理领域用医疗器械和鼻腔护理喷雾器等鼻腔护理领域用医疗器械。

报告期（2015 ~ 2017 年）内，公司经销收入分别为 12,115.42 万元、16,696.30 万元和 20,730.20 万元，占主营业务收入的比例分别为 78.95%、84.24% 和 83.96%。公司对经销商采用的销售政策包括折扣政策、返利政策，其中自 2017 年起公司在销售协议中与经销商约定返利政策，当经销商完成经销指标时，公司提供相应价值的产品作为返利奖励。2017 年公司返利金额为 669.68 万元，主要系销售微电脑注药泵返利，其返利占比为 91.33%。

根据公司与经销商签订的经销协议，客户收到公司提供的产品后，在最终验收合格之前，因产品质量存在问题的，经公司同意后，客户可以要求退换货；客户最终验收合格的，一般不得再要求进行退换货，如遇特殊情况，经双方协商处理。

反馈意见 补充说明对经销商的激励政策（如折扣政策、返利政策）及结算政策（代理式经销、买断式经销），各种返利的会计处理方式；发行人对经销商的退换货政策，报告期内实际发生的退换货金额、索赔情况以及相关会计处理方式、是否存在大量销售退回的情形。

发审会问题 发行人销售模式包括经销和直销，且以经销为主。请发行人代表说明：（1）采取两种（含多级经销）销售模式的原因，不同销售模式下的客户开发模式、定价机制、销售价格、销售政策及毛利率差异；（2）经销商选取标准及考核管理办法，是否与发行人存在关联关系；（3）报告期经销商变动原因，经销商最终销售的实现情况；（4）部分经销商期末存货金额较大的原因及合理性；（5）销售返利政策及执行情况，会计处理是否符合会计准则规定；（6）未独家经销发行人产品的经销商是否代理其他厂家同类产品或替代性产品。请保荐代表人说明核查依据、过程并发表明确核查意见。

案例分析 爱朋医疗主要采用经销模式，对经销商采用了折扣和返利两种销售政策。在招股说明书等公开披露资料中，爱朋医疗详细披露了经销商收入确认方法、时点及结算过程、采用以经销模式为主的原因、经销商管理政策、公司对经销商的销售政策、经销协议的主要内容、经销模式类型及具体销售流程、签约经销商基本情况及销售情况、经销商数量变化情况及原因、经销商按金额分布情况、经销商独家经销情况及多级经销情况、公司在销售及收款及资金管理等方面的内部控制建设及运营情况等。可谓是作了非常详细及全面的信息披露，得到了监管机构的认可。

关于公司的销售返利政策执行情况及会计处理的合理性，根据披露，爱朋医疗 2017 年开始与经销商约定返利政策，进行实物返利，2017 年返利金额为 669.68 万元。爱朋医疗并未披露销售返利的会计处理方式，但通过对销售费用明细进行分析，销售返利并未进入此科目，应该是在实物返利当期计入了收入处理，具备合理性。

（三）应对建议

对于销售返利问题，基于对上述审核关注点及典型案例的总结，有如下几条应对建议：

1. 保证返利数据的合理性

公司应尽量保证销售返利金额与营业收入占比的合理性，以及返利规模与同行业可比公司对比的合理性，避免存在返利金额畸高，引起发审委质疑。

2. 确保销售返利会计处理合规

合规的会计处理是拟 IPO 企业销售返利合规的表现之一及前提，拟 IPO 企业按照企业会计准则要求对现金返利和实物返利进行账务处理，取得合理票据及凭证。

3. 经营业绩不能对销售返利产生依赖

如果拟 IPO 企业作为接受销售返利方，应注意报告期内每年接受的销售返利与营业收入的比例关系，如果接受的销售返利金额占比很高，则很容易被质疑持续盈利能力，因为销售返利与上游的经销商的销售政策存在密切关系，存在较大的不确定性。

4. 充分的信息披露

销售返利通常在经销模式中比较常见，对于以经销模式为主的拟 IPO 企业来说，降低审核风险的方式之一就是详细充分的信息披露，解释经销模式的具体情况。特别是对经销模式销售政策应作具体披露。

三、商业贿赂

（一）理论基础

依据《反不正当竞争法》及原国家工商行政管理局《关于禁止商业贿赂行为的暂行规定》的相关规定，商业贿赂是指经营者为谋取交易机会或者竞争优势而采用财物或者其他手段贿赂对方单位或者个人的行为。

在 IPO 审查越发注重企业合规性的背景下，商业贿赂问题越来越受到监管机构的重视，尤其是针对医疗行业、快消品行业、地产行业，以及通过招投标、机关部门、垄断行业开展业务的公司。商业贿赂不仅涉及违法违规，严重的还可能导致刑事犯罪。因此，如果企业被质疑存在商业贿赂行为，则可能构成IPO审核的实质性障碍。

商业贿赂相关的法条规定如下：

相关法条：

《首发管理办法》

第十八条　发行人不得有下列情形：……（二）最近36个月内违反工商、税收、土地、环保、海关以及其他法律、行政法规，受到行政处罚，且情节严重。

《反不正当竞争法》

第七条　经营者不得采用财物或者其他手段贿赂下列单位或者个人，以谋取交易机会或者竞争优势：（一）交易相对方的工作人员；（二）受交易相对方委托办理相关事务的单位或者个人；（三）利用职权或者影响力影响交易的单位或者个人。

经营者在交易活动中，可以以明示方式向交易相对方支付折扣，或者向中间人支付佣金。经营者向交易相对方支付折扣、向中间人支付佣金的，应当如实入账。接受折扣、佣金的经营者也应当如实入账。

经营者的工作人员进行贿赂的，应当认定为经营者的行为；但是，经营者有证据证明该工作人员的行为与为经营者谋取交易机会或者竞争优势无关的除外。

《刑法》

第一百六十四条　为谋取不正当利益，给予公司、企业或者其他单位的工作人员以财物，数额较大的，处三年以下有期徒刑或者拘役，并处罚金；数额巨大的，处三年以上十年以下有期徒刑，并处罚金。

为谋取不正当商业利益，给予外国公职人员或者国际公共组织官员以财物的，依照前款的规定处罚。

单位犯前两款罪的，对单位判处罚金，并对其直接负责的主管人员和其他直接责任人员，依照第一款的规定处罚。

行贿人在被追诉前主动交待行贿行为的，可以减轻处罚或者免除处罚。

最高人民检察院、公安部《关于公安机关管辖的刑事案件立案追诉标准的规定（二）》

第十一条　为谋取不正当利益，给予公司、企业或者其他单位的工作人员以财物，个人行贿数额在一万元以上的，单位行贿数额在二十万元以上的，应予立案追诉。

原国家工商行政管理局《关于禁止商业贿赂行为的暂行规定》

第二条　经营者不得违反《反不正当竞争法》第八条规定，采用商业贿赂手段销售或者购买商品。本规定所称商业贿赂，是指经营者为销售或者购买商品而采用财物或者其他手段贿赂对方单位或者个人的行为。前款所称财物，是指现金和实物，包括经营者为销售或者购买商品，假借促销费、宣传费、赞助费、科研费、劳务费、咨询费、佣金等名义，或者以报销各种费用等方式，给付对方单位或者个人的财物。第二款所称其他手段，是指提供国内外各种名义的旅游、考察等给付财物以外的其他利益的手段。

第四条　任何单位或者个人在销售或者购买商品时不得收受或者索取贿赂。

第五条　在账外暗中给予对方单位或者个人回扣的，以行贿论处；对方单位或者个人在账外暗中收受回扣的，以受贿论处。

本规定所称回扣，是指经营者销售商品时在账外暗中以现金、实行或者其他方式退给对方单位或者个人的一定比例的商品价款。

本规定所称账外暗中，是指未在依法设立的反映其生产经营活动或者行政事业经费收支的财务账上按照财务会计制度规定明确如实记载，包括不记入财务账、转入其他财务账或者做假账等。

1. 商业贿赂表现形式

拟 IPO 企业的商业贿赂行为，往往表现出以下几种情形：

（1）公司本身存在商业贿赂；

（2）报告期内主要经销商存在推广销售过程中的商业贿赂情形；

（3）销售费用过高或变化异常，存在商业贿赂；

（4）大额费用支出，如咨询费、会议费、学术研讨费等，实质为商业贿赂；

（5）回扣、账外返利、礼品、承担相关人员或其亲属境内外旅游费用等行为，实质是商业贿赂；

（6）许多企业因为下游客户不配合、开票手续烦琐、开票周期长等原因，使用“变通手段”规避红字专用发票的使用，如果在财务上处理不当，这些所谓的“变通手段”就有可能触发商业贿赂风险。

2. 商业贿赂行为与正常业务行为的区分

容易与商业贿赂混淆的正常业务行为主要包括回扣、折扣、佣金和附赠。其主要区别如下：

（1）回扣与商业贿赂具有一定的相似性，两者的目的是一致的，有可能会构成商业贿赂。如果回扣是经营者销售商品在账外暗中以现金实物或其他方式退给对方一定比例的商品价款的话，则构成商业贿赂；但是如果是在账内明示的话就属于合法性回扣，账外暗中是非法回扣的重要法律特征，是其非法性的基本条件。

（2）折扣是指经营者为了销售商品或者购买商品，在销售商品或者购买商品时，给予对方的价格优惠，折扣就是合法的回扣，因此一定要是账内明示。

（3）佣金是付给中间人的报酬，折扣与佣金的区别就在于折扣只发生在交易双方之间即经营者之间，不发生在代理人、经办人之间，也不发生在其他主体之间；对于佣金，可以是一方支付，也可以双方支付，但接受佣金的只能是中间人，而不是交易双方，也不是交易双方的代理人、经办人，这是佣金和回扣、折扣的重要区别。接受佣金的可以是单位，也可以是个人，因此佣金往往成为商业贿赂的假借名义，企业需要格外注意。

（4）附赠允许在符合商业惯例情形下赠送小额礼品作为一种促销手段，其重点在于额度，如果额度超过必要的限度，就属于商业贿赂。

（二）审核关注点及典型案例

针对不同行业及商业模式的企业，监管机构对其商业贿赂的审核关注点主要如下：

1. 无特殊商业模式的传统企业

客户开拓的具体方式，销售过程是否存在不正当竞争或商业贿赂等违法违规行为。

2. 涉及招投标的工程类企业

通常而言，需要通过招投标获得客户的工程类企业如存在业务来源于非招投标途径的，则会被质疑是否违规承接业务，是否存在商业贿赂和不正当竞争情形。

3. 向竞争对手销售产品的企业

向竞争对手销售产品的原因及具体销售情况，是否存在不正当竞争和商业贿赂情形。

4. 采用代理模式、居间模式销售并支付佣金的企业

报告期销售佣金产生的原因及计算方式，相关佣金支出的合法合规性，是否存在向客户或其员工支付佣金的情形，是否存在商业贿赂或不正当竞争的情形。

5. 向经销商独立支付销售服务费的企业

销售服务费支付是否合法合规，是否存在商业贿赂或税务违规的风险。

6. 销售费用较高的医药医疗行业企业

基于医疗医药行业的特性，证监会在 IPO 审核时尤其关注医疗行业的商业贿赂情况，针对不同情形的医药医疗行业，审核侧重点亦有所不同：

（1）对于学术推广费较高的医疗企业：

①报告期各期发行人销售费用、市场及学术推广费逐年增长的具体原因和合理性；

②报告期各期市场及学术推广费的具体分项构成，是否曾在学术推广活动中给予相关医生、医务人员、医药代表或客户回扣、账外返利、礼品，是否存在承担上述人员或其亲属境内外旅游费用等变相商业贿赂行为；

③市场及学术推广费支出的对手方情况，是否存在直接汇入供应商及无商业往来第三方账户的情形；

④学术推广会议相关组织和支出情况，包括召开频次，召开内容，平均参与人次，费用报销情况等；会议是否实际召开，是否存在重大异常；

⑤报告期内发行人市场推广活动中存在部分现金交易的具体原因，是否存在现金商业贿赂行为。

（2）针对采取经销商、代理商等销售模式的医疗企业：

①营销人员的主要职能、管理层级、是否存在年度业绩考核要求、与经销商之间的关系、人员配置原则或方式以及与销售收入区域分布是否匹配，营销人员在销售过程中是否存在不正当竞争或者商业贿赂情形；

②报告期内市场推广费在发行人、代理商和包销商三者之间划分和实际承担情况，公司相关内部控制制度能否有效保证市场推广费在上述主体之间的合理分配；

③发行人是否存在对经销商向最终户销售过程合法合规性的管理措施，请说明具体内容；经销商在经营过程中是否存在商业贿赂或不正当竞争等违法违规的情形。

相关案例：

案例 1

国科恒泰（北京）医疗设计股份有限公司（2018 年 11 月 27 日被否）

——直销模式下仍向原二级经销商支付服务费，被质疑存在商业贿赂或不正当竞争

案例背景 国科恒泰主要从事高值医用耗材的分销，并在分销过程中提供仓储物流配送管理、渠道管理以及信息管理等专业服务。报告期（2015~2017 年）内，公司营业收入分别为 97,191.94 万元、156,382.03 万元、219,496.06 万元；归母净利润分别为 1541.22 万元、5604.39 万元、7443.94 万元。

公司的销售模式包括通过经销商对医院销售（经销模式）和直接对医院销售（直销模式），其中，经销模式是公司主要的销售模式，报告期内经销模式收入占比平均为 98.10%，直销模式收入占比平均为 1.90%。

销售服务费是公司在对沈阳军区总医院、辽宁省人民医院、西安市红会医院、陕西省人民医院等三甲医院的销售过程中，向专业服务商支付的技术服务费用。公司根据服务商提供的具体服务内容不同，按销售金额的一定比例向服务商支付销售服务费。2015 年和 2016 年，公司的直销业务销售的主要系心脏介入产品，专业服务商为公司提供向医院的货物配送、存货管理、手术跟台和耗材植入数据管理等专业服务，2016 年，随着公司对沈阳军区总医院和辽宁省人民医院销售收入的增长，销售服务费有所增加。2017 年，随着公司不再直接向沈阳军区总医院销售，公司直销业务销售的主要系骨科植入材料，根据产品特性，骨科植入材料的双向物流配送服务由公司承担，由于产品无须长期寄售在医院，专业服务商也无须提供存货管理的服务，因此，与心脏介入产品的直销业务相比，专业服务商向公司提供的服务较少，公司向服务商支付的服务费较少，公司 2017 年销售服务费下降。2015~2017 年，销售服务费金额分别为 828.43 万元、986.83 万元、239.56 万元。

反馈意见　请发行人补充说明发行人及经销商在相关产品的销售过程中，是否存在商业贿赂情形，防止商业贿赂的措施和方法及有效性。请保荐机构、发行人律师对上述事项进行核查，并发表明确意见。

发审会问题　直销模式下部分业务直接向医院开票销售但仍向原二级经销商支付服务费的原因及合理性，是否存在涉嫌商业贿赂或不正当竞争等情形，发行人是否建立了防范商业贿赂及不正当竞争的内控制度。请保荐代表人说明核查依据、过程并发表明确核查意见。

案例分析　国科恒泰部分产品采用直销模式，直接销往医院，但仍向原二级经销商支付服务费，让监管机构质疑是否存在涉嫌商业贿赂或不正当竞争等情形。

根据招股书披露，公司支付的服务费主要为货物配送、存货管理、手术跟台、耗材植入数据管理等专业服务费用，这个解释难以获得监管机构的认可。同时，公司 2015 年、2016 年销售服务费较高，近 1000 万元，而 2017 年销售服务费急剧下降，约 200 万元，理由是 2017 年公司承担双向物流配送服务费用，专业服务商也无须提供寄售和存货管理服务。可见，公司直销模式下，专业服务商不是必须的，而公司支付大额费用给专业服务商，很难让人不质疑。

对于医药类企业来说，商业贿赂问题几乎成了发审委问询的标配，如果没有充足的理由和证据，很难让监管机构信服。

案例 2

重庆圣华曦药业股份有限公司（2017年5月2日被否）

——返利支付给个人账户，涉嫌商业贿赂

案例背景 圣华曦药业主营业务为化学药品制剂、原料药和医药中间体的研发、生产和销售。公司原主要生产医药中间体及原料药，后成功转型为以制剂生产为主的创新型医药生产企业，目前，公司制剂产品收入占比保持在80%以上。

报告期（2014～2016年）内，公司实现营业收入分别为3.88亿元、3.91亿元、4.34亿元。归母净利润分别为0.55亿元、1.04亿元、0.86亿元，三年合计盈利2.45亿元。

公司制剂产品销售模式主要分为直销模式和区域经销模式两种。其中，直销模式主要由公司进行专业化的学术推广，参加医院进药和招标，再由专业配送公司向医院进行配送，销售渠道由公司掌控；而区域经销模式下，公司按底价销售给经销商，后续的市场推广工作主要由经销商负责。

报告期（2014～2016年）内，公司开展学术推广活动次数分别为139次、167次、154次，单场次平均金额分别为4.81万元、5.11万元和5.55万元。公司以举办区域和医院学术推广会议为主，产品主要集中在盐酸乐卡地平片、坎地沙坦酯片、盐酸齐拉西酮片等公司主要制剂品种。

反馈意见 请发行人：（1）分品种补充披露报告期内采取区域经销方式和直销方式分别实现的销售量、销售收入及占比、销售单价、销售毛利及占比，并补充分析其波动情况和原因；（2）补充披露与区域经销商的销售模式、结算模式、配送方式、运费承担方式、发行人对经销商的返利政策及各期金额、返利会计处理、退换货条款及各期实际退换货情况、退换货主要原因和会计处理，并结合上述情况补充披露对区域经销商的收入确认具体方法、依据和具体时点；请会计师对收入确认具体方式、退换货及返利的会计处理进行核查，并发表核查意见。

发审会问题 请发行人代表进一步说明：（1）报告期各期发行人销售费用

率高于同行业上市公司平均水平以及销售费用、促销费逐年大幅增长的具体原因和合理性。（2）报告期各期促销费及学术推广费的具体分项构成，是否在促销和学术推广活动中给予过相关医生、医务人员、医药代表或客户回扣、账外返利、礼品，是否存在承担上述人员或其亲属境内外旅游费用等变相商业贿赂行为。（3）促销费及学术推广费支出的对手方情况，是否存在直接汇入供应商及无商业往来第三方账户的情形；向个人对手方购买推广服务的方式是否符合相关规定，取得的票据形式、具体内容是否合法合规。（4）学术推广会议相关组织和支出情况，包括召开频次，召开内容，平均参与人次，费用报销情况等；会议是否实际召开，是否存在重大异常。（5）传统区域经销模式下将销售奖励费用汇入经销商授权代表账户（个人账户）的原因、合同依据和合规性，该个人账户属经销商单位控制还是私人控制并使用，申报期报销票据的提供方和具体内容，票据内容与销售奖励费用是否一致，报销票据是否真实、合法、合规，是否存在商业贿赂或为商业贿赂提供便利的情形，是否符合税法、《反不正当竞争法》以及银行结算制度、财务制度等相关规定，是否存在支付方式的法律风险。（6）结合订单获取方式、流程，补充说明发行人相关财务及内控制度的执行情况及其有效性，发行人相关内部控制制度能否有效防范商业贿赂风险。请保荐代表人说明核查的方法、过程、依据及结论。

案例分析　本案例仅从业务发展方向及业绩数据上来看并没有太大问题，但因为是医药类公司，监管机构对销售费用中的市场推广费及学术推广费极为关注。在目前审核背景下，商业回扣已是公开秘密，凡涉及市场推广费及学术推广费这类敏感事项，一般都会要求公司在资金流、票据流、付款方等方面进行详细核查。从问询的问题来看，监管层已提出了极为具体的询问，而公司虽完整地披露了会议召开频次、会议费用等问题，且对于学术推广费并没有出现太多纰漏，但在经销模式下销售奖励费用的支付上却明显不符合资金支付管理的相关要求，将奖励费用直接汇入经销商授权代表的个人账户，难以避免存在商业贿赂行为的风险，成为被否的主因之一。

（三）应对建议

从以往案例来看，不存在任何一家报告期内承认存在商业贿赂问题并成功过会的企业，商业贿赂问题无疑是 IPO 审核红线。因此，拟 IPO 企业应避免被质疑存在商业贿赂问题。具体来说，拟 IPO 企业可从以下几个方面进行规范：

1. 规范自身经营行为，自证清白

拟IPO企业可通过如下思路自证清白：

（1）论证自身商业模式的合理性，包括销售费用与公司业务发展情况的匹配性等；

（2）在相关销售费用支出的过程中，应确保其具备真实相符的合同基础及对应支付凭证，减少销售费用中的现金交易，如存在向代理商或居间商支付佣金的，确保代理商或居间商与公司及其介绍的客户不存在关联关系，且将佣金如实入账；

（3）取得主要客户、检察院、工商局及卫生计生系统（如为医疗医药企业）关于无行贿的证明或记录。

2. 建立防范商业贿赂的管理制度

公司应制定并实行规范销售行为、防范商业贿赂的内部控制制度，参考措施如下：

（1）制定公司《反商业贿赂制度》，明确禁止员工进行商业贿赂活动，要求重点岗位人员实行预防商业贿赂承诺制，相关个人向公司签订《反商业贿赂承诺书》；

（2）针对与公司存在重要业务往来的客户、供应商、服务商及承包商，公司与该等企业或个人签订《反贿赂 / 反腐败协议》，并规定对违反公司反商业贿赂政策的经销商，将采取中止或终止商业合作、追究相关单位或个人违约责任、请求赔偿等措施；

（3）设立审计监察部，负责反商业贿赂的日常管理、监督反商业贿赂制度的执行情况以及接受内外部反商业贿赂举报；

（4）定期聘请外部机构、指派内部合规人员对公司和经销商销售人员进行反商业贿赂培训；

（5）与合作单位签订廉洁自律及禁止商业贿赂，要求其对自身及员工的商业行为进行规范。

3. 在合同中明确商业贿赂的法律责任

公司在与经销商签订的合同中进行相关约定：经销期内乙方对其经销区域内经销产品过程中因虚假广告、商业贿赂、虚开发票等产生的法律责任由乙方承担。公司要求经销商维护企业和产品形象，在合同中规定对经销商在经销产品过程中不允许进行虚假广告、商业贿赂、虚开发票等情况。

4. 合理真实的披露

拟IPO企业不应该避讳自己的历史，应进行真实披露，尤其是涉嫌刑事案件的历史，是难以隐瞒的。与其被发审委发现或被人举报，不如主动披露。主动披露之后，再做出已吸取教训并设立防范措施的说明，或许能得到监管层的认可。

第三章

采购业务的关注要点

采购业务作为企业日常经营重要的一环，是经营者控制成本、增加利润的首要工作环节。但是，采购业务容易受到公司内外部环境诸多不可控因素的影响，采购活动流程各环节容易存在不同程度的问题和风险，如可能产生以权谋私、以次充好、舍贱求贵、积压浪费、交付延误、重大质量瑕疵、资金压占等问题。此外，采购模式、付款方式、供应商的选择等皆可能影响企业的经营效率、盈利能力、规范性及业绩真实性。

IPO 审核过程中，监管机构对采购业务的关注要点主要包括特殊供应商，如关联供应商、个人供应商等；供应商集中及供应商依赖问题；供应商资质，如供应商业务资质合规性、优秀供应商资格等；应付账款的规范性与真实性等。

第一节　特殊供应商

企业在选择供应商进行物料采购时，除了选择市场上与公司不存在关联关系的，且具有公司性质的供应商外，一些企业因为行业或经营模式的特殊性，所需原材料的特殊性，或出于一些特殊目的，如利益输送、操纵利润、避税等考虑，会选择一些特殊供应商进行采购，如向关联供应商或个人供应商采购。

关联供应商和个人供应商，相对于非关联的法人供应商来说，通常更容易操控，可操作空间大，因此，受到监管机构的重点关注。IPO 审核过程中，监管机构主要关注关联供应商和个人供应商的必要性、合理性、真实性、规范性、价格公允性、可持续性等方面。

一、关联供应商

关联供应商，顾名思义，即供应商与发行人存在关联关系。供应商作为企业采购业务环节的核心要素，如果与企业存在关联关系，容易产生不规范、不公允的交易及利益输送行为，因此，受到监管机构的重点关注。

IPO审核过程中，监管机构主要关注关联采购的必要性、公允性、真实性等方面。具体来说，关联采购规模是重要审查方向，对于关联供应商数量多，关联采购金额大的企业IPO审核风险较大；此外，对于关联采购必要性、定价公允性亦是审查重点，尤其是业绩规模小、业绩质量不佳的企业会受到重点关注。

相关法条：

《首发管理办法》

第二十五条　发行人应完整披露关联方关系并按重要性原则恰当披露关联交易。关联交易价格公允，不存在通过关联交易操纵利润的情形。

（一）审核关注点及典型案例

对于关联供应商，监管机构主要关注关联采购的必要性、公允性、真实性等方面，具体审核关注点主要如下：

1. 向关联方采购的原因及必要性；
2. 向关联方采购的真实性，采购价格的公允性，是否存在利益输送；
3. 是否对关联供应商存在依赖，交易是否可持续；
4. 关联采购对企业业务独立性的影响，对公司财务状况的影响；
5. 是否有减少关联供应商采购安排及具体措施；
6. 向关联供应商采购的内控措施是否充分、有效。

相关案例：

案例 1

宁波天益医疗器械股份有限公司（2018 年 3 月 27 日被否）

——关联方众多，质疑关联采购的必要性、定价公允性

案例背景　天益医疗主营业务为血液净化及病房护理领域医用高分子耗材等医疗器械的研发、生产与销售。产品主要包括体外循环血路、一次性使用机

用采血器、一次性使用一体式吸氧管、喂食器及喂液管、一次性使用输血（液）器等。

报告期（2015 ~ 2017 年）内，公司营业收入分别为 16,278.07 万元、22,258.92 万元、24,001.32 万元；净利润分别为 3045.37 万元、5002.74 万元、6199.98 万元。

报告期内，公司部分员工由关联方宁波三氧进行劳务派遣，2014~2016 年的交易金额分别为 1364.74 万元、1909.71 万元和 178.54 万元，占当期营业成本的比例分别为 15.67%、19.37% 和 1.43%。

反馈意见　（1）请保荐机构、发行人律师将披露的关联方与公司法、企业会计准则和证券交易所颁布的相关业务规则中的有关规定进行比对，以确保完整、准确地披露所有关联方和关联交易。（2）请保荐机构、发行人律师及会计师进一步说明关联交易的必要性、合理性，并通过综合对比交易条件、第三方价格等因素，进一步论证报告期内交易价格是否公允并说明核查过程，提供核查依据。（3）请补充说明报告期内关联采购占关联方相应销售业务的比例。

发审会问题　与发行人实际控制人关系密切的家庭成员控制的关联企业主要从事 X 射线影像系统及设备、医用干式打印机及干式胶片的贸易，医用自动终端机的生产和销售等业务。请发行人代表说明：（1）相关企业的业务经营在人员、业务和技术等方面与发行人的关系，采购销售渠道、客户、供应商等方面是否存在关联，是否影响发行人的独立性，是否存在拥有相竞争业务或者其他可能导致利益冲突或者转移的情形；（2）实际控制人除设立发行人外，另外设立较多公司，但未实际开展经营活动的原因及合理性；（3）与关联方之间存在关联采购、关联资金拆借等关联交易的必要性、定价公允性，是否存在关联方为发行人分摊成本、承担费用的情形。请保荐代表人说明核查方法、过程并发表核查意见。

案例分析　与实际控制人关系密切的家庭成员控制的医疗器械贸易企业，由于与公司业务存在类似之处，监管机构必然会关注企业是否存在关联交易、同业竞争及独立性问题。并且，天益医疗披露的关联企业有 29 家之多，这些企业的股权关系相互交错，很容易让发审委怀疑这些关联企业与公司是否存在利益输送或其他安排。因此，在关联企业如此之多的前提下，2015 年关联采购比例又非常之高，让发审委对公司关联采购定价的公允性明显产生了质疑。因此，天益医疗关联方众多，关联采购、关联方资金拆借及其他利益安排，让发审委质疑公司业绩的真实性，成为被否主因之一。

案例 2

广东格林精密部件股份有限公司（2018 年 1 月 24 日被否）

——关联采购进行非关联化处理，质疑股权转让的真实性，关联采购定价公允性

案例背景 格林精密是国内领先的消费电子产品结构件的专业提供商，主要从事多功能精密结构件及精密模具的研发、设计、生产和销售业务。

报告期（2014 ~ 2017 年 1 ~ 6 月）内，公司营业收入分别为 81,281.24 万元、75,103.80 万元、119,529.18 万元、59,375.63 万元，扣非后净利润分别为 4310.18 万元、4990.40 万元、8382.44 万元、2516.96 万元。

报告期内，格林精密曾向关联方惠州龙腾塑料、惠州吉泰科技、惠州凌宇精密、惠州保泰科技、惠州博创科技采购大量原材料，频现大额关联交易。

反馈意见 招股书说明书披露，报告期内，发行人与关联方存在频繁且大量的关联交易。

（1）发行人于 2013 年和 2014 年分别向丰骏投资支付市场开拓费 1246.95 万元和 269.45 万元；2016 年 1 ~ 9 月及 2013 年与宝龙集团的交易内容为货款。请发行人补充披露上述关联交易的具体内容、定价依据，交易的原因和背景，交易的合理性及必要性，交易价格是否合理公允，是否存在可比第三方价格，是否存在利益输送情形。

（2）关联方惠州龙腾塑料与发行人之间存在频繁且大量关联交易。监事张祖春（实际控制人吴宝发、吴宝玉之姐之配偶）之子张伟曾持有惠州龙腾塑料 100% 股份，并于 3 月 17 日转让给自然人钱招坚；发行人向关联方惠州吉泰科技采购背胶、泡棉等原材料，且 2013 年至 2015 年采购金额位居供应商之首。发行人董事长吴宝玉之配偶之弟张吉青持有该公司 93%、张吉青之配偶陈碎娟持有该公司 7% 的股权，相关股权已于 2016 年 3 月 2 日转让给自然人王兵；发行人自 2015 年起向关联方惠州凌宇精密大量采购背胶、泡棉等原材料。公司董事长吴宝玉之配偶之弟之妻陈碎娟曾持有该公司 100% 的股份，该等股份已于 2015 年 5 月 20 日全部转让自然人郑玮崴；发行人自 2016 年起向关联方惠州保泰科技大量采购吸塑盘、夹具等原材料。公司监事张祖春之子之配偶之母林芝微曾持有该公司 100% 的股权，相关股权已于 2016 年 11 月 23 日转让给自然人郑锡。请说明上述公司成立背景和原因，股权变动情况，注册资本和实缴资本，报告期内财务状况，主营业务

和产品情况，与发行人主营业务的关系与区别，主要业务收入是否来自发行人，转让原因以及交易定价是否公允、合理，交易价款支付情况，转让具体时间，受让方基本情况（包括但不限于学历背景、职业背景、近五年工作经历），出资来源及其合法性，是否与发行人股东、董监高、其他核心人员存在股份代持、委托持股、关联关系或其他特殊利益安排，转让交易是否真实、合法、有效，逐一说明每一笔关联交易的具体内容、定价依据，交易原因和背景，交易的合理性及必要性，交易价格是否合理公允，是否存在可比第三方价格，是否存在利益输送情形，转让后上述关联方与发行人交易和资金往来的情况。

（3）发行人向关联方惠州博创科技大量采购吸塑盘、夹具等。公司监事张祖春持有公司20.50%的股权，张祖春之子张伟持有公司74.50%的股权，张祖春女婿吴海峰持有公司5%的股权。请发行人补充披露该关联方设立背景，设立时间及设立以来的股权变动情况，注册资本和实缴资本，报告期内财务状况，主营业务和主要产品情况，与发行人主营业务的关系与区别，该公司业务收入是否主要来自发行人，该公司股东的基本情况（包括但不限于学历背景、职业背景、近五年工作经历），出资来源及其合法性，逐一说明每一笔关联交易的具体内容、定价依据，交易原因和背景，交易的合理性及必要性，交易价格是否合理公允，是否存在可比第三方价格，是否存在利益输送情形，未来是否继续计划继续交易。

（4）请发行人按照《创业板招股说明书》的相关要求，补充披露报告期关联交易汇总表，关联交易金额占同类交易比重；针对报告期内关联交易频繁的情形，请发行人作风险因素提示并补充披露未来的交易安排。

发审会问题　报告期内，发行人与关联方存在频繁且大量的关联交易，发行人多次向大中华精密、宝龙电子集团有限公司拆出资金。请发行人代表说明：（1）报告期内关联交易的必要性、定价公允性，关联方与发行人是否存在共同供应商、客户的情况，是否存在关联方为发行人分摊成本、承担费用或其他利益转移的情形，关联方及关联交易的信息披露是否真实、准确、完整；（2）关联方向发行人频繁且大额拆借资金、拖欠资金占用利息的原因及合理性，发行人的内控制度是否完善并得到有效执行；（3）2017年后不再与惠州龙腾、惠州吉泰、惠州凌宇、惠州保泰、惠州博创等关联方发生关联采购、改向非关联方采购对发行人生产经营、业绩有何具体影响，报告期内与前述公司解除关联关系的具体方式。请保荐代表人说明核查方法、过程，并发表明确核查意见。

案例分析 格林精密在报告期内发生大量的关联方采购，其中公司向关联方惠州吉泰科技采购背胶、泡棉等原材料，2013 ~ 2015 年采购金额位居供应商之首；公司向关联方惠州博创大量采购吸塑盘、夹具等原材料。

格林精密将部分关联供应商进行了非关联化处理，将关联方股权转让给其他自然人，这样的处理方式不免让发审委质疑利益输送、内控有效性和利润真实性。因此，反馈意见要求逐一说明每一笔关联采购的具体情况，交易合理性、必要性、定价公允性、交易持续性等。虽然格林精密的招股书有针对性地进行了逐一说明，但其说明理由并不充分，仅是简单披露，无法打消发审委对关联采购相关问题的疑虑。

案例 3

珠海元盛电子科技股份有限公司（2017 年 8 月 9 日被否）

——关联供应商众多，被质疑交易的真实性

案例背景 元盛电子主要从事挠性印制电路板（FPC）及其组件（FPCA）的研发、生产和销售，先后成功开发各类用于激光读取头、汽车电子、LCM、CTP、摄像头、生物识别的 FPC 和 FPCA 产品。公司的主要客户是京东方、欧菲光、日立等行业知名公司。报告期（2014 ~ 2016 年）内，公司营业收入分别为 42,065.66 万元、58,180.28 万元、71,532.51 万元；净利润分别为 1483.72 万元、3555.05 万元、4595.80 万元。

报告期内，元盛电子关联方销售额分别为 4957.35 万元、3724.65 万元、2333.27 万元，关联方采购额分别为 2047.43 万元、1838.17 万元、2120.89 万元。

反馈意见 招股说明书披露，报告期内发行人与其关联方之间存在多笔关联交易。请发行人：（1）补充说明并披露与艾赋醍、新新科技之间关联交易的公允性和必要性，发行人通过以上关联方而非直接将产品销售至最终客户的原因及合理性，以及报告期内发行人对艾赋醍、新新科技的销售占其采购总额的比例，艾赋醍、新新科技就相关产品对最终用户的销售占其销售总额的比例；（2）补充说明并披露与深圳勤本电子有限公司、新加坡元盛之间关联交易的公允性和必要性；（3）补充说明并披露与中山立顺、艾赋醍、珠海亿浩模具有限公司、华烁科技股份有限公司、金湾区全升五金配件商行、金湾区同升商行、珠海比昂电子设备有限公司、珠海众汇通自动化设备有限公司、珠海市柏康电子科技有限公司之间关联采购的公允性和必要性；（4）补充说明并披露艾赋醍解除与发行人关联关系的过程，认定关联关系得以解除的依据及合理性，以及解除关联关系前后与发行人的交易情况，是否存在关联交易非关联化的情形；（5）补充说明并披露关联方租赁的公允性和必要性；（6）补充说明发行人与关联方之间借款的公允性和必要性；（7）补充说明并披露发行人转让富元电子 20% 股份的公允性。请保荐机构、申报会计师对上述问题进行核查并发表明确意见。

发审会问题 发行人报告期存在数量较多、金额及占比较高、延续时间较长的众多关联方采购、关联方销售及同时是关联方采购和销售的情形。请发行人代表：（1）结合对新新科技 2014 年毛利率为 47.81%、远高于其他客户毛利率的情形，说明对各个关联方销售和采购定价的公允性，并逐项与第三方采购及销售价格进行比较分析、对关联方销售毛利率与第三方毛利率逐项进行分析对比；（2）说明与艾赋醍、新新科技、深圳勤本电子、新加坡元盛之间关联交易的公允性和必要性，发行人通过以上关联方而非直接将产品销售至最终客户的原因及合理性；（3）说明与中山立顺、艾赋醍、珠海亿浩模具、华烁科技、金湾区全升、金湾区同升、珠海比昂、珠海众汇通、珠海市柏康之间关联采购的公允性和必要性；（4）说明艾赋醍解除与发行人关联关系的过程，认定关联关系得以解除的依据及合理性，以及解除关联关系前后与发行人的交易情况，是否存在关联交易非关联化的情形；（5）说明并披露关联方租赁的公允性和必要性；（6）说明发行人与关联方之间借款的公允性和必要性。请保荐代表人发表核查意见。

案例分析 元盛电子已是第二次上会被否，第一次在 2010 年，当时被否的主要原因是成长性问题，发审委认为其报告期内的收入、净利润增长皆不明显；而此次上会被否的主要原因则是规范性问题，具体来说，此次被否的具体原因是持续的关联交易和股转转让问题。

关于关联交易问题，元盛电子在招股书中有专门章节详细披露了关联方、关联销售与关联采购，并应反馈意见要求详细披露了艾赋醍解除与公司关联关系的过程，认定关联关系得以解除的依据及合理性，解除关联关系后与公司的交易情况。关联供应商方面，公司与中山立顺、艾赋醍、珠海亿浩模具、华烁科技、金湾区全升、金湾区同升、珠海比昂、珠海众汇通、珠海市柏康之间关联采购的公允性和必要性说明，其在招股书中并未作特别对比分析及说明，只是提供了采购材料名称及金额，以及保荐机构、会计师核查意见。

元盛电子频繁向关联方进行采购和销售，虽然与单个关联方的交易金额不大，但是关联方众多，特别是关联供应商较多，而公司也未就关联方采购金额与其他供应商采购以及同行业同品种原材料采购金额进行对比说明，难免会让发审委质疑关联采购的必要性和定价公允性，以及是否存在利益输送。

案例 4

长飞光纤光缆股份有限公司（2018 年 5 月 3 日通过）

——行业独角兽，虽涉大规模关联采购仍过会

案例背景 长飞光纤一直专注于光纤光缆行业，致力于光纤预制棒、光纤和光缆等相关产品的研发创新与生产制造，是全球最大的光纤预制棒、光纤和光缆的供应商。报告期（2015 ~ 2017 年）内，公司营业收入分别为 67.38 亿元、81.11 亿元、103.66 亿元；净利润分别为 5.5 亿元、6.94 亿元、12.35 亿元。

公司报告期内存在金额较大的关联采购交易，主要交易内容为：（1）从长飞信越、Draka Comteq France S.A.S. 采购光纤预制棒；（2）从鑫茂光通信、Draka Comteq Fibre B.V. 采购光纤；（3）从长飞四川、长飞上海、江苏中利、鑫茂光缆、汕头奥星采购光缆；（4）支付 Draka Comteq Fibre B.V. 技术使用费；（5）从云晶飞采购原材料。

报告期内，关联方采购金额占比分别为 41.41%、43.39%、50.09%。

反馈意见 1. 报告期发行人与关联方存在金额较大的关联采购、销售、租赁等交易。请发行人：（1）严格按照《企业会计准则》《上市公司信息披露管理办法》及证券交易所颁布的业务规则中相关规定完整、准确地披露关联方关系及交易；（2）补充披露报告期内发行人持续向关联方采购商品、出售商品的原因、必要性，有关交易内容及交易价格定价依据和合理性，结合与独立第三方交易价格的比较情况（详细列示数据）说明关联交易价格的公允性，采购或销售金额占关联方同期销售或采购金额的比例，发行人与关联方是否潜在利益冲突和利益输送的情况；并分析关联交易对发行人经营的影响；（3）补充披露关联租赁租金定价依据及公允性，相关房产与发行人生产经营的关系，未进行自用的原因；（4）补充说明减少关联交易的措施及有效性。

2. 发行人对外采购的原材料主要包括石英管材、四氯化锗、四氯化硅、光纤涂料以及 PE 材料等，报告期内，发行人向前五大供应商采购金额分别占总采购额的 57.60%、51.68%、51.81% 和 53.41%，其中前五大供应商中鑫茂光通信、长飞四川、鑫茂光缆和汕头奥星为发行人的合营企业。请发

行人：（1）补充披露前十大原材料供应商的基本情况，上述供应商是否与发行人存在关联关系；（2）补充披露向前十大供应商采购内容、金额及占比情况，报告期主要供应商变动的具体原因及合理性，单个供应商采购占比变化的原因；（3）补充披露发行人主要原料采购方式，各采购品种定价原则、公允性及价格变动趋势是否与整体市场价格走势相一致，采购相关款项结算方式及内控流程；（4）补充披露报告期主要原材料的采购金额及占原材料总采购金额的比例情况；（5）补充披露与主要供应商 Heraeus 有关长期供应协议的主要内容；（6）补充说明发行人及其控股股东、实际控制人、董事、监事和高级管理人员与主要供应商及其关联方是否存在关联关系、其他利益安排。请保荐机构、申报会计师详细说明对上述相关事项的核查情况，并明确发表意见。

发审会问题 发行人报告期关联采购和关联销售规模较大，合营企业鑫茂光通信、长飞四川、汕头奥星、鑫茂光缆、长飞上海、江苏中利及长飞信越既是前十大供应商又是前十大客户。请发行人代表说明：（1）合营企业既是发行人主要客户又是主要供应商的合理性，持续向关联方采购和销售商品的原因和必要性；（2）关联交易定价依据，与独立第三方交易价格是否存在差异，价格是否公允；（3）采用合营而非控股形式成立光纤或光缆生产企业的原因及必要性；（4）相关内控制度是否能够保障关联交易的规范性，是否有切实可行的措施减少关联交易。请保荐代表人说明核查过程、依据，并发表明确核查意见。

案例分析 长飞光纤是光纤光缆细分行业市场占有率排名第一的公司，其业务正处于 5G 风口，是全球唯一掌握 PCVD、VAD、OVD 三种光纤预制棒工艺的企业，是中国公司通过技术突破，打破外资技术垄断的典型代表。从行业地位，业绩规模及增长性方面来看，长飞光纤无疑是一个独角兽公司，而发审委对独角兽公司是有先天好感的，包容性较大，只要不存在明显的规范性问题，一般都能过会。

关于向关联方采购问题，长飞光纤在招股书中对关联采购情况进行了详细披露，包括关联采购的原因与必要性、价格公允性等，长飞光纤向关联供应商采购与行业特性及公司的行业地位有关，如公司向关联方采购光纤预制棒，是由于光纤预制棒作为光纤光缆行业中技术含量较高的上游产品，在全球范围内仅有为数不过的厂家制造，公司与日本信越成立合营公司长飞信越，并向其采购，具备商业必要性，因为长飞光纤生产的光纤预制棒以

PCVD 技术为主，长飞信越生产的光纤预制棒采用 VAD+OVD 技术，公司从长飞信越采购光纤预制棒有助于丰富行业上游产品。

因此，虽然长飞光纤关联供应商数量和采购金额皆较大，但由于其优秀的行业地位，充分合理的关联交易必要性、合理性及定价公允性的解释，使发审委信服，最终通过了审核。

（二）应对建议

关联供应商采购作为关联交易的一种，可能影响拟 IPO 企业的业务独立性、业绩真实性和内控有效性，因此，拟 IPO 企业若存在关联供应商采购，应采取各种措施规避监管机构对这些方面的质疑。

1. 尽量降低关联供应商采购的比例

为减轻监管机构对公司业务独立性及业绩真实性的质疑，拟 IPO 企业首先要做的就是在报告期内逐步降低关联采购的比例，让发审委看到公司为降低关联供应商采购所做的改进措施。

2. 关联供应商转为非关联供应商

关联供应商转为非关联供应商，不仅仅是将关联公司股权转让给非关联的第三方，作非关联化处理。更需要采取措施消除发审委对股权转让真实性以及对经营持续性的疑虑。需要说明解除关联关系的具体方式，股权转让的原因，受让方基本情况，出资来源，说明公司股东、董监高、其他核心人员不存在股份代持、委托持股、隐藏关联关系或其他特殊利益安排。

需要注意的是，关联供应商转为非关联供应商，这种方式审核风险较大，需要有充分的理由进行合理解释，更需要公司强有力的成长性与规范性予以支撑。

3. 详细的信息披露与解释

信息披露是为了解释说明虽然公司在报告期内存在关联供应商采购，但之所以向关联方采购是有充足理由的，定价是公允的，不存在利益输送，也不影响公司业务独立性和内控有效性。

关联供应商采购应该披露的内容包括以下几个方面：

（1）关联方的基本情况，包括但不限于股权结构、主营业务及经营情况；

（2）采购物料的市场情况、关联采购的原因、必要性与合理性；

（3）报告期内关联采购金额，可以与营业成本或同期采购总额数据进行对比，说明关联采购比例不大；

（4）采购价格公允性，详细说明定价方法，若定价与市场价或其他供应商采购价存在差异，需要详细分析价格差异的原因，需要理由充足；此外，需要测算价格差异对净利润的影响；

（5）保荐机构、律师、会计师发表意见。

二、个人供应商

拟 IPO 企业向个人供应商采购，不会直接成为 IPO 审核的障碍，但是个人供应商一直受到证监会的重点关注，原因是企业向个人供应商采购内控风险较大，核查难度也较大，难以保证采购的真实性、规范性以及内控的有效性，从而无法保证经营业绩的真实性。

（一）审核关注点及典型案例

对于个人供应商，监管机构主要关注向个人供应商采购的真实性、规范性、定价公允性及稳定性等。具体审核关注点如下：

1. 向个人供应商采购的真实性

（1）向个人供应商采购的原因；

（2）公司向个人供应商采购产品的具体产品名称、数量、单价、运输方式。

2. 向个人供应商采购的规范性、合规性

（1）向个人供应商采购如何支付款项，是否存在现金付款，如何完成税收缴纳义务；

（2）交易中能否取得恰当的原始凭证，以及原始凭证的完整性，是否存在偷税漏税的情形；

（3）相关内控制度是否健全并有效运行，是否符合企业会计准则要求。

3. 个人供应商采购定价公允性

原材料向个人采购与向其他供应商采购之间的采购价格差异、毛利率差异。

4. 个人供应商供货质量及供货的稳定性

（1）个人供应商的货源情况，供货是否稳定；

（2）个人供应商提供的原材料质量是否稳定，是否能满足客户质量要求。

相关案例：

案例 1

仲景大厨房股份有限公司（2017 年 6 月 21 日被否）

——个人供应商采购比例逐年降低，但相关的付款合规性及内控有效性未充分披露，被质疑向个人采购的真实性

案例背景　仲景食品主营业务为以仲景香菇酱为代表的香菇食品和以超临界花椒油 120 为代表的香辛食品配料的研发、生产和销售。报告期（2014~

2016年）内，公司营业收入分别为3.87亿元、4.39亿元、4.77亿元；净利润分别为7083.32万元、5781.63万元、7587.21万元。

报告期内，公司向个人供应商采购金额分别为4837.88万元、4589.01万元、3025.44万元；占采购总额比例分别为21.61%、17.99%、10.32%。

反馈意见 据招股说明书披露，报告期发行人存在向个人采购、现金支付以及销售回款经过个人账户的情形。请发行人补充说明：（1）报告期发行人向个人供应商采购产品的真实性和具体内容，补充披露数量、单价和运输方式；（2）向自然人采购如何支付款项和完成税收缴纳义务，发行人是否存在偷漏税的情形，发行人相关内控制度是否健全并有效运行，是否符合企业会计准则要求。

发审会问题 招股说明书披露，报告期发行人存在向个人采购、现金支付以及销售回款经过个人账户的情形。发行人的基本账户中国工商银行西峡县支行账户与发行人员工孙晨的个人账户之间的收款频繁且金额较大，除此之外报告期还有部分其他业务人员代收销售款的情况发生。请发行人代表说明：报告期发行人向个人供应商采购农产品的金额较大，如何保证采购付款环节相关内部控制制度健全且有效运行；孙晨及其他业务人员账户收款认定为发行人销售收款的真实性，是否存在调节企业收入的情况，发行人与销售收款循环相关内控制度是否健全并有效运行，以个人账户收款是否符合相关法律法规的规定。请保荐代表人说明核查过程并发表核查意见。

案例分析 仲景食品报告期内向个人供应商采购的比例逐年降低，最后一期降到了10%左右，个人供应商采购比例逐年降低是较好的现象，说明公司正在逐步改进。但是监管机构更为关心的是，向此类个体户如何支付款项，有没有相应的内控制度。而仲景食品没有详细披露个人供应商的采购金额如何确认，如何保证采购的真实性等问题。因此，发审委质疑仲景食品个人供应商采购的真实性和内控有效性，成了被否重要原因之一。

案例2

佩蒂动物营养科技股份有限公司（2017年5月10日通过）

——行业成长性好，向个人供应商采购理由充分，个人采购比例总体不高且逐年降低

案例背景 佩蒂股份主要从事宠物食品的研发、生产和销售，主要产品为畜皮咬胶、植物咬胶、营养肉质零食、鸟食及可食用小动物玩具、烘焙饼干等

系列产品。报告期(2014~2016年)内，公司营业收入分别为3.97亿元、4.97亿元、5.51亿元；净利润分别为2775.23万元、5793.26万元、8047.28万元。

公司生产所需的湿牛皮均是向个人供应商采购的，报告期内，公司向个人供应商采购金额分别为3331.88万元、3096.03万元、2832.34万元；占采购总额的比例分别为13.11%、10.57%、9.26%。

反馈意见 发行人存在向个人采购的情形。请发行人说明能够向成熟供应商采购的情况下，仍需向个人采购的原因，说明个人供应商的货源情况；补充披露发行人合同中主要客户是否对发行人原材料来源有明确要求，是否禁止发行人向个人采购；结合发行人客户对发行人产品的质检程序和原材料管控程序，说明向个人采购的原材料能否满足客户质量要求，是否存在违反合同的情形，是否存在纠纷或潜在纠纷；说明向个人采购的原材料与其他原材料来源之间的采购价格差异和毛利率差异。请保荐机构核查并发表意见。

发审会问题 报告期内，发行人生产所需的湿牛皮均向个人供应商采购，请发行人代表说明：（1）向个人收购湿牛皮开具农产品收购发票的流程、比例，是否存在跨区域收购未能开具农产品收购发票的情况；（2）向个人收购的湿牛皮存货入账依据、验收过程；（3）向个人支付货款的内控流程、支付方式、是否有现金付款或个人卡支付情况；（4）个人供应商的核查情况，个人供应商所售湿牛皮的来源，如果是个人外购再出售，是否符合开具农产品收购发票的相关规定，同时说明个人供应商购销差价情况及其利润空间。请保荐代表人对发行人向个人采购的内部控制发表核查意见。

案例分析 佩蒂股份作为狗粮领域的第一股，其所处的宠物行业处于高速增长期，每年增长率在30%以上，行业成长性好就给监管层留下了很好的印象。

个人供应商采购方面，佩蒂股份个人供应商采购比例总体不高，只有10%左右，且呈下降趋势；此外，佩蒂股份在招股书中就反馈意见和发审会问题进行了逐一解释说明，例如，说明了公司主要客户在合同或订单中未对公司原材料的来源进行要求，亦未禁止公司向个人进行采购；说明了向个人供应商采购的原因，公司产品发泡类畜皮咬胶主要原材料为湿牛皮，而湿牛皮由于行业链条及分工原因，大多数供应商为个人；并披露了采购原材料名称，采购金额及占比；原材料采购过程跟踪等。因此，佩蒂股份个人供应商采购行为及相应信息披露得到了发审委的认可。

案例3

甘肃陇神戎发药业股份有限公司（2016年3月25日通过）

——协助个人供应商以农业专业合作社方式运营，并建立了行之有效的内控制度

案例背景 陇神戎发主营业务为中成药的生产和销售。目前共有滴丸剂、片剂、硬胶囊剂、膜剂4种剂型。主要产品元胡止痛滴丸、酸枣仁油滴丸、鞣酸小檗碱膜和七味温阳胶囊均为独家品种，3种药品被列入《国家基本药物目录》（2012年版），4种药品被列入OTC甲类品种，5种药品被列入《国家基本医疗保险、工伤保险和生育保险药品目录》（2009年版）。

报告期（2012～2014年）内，公司营业收入分别为2.13亿元、2.74亿元、3.01亿元；净利润分别为2508.22万元、4033.04万元、5969.50万元。

公司药品生产所用中药材的采购对象主要为自然人，报告期内，公司向自然人供应商的采购金额分别为18,884.56万元、10,171.51万元、14,951.74万元，占采购总额比例分别为99.73%、74.39%、82.89%。

发审会问题 请发行人代表进一步说明：（1）向个人供应商采购的控制流程及采购交易的真实性；（2）主要个人供应商自种流转和合作药农的具体情况；（3）主要个人供应商在上述两种方式中供应给发行人的价格和金额、占比，自种流转部分可否满足发行人的需要，如果可以满足，合作部分的产品销售给发行人的原因；（4）自种部分和合作部分的销售价格和条件是否存在差异；（5）个人供应商销售给发行人与销售给其他客户的价格、条件等是否存在差异，若存在差异，请解释差异的原因；（6）2015年8月，发行人依据甘肃省国家税务局、甘肃省财政厅《关于扩大部分试点行业农产品增值税进项税额核定扣除标准的公告》（甘肃省国家税务局公告2015年第5号）的规定，实施农产品增值税进项税额核定扣除办法，请发行人说明实施该办法后，对2015年度净利润及应交增值税的影响。

请保荐代表人：（1）说明对上述事项的核查过程及核查结论；（2）进一步说明认定该等个人供应商为《增值税暂行条例》及其实施细则中的“农业生产者”的依据。

案例分析 陇神戎发主营业务是中成药的生产和销售，主要原材料为中药材，而中药材的供应商主要为自然人，因此，公司报告期内个人供应商采购金额占比一直非常高。

但是，陇神戎发从实际改进措施和充分信息披露两个方面打消了发审委对公司个人采购真实性、规范性方面的疑虑。

改进措施方面：一是公司 2014 年开始协助药源基地的部分自然人供应商以农业专业合作社的形式进行规范化经营，之后公司可以极大降低个人采购的比例；二是公司个人采购发票的取得也比较规范，公司向经营药材贸易的自然人采购时，由自然人提供当地相关部门开具的自产自销证明，待药材检验合格入库后由公司开具农副产品收购发票作为进项税抵扣和财务核算的依据，并将款项支付给供货人。

信息披露方面：陇神戎发在招股书中详细披露了采购模式、采购流程及内控制度（包括采购计划、合格供应商选择程序及评级制度、请购询价、验收入库、开票付款）、中药材采购的质量控制等；特别是关于个人供应商采购事项，对其内控措施及流程作了详细披露。

（二）应对建议

结合最近两年的审核案例，关于个人供应商，主要应对建议如下：

1. 向个人供应商采购需要有充足的理由

拟 IPO 企业向个人供应商采购需要有较为充足的理由和合理性，如行业产业链及市场分工决定的拟上市公司生产所需原材料主要集中在自然人供应商手中，如农业、餐饮业、中药制造业等行业企业，其生产加工所需的育苗、蔬菜、中药材等原材料市场参与者主要是自然人，拟上市公司只能从个人供应商处采购。

2. 逐渐降低个人供应商采购比例

虽然一些企业向个人供应商采购具备合理性，但是个人供应商审核风险仍然较大，拟 IPO 企业需要在报告期内逐渐降低向个人供应商采购的比例。例如，陇神戎发（股票代码 300534），报告期内虽然个人供应商采购占比非常高，但其通过协助个人供应商成立专业合作社的方式逐步解决公司个人采购的问题，值得参考。

3. 建立行之有效的内控体系

（1）建立完善、行之有效的采购流程及内控制度，特别是针对个人供应商采购，需要从采购计划、供应商选择、请购询价、审批、运输、验收入库、开票付款、质量控制等各环节进行流程优化；

（2）取得合适的采购原始凭证，如陇神戎发（股票代码 300534）的做法，由个人供应商提供当地相关部门开具的自产自销证明，待药材检验合格入库后由公司开具农副产品收购发票作为进项税抵扣和财务核算的依据；

（3）向个人供应商采购，避免现金付款，个人账户付款以及通过第三方账户付款的情形。

4. 详细的信息披露与解释

（1）披露真实性：向个人供应商采购的原因；个人供应商货源；采购物料的具体名称、数量、单价、运输方式；各年度个人采购金额及占比。

（2）披露合规性：付款依据及付款方式；税收缴纳依据及缴纳情况；原始凭证取得情况；内控措施及执行情况。

（3）披露公允性：向个人供应商采购与向其他供应商采购价格对比、毛利率对比，差异原因说明，对净利润的影响说明。

第二节　供应商集中及依赖

供应商和客户作为企业生产经营过程中供销活动的两面，上市审核中的许多关注点是相同或类似的，例如，证监会关注客户集中与客户依赖的同时，也关注供应商集中与供应商依赖，且两者的具体审核点也类似，但是审核尺度存在不同，通常监管机构对供应商集中及依赖问题的包容度更大。因为毕竟大部分商品是买方市场，企业变更供应商一般没有太多障碍，而且大批量采购可以实现规模效应，降低采购成本，符合基本商业逻辑。此外，一些企业由于所处行业的特殊性，供应商集中是普遍现象，如医药行业、化工行业等，只要解释供应商集中或依赖的合理性即可。

总体来说，供应商集中及依赖一般不构成公司上市的实质性障碍，同客户依赖一样，如何让监管机构相信拟IPO企业业务不存在“重大不确定性”和“重大依赖”是核心点，此外，由供应商集中及依赖折射出的财务数据真实性、规范性以及关联关系亦是监管机构关注重点。

需要注意的是，通常情况下，供应商集中及依赖虽然不会直接导致企业IPO被否，但是如果涉及上述重要关注点，则审核风险较大。特别是涉及财务数据真实性、影响持续经营的重大不确定性等敏感问题，则很可能成为拟IPO企业被否主因之一。

一、审核关注点及典型案例

从最近两年的审核案例来看，监管机构对供应商集中及供应商依赖的审核关注点主要如下：

1. 供应商集中度较高的原因，依赖于某一单一供应商的原因；

2. 供应商依赖是否具有稳定性、可持续性，是否符合行业与产品经营特征；

3. 是否存在重大供应商依赖，针对供应商集中或依赖已经或计划采取的改进措施；

4. 公司对供应商的选择是否具有主动权，是否存在转换成本及其高低；

5. 公司的供应商议价能力如何，是否具备转移定价的能力；

6. 向主要供应商采购的真实性，是否存在关联交易及利益输送；

7. 供应商集中或依赖是否影响公司的持续经营能力。

相关案例：

案例 1

深圳市明微电子股份有限公司（2018 年 2 月 27 日被否）

——供应商集中度高，被质疑影响持续盈利能力及交易价格公允性

案例背景 明微电子专业从事集成电路的技术研发、设计、测试和销售。主要产品包括 LED 显示屏类、LED 照明及电源类、LED 景观亮化类等。报告期（2014 ~ 2016 年）内，公司扣非后净利润分别为 1693.92 万元、624.28 万元、3053.98 万元。

公司采用 Fabless 模式，专注于集成电路设计研发，向晶圆制造厂采购经加工的含版图信息的晶圆，再委托封装和测试厂商进行芯片封装和测试，报告期内公司采购主要包括晶圆、封装和测试两大类。第一大供应商为华润系公司，公司向其采购封装、晶圆、辅助材料等，报告期内的采购金额分别为 11,144.69 万元、7025.22 万元、6523.10 万元、2692.38 万元；占采购总额比例分别为 52.92%、40.92%、26.77%、19.72%；前十大供应商占比分别为 90.03%、81.59%、81.53%、86.53%。

反馈意见 发行人采用 Fabless 模式。（1）说明并披露报告期内前十大供应商的名称、股东背景、注册时间、注册地点、股东构成、主营业务、主要经营地址、经营规模，与发行人合作渊源；采购金额及占比、采购内容和结算方式、与发行人控股股东、董监高及关键岗位人员是否存在关联关系；（2）请说明并披露发行人从产品设计、晶圆采购、封装、测试等及到最终客户之间的实物流转方向，据招股说明书披露，发行人采购相对较集中，请说明晶圆采购供应商与封装测试供应商之间是否存在对应关系、是否存在地域特点；（3）报告期内，发行人向无锡华润系采购晶圆及封装的金额及占比较大，请结合市场情况说明发行人是否对无锡华润系构成重要供应商依赖。

发审会问题 发行人采用 Fabless 经营模式，主要采购内容为晶圆及封装业

务，报告期供应商集中度较高。请发行人代表说明：（1）报告期主要供应商的价格是否存在差异，与行业市场行情是否存在显著差异，分析差异原因及其合理性；（2）供应商集中度较高是否会对发行人业务稳定运行和盈利能力造成重大不利影响；是否存在供应商依赖情形；（3）报告期对中芯国际、上海先进半导体采购额逐年增加的原因及合理性，分析其竞争优势和采购价格的公允性。请保荐代表人发表核查意见。

案例分析 明微电子被否的核心原因是业绩不稳定，2015年业绩下滑严重，且整体业绩未达 IPO 审核隐形红线。

关于发审委问及的供应商集中问题，明微电子的解释是“公司所处集成电路行业上游行业是技术密集型和资本密集型行业，全球范围内知名企业尤其是晶圆制造厂、封装厂的数量较少，公司从技术先进性、供应稳定性和采购成本等方面考虑，合适的供应商选择有限，使报告期内公司供应商集中度较高”，可见，明微电子关于供应商集中度高的原因，解释为行业特性使然。同时，虽然公司报告期内对第一大供应商华润系公司的依赖程度逐渐降低，但前十大供应商的采购额占比始终居高不下。

明微电子的上述解释虽然看似比较合理，但由于公司业绩表现不好，加上还存在毛利率异常问题，因此，发审委质疑公司业绩的真实性和可持续盈利能力，在这个前提下，供应商集中及供应商依赖问题成为了发审委质疑公司业绩真实性和可持续性的因素之一。

案例 2

广州信联智通实业股份有限公司（2018 年 1 月 9 日被否）

——重要客户和供应商由同一方控制，独立性存疑

案例背景 信联智通所处行业为包装行业中的塑料包装子行业。当前阶段，信联智通主要产品为 PET 瓶、PET 瓶胚和 PE 瓶盖等塑料包装用品，广泛应用于饮料、调味品、日化品、食用油等领域。

报告期（2014 ~ 2017 年 1 ~ 6 月）内，公司营业收入分别为 99,199.28 万元、82,492.93 万元、80,811.72 万元、38,564.82 万元；净利润分别为 4163.07 万元、3662.85 万元、5494.95 万元、3234.92 万元。

报告期内，信联智通对华润怡宝的销售收入分别为 8.06 亿元、6.69 亿元、6.50 亿元及 3 亿元，占总收入比例分别为 81.24%、81.11%、80.42%、77.86%。销售的产品包括空瓶、瓶胚、OEM 饮用水、瓶盖四种；公司采购

的原材料主要为 PET 聚脂切片，华润化工为信联智通第一大供应商，报告期内公司向华润化工采购金额分别为 2.88 亿元、3.26 亿元、2.53 亿元、1.03 亿元，采购占比分别为 49.68%、74.62%、61.94%、43.97%。

反馈意见 请发行人补充详细披露报告期内前五大供应商和客户发生变动的原因，结合第一大客户和第一大供应商的销售和采购占比较高的实际情况，说明是否存在客户或供应商依赖；补充说明主要供应商华润化工与主要客户华润怡宝同属华润集团旗下公司在商业上是否具备合理性，说明发行人与主要客户和供应商之间的合作关系是否具备稳定性和可持续性。请保荐机构、律师核查发行人是否存在大客户依赖，主要供应商和客户同属华润集团控制是否对发行人的独立性存在重大不利影响，并构成发行人本次发行上市的实质障碍，发表核查意见，出具核查结论。

发审会问题 报告期内，发行人存在重要客户和供应商由同一方控制的情况。请发行人代表说明：（1）报告期发行人第一大客户、第一大供应商同属华润集团，客户集中度较高的原因及合理性，主要供应商和客户同属华润集团控制是否对发行人独立性产生重大不利影响，是否影响发行人持续盈利能力；（2）华润怡宝对发行人合格供应商范围认可的具体内容及商业合理性；（3）华润怡宝与 27 家外部 OEM 工厂建立合作关系的基本情况、合作模式，华润怡宝向发行人采购占其总采购额的比例；（4）发行人与华润怡宝签署《战略合作协议书》的具体内容，是否能有力保障双方合作的长期性和稳定性；（5）报告期各期发行人与华润怡宝不同类型产品的定价模式，是否具有稳定性，是否具有自主定价能力，相关信息披露是否一致；（6）2015 年 5 月对 2014 年已销售的部分空瓶加工费进行调低价格的合理性，是否符合相关协议和合同的约定，其他期间是否存在类似情况；（7）发行人第二大客户海天味业与前五大供应商海盛食品同属海天集团控制，上述销售与采购是否存在捆绑安排。请保荐代表人说明核查过程和依据，并发表明确核查意见。

案例分析 信联智通客户集中、供应商集中，并且第一大客户与第一大供应商均为华润集团下属公司，在独立性方面存在重大缺陷。

如果上游供应商属于垄断性企业（如电力、电信、石油等），公司对供应商存在重大依赖尚可理解，但信联智通的原材料市场是一种充分竞争状态，加上客户和供应商实质为一家企业，不得不让发审委质疑公司业务的独立性。因此，信联智通由供应商集中引发的业务独立性问题成了公司被否的主因之一。

案例 3

杭州致瑞传媒股份有限公司（2017年9月8日被否）

——供应商和客户皆存在依赖，被质疑业务独立性及持续盈利能力

案例背景 致瑞传媒是专业从事媒体广告经营的广告公司，能够同时为客户提供媒介代理服务和专项营销服务。报告期（2014～2017年1～6月）内，公司营业收入分别为67,489.11万元、66,416.02万元、55,150.26万元、39,927.99万元；净利润分别为3678.72万元、3855.53万元、3742.23万元、1701.37万元。

报告期内，公司向第一大供应商浙江广播电视集团的采购金额分别为33,578.65万元、44,998.98万元、34,682.98万元、26,979.93万元，占当期采购总额的比例分别为56.67%、77.43%、73.95%、76.67%。公司向第一大客户宏盟集团下属公司的销售金额分别为45,479.38万元、51,419.16万元、49,447.49万元、21,546.18万元，占当期营业收入的比例分别为67.39%、77.42%、89.66%、53.96%。

反馈意见 1. 2013～2016年1～6月，发行人向前五大供应商采购占采购总额的比例分别为88.12%、89.08%、93.92%和91.75%。请发行人补充披露：（1）主要供应商的基本情况，包括但不限于成立时间、注册资本、主营业务、经营规模、股权结构等；（2）前五名供应商变化的原因及单个供应商采购占比变化的原因，发行人向其采购的价格变动情况；（3）分以销定购和时间买断两种采购模式分类下的采购金额；（4）结合行业状况、主要供应商的行业地位等分析主要供应商的稳定性和可持续性、是否存在对重大供应商的依赖。请保荐机构、会计师补充核查，说明核查方法、范围、证据、结论，并发表核查意见。

2. 请发行人在招股说明书“重大事项提示”和“风险因素”相关内容中补充分析第一大客户集中的风险、第一大供应商集中的风险，并说明是否存在对第一大客户及供应商存在依赖。请保荐机构对上述情况进行补充核查，说明核查的方法及判断是否存在依赖的逻辑及依据，并发表核查意见。

发审会问题 请发行人代表进一步说明：（1）发行人与宏盟集团及其下属公司的主要合作方式，发行人与宏盟集团之间是否存在长期的战略合作协议或其他关联关系，发行人与宏盟集团下属公司的交易是否具有可持续性，宏盟集团是否会越过发行人直接或通过其他公司与发行人供应商浙江广播电视集团等进行交易，发行人是否存在被替代的经营风险，是否对宏盟集团下属

公司存在重大依赖；（2）发行人与第一大供应商浙江广播电视集团合作的主要方式，招商谈判的具体程序，媒体代理售价的确定依据；发行人与浙江广播电视集团的合作是否具有稳定性和可持续性，发行人是否对浙江广播电视集团存在重大依赖；（3）发行人及其股东、董监高与宏盟集团及其下属公司及其董监高和主要业务人员、浙江广电集团及其主要管理人员和业务人员是否存在关联关系或其他利益关系；（4）发行人客户和供应商集中度远高于同行业可比上市公司的具体原因和合理性，发行人的独立性是否存在重大缺陷，发行人客户和供应商集中度高对其持续盈利能力是否存在重大不利影响；（5）发行人在采购与销售过程中是否曾发生商业贿赂行为，相关内控制度是否健全并能有效执行，相关风险是否充分揭示。请保荐代表人发表核查意见，并说明发行人是否符合《首发管理办法》第 30 条、第 42 条的相关规定。

案例分析　致瑞传媒所处行业为广告业，虽然广告业市场容量巨大，但广告平台的投放和分发是这个行业的核心所在，虽然最近几年互联网新媒体迅速崛起，但是优势平台越来越集中，行业内企业的独立性问题受到普遍关注。

致瑞传媒属于典型的广告公司，公司起家于浙江，目前的业务也主要集中在浙江，主要跟浙江的广告公司合作，广告业务也几乎都是在浙江电视台播放。公司无论是采购还是销售都依赖于浙江广播集团，业务确实很存在很大的不确定性。

此外，需要注意的是，致瑞传媒作为广告公司，相对于行业内企业来说，净利润规模相对较小，从而让发审委关注到公司是否存在对客户和供应商重大依赖的风险，如果发行人本身的业绩规模很大，那么相对来说客户和供应商依赖的问题就不会这么明显。

案例 4

浙江京华激光科技股份有限公司（2017 年 9 月 5 日通过）

——行业特殊性导致的供应商集中与依赖，合理解释，受到证监会认可

案例背景　京华激光是一家专业从事激光全息模压制品制造、销售及技术开发的国家高新技术企业，是中国防伪行业协会正式团体会员、副理事长单位，中国防伪行业十强企业。主要产品包括激光全息防伪膜和防伪纸。报告期（2014 ~ 2017 年 1 ~ 6 月）内，公司营业收入分别为 4.73 亿元、4.29 亿元、4.41 亿元、2.60 亿元；净利润分别为 6188.27 万元、6540.36 万元、

6777.35 万元、4272.46 万元。

报告期内，公司向前五大供应商合计采购金额分别为 20,464.48 万元、18,531.15 万元、16,974.60 万元、10,242.67 万元，占当期采购总额的比例分别为 67.08%、63.26%、61.16%、66.53%。其中，浙江中烟指定公司生产烟用条 / 盒包装激光全息防伪纸所需的原纸由杭州三润、宁波三润统一采购供应，公司向杭州三润、宁波三润的合计采购金额分别为 11,775.75 万元、11,170.49 万元、10,255.73 万元、5689.28 万元，占当期采购总额的比例分别为 38.60%、38.13%、36.96%、36.96%。

报告期内，公司对前五大客户的销售收入占营业收入的比例分别为 70.47%、78.36%、76.37% 和 73.22%。

反馈意见 1. 报告期内，发行人采购较为集中。请发行人：（1）按照产品类别补充披露报告期内主要供应商的名称、采购方式、采购内容、结算方式、采购金额、采购占比等情况，说明主要采购对象发生变化的原因及合理性，主要供应商及其关联方与发行人是否存在关联关系或其他利益安排。（2）请补充说明主要原材料采购价格的形成机制、确定依据和波动情况。请保荐机构、会计师详细说明核查情况，并明确发表意见。

2. 报告期，发行人第一大客户浙江中烟工业有限责任公司及其下属企业销售占比约 45%，同时一直是发行人第一大供应商。公司存在向浙江中烟工业有限责任公司下属企业采购原纸的同时向其销售激光全息防伪纸的情况。请保荐机构、发行人律师补充披露：（1）浙江中烟工业有限责任公司及其下属企业的基本情况、与发行人主要交易内容，分析交易定价的公允性，核查发行人股东、董监高、核心技术人员、主要关联方及其近亲属与浙江中烟工业有限责任公司及其下属企业是否存在任何关联关系或利益输送安排，说明对相关销售真实性核查的程序、范围、手段及结论；（2）上述客户目前对公司产品的总需求量、公司产品所占比例、该等客户未来的业务发展计划；（3）公司产品的竞争优势，是否具有替代风险；（4）结合相关合同条款，详细分析公司同其交易的可持续性;（5）详细披露公司销售客户、供应商集中、指定采购的相关风险；（6）结合前述情况对发行人独立性和持续盈利能力发表明确意见。

案例分析 京华激光所生产的产品主要面向烟草业，而烟草行业企业普遍盈利能力较强且非常稳定，财务信息比较规范，因此，虽然京华激光供应商、客户皆较集中，但市场不确定性风险较低，利益输送嫌疑也较低。

此外，下游烟草行业具有经验与适应性壁垒，客户对新的供应商考察较为严格，下游客户倾向与合格供应商建立长期、稳定的合作关系，而公司主要原材料供应商由客户指定，因此，客户的可持续性通常能够保证，从而供应商的持续性、稳定性也能保证。

综合来说，京华激光的供应商、客户集中度、依赖性等问题虽然受到发审委关注，但由于符合行业特性，证监会对发行人的回复给予认可。

案例 5

欧普康视科技股份有限公司（2016 年 12 月 9 日通过）

——行业前景好且行业地位优越，逐步将其他品牌纳入采购名单以防控过度依赖单一供应商

案例背景 欧普康视定位于非手术视力矫正领域，是一家专业从事硬性角膜接触镜及护理产品的设计、研发、生产和销售，并提供技术支持与培训服务的硬性角膜接触镜综合服务商，是国内硬性角膜接触镜细分领域中能够与国外同行业企业形成有力竞争的少数企业之一。

报告期（2013 ~ 2016 年 1 ~ 6 月）内，公司营业收入分别为 9101.07 万元、12,988.06 万元、17,623.67 万元、9637.18 万元；净利润分别为 2480 万元、6293.61 万元、8835.19 万元、4180.07 万元。

报告期内，公司向前五大供应商采购额分别为 1639.27 万元、2319.99 万元、3758.71 万元、2186.65 万元；采购占比分别为 97.36%、92.75%、92.01%、90.82%。

公司报告期内采购的镜片材料均从 BAUSCH 和 LOMB INCORPORATED 公司采购，报告期内的采购占比分别为 18.45%、27.98%、21.69%、22.25%。公司 2013 年向上海菲士康隐形眼镜有限公司采购比例为 70.57%，采购占比较高的原因系公司向其采购的产品类别均为镜片护理相关成品，且用量较大。上海菲士康隐形眼镜有限公司是博士伦护理液产品在中国的经销商，公司 2014 年改由直接向博士伦在中国的全资子公司博士伦（上海）贸易有限公司采购护理液，2014 年和 2015 年采购的护理液产品占全年采购总额的比例分别为 60.56%、59.67%。

反馈意见 1. 发行人的前五名供应商采购占比为 95.41%、97.36%、92.75%、94.51%。（1）请说明报告期内前十名供应商的采购金额、内容、占比，请说明主要供应商的成立时间、地址、股东情况，发行人与主要供应商的业务由来及合作情况，说明各期供应商的数量。（2）请披露 XO 镜片材

料各期的采购数量、出库数量，并说明该数量与发行人角膜接触镜的产量是否满足相关的比例关系。（3）请说明部分年份供应商采购占比及供应商名录发生较大变化的原因。（4）请保荐机构和发行人律师对主要供应商与发行人之间的关联关系等进行核查并明确发表意见。

2. 发行人的采购比较集中，客户中包括 B&L 等业务与发行人相近的公司。请发行人：（1）结合采购原材料的后续使用、加工情况，说明向业务相近公司采购的原因；说明采购产品是否包括发行人的产品的核心内容，是否为发行人产品的核心功效来源，发行人是否掌握自有产品的全部核心技术，是否在产品质量、货源和核心技术方面对供应商存在重大依赖；（2）说明 B&L、博士伦贸易公司的具体情况，包括但不限于成立时间实际从事的业务等，发行人向上述公司采购原材料是否与市场价格存在重大差异；上述供应商是否与发行人的主要股东或发行人的主要经销商之间存在资金业务往来。请保荐机构、律师核查并发表意见。

发审会问题 招股说明书披露，报告期内发行人的镜片材料全部从 BAUSCH 和 LOMB INCORPORATED 公司采购，全部从 BAUSCH 和 LOMB INCORPORATED 采购 XO 镜片材料的主要原因是医疗器械行业对产品安全性的要求非常严格，选择集中、稳定的上游供应商有利于公司对原材料性能及质量稳定性的控制。请发行人代表说明：（1）国内外其他生产 XO 镜片材料，与 BAUSCH 和 LOMB INCORPORATED 公司材料相比性能价格情况，采购该公司产品而不采购其他供应商的原因；（2）发行人原材料供应是否对 BAUSCH 和 LOMB INCORPORATED 公司存在重大依赖，若供应商因意外事件出现停产、经营困难、交付能力下降或出现合作分歧等情形发行人如何应对。请保荐代表人发表核查意见。

案例分析 公司所生产的硬性角膜接触镜，所处行业前景非常可观，市场规模大，行业天花板较高；而且行业壁垒也较高，硬性角膜接触镜及护理产品，属于国家食药监总局规定的 Ⅲ 类医疗器械，必须经过国务院药品监督管理部门审查批准，另外，由于实行注册制，意味着新的产品想要上市往往需要 3 ~ 5 年时间。

欧普康视是大陆地区唯一获得国家食药总局颁发的角膜塑形产品注册证的生产企业，也是我国大陆地区少数获得硬性角膜接触镜产品注册证的生产企业之一，其他企业皆为外企。因此，欧普康视处于“好的行业”且具备优越的行业地位，未来持续盈利能力有一定保障。

在这个前提下，对于供应商集中及依赖问题，就显得没有特别突出，而且欧普康视的招股书中讲到公司正逐步将其他品牌纳入采购名单以防控过度依赖单一供应商的风险，最终获得监管机构的认可。

二、应对建议

总体来说，由于监管机构对供应商集中及依赖的审核关注点与客户集中及依赖的类似，因此最终的应对建议也是类似的，主要分为三个层次：

1. 尽量降低前五大供应商的采购比例，逐步减少对第一大供应商的依赖

首先要让发审委看到公司在报告期内为缓解供应商集中或供应商依赖问题的改进措施，降低审核风险。最直接的就是逐步降低前五大供应商的采购比例；存在供应商依赖的，应该逐步降低依赖程度，寻找新的供应商作为替补，说明公司具有供应商选择的主动权。

2. 避开审核实质障碍：业务独立性、关联关系、持续经营

通过有力证据说明，公司虽然形式上有供应商集中，或者对单一供应商存在依赖的情形，但有其存在的合理原因，且实质上不影响公司业务的独立性、不影响持续经营，且不存在关联关系及利益输送。

（1）详细说明集中和依赖产生的原因，从公司所处行业及业务的特殊性进行解释集中度高的合理性。例如，上游细分行业处于垄断或垄断竞争状态、所依赖的供应商产品质量好，符合公司的特殊需求，是最佳选择等。需要说明公司与供应商是长期合作关系，双方互相存在依赖，且公司具备供应商议价能力。

（2）重点说明供应商依赖不会导致公司业务不独立，公司与依赖供应商（法律上和实质上）不存在关联关系。需要拓宽供应商及相关人员核查范围。

（3）与供应商签订长期的供货合同或者合作框架协议，用事实证明业务的确定性与可持续性。

3. 进行详细的信息披露

若拟 IPO 企业存在供应商集中或供应商依赖问题，首先应在招股书中作重大风险提示。同时，应在招股书正文中作详细的信息披露，具体披露内容包括但不限于：（1）供应商集中程度或公司对单一供应商的依赖程度，报告期内对前五大或前十大供应商采购金额占当年采购总额的比重；（2）与重大供应商的合作模式，是否存在稳定的合作关系，是否是战略合作伙伴；（3）该重大供应商的获取方式、交易背景、定价政策和销售方式；（4）该重大供应商的稳定性及未来的变化趋势，是否存在无法继续经营的可能；（5）该供应商的依赖程度对公司持续经营的影响。

第三节 供应商资质

IPO审核实践中，对供应商资质的审核主要侧重于两个方面：一是供应商是否具备相应的业务资质，如劳务分包无资质、外协单位无资质等；二是供应商的资质和能力是否与公司采购量匹配。

同时，通过研究最近两年的IPO审核案例发现，对供应商资质的审核包括两个角度，一是拟IPO企业的供应商；二是拟IPO企业自身，相对于客户而言是供应商。

另外，对供应商资质的审核范围，对于一些特殊行业企业往往需要具备一定的生产、流通等资质许可，或者业务经营资质许可，如食品业、医药业、劳务公司等，除此之外，普通行业企业作为下游大客户或特殊客户的供应商时，通常需要满足对方合格或优秀供应商要求，这也是供应商资质的体现，亦是监管机构的审核方向之一。

一、审核关注点与典型案例

从最近两年的审核案例来看，关于供应商资质，监管机构主要关注供应商资质的合规性、稳定性等方面。具体审核关注点如下：

1. 主要供应商是否具备相应的业务资质；

2. 主要供应商业务能力、成立时间，是否具备合格或优秀供应商资格或资质；

3. 公司作为下游大客户长期合作的供应商，是否存在资质到期后不能正常续期风险。

相关案例：

案例1

北京新时空科技股份有限公司（2018年2月7日被否）

——向无劳务分包资质单位采购劳务，被质疑与劳务供应商的关联关系以及是否存在行政处罚风险

案例背景 新时空股份主营业务为照明工程业务及与之相关的照明工程设计、照明产品的研发、销售，主要应用于文旅表演、城市空间与公共建筑等景观照明领域。

报告期（2014～2016年）内，公司营业收入分别为32,273.47万元、34,701.88万元、60,110.78万元，净利润分别为3106.80万元、3319.06万元、7754.97万元。

公司采购主要分为原材料采购和劳务分包采购，其中，为提高施工效率，

公司将安装劳务分包给其他企业，一般采用竞争性谈判、内部议标或指定劳务分包方的方式选择劳务分包对象。报告期内，公司前五大劳务供应商占比分别为 72.31%、70.51%、78.47%。

反馈意见 招股说明书披露，公司将安装劳务分包给其他企业。请发行人补充披露：（1）报告期内是否存在挂靠经营、转包、再分包等情形，如存在，请补充披露相关业务流程、合同主要条款、质量控制措施等具体情况；（2）报告期内合作的劳务外包单位及其资质，报告期各期劳务外包人数、工种、费用及支付方式，劳务人员的工资福利和社会保障落实情况；（3）合作劳务外包单位对发行人的营业收入占其当期营业收入总额的比例，是否仅为或主要为发行人提供服务，合作劳务外包单位及其主要股东、实际控制人、董事、监事、高级管理人员与发行人是否存在关联关系或其他可能导致利益输送的关系。请保荐机构、发行人律师核查：（1）报告期内公司各项业务流程是否合法合规；（2）报告期内发行人合作的劳务外包单位是否具有业务资质，相关劳务人员的工资福利和社会保障是否得到落实，发行人通过劳务外包用工是否真实、是否符合劳务用工相关规定，并发表核查意见。

发审会问题 报告期发行人存在向无劳务分包资质单位采购劳务的情形，2015 年前 10 名劳务分包单位中，向无劳务分包资质单位的采购金额占比为 50.84%。报告期发行人项目分布各地，但主要劳务分包商为北京企业。请发行人代表说明：（1）发行人项目分布在各地，但主要劳务分包商为北京企业的原因及合理性，是否存在实为自身员工而由劳务分包企业代为开票的情况，该等北京的劳务分包商与发行人及其关联方是否存在关联关系；（2）劳务分包是否存在行政处罚风险，该等情形是否构成发行人本次发行上市的法律障碍。请保荐代表人说明核查过程、依据及明确核查意见。

案例分析 公司主要从事照明工程业务，主要做景观和市政大型照明工程，虽然行业属于国家鼓励支持行业，且公司报告期内的经营业绩也是高速增长，但是，工程类企业的 IPO 审核一直是重点关注对象。

新时空股份作为工程类企业，IPO 审核重要关注点之一就是业务是否存在分包、转包情形以及分包、转包的合规性、真实性。从反馈意见和发审会问题来看，发审委主要质疑新时空股份：劳务分包商的合规及合理性，是否存在关联关系；部分劳务分包供应商无资质，是否构成本次发行上市的法律障碍。新时空股份在报告期内的股权转让行为让发审委质疑公司是否存在关联方非关联化处理，质疑现有劳务分包商主要集中在北京的原因，是否存在关联关系及相关利益安排、利益输送等。在此基础上，公司又存在与无劳务分包资质的供应商合作的情形，让发审委质疑公司可能存在行政处罚风险。

总体来说，新时空股份劳务分包问题让发审委产生了质疑，存在不合规和不真实的可能，触碰了工程类企业的“审核红线”，最终成为被否主因之一。

案例 2

南通冠东模塑股份有限公司（2018 年 1 月 23 日被否）

——外协加工改为自主生产，但成本明显要高，原外协单位可能没有资质

案例背景 冠东模塑是国内精密注塑件及精密模具的专业设计与制造商，主要从事汽车车灯配件、汽车内外饰件、汽车功能件等精密注塑件、精密模具及线束的研发、设计、生产和销售，致力于为汽车整车厂商和配件厂商提供注塑一体化解决方案。产品主要涵盖精密注塑件、精密模具和线束三大类别。

客户方面，公司的高光注塑件产品直接供给奇瑞、捷豹、路虎、上汽大众、上汽集团和江铃控股等知名整车生产厂商，其他模具、注塑件和线束则主要供给上海小糸、法雷奥、海拉和大茂伟瑞柯等一流汽车配件厂商，进而间接应用于宝马、奔驰、凯迪拉克、奥迪、沃尔沃、克莱斯勒、大众、福特、别克、斯柯达、雪佛兰、东风标致、马自达、长安汽车等国内外知名汽车品牌。

报告期（2014 ~ 2017 年 6 月）内，公司营业收入分别为 42,743.98 万元、42,292.76 万元、45,974.21 万元、22,331.55 万元；净利润分别为 3127.91 万元、3665.84 万元、4212.60 万元、1937.02 万元。

报告期内，公司外协加工费分别为 1656.44 万元、1504.77 万元、1234.66 万元、433.90 万元，占采购总额的比例分别为 6.80%、6.50%、5.18%、3.67%。

发审会问题 报告期内，发行人部分喷漆镀铝、电镀等生产工序逐步以自主生产取代外协加工，自主生产成本明显高于单位外协成本。请发行人代表说明：（1）发行人逐步用自主生产取代外协加工的合理性；（2）是否具备“电镀许可证”等相关资质，上述工序的生产过程是否符合环保相关规定；（3）因环保要求导致上述工序自主生产成本较高的原因。请保荐代表人说明核查方法、依据，并发表明确核查意见。

案例分析 报告期内，冠东模塑逐步以自主生产取代外协加工，而自主生产成本明显高于外协成本。这个问题在逻辑上确实存在一些问题，从最近两年的案例来看，不乏类似的案例出现。实践中，可能是拟 IPO 企业原来将某些

工序委托给外协企业进行加工，而这些外协企业可能不具备合格的业务资质或者不符合环保要求，而拟 IPO 企业在有了上市计划后，逐步将外协业务转为自主生产加工，这种情况下，规范成本会增加，因而从最终数据上看，自主生产成本比外协成本还要高，本质上高出来的就是规范的成本。

随之出现的问题是，如果属于上述这类情况，是否要承认以前的外协加工是不规范的，但是如果承认是不规范的，又会引出更关键的问题，如公司的经营是否合规等。因此，冠东模塑在此问题上无法清晰说明业务逻辑的合理性，成为被否的原因之一。

案例 3

龙岩卓越新能源股份有限公司（2018 年 1 月 10 日被否）

——个人供应商不具备餐厨废弃物收运相应资质，被质疑合规性及内控有效性

案例背景 卓越新能主要以废油脂为原料，通过纯化、甲酯化、分馏等生产工艺技术，从事生物柴油（脂肪酸甲酯）及其深加工产品的研发、生产与销售。公司主营业务属于国家鼓励、重点支持和优先发展的生物质再生资源领域，是体现我国循环经济和资源综合利用水平的重要产业，对我国经济可持续发展、推进资源能源替代、减轻环境压力、减少地沟油回流餐桌等具有重要的战略意义。

报告期（2014 ~ 2017 年 1 ~ 9 月）内，公司营业收入分别为 6.8 亿元、4.47 亿元、4.66 亿元、6.02 亿元；净利润分别为 5049.2 万元、842.14 万元、5045.02 万元、3192.43 万元。

公司废油脂采购以国内采购为主，少量进口。报告期内，公司国内采购废油脂占废油脂采购总量的比重分别为 89.41%、89.77%、97.49%、97.48%，原料主要是来自各城市餐馆、酒店、养猪场、食品加工企业等，以民间个人收集处置为主，市场集中度低。

发审会问题 报告期发行人国内废油脂供应商以个体为主，且废油脂采购地范围较广。根据《关于加强地沟油整治和餐厨废弃物管理的意见》（国办发〔2010〕36 号），餐厨废弃物收运单位应当具备相应资格并获得相关许可或备案。请发行人代表说明：（1）国内供应商中不具备餐厨废弃物收运相应资格未获得相关许可备案的家数，发行人对其采购数量和金额占比；（2）建立并有效执行废油脂采购、质量检测、技术指导、服务管理、结算付款等方面内控制度的情况；（3）业务规模是否受主要原材料供应的限制，是否影响

持续发展。请保荐代表人说明核查方法、过程，并发表明确核查意见。

案例分析 国务院办公厅 2010 年 7 月 13 日发布了《关于加强地沟油整治和餐厨废弃物管理的意见》（国办发〔2010〕36 号），要求对废油脂收集、运输、处置服务进行规范，若公司个人供应商无法取得或者无法继续取得相关备案等规定，将不能继续从事相关业务。龙岩卓越在招股说明书未详细披露个人供应商的资质情况，可能是目前的个人供应商取得资质情况不太乐观。此外个人供应商可能存在未依法纳税以及违反《发票管理办法》的情形，从而可能影响公司原料采购渠道的稳定性，进而对公司业务规模造成影响。

案例 4

广东朝阳电子科技股份有限公司（2018 年 1 月 26 日被否）

——成立不久即进入公司前五大供应商之列，被质疑真实性与合理性

案例背景 朝阳科技是一家专业从事电声部件及电声产品研发、生产及销售的高新技术企业，主要向下游电声产品制造商、智能终端及电声产品品牌商供应耳机插线、耳机皮套、耳机成品等。

报告期（2014 ~ 2017 年 1 ~ 6 月）内，公司实现营业收入分别为 3.58 亿元、4.06 亿元、4.91 亿元、3.37 亿元；净利润分别为 3083.52 万元、3461.49 万元、3656.30 万元、3950.85 万元。报告期内，公司产品原材料占主营业务成本的比重分别达到 62.26%、55.30%、59.78%、70.64%，前五名供应商占总采购的比例分别为 51.48%、41.25%、32.65%、39.94%。

反馈意见 关于供应商。报告期内，主要供应商基本情况及向其的采购内容未披露，主要供应商出现较大变动，且既向歌尔股份有限公司采购又向其销售。因此，请发行人在“业务与技术”中披露主要供应商的基本情况（包括但不限与成立时间、注册资本、股权结构、营业范围、经营规模等情况，采购的具体内容），第一大供应商发生变更的原因，既向歌尔股份有限公司采购又向其销售的原因；请保荐机构、会计师就采购的真实性、完整性、准确性及与供应商关联关系方面进行详细核查，说明具体核查程序、核查手段、核查范围（各核查方式涉及的具体金额占比）及核查结论，并发表明确的核查意见。

发审会问题 报告期各期末发行人存货余额持续增加，莱芜日晟、确山恩美等部分供应商成立时间较短，盈利状况不佳。请发行人代表说明：（1）成立时间较短即成为发行人供应商的原因，与发行人是否存在关联关系，交易价格是否公允，是否存在利益输送等情形；（2）2016 年将部分外协厂商加

工方式由委外加工调整为先定向销售原材料给外协厂商，由其生产加工后定向销售给发行人，该变化的原因及合理性；（3）存货金额较大且逐年增长的原因，存货跌价准备计提是否充分。请保荐代表人发表核查意见。

案例分析 作为一家生产耳机及耳机部件的企业，朝阳科技需要大量采购原材料，而公司向前五名采购商采购情况一直较为集中，招股书中公司分别披露了每年前五名供应商的情况及供应商自身的背景。其中的莱芜日晟电子科技有限公司和东莞市全康电子科技有限公司均在 2016 年才设立，但当年就已经是公司的前五大供应商。具体来看，莱芜日晟电子科技有限公司 2016 年 6 月 21 日才成立，当年就成为公司前五大供应商，采购金额达到 1405.6 万元，占比达 5.61%，2017 年 1 ~ 6 月再采购 3074.62 万元，占比达 15.04%；而莞市全康电子科技有限公司 2016 年 9 月 28 日设立，当年就成为公司前五大供应商，采购金额达 392.15 万元，占比达 1.57%，2017 年 1 ~ 6 月采购额达 1067.17 万元，占比达 5.22%。另外，值得注意的是，歌尔股份既是公司的供应商又是客户，双方采购和销售双向进行。

基于以上情况，发审委质疑莱芜日晟电子、东莞市全康电子两家公司作为发行人前五大供应商的合理性与真实性，两家刚设立的公司在第一年即成为发行人主要供应商，是否具备发行人对优秀供应商的资质要求。而朝阳科技的招股书中并未就这一情况作具体解释说明，成了被否的原因之一。

二、应对建议

对于供应商资质，主要需要注意合规性和真实性，应对建议如下：

1. 重新筛查供应商的经营资质

从最近两年的案例来看，由于供应商资质存在瑕疵而导致企业 IPO 无法通过的案例屡见不鲜，因此，拟 IPO 企业在有上市计划时，应进一步筛查供应商的经营资质。

对于采购金额大且无资质的外包方应考虑解除合作以降低其对企业生产经营的实质性影响，从而降低企业存在的隐患，降低审核风险。

2. 建立科学的供应商管理体系

建立科学的供应商评估和准入制度，对供应商资质信誉情况的真实性和合法性进行审查，确定合格的供应商清单，健全企业统一的供应商网络。

3. 经营资质到期应做风险提示并提出应对措施

拟 IPO 企业若存在经营资质即将到期的情形，应在招股书中作风险提示，并给出可行的应对措施，以降低发审委对公司业务持续性，特别是大客户合作持续性的质疑。

第四节　应付账款

一、理论基础

应付账款是会计科目之一，用以核算企业因购买材料、商品和接受劳务供应等经营活动应支付的款项。应付账款为事后待支付事项，即实际劳务或购进产品已经实现，但款项尚未支付给对方。

应付账款余额的高低能够反映企业的偿债能力，供应商议价能力。同时，应付账款与企业存货、成本、收入、税款等存在一定的匹配与钩稽关系，因此，监管机构对拟 IPO 企业的应付账款十分关注。

应付账款相关的主要法条规定如下：

相关法条：

《公开发行证券的公司信息披露编报规则第 15 号——财务报告的一般规定》（2014 年修订）

第二十条第一款第五项　（五）披露应付账款、预收款项期初余额、期末余额。按款项性质列示其他应付款期初余额、期末余额。

账龄超过 1 年的重要应付账款、预收款项及其他应付款，应披露未偿还或未结转的原因。

《企业内部控制应用指引第 7 号——采购业务》

第十五条　企业应当加强对购买、验收、付款业务的会计系统控制，详细记录供应商情况、请购申请、采购合同、采购通知、验收证明、入库凭证、商业票据、款项支付等情况，确保会计记录、采购记录与仓储记录核对一致。

企业应当指定专人通过函证等方式，定期与供应商核对应付账款、应付票据、预付账款等往来款项。

从最近两年的 IPO 审核案例来看，拟上市企业到了上会阶段鲜少被专门问到应付账款相关的问题，但是在反馈意见阶段被问及应付账款相关问题的企业比比皆是。可见，应付账款是作为一个基础审查点，受到监管机构的关注。

企业在应付账款方面主要存在以下问题，需要拟 IPO 企业在筹划上市事项时提前规范：

1. 应付账款期末余额长期挂账

企业在生产经营过程中，不可避免会存在一部分应付款项未支付而导致的挂账问题。但是，应付账款长期挂账，往往暗藏着一定的风险，甚至成为企业收入调节的“蓄水池”。

拟 IPO 企业应付账款期末余额长期挂账，若存在以下异常原因，则需要提前予以重视并整改：

（1）企业是否存在虚开发票，虚增成本费用，并存在补税风险

部分企业为了控制增值税税负，虚开进项税发票，而无实际材料采购等交易，导致无现金流对应，从而使应付账款长期挂账。

（2）企业是否存在确实无法或难以偿付的应付账款

无法或难以偿付的应付账款主要分为三种情形：一是供货单位消亡而无从支付，如供货单位已撤销或注销，对于这种情形，可按规定转入“营业外收入”科目，前提是需要确保相关依据及审核手续已经完备；二是企业由于自身资金周转问题，暂时无法偿付的款项，这种情形下，监管机构会质疑公司的稳定经营和持续盈利能力；三是应付款项存在合同纠纷，合同纠纷会给该笔款项的支付带来一定的不确定性。

2. 存在未入账的应付账款

部分企业为了低估负债，故意漏记应付账款。例如，资产负债表日，“货到票未到”即有材料入库凭证但未收到购货发票的采购业务，企业未进行应付账款会计处理。

3. 应付账款余额与其他关联科目的匹配与稳定关系

（1）应付账款余额与营业收入之间的关系不稳定

一般情况下，企业的应付账款余额与营业收入之间的关系相对稳定。

如果企业的购货和销售水平都没有明显变化，供应商的信用政策也没有放松，但企业的应付账款余额却异常增加，平均付款期也持续延长，可能说明了企业的支付能力减弱，没有充足的资金付款，或是有支付能力但故意拖延付款，在审核中都是减分事项。

（2）应付账款与其他关联科目之间的关系不稳定

若应付账款的变化与其他关联科目变化不相匹配或变动方向不一致，则在反馈意见阶段容易引起监管机构的问询和质疑。

如应付账款与存货的配比关系、应付账款占流动负债的比例，以及与以前期

间对比分析评价应付账款的整体合理性等。

二、审核关注点及典型案例

从以往审核案例来看，应付账款的合理性、付款政策、与其他科目的匹配性、真实性与规范性等问题在反馈意见中常被问询。关于应付账款，监管机构的主要审核关注点如下：

1. 应付账款余额合理性

（1）应付账款余额及其变动，与采购金额的配比关系；

（2）应付账款余额持续上升的原因及合理性。

2. 付款政策执行情况以及合理性

（1）公司的付款政策及执行情况；

（2）应付账款是否逾期，是否存在资金偿付困难；

（3）应付账款的账龄结构，是否存在大额应付未付的款项；

（4）是否存在通过拖欠到期款项占用第三方资金的情况。

3. 应付账款与其他关联科目的匹配性

（1）应付账款占存货、流动负债的比例；

（2）应付账款比例合理性；

（3）是否与存货、主营业务收入、主营业务成本变动趋势一致。

4. 应付账款的真实性与合规性

（1）应付账款是否具有采购合同或者订单支持，最终收款方是否为货物或服务提供方；

（2）应付账款的主要供应商、信用期、账龄、款项性质、应付账款余额，是否存在关联关系；

（3）主要供应商与主要应付票据、应付账款的对象之间的匹配性，是否存在异常的供应商或其他单位。

相关案例：

案例 1

重庆顺博铝合金股份有限公司（2017 年 12 月 5 日被否）

——上游为卖方市场，但对第一大供应商应付账款余额高，且采购价格偏低，被质疑采购的真实性

案例背景 顺博合金主要从事再生铝合金锭的生产和销售，主要利用各种废铝材料，通过分选、熔炼、浇铸等生产工序，生产各种牌号的铝合金锭，

用于各类压铸铝合金产品和铸造铝合金产品的生产，从而实现铝资源的循环利用。

报告期（2014 ~ 2017 年 6 月）内，公司营业收入分别为 31.53 亿元、29.02 亿元、30.65 亿元、17.72 亿元；净利润分别为 7533.93 万元、7308.53 万元、13,301.87 万元、6687.33 万元。

公司 2014 年、2015 年第一大供应商重庆志德再生资源利用有限公司（以下简称“重庆志德”），由发行人前员工和第三方自然人于 2014 年共同出资设立，2017 年停止了与发行人的购销交易。2016 年、2017 年第一大供应商变更为葛洲坝环嘉（大连）再生资源有限公司（以下简称“葛洲坝环嘉”），该公司为 2015 年 6 月成立，且个人股东占比 45%。

反馈意见 1. 各期末发行人应付账款余额分别为 14,514.58 万元、14,592.97 万元、4610.91 万元及 2706.12 万元，占流动负债的比例分别为 16.07%、19.34%、6.82% 及 4.83%，大幅下降。（1）请发行人结合报告期内付款政策及其变化、付款政策执行情况、应付账款账龄、期后付款情况，补充披露报告期末发行人应付账款金额变动的原因；（2）补充披露报告期末的前五大应付账款客户，说明与前五大供应商是否一致，如不一致请说明原因；（3）说明公司应付账款变化与采购金额的变化是否匹配，期后应付账款的付款情况，是否存在其他方为发行人代付款项的情况。请保荐机构和发行人会计师进行核查并发表明确核查意见。

2. 招股说明书披露发行人向前五大供应商采购占比超过 30%，前五大供应商及其采购金额均变化较大。请发行人：（1）分析相关比例在报告期内发生变化的原因，说明发行人各类采购项目是否存在对供应商的依赖；（2）披露各类主要供应商进入和退出前五大的原因和合理性，分析说明报告期各期新增和主要供应商的背景，包括名称、成立时间、注册资本、主营业务、股权结构，发行人采购金额占其销售总额的比例；（3）补充披露发行人主要原材料、能源、设备的采购价格、采购价格在报告期内变动情况和变动原因，结合不同供应商的采购价格之间的差异，说明发行人采购价格是否符合行业变化趋势，与市场价格的差异，说明采购价格是否公允。请保荐机构和发行人会计师对发行人采购和供应商的真实性、采购价格的公允性进行核查，说明核查过程和结论，并发表明确核查意见。

发审会问题 请发行人代表：（1）说明重庆志德、葛洲坝环嘉不属于关联方的理由，是否完整披露关联方关系、恰当披露关联交易；发行人或其关联方与重庆志德股东之间是否存在股权代持关系，发行人或其关联方是否实际控制重庆志德；（2）发行人前员工在重庆志德出资比例仅为10%，另一自然人股东持股比例为90%，说明由该前员工担任重庆志德的法定代表人、执行董事、经理的原因及合理性；（3）根据申请资料发行人的上游行业属于卖方市场，但重庆志德与发行人主要通过应付款方式结算，与其他供应商主要通过预付款方式进行结算存在差异，并且重庆志德的业务毛利率不足1%，请补充说明前述情况的原因和合理性；（4）说明重庆志德2014年设立后即与发行人开展大规模交易的原因；葛洲坝环嘉成立后立即成为发行人第一大供应商的原因及合理性；重庆志德的供应商与葛洲坝环嘉的供应商是否存在重合；葛洲坝环嘉异地供货的实物流转情况及合理性；（5）说明发行人是否存在通过重庆志德和葛洲坝环嘉增加增值税抵扣情况，上游废铝回收行业主要供应商纳税的规范性，如存在不规范情况，是否会导致发行人存在大幅增加税收成本或引发相关税收风险。请保荐代表人说明核查程序并发表核查意见。

案例分析 顺博合金报告期内业绩增长良好，最后一年营收30亿元，净利润1.33亿元，经营活动现金流量金额2.09亿元，这个业绩体量在所有IPO排队企业中，应该是占优势的。但是顺博合金业绩真实性受到了发审委的质疑，最集中的就是质疑供应商的真实性。首先，重庆志德、葛洲坝环嘉先后为公司报告期内的第一大供应商，前者为公司前员工的公司，后者2015年方才成立，2016年、2017年即成为了公司的第一大供应商，不得不让人质疑双方的关联关系；其次，付款方式方面，根据顺博合金的招股书披露，公司的上游行业属于卖方市场，公司与大多数供应商主要通过预付款方式进行结算，但与重庆志德却通过应付款方式结算，不具备商业合理性；最后，重庆志德的业务毛利率不足1%，相当于亏本销售，存在低价供货的嫌疑。以上关于第一大供应商三个可疑的方面，使发审委质疑重庆志德、葛洲坝环嘉与公司的关联关系，是否存在利益输送，并最终怀疑公司业绩的真实性。

案例2

重庆正川医药包装材料股份有限公司（2017年6月27日通过）

——应付账款大量增加，被质疑占用第三方资金

案例背景 正川股份主要从事药用玻璃管制瓶等药用包装材料的研发、生产和销售。报告期（2014～2016年）内，公司营业收入分别为43,603.43万元、

47,968.36万元、46,999.45万元，净利润分别为6891.31万元、6069.90万元、7051.13万元。

报告期（2014 ~ 2016年）内，公司应付账款余额分别为3503.6万元、5199.54万元、7291.33万元，占流动负债的比例分别为65.34%、68.59%、69.24%。

反馈意见 关于应付账款和其他应付款。（1）请发行人补充披露报告期各期末公司对前五大供应商应付款项金额及占比，补充说明报告期内应付账款变动的原因；（2）说明相关预提费用的金额及期后实际发生的金额，并对可能存在的差异解释说明；（3）请发行人说明是否存在通过拖欠到期款项占用第三方资金的情况。请保荐机构、会计师说明核查过程和结论，并发表明确意见。

案例分析 正川股份2015年应付账款余额较2014年增长48.39%，2016年较2015年增幅为40.23%，报告期内应付账款增幅较大。应付账款的大量增加可能意味着企业拖欠支付供应商货款，这既是企业资金链断裂前的一种突出表现，也可能意味着企业对上游的议价能力进一步增强。

正川股份招股书中对应付账款余额大幅增加解释了具体原因，主要原因是子公司基础设施建设及项目建设的投资，也即工程款；此外，招股书披露公司前五大应付账款账龄皆在1年以内，应付账款集中度较低，公司支付供应商款项情况良好。总体来说，正川股份应付账款余额高应是由特定业务造成的，即子公司基础设施建设，工程项目额大，周期长，材料采购款等工程款项的延后支付应属正常现象，且公司应付账款账龄主要在一年以内，应不存在故意拖欠到期款项，或者公司资金运转不足等问题，因此，正川股份对应付账款问题解释以及本身的商业逻辑皆较合理，没有成为审核的障碍。

案例3

赫基（中国）集团股份有限公司（2019年2月12日终止审查）

——应付账款余额波动大，被问询应付账款与采购合同及最终收款方的匹配与对应关系

案例背景 赫基中国是一家以消费者为导向，致力于打造艺术与商业完美结合的多品牌、全渠道、国际化的时尚品牌运营管理集团。公司目前拥有ochirly、Five Plus、TRENDIANO、COVEN GARDEN等自创品牌，收购并在全球运营MISS SIXTY等国际品牌，并通过合资方式在中国运营Superdry、DENHAM等国际品牌。

公司的应付账款主要为面辅料、成衣及其他商品采购款。报告期（2015~2017 年）内，公司应付账款金额分别为 14,552.98 万元、15,239.63 万元和 19,560.49 万元，占流动负债的比例分别为 2.83%、7.13% 和 11.37%。

反馈意见 招股说明书披露，报告期各期末，发行人 2014 ~ 2017 年 6 月应付账款余额分别为 26,178.88 万元、14,552.98 万元、15,239.63 万元和 11,324.48 万元。（1）请结合发行人销售合同的执行、采购、生产等情况分析应付账款各项目在报告期各期波动的原因；（2）请补充说明应付账款的期后结算情况，是否严格按照采购合同的条款按时付款；（3）请说明应付账款是否具有采购合同或者订单支持以及最终收款方是否为货物或服务提供方。请保荐机构、申报会计师核查上述情况，说明核查过程并明确发表意见。

案例分析 赫基中国于 2017 年 12 月下旬正式披露第一稿招股说明书，并于 2018 年 6 月 21 日进行了更新，意味着公司距离 A 股市场近在咫尺。但是，国内服饰零售企业的上市之路并不平坦，2018 年 1 月 9 日上市的太平鸟，IPO 排队时间长达 6 年，连续冲刺 3 次 IPO。之后 2 月 14 日、5 月 31 日上市的安正时尚、日播时尚也都经历了两轮 IPO 冲刺历程。目前，地素时尚与玛丝菲尔仍因股权纠纷诉讼和存货等问题而无法上市，而赫基中国也于 2019 年 2 月 12 日终止审查，此次冲击 IPO 宣告失败。

赫基中国的反馈意见中问及应付账款报告期内波动的原因，证监会质疑公司是否严格执行信用政策，应付账款是否有采购合同或者订单支持，以及最终收款方是否为货物提供方。对于应付账款报告期内波动，公司解释主要原因是收入的波动以及采购淡旺季造成的，理由合理；至于应付账款与采购合同及最终收款方的匹配与对应关系，本质是审查财务规范性与业绩真实性，这需要公司提供有力的证据进行解释，并且需要与收入、成本、存货等匹配起来。

三、应对建议

应付账款作为 IPO 审核的基础审查点，需要拟 IPO 企业在筹划上市事项时，尽早进行规范，核心是避免监管机构由应付账款的异常进而质疑公司财务的规范性和业绩的真实性。

1. 确保应付账款的规范性

（1）对于应付账款，在 IPO 前的财务整改阶段，首先要对应付账款进行梳理，分析应付账款明细科目的账龄结构，并根据供应商信用政策，判断是否存在大额应付未付的款项，并及时进行清理。避免让发审委质疑公司存在资金偿付困难或者故意逾期拖欠供应商款项。

（2）应付账款发生额及余额的变动需要与收入、成本、采购金额、存货、流动负债等关联科目的匹配关系保持稳定。若确实是因为公司业务模式的特殊性或其他合理原因导致匹配数据存在异常，需要提供合理的理由进行解释。

2. 确保应付账款的真实性

（1）需要做好采购与付款业务循环的内部控制，确保应付账款与采购合同以及最终收款方都保持一致，采购合同、采购发票、入库单等凭据皆需完备、规范。

（2）确保主要供应商与主要应付票据、应付账款相匹配，避免大额应付账款和主要供应商的异常被发审委质疑供应商与公司存在关联关系及利益输送。

第四章

生产业务的关注要点

企业的生产业务循环是指从原材料入库、领用开始，直到形成完工产品为止的全过程。具体流程包括计划和安排生产、领用原材料、生产产品、核算产品成本、储存产成品、发出产成品等。

从最近两年的审核案例来看，监管机构主要侧重于对生产业务循环中的委托加工生产模式、存货管理与核算、产能与产量、生产成本管理与核算等几个方面进行重点关注。

第一节　委托加工

一、理论基础

委托加工生产模式通常与外协加工模式以及独立的购销（B/S）业务模式相对比。三者的基本概念如下：

1. 委托加工

委托加工，是指由委托方提供原料和主要材料（或由生产提供单位自行采购原料），受托方只代垫部分辅助材料，按照委托方的要求加工货物并收取加工费的经营活动。

通俗地讲，委托加工就是把货物的规格和要求告知受托方，待受托方把货物加工完毕即算完成，委托方从中并没有进行任何加工。

2. 外协加工

外协加工是指本单位因为设备或技术上的不足，独立完成某项整体制造加工任务有困难，或者达到相同质量要求所需费用更高，为了确保任务按时完成，及降低成本，充分利用社会存量资源，向外地或外单位订购或订作部分零部件或半成品。

大多数情况下，外协加工也被称作委托加工或委外加工。但是如果仔细区分，外协加工和委托加工的区别是委托方有没有参与加工。外协加工下，委托方会完成部分工作或参与生产；而委托加工下，委托方只交代要求和时间，受托方独自完成后交货。

3. 独立的购销业务模式（B/S 业务模式）

独立的购销业务，也即 B/S（Buy and Sale）模式，是由委托方采购原材料销售给受托方，然后受托方加工完再根据一定的毛利率销售给委托方。

这种特殊的购销模式，以前并不多见，但从最近几年的 IPO 案例来看，这种业务模式越来越流行，实质就是委托加工模式的一种变形和优化。

这种模式的好处就是以前委托方是按照加工规模支付委托加工费，自主权较低，可能会产生不必要的损耗，而这种独立的购销模式确定了利益空间，受托方节约下来的属于自己的额外利润。

上述三种业务模式，虽然细节各有不同，但是类型相似。在 IPO 审核实践中，外协加工和委托加工通常被等同起来。例如，2017 年 7 月 12 日过会的盛弘股份，其反馈意见中既提到了委托加工厂商，也提到了外协厂商，且反馈意见回复中也多次使用委托加工厂商与外协厂商，由此可知二者含义相同；又如 2017 年 5 月 17 日过会的电连技术，其反馈意见中既有委托给外协单位，也有委托加工及外协单位的表述，也反映了外协加工等同于委托加工或委托生产。

而委托加工模式与 B/S 业务模式在本质上存在一些不同，监管机构对于此两种模式的处理方式也十分关注。通常情况下，这两种模式的核心关注在于会计处理方法是“总额法”，还是“净额法”。普通的委托加工模式是按照企业会计准则关于受托加工或委托加工业务处理，按照原材料销售和回购的差额确认加工费，即采用“净额法”。

然而，B/S 业务模式理论上可以用“总额法”核算，但是也要合理判断业务的实质。根据 2017 年 11 月深圳保代培训，此种模式实质无论是委托加工还是独立购销，是总额法还是净额法，购销都应独立签订合同，独立开发票，不应成为重点考虑因素，而应重点考虑如下因素：

（1）生产加工的复杂程度，是否涉及复杂的工艺，产品变动是否很大；

（2）风险报酬是否转嫁，如交易对方既是供应商又是客户的情况下，向其采购的原材料只能专门用于给其生产的产品，协议签署时采购价和回售的价格已经确定，受托方不实质上承担风险，作为委托加工比较合适。

此外，2019年3月25日，证监会发布的《首发业务若干问题解答（二）》中对于前述业务按照委托加工业务还是按照独立购销业务处理，也作了类似的判断依据和规定。

因此，根据以上判断，如果表面上是独立购销，但业务实质还是属于委托加工，按照“净额法”认定为委托加工比较合适，否则委托方（拟IPO企业）就会据此增加金额较大的采购和销售，导致财务数据不能真实反映生产经营的实质。

▶相关法条：

《首发业务若干问题解答（二）》

问题7：部分首发企业由客户提供或指定原材料供应，生产加工后向客户销售；部分首发企业向加工商提供原材料，加工后再予以购回。在实务中，前述业务是按照受托加工或委托加工业务，还是按照独立购销业务处理，如何区分？

答：通常来讲，委托加工是指由委托方提供原材料和主要材料，受托方按照委托方的要求制造货物并收取加工费和代垫部分辅助材料加工的业务。从形式上看，双方一般签订委托加工合同，合同价款表现为加工费，且加工费与受托方持有的主要材料价格变动无关。

实务中，发行人由客户提供或指定原材料供应，或向加工商提供原材料，加工后予以购回，应根据其交易业务实质区别于受托／委托加工业务进行会计处理。两者区别主要体现在以下方面：

（1）双方签订合同的属性类别，合同中主要条款，如价款确定基础和定价方式、物料转移风险归属的具体规定；

（2）生产加工方是否完全或主要承担了原材料生产加工中的保管和灭失、价格波动等风险；

（3）生产加工方是否具备对最终产品的完整销售定价权；

（4）生产加工方是否承担了最终产品销售对应账款的信用风险；

（5）生产加工方对原材料加工的复杂程度，加工物料在形态、功能等方面变化程度等。

对于由发行人将原材料提供给加工商之后，加工商仅进行简单的加工工序，物料的形态和功用方面并没有发生本质性的变化，并且发行人向加工商提供的原材料的销售价格由发行人确定，加工商不承担原材料价格波动的风险。对于此类交易，通常按照委托加工业务处理，发行人按照原材料销售和回购的差额确认加工费，对于提供给加工商的原材料不应确认销售收入。

由客户提供或指定供应商的原材料采购价格由双方协商确定且与市场价格基本一致，购买和销售业务相对独立，双方约定所有权转移条款，公司对存货进行后续管理和核算，该客户没有保留原材料的继续管理权，产品销售时，公司与客户签订销售合同，销售价格包括主要材料、辅料、加工费、利润在内的全额销售价格，对于此类交易，通常应当按照实质重于形式原则认定是否为购销业务处理，从而确定是以全额法确认加工后成品的销售收入，还是仅将加工费确认为销售收入。

二、审核关注点及典型案例

围绕着普通的委托加工、B/S业务模式，以及委托加工业务模式本身的关注点，将委托加工相关的审核关注点总结如下：

1. 业务实质是独立的购销业务还是委托加工，收入确认总额法与净额法的选择是否恰当，相关的会计处理是否合规；

2. 委托加工成本的真实性与完整性，交易价格是否公允，是否通过委托加工来操纵利润；

3. 发行人与委托加工商是否存在关联关系，业务是否独立、完整；

4. 对委托加工商是否存在依赖，是否对履约的及时性、有效性造成影响；

5. 特别是针对高新技术企业，委托加工是否会导致技术泄密；

6. 委托加工对产品质量如何控制；

7. 外协转自产、自产转外协原因及合理性；

8. 特殊行业委托加工商的资质要求是否齐全。

相关案例：

案例1

珠海市赛纬电子材料股份有限公司（2017年9月13日被否）

——被质疑交易的实质属于委托加工

案例背景 赛纬电子主要从事锂离子电池电解液、一次锂电池电解液和锂离子电池铝塑复合膜的研发、生产和销售。报告期（2015～2017年1～6月）内，公司对第一大客户沃特玛的销售收入占公司营业收入的比例为11.63%、45.93%、47.46%。公司向沃特玛销售产生的毛利额占公司毛利总额的比例为4.79%、45.18%、34.03%。2017年1～6月公司向沃特玛的采购金额达到6379.48万元，沃特玛成为公司的第一大供应商，占比达到47.98%。截至2017年6月底，公司对沃特玛的应收账款和应收票据合计8598.90万元，其中应收账款1898.90万元，应收商业承兑汇票6700.00万元。

招股说明书披露，2017年开始，公司为提高资金利用效率、缓解资金压力，降低合作双方的经营风险，同时沃特玛为保障电解液品质、保障电解液供应和提高产品市场竞争力，扩大双方持续的合作规模，公司向沃特玛采购六氟磷酸锂，采购款从公司对沃特玛的应收账款中抵扣。

反馈意见 报告期内，公司前五大客户销售额占当期营业收入比例分别为41.66%、35.93%、37.85%、63.77%。2015年深圳市沃特玛电池有限公司成为发行人第一大客户，销售占营业收入比例11.63%，2016年上半年上升至43.53%，2015年前深圳市沃特玛并不在发行人前五大客户之列。请发行人补充披露：

（1）披露报告期内对前十大客户的销售情况，区分发行人不同产品对前十大客户的销售情况；结合上述客户的成立时间、注册资本、股权结构、与发行人形成客户关系的时间和方式，说明其与发行人及其实际控制人、董事、监事、高级管理人员之间是否存在关联关系。

（2）深圳市沃特玛的历史沿革、主要财务情况、主营业务、主要产品及股权结构情况；深圳市沃特玛与发行人、发行人控股股东、实际控制人、董事、监事、高级管理人员是否存在关联关系；深圳市沃特玛与发行人之间业务往来的历史及每年销售金额，以及该金额占当期营业收入的比例，确定订单的方式，采购发行人产品主要为生产加工还是直接销售；2015年年前深圳市沃特玛不在发行人前五大客户之内，而2015年年后快速上升至发行人第一大客户的发展过程、原因及合理性；结合深圳市沃特玛自身经营状况，说明报告期内发行人对其销售金额及比例大幅上升与其自身经营情况是否匹配；该变动情况对发行人未来的持续经营带来的影响；结合发行人的销售情况及募集资金项目计划，说明发行人目前及未来是否会对深圳市沃特玛构成依赖，发行人是否对此制定了行之有效的解决措施。

（3）区分发行人不同产品，分别进一步披露发行人的销售流程、获取订单的方式、报告期内每年以招投标确定的订单金额及占主营收入的比例、境内外销售金额及占主营收入的比例。

请保荐机构核查上述问题并发表明确意见，请发行人律师核查问题（1）、

（2）并发表明确意见。

发审会问题 请发行人代表：（1）说明沃特玛既是发行人第一大客户又是第一大供应商的合理性和必要性，说明沃特玛对发行人后续经营的重要性；（2）发行人向沃特玛采购六氟磷酸锂，采购款项直接从发行人应收沃特玛销售款项中抵扣，说明抵销应付账款和应收账款对发行人报告期现金流量表和利润表的影响，说明上述会计处理是否能准确反映发行人的经济业务；（3）说明发行人向沃特玛采购六氟磷酸锂的价格远高于市场平均价格的原因，说明发行人向沃特玛销售产品的价格是如何确定的，并据此说明与沃特玛的合作模式属于商品买卖还是属于委托加工；（4）公司对沃特玛的产品销售价格，是在对方提供的主要原材料的价格基础上加成计算而来，请说明从沃特玛采购原材料后，在公司提供产品之前，原材料的价格的波动是否会影响向对方的销售价格，请说明该交易模式对双方而言，是否符合风险和报酬的转移的条件，交易的实质是委托加工还是产品销售；（5）请同时从销售和采购的角度分析，公司的生产经营对沃特玛是否存在依赖。请保荐代表人对上述问题发表核查意见。

案例分析 发审委首先是质疑赛纬电子的生产经营对沃特玛存在重大依赖，然后是质疑会计处理存在错误。赛纬电子向沃特玛采购六氟磷酸锂，采购款直接从公司应收沃特玛销售款项中抵扣，发审委质疑上述会计处理是否能准确反映公司的经济业务，质疑公司对沃特玛的采购、销售构成委托加工。赛纬电子在反馈更新后的招股书中（第 139 ~ 148 页及第 156 ~ 164 页）对该模式进行了详细披露，说明公司与沃特玛的合作模式属于商品买卖，不属于委托加工。

但是，赛纬电子报告期内业绩的增长纯粹依靠对沃特玛销售的大幅增加，如果公司的产品附加值很高，公司向供应商采购原材料后要经过复杂的加工后再销售，那么可能不会引起发审委关于是否属于委托加工的质疑。但是赛纬电子的产品附加值并不高，且向沃特玛采购的原材料占成本的比例在 70% 以上，因而很容易让发审委关注此种交易的实质就是一种委托加工模式。

案例 2

成都西菱动力科技股份有限公司（2017 年 11 月 1 日通过）

——委托加工改为独立购销，被质疑总额法核算是否符合业务实质

案例背景 西菱动力主要从事发动机零部件的研发、设计、制造和销售，

产品包括曲轴扭转减振器（通称皮带轮）、连杆总成、凸轮轴总成等。其中曲轴扭转减振器、连杆总成、凸轮轴总成是公司的主要产品，上述产品为发动机的关键零部件。公司产品主要面向汽车发动机主机配套市场，为大量中高端汽车品牌供应零部件产品，2016 年公司产品在国内市场占有率最高达 15.64%，细分行业优势地位明显。

报告期（2014 ~ 2017 年 1 ~ 6 月）内，公司前五大客户收入占主营业务收入比重分别为 77.17%、83.30%、85.08%、81.37%。其中，第一大客户为沈阳航天三菱汽车发动机制造有限公司，主营业务收入占比分别为 30.17%、24.96%、28.47%、30.39%。报告期内，沈阳航天三菱汽车发动机制造有限公司既是公司客户又是供应商。公司向其销售连杆总成、曲轴扭转减震器、凸轮轴总成；向其采购连杆毛坯、螺栓。公司所采购的产品为向沈阳航天三菱配套的部分胀断连杆总成的原材料。

反馈意见　报告期内，沈阳航天三菱汽车发动机制造有限公司既是发行人 2013 年、2014 年、2015 年、2016 年 1 ~ 6 月的第一大客户，又是发行人 2016 年 1 ~ 6 月的第一大供应商和 2015 年的第二大供应商。请补充披露发行人向沈阳航天三菱汽车发动机制造有限公司采购和销售的内容，同时存在采购和销售的原因、合理性、定价及公允性。请保荐机构、发行人律师核查上述问题并发表明确意见。

发审会问题　发行人报告期各期综合毛利率远高于汽车零部件生产企业及其他可比上市公司同期毛利率水平，其中销售给第一大客户沈阳航天三菱的毛利率高于发行人综合毛利率。请发行人代表：（1）结合下游需求变化、原材料价格变化等，说明毛利率持续走高的原因及合理性；（2）结合行业政策、行业竞争地位，说明综合毛利率显著高于同行业可比公司的原因及合理性；（3）发行人与沈阳航天三菱业务合作方式，交易合同订立及执行情况，销售毛利率高于其他客户的原因及合理性、可持续性；其业务是否属于代工或委托加工业务，采用总额法核算是否符合该等业务实质，是否符合企业会计准则规定。请保荐代表人说明核查过程、核查依据，并发表核查意见。

案例分析　西菱动力招股书披露，公司 2013 年以前采用的是委托加工的方式为沈阳航天三菱供应胀断连杆总成（当时公司胀断连杆毛坯生产技术尚未成熟，毛坯件由沈阳航天三菱提供），2014 年开始，为方便统一管理，经协商一致，改委托加工为独立购销模式。公司逐渐具备了大批量生产胀断连杆毛坯的能力，2017 年 1 ~ 6 月，公司向沈阳航天三菱采购连杆毛坯的规模大幅下降，总金额仅有 50.66 万元。且招股书披露说明，公司向沈阳航天三菱采购价格按照市场价格确定，签订销售合同。

西菱动力与沈阳航天三菱的业务实质是否可以认定为独立的购销模式，尚待商榷，但是，从披露的数据来看，公司向沈阳航天三菱采购连杆毛坯的金额占销售额的比例不高，且最后一期的采购总额急剧下降，仅有50.66万元。加上西菱动力行业地位及核心技术优势明显，整体预期较好，因此通过了发审委的审核。

案例 3

北京朝歌数码科技股份有限公司（2018 年 2 月 7 日被否）

——对委托加工商依赖，被质疑委托加工模式是否影响公司独立性与完整性

案例背景 朝歌科技主营业务包括互动电视智能终端产品、网络视频行业应用系统及解决方案。其中互动电视智能终端占主营业务收入的 90% 以上。2014 ~ 2016 年，朝歌科技对前五大客户的合计销售收入占总额的 90% 左右，其中对华为的销售额占当年总销售额分别为 81.3%、74.2%、41.7%。2016 年，朝歌科技委托加工业务金额为 2.44 亿元，其中百一股份及其子公司达 2.13 亿元，占比达 87%。

发审会问题 报告期内，发行人对前五大供应商的采购占公司采购总额的比例分别为 84.66%、78.77%、85.57%。请发行人代表：（1）说明发行人 2014 年、2015 年委托加工和代采辅料采购来自百一股份的金额占比较大，2016 年大幅下降的原因，2016 年应付百一股份的金额较大的合理性；（2）说明发行人采用委托加工模式而不自建工厂生产的原因及合理性，委托加工模式对发行人业务、资产的独立性和完整性是否构成实质性不利影响；（3）结合同行业上市公司采购相同原材料的定价情况，说明发行人对主要供应商采购定价的依据及公允性、发行人是否对主要供应商存在依赖，该等情形是否可能对发行人未来持续盈利能力构成重大不利影响。请保荐代表人发表核查意见。

案例分析 朝歌科技已经是第三次踏上 IPO 征途了，第一次申请 IPO 是在 2011 年，当时被否的主要原因是未来持续盈利能力存在重大不确定性，一是表现在其全部生产业务都采用委托加工模式，且几乎全由百一股份完成；二是其 2010 年约 90% 销售收入来自华为公司，客户依赖度过高。

2017 年 5 月第三次申报，仍然被否，被否的核心原因仍然与以前类似，大客户依赖，委托加工模式合理性等。虽然针对首次被否原因，朝歌科技引

入了新的委托加工商杰科数码，新的报告期内，公司向百一股份委托加工金额占比仍然很高，分别为 97.49%、87.31%、65.48%，采购占比呈下降趋势，采购总额呈上升趋势。虽然从占比上较上次有所改善，但依赖程度依然过高，问题并没有得到实质解决。朝歌科技委托加工比例过高，且对单一委托加工商重大依赖，没有自建工厂，因此让发审委质疑公司业务的独立性和完整性。

案例 4

南通冠东模塑股份有限公司（2018 年 1 月 23 日被否）

——外协加工转自主生产，但成本更高，被质疑原因及合理性

案例背景 冠东股份是国内精密注塑件及精密模具的专业设计与制造商，主要从事汽车车灯配件、汽车内外饰件、汽车功能件等精密注塑件、精密模具及线束的研发、设计、生产和销售。公司在国内汽车精密注塑零部件领域具备较强的市场竞争力和较高的品牌知名度。公司已经与上海小糸、大茂伟瑞柯、法雷奥（VALEO）、海拉（Hella）、上汽集团、上汽大众、江铃控股、奇瑞捷豹路虎等国内外一流汽车配件厂商和整车制造商形成了长期稳定的战略合作关系。

报告期（2014 ~ 2017 年 1 ~ 6 月）内，公司前五大客户（合并口径）的销售收入占当期公司营业收入的比例分别为 91.35%、89.93%、88.22%、84.78%，客户集中度较高，其中对单一客户上海小糸的销售收入占营业收入的比例分别为 69.11%、65.48%、57.34%、49.29%。

公司存在将少量注塑件和线束件的部分工序，以及部分模具的非核心工序进行委外加工的情形，公司报告期内外协加工额占采购总额比例为 6.80%、6.50%、5.18%、3.67%。

反馈意见 请补充披露：（1）外协企业的名称、外协内容、外协产品在公司产品中的具体环节、数量及金额；说明该等外协企业与公司、实际控制人、公司高管、核心技术人员及其他关联方之间是否存在关联关系；（2）各年度外协加工所占的比例和形成的成本，详细对比分析外协成本和自主生产的成本；比较外协加工费用定价的合理性，说明有无利益输送；（3）外协比例较高的，请说明公司控制外协产品质量的具体措施及公司与外协房关于产品质量责任分摊的具体安排；（4）分析并披露公司募集资金项目实施后生产模式是否会发生变化。如发生变化的，请披露公司生产上述产品有无技术“瓶颈”，在人员、技术等方面的准备情况。存在不确定性的，请作重大事项提示。

发行人存在外协加工。请发行人在“业务与技术”中补充披露主要委托加工商的基本情况（包括但不限于注册时间、注册资本、注册地址及实际经营地址、股权结构、上海青浦车灯喷漆厂简要历史沿革等）、是否与发行人存在关联关系（或曾经存在）、其中上海青浦车灯喷漆厂是否主要为发行人的加工，请保荐机构核查并发表意见。

发审会问题 报告期内，发行人部分喷漆镀铝、电镀等生产工序逐步以自主生产取代外协加工，自主生产成本明显高于单位外协成本。请发行人代表说明：（1）发行人逐步用自主生产取代外协加工的合理性；（2）是否具备“电镀许可证”等相关资质，上述工序的生产过程是否符合环保相关规定；（3）因环保要求导致上述工序自主生产成本较高的原因。请保荐代表人说明核查方法、依据，并发表明确核查意见。

案例分析 冠东股份被否的核心原因之一是其第一大客户亦为主要供应商，发审委质疑其商业合理性。

冠东股份将喷漆镀铝、电镀等生产工序逐步以自主生产取代外协加工的合理性方面，根据冠东股份招股书披露，公司外协加工价格低于自主生产成本，主要原因是公司每一套精密模具都为专用产品，其大小、工艺、技术含量等不同，导致外协加工精度和外协单价存在一定差异，外协企业具备规模效应及环保投入费用分摊，因此公司外协加工价格低于公司自主生产成本，采取外协生产具有商业合理性。然而，冠东股份未就自主生产代替外协加工的原因进行说明，仅说明主要外协厂商的外协成本较自主生产低，但是总体差异不大，差异金额对利润总额的影响占比为 3% 左右，对发行人盈利状况及经营业绩不构成重大影响。

案例 5

美联钢结构建筑系统（上海）股份有限公司（2017 年 4 月 24 日被否）

——外协加工的比重、单价、定价方式和关联关系受到质疑

案例背景 美联股份主营业务为预制钢结构建筑系统产品的研发、设计和生产制造，并为客户提供钢结构工程的专项承包和项目管理等延伸服务。其中，轻钢结构制造存在外协加工情形，安装施工存在劳务分包情形。

钢结构产品的构件中，梁柱等主结构构件由于重量较大，运输成本较高，存在业务半径（约 1000 公里）。当工程项目所在地距离超越经济运输半径，

或者公司的主结构构件产能无法满足多个项目同时供货需求时，基于成本考虑，通常在项目所在地附近选择合格的主结构构件外协加工厂进行代工生产。

外协加工按加工对象分为主构外协和檩条外协，主构外协成本包括原材料、加工费、运输费、檩条外协成本为加工费和运费。外协厂商根据不同的加工对象，按原材料加工费和运输费分类报价。2013 ~ 2015 年，公司原材料采购总额分别为 3.37 亿元、4.67 亿元、2.55 亿元，其中外协采购金额分别为 1.11 亿元、1.65 亿元、1.14 亿元，占比分别为 33.11%、35.41%、44.74%。

反馈意见 发行人报告期内通过外协生产的比重较高，且外协加工金额的比重大幅低于外协加工产量的比重，请落实以下问题：

1. 请在招股说明书“业务与技术”中充分披露发行人外协加工和相应工序自行生产加工有无实质区别，充分披露发行人报告期内外协加工费用大幅低于外协加工数量的具体原因。

2. 请保荐机构、会计师说明报告期内的外协加工企业与发行人是否存在关联关系或其他利害关系，不同外协加工企业单位加工费用是否存在显著区别，定价是否公允，并提供相关依据。

3. 请在招股说明书“管理层讨论与分析”中充分披露发行人报告期内单位外协加工费用大幅下降的具体原因。

4. 请保荐机构、会计师说明发行人报告期内外协加工费用归集、确认是否完整、准确，单位外协加工费用大幅下降是否与市场行情一致，并提供相关依据。

发审会问题 请发行人代表进一步说明：（1）发行人报告期内外协加工比重持续上升的原因，与同行业公司情况是否一致；（2）发行人外协主构单价低于自产主构单位成本的原因，发行人在承接外地订单方面相比外协厂商具有优势的原因；报告期各期发行人相同产品外协采购单价、自产生产成本情况以及报告期各期前十大外协加工单位加工费的费率情况，外协加工金额的比重与外协加工产量的比重不一致的原因及其合理性，相关比重差异是否真实合理，是否存在低估成本费用的情况；（3）发行人与主要外协厂商之间是否存在关联关系和特殊利益安排，外协加工的定价机制和定价公允性；（4）发行人营业收入与机器设备的比值大幅高于同行业公司平均水平的原因。请保荐代表人发表核查意见。

案例分析 发审委对美联股份外协加工业务的主要疑问是外协加工的比重、单价、定价方式和关联关系。

美联股份外协加工占比为 33.11%、35.41%、44.74%，不断升高，针对升高的原因，同行业公司是否存在同样的情形，美联股份未给予明确的解释。

同时，2013 ~ 2015 年，外协采购单价为 4664 元 / 吨、4162 元 / 吨、3832 元 / 吨，而自产的单位成本为 5942.87 元 / 吨、4651.52 元 / 吨、3580.65 元 / 吨，除了 2015 年自产的单位成本稍低外，2013 年、2014 年的外协单价都低于自产的单位成本。这种情形存在矛盾之处，既然当地的产品更便宜，为什么客户还要多花成本由美联股份在外地过去实施外协，再帮助他们做项目，而不是直接找当地的企业做，是因为美联股份拥有卓越的设计和工程管理能力还是其他原因，不得而知。

此外，2013 ~ 2015 年，公司外协加工的比重，按采购量来计算，分别为 38.67%、37.99%、43.06%，而按采购金额来算，分别为 33.11%、35.41%、44.74%，存在明显不一致情形。美联股份对此的解释是，2013 年和 2014 年，之所以采购的量和金额比重不一样，是因为外协采购的原材料是价格低的主构钢材，量大但便宜，所以量的占比比金额占比高。而 2015 年，外协加工的比重，金额占比比量的占比高，是因为当年部分项目地理位置特殊，同时工期紧张，为了及时完成项目，在采购外协加工时费用比通常项目要高。这样的解释可能没能让发审委信服。

案例 6

御家汇股份有限公司（2017 年 11 月 15 日通过）

——委托加工成本逐年下滑，被质疑真实性与独立性，详细的信息披露与解释获得认可

案例背景 御家汇有限成立于 2012 年 11 月，是一家以自主品牌为核心、依托互联网电子商务进行销售的“互联网 + 护肤品”企业。产品品牌主要包括“御泥坊”“小迷糊”“花瑶花”“师夷家”“薇风”等，产品种类包括面膜类、水乳膏霜类等，其中以面膜类为主。报告期内，“御泥坊”品牌销售收入占公司主营业务收入的比重分别为 89.02%、85.17%、82.23%、79.42%。

公司采用自主生产和委托加工相结合的方式安排生产，报告期（2014~2017 年 1 ~ 6 月）内，委托加工占生产成本的比例为 100%、88.91%、85.51%、80.17%。前五名供应商采购占比分别为 49.97%、34.23%、39.32%、36.60%。

反馈意见 1. 分包装材料、原料和委托加工类别补充披露报告期内对各自类

别内前五大供应商的采购情况，包括采购内容、采购金额及占比、各期变动及合理性，各类采购支出与主营业务的关系。结合报告期内其成立时间、注册资本、股权结构，说明其与发行人及其主要股东、实际控制人、董事、监事、高级管理人员之间是否存在关联关系，说明发行人向各主要供应商采购产品的定价政策、依据及公允性。

2. 2014年发行人大部分原材料原系委托加工方采购，2014年下半年发行人开始直接采购主要原材料。请补充说明上述转变的原因及对发行人生产经营的影响。

3. 补充说明报告期内各年度委外生产的内容、单价、业务量、金额及占比，发行人对外协生产质量管理制度及执行情况；外协合作方的选择标准，主要外协方的名称及基本情况，合作历史，主要外协方与发行人及其股东、实际控制人、董事、监事、高管人员、其他核心人员是否存在关联关系及输送利益的情形；委托加工的业务模式、发生的环节或技术、是否涉及关键工序或关键技术、是否对发行人的业务独立性和完整性构成影响；发行人外协生产中的技术保密措施及执行情况，是否存在泄密的风险；发行人委托外协厂商加工产品是否为发行人今后的主要业务模式以及对发行人持续发展的具体影响。说明在外协模式下生产的化妆品的批号、备案取得情况。

发审会问题　报告期内，发行人采取委托加工为主的生产方式，加工单位成本逐年下滑，销售费用逐年上升。请发行人代表说明：（1）外协厂商与发行人是否存在关联关系，相关信息披露是否符合规定，上述情况对发行人业务独立性和真实性是否构成重大影响，外协加工成本是否真实完整；（2）结合发行人与主要电商平台合同约定，说明报告期相关费用内容、收费标准、发生金额和确定依据，与推广活动、相关收入是否匹配，是否真实完整，报告期销售费用变化较大的原因及合理性。请保荐代表人说明具体核查方法、过程，并发表明确意见。

案例分析　御家汇在其最新的招股书中详细披露了前五大委托加工商基本情况；委托加工产品的类型、定价方法、金额及占比；关联关系说明、保密措施、质控措施；等等。委托加工相关的信息披露较健全，获得了认可。

三、应对建议

委托加工作为许多制造企业及轻资产运营企业较常见的一种生产模式，通常有其存在的必要性，例如，产品部件小批量、多品种，运输半径限制，生产技术不成熟，资质、环保要求等。从近几年的 IPO 审核实践来看，委托加工问题会普遍受到重点关注，因此，拟 IPO 企业需要对委托加工模式进行规范运作，并作详细信息披露。

针对委托加工的重点审核关注点，给出相应的应对建议如下：

1. 规范委托加工行为，主要有以下几个方面：

（1）委托加工的实质认定，若不涉及复杂的工艺，或者风险报酬没有转嫁，那么形式上的独立购销模式也应该按照普通委托加工模式进行会计处理。

（2）委托加工成本定价公允，委托加工商无关联关系，或者减少关联委托加工商的采购比例。

（3）关于对单一委托加工商的依赖，应该逐步降低单一委托加工商的采购比例，寻找多个合作厂家，分散风险；如果由于产品的特殊性，确实只能对某个供应商依赖，如朝歌科技，至少应该有确保双方能够长期合作且保证公司利益的措施，以及有缓解供应商依赖的措施。

（4）关于委托加工可能导致的技术泄密问题，有些委托方需要将有关设计图纸交给受托企业，技术泄密的风险还是很大的。对此，企业一般解释委托加工的不是核心技术或者只是部分工序，就算受托企业有意抄袭，也不会成为公司的竞争对手。

（5）关于委托加工模式带来的产品质量问题，除非出现产品质量纠纷，在审核实践中一般较难认定，企业可以通过制定一系列的政策和制度来保证委托加工的质量。

（6）关于委托加工与自主生产的比例，从理论上来讲，委托加工的比例上限并没有明确的标准，这与企业的商业模式有关，但是总体来说，外协比例很高一般会受到重点关注，审核风险较大，需要有充足的理由，作详细的解释与披露。

2. 详细的信息披露

拟 IPO 企业在作上市申报材料时，需要就委托加工相关事项作详细的信息披露：包括委托加工的必要性、委托加工的详细情况（委托加工的产品或工序、是否为核心产品或核心工序、委托加工金额、数量及占比）、委托加工商的基本情况、委托加工商关联关系说明、委托加工的定价情况、委托加工保密措施及质量控制措施等。

第二节 存货

存货是指企业在日常活动中持有以备出售的产成品或商品、处在生产过程中的在产品、在生产过程或提供劳务过程中耗用的材料、物料等。存货作为公司资产的重要组成部分，直接影响着企业利润、毛利率等重要财务数据，是IPO财务造假的常用途径。

存货一直受到监管机构的高度关注，是IPO被否的常见问题。拟IPO企业存在存货余额过高、存货周转率低、存货跌价准备计提不合理等问题，皆容易受到监管机构问询。此外，一些特殊行业及特殊的经营模式下的存货问题，也容易引起监管机构的重视。

一、一般存货问题

存货通常与企业经营模式、产供销流程、内控体系等紧密相关。拟IPO企业常涉及的一般存货问题包括：存货余额高或波动大、存货周转率低、存货跌价准备计提不合理、存货与产销数据不符、存货内控不健全等。

（一）审核关注点及典型案例

从最近两年的IPO审核情况来看，发审委在上会时频繁问及存货相关问题，主要审核关注点如下：

1. 报告期内存货余额高，且持续增长的原因及合理性，产成品是否存在滞销；
2. 报告期内存货波动幅度大的原因及合理性，原材料价格波动是否影响经营业绩；
3. 存货周转率不断下降的原因及合理性，周转率明显低于同行的原因及合理性；
4. 存货跌价准备是否未计提或计提不合理；
5. 存货与产销数据不符，是否存在虚构销售或少结转成本的情形；
6. 存货内控制度是否健全，管理是否规范。

相关案例：

案例1

钜泉光电科技（上海）股份有限公司（2017年11月3日被否）

——业绩下滑，存货余额大且逐年上升

案例背景 钜泉光电主营业务为智能电网终端设备芯片的研发、设计与销售，主要产品包括电能计量芯片、载波通信芯片和智能电表MCU芯片等。

报告期（2014 ~ 2017 年 1 ~ 6 月）内，钜泉光电存货余额分别为 2180.05 万元、2914.29 万元、3824.48 万元、4017.56 万元；存货周转率分别为 3.15、3.04、2.60、2.34。存货占流动资产比例分别为 12.95%、16.97%、15.48%、1.77%。委托加工物资和库存商品是存货的主要组成部分，2014 年年末 ~ 2017 年 6 月末，委托加工物资和库存商品合计占存货账面原值的比重分别为 89.99%、85.55%、84.89%、86.84%。

反馈意见 （1）请发行人补充说明报告期内各期末原材料、委托加工物资、库存商品、低值易耗品项下各明细项目金额及占比情况，并从数量、单价等方面对在报告期内的变动原因进行分析说明；（2）补充披露各期末存货中有具体订单支持的金额及比例，并对其在报告期内的变动情况进行分析；（3）按照不同产品类型补充说明各类存货的货龄情况，说明计提存货跌价准备的具体方式，并结合行业发展情况、竞争情况以及同行业可比公司的存货跌价准备计提比例等，说明存货跌价准备计提是否充分；（4）说明公司对各类存货的盘点制度及内部控制制度建立健全情况、设计和执行的有效性；（5）说明对委托加工物资的初始确认及后续计量方式；（6）分析说明存货周转率的变化情况及与可比公司的差异原因。请保荐机构、会计师说明核查过程和结论，并发表明确意见。

发审会问题 报告期内，发行人存货以委托加工物资和库存商品为主，存货余额增长较快，存货周转率持续低于可比上市公司。请发行人代表说明：（1）存货账面净值持续增长的原因，存货跌价准备的计提依据是否充分；（2）结合发行人主要生产过程均采取外协加工方式，成本占全部成本 95% 以上，分析说明对发行人核心竞争力的影响，对发行人生产质量控制的影响。请保荐代表人发表核查意见。

案例分析 钜泉光电原为新三板挂牌公司，早在 2012 年申报了创业板，由于遭遇“史上最严的财务核查”，无奈终止审查，四年后，钜泉光电第二次 IPO，仍然被否，核心原因是公司报告期内业绩不达隐形红线，且逐年下滑。

钜泉光电报告期内业绩下滑，但存货余额却越来越高，逐年上升，从 2014 年年末的 2180.05 万元到 2017 年 6 月底的 4017.56 万元，几乎翻倍，存货周转率也从 3.15 次下降到了 2.6 次。存货主要项目为委托加工物资和库存商品，存货跌价准备仅计提了 95 万元。

企业存货过多，占流动资产比重过大，不仅容易造成积压情况，增加保管成本，而且一旦出现贬值，则会影响公司经营业绩。钜泉光电在报告期经营业绩本身就存在问题，越来越高的存货余额会给企业未来带来更大的负担和经营风险，因此，存货问题也是公司 IPO 被否的主要原因之一。

案例 2

无锡普天铁心股份有限公司（2017 年 11 月 1 日被否）

——激进赊销存货攀升，被质疑合理性与必要性

案例背景 普天铁心主要从事电力变压器铁心及其中间产品的研发、生产和销售。报告期（2014 ~ 2017 年 1 ~ 6 月）内，公司营业收入分别为 4.66 亿元、6.4 亿元、6.48 亿元、2.83 亿元，归母净利润分别为 2426.75 万元、1856.87 万元、2923.3 万元、1562.02 万元。各报告期末，应收账款净额分别为 11,725.67 万元、18,285.93 万元、19,181.17 万元、19,620.46 万元，占流动资产比例分别为 31.19%、47.29%、42.09%、41.71%。

报告期各期末，公司存货账面价值分别为 4960.37 万元、6834.76 万元、8591.17 万元、9952.29 万元，占各期末流动资产的比例分别为 13.20%、17.68%、18.85%、21.16%，存货周转率分别为 10.07、9.47、7.05、5.01。公司存货由原材料、在产品、库存商品和发出商品等构成。原材料主要为取向硅钢等，库存商品和发出商品主要为公司直接对外销售的变压器铁心、定尺硅钢和铁心柱等产品。

反馈意见 据招股说明书披露，报告期各期末，发行人存货账面价值分别为 2661.29 万元、4960.37 万元、6834.76 万元、9807.25 万元，其中原材料占比分别为 40.97%、64.54%、74.64%、88.63%，原材料主要为取向硅钢等。请发行人：

1. 补充披露报告期各期末原材料分类情况、取向硅钢的数量和价格，说明各期末原材料中取向硅钢的价格波动原因、与同期市场价格差异情况及原因分析；结合报告期主要原材料取向硅钢的市场供需情况、期末在手销售订单、生产周期等情况，说明各期末发行人原材料中取向硅钢的数量变化原因及合理性分析、维持 1 ~ 2 个月生产所需取向硅钢库存量的原因及合理性分析、是否符合行业特征；结合各类原材料付款政策、发行人资金状况等，补充披露各期末存货中原材料金额较大且持续大幅上升的原因、是否符合商业逻辑，原材料对应订单情况、期后消耗情况及消耗周期；

2. 结合各类产品收入确认时点，说明报告期各期末发出商品金额金额较大且持续下降原因、发出商品期后确认销售情况及具体时点；

3. 结合各类存货库龄、易损性、产品毛利率水平、主要原材料价格波动等情况，说明各期末发行人对存货不存在可变现净值低于账面价值的判断依据；

4. 说明报告期发行人与同行业可比公司存货周转率差异较大的原因及合理性分析、2015 年度发行人存货周转率低于巨龙硅钢的原因及合理性分析；

5. 补充披露各期存货与发行人仓储面积是否匹配及判断依据，各期存货异地存放情况、原因、管理模式及其风险、是否在供应商处存放的情况及原因；说明发行人各期末存货的盘点情况和盘点结论，是否对异地存放存货、发出商品、委托加工物资进行盘点，是否存在账实不符的情形。

请保荐机构、申报会计师说明期末存货监盘情况，并对上述问题进行核查，说明核查过程、核查依据并发表明确意见。

发审会问题 报告期内发行人存货大幅增加；存货周转率逐年下降。同时，2017 年 6 月末，发行人应收账款大幅上升，占营业收入比重为 69.25%。请发行人代表说明：（1）结合生产模式、采购与生产周期、原材料预付货款等情形，说明发行人保持较高存货规模的合理性和必要性；（2）结合发行人最近一期末存货的分布情况，说明异地存货的管理模式，公司存货管理制度是否健全；（3）结合市场价格变化，说明存货盘点和存货计价测试的执行情况，发行人存货是否真实，特别是由于取向硅钢易损坏，请结合期末取向硅钢状态说明存货跌价准备计提依据是否充分，是否足额计提存货跌价准备；（4）对比同行业上市公司的存货周转率，说明差异的原因及合理性；（5）发行人应收账款持续上升的原因，是否涉及销售信用政策调整；结合应收账款中“超出合同约定付款时点的金额”占比约 60% 的情形，说明现有坏账计提政策是否恰当。请保荐代表人说明核查方法、过程、依据，并发表核查意见。

案例分析 普天铁心存货中原材料金额较大，库存商品、发出商品等金额占比较小。存货规模逐年提升主要是原材料取向硅钢储备量逐渐加大及取向硅钢采购价格上涨所致。普天铁心对取向硅钢库存量逐渐增多的解释是公司规模增大，取向硅钢一般需要 1 ~ 2 个月的生产所需库存量，加上对取向硅钢市场价格上涨的预期，因此，储备量大幅提升。然而，普天铁心招股书中又说公司生产模式是以销定产，期末库存取向硅钢与在手销售订单不存在一一对应关系，而普天铁心的业绩规模并没有如存货一般同比例增长。

因此，基于公司的业务规模与存货量水平没有完全匹配，发审委质疑公司存货是否真实，存货规模越来越大，是否合理和必要。

案例 3

福建省闽华电源股份有限公司（2018 年 5 月 22 日被否）

——存货余额波动大，且与营业收入、应收账款波动不匹配

案例背景 闽华电源主要从事铅酸蓄电池核心部件极板及成品铅酸蓄电池的研发、生产和销售。报告期（2014 ~ 2017 年 1 ~ 6 月）内，公司营业收入分别为 106,428.56 万元、99,139.32 万元、116,892.42 万元、54,403 万元；应收账款周转率为 6.52、5.33、5.80、2.50。

闽华电源存货主要分为原材料、在产品和库存商品等。2014 年年末 ~ 2016 年年末，公司存货账面价值分别为 18,819.61 万元、15,702.88 万元、18,009.77 万元，各期较上年增幅分别为 -16.56%、14.69%；占期末资产总额的比例分别为 22.99%、18.61% 和 19.85%，存货周转率分别为 5.33、4.88、5.80。

反馈意见 请发行人：（1）补充披露公司原材料备货的标准及执行情况、主要产品的生产周期、存在大额在产品和库存商品的具体原因，并结合上述产销周期分析披露目前原材料、在产品和库存商品库存水平是否合理；（2）补充披露存货的盘点制度、各报告期末的盘点计划、盘点范围、地点、时间、人员和结果；请保荐机构和会计师详细说明存货监盘的具体情况，包括监盘时间、地点、人员和结果；（3）补充披露报告期各期末存货库龄情况及跌价测试的方法和过程，并将存货跌价准备计提情况与同行业相比较，说明各类存货跌价准备是否已经足额计提。请保荐机构和会计师对上述事项进行核查，说明核查过程、方法和结论，并发表核查意见。

发审会问题 请发行人代表说明：（1）报告期末存货余额变化的原因及合理性，并结合生产周期等情况说明存货结构是否合理；（2）铅价波动与存货余额的波动是否存在必要联系，原材料存货波动与销售规模变动的匹配性，是否符合行业特点；（3）报告期存货盘点的情况，相关内控制度是否有效执行，存货跌价准备计提是否充分。请保荐代表人说明核查方法、过程，并发表明确核查意见。

案例分析 闽华电源被否的核心原因是行业前景不理想，闽华电源的主要产品铅蓄电池，而在当前锂电池已经非常成熟的市场现状下，铅蓄电池的使用

领域较窄，而且未来有被淘汰的可能。

闽华电源在招股书中对各期末存货波动是这样解释的：2015 年年末，存货账面价值较上年年末减少 3116.74 万元，降幅为 16.56%，高于营业收入和营业成本的降幅，且存货占总资产、营业成本的比例下降，主要原因是 2016 年 1 月 1 日起，铅酸蓄电池按 4% 征收消费税。蓄电池客户纷纷赶在新的消费税政策正式实施前下单，并要求公司 2016 年 1 月 1 日前发货，使公司 2015 年 12 月订单量集中，蓄电池出货量为上年同期的 2 倍以上，2015 年年末库存量大幅减少。2016 年年末，存货账面价值为 18,009.77 万元，较上年年末增加 14.69%，与营业收入、营业成本的增幅基本匹配。

虽然这样的解释存在一定的合理之处，但从 IPO 审核角度来讲，营业收入大幅上升、应收账款周转率和存货周转率下降，很可能存在虚构销售或者少结转成本的可能。而且，闽华电源的主要原材料之一是金属铅，2014 年年末 ~ 2016 年年末，铅锭和铅钙合金占存货账面价值的比例分为 14.76%、14.40% 和 8.45%（2016 年铅占比降低是因为第四季度铅价大幅上涨，减少了库存保有量），如果铅的价格变动会对公司业绩产生重大影响。

案例 4

湘北威尔曼制药股份有限公司（2017 年 10 月 24 日被否）

——存货周转率低于同行且逐渐下降

案例背景 威尔曼主营业务是药品的研发、生产和销售，核心产品为抗耐药复方抗生素制剂。报告期（2014 ~ 2017 年 1 ~ 6 月）内，公司营业收入分别为 2.7 亿元、3.42 亿元、4.22 亿元、2.28 亿元；净利润分别为 0.75 亿元、1.64 亿元、1.77 亿元、1.04 亿元；主营业务毛利率分别为 59.67%、64.93%、70.19%、70.73%；行业平均毛利率分别为 56.32%、55.00%、51.20%、65.10%。

2014 ~ 2017 年 6 月末，威尔曼存货余额分别为 5129.04 万元、5604.31 万元、7481.64 万元、6037.31 万元；存货周转率分别为 2.12、2.23、1.93、0.99；2014 ~ 2016 年，行业平均存货周转率分别为 2.89、2.79、2.42。

发审会问题 1. 报告期发行人存在以下问题：（1）无实际销售活动的发票开具行为；（2）实际销售收入确认与招股说明书中描述不符；（3）发货指令单上无发货人、储运部主管、出纳签字；产成品出库单上仅有制单人名字，无复核人、发货人、主管签字审核；原材料采购入库环节原始单据无编号，车间到仓库的产成品入库环节原始单据无编号；（4）报告期内现金交易金额较大，相关的资金管理制度对现金的提现标准与现金使用无明确规定等。请发行人代表进一步说明：（1）发行人在开票、产品发货和出库、原材料采购、资金管理等方面的内部控制制度及实际执行情况，如何保证相关制度的有效实施；（2）申报材料有关销售收入确认原则前后披露不一致的原因，发行人实际执行的收入确认原则是否符合企业会计准则的要求。

请保荐代表人对发行人收入确认原则是否符合企业会计准则要求，以及发行人内部控制制度是否健全且被有效执行，是否符合《首发管理办法》规定的发行条件发表明确意见。

2. 请发行人代表结合核心产品的价格、成本、应用范围、客户、技术等情况，进一步说明报告期内存货周转率低于同行业上市公司且逐年持续下降，主要产品销售毛利率高于同行业上市公司平均水平且变动趋势不一致以及报告期期间费用率远低于同行业上市公司平均水平的主要原因及其合理性。请保荐代表人发表明确核查意见。

案例分析 威尔曼被否的原因有很多，归为一点就是发审委质疑其业绩的真实性，主要外在表现就是毛利率异常，甚至 2016 年毛利率高出行业平均 19 个百分点。

威尔曼报告期内存货周转率较同行业可比上市公司要低，其招股说明书解释的是，公司业务增速快于同行业可比公司，且公司主要原料药为小品种原料药，生产厂家较少，需要适当备货。虽然几经解释，但威尔曼除了存货周转率异常外，应收账款周转率等多项财务指标亦存在异常，且原材料采购、存货管理等内控缺失，问题较多，因此，最终未能得到证监会认可。

案例 5

欣贺股份有限公司（2018 年 1 月 5 日被否）

——存货跌价准备计提和转销不合理，被疑操纵利润

案例背景 欣贺股份主营高端女装的生产和设计，2012 年、2013 年和 2014 年连续三年进入服装行业百强企业，公司拥有七大自有品牌，其中 JORYA、JORYA weekend 为公司的核心品牌。公司采取自营 + 经销结合的经营模式，2013 ~ 2015 年公司营业收入分别为 20.96 亿元、22.18 亿元、18.13 亿元；净利润分别为 3.63 亿元、5.31 亿元、3.60 亿元。

2013 ~ 2015 年年末公司存货账面价值分别为 39,435.87 万元、

36,676.19 万元和 37,132.01 万元，占同期资产总额的比重分别为 21.71%、17.14% 和 17.41%。截至 2015 年 12 月 31 日，已计提存货跌价准备 35,240.84 万元，占库存账面余额 48.69%。公司按照行业特点和库存实际销售情况，确定各年份过季货品在会计截止日无法对外实现销售的概率，作为对各年份过季货品按季计提存货跌价准备的比例的依据。

反馈意见 发行人报告期各期末保持较大的存货余额，账龄在 1 年以上的存货余额占比较大，存货跌价准备余额存在较大幅度变动，请落实以下问题：

1. 请在招股说明书“业务与技术”中补充披露发行人报告期各期过季服装在当季和以后各季的销售数量及相应比重，销售价格变化情况。

2. 申请材料显示，虽然发行人过季货品的销售价格都高于成本，但销售量远低于新品的数量，请保荐机构、会计师就发行人当年已过季服装不计提或少量计提存货跌价准备是否谨慎、合理进行核查，提供核查依据，发表核查意见。

3. 发行人报告期内通过促销、展销、奥特莱斯折扣销售、电子商务销售、内购以及对泉州莱利的特价销售和对管理商的特殊折扣等方式处理过季商品，请在招股说明书“管理层讨论与分析”中补充披露发行人报告期各期对过季商品通过不同方式的销售政策和具体销售情况，对应存货的原值、跌价准备计提情况。

4. 请在招股说明书“管理层讨论与分析”中补充披露发行人报告期各期计提、转回和转销的存货跌价准备金额，以及计提和转回的有关情况。请会计师说明发行人报告期各期末是否根据以往对过季商品的销售情况重新评估过季商品的可变现净值，并提供相关依据。

5. 请选择可比上市公司对报告期各期的存货跌价准备实际计提情况进行对比分析，并在招股说明书“管理层讨论与分析”中披露。请会计师核查发行人报告期各期末存货可变现净值的确定是否以取得的确凿证据为基础，发行人存货跌价准备的总体计提情况与同行业上市公司是否口径一致、相互可比，提供核查依据，发表核查意见。

6. 请保荐机构、会计师充分说明对发行人报告期各期末存货余额是否真实、准确、完好所实施的核查或审计工作，以及相关结论。

发审会问题 发行人报告期内存货和存货跌价准备余额较大，主要为产成品，计提和转销的存货跌价准备均较大。报告期过季商品销售分别为 5.21 亿元、5.21 亿元、5.13 亿元、3.54 亿元，且过季商品毛利率明显高于正常商品毛利率。请发行人代表进一步说明：（1）各期产成品销售转销跌价金额均超过或接近于当期计提的存货跌价准备原因及合理性，是否存通过调节库存商品的库龄而调节存货跌价准备的情形，跌价准备计提政策是否过于谨慎，是否符合企业会计准则的规定；（2）过季节商品处理方式、相关管理和内控制度以及执行情况，是否存在对计提存货跌价准备的商品销售时点人为控制操纵利润的情况；（3）报告期发行人将部分过季存货特价销售给泉州莱利百货有限公司，最终销售客户情况，销售是否真实。请保荐代表人说明核查依据、方法和过程并明确发表核查意见。

案例分析 高端女装行业竞争激烈，市场偏好随着消费者的心理随时变化，任何一个商业机会都会引起诸多企业的加入，加上欣贺股份报告期内业绩下滑，门店数量减少。可见，欣贺股份被否的核心原因是未来持续盈利能力存在重大不确定性。

欣贺股份被否的另一个重要原因是发审委质疑业绩的真实性，存货就是其中一个重点问题，发审委质疑欣贺股份过季商品跌价准备计提时点是否准确，是否人为调节库龄，操纵利润。欣贺股份自主品牌库存商品和发出商品，可变现净值计算方法为：T 年货品的销售量在未来三年即 T+3 年内销售数量呈逐年减少的状态，最终成为呆滞品，即可变现净值为 0。按照行业特点和库存实际销售情况，确定各年份过季货品在会计截止日无法对外实现销售的概率，作为对各年份过季货品按季计提存货跌价准备的比例的依据（第三年冬季全部计提跌价准备）。但是，其招股说明书中对当期转销的跌价准备基本上等于甚至大于当期计提的跌价准备的主要因素未说清楚，对是否调节库存商品的库龄也没有特别说明。

因此，在发审委对公司总体业绩真实性存疑的前提下，存货跌价准备计提和转销问题成了欣贺股份 IPO 被否的重要因素。

案例 6

深圳市和宏实业股份有限公司（2017 年 6 月 2 日被否）

——仓管员盗窃，被质疑生产及存货内控缺失

案例背景 和宏股份专注于消费电子外设产品领域，是国内领先的弱电信号传输产品专业供应商，主要为国内外大卖场、全球知名消费电子配件品牌商提供面向个人用户的信号传输连接线及相关产品，产品应用涵盖移动终端、影音等中高端消费电子领域。主要客户覆盖卖场、品牌商、运营商、电商。

公司是全球第 3 批取得苹果 license6.0 生产许可的厂家。2016 年 9 月，

和宏实业仓库管理员盗窃苹果端子。2016 年 11 月，发行人被苹果公司终止 MFi 制造授权。

发审会问题 2016 年 9 月，发行人仓库管理员盗窃苹果端子。2016 年 11 月，发行人被苹果公司终止 MFi 制造授权。(1)发行人的关键物料管理、员工管理，以及与生产相关内部控制制度是否健全并得到有效执行。上述事件发生后，发行人采取了哪些措施完善相关内部控制制度。(2)发行人是否继续申请 MFi 制造授权，目前进展情况。(3)对在手未执行的苹果产品订单有何影响。执行该等订单是否需要获得苹果公司的认可。

案例分析 和宏实业被否的原因似乎很明确，发审会上提出的主要问题，就是其被苹果终止 MFi 制造授权一事。而苹果终止授权的原因似乎也很简单，起因就是和宏实业仓管员盗窃苹果端子。其实无论是苹果公司还是发审委，都质疑公司的内控健全问题，质疑公司的关键物料管理、员工管理以及生产相关的内控制度是否健全，执行是否到位。

对于拟 IPO 企业来说，内控问题的审核点在于各种细节，最终影响的还是公司财务的规范性和业绩的真实性，因此和宏实业小小的盗窃事件，造成了苹果制造授权终止和 IPO 被否两大损失。

（二）应对建议

总体来说，监管机构对存货相关的审核关注点在于存货的真实性，以及存货管理与核算的规范性。主要应对建议如下：

1. 控制存货的比重

存货余额偏大，加上存货周转率和应收账款周转率低，很容易让发审委质疑公司业绩的真实性。从上市公司整体来看，存货占资产比重在 20% 左右；中小型企业平均在 10% ~ 15%，皆属于较正常的范围。

2. 完善存货内控管理

存货涉及采购、生产等重要环节，拟 IPO 企业应当在存货管理方面制定完善的内部控制制度并有效执行，否则将影响企业整体内部控制有效性，并对财务数据准确性造成重要影响。

3. 注意存货规模与业务规模的匹配性

存货与产销数据应总体匹配相符，如存在异常容易让监管机构质疑企业虚增收入，采购真实性不足等问题，给企业上市带来实质障碍，拟 IPO 企业应特别注意财务钩稽关系。例如，从产销角度测算出的库存商品余额以及变化应与账上核算的库存商品余额应保持一致。

4. 合理计提存货跌价准备

存货跌价准备的计提直接影响着企业的利润，通常情况下，若存货库龄较长，市场环境发生重大不利变化、技术发生重大革新等情况时，表明企业存货存在跌价的可能。有一些企业为了保持利润而不对存货计提足额跌价准备；或者有些企业在某一年计提大额存货跌价准备，以便在未来几年不再计提，甚至在未来通过跌价准备转回的方式增加当年利润。这都是不可取的，很容易引起监管机构的质疑。

5. 控制存货周转率水平

存货周转率应注意与同行业可比上市公司保持一致，存货周转率与同行差异太大，存货周转率持续下降，皆容易引起发审委质疑。

二、农业企业存货问题

农业企业由于行业特性及产品的特殊性，其存货特别是生物资产盘点及核查难度较大。容易产生造假机会，再加上农业企业的税收优惠政策，虚增利润不用缴纳流转税以及所得税，造假成本较低；现金交易占比较高，很容易出现收入确认不规范问题，难以核查；频繁的自然灾害为造假提供了便利等因素，历史上造假上市的企业基本上都是农业企业，因此，农业企业是现阶段IPO审核较难通过的行业之一。

具体到农业企业的存货问题，因其存货种类较多，且不同类型的农产品存货特点不同，主要为生物资产，核查困难。因此，农业企业存货的价值真实性、减值真实性核查是上市审核的重点。

（一）审核关注点及典型案例

关于农业企业存货的审核关注点主要为存货盘点、存货真实性核实问题，存货盘点是确定存货实物以及存货价值的基础，实践中部分企业存货盘点难度大。例如，上市公司獐子岛事件，会计师确定存货情况时没有较为可靠的方法，全部依靠抽样和估计。而这样的存货作为资产负债表的重要项目，通过它体现出来的资产负债表和利润表的可靠性将会降低。

相关案例：

案例 1

杭州千岛湖鲟龙科技股份有限公司（2018 年 1 月 30 日被否）

——被质疑消耗性生物资产初始及后续计量是否合理，存货盘点制度及盘点方法是否有效

案例背景 鲟龙科技的主营业务为鲟鱼全人工繁育、生态健康养殖、鱼子酱

和鲟鱼肉制品的加工和销售，主要产品为鱼子酱、鲟鱼及鲟鱼肉制品，其中核心产品为鱼子酱。

公司的存货主要为消耗性生物资产、库存商品、饵料以及包装物和低值易耗品，其中消耗性生物资产指后备原料鲟鱼梯队。截至2015年年末、2014年年末和2013年年末，公司的存货分别为38,152.14万元、29,582.49万元、22,951.85万元，占流动资产的比例分别为81.23%、73.15%、74.63%。消耗性生物资产为公司报告期内存货的主要构成，截至2015年年末、2014年年末和2013年年末，公司的消耗性生物资产分别为33,764.55万元、26,747.06万元、21,252.32万元，占公司存货的比例分别为88.50%、90.42%、92.60%。公司在生产中主要采用生产报表管理法来区分鲟鱼库龄，包括生态网箱养殖时期和陆地流水养殖时期的库龄，在发生分箱或转池合并过程中需要混养时，则还需要结合体长体重测定法来区分。

反馈意见 据招股说明书披露，截至2014年年末、2013年年末和2012年年末，公司的存货分别为29,582.49万元、22,951.85万元和18,362.88万元。（1）请发行人按季度说明报告期内消耗性生物资产、库存商品和饵料余额变动情况及原因。（2）请发行人说明报告期内发出商品余额为零的原因及合理性依据。（3）请发行人结合经营情况、财务核算以及内部控制情况，说明报告期内未设置在产品和产成品明细科目的原因及合理性依据。（4）请发行人结合具体存货的类型，说明存货跌价准备的计算依据和方法，分析存货跌价准备计提的准确性和充分性。（5）请发行人结合同行业可比公司的存货周转率，并进行对比分析，说明其合理性依据以及是否符合行业规律。（6）请保荐机构、申报会计师详细核查发行人存货各项目的确认、计价、核算与结转，说明期末存货是否履行了必要的监盘或核验程序，与存货有关的成本费用的归集与结转是否与实际流转过程一致，各存货项目的存货跌价准备是否计提充分，并发表明确意见。

发审会问题 报告期内，发行人存货余额较大，其中消耗性生物资产（鲟鱼）占各期末存货的比例较高。请发行人代表说明：（1）报告期内发行人存货大幅增加的原因；消耗性生物资产确认计量的依据，是否符合行业惯例；（2）报告期内消耗性生物资产后续价值的计量方法是否合理，是否符合行业惯例，相关饵料系数、预计平均增重是否准确，能否真实、准确计量相关消耗性生物资产价值；（3）存货盘点制度能否有效执行，盘点过程能否准确确定数量、重量及年龄等重要数据；（4）“人工智能图像识别”技术准确率达到 97.53% 的具体含义，是否采用该技术对 2017 年半年末盘点结果进行复核；（5）发行人现有的 ERP 系统如何消除实际平均增重与预计平均增重偏差对成本核算的不利影响。请保荐代表人说明核查过程、依据，并发表明确核查意见。

案例分析 鲟龙科技 2012 年 7 月 IPO 申请惨遭发审委否决，2014 年 9 月 30 日再次申报 IPO 申请并预披露招股说明书，2018 年 1 月 30 日再次惨遭否决。其中 2012 年被否的主要原因是关联交易对利润的影响过大；而本次被否的核心原因是利润的真实性受到质疑。

其中，此次发审委的问询中，存货余额问题成为焦点。鲟龙科技各期末存货余额和消耗性生物资产余额大幅增长，远远超过了收入的增长幅度，而存货周转率却远低于同行业水平，因此，发审委质疑公司存货的真实性，也就是质疑公司成本的真实性。

关于鲟龙科技对存货及消耗性生物资产的盘点，根据招股书披露，其 2015 年终盘点，盘点金额占消耗性资产总额的 100%，盘点人员包括中介机构和外聘专家，盘点一共耗时 57 天。同时，鲟龙科技招股书详细披露了消耗性生物资产的核算与归集方法。但是，由于存货和消耗性生物资产的增长异常，以及相关的财务指标不合理，即使鲟龙科技存货盘点与核算方法清晰明了，仍无法打消发审委的顾虑，最终未能通过审核。

案例 2

江苏立华牧业股份有限公司（2018 年 11 月 20 日通过）

——详细的业务流程披露，存货占比逐年降低，其他问题整改彻底

案例背景 立华股份是一家集科研、生产、贸易于一身、以优质草鸡养殖为主导产业的一体化农业企业，主营产品为商品代黄羽肉鸡活鸡、商品猪活猪以及活鹅等，主要销售给个人中间商（鸡贩、猪贩）、屠宰场、食品加工企业等，最终通过批发市场、农贸市场以及商超等途径供应消费者。报告期（2014 ~ 2017 年 1 ~ 9 月）内，公司营业收入分别为 40.74 亿元、44.09 亿元、51.95 亿元、38.14 亿元，净利润分别为 3.51 亿元、4.37 亿元、5.22 亿元、2.17 亿元。

在鸡养殖业务上，推行“公司 + 合作社 + 农户”的合作养殖模式，在生猪养殖上则推行“公司 + 基地 + 农户”的合作养殖模式。即由公司向农户提供苗种、饲料、疫苗和相应的养殖技术，农户负责养殖，之后公司进行回购。

产品则主要销售给个人中间商（鸡贩、猪贩）、屠宰场、食品加工企业等。

反馈意见 招股说明书显示，公司存货主要为原材料及消耗性生物资产，报告期各期末公司存货占总资产的比例分别为 30.68%、27.81%、22.91%、20.76%。请发行人说明：（1）消耗性生物资产成本的会计核算方法、主要成本费用项目的种类、归集、分配和结转方法的合理性分析；（2）是否存在成本费用资本化的情形；（3）各类成本费用项目在处于不同生物转化阶段的消耗性生物资产分配方法的合理性；（4）盘点范围的充分性、盘点方法的合理性、是否能正确划分生产性生物资产和消耗性生物资产；（5）原材料、半成品及库存商品的具体构成；（6）各期末盘点差异的原因及会计处理；（7）计提跌价准备的方法及充分性。请保荐机构、申报会计师进行核查并发表意见。

案例分析 立华牧业主营鸡、猪的养殖和销售，属农牧行业。是近几年少有的通过 IPO 审核的农业企业，也是 A 股第五家家禽行业上市公司。

公司在招股书中用大量篇幅介绍了公司养殖业务的业务流程，基本上涵盖了监管机构想要了解的公司业务流程节点的方方面面，可谓是非常详细。同时，公司通过数据图表的形式将业务环节中的各种数据信息清晰地进行的披露，如公司种鸡场分布情况，公司孵化厂分布情况，公司黄羽鸡业务保证金收取及退还情况，公司黄羽鸡合作养殖农户数量及养殖面积情况，退户面积情况，商品鸡存栏数量、销售数量、合作农户养殖总面积、户均养殖面积情况，公司与合作农户的养殖收入结算情况，公司各子公司黄羽鸡业务风险基金向合作社计提与合作社使用情况，公司黄羽鸡业务饲料自产及外购情况，公司小麦采购价格变动情况，黄羽鸡用饲料厂分布情况等，以及公司生猪养殖业务涉及的详细数据情况。详细的信息披露能够使监管机构更清楚地了解到公司的具体经营业务，减少对公司业务真实性的疑虑。

对于监管机构问询到的公司存货盘点问题，据申报资料显示，针对公司具体生产经营特点，会计师与保荐机构高度重视期末生物资产的盘点工作，安排了 40 人的监盘小组，2015 年 9 月 30 日（申报基准日）的盘点比例达到 53.10%，监盘过程中，盘点人员首先通过访谈、查看养殖卡识别是否立华农户，核对养殖面积和在养鸡群品种后，采用先盘点单位面积，然后根据养殖面积推算总数量的方式确定盘点数量，由于活鸡难以在固定位置计量，监盘存在一定误差，若监盘差异率低于 10% 则不再复盘，认可期末结存数量。

总之，立华股份的过会除了公司有相对规范的业务流程外，在其他方面也进行了有效的整改，如报告期内公司现金收款占销售收入的比例分别为7.79%、2.52%、0.98%、0.37%。占比不高的情况下仍逐年下降，最终几乎完全规避。存货占比亦逐年降低，周转率提升。在各个方面没有留下审核的实质性障碍。

（二）应对建议

虽然农业企业上市存在一些先天性的难处，但是从国家政策导向来看，农业企业属于政府鼓励和扶持上市的类型。因此，只要做好规范工作，农业企业仍然具备上市的可行性。

针对农业企业的存货问题，为确保存货的规范性与真实性，不影响成本、利润，给出如下应对建议：

1. 中介机构方面：针对农业拟 IPO 企业，通常需要券商和会计师对存货的核算体系进行较为彻底的检查和盘点，帮助企业建起一套较为规范、可靠，且较容易执行的存货内控制度。在此内控制度建立的过程中，中介机构可能会发现一些隐藏的利润或掩盖的亏空事项，需要企业进行整改，并对报表进行相应调整。

2. 拟 IPO 企业自身方面，需要注意以下几点：

（1）建立规范的企业内控制度，如存货盘点制度、存货进销存管理制度等。

（2）规范及控制存货的成本分配方法，分配金额及转入核销及计提存货跌价准备的存货金额；存货数量、金额及存货分配、结转方法，以及存货跌价准备的计提，应参照同行业可比上市公司；如若存在差异，需要有十分充足的理由，并在招股书中详细披露。

（3）存货及生物资产的盘点方法应合理、可信，并在招股书中作详细说明与披露。

（4）规范原材料等存货及生物资产的采购流程，包括供应商名录、采购合同、原材料质检记录、入库记录、付款记录、供应商关联关系等，皆要清晰可查，并尽量作详细披露。

三、寄售模式下的存货问题

寄售模式，是指卖家把商品运送到第三方仓库或者客户仓库，买家随提随用，客户提取多少，就确认多少收入的一种模式。一方面企业寄售产品在客户处；另一方面供应商寄售原材料在企业，分别简称“客户寄售”和“供应商寄售”。

在这种模式下，企业把商品保存在第三方仓库或者客户仓库，未被买家领用之前，商品所有权及风险报酬仍归企业（卖家）所有，企业的报表上，为存货中的

“发出商品”科目。买家账上不会有相应货物的记录。寄售销售模式虽然会提升合作效率，提高企业销售规模，增加收入，但是，寄售销售模式也相应增加了企业的存货金额，降低存货周转率，此外，寄售模式下的存货管理、存货盘点问题也受到监管机构的重点关注。

（一）审核关注点及典型案例

关于寄售模式下的存货问题，监管机构主要关注以下几点：

1. 寄售模式的主要客户情况，是否符合行业惯例；

2. 寄售商品及在途物资如何管理，如何进行风险控制；

3. 是否存在客户已领用而未通知发行人的情形，发行人如何进行盘点；

4. 寄售模式的内控制度及运行情况。

相关案例：

案例 1

浙江春晖智能控制股份有限公司（2018 年 1 月 26 日被否）

——采购、销售皆采用寄售模式的合理性，寄售模式下的发出商品如何进行风险控制，存货余额升高的合理性

案例背景 春晖智控从事流体控制阀和控制系统的研究、开发和制造，产品涉及油气控制产品、燃气控制产品、供热控制产品、空调控制产品、内燃机配件等。报告期（2014 ~ 2017 年 1 ~ 6 月）内，公司营业收入分别为 2.54 亿元、2.87 亿元、3.54 亿元、2.62 亿元，扣非归母净利润分别为 1620.92 万元、1939.18 万元、2954.79 万元、3026.51 万元，经营性活动产生的现金流净额分别为 5892.77 万元、3413.52 万元、3254.88 万元、2640.60 万元，综合毛利率分别为 26.92%、30.04%、28.46%、28.86%。

春晖智控对部分客户的销售采用“寄售模式”。该模式下，公司将商品存放在客户的仓库或第三方物流仓库。2014 ~ 2017 年上半年，春晖智控寄售模式实现的营业收入分别为 7941.95 万元、9867.64 万元、13,183.03 万元、8994.37 万元，占营业收入比例分别为 31.27%、34.37%、37.24%、34.30%。同时，春晖智控采用寄售采购模式的年采购金额分别为 7239.18 万元、8354.36 万元、12,420.12 万元、9131.83 万元，占全年采购额占比分别为 46.07%、52.87%、54.61%、55.16%。

报告期各期末，公司存货账面价值分别为 5079.71 万元、6678.34 万元、7331.31 万元和 6909.65 万元，占流动资产比例分别为 21.23%、23.38%、

21.10%和15.99%。其中发出商品占存货的比例分别为30.55%、33.15%、40.16%、40.29%。

反馈意见 招股说明书披露，发行人对部分客户采用了“寄售模式”，同时在采购方面，对部分原材料发行人也采用了寄售的方式。请发行人：（1）补充说明并披露对外采用寄售模式的主要客户情况，包括客户名称、寄售内容、相关金额、收入确认依据及时点，寄售模式是否符合行业惯例；（2）补充说明报告期各期末存货中均无发出商品的原因及合理性，对于寄售商品及在途物资发行人是否存在提前确认收入的情况；（3）寄售模式下对于发出商品如何进行风险控制，是否存在客户已领用而未通知发行人的情形，发行人如何进行盘点；（4）补充说明并披露对发行人采用寄售模式的供应商情况，包括供应商名称、寄售内容、相关金额、收入确认依据及时点，寄售模式是否符合行业惯例；（5）补充说明寄售模式的内控制度及运行情况。请保荐机构、申报会计师对上述问题进行核查并发表意见。

发审会问题 报告期发行人各期末的存货持续增长，且同时存在寄售销售和寄售采购模式，寄售收入、采购占比逐期提升。请发行人代表说明：（1）2017年9月底库存商品和发出商品大幅增加的原因及合理性，是否对应相关的客户或合同订单，寄售商品存货跌价准备计提是否充分；（2）寄售模式收入逐期提升的原因；（3）如何实施对客户仓库或其指定物流仓库存货的管理，相关内部控制制度及执行情况，发生产品灭失或损毁如何处理。请保荐代表人说明核查过程、依据，并发表明确核查意见。

案例分析 春晖智控对传统的“采购—加工—销售”模式进行了升级，同时对上下游采用了“寄售模式”。首先是春晖智控采用这种模式的商业合理性有待商榷，春晖智控主要原材料为钢、铜制品，其同业可比公司，空调阀龙头三花智控、空调整机龙头格力电器，皆采用套期保值的方式，来降低存货中原材料跌价的风险，然而，春晖智控的商业模式却与同行不同，春晖智控对上游供应商的话语权强过行业龙头，发审委对此存在质疑。

对于春晖智控这类双重寄售模式，如果被利用用来财务造假，有可能实现两次收入、利润，但是会造成产销率指标异常，高于100%，且发出商品余额奇高，总体来说，春晖智控采用这种特殊的商业模式，不管是不是有虚增收入利润的目的，都会让发审委产生质疑。

同时，春晖智控有大额发出商品，这些发出商品存放在客户仓库或者第三方物流仓库，如何有效管理也是个问题，而招股书并没有披露完善的管理措施。

案例 2

浙江百达精工股份有限公司（2017 年 5 月 31 日通过）

——寄售销售模式符合行业特性，且公司存货管理内控措施良好

案例背景 百达精工主要从事各类压缩机零部件、汽车零部件的研发、制造、加工和销售业务。主要产品分为压缩机核心零部件——叶片、平衡块、十字环连接器等，以及汽车零部件——发电机爪极、制动卡钳活塞、起动机零部件等。报告期（2014 ~ 2016 年）内，公司营业收入分别为 54,303.24 万元、54,923.62 万元、47,586.07 万元，归母净利润分别为 4215.46 万元、3566.93 万元、5556.47 万元。

公司存在寄售销售模式，部分产品发送至客户指定的中转仓库形成发出商品，客户按需提货，使用后每月按约定时间和方式与公司核对实际使用数量，公司按与客户核对的使用数量，根据合同约定开票并结算。报告期内，公司寄售销售模式下的销售收入占当期主营业务收入的比重分别为 51.27%、53.23% 和 60.00%，占比逐年上升。

反馈意见 发行人部分产品发送至客户指定的中转仓库形成发出商品，客户按需提货，使用后每月按约定时间和方式与发行人核对实际使用数量，发行人按与客户核对的使用数量，根据合同约定开票并结算。请在招股说明书“财务会计信息”章节中进一步披露该销售模式下，收入确认的时点和依据，发行人如何与客户核对实际使用数量，该部分发出商品的存货风险是否已转移。请在招股说明书“管理层讨论与分析”章节中补充披露：（1）各期按上述模式确认收入的金额、比重，对应的客户；（2）各期末发出商品的库龄情况，对应的主要客户。

发审会问题 请发行人代表进一步说明：（1）发行人与客户之间在寄售销售模式下的责任划分；（2）报告期内寄售模式下主要客户与发行人每月核对实际使用产品数量的时间、方式，印证客户实际领用发行人产品数量的内外部证据；（3）发行人对于交付至客户指定的中转仓库的发出商品能否实施有效控制，发行人关于发出商品相关内控制度的建立及有效执行情况；（4）相关收入确认是否符合会计准则的规定。请保荐代表人发表核查意见。

案例分析 百达精工所在行业为汽车零部件行业和家电行业，因下游客户较为强势并且很多企业对存货采取零库存管理，所以家电行业及汽车零部件行业中采用寄售制结算的情况较为普遍，百达精工的寄售模式存在合理性。

对于寄售销售模式下的责任划分；公司产品发送至客户指定的中转仓库后，客户或第三方仓库承担对该部分发出商品的保管责任，公司承担该部分发出商品发生的减值风险以及非保管责任产生的毁损灭失风险，产品所有权仍归属于公司，待客户领用该等产品后，产品所有权转移至客户。

寄售销售模式中，最容易造假也最难证明的地方就是客户实际领用公司产品的数量，百达精工同样受到发审委的问询，根据公司披露信息，公司主管业务员每月对所辖销售区域的客户中转仓库结存的公司发出商品根据重要性对部分中转仓库进行实地清查抽点。公司营销部会同财务部每半年一次对国内中转仓库进行实地盘点，每年一次对国外中转仓库进行实地盘点，以确保发出商品数量账实相符。在印证客户实际领用公司产品数量方面，内外部证据主要为公司对中转仓库的盘点记录、送货单（经送货人、中转仓库管理员签字确认）或装箱单、客户对账单（含领用量及结存量信息）等。

总体来说，百达精工的寄售模式存在合理性，公司对于相关存货管理的内控措施、收入确认的准确性等方面受到了证监会的认可。

（二）应对建议

对于下游客户较强势，话语权较高的行业，例如，大型汽车制造厂商、大型连锁超市等，寄售模式普遍存在，但是，这种模式，特别是采购、销售双重寄售模式，存在操纵利润的空间，因此，建议拟 IPO 企业尽量简化采购、销售流程，使产供销循环清晰。

对于寄售模式下的存货管理，首先是对寄存在第三方仓库或客户仓库的“发出商品”要有完善、有效的内控管理制度；应定期对“发出商品”进行盘点，最好会同第三方中介机构一起盘点，保证账实相符。

四、上市前的典型存货规范问题

（一）理论基础

拟 IPO 企业在进行财务规范前，往往存在存货造假、存货账实不符等问题，直接影响企业财务的规范性和业绩的真实性。对于拟 IPO 企业来说，这些存货问题是在筹划上市事项时，就应该着手解决的，属于企业进行 IPO 上市的先决条件之一。

1. 存货造假，调节利润

由于存货具有种类多、价值差异大、成本计算较为复杂、存放分散等特点。因此导致存货核查较困难，而存货又直接影响着利润，因此，许多企业为了上市或者避税的需要，通过存货科目调节利润。

企业存在存货造假，调节利润行为，将构成 IPO 上市的实质障碍，因此，需要提前规范。实务中，存货舞弊的主要手段如下：

（1）虚增虚减存货数量

企业通常通过将合格产品报废，将存货转列往来，通过往来虚增销售、虚转成本等方式虚减存货；通过无依据预估入账，以非法购买的发票等方式虚增存货。

（2）违规分摊，成本不实

企业可以通过多转或少转已消耗的原材料价值以调节存货的价值，多摊或少摊制造费用以调节存货的价值，或者将应列入销售费用、管理费用的支出列入制造费用以虚增存货的价值；或者相反方式以虚减存货的价值等。

（3）通过操纵存货盘点掩盖存货舞弊

如果存货存在舞弊，在大多数情况下，其账面数与实存数是不一致的，为了应对审计或检查，企业往往通过操纵存货盘点来掩盖账实不符。如临时向同行借入产品以虚增存货价值，转移产品以虚减存货价值，伪造提货单以掩盖已被盗卖的产品，以货到票未到的商品抵作被挪用的商品等。

（4）随意变更存货的计价方法

根据会计制度规定，企业可以根据自身的需要选用制度所规定的存货计价方法，但选用的方法一经确定，年度内不能随意变更，如确实需要变更，必须在会计报表中说明变更原因及其对财务状况的影响，但在实际工作中，许多企业都存在随意变更计价方法的问题，造成会计指标前后各期口径不一致，人为调节生产或销售成本，调节当期利润。

IPO 审核实践中，证监会通常通过一些财务指标异常来判断企业存货的真实性：①存货周转速度不断下降，而销售却很旺盛；②存货的增长速度快于销售收入的增长速度；③存货占总资产的比例逐渐增加；④运输成本占存货成本的比重下降；⑤毛利率逐渐升高，且异于同行。

2. 存货账实不符

存货账实不符的直接表现就是存货盘点异常。企业因为主观、客观原因皆可导致存货账实不符，而账实相符是财务规范的基本条件。存货账实不符的原因主要如下：

（1）主观因素：企业试图通过存货调节利润

若是存货盘亏，即账面数大于实物数，则可能是企业少结转存货，少计成本，增加利润，该情况会导致毛利率提高。若是存货盘盈，即账面数小于实物数，则可能是企业为了匹配虚增的收入而多结转存货，以保持毛利率稳定。存货盘点异常是企业可能存在财务造假的重要信号。

（2）客观因素：企业存货管理不规范

在实践中，由于存货管理工作相对复杂，特别是对于一些存货品类较多、数量较大、涉及较多仓库的企业，存货管理在客观上存在一些情形会导致存货账实不符，具体如下：

①在收发各项物资时，由于计量、检验不准确而发生品种、数量或质量上的差错；

②在存货发生增减变动时，没有填制凭证而登记入账；或者在填制凭证、登账时，发生计算上或登记上的差错；

③在财产的保管过程中，受到气候等自然因素影响而发生的数量和质量上的变化；

④由于保管不善或工作人员失职发生的财产残损、变质与短缺，以及货币资金、债权债务的差错；

⑤由于不法分子营私舞弊，贪污盗窃等而造成的财产物资损失。

（二）应对建议

对于拟 IPO 企业申报前存在的存货问题，主要应对建议如下：

1. 提前规范存货造假，调节利润行为

（1）根据企业的业务流程现状，完善存货内控流程，再根据内控流程对企业存货相关业务循环进行核查。通过对企业的采购、生产、保管、核算、销售等环节的存货实物流转程序和记录程序进行测试，若存在不完善，或前后不对应之处，及时查出原因并改正。

（2）对明显异常的存货账户、成本核算账户及相关原始凭证进行清理。如价值不合理偏高的、数量单价变动幅度大的、长期账实不符的、积压毁损报废的存货账户；单位价值变动大的、核算方法有重大变化的成本核算账户；应逐一清查，有不合理之处应立即整改。

2. 做好存货管理，确保存货账实相符

存货管理良好的企业，盘点时应当账实相符。IPO 审核实践中，发审委对企业存货盘点相关询问的回复思路建议如下：

（1）详细披露拟 IPO 企业的存货盘点方法，中介机构需要关注拟 IPO 企业存货盘点方法的合理性与有效性；

（2）中介机构需要详细披露监盘方法，监盘方法需要具备合理性与有效性；

（3）无论是拟 IPO 企业的存货盘点方法，还是中介机构的监盘方法，其核心均在于其合理性、有效性。

第三节　产能与产量

产能是企业开足马力能够生产的最大产品数量，而产量是企业在一段时间内实际生产的产品数量。产能产量是企业生产环节的重要指标，与企业收入、利润、固定资产、经营模式等存在各种直接或间接的联系，是IPO审核的重要关注点之一。

▶ 相关法条：

《公开发行证券的公司信息披露内容与格式准则第1号——招股说明书》（2015年修订）

第四十四条　发行人应根据重要性原则披露主营业务的具体情况，包括：列表披露报告期内各期主要产品（或服务）的产能、产量、销量、销售收入，产品或服务的主要消费群体、销售价格的变动情况。

一、审核关注点及典型案例

产能与产量代表了企业的经营规模及未来扩产的可能性，与企业报告期内的经营业绩及未来持续盈利能力密切相关，监管机构主要关注企业产能与产量的合理性，是否存在产能“瓶颈”或产能过剩等问题。具体审核关注点如下：

1. 产量与收入、成本是否匹配；
2. 产销率是否合理，与经营模式是否相匹配；
3. 主要原材料及能源消耗与产量是否相匹配；
4. 产能与固定资产是否匹配；
5. 产量大于产能，是否存在产能“瓶颈”；
6. 产能产量升降与行业发展趋势是否一致，是否存在行业产能过剩；
7. 报告期产能利用率低，募投项目又新增产能的合理性；
8. 募投项目产能产量远大于现有产能产量，是否有足够的市场消化能力。

上述审核关注点中，第7点、第8点在募集资金运用章节有内容介绍与案例分析，此节不再赘述。

相关案例：

案例1

福建省闽华电源股份有限公司（2018年5月22日被否）

——被质疑污染物的排放量与产量不匹配

案例背景　闽华电源主要从事铅酸蓄电池核心部件极板及成品铅酸蓄电池的

研发、生产和销售。报告期（2014～2017年1～6月）内，公司营业收入分别为106,428.56万元、99,139.32万元、116,892.42万元、54,403万元；净利润分别为3884.61万元、5191.30万元、6220.21万元、2362.39万元。

铅是铅酸蓄电池的主要原材料，铅占电池质量的60%以上，铅酸蓄电池生产过程中使用铅存在铅污染风险，其产业链在原生铅冶炼、蓄电池生产、废旧蓄电池回收、再生铅冶炼存在铅污染风险。目前，铅污染防治的技术较为成熟，国外已有成套有关原生铅和再生铅冶炼的技术和设备可以提供，国内的铅冶炼技术基本成熟，但是过去我国频繁发生的铅污染事件。

反馈意见 招股说明书披露，公司所处行业为国家环保部规定的重污染行业。请在招股书中补充披露：（1）公司生产经营中主要排放污染物的排放量、环保设施处理能力及实际运行情况、报告期各年环保投入和相关费用支出情况、募投项目所采取的的环保措施及相应的资金来源和金额、环保投入与排放量的匹配情况等；（2）请保荐机构和律师核查发行人的环保是否符合国家和各地方环保要求，是否发生环保事故、发行人有关污染处理设施的运转是否正常有效，有关环保投入、环保设施及日常治污费用是否与处理公司生产经营所产生的污染相匹配等问题进行核查，并发表意见。

发审会问题 发行人产品大量使用重金属铅，生产过程中存在铅污染的风险。请发行人代表说明：（1）生产经营中主要排放污染物的排放量是否达标，环保设施实际运行是否正常，有关环保投入、环保设施及日常治污费用是否与生产经营所产生的污染处理量相匹配；（2）是否发生过环保事故，是否存在环保违法违规行为，是否存在需要淘汰的落后产能，2017年将铅酸蓄电池生产项目卫生防护距离确定为涉铅车间外300米范围的原因及合理性；（3）是否存在任何涉及环保的投诉、举报、争议及潜在争议、行政处罚，与周边居民是否存在纠纷及解决情况：（4）2015年极板与电池的产量均高于2017年，但产生铅渣铅粉数量和含铅污泥数量均低于2017年，该等数据不匹配的原因及合理性以及相关信息披露的真实性和准确性。请保荐代表人说明核查方法、过程，并发表明确核查意见。

案例分析 在目前的IPO审核中，对于环保问题非常重视，甚至有一票否决的可能。闽华电源的生产经营确实存在铅污染的重大环保问题，且铅渣铅粉数量和含铅污泥数量与产量不一致，甚至呈反向变化，引起发审委进一步质疑闽华电源的污染物排放量不达标，环保不过关，或者闽华电源的实际产能产量与披露的不符。

案例 2

成都航天模塑股份有限公司（2018 年 4 月 17 日被否）

——被质疑固定资产（生产性模具）与产能产量不匹配

案例背景 航天模塑是一家专业从事汽车塑料零部件和汽车塑料零部件模具的研发、生产和销售业务的国家高新技术企业。产品涵盖汽车内饰件、外饰件、发动机系统塑料部件、功能件及汽车塑料零部件模具五大门类。公司已形成“产品研发—模具设计与制造—零部件制造—总成”这一纵深结合的汽车塑料零部件产品供应链。

公司具备自产模具的能力，模具包括直接作为产品销售的商品模具和作为生产工具的生产模具两种，目前公司生产的模具大部分为生产模具。报告期（2014 ~ 2017 年 1 ~ 6 月）内，模具产能利用率分别为 99.40%、132.14%、75%、80.68%；除金属件产品 2016 年的产销率以外，其他自产产品的产销率均保持在 95% 以上，2016 年，公司金属件产品的产销率为 42.12%。

反馈意见 1.（1）请发行人说明各类产品产量与原材料耗用量的理论配比关系，是否存在原材料损耗，报告期内各系列产品主要原材料到产成品之间各期原材料耗用量（含金额）与产品产量之间的实际配比关系，二者是否存在较大差异；（2）说明报告期主要原材料的期初数量（单价、金额）、当期采购数量（单价、金额）、结转至营业成本中原材料的数量（单价、金额）、期末数量（单价、金额）之间是否存在匹配关系；报告期各类产品的期初库存量（单价、金额）、当期产量（单价、金额）、销量（单价、金额）、自耗量（单价、金额）、期末库存量（单价、金额）。请保荐机构、申报会计师对发行人上述说明出具核查意见。

2. 根据申报材料：报告期各期末机器设备账面价值分别为 37,951.60 万元、48,945.95 万元、59,762.21 万元、67,023.10 万元，种类较多价值较大。请发行人补充说明：各期机器设备的明细构成，期初期末余额及增减变动情况，其中模具、注塑机等设备各期的具体金额，各类机器设备与相关产品产能、产量变动的匹配关系，年折旧额及单位产量年折旧额，折旧年限是否合理及与同行业可比公司的比较情况：

发审会问题 报告期内，发行人生产性模具金额较大，分别列示为固定资产和在建工程。请发行人代表说明：（1）生产性模具数量的增减是否与发行人产能、产量相匹配，模具销售收入增长但毛利率持续下降的原因及合理性；（2）生产性模具在客户下发量产通知书时转为固定资产，是否符合企业会计准则规定，生产性模具折旧摊销与减值计提是否稳健。请保荐代表人发表明确的核查意见。

案例分析 航天模塑在招股书中详细披露了生产模具的核算方法，且同行业可比公司中将模具计入的科目主要有“长期待摊费用”“固定资产”“存货”，且多数可比公司将模具列示在非流动资产科目，因此，航天模塑将生产性模具列入固定资产科目核算符合行业惯例。但是，关于生产性模具数量的增减是否与公司产能、产量相匹配问题，航天模塑未能在招股书中作出令人信服的解释，对 IPO 成功过会产生一定影响。

案例 3

四川天邑康和通信股份有限公司（2018 年 2 月 7 日通过）

——实际产量远大于产能

案例背景 天邑通信立足于光通信产业和移动通信产业，专业从事宽带网络终端设备、通信网络物理连接与保护设备、移动通信网络优化系统设备等的研发、生产、销售和服务。产品广泛运用于通信网络中的接入网系统。

报告期（2014 ~ 2017 年 1 ~ 9 月）内，天邑康和的营业收入分别为 5.56 亿元、10.87 亿元、17.88 亿元、17.16 亿元，扣非归母净利润分别为 3883 万元、1.17 亿元、1.62 亿元、1.78 亿元，毛利率分别为 25.31%、27.24%、26.64%、26.71%。

报告期内，公司主要产品的产能、产量及产销情况如下：

期间	指标	宽带网络终端设备	光纤活动连接器	光分路器	光缆接头盒	接入网用蝶形引入光缆	耦合器
	单位	万台	万头	万台	万台	万芯公里	万台
2017 年 1~9 月	产能	567.00	2250.00	180.00	45.00	9.00	37.50
	产量	938.02	1879.62	167.55	51.66	11.62	32.05
	销量	984.31	2355.99	187.86	47.79	4.81	57.43
	产销率	104.93%	125.34%	112.12%	92.51%	41.39%	179.19%
2016 年	产能	635.00	3000.00	230.00	60.00	9.70	40.00
	产量	1034.11	3623.28	300.18	75.47	15.74	69.33
	销量	794.12	4041.70	307.19	75.73	5.11	84.84
	产销率	76.79%	111.55%	102.34%	100.34%	32.48%	122.37%

续表

期间	指标	宽带网络终端设备	光纤活动连接器	光分路器	光缆接头盒	接入网用蝶形引入光缆	耦合器
	单位	万台	万头	万台	万台	万芯公里	万台
2015年	产能	180.00	2998.00	212.00	60.00	11.30	40.00
	产量	357.60	3623.89	233.45	76.39	15.91	47.29
	销量	296.30	2956.85	210.50	69.43	4.15	82.70
	产销率	82.86%	81.59%	90.17%	90.89%	26.10%	174.88%
2014年	产能	80.00	1620.00	72.00	50.00	5.20	36.00
	产量	103.95	1975.84	85.80	50.26	5.44	38.41
	销量	95.68	1518.60	67.97	39.23	2.30	45.06
	产销率	92.04%	76.86%	79.22%	78.05%	42.28%	117.32%

反馈意见 （1）请发行人结合主要能源消耗情况及产量，量化分析匹配性及合理性；（2）分析说明仓储费用与产量、销量的匹配关系；（3）请发行人结合薪酬、员工数量、支付给职工以及为职工支付的现金等，量化分析期间费用（成本）与产量（收入）的匹配性。请保荐机构、申报会计师进行核查并发表意见。

发审会问题 报告期内，发行人的主营业务收入和净利润增长较快。请发行人代表说明：（1）宽带网络终端设备收入大幅增长、主要产品收入增长速度不一致的原因及合理性；（2）报告期产能增长与固定资产投入的匹配性，实际产量远大于产能的原因及合理性；（3）2016年度、2017年1～9月毛利率高于同行业可比上市公司且变化趋势不一致的原因及合理性；（4）2017年1～9月经营活动产生的现金流量净额为负、报告期净利润与经营活动产生的现金流量净额差异较大的原因及合理性。请保荐代表人说明核查方法、过程及依据并发表核查意见。

案例分析 天邑通信此次是第二次上会，第一次是2016年7月，当时被否的主要原因除了质疑持续盈利外，还有就是未如实披露信息。此次虽然成功过会，但之前的问题并没有完全得到解决，如对中国电信的单一客户依赖并未改善。

此外，天邑通信生产经营中的各种勾稽关系也存在问题，如发审委对仓储费用与产量、销量的匹配性、期间费用（成本）与产量（收入）的匹配性、产能增长与固定资产投入的匹配性等存在疑问。同时，公司能源耗用与产量反向变动，实际产量远大于产能的合理性，是否存在产能“瓶颈”，这些问题，公司在招股书中虽都有作说明，但是产能产量与各业务环节的不寻常的变动关系，公司的解释可靠程度如何，虽然最终过会，但不免仍让投资者心存疑惑。

案例 4

龙利得包装印刷股份有限公司（2018 年 1 月 17 日被否）

——行业产能过剩

案例背景 龙利得以食品饮料、日化家化、家居办公、粮油、电子器械、医药医疗等为核心领域，专业从事瓦楞纸箱、纸板的研发、设计、生产和销售。报告期（2014 ~ 2017 年 1 ~ 6 月）内，公司营业收入分别为 48,128.99 万元、54,018.29 万元、58,487.57 万元、26,417.16 万元；净利润分别为 3530.34 万元、4083.30 万元、5050.13 万元、2908.27 万元。

公司现有瓦楞纸箱产能约 1.4 亿平方米 / 年，奉其奉“绿色环保印刷包装工业 4.0 智慧工厂”项目建成并完全达产后，公司将新增瓦楞纸箱产能 1 亿平方米 / 年，本次募集资金投资项目建成并完全达产后，公司瓦楞纸箱总产能将达到 3.8 亿平方米 / 年，瓦楞纸箱产能大幅增加。报告期内，公司瓦楞纸箱产能利用率分别为 88.28%、99.81%、100.79%、78.09%，瓦楞纸板：50.97%、54.40%、64.94%、47.50%。

2014 ~ 2016 年，公司纸箱、纸板的销售均价呈逐渐下降趋势，原纸的销售均价呈上涨趋势。2017 年 1 ~ 6 月，原纸市场价格上涨，受此影响，纸箱、纸板和原纸销售单价均上涨。

报告期内，发行人主要产品平均销售单价如下：

产品	2017 年 1 ~ 6 月		2016 年度		2015 年度		2014 年度
	均价	变动率	均价	变动率	均价	变动率	均价
瓦楞纸箱（元 /m²）	2.98	13.28%	2.63	-5.98%	2.80	1.46%	2.76
瓦楞纸板（元 /m²）	3.05	3.74%	2.94	-13.12%	3.38	-5.44%	3.58
原纸（元 / 吨）	3697.53	28.43%	2879.03	6.12%	2712.93	10.54%	2454.31

反馈意见 1. 请在“业务与技术”章节补充披露报告期内发行人按产品名称区分的产量、销售量及产能利用率情况，并请说明各子公司及生产基地的主要产品、结合固定资产规模说明产能及产能利用情况，各子公司及生产基地产品主要销售对象。

2. 据招股说明书披露，发行人主要原材料为瓦楞纸、牛卡纸、白卡纸等具体品类等。请发行人：（1）补充分析并披露报告期各期各类原材料采购总额与发行人报告期各产品产量之间的匹配关系；（2）说明并披露报告期内主要原材料耗用量、能源消耗与主要产品产量之间的匹配关系。

发审会问题 报告期内，发行人瓦楞纸箱产能利用率分别为 88.28%、99.81%、100.79%、78.09%，瓦楞纸板产能利用率分别为 50.97%、54.40%、64.94%、47.50%。请发行人代表结合纸箱行业整体产能与需求、现有产能、在建产能、拟募投产能等情况，说明新建产能是否能够有效消化。请保荐代表人说明核查的方法、过程，并发表明确核查意见。

案例分析 2014 ~ 2016 年，龙利得的原纸销售均价呈上涨趋势，但纸箱、纸板的销售均价呈逐渐下降趋势。直到 2017 年上半年，纸箱、纸板的销售均价才略有回升，但 2017 年上半年的均价仍然远远低于 2014 年时期的均价。龙利得并未披露产品价格下降的原因。

查阅同时期的研报发现，纸价上涨，但纸箱价格逆势下降的一个重要原因就是行业产能过剩，企业为了不让自己的产能过剩矛盾暴露出来，只好低价竞争，所谓“累死自己，饿死同行”。从龙利得各产品产能利用率来看，瓦楞纸板的产能过剩较为严重，瓦楞纸箱也存在产能过剩情况。

龙利得计划使瓦楞纸箱总产能达到 3.8 亿平方米 / 年，而现有的产能尚未能完全使用，再扩大产能显得有些盲目，一旦纸箱行业继续“降温”，大量的闲置产能，极大增加单位成本，可能影响整个公司的运营。

因此，龙利得被否的核心原因应该是行业前景不行而导致发审委对公司未来持续盈利能力产生质疑，以及因行业产能过剩导致的公司降价销售的情形下，公司产能继续扩张的必要性。

二、应对建议

产能产量体现了企业生产环节的最大能力和实际产出，监管机构对产能产量的审核最终是为了证明拟 IPO 企业的业绩真实性，如产能、产量与各业务环节及报表项目的匹配性，以及企业的可持续盈利能力，如产能利用率低——产能扩大，市场消化能力却不行等。

针对监管机构对产能产量的审核关注点，给出如下应对建议：

1. 真实性：产能产量与企业生产经营各环节需要有合理的钩稽关系，财务信息与非财务信息要相互印证

（1）拟 IPO 企业的产能产量与营业收入、营业成本、应收账款、期间费用、经营模式等应该能够相互匹配。避免让发审委认为企业存在虚假收入或跨期调整收入的可能性；

（2）拟 IPO 企业的产量要与产能、主要原材料、能源耗用及固定资产相匹配。例如能源耗用大的企业，如果报告期内能源耗用波动大，且与产量不呈正相关关系，则很容易引起发审委质疑。

2. 营利性：产能与产量不影响企业的持续盈利能力

（1）对于所处行业景气程度下行的企业，其未来业务扩张及持续发展受到市场和政策的限制，成长性受到较大制约，不宜急于扩大产能，特别是募投项目，不应该在产能未充分利用的情况下，进一步扩大产能；或者明知发审委对公司所处行业前景存在质疑，仍然在募集资金用途上大幅扩产，让发审委质疑市场消化能力；

（2）对所处行业景气程度一般的企业，应特别注意产能利用率，如果在产能利用率较低或未能充分利用的情况下，继续扩产，需要有销售合同作支撑；

（3）企业可以在深耕已有业务的基础上，积极开拓行业核心价值链业务，追求景气度高的产品；或者避开行业不景气周期，选择在行业发展上升期进行 IPO 申报。

第四节 生产成本

生产成本是生产单位为生产产品或提供劳务而发生的各项生产费用，包括各项直接支出和制造费用。企业生产成本归集、核算、结转，在日常账务处理及会计师审计过程中，通常是工作量最大，最具有技术含量的，需要对企业的产品及业务模式有深入的了解。此外，成本与收入、期间费用、存货、应付账款等诸多科目有较强的勾稽关系，与原材料、燃料、动力、人工成本等有较强的相关性，是监管机构寻找财务造假的重要线索。因此，IPO 审核时成本相关问题也是重点关注领域，对生产成本的核查主要考虑的是拟 IPO 企业财务核算的规范性和业绩的真实性。

IPO 审核实践中，对生产成本的核查，除了对普通的“生产—加工制造—销售”业务模式的工业制造企业外；餐饮业、农业的成本问题；建筑业、软件与信息技术服务业等采用完工百分比法进行核算的企业的成本问题也是审核的重中之重。

一、制造业的成本问题

制造业在证监会的行业分类中是最大的一个类别，其中包含了 43 个子行业。上市公司达到两千多家，不同行业类别的企业在上市过程中遇到的问题可能千差万别，但制造业企业在生产成本方面所面临的问题却基本是一致的。所以 IPO 审核过程中，制造业的成本问题是审核中最常见也最成熟的问题之一，需要拟 IPO 企业提前进行规范和应对。

（一）审核关注点及典型案例

围绕着拟 IPO 企业财务核算的规范性和业绩的真实性，监管机构对生产成本相关问题的审核，会就生产成本的归集、匹配、结转，生产成本的真实性、准确性等综合起来问询。具体审核关注点如下：

1. 生产成本的归集、分配、结转

（1）不同产品料、工、费的归集构成情况，金额及比例；

（2）报告期内，料、工、费变动情况及变动原因；

（3）报告期内发行人成本、费用归集、分配、结转的依据是否充分、合规，相关的会计政策是否一致；核算方法是否符合企业会计准则的规定。

2. 生产成本的内部控制

产品成本核算方法和流程是否准确，相关内控制度能否保证产品成本计算的准确性和及时性。

3. 生产成本的匹配性

（1）成本与其他科目的钩稽与匹配关系是否准确、合理。包括但不限于生产成本与收入、期间费用、存货、应付账款等项目是否匹配。

（2）生产成本与原材料、燃料、动力、人工成本等投入是否匹配；成本发生额与存货进、销、存是否匹配；投入产出比；毛利率等。

4. 生产成本的比较分析

（1）成本与同行业可比公司是否存在差异，以及存在差异的原因及合理性；

（2）外协成本低于或高于自产成本，外协成本的合理性；

（3）产成品与已结转的营业成本中原材料单位价格存在差异的原因及合理性。

相关案例：

案例 1

湖南五新隧道智能装备股份有限公司（2018 年 6 月 21 日被否）

——毛利率高于同行，被质疑生产成本归集与结转是否真实、准确、完整

案例背景 五新隧装专业从事隧道施工智能装备的研发、生产、销售及租赁。产品广泛应用于高铁、普通铁路、高速公路、水利水电等隧道（隧洞）工程施工建设，主要客户为隧道工程施工企业。

报告期（2014 ~ 2017 年 1 ~ 6 月）内，五新隧装产品综合毛利率分别为 27.52%、44.41%、43.46%、48.21%。其中核心产品混凝土喷浆车销售毛利率分别为 60.32%、52.05%、51.92% 和 49.93%；混凝土喷浆车各年销售占比分别为 15.37%、50.77%、64.71%、89.82%。

公司主要原材料，采用“以销定购 + 合理库存”的采购模式，主要原材料液压件及其辅件、钢结构件及机械件种类繁多，部分存在定制化的情形，随着公司对产品不断改进，采购标准不断变化，且受国产或进口、品牌、型号等因素影响较大，价格之间存在一定差异，没有明确的市场价格。

反馈意见 请保荐机构及会计师结合订单或中标价格的价格情况、购销协议、发票及收付款实际执行价格情况、同一产品在不同客户之间的售价差异情况、同一原材料在不同供应商之间的采购价格的差异情况、主要产品与原材料单价同市场价格的差异情况详细核查公司购销价格的公允性，同时结合主要原材料的采购价格与生产流程中主要原材料的单位价值的差异情况、结转至主营业务成本中的主要原材料单位价格与存货中的主要原材料单位价格的差异情况及人工成本制造费用的归集情况说明生产成本归集及结转主营业务成本的完整性；请保荐机构、会计师结合前述核查情况进一步说明公司毛利率的真实性、准确性，并发表核查意见。

发审会问题 报告期各期，发行人综合毛利率分别为 44.34%、43.23%、45.46%，高于同行业可比公司。请发行人代表：（1）结合销售单价、主要原材料价格，单位人工及制造费用的变动情况及同行业可比公司类似产品毛利率情况及变动趋势进一步说明各主要产品毛利率波动且高于同行业可比公司的原因及合理性；（2）结合同行业可比公司情况进一步说明主要产品混凝土喷浆车毛利率较高的原因及合理性；（3）结合购销合同约定、生产成本归集及结转情况，说明报告期内收入的确认和成本的核算是否真实、准确、

完整；（4）说明主要民营企业和自然人客户毛利率及与国有企业毛利率比较情况，与上述企业是否存在关联关系。请保荐代表人发表核查意见。

案例分析 同一细分行业尤其是传统行业企业，其各自利润指标与同行业差异一般不会太大，一旦毛利率、利润等指标异常，就会引起监管机构的反复问询。虽然五新隧装在招股书中详细披露了各产品毛利率及与同行业的比较分析，说明毛利率大幅提升，主要系混凝土喷浆车毛利率较高且占比大幅提升所致。但仍不能让发审委信服，在上会时继续提问。

同时，发审委对五新隧装的生产成本的真实性与完整性，与营业收入的匹配性产生质疑，主要表现为结转至主营业务成本中的主要原材料单位价格与存货中的主要原材料单位价格的差异情况；人工成本、制造费用的归集情况；生产成本归集及结转情况等。因此，五新隧装的成本不规范、成本归集、结转披露信息不全亦是 IPO 被否的重要原因之一。

案例 2

安徽泰达新材料股份有限公司（2017 年 7 月 31 日被否）

——单位生产成本低于同行，燃料动力、水电单耗大幅下降

案例背景 泰达新材在精细化工领域专业从事重芳烃氧化系列产品研发、生产与销售。主要产品有偏苯三酸酐和均苯三甲酸。报告期（2014 ~ 2016 年）内，公司的营业收入分别为 16,953.10 万元、20,644.40 万元和 17,534.90 万元；扣非净利润分别为 1761.29 万元、2685.62 万元和 2689.17 万元；主营业务综合毛利率分别为 23.31%、25.28% 和 27.98%；偏苯三酸酐的销售毛利率分别为 22.86%、26.67% 和 31.91%。公司主要以客户订单作为安排生产的依据，产品生产周期为 2 ~ 3 天，按月制订生产计划。

反馈意见 报告期内发行人营业成本分别为 10,475.92 万元、12,926.08 万元、14,361.50 万元和 7754.28 万元，发行人营业成本主要由直接材料、直接人工和制造费用等组成。请发行人（1）结合具体业务流程补充披露成本核算流程和方法，直接材料、人工费用、制造费用的归集和分配方法，产品结转方法，以及是否符合企业会计准则的相关规定；（2）结合报告期各期发行人产品销售数量、单位成本变化情况，补充披露营业成本变化的原因；（3）对比报告期内偏三甲苯、冰醋酸等主要原材料价格与市场价格的差异，说明其原材料价格的公允性，并据此分析营业成本的变化；（4）结合从事生产的员工人数、平均工资变化，分析直接人工金额变化的原因；（5）补

充披露报告期内发行人制造费用的主要构成、偏苯三酸酐和均苯三甲酸每吨产品的耗电量及其变化原因、各期耗用能源数量与产品产量之间的对应关系。请保荐机构和申报会计师对上述事项进行核查并发表意见。

发审会问题 发行人主要产品偏苯三酸酐销售价格低于同行业可比公司，主要原材料采购价格高于同行业上市公司，请发行人代表结合发行人的产量、市场销量、占有率远低于可比公司的情况说明：（1）主要产品单位生产成本低于同行业可比公司的合理性；（2）各类产品的投入产出率的变化情况；（3）燃料动力、水电单耗大幅下降的原因。请保荐代表人发表核查意见。

案例分析 从直接业绩来看，泰达新材业绩未达到净利润 3000 万元的隐形红线，对其 IPO 有很大的不利影响，发审委会对公司持续盈利能力和规范性的审核更加严格。

与同行业可比公司相比，泰达新材核心产品偏苯三酸酐的价格较市场平均价格差距越来越大，市场竞争存在节节败退迹象。报告期内，产品单价分别为每吨 14,598.51 元、14,678.86 元、11,481.36 元，与市场平均价格相差分别为每吨 276.08 元、843.67 元、924.81 元。然而，偏苯三酸酐毛利率却呈逐年上升趋势，分别为 22.86%、26.67% 和 31.91%，公司解释是主要材料采购价格大幅下降所致。但是，从泰达新材的行业地位及业务规模来看，其单位生产成本低于同行，可信度不高，且公司燃料动力、水电单耗大幅下降亦非常可疑，因为公司收入波动不大，缺乏科学合理的推断。因此，泰达新材被否与其成本方面的规范性与真实性问题不无关系。

（二）应对建议

目前，监管机构对财务真实性、合理性越发关注，因此，为降低审核风险，打消财务造假嫌疑非常重要。具体来说，拟 IPO 企业的生产成本要从成本核算的规范性、内控有效性和业务可核查性三个角度进行充分论证。

1. 成本核算的规范性

生产成本中料、工、费的归集标准、分配的依据、结转的依据都要有明确的规定并实际执行；避免在没有充足的理由下，料、工、费的金额、数量及配比变动较大。

2. 内控有效性

内控有效才能为成本的真实性背书，拟 IPO 企业在启动上市事项时，可在审计机构或其他咨询机构的协助下，搭建一整套完善的产、供、销内部控制体系与业务流程，特别是对生产成本与存货的控制。

3. 业务可核查性

建立好内控体系与流程后，企业需要在既定的业务流程中运行，做到有章可循；相应的采购合同、领料单、记工单、成品入库单等需要连贯记录、流转，具备可核查性。应避免在中介机构核查的时候，发现公司车间生产记录与会计核算记录相互脱节，会计数据与生产业务环节记录无法核对，无法真实反映企业成本情况。并且公司业务各环节的钩稽关系需要注意匹配，生产成本本身的构成，以及与收入、期间费用、存货、应付账款等科目都需要有符合逻辑的配比关系。

此外，除了企业内部对生产成本进行规范外，为降低审核风险，拟 IPO 企业还应该关注同行业公司的情况，注意比较公司与同行业可比上市公司成本的核算方法、成本与营业收入的配比等，如果存在异常，首先应该考虑公司成本核算是否存在问题，如果真实、准确， 则应该从公司采购渠道、产品特性、生产效率等角度进行充分考虑，提前作好监管机构问询的应对措施。

二、餐饮业、农业的成本问题

餐饮业、农业虽然是两个完全不同的行业，但由于餐饮业、农业等原材料采购、付款、生产成本等内控有效性均较低，在 IPO 审核中，监管机构对生产成本的关注点是相同或类似的。

由于行业本身的特性，餐饮业和农业的主要客户和供应商大多是个人或个体户，且现金交易频繁，对交易的真实性核查难度较大。因此，这两个行业通常有“不受资本待见”的说法。

餐饮业、农业企业的成本由于行业及业务特性，较难规范的主要原因有以下三点：一是由不规范采购导致成本核算不准确，如采购发票不完整、采购现金支付、向个人农户采购等；二是生产过程特点，餐饮企业对食物的烹制加工、农业生产如动植物养殖，皆不是标准化的工业流程，生产加工过程中发生的成本难以准确计量；三是餐饮业、农业皆为较初级的行业，行业内从业人员普遍文化素质不高，在这两个行业的企业内进行管理系统信息化及电算化，较难实现。因为行业内企业规范难度大，所以监管机构要求的内部控制及业务流程规范很难完全做到。

需要提出的是，虽然餐饮业、农业企业上市较难，但最近几年，仍有不少这两个行业内企业申请 IPO 上市，被否的有很多，但仍有一些成功过会，还有很多正在排队审查中。因此，餐饮业、农业企业仍然具备上市的可行性，只是要付出更大的规范成本。

（一）审核关注点及典型案例

对于餐饮业、农业企业的成本问题，监管机构主要关注成本管理与成本核算规范性、相关业务流程规范性、成本真实性等。具体审核关注点如下：

1. 营业成本中料、工、费金额及占比情况，原材料中主要材料的占比情况，营业成本金额和结构变动的原因，营业成本及构成变动是否符合市场同期变化情况，同营业收入、产销量变动的匹配情况，说明报告期内成本核算方法是否保持了一贯性；

2. 各餐饮门店是否存在自主、零星采购原材料的情况，说明以上采购的金额、占比、采购价格、管理制度、结算方法、税款缴纳等情况；

3. 报告期各期各业务按直接材料成本、直接人工成本、制造费用的成本构成，并对各项成本构成在报告期内金额及占比的变动从数量、单位成本的角度进行分析；

4. 材料采购、库存管理、成本核算、现金结算、收入确认的内控制度、内控流程、内控实施部门以及内控的有效性，是否足以保证发行人收入与成本核算的合规性；

5. 说明发行人会计核算系统的建立健全情况、会计核算的具体流程，说明对于不同业务、不同产品的成本的区分方式，说明不同业务下各项成本要素的分配结转情况。

相关案例：

案例 1

广州酒家集团股份有限公司（2017 年 5 月 23 日通过）

——被问询内控是否有效，收入与成本核算是否合规

案例背景 广州酒家主营业务分两大板块，分别为食品制造业务板块及餐饮业务板块，并以食品制造业务为主。报告期（2014 ~ 2016 年）内，公司食品（主要是月饼）制造业务分别实现销售收入 113,574.94 万元、129,213.28 万元及 143,172.67 万元，分别占公司主营业务收入的 74.03%、75.34% 及 75.02%。截至报告期末，公司拥有饼屋直营店 114 家、饼屋加盟店 43 家。餐饮服务方面，公司采用连锁经营模式，主要提供以粤菜和广式点心为主的餐饮服务。

报告期内，公司食品制造业务原材料成本分别占生产成本 76.80%、78.02% 及 78.46%，公司餐饮业务原材料成本分别占生产成本的 89.23%、90.29% 及 91.22%。

反馈意见 1. 报告期内，公司餐饮业务成本分别为 14,696.22 万元、

15,515.87 万元、16,756.28 万元、8290.62 万元。请发行人补充披露：（1）报告期餐饮业务营业成本中料、工、费金额及占比情况，原材料中主要材料的占比情况，营业成本金额和结构变动的原因，营业成本及构成变动是否符合市场同期变化情况，同营业收入、产销量变动的匹配情况，说明报告期内成本核算方法是否保持了一贯性；（2）披露各餐饮门店是否存在自主、零星采购原材料的情况，说明以上采购的金额、占比、采购价格、管理制度、结算方法、税款缴纳等情况；（3）材料和能源价格变动对营业成本的影响。请保荐机构和会计师对以上情况进行核查并发表核查意见。

2. 招股书披露，公司对生产技术已成熟的部分粽子类、肉脯类、饼酥类等产品，选择优质生产商，授权其外包生产。请保荐机构、发行人律师：披露各年度外包业务所占的比例和形成的成本，详细对比分析外包成本和自主生产的成本；比较定价的合理性，说明有无利益输送。

发审会问题 请发行人代表进一步说明，发行人有关材料采购、库存管理、成本核算、现金结算、收入确认的内控制度、内控流程、内控实施部门以及内控的有效性，是否足以保证发行人收入与成本核算的合规性。请保荐代表人发表核查意见。

案例分析 广州酒家 2010 年开始启动上市进程，之后改为冲击沪市。2014 年 9 月，因其主要收入来源于月饼销售，且销售季节性强，发审委质疑其业绩不确定性较大，因此最终被否。2017 年 4 月，广州酒家再次向证监会递交材料，5 月底过会。

广州酒家过去 5 年营业收入复合增速为 10.8%，净利润复合增速为 12.5%，2014 ~ 2016 年净利润分别为 2.25 亿元、2.35 亿元和 2.67 亿元。良好的净利润规模及增速说明了公司业绩的可持续性。

除了业绩问题，对于餐饮企业来说，原材料及成本的规范性与真实性，亦是审核重点。证监会在反馈意见和上会问题中皆问到了餐饮业务营业成本中原材料采购情况，料、工、费金额及占比情况及相关的内控有效性等问题。广州酒家招股书中有专门章节描述了餐饮业务的内控制度及执行情况，包括采购与付款、销售与收款等；亦对餐饮业务的成本情况进行了详细的披露。因此，在业绩保证下，公司详细披露了监管机构对餐饮企业重点关注的采购及成本内控问题，受到了发审委的认可，最终通过了审核。

案例 2

云南神农农业产业集团股份有限公司（2017 年 11 月 7 日被否）

——现金交易多，原材料采购异常

案例背景 神农股份主要从事饲料产品的生产和销售、生猪的养殖和销售、生猪屠宰加工、猪肉食品销售。

公司饲料业务和养殖业务成本的归集、分配和结转方式如下：

1. 饲料业务：按品种法核算饲料产品的产品成本。

成本归集：“生产成本”科目下设“原材料”、“包装物”、“材料共耗”和“制造费用”子科目，用以归集饲料产品在生产过程中发生的成本费用。

成本分配：由于饲料产品的生产时间较短，期末均不会产生在产品，因此当期的生产成本均分配计入完工产品成本。

成本结转：每月末，财务部根据各产品的成本及已实现的销售数量按月末一次加权平均法计算当月的销售成本，从库存商品结转至主营业务成本。

2. 养殖业务。

成本归集：养殖业务根据猪只生长阶段、种猪繁育阶段按照后备车间、配种车间、产仔车间、保育车间、育肥车间进行归集，各生产车间猪只按畜禽成本、饲料成本、动保成本、直接人工、资产折旧、死亡损失、电燃修杂费进行归集。

成本分配：养殖业务后备车间、产仔车间、保育车间及育肥车间对于一周内转入的猪只计入同一批次进行核算，与之对应的成本由车间分配至批次；配种车间的种猪按照日龄进行成本分配。

成本结转：按猪只的头数和日龄进行结转。

反馈意见 1. 请量化说明并披露生猪养殖业务采购成本构成（包括数量和金额）。从种猪、饲料、疫苗等方面分别披露主要供应商名称、采购内容、金额及占比；请详细说明并披露报告期内请发行人饲料产品自用和外销的核算方式、金额及占比情况。

2. 请发行人补充披露：报告期各期各业务按直接材料成本、直接人工成本、制造费用的成本构成，并对各项成本构成在报告期内金额及占比的变动从数量、单位成本的角度进行分析。请保荐机构和会计师对上述事项进行核查，并明确发表核查意见。

3. 请发行人：（1）结合业务流程、生产过程，说明并披露产品成本确认与计量的完整性与合规性，是否已按照不同产品清晰归类，进一步论证产品销售发出与相应营业成本结转、销售收入确认是否配或一致。（2）补充说明养殖业务部门在从饲料业务部门领料和生产投料过程中，说明饲料成本归集和分配至生猪成本的方式，养殖业务中种猪成本分配到商品猪的方式。（3）说明发行人会计核算系统的建立健全情况、会计核算的具体流程，说明对于不同业务、不同产品的成本的区分方式，说明不同业务下各项成本要素的分配结转情况，对于生猪养殖业务是否建立了独立的财务核算体系。请保荐机构和会计师进行核查并明确发表意见。

发审会问题 原材料采购问题。发行人报告期内各期采购用于加工饲料的原材料明显低于饲料产量。而同时，生猪养殖头数从 2014 年的 5.49 万头增加到 2015 年的 8.78 万头。请发行人代表说明各期采购饲料原材料数量远低于饲料产量、2015 年生猪养殖头数与采购原材料变动情况不匹配的原因及其合理性。请保荐代表人就上述问题明确发表核查意见。

案例分析 农业企业的现金交易、原材料采购等问题是行业通病，很难规范；神农股份的现金交易无论是金额还是比重，在报告期内都持续上升，非常异常。

原材料采购方面，虽然招股书中详细披露了原材料采购、付款内控制度，但加重了发审委对公司内控有效性和成本真实性的不信任，最终被否。

此外，神农股份饲料业务板块及生猪养殖业务板块皆存在投入产出不符问题，这是明显的生产经营数据逻辑性问题。一是在未考虑原材料运输、生产加工中合理损耗的情况下，原料采购量明显低于只是简单加工混合的饲料产量，这种情况不禁让人怀疑饲料“无中生有”，不真实；二是按照招股书披露的生猪饲料投入及生猪产量数据，可以估算出每年饲料平均耗用量为 0.34 吨 / 头、0.37 吨 / 头和 0.40 吨 / 头，就是说随着公司养殖规模逐渐扩大，投料设备更加精准先进，而公司养殖饲料单耗却在不断上升，这也是明显不合逻辑的。

因此，神农股份原材料投入和产出的数据异常，让发审委质疑公司业务的真实性，加之农业企业财务造假相对容易，IPO 审核更加严格，神农股份被否也在情理之中。

（二）应对建议

监管机构对餐饮业、农业企业成本的核查，主要是考虑成本的真实性及规范性。具体应对建议可以分为以下几个层面：

1. 完善内控制度及流程

（1）对于餐饮业、农业拟IPO企业来说，首先应解决原材料采购的不规范问题，如完善采购付款流程，杜绝现金采购，做到所有采购都签订采购合同，并取得采购发票。

（2）然后制定规范的成本管理与核算制度，生产成本的归集、分配、结转皆需有章可循，并在招股书中如实、详细披露。

2. 足够的利润空间及业务成长空间为整改规范工作打下好基础

虽然搭建内控制度、杜绝现金交易，规范采购、销售这些应对措施非常明确，但一个事实是，餐饮业、农业企业的规范成本相比其他行业较高，需要公司的产品有足够的市场竞争力和利润，留给企业足够的空间去规范。例如，销售实现银行回款就需要每个销售员都配备一个 POS 机，劝说客户刷卡或网银转账，否则就不得不放弃客户；采购只用银行转账，就需要跟接受银行转账的供应商合作或者通过第三方间接采购等。

如农业企业整改上市成功的典型案例，2015 年上市的众兴菌业（股票代码 002772），该公司上市前一年将现金收款、付款比例均降到了 0，作为农业企业能做到这种程度，说明其为了上市付出了巨大努力。

3. 需要注意符合既定的业务模式：标准化餐饮、工业化种植

餐饮业、农业由于采购、成本核算方面的先天不足，除了逐步规范外，对于这两个特殊行业来说，选择符合上市审核偏好的业务模式非常重要，核心是要尽可能提高业务标准化流程。

对于餐饮业来说，产品系列相对单一或只有几个主打产品的，餐饮流水线相对标准化、流程化的企业，相对容易受到资本市场欢迎，IPO 审核更容易通过。这种业务模式典型的企业 / 品牌有西贝莜面、黄记煌、肯德基等。

对于农业来说，提高标准化流程的前提就是要积极发展现代农业，尽可能提高农业的工业化种植水平，标准流程化作业。

三、建筑业、软件与信息技术服务业成本问题

与一般的工业制造业不同，建筑业、软件与信息技术服务业因为项目的工期较长，通常需要采用完工百分比法确认收入和成本。

完工百分比法相比较其他的确认方法，在使用上更为复杂，具有相当的模糊性，对财务人员的职业判断依赖性更高，更容易被用来操纵和调节收入和利润。因此，这些企业在申请 IPO 时，完工百分比法是发审委关注的重点。

允许使用完工百分比法作为收入、成本确认方式的准则主要有两个，分别是

企业会计准则第14号收入中的提供劳务交易和第15号建造合同。相关规定总结归纳如下：

会计准则	完工百分比法的适用条件	确定完工进度的参照依据
第14号收入准则	1. 交易的完工进度能够可靠地确定； 2. 交易中已经发生和将发生的成本能够可靠地计量	1. 已完工作的测量； 2. 已经提供的劳务占应提供劳务总量的比例； 3. 已经发生的成本占估计总成本的比例
第15号建造合同准则	固定造价合同： 1. 实际发生的合同成本能够清楚地区分和可靠地计量； 2. 合同完工进度和为完成合同尚需发生的成本能够可靠地确定； 成本加成合同： 实际发生的合同成本能够清楚地区分和可靠计量	1. 累计实际发生的合同成本占合同预计总成本的比例； 2. 已经完成的合同工作量占合同预计总工作量的比例； 3. 实际测定的完工进度

总体来说，采用完工百分比法需要注意以下三点：

一是劳务总成本的估计是否合理、准确，是否建立在详细且具备操作性的预算的基础上进行估计，并经项目甲乙丙三方（包括监理机构）确认，随着项目进度的推进，预期项目成果即将完成，预计总成本是否与实际成本差异较大，是否需要变更，如果需要变更，是否经过严谨的审核。

二是完工进度确认方式的合理性，即公司所选择的确定完工进度的方法是否与项目特点相适应，是否与同行业公司一致，是否符合会计准则的要求。

根据企业会计准则的相关规定，当年完工进度确认的方式主要有三种，即成本比例法、工作量比例法和专业测量法。除了专业测量法带有一定的客观性外，无论工作量比例法还是成本比例法都是通过估计和计算实现，必须建立在特定的业务基础，特别是设计合理且执行有效的企业内部控制基础之上。

三是内外部证据链的匹配性与合理性，完工进度的确认主要取决于外部客户对进度的认可，以及内部证据的佐证，单独依据内部证据或外部证据对完工进度进行确认都是不完整的。

所以在实务中，完工百分比法确认收入和成本容易受企业操控，提前或推后确认相关收入及成本，进行利润调节，操纵业绩。

IPO实践中，对完工百分比的确认，大多数企业按照已发生成本占总成本的比例作为完工进度的依据，此种方法虽然较工作量法和实际测定法要谨慎一些，但依然不是非常可靠。因此，部分拟 IPO 企业放弃了完工百分比法，而采用“终验法”进行收入、成本的确认，受到了证监会的认可。

（一）审核关注点及典型案例

总体来说，完工百分比法的审核关注点主要如下：

1. 成本的归集和测算是否准确、合理，财务制度是否健全，是否有人为操纵的情形；

2. 劳务总成本的估计是否合理、准确，是否建立在详细且具备可操作性的预算的基础上进行估计，并经项目甲乙丙三方（包括监理机构）确认；

3. 完工进度的确定依据是否准确合理，是否有合同依据，是否有内外部证据的支持，而且证监会尤其强调合同相对方或第三方的证据作为支撑，如发包方或者监理方的工程进度确认；

4. 与同行业上市公司或者行业惯例相比，确认的比例和进度是否合理。

相关案例：

案例 1

哈尔滨森鹰窗业股份有限公司（2017 年 10 月 31 日被否）

——毛利率畸高，工程业务收入成本按完工百分比法核算

案例背景 森鹰窗业专注于超保温节能环保型木窗行业，主要从事铝包木窗的研发、设计、生产和销售。公司木窗系统主要分为标准窗、被动窗、中式园林窗、幕墙阳光房 4 大系列共 15 个品种，全部产品均为以木材为主要受力构件。

报告期（2014 ~ 2017 年 1 ~ 6 月）内，公司营业收入分别为 35,498.95 万元、37,252.69 万元、39,798.67 万元、16,510.10 万元；归母净利润分别为 4864.11 万元、6073.84 万元、6952.41 万元、2805.37 万元。

报告期内，森鹰窗业毛利率分别为 32.72%、36.38%、39.35%、37.98%。同期窗类可比上市公司平均毛利率分别为 17.62%、18.73%、8.21%、13.71%；定制家居行业上市公司平均毛利率分别为 35.19%、36.26%、36.63%、35.65%。

森鹰窗业客户类型分为三类：工程客户、直销客户、经销商客户，销售模式对应为工程渠道、直销渠道、经销商渠道，工程渠道适用建造合同准则确认收入，直销渠道、经销商渠道适用商品销售准则确认收入。公司以相应时点累计实际发生的合同成本占合同预计总成本的比例确认工程完工进度，

依据完工百分比确认工程收入的实现，并同时确认相应的工程成本。

发审会问题 请发行人代表：（1）结合下游需求变化，特别是工程类业务集中地——东北、华北地区房地产市场及政策变化情况，进一步说明 2017 年工程渠道销售收入同比下降的原因，结合在手订单情况，分析说明发行人工程渠道业务未来的发展趋势；（2）结合工程渠道下签订的合同类型、各期主要工程项目的开工时间、期末完工进度、预计完工时间、竣工验收时间及单个项目的时间周期，进一步说明发行人对工程渠道实现的收入按建造合同准则以完工百分比法确认收入的依据，是否符合企业会计准则的要求；（3）结合发行人信用政策、客户结构的调整策略、完工百分比法的确认原则，说明 2016 年、2017 年 1 ~ 6 月末应收账款占主营业务收入比例较高的主要原因及其合理性。请保荐代表人说明核查方法、依据，并发表明确核查意见。

案例分析 森鹰窗业被否的核心原因是发审委质疑其业绩的真实性。虽然森鹰窗业业绩看起来非常不错，但毛利率高出同行一倍以上，存货和应收账款异常偏大，这些都让发审委怀疑公司财务数据的真实性。

同时，森鹰窗业对工程渠道的收入按完工百分比法确认收入，完工进度按照发生成本占预算成本的比例确认。而完工百分比法，又是非常容易进行利润操纵的一种方法，森鹰窗业工程渠道收入与成本采用完工百分比法确认，进一步加深了发审委对公司业绩真实性的疑虑，最终被否。

案例 2

湖南科创信息技术股份有限公司（2017 年 10 月 25 日通过）

——报告期变更完工百分比法为终验法

案例背景 科创信息是国内智慧政务及智慧企业领域的信息化综合服务提供商，主要致力于为政企客户提供集软件开发、系统集成、IT 运维等于一体的信息化综合解决方案。

报告期（2014 ~ 2016 年）内，公司营业收入分别为 18,860.22 万元、24,888.97 万元、27,059.78 万元；净利润分别为 1385.49 万元、3273.07 万元、3789.92 万元。

关于收入、成本确认原则。科创信息软件开发收入包含软件产品销售收入和技术开发收入，在将软件及其配套产品交付客户，并取得客户的最终验收单后确认收入的实现；系统集成收入包含系统集成销售收入及建筑安装收入，系统集成所有权上的主要风险和报酬转移给买方，公司不再对其实施继续管理权和实际控制权，相关的收入已经收到或取得了收款的证据，与销售该系统集成有关的成本能够可靠地计量时，确认销售收入。具体为公司在系统集成安装完成，并取得客户的终验报告后确认收入的实现；IT运维收入中，对于单次提供的服务，在服务已经提供，收到价款或取得收款的依据后确认收入；对于在固定期间内持续提供的服务，在服务期内按照直线法分期确认收入。

公司于2015年年中将收入确认方式由完工百分比法变更为终验的确认方式，并进行了会计政策变更。上述变更调减2014年年末净资产1715.79万元，调增2014年收入310.60万元、成本505.33万元，调减资产减值损失46.68万元，调增所得税57.17万元，调减2014年净利润205.21万元。

反馈意见 请在招股说明书中：（1）补充披露公司对收入确认原则进行调整的依据，作为会计政策变更的依据，相关调整对会计报表影响等相关信息；（2）补充披露公司与客户签订合同的一般条款、对软件开发产品权利义务转移时点的约定、业内通常认定等相关要素，相关业务约定的背景、具体流程、相关内部控制措施，并结合具体业务流程、并对照企业会计准则中对收入确认的一般性条件要求，详细披露收入确认时点、条件及依据；（3）补充披露同类已上市公司收入确认原则，与公司比较情况及差异原因和合理性；（4）请结合公司业务流程、内控措施，详细披露公司以取得客户终验单作为软件开发和系统集成收入确认时点的准确可靠性、及时性、可验证性。

请保荐机构、申报会计师：（1）补充说明公司2015年对收入确认原则进行调整的依据，作为会计政策变更的依据，相关调整影响，是否影响发行人符合首次公开发行并在创业板上市条件；（2）补充说明报告期各期对收入进行截止性测试相关信息，包括但不限于针对发行人收入确认方法、流程采取的针对性方法、获取证据、结论，并说明相关尽职调查的充分性。

发审会问题 请发行人代表进一步说明，公司项目成本核算的内部控制制度及执行有效性；工时分配及成本核算真实性、准确性及完整性；工资薪酬在存货、主营业务成本、销售费用及管理费用间的分配的准确性；相关的会计处理是否符合企业会计准则的相关规定。请保荐代表人发表核查意见。

案例分析 科创信息于2015年年中将收入确认方式由完工百分比法变更为终验的确认方式，并进行了会计政策变更。发审委问询公司变更收入确认原则的依据，以及相关调整是否影响上市条件。

其实最近几年不乏变更收入确认原则的拟IPO企业，如顶点软件（股票代码 603383）就是典型的采用完工百分比法被否，调整收入确认政策后又过会的案例。顶点软件 2014 年 9 月因定制软件开发业务采用完工百分比法被否，变更会计政策，收入确认原则改为项目已经完成并取得客户验收时确认收入，最终于 2017 年 4 月 17 日过会。

因此，科创信息变更收入确认方式，虽会被问询，但可以进行合理的解释，因为终验法更加可控，风险较低。而且，公司在报告期第二年年中进行会计政策变更，仅影响了报告期第一年（2014 年）的收入和利润，且影响较小。因此，最终通过了发审委的审核。

（二）应对建议

1. 以客户的终验单作为收入确认及成本结转依据

从最近的审核实践来看，监管机构对完工百分比法的态度表现出很深的不信任，甚至已经到了凡涉及完工百分比必提出反馈意见的程度。面对这种情况，许多建筑业和软件与信息技术服务业企业纷纷变更完工百分比法为终验法，以工程 / 项目完工，并取得客户终验单作为收入和成本确认的依据。

从最近两年审核通过的案例来看，终验法受到了证监会的充分认可。例如，存在采用完工百分比法被否，改为终验法后又通过的案例，如顶点软件（股票代码 603383）；申报前及时调整规范变更收入确认政策为终验法过会的案例，如科创信息（股票代码 300730）；以及直接采用终验法过会的案例，如中科信息（股票代码 300678）。

但是，需要注意变更收入和成本确认政策要有充足的合理性，且对上市条件不构成影响。因此，较完美的方法是在申报期前就进行会计政策变更。

2. 完工百分比法的使用要有充足的依据

对于一些企业，特别是许多建筑工程类企业，工程较长，跨期较多，采用完工百分比法非常必要。因此，对于此类拟 IPO 企业，仍然可以继续使用完工百分比法，但需要有充足的理由作为完工进度确认的证据。

具体来说，已发生的成本的比例或已完成的工作量需要有内外证据作支撑：

（1）内部证据方面。企业需要有完善的内控，有强大准确的工时管理系统、成本管理系统和人力资源管理系统，还需要有规范的、准确的成本核算。

（2）外部证据方面。需要第三方监理机构的证明、客户盖章确认的证明、期末会计师函证也要相符。

此外，拟 IPO 企业有必要参考行业的惯例或者同行业上市公司的做法作为佐证，对于发现的问题要全面、彻底地整改，不宜抱有侥幸心理。

第五章

研发业务的关注要点

研发问题涉及企业的诸多方面，包括竞争优势、成长性、财务核算、税务问题等，研发业务的处理既可以影响企业目前的业绩数据，又能够影响企业未来的持续盈利能力，是证监会 IPO 的重要审核点之一。从最近几年的审核案例来看，监管机构对拟 IPO 企业研发业务的审核，主要侧重于以下几个方面：企业是否存在通过研发费用调节利润；技术合作研发形成产权纠纷或影响持续盈利能力；研发费用加计扣除不合理；研发投入不合理等情形。

第一节　通过研发费用调节利润

研发费用作为企业管理费用明细科目之一，直接影响企业的净利润。因此，研发费用不合理的会计处理方法对经营业绩有着直接影响。IPO 审核过程中，监管机构主要关注企业通过研发费用虚增利润的情形。例如，通过调节研发支出费用化为资本化，从而增加当期利润；或者推迟或提前资本化时间节点，从而调整利润。此外，延迟确认研发费用、隐瞒研发费用等方式也是部分企业用来调节利润的方法。

一、研发支出资本化

（一）理论基础

研发能力以及研发成果的转化能力，是衡量一个企业核心竞争力的重要因素。研发支出作为企业一项重要支出，其不同的会计处理将对企业的财务业绩产生显著的影响。会计准则要求企业区别研究与开发费用，有条件的研发费用可以资本化，所以其灵活性被一些企业利用来调节业绩，受到监管机构的特别关注。

1. 企业会计准则的相关规定

（1）研究阶段与开发阶段的区分

根据 2006 年颁布的《企业会计准则第 6 号——无形资产》及其应用指南，企业内部研究开发项目的支出，应当区分研究阶段支出与开发阶段支出。

①研究是指为获取并理解新的科学或技术知识而进行的独创性的有计划调查。

研究阶段是探索性的，为进一步开发活动进行资料及相关方面的准备，已进行的研究活动将来是否会转入开发、开发后是否会形成无形资产均具有较大的不确定性。

②开发是指在进行商业性生产或使用前，将研究成果或其他知识应用于某项计划或设计，以生产出新的或具有实质性改进的材料、装置、产品等。

相对于研究阶段而言，开发阶段应当是已完成研究阶段的工作，在很大程度上具备了形成一项新产品或技术的基本条件。

（2）不同阶段的支出处理方式与条件

根据《企业会计准则第 6 号——无形资产》及其应用指南，企业内部研究开发项目研究阶段的支出，应当于发生时计入当期损益。

开发阶段的支出，同时满足下列条件的，才能确认为无形资产。

①有可能：完成该无形资产以使其能够使用或出售在技术上具有可行性。

②有意愿：具有完成该无形资产并使用或出售的意图。企业应该能够说明其开发无形资产的目的。

③有价值：无形资产产生经济利益的方式，包括能够证明运用该无形资产生产的产品存在市场或无形资产自身存在市场；无形资产将在内部使用的，应当证明其有用性。

④有能力：有足够的技术、财务资源和其他资源支持，以完成该无形资产的开发，并有能力使用或出售该无形资产。

⑤有账本：归属于该无形资产开发阶段的支出能够可靠地计量。

2. 证监会的相关规定及提示

研发费用资本化条件均需公司一定程度的主观判断。为保证研发费用资本化的准确、合理进行，拟 IPO 企业应注意以下几点：

（1）研发费用资本化门槛较高，公司应审慎对待。应严格制定研发费用资本化制度并规范执行，明确资本化时点、依据和内控流程，注意重点环节的控制及留痕，为研发费用资本化的合理归集提供充分依据。

（2）公司应当明确研发费用的开支范围和标准，严格审批程序，并按照研发项目或者承担研发任务的单位，设立台账归集核算研发费用。

（3）公司应加强成本费用核算基础，加强成本管理，保证开发阶段相关支出的核算和归集准确、清晰。

（4）注意对研发费用资本化形成的相关资产持续关注，按会计准则规定进行减值测试，并在年报中对研发项目相关信息进行披露，避免因过度资本化造成资产虚高。

▶ 相关法条：

《公开发行证券的公司信息披露编报规则第15号——财务报告的一般规定》（证监会公告〔2014〕54号）

第十六条　结合公司内部研究开发项目特点，披露划分研究阶段和开发阶段的具体标准，以及开发阶段支出资本化的具体条件。

《关于上市公司进一步规范研发费用资本化的监管通报》部分软件上市公司在研发费用资本化方面存在较多问题，研发支出过度资本化，研发费用中大量人力成本核算依据不充分，在一定程度上通过研发费用资本化调节利润的倾向等。

3.IPO 企业研发支出资本化情况

通常，高新技术企业，特别是软件企业、医药企业在研发费用资本化方面存在较多问题，亦是监管机构审核的重点行业。

第十七届发审委履职（2017 年 10 月 17 日）以后，截至 2018 年年底，IPO 被审企业中，证监会行业分类为“信息传输、软件和信息技术服务业”企业共 22 家，具体研发费用资本化情况如下：

序号	股票简称	会议日期	上市板块	审核结果	研发费用资本化	最后一期研发费用占收入比例（%）
1	科创信息	2017-10-25	创业板	通过	否	33.94
2	钜泉光电	2017-11-03	主板	未通过	否	23.09
3	尼毕鲁科技	2017-11-07	主板	未通过	是（27.19%）	8.16
4	天地在线	2017-11-29	创业板	未通过	否	3.11

续表

序号	股票简称	会议日期	上市板块	审核结果	研发费用资本化	最后一期研发费用占收入比例（%）
5	博拉网络	2017-11-29	创业板	未通过	否（资本化改为费用化）	8.24
6	重数传媒	2017-11-29	创业板	未通过	否	0.77
7	奥飞数据	2017-12-06	创业板	通过	否	3.56
8	万兴科技	2017-12-19	创业板	通过	否	18.79
9	润建通信	2018-01-05	中小企业板	通过	否	2.65
10	挖金客	2018-01-23	主板	未通过	否	1.77
11	宇信科技	2018-01-24	创业板	暂缓表决	否	11.90
12	彩讯科技	2018-01-24	创业板	通过	否	14.91
13	蓝信科技	2018-01-24	创业板	未通过	否	6.68
14	博睿数据	2018-04-04	创业板	未通过	否	17.49
15	深信服科技	2018-04-04	创业板	通过	否	21.34
16	中科海讯	2018-4-17	主板	取消审核	否	13.45
17	时代凌宇	2018-05-08	创业板	未通过	否	6.11
18	宇信科技	2018-05-08	创业板	取消审核	否	11.90
19	迪普科技	2018-07-24	创业板	通过	否	23.27
20	贝斯特	2018-08-07	主板	通过	否	5.36
21	每日互动	2018-12-11	创业板	通过	否	14.16
22	纵横集团	2018-12-25	主板	取消审核	否	1.44

第十七届发审委履职（2017年10月17日）以后，截至2018年年底，医药制造业被审企业共9家，具体研发费用资本化情况如下：

序号	股票简称	会议日期	上市板块	审核结果	研发费用资本化	最后一期研发费用占收入比例（%）
1	威尔曼	2017-10-24	中小板	未通过	否	3.16
2	新产业生物	2017-12-27	创业板	通过	否	4.64
3	申联生物	2018-01-23	主板	未通过	否	5.23
4	甘李药业	2018-04-03	主板	通过	是（15.74%降至1.89%）	9.18
5	中和药业	2018-04-17	主板	未通过	否	1.86
6	明德生物	2018-05-03	中小板	通过	否	14.18
7	康辰药业	2018-06-05	主板	通过	否	5.45
8	威尔药业	2018-08-21	主板	通过	否	3.35
9	富士莱医药	2018-12-18	主板	未通过	否	3.11

（二）审核关注点及典型案例

IPO审核过程中，关于研发费用资本化，监管机构主要关注研发费用资本化的合理性及归集核算依据等，具体审核关注点如下：

1. 研究阶段与开发阶段具体区分的界限点、划分标准，是否具有充分可靠的依据支持；

2. 开发阶段符合资本化条件的具体条件与依据，是否具有充分可靠的依据支持；

3. 费用核算及其划分标准。哪些费用计入研发费用以及判断依据，是否为了加计扣除虚增研发费用的支出（包括费用化与资本化部分）；

4. 研发费用中大量人员费用的归集核算依据是否充分。

相关案例：

案例 1

西藏卫信康医药股份有限公司（2017年6月20日通过）

——研发费用资本化确认时点明确、合理

案例背景 卫信康以临床需求为导向，立足于研发创新，坚持仿创结合，以化学药品制剂及其原料药的研发、生产、销售为主营业务，在静脉维生素补充剂、静脉电解质补充剂、静脉补铁剂等领域具有较强竞争力，同时生产和销售护肝类用药、抗生素类产品。

报告期（2014 ~ 2016 年）内，公司研发费用资本化的金额分别为 482.08 万元、1066.14 万元、664.51 万元，公司研发新产品取得生产批件后转入无形资产，取得临床批件不存在转入无形资产的情形。

反馈意见 招股说明书披露，报告期内发行人研发支出分别为 1466.65 万元、2806.40 万元、3925.62 万元及 1744.02 万元。请在招股说明书分析并补充说明：研发费用的范围界定、具体构成和会计核算情况，研发投入是否与发行人的研发项目、技术创新、产品储备相匹配，近三年研发费用所形成的主要成果及对主营业务的贡献程度。资本化的研发费用的形成原因及用途，无形资产的摊销期、摊销方法及摊销金额，是否符合会计准则的规定，与研发投入相关的内控制度，委托研发项目的研发进度与研发投入配比以及会计处理情况。请保荐机构说明对发行人相关内控制度是否完善、执行是否有效的核查情况。

发审会问题 请发行人代表进一步说明发行人主要研发项目的研发进展，长期未取得生产批件的原因，将研发费用资本化是否审慎、合理，是否符合企业会计准则的规定。请保荐代表人发表核查意见。

案例分析 卫信康报告期内扣除非经常性损益后归属于母公司股东的净利润分别为 9768.27 万元、11,121.67 万元和 10,186.53 万元，保持在较高的水平，利用研发费用资本化调节利润的可能性较低。

此外，根据卫信康制定的研发制度，资本化确认时点明确、合理，确定以申报临床、取得相应批件为研发费用资本化开始的时点，即取得国家食药监局颁发的生产批件时，从开发支出转入到无形资产。

最近几年存在部分医药企业研发费用资本化审核通过的案例，只要资本化过程合规、合理，通常可以通过审核，但会存在一定的审核风险，可能会被数次问及，需要有充分的依据。

案例 2

甘李药业股份有限公司（2018 年 4 月 3 日通过）

——研发费用资本化支出逐年下降

案例背景 甘李药业主要从事重组胰岛素类似物原料药及注射剂的研发、生产和销售。公司为首家掌握产业化生产重组胰岛素类似物技术的中国企业，使我国成为世界上少数能进行重组胰岛素类似物产业化生产的国家之一。2016年度及2017年1～6月，公司研发费用增加较多，主要系公司对包括重大生物药品重组甘精胰岛素欧美注册临床研究等在内的研发项目不断加大研发投入所致。

反馈意见 请补充披露报告期研发费的范围界定、具体构成和会计核算情况;补充分析研发费投入是否有对应的研发项目，近三年研发费用所形成的主要成果及对主营业务的贡献程度；结合发行人开发支出金额说明是否存在研发费用资本化的情形，并说明相应的会计处理依据以及是否符合企业会计准则的规定。请保荐机构对发行人研发费用的实际投入情况及会计处理情况进行核查并明确发表核查意见。

案例分析 甘李药业研发支出处理方式为：内部研究开发项目的支出分为研究阶段支出与开发阶段支出，研究阶段的支出，于发生时计入当期损益。开发阶段的支出满足无形资产确认条件的进行资本化处理，无法区分研究阶段支出和开发阶段支出的，将发生的研发支出全部计入当期损益。甘李药业资本化费用包括项目在开发阶段的过程中所产生的人力成本、直接投入、折旧及摊销费用。

甘李药业研发费用投入情况如下：

项目	2017年1～6月	2016年	2015年	2014年
研发投入（万元）	8996.20	9587.68	5007.96	3974.98
其中：资本化投入（万元）	170.16	416.55	308.60	625.75
费用化投入（万元）	8826.04	9171.13	4699.36	3349.23
资本化投入占研发投入比例（%）	1.89	4.34	6.16	15.74
营业收入（万元）	98,044.27	177,149.34	121,980.87	92,660.07
研发投入占主营业务收入比例（%）	9.18	5.41	4.11	4.29

从上表可以看出，甘李药业报告期内研发费用资本化比例逐年降低，且总体比例不高。此外，医药企业在特定条件下进行研发费用资本化是被认可的，而软件企业等其他行业公司则会被反复质问。

案例 3

成都尼毕鲁科技股份有限公司（2017 年 11 月 7 日被否）

——报告期最后一年一期改费用化为资本化

案例背景 尼毕鲁科技主营业务集中于移动网络游戏相关领域，包括游戏研发、运营及投资。自 2015 年开始，公司根据手机游戏项目开发管理的流程，将其内部研究开发项目划分研究阶段和开发阶段。其中，项目策划阶段与项目立项阶段作为研究阶段；项目计划阶段、项目实施与执行阶段和项目验收阶段作为开发阶段。研究阶段的项目支出直接记入当期损益；进入开发阶段的项目支出，则予以资本化；公司先在“开发支出”科目分项目进行明细核算，可商业运营时，再转入“无形资产”科目分项目进行明细核算，并根据各游戏项目预期寿命进行摊销。2015 年、2016 年 1 ～ 6 月公司研发费用资本化率分别为 29.68%、27.19%。

反馈意见 根据招股说明书披露，自 2015 年开始，公司根据手机游戏项目开发管理的流程，将其内部研究开发项目划分研究阶段和开发阶段。2012 ～ 2015 年上半年，公司发生费用化的研发支出分别为 774.38 万元、2533.72 万元、4741.51 万元和 2055.16 万元。请补充披露研发支出的具体构成及金额，2015 年 3 月前将全部研发支出费用化的依据及合理性，将费用化的研发支出计入管理费用的依据，并与可比上市公司对研发支出的核算方法进行对比，如有明显差异，说明其合理性。请保荐机构、会计师对上述问题进行核查并发表明确意见。

发审会问题 报告期内研发支出的会计处理与收入确认政策的变化原因及合理性，是否符合企业会计准则的规定，是否符合《首发管理办法》相关规定。请保荐代表人对上述事项说明核查过程、依据并发表明确意见。

案例分析 尼毕鲁科技自 2015 年开始将研发支出分为费用化支出和资本化支出，报告期最后一年一期才开始研发费用资本化，与其他拟 IPO 企业越趋谨慎的做法截然相反，带来了较大的审核风险。

（三）应对建议

证监会在 IPO 审核时，对研发费资本化还是费用化处理，并未明确规定，主要掌握的原则是扣除研发费用资本化因素后，是否仍满足 IPO 的发行条件，如果满足，则研发费用资本化并不构成 IPO 的实质性障碍。

但是，在实际审核中，由于开发阶段确认无形资产的五项条件，会计准则及其相关规定中没有提出具体的操作标准。对于研发费用是否作资本化处理，通常是由企业管理层会同产、供、销、研发、财务等内部部门进行判断决策即可，没有外部单位的约束。仅靠内部证据很难使审核人员信服企业没有对研发费用资本化进行操纵利润，因此，只有极少数的拟 IPO 企业进行研发费用资本化。

关于研发费用资本化，主要应对建议如下：

1. 研发费用资本化的总体原则

（1）在 IPO 中需要非常谨慎地进行研发费用资本化的处理，绝大部分企业出于谨慎性原则考虑，在申报期研发费用全部给予费用化处理；

（2）外购或委托外部研发的可以适度资本化；

（3）非同一控制下企业合并取得的单独可识别无形资产可以资本化；

（4）自主研发的资本化率尽量控制在 10% 以下；

（5）在成功上市后可以适度对研发费用进行资本化操作。

2. 研发费用资本化注意事项

（1）从严把握资本化的条件，审慎处理研发费用资本化。在证据不是十分充分的情况下，应尽量采用费用化。

（2）建立健全研发活动的内部控制。企业可以参照《企业内部控制应用指引第 10 号——研究与开发》，并结合企业自身研发业务的特点，梳理研发活动流程，设置研发活动关键控制点。上述关键控制点将成为判断是否满足研发费用资本化条件的重要依据。

（3）关注并研究同行业或类似行业上市公司研发费用资本化状况。一般来说，软件、医药、影视和网络游戏企业尤其应高度重视研发费用资本化的会计处理。

二、其他方式调节研发费用

研发费用是调节利润的重要手段之一，除上述通过将研发费用资本化调节利润的方式外，公司管理层可以通过延迟确认研发费用、隐瞒研发费用等方式，来增加当年利润。

（一）审核关注点及典型案例

除了研发费用资本化调节利润外，监管机构主要关注拟 IPO 企业是否涉及以下两点研发费用处理情形：

1. 是否涉及隐瞒研发费用；

2. 是否存在推迟确认研发费用的情形。

相关案例：

案例

科沃斯机器人股份有限公司（2018年3月20日通过）

——被疑隐瞒研发费用

案例背景 科沃斯机器人主要从事各类家庭服务机器人、清洁类小家电等智能家用设备及相关零部件的研发、设计、生产与销售。核心产品是扫地机器人，在国内的市场占有率约50%。截至2017年6月30日，发行人及其子公司拥有境内外专利合计607项，公司报告期内研发费用分别为6851.56万元、8417.35万元、9818.21万元、4731.19万元。

发审会问题 招股说明书披露，发行人拥有600余项境内外专利。报告期内，与戴森技术、东莞万锦等公司存在多起专利权纠纷。请发行人代表说明：（1）拥有的核心技术及其来源，产品中哪些核心部件为发行人自产及占各类产品成本的比重，对发行人销售价格的影响；（2）发行人的核心技术如何与服务机器人和清洁类小家具结合，如何体现其竞争力及价值；（3）发行人现有技术在行业中的水平，与同行业公司相比较，是否具有先进性；（4）发生纠纷专利的具体情况及在生产经营中的作用，专利权纠纷对公司境外业务拓展的影响。请保荐代表人说明核查过程、依据，并发表明确核查意见。

案例分析 科沃斯因“扫地机器人”为消费者熟知，虽然最终成功过会，但是披露的研发费用及专利数量问题与其在其他地方披露的信息不一致，带来了一定的审核风险。

科沃斯在招股说明书中披露的截至2017年6月30日专利数量为607个，但是，科沃斯在当地媒体《姑苏晚报》中报道，截至2016年12月，科沃斯已在国内外申请专利1001件，这篇报道是来自对科沃斯创始人的采访，数据来源相对可靠。

根据招股说明书披露，2014～2017年1～6月公司研发费用分别为6851.56万元、8417.35万元、9818.21万元、4731.19万元。但是，根据人民网转发《新华日报》的相关报道，科沃斯每年科技创新经费投入超过1亿元。且在南京举办的“新品发布会”上，科沃斯董事长告诉记者，科沃斯每年的研发投入不低于年销售额的5%，而招股说明书披露的占比只有3%左右。

因此，如果科沃斯在报纸或其他媒体前宣称的研发费用金额及占比是可靠的，那么科沃斯便涉及在招股书中隐瞒研发投入的情况；如果招股说明书中的相关数据是可靠的，那么公司在其他渠道披露的信息则被虚假夸大，不管属于哪种情形，都会被监管机构质疑公司相关信息的真实性。

（二）应对建议

对于隐瞒研发费用及推迟确认研发费用的行为，主要涉及发行人的财务真实性与规范性，以及未来的持续盈利能力。监管机构主要从研发费用金额及占比、波动情况以及与同行业可比上市公司的研发费用支出情况比较来判断。

因此，拟上市企业应参考同行业上市公司对于研发费用的处理方式，确认时点及研发支出金额与占比，除非有充足的理由，尽量避免特殊化，以降低审核风险。

第二节　技术合作研发

技术合作研发问题在IPO审核过程中日益受到关注，总体来说，监管机构对合作研发持鼓励态度，特别是企业与科研院所进行合作，可以保证科研院所有更多资源进行研究，也能够保证研发成果最大限度地产业化，实现双赢的结果。但是，合作开发也可能存在一些问题，如可能产生技术依赖、专利技术权属瑕疵、利益输送、业绩调整等问题，因此，技术合作研发也应受到拟IPO企业的重视。

一、审核关注点及典型案例

技术合作研发容易产生产权纠纷，因此，拟IPO企业技术合作研发相关费用支付和产权归属受到监管机构重点关注。关于技术合作研发，主要审核关注点如下：

1. 技术合作开发形式是否会产生潜在的产权纠纷，合同中对于费用支付和产权归属的约定是否明确；

2. 发行人核心技术是否独立，是否对合作方存在重大技术依赖，是否对企业的持续盈利能力产生影响；

3. 发行人是否有足够的技术储备独立应对市场竞争；

4. 发行人没有使用自主研发技术的原因和商业合理性；

5. 是否对企业的独立完整性产生影响，是否通过技术合作开发进行利益输送。

相关案例：

案例 1

长飞光纤光缆股份有限公司（2018 年 5 月 3 日通过）

——与股东共用专利，被疑对股东存在核心技术依赖

案例背景 长飞光纤一直专注于光纤光缆行业，致力于光纤预制棒、光纤和光缆等相关产品的研发创新与生产制造，是全球最大的光纤预制棒、光纤和光缆的供应商。全球范围内仅有为数不多的厂家可以制造光纤预制棒。

公司股东德拉克科技与公司于 2008 年 10 月 13 日签署了《光纤技术合作协议》，有效期为自 2008 年 6 月 1 日至 2024 年 7 月 22 日。《光纤技术合作协议》及相关的修正案就双方市场区域划分等事项进行了约定和承诺。其中规定公司销售区域为亚洲（除中东外，但包括以色列），德拉克科技（及其关联公司）的销售区域为欧洲、北美洲、南美洲和除以色列外的中东地区。在对方的销售区域内，公司和德拉克科技可各自分别向其在《光纤技术合作协议》签署日前已经销售过产品的现有客户继续提供服务。

发审会问题 报告期内，发行人主要股东德拉克科技控制的企业与发行人存在少量同业业务。同时，德拉克科技将发行人生产光纤预制棒、光纤的核心工艺 PCVD 工艺等相关专利许可给发行人使用，发行人与德拉克科技之间还存在相同的主要供应商 Heraeus 的情形。请发行人代表说明：（1）与德拉克科技控制的相关企业是否存在竞争关系，是否存在有可能损害发行人利益的不利情形；（2）与德拉克科技签订的《光纤技术合作协议》是否有效执行并具备可持续性，如触发协议约定的销售区域划分自动失效条款，发行人是否有足够的措施防范利益冲突；（3）发行人核心技术是否独立，是否对德拉克科技存在重大技术依赖，是否有足够的技术储备独立应对市场竞争，是否存在影响发行人持续盈利能力的重大不利情形；（4）发行人没有使用自主研发技术的原因和商业合理性。请保荐代表人说明核查过程、依据，并发表明确核查意见。

案例分析 长飞光纤作为全球光纤光缆行业的领先企业，在行业内深耕多年，已具备了较深厚的技术实力和客户群体，且长飞光纤产业链持续向上下游拓展，业务链条逐渐完善，公司总体上具备了产品、技术和市场上的核心竞争力。

因此，虽然长飞光纤与股东德拉克科技签订有技术合作协议，有依赖股东技术成果之嫌，但长飞光纤在招股书中详细披露了公司的技术实力、合作

方的情况、抵御风险的措施等，最终通过了审核。

案例 2

哈尔滨三联药业股份有限公司（2017 年 6 月 6 日通过）

——技术合作方同时也是客户，被质疑业务独立性与资产完整性

案例背景 三联药业主要从事化学药品制剂的研发、生产和销售。报告期内，公司在产品规格为 80 个，均为化学药品仿制药。

公司与合作方的业务合作模式为：由合作方提供相关的技术资料、技术支持，公司申请取得新药证书和产品批件，采取由公司独家生产，合作方或合作方指定第三方下发订单且独家或联合包销。

报告期内，四环医药控股集团有限公司是公司第一大客户，年销售额占比约为 14% 左右。

反馈意见 发行人与四环医药控股集团有限公司、黑龙江省天行健医药有限公司等公司展开业务合作，请在招股说明书中详细披露合作双方就主要权利义务约定的合同条款。

发审会问题 请发行代表人进一步说明：在与四环医药控股集团有限公司、黑龙江省天行健医药有限公司等公司（以下简称“合作方”）合作开发药品模式下，技术来自合作方同时销售渠道是合作方或者合作方指定的第三方的合作方式是否属于行业惯例，是否影响发行人的业务独立性和资产完整性。请保荐代表人说明表核查意见。

案例分析 三联药业与上述两家公司合作模式特殊，既是技术合作方，又是销售方，合作项目为“盐酸氨溴索注射液新药合作开发项目”。

但是，三联药业技术实力较强，公司设有研究院及中试车间，并有严格、科学的管理体系。截至报告期末，自主研发的在研项目有 30 多个，委托研发项目 3 个，合作研发项目 5 个（与上述两家公司合作的研发项目为其中之一），因此，鉴于公司的研发实力，合作研发项目不影响公司的盈利能力，不构成技术依赖。

至于独立性和完整性方面，招股说明书中未单独作出说明，但是招股书中详细披露了合作研发项目的具体内容、双方的责任、知识产权归属、保密义务等。此外，三联药业主要产品来自自主研发，不存在业务不独立的情形，存在解释空间；三联药业合作项目主要由合作方承担研发、改进工作，公司

负责取得产品批件等工作，且协议明确约定最终技术成果优先由公司购买或无偿转让给公司，因此，该合作项目应该不影响公司的资产完整性。

案例 3

东莞市华立实业股份有限公司（2016 年 11 月 30 日通过）

——合作研发是否影响生产经营、资产完整性，是否存在专利权纠纷

案例背景 华立股份是专业从事装饰复合材料研发、设计、生产和销售的国家高新技术企业，产品包括封边装饰材料、异型装饰材料和其他装饰材料，主要应用于板式家具的封边、表面装饰及室内装修装饰等。

公司分别与华南理工大学、中南林业科技大学、南京林业大学等装饰复合材料领域内实力较强的科研院校进行科研项目合作开发和高端人才联合培养。公司与合作方东北林业大学合作研发的“一种仿木纹 PVC 木塑装饰型材及其制备方法”技术，已由双方作为共同申请人向国家知识产权局提起发明专利申请。截至本招股说明书签署日，该专利申请处于实质审查生效阶段。

反馈意见 关于合作研发及资产完整性。请补充披露发行人所获专利及取得方式；与外部科研机构合作研发的情况，发行人与合作方关于合作研发已获及将获知识产权的使用、保密相关约定的主要条款及具体执行情况，是否存在纠纷或其他重大不确定因素；该等知识产权在发行人生产经营中的作用及可能产生的效益（若有）等。请保荐机构及律师就发行人是否存在对外部科研机构的依赖及合作研发对发行人资产完整性的影响发表意见。

发审会问题 请发行人代表进一步说明发行人与外部科研机构的合作开发情况，发行人是否向合作方支付开发费和专利使用费等，其他专利权人是否使用或许可第三方使用专利，发行人就专利权归属是否明确约定，是否存在专利权纠纷；发行人与东北林业大学签署的相关合同及其具体内容，至今才签署专利权转让协议且未办理完成专利权转让手续的原因，发行人使用与东北林业大学共有的专利技术的作价依据及其合理性，是否符合相关合同的约定以及高等院校技术合作开发和转让的相关规定并履行了相关的法定批准或备案程序，是否存在争议，发行人实施上述专利权是否存在法律上的障碍和风险，是否会对发行人的生产经营以及发行人正在使用的技术、知识产权产生重大不利影响，相关的信息和风险是否充分披露。请保荐代表人发表核查意见。

案例分析 华立股份与东北林业大学的合作协议中明确约定了研发专利属于双方共有，双方已共同发出专利申请，且协议约定专利处置方法及最终归属，不存在纠纷和其他重大不确定因素。

同时，由于双方合作的研发项目尚未产业化，因此，不存在影响公司现有生产经营及现有知识产权的情形，因此，发行人可以有充足的理由向发审委进行解释。

二、应对建议

技术合作研发，应避免产生生产权纠纷和核心技术依赖，从而影响企业持续盈利能力。主要应对建议如下：

1. 尽量保证核心技术不存在合作研发，避免对公司的生产经营产生重要影响，即使合作出现意外情形也不会影响公司的持续盈利能力；

2. 需要明确约定最后的产权归属，核心技术产权尽可能归属于发行人；

3. 详细披露合作项目及合作方的情况，包括合作方基本情况；合作具体领域、具体项目情况；合作开发的合同约定情况；合同履行情况；相关专利申请及专利归属情况；中介机构核查意见；等等。

第三节 研发费用加计扣除

一、理论基础

研发费用加计扣除是按照税法规定在开发新技术、新产品、新工艺发生的研究开发费用的实际发生额基础上，再加成一定比例，作为计算应纳税所得额时的扣除数额的一种税收优惠政策。主要目的是促进企业加大研发投入，提高自主创新能力，加快产业结构调整。

研发费用加计扣除有关的税收法规相关规定，主要文件有财政部、国家税务总局、科技部《关于完善研究开发费用税前加计扣除政策的通知》（财税〔2015〕119号）、国家税务总局《关于企业研究开发费用税前加计扣除政策有关问题的公告》（国家税务总局公告〔2015〕97号）、《研发费用税前加计扣除归集范围有关问题的公告》（国家税务总局公告〔2017〕40号）及财政部、税务总局、科技部《关于提高研究开发费用税前加计扣除比例的通知》（财税〔2018〕99号）。

根据财政部、税务总局、科技部《关于提高研究开发费用税前加计扣除比例的通知》（财税〔2018〕99号）文件，企业开展研发活动中实际发生的研发费用，未形成无形资产计入当期损益的，在按规定据实扣除的基础上，在2018年1月1日至2020年12月31日，再按照实际发生额的75%在税前加计扣除；形成无形资产的，在上述期间按照无形资产成本的175%在税前摊销。

可以加计扣除的研发费用归集范围针对企业核心研发投入，主要包括研发直接投入和相关性较高的费用，对其他费用有一定的比例限制。具体包括以下几项：

1. 人员人工费用

指直接从事研发活动人员的工资薪金、基本养老保险费、基本医疗保险费、失业保险费、工伤保险费、生育保险费和住房公积金，以及外聘研发人员的劳务费用。

2. 直接投入费用

指研发活动直接消耗的材料、燃料和动力费用；用于中间试验和产品试制的模具、工艺装备开发及制造费，不构成固定资产的样品、样机及一般测试手段购置费，试制产品的检验费；用于研发活动的仪器、设备的运行维护、调整、检验、维修等费用，以及通过经营租赁方式租入的用于研发活动的仪器、设备租赁费。

3. 折旧费用

指用于研发活动的仪器、设备的折旧费。

4. 无形资产摊销费用

指用于研发活动的软件、专利权、非专利技术（包括许可证、专有技术、设计和计算方法等）的摊销费用。

5. 新产品设计费、新工艺规程制定费、新药研制的临床试验费、勘探开发技术的现场试验费

指企业在新产品设计、新工艺规程制定、新药研制的临床试验、勘探开发技术的现场试验过程中发生的与开展该项活动有关的各类费用。

6. 其他相关费用

指与研发活动直接相关的其他费用，如技术图书资料费、资料翻译费、专家咨询费、高新科技研发保险费，研发成果的检索、分析、评议、论证、鉴定、评审、评估、验收费用，知识产权的申请费、注册费、代理费、差旅费、会议费、职工福利费、补充养老保险费、补充医疗保险费。

此类费用总额不得超过可加计扣除研发费用总额的10%。

二、审核关注点及典型案例

关于研发费用加计扣除，监管机构主要关注研发费用加计扣除的合理性以及对净利润的影响，具体审核关注点如下：

1. 报告期内是否存在研发费用加计扣除情况，如有，请说明加计扣除依据以及计算过程；

2. 研发费用加计扣除范围是否合理；

3. 是否存在将其他费用混入研发费用的情形；

4. 研发费用是否经相关税务机关审核；

5. 研发费用加计扣除比例；

6. 研发费用加计扣除对净利润的影响。

相关案例：

案例 1

福州瑞芯微电子股份有限公司（2017 年 7 月 19 日被否）

——列支的研发费用加计扣除项目是否合理

案例背景 瑞芯微电子主要从事集成电路的设计与研发，主要产品按功能分为 AP 芯片和 AC 芯片。公司主要采用 Fabless 模式即无晶圆生产线集成电路设计模式，即企业只从事集成电路的设计，其他环节委托专业的晶圆代工企业、封装企业和测试企业代工完成。这种模式下，公司专注于芯片及各终端应用市场产品应用方案的设计研发，快速响应市场需求，及时推出适应市场需求的新产品。

反馈意见 根据申报材料：发行人研发费用金额较大，各期研发费分别为 19,560.64 万元、19,365.38 万元、22,450.82 万元、12,453.63 万元。请发行人补充说明：（1）研发费用明细成本的构成情况，其中直接费用及需分摊的费用分别为多少，是否存在将其他费用混入研发费用的情形，各期研发费用中可以加计扣除的金额，研发费用是否经相关税务机关审核；（2）报告期内的主要研发项目、拟投入金额、各期取得的阶段性成果及对应发行人现有产品及新产品的具体情况；（3）研发人员的工作模式，请举例说明，研发人员薪酬是否需要按照项目进行分摊，列示发行人各报告期研发人员人数、工作年限分布、薪酬结构及薪酬发放频率，各级别、各工作年限的研发人员各期平均薪资水平，与同行业、同地区公司相比是否存在显著差异；（4）报告期内研究费用和开发费用的金额，是否存在开发支出资本化的情形，报告期内通过内部研发形成的无形资产的具体金额及占比。请保荐机构、申报会计师核查上述情况并发表明确意见。

发审会问题 1.根据申报材料，发行人主要从事集成电路的设计与研发，产品按功能主要分为AP芯片和AC芯片两大类。报告期内，英特尔是发行人的主要供应商，也是发行人技术服务的主要客户。发行人2014年度的净利润为5516.24万元，英特尔2014年度向发行人支付服务费用共计6598.05万元，该项收入的毛利率超过99%。（1）请发行人代表说明从英特尔采购的商品与向英特尔提供技术服务之间的关系；（2）请发行人代表说明向英特尔提供技术服务业务的具体内容和耗费的人、财、物，说明技术服务费的定价依据；（3）请保荐代表人从业务链的角度描述发行人的主营业务，说明招股说明书中对发行人业务与技术的描述与真实情况是否相符，并说明发行人技术服务收入高毛利率的合理性；（4）请保荐代表人说明发行人是否"主要经营一种业务"。

2.发行人报告期2014～2016年，所得税费用分别为-953.03万元、-59.82万元、-195.59万元。请发行人代表说明：（1）报告期实际缴纳的企业所得税金额以及所得税费用均为负数的原因；（2）研发人员的认定标准、研发人员占员工总人数的比例以及报告期各年度发生的薪酬总额；（3）同行业上市公司IP与应用软件摊销列支研发费用并做所得税加计扣除的案例。请保荐代表人对报告期所得税费用为负数的信息披露的充分性及合理性发表核查意见。

案例分析 瑞芯微电子报告期（2014～2016年）内所得税费用分别为-953.03万元、-59.82万元、-195.59万元。均为负数，主要原因是研发加计扣除产生递延所得税导致，发审委质疑研发加计扣除的范围是否准确。

结合公司主营业务分项毛利率来看，2014～2016年，公司技术服务收入分别为7125.79万元、4807.15万元和2078.90万元，对应的毛利率分别为97.43%、100%、99.82%。发审委质疑该项服务毛利率极高的合理性。2015年技术服务甚至没有对应任何成本，毛利率100%，这在实际业务中是不可能的，唯一的可能就是公司将技术服务的相关成本计入了其他项目，而因为技术服务所需要的人员基本都是技术研发类人员，那么最大的可能是计入了研发费用并参与了加计扣除。这可能是公司没有通过发审委审核的最重要原因。

至于发审委提到的发行人将 IP 核及技术授权费摊销作为研发费用并享受加计扣除税收优惠，查阅同行业公司招股书，该处理方式是符合行业惯例的。

值得注意的是，2019 年 5 月公司又一次提交了 IPO 申请，在其新的招股书中，技术服务费相关毛利率已经经过调整，问题已经得到整改规范。

案例 2

智业软件股份有限公司（2017 年 9 月 13 日被否）

——研发费用加计扣除数异常

案例背景 智业软件主要从事医疗卫生信息化软件产品的研究开发、建设实施与后续维护，以及与医疗卫生信息化项目配套的硬件集成业务。

报告期（2014 ~ 2017 年 1 ~ 6 月）内，公司研发费用分别为 2454.93 万元、2745.07 万元、3727.41 万元、2358.55 万元。研发费用主要是人员工资。

发审会问题 2014 年、2015 年、2016 年扣除税收返还和政府补助后的净利润分别为 2564.1 万元、-201.78 万元、1839.34 万元，自 2013 年至 2016 年，发行人陆续收购了天津天职、内蒙古普诺杰、云南汇众的 100% 股权、西藏展望 60% 股权，并增资控股了云顶伟业与福建海医汇。请发行人代表：（1）说明上述收购行为对发行人报告期内盈利能力的影响，说明发行人后续经营的主要“瓶颈”；（2）“2014 年度至 2016 年度，经认定可以加计扣除的研发费用分别为 2054.57 万元、2361.54 万元、2572.04 万元，同年分别加计扣除 1027.28 万元、1159.10 万元、1286.02 万元”，说明认定数与加计扣除数之间差异的具体情形。请保荐代表人对上述问题发表核查意见。

案例分析 智业软件被否的两大核心问题是 2017 年上半年的一期业绩仅有 300 余万元净利润，同时企业涉嫌利用不合理的商誉减值方式来降低对报告期内业绩的影响。

至于发审委问到的研发费用认定数与加计扣除数之间差异的问题，通过仔细研究，可能仅仅只是表述存在歧义问题，智业软件想要表达的是经过认定的研发费用是 2054.57 万元、2361.54 万元、2572.04 万元，实际多加计扣除的部分为研发费用的 50%，即分别为 1027.28 万元、1159.10 万元、1286.02 万元。而通过公司的表述可能理解为认定数与实际扣除数存在较大差异。这样的低级表述错误留到了发审会环节，引起发审委的理解误差，在 IPO 过程中也算是值得所有公司和中介机构警醒的一件事情。

三、应对建议

研发费用加计扣除问题一般不会是IPO被否的核心原因，监管机构一般只会在研发费用或者税收优惠等问题方面顺便问及。拟上市企业特别是科技型企业在做研发费用加计扣除时，应特别注意哪些研发费用可以纳入加计扣除的范围，具体范围参考相关财税规定，以及同行业公司的通常做法。

第四节　研发投入不合理

研发投入的高低是企业研发实力的体现之一。总体来说，拟IPO企业研发投入需要具备合理性，研发投入的金额及占营业收入的比例需要与同行业公司保持一致，各年度间应保持平稳或增长态势，尽量避免逐年下降的情形。

一、审核关注点及典型案例

关于研发投入，监管机构主要关注研发费用和研发人员数量是否与企业的生产经营相符。具体审核关注点如下：

1. 研发费用是否存在大幅下降或上升；
2. 研发费用占营业收入比例是否与同行业可比公司差异较大；
3. 研发投入、研发人员数量是否与企业规模、盈利水平、经营模式相匹配。

相关案例：

案例1

雪龙集团股份有限公司（2017年11月21日被否）
——研发费用占比低于同行业公司

案例背景　雪龙集团主要从事发动机冷却系统产品及汽车轻量化塑料件的研发、生产和销售。报告期（2014～2017年6月）内，公司营业收入分别为24,562.25万元、22,305.25万元、28,409.71万元、17,053.41万元，归母净利润分别为7467.55万元、4846.31万元、6685.30万元、5719.06万元。

公司共有研发人员40人，每年研发投入约1000万元，研发投入占比约4%。

反馈意见 1. 请发行人补充披露研发费用的主要构成，对应的主要研发项目和相关项目的应用情况，说明是否存在研发费用资本化的情况；2. 请发行人补充披露期间费用率的同行业比较情况，分析差异原因。请保荐机构和发行人会计师进行核查并发表明确核查意见。

发审会问题 发行人报告期毛利率和净利率明显高于同行业可比上市公司水平，且总体呈现持续上升趋势，发行人的研发费用占比低于同行业可比公司。请发行人代表说明高毛利率、高净利率形成的原因及合理性，是否存在实际控制人及其关联方代为承担成本费用的情形。请保荐代表人说明核查方法、依据，并发表明确核查意见。

案例分析 毛利率和研发费用的逻辑关系，应属于 IPO 审核理念的一个新变化。理论上来说，毛利率较同行高，产品的技术含量应该更高，方能具备较强的市场竞争力，因此需要更多的研发投入。如果拟 IPO 企业的毛利率较同行明显偏高，而研发费用明显偏低，则业绩存在不合理、不真实的可能，会被重点关注。

以与同行业公司华培动力（股票代码 603121）相关数据对比为例，2016 ~ 2018 年，华培动力的毛利率分别为 48.75%、46.95%、40.94%，同期公司毛利率分别为 60.15%、61.04%、55.07%。公司毛利率远高于竞争对手华培动力。

而同期华培动力的研发费用占收入比分别为 7.17%、7.59%、5.97%。公司同期研发费用占收入比分别仅为 4.04%、3.64%、4.04%。公司研发投入又远低于竞争对手华培动力，表现非常不合理。

2019 年 4 月，公司又一次进行了 IPO 申报，查阅相关招股说明书发现，本次申报中公司募集资金投资项目中，研发技术中心建设项目投资额，由上次的 7769.69 万元增加至本次的 11,778.52 万元，其增加了研发人员招聘等具体内容。同时，公司对研发费用占比低于同行业公司的原因进行了一定的解释，是否能得到监管机构的认可需待后续审核情况决定。

案例 2

深圳中天精装股份有限公司（2017 年 11 月 21 日被否）

——研发支出少且逐年下降

案例背景 中天精装主要从事批量式精装修业务，主要为住宅式精装修，客户主要为房地产公司。报告期（2014 ~ 2017 年 1 ~ 6 月）内，公司营业收入分别为 8.45 亿元、8.64 亿元、10 亿元、3.76 亿元；净利润分别为 7493.38 万元、7225.11 万元、8547.25 万元、4244.72 万元。研发支出分别为 127.95 万元、114.79 万元、74.6 万元、55.17 万元。

发审会问题 发行人毛利率高于同行业; 发行人员工数量和成本低于同行业，设计研究人员、销售人员人数较少，研发支出低且逐年下降。请发行人代表说明：（1）发行人的核心竞争力；（2）研发投入、研发人员配备情况与发行人技术领先优势的匹配性；（3）毛利率高于同行业的原因；（4）综合毛利率逐年下降的主要原因，是否会对持续经营产生不利影响。请保荐代表人说明核查方法、依据，并发表明确核查意见。

案例分析 中天精装被否的核心原因是财务的规范性与真实性问题，表现为毛利率高于同行业，综合毛利率逐年下降。

研发方面，报告期内中天精装研究开发费用合计支出 372.51 万元。相对于营业收入，占比非常低，且研发支出逐年下降。研发设计人员数量也极少，总共 14 人，占员工总数 2.62%。高毛利与低研发投入形成较大反差，且公司号称具备行业技术领先优势，不得不令发审委质疑业务的真实性及财务核算的规范性。

案例 3

江苏苏博特新材料股份有限公司（2017 年 7 月 25 日通过）

——研发费用大幅下降

案例背景 苏博特主要从事混凝土外加剂的研发、生产和销售，主要产品为混凝土外加剂中的高性能减水剂、高效减水剂和功能性材料。属于化学原料和化学制品制造业（C26）中的混凝土外加剂行业。

报告期（2014 ~ 2016 年）内，公司研发费用分别为 10,155.68 万元、8626.70 万元、8389.22 万元，同期研发费用占营业收入比例分别为 5.91%、6.58%、6.40%。

发审会问题 请发行人代表进一步说明 2015 年、2016 年研发费用下降幅度较大的原因，研发费用的支出范围和归集方法，相关内部控制制度是否健全有效，研发费用的确认是否真实、准确，享受研发费用所得税加计扣除政策优惠是否存在税收违规风险。请保荐代表人发表核查意见。

案例分析 苏博特 2015 年、2016 年研发费用较 2014 年有较大幅度下降，但研发费用占比有提升，主要原因是 2015 年、2016 年公司的营业收入下降，由 2014 年的 17 亿元降至 13 亿元。

研发费用有较大幅下降，引起了发审委对公司研发费用归集方法和范围是否规范的质疑，但相较于同行业公司而言，公司的研发投入金额及占比皆较高，说明了公司具备相应的研发实力，未对上市审核造成实质性的影响。

二、应对建议

研发投入问题一般不会是IPO被否的主要原因，但是研发投入往往与营业收入、毛利率、企业经营模式联系在一起，例如，研发费用占营业收入比例低、毛利率水平与研发支出不匹配、研发支出与同行业差距大等。对于研发投入应注意以下两点：

1. 如没有十分合理理由，研发的投入占比应该与同行和历史区间相仿；

2. 研发投入应与经营模式相匹配，不应该存在技术研发行业领先，但研发投入甚少的情形。

|下 篇|

盈利篇

对于拟 IPO 企业而言，持续盈利能力是《首发管理办法》及《创业板首发管理办法》明确规定的发行条件。对持续盈利能力相关审核要求进行深入剖析，有利于深刻理解证监会的审核精神与审核实质，有助于拟 IPO 企业及中介机构合理把握企业盈利能力相关问题，合理培育企业并选择最佳时期进行 IPO 申报。

总体来说，证监会对企业持续盈利能力的审查包括两个维度：一是横向审查，即企业外部经营环境、行业地位及内部核心竞争优势；二是纵向审查，企业历史和未来的盈利能力。

具体来说，横向审查方面，监管机构主要关注企业的行业地位或经营环境如何，以及是否会发生不利变化；企业内部核心竞争优势如何，是否具备明显的竞争力等。纵向审查方面，监管机构主要关注两点：一是历史的盈利能力，也即发行人报告期内的经营业绩的增长性、合理性、业绩的含金量及是否存在不确定性等；二是未来的盈利能力，也即企业对未来的经营模式与业务规划，未来盈利的可持续性，包括募集资金运用等。

第六章

外部环境与内部优势

企业的持续盈利能力需要融入所在的外部大环境里考量与判断，行业政策、技术发展趋势、行业发展周期、核心价值链等行业发展情况，以及整个政治、经济、社会、技术环境皆属于影响企业发展的外部环境。

企业内部优势是保持和提高持续盈利能力的内生动力，企业内部优势越强，相同外部环境下，企业行业优势地位越明显，能获得的市场份额越高，经营业绩越好。反之，则会直接影响企业的持续盈利能力。

因此，拟 IPO 企业所处的外部环境，所拥有的内部优势如何，以及是否已经或即将发生重大变化，受到监管机构的重点关注。

第一节　行业与经营环境

企业外部环境包括行业整体环境与经营环境，企业所在行业决定了企业整体的竞争状态、盈利水平以及未来发展趋势，如果行业与经营环境已经或将要发生重大变化，可能对企业的持续盈利能力产生重大不利影响。IPO 审核过程中，监管机构主要关注行业与经营环境是否发生变化、发生变化的时间节点、趋势方向以及对企业的具体影响程度，企业是否采取积极措施扭转局面并合理预期效果等。

一、行业

（一）理论基础

从IPO的法定发行条件来看，《首发管理办法》等对发行上市的行业没有特别具体的规定，总体要求是生产经营合法合规、符合国家产业政策，属于一个原则性规定。

▶相关法条：

《首发管理办法》

第十一条　发行人的生产经营符合法律、行政法规和公司章程的规定，符合国家产业政策。

《创业板首发管理办法》

第十三条　发行人应当主要经营一种业务，其生产经营活动符合法律、行政法规和公司章程的规定，符合国家产业政策及环境保护政策。

1. IPO受影响的行业

根据证监会颁布的《上市公司行业分类指引》，上市公司的行业被划分为19个门类，90个大类，截至2018年年底，仅有烟草制品业、娱乐业等少数几个行业类别没有上市公司，虽然不同的行业中上市公司的数量差距很大，但大部分行业在上市的过程中都没有受到法定的限制。

结合IPO审核实践，总体来看，上市过程中会受到影响的行业主要集中在以下3个层面。

（1）国家宏观层面限制发展和进行调控的产业

①国家限制发展或要求淘汰的产业。相关依据主要参考国家发改委不定期修订的《产业结构调整指导目录》，该目录由鼓励类、限制类和淘汰类三类目录组成。被列入限制类和淘汰类的行业原则上不能进行IPO。此外，外商投资企业适用《外商投资产业指导目录》。

②国家宏观经济调控和专项政策调控影响的行业。当前受到影响的主要包括过剩产能行业、落后产能和类金融行业、房地产行业等。

（2）行业整体不受限制，但上市受到限制或影响的产业

一些行业虽然整体上不受限制，但因为各种原因在登陆资本市场时受到限制或影响，如法规政策对相关业务有特别制约的国家级风景名胜区、宗教活动场所等的门票经营业务、报刊杂志等媒体采编业务等；有保密要求导致不能履行信息披露

义务最低标准的某些军工、科研类企业；不符合公众利益的烟草行业；社会公众接受度低的殡葬行业、涉及动物保护的企业；涉及公序良俗的私家侦探、劝退小三等业务的企业。

经营这类业务的企业基本上不能通过资本市场进行融资，曾有采取活熊取胆作为制药原料的“归真堂”2012年试图闯关A股市场，最终在强大的舆论压力下终止审查，而2015年“归真堂”再次向新三板发起冲击，仍然未能成功。

（3）行业具有特定风险，上市存在较大难度的产业

有一些行业因为行业本身的一些特性，会导致存在一些特定风险，如财务规范风险较大的农、林、牧、副、渔行业和餐饮行业；容易产生商业贿赂的医药行业等。这些行业的企业在上市过程中审核更加严格，存在较大的风险和难度，导致很多证券公司不愿意承接这类业务，在客观上形成了行业受限资本市场的局面。

从最近几年IPO过会企业来看，上述三类企业IPO难度大，且申报企业少。

2. 证监会审核态度

企业所在的行业对企业的上市影响较大，除了上述上市受影响的特殊行业外，目前的资本市场定位以及IPO审核理念，是重在筛选好的行业和好的企业。行业的好坏、行业的景气程度以及行业的发展前景是影响企业IPO的重要因素，也是证监会对企业相同问题表现出不同审核尺度的重要前提。

（1）好行业中的IPO企业

从最近几年的审核案例来看，好行业中的好企业，属于证监会优选的对象，IPO通过率高。以前创业板的“两高六新”，即高科技、高成长性、新经济、新服务、新农业、新能源、新材料、新商业模式企业，目前科创板的新一代信息技术、高端装备制造、新能源、新材料、节能环保、生物医药行业企业可以作为重要参考。

好行业中暂时一般的企业，虽然企业业绩规模满足了IPO基本门槛要求，但行业市场份额及行业地位属于一般；在这种情况下，如果所处行业的发展前景足以支撑企业未来有更好的发展预期，亦可以通过审核，否则，审核风险较大。

（2）一般行业中的IPO企业

IPO审核中，一般行业主要是指那些已经过了行业成长期，处于成熟期或者已经进入衰退期的行业。甚至可能会导致行业中多数企业或者上下游存在较大经营风险的行业，如光伏、服装、化工等。

在审核趋严的形势下，对于行业优势及未来前景不突出，但自身业绩规模大的企业，审核风险依然较大，突出表现是监管机构对发行人的业绩真实性及业绩质量存在怀疑。

如果拟IPO企业所处行业未来前景普遍不被认同，同时报告期内的业绩规模

不大且业绩存在大幅波动甚至持续下滑的情形，那么此类企业审核通过的概率较低。

第十七届发审委上任（2017年10月17日）后，截至2018年12月底，各行业IPO审核情况如下：

所属行业	取消审核	通过	未通过	暂缓表决	总计	通过率（%）
机动车、电子产品和日用产品修理业		1			1	100.00
交通运输、仓储和邮政业	1	8			9	88.89
化学原料和制品制造业	1	14	1		16	87.50
金融业、资本市场服务业	2	14			16	87.50
其他制造业		5	1		6	83.33
科学研究和技术服务业		5	1		6	83.33
食品制造业	1	5	1		7	71.43
专用设备制造业	1	18	8		27	66.67
塑胶和塑料制品业		4	2		6	66.67
金属制品业		4	2		6	66.67
通用设备制造业		5	3		8	62.50
家具制造业		3	1	1	5	60.00
非金属矿物制品业		4	3		7	57.14
电气机械和器材制造业	2	9	5		16	56.25
计算机、通信和其他电子设备制造业	2	22	17	3	44	50.00
汽车制造业	2	8	6		16	50.00
软件和信息技术服务业	3	9	4	2	18	50.00
房地产业之物业管理		1	1		2	50.00
印刷和记录媒介复制业		1	1		2	50.00
文化、体育和娱乐业		1	1		2	50.00
造纸和纸制品业		2	2	1	5	40.00
电力、热力生产和供应业	1	2	1	1	5	40.00

续表

所属行业	取消审核	通过	未通过	暂缓表决	总计	通过率（%）
医药制造业		5	6	2	13	38.46
废弃资源综合利用业		1	2		3	33.33
租赁和商务服务业		1	2		3	33.33
有色金属冶炼及压延加工		1	2		3	33.33
农副食品加工业		1	2		3	33.33
批发和零售业	1	3	3	2	9	33.33
农、林、牧、渔业	1	1	1		3	33.33
酒、饮料和精制茶制造业	1	1		1	3	33.33
纺织业	1	1	2		4	25.00
建筑业	1	2	5	1	9	22.22
水利、环境和公共设施管理业		1	3	1	5	20.00
互联网和相关服务				1	1	0.00
总计	21	163	92	16	292	55.82

（二）审核关注点及典型案例

从最近几年的审核案例来看，好行业中的好企业一直是资本市场追捧的对象，IPO 审核要求较高的是好行业中暂时一般的企业，以及一般行业中的企业。具体审核关注点如下：

1. 好行业中暂时一般的企业

（1）发行人目前规模较小的原因；

（2）发行人的业绩表现及增长趋势；

（3）发行人的市场份额、所处的行业地位、与主要竞争对手的优劣势比较；

（4）发行人产品的技术性能情况，是否具有竞争优势，是否能够持续维持产品的高毛利率；

（5）行业的发展前景是否能支撑企业未来有更好的发展预期。

2. 一般行业中的企业

（1）行业未来的整体发展趋势，主要客户市场地位的变化情况；

（2）发行人所处行业地位、市场占有率情况；

（3）与同行业可比上市公司对比，说明未来经营情况是否存在重大不利变化，持续盈利能力是否存在重大不确定性；

（4）结合行业发展趋势对比发行人上一年度同期经营情况，说明年度盈利预测报告的谨慎性和可实现性；

（5）发行人业绩增长大幅超过行业增长的原因及合理性，业绩是否真实。

相关案例：

案例 1

浙江泰林生物技术股份有限公司（2018 年 1 月 3 日通过）

——发行人业绩规模偏小，但处于快速增长阶段，未来行业前景好，获得认可

案例背景 泰林生物主营业务为微生物检测与控制技术系统产品、有机物分析仪器等制药装备的研发、制造和销售。发行人所处行业为制药专用设备制造（C3544），该行业是国家重点鼓励企业自主创新、实现产业升级的行业，行业政策对公司的中长期经营发展有着良好的促进作用。报告期（2014 ~ 2017 年 1 ~ 9 月）内，公司营业收入分别为 5949.98 万元、8233.25 万元、11,177.91 万元、10,388.41 万元；扣非后归母净利润分别为 789.66 万元、1586.12 万元、2801.50 万元、3015.97 万元。

反馈意见 1. 发行人主营产品较多，且收入分布较为分散，此外，发行人其他收入占比较高。请发行人在收入结构表中补充披露其他收入的具体内容和占比，对应收入结构表补充披露各类收入的收入占比和利润占比。

2. 请发行人结合报告期各期各类产品销售数量和销售单价的变动情况及原因，详细分析营业收入变动原因；请发行人补充披露各类产品销售规模与市场整体规模、可比上市公司同类产品销售收入变动情况的比较情况；结合销售单价、销售数量、具体产品结构等变动情况，补充披露灭菌技术系列产品营业收入逐年下滑的原因，并说明与招股说明书关于该产品的表述是否矛盾。

发审会问题 1. 发行人经销模式的销售比较特殊，双方之间的交易由订单驱动，并未建立长期的经销关系。请发行人代表说明：（1）2017 年 1 ~ 9 月经销模式销售金额和占比大幅提升的原因；（2）经销模式下产品最终销售、经销商存货、向经销商销售价格与经销商终端销售价格差异较大的原因，经销商客户与发行人是否存在关联关系。请保荐代表人说明核查方法、过程，并发表明确核查意见。

2. 报告期内，发行人直销模式销售占比一直在 50% 左右，对不同直销客户销售同类产品的价格差异较大，产品定价不太透明。请发行人代表说明：（1）直销模式销售的定价政策，直销客户的开发策略，直销客户是否具有黏性；（2）客户开发费用的具体内容，如何防控出现商业贿赂行为。请保荐代表人说明核查方法、过程，并发表明确核查意见。

3. 报告期内，发行人产品综合毛利率在 60% 以上，各产品均比同行业可比上市公司的毛利率高。发行人披露，公司产品在国内微生物检测与控制技术系统领域具有较强的技术优势，具有进口替代的实力。请发行人代表：（1）结合同行业比较情况，说明报告期内主要产品毛利率波动原因及其合理性；（2）与国外竞争对手的产品相比，说明发行人产品的技术性能情况，是否具有竞争优势，是否能够持续维持产品的高毛利率。请保荐代表人说明核查方法、过程，并发表明确核查意见。

4. 截至 2017 年 9 月末，发行人预收款项余额为 521.50 万元，相较 2016 年年末下降 72.11%。请发行人代表说明预收款项期末余额大幅下降的原因，是否存在未满足收入确认条件提前确认收入的情形。请保荐代表人说明核查方法、过程，并发表明确核查意见。

案例分析 泰林生物属于典型的好行业中暂时一般的企业类型，虽然报告期内经营业绩呈逐年上涨态势，但净利润规模较小，没有一个完整年度净利润超过 3000 万元。但公司所处行业为制药专用设备制造业，该行业前景较好，从产业政策来看，该行业是国家重点鼓励企业自主创新、实现产业升级的行业，国家不断出台各种鼓励政策支持该行业的发展。从行业增长性来看，该行业过去几年的年复合增长率达 14%，处于快速发展阶段；从公司细分市场竞争力来看，公司所处的药品微生物检测、制药用水有机物分析等产品领域，行业集中度较高，国内类似企业不多，公司具备先发优势，未来前景可观。

因此，发审委对制药专用设备制造业行业前景看好，且公司处于快速增长阶段，预计 2017 年全年净利润 4000 多万元，同时具备技术优势，最终通过了审核。总体来说，此种类型的企业如果具备优秀的成长性，及具有核心竞争优势，则具备 IPO 的可行性。

需要注意的是，泰林生物虽然通过了审核，但截至 2019 年 5 月 31 日，仍然未拿到 IPO 发行批文，据消息称，该公司的过会在监管层内部引起了很大的争议，此后甚至有来自于内部的举报，对此次泰林生物 IPO 过会存在质疑，并认为负责泰林生物该次 IPO 审核的发审委或涉嫌违规。可见，拟 IPO 企业如果业绩规模较小，就算所处行业前景良好，也面临着较大的审核风险，建议先夯实业绩再进行申报。

案例 2

广东新劲刚新材料科技股份有限公司（2017 年 1 月 24 日通过）

——近三年扣非后累计净利润不足 5000 万元且逐年下滑，但公司行业前景好，具备核心技术优势，获得认可

案例背景 新劲刚致力于成为国内领先的高性能金属基复合材料及制品供应商，自 2001 年以来主要从事高性能金属基复合材料及制品的研究、开发、生产和销售。公司充分利用自身在金属基复合材料及其相关领域的技术领先优势，积极开展相关技术及产品在军工领域的应用和推广。公司下属全资子公司康泰威具备军工产品生产供应相关资质，是公司的军品业务平台。

报告期（2013 ~ 2016 年 1 ~ 6 月）内，公司营业收入分别为 25,888.52 万元、25,053.55 万元、24,342.96 万元、9679.20 万元；净利润分别为 2800.06 万元、1958.69 万元、2202.36 万元、732.28 万元。扣非后归母净利润分别为 2165.50 万元、1395.01 万元、1295.60 万元、602.93 万元。

反馈意见 据招股说明书披露，报告期内发行人超过 90% 的收入来自金属基超硬材料制品，发行人的该产品主要用于建筑陶瓷领域，采用单品销售、消耗管理两种销售模式。请发行人补充说明并披露：（1）其金属基超硬材料制品在国内的市场份额、所处的行业地位、与主要竞争对手的优劣势比较（包括但不限于应用领域、产品性能、成本、销售价格等）；（2）发行人专利、核心技术在金属基超硬材料制品领域的应用情况；（3）发行人 2014 年营业收入和净利润下滑的原因、未来的变动趋势，并结合相关下游行业在可预见未来的发展趋势补充说明其金属基超硬材料制品的销售未来是否存在进一步下滑的风险，发行人是否采取相关措施以应对该等风险；（4）单品销售、消耗管理两种模式在获取订单、结算方式等方面是否存在差别，两者毛利率差别较大的原因、合理性，是否存在相同客户同时采取两种模式的情形；（5）消耗管理模式客户的最终销售情况，包括但不限于销量、销售价格、定价依据、库存等，并结合上述情况补充说明报告期内来自消耗管理模式收入占比较大、毛利率较高的原因及合理性；（6）消耗管理模式下结算价格持续下降的原因，未来的变动趋势以及对发行人持续盈利能力的影响。请保荐机构核查并发表明确意见。

发审会问题 发行人报告期2014年、2015年和2016年的收入为25,053.54万元、24,342.96万元、24,487.73万元，扣除非经常性损益后归属于母公司普通股股东净利润分别为1395.01万元、1295.60万元、2403.23万元。请发行人代表：（1）进一步解释2016年度收入与以前年度基本持平而扣除非经常性损益后归属于母公司普通股股东净利润大幅增长的原因；（2）进一步说明未来主营业务的发展态势和近两年盈利能力规划情况；（3）分析说明发行人报告期人员减少、研发费用投入减少对2016年度利润的影响。请保荐代表人就上述事项发表核查意见。

案例分析 新劲刚2013～2015年扣非后净利润分别为2165.50万元、1395.01万元、1295.60万元，2016年1～6月也仅有602.93万元，其募集资金总额仅1.29亿元，该案例上会前扣非后净利润低且处于下滑状态，较为罕见。但仍然通过了监管机构的审核。

这可能与公司所处行业的发展前景及公司的核心技术实力有关，证监会曾多次强调，要恢复和发挥资本市场服务于实体经济的功能，支持更多优质、创新、国家政策扶持企业上市，因此，对于信息技术、高端装备、新材料、生物医药、新能源汽车、节能环保、数字创意等国家重点扶持的战略性新兴产业企业，尽管利润相对较低，只要在规范方面不存在重大瑕疵，持续盈利能力不存在重大不确定性的条件下，证监会为鼓励其上市，对业绩规模更加宽容。

新劲刚属于“节能环保”产业，且具备核心技术优势，公司生产的电磁吸波材料已用于隐形战机试验，这是该技术在国内的一大突破。从未来持续盈利能力看，如果该产品大规模投产，在军舰和其他装备上使用，则新劲刚会迎来业绩上的爆发。

因此，新劲刚虽然报告期内规模较小，甚至业绩出现下滑，但公司所处细分行业前景好，具备核心技术优势，未来的持续盈利不存在问题。公司属于典型的“好的行业但暂时一般的企业”，监管机构相信公司未来的竞争实力，因此最终通过了审核。

案例3

上海龙旗科技股份有限公司（2018年1月3日被否）

——虽业绩规模大，但行业前景一般，经营模式传统，毛利率、净利率低，未获得认可

案例背景 龙旗科技业务定位于移动终端领域，主要从事移动终端设备设计方案和生产服务，主要产品有智能手机、平板电脑，功能手机等，公司的主

要经营模式为ODM、OEM、EMS等加工模式，主要客户为联想集团、小米、HTC、魅族等。

报告期（2014～2017年1～6月）内，公司营业收入分别为689,372.61万元、815,698.00万元、834,479.66万元、348,413.25万元；净利润分别为16,796.53万元、16,784.08万元、13,837.44万元、2511.95万元；扣非后归母净利润分别为305.01万元、11,891.22万元、12,634.81万元、1386.80万元。

公司所处行业为计算机、通信和其他电子设备制造业，细分行业为移动终端设备设计制造业。

反馈意见 关于收入及业务合作模式。请发行人：（1）区分销售产品、提供劳务（技术服务、委托加工）等列示报告期内的营业收入构成，说明公司各类产品/劳务营业收入增长变动的原因以及是否与细分行业的变化趋势一致；（2）详细说明公司与客户之间的各种业务合作模式（包括但不限于B/S模式、委托加工）的具体内容，分析各种业务模式对发行人收入、成本、税负、资金回款等的不同影响，并按不同合作模式列示发行人报告期内的营业收入构成及客户情况，说明发行人接受联想变更合作模式（压低毛利率同时扩大销售收入）的原因及合理性，是否存在其他客户变更销售模式的情形；（3）结合自身经营实际说明不同产品/劳务（包括其他业务）、不同业务合作模式收入确认的具体方法、时点及结算的具体过程，是否与行业惯例一致，是否符合企业会计准则规定。请保荐机构和申报会计师核查上述事项并发表明确意见，说明针对收入确认的核查方法、核查范围、核查取得的证据和核查结论，收入确认是否真实准确完整。

据招股说明书披露，公司报告期内毛利率分别为9.11%、6.47%、6.47%和6.73%。请发行人：（1）说明报告期内产品/劳务的定价机制，公司产品/劳务价格与行业产品公开信息价格变化趋势是否一致，并结合不同产品的单价及变化、客户构成、产品差异等因素详细说明各产品毛利率变化的原因，分析毛利率变化与产品售价、成本变动之间的匹配性；（2）说明可比上市公司选择的依据及数据来源，可比上市公司选择是否准确、完备，针对同类型产品或者业务，对毛利率情况进行同行业对比，并分析其差异情况，说明公司毛利率低于同行业可比上市公司的原因。请保荐机构和申报会计师核查上述事项并发表明确意见。

发审会问题 报告期内，发行人营业收入持续增加而净利润大幅下滑，投资收益占营业利润的比例较高，2016 年和 2017 年 1 ~ 6 月，经营活动现金流持续为负且金额较大。2017 年 1 ~ 11 月经营活动现金流仍为负。此外，报告期内，发行人前五大客户占比 70% 以上，客户集中度较高。请发行人代表:（1）结合所处行业地位、行业整体发展趋势及主要客户市场地位的变化情况，与同行业可比上市公司对比，说明未来经营情况是否存在重大不利变化，持续盈利能力是否存在重大不确定性；（2）2015 年度主营业务收入较 2014 年度增长的情况下，销售费用、管理费用中的职工薪酬却下降的原因及合理性；（3）结合智能手机行业发展趋势并对比发行人上一年度同期经营情况，说明 2017 年度盈利预测报告的谨慎性和可实现性。请保荐代表人说明核查方法、过程，并发表明确核查意见。

案例分析 龙旗科技主要从事智能手机业务，包括整机销售、整机散料销售及提供劳务，虽说所处细分行业为移动终端设备设计制造业，但业务实质为给联想、小米、HTC 等手机企业生产智能手机，其经营模式的本质是手机业务的 OEM 或 ODM 模式，类似于富士康，但规模比富士康小非常多。公司的业务实质及经营模式皆较传统，行业地位也不显著，不被监管机构看好，因此，监管机构重点关注其报告期内的业绩质量、未来的持续盈利能力等方面。

龙旗科技虽然报告期内业绩规模大，2015 年、2016 年净利润规模均在 1 亿元以上，但综合毛利率只有 6.5% 左右，净利率仅 1.5% 左右，说明公司的盈利水平较低。此外，公司客户虽皆为较知名的手机企业，但每年对每个客户的销售收入金额和占比皆存在较大的波动，令监管机构对公司经营业绩的持续性产生了质疑。

总体来说，监管机构对公司所处细分行业前景并不看好，即使公司报告期内业绩规模较大，仍未能获得认可。

案例 4

龙利得包装印刷股份有限公司（2018 年 1 月 17 日被否）

——报告期内业绩快速增长，但行业传统，产能过剩

案例背景 龙利得股份专业从事瓦楞纸箱、纸板的研发、设计、生产和销售，以食品饮料、日化家化、粮油、特殊食品、高端器械、危险品包装等为核心领域，专业从事瓦楞纸箱和纸板的研发、设计、生产和销售，产品具有防潮、防水、耐酸、防油、防锈、抗静电、耐磨、耐低温、抗高温等特殊功能，可根据客

户需求量身定制、设计综合包装方案，提供精细化服务。

报告期（2014 ~ 2016 年）内，公司营业收入分别为 48,128.99 万元、54,018.29 万元、58,487.57 万元；扣非后归母净利润分别为 3232.70 万元、3691.92 万元、4381.90 万元。

反馈意见 1. 据招股说明书披露，报告期发行人营业收入分别为 48,128.99 万元、54,018.29 万元、58,487.57 万元，其中，瓦楞纸箱收入占比逐年上升。请发行人：（1）补充披露发行人产品技术来源、核心技术是否从第三方受让取得；（2）结合可比上市公司同类产品的销售单价情况说明发行人单价波动的合理性；（3）请在“业务与技术”章节补充披露报告期内发行人按产品名称区分的产量、销售量及产能利用率情况，并请说明各子公司及生产基地的主要产品，结合固定资产规模说明产能及产能利用情况，各子公司及生产基地产品主要销售对象；（4）补充披露发行人销售模式，是否存在经销的情况，如有，请详细披露经销模式下收入确认原则和方法；（5）请结合同行业上市公司报告期内经营情况，说明发行人收入变动的合理性。请保荐机构和申报会计师核查并发表明确意见。

2. 据招股说明书披露，发行人报告期内毛利率分别为 22.68%、22.99%、24.49%，2016 年毛利率出现一定上升。请发行人：（1）请以表格形式补充汇总披露发行人报告期各产品收入、成本、毛利及占比情况；（2）结合销售客户及销售合同、销售量、销售单价、单位成本等因素补充披露原纸的毛利率在报告期内持续增长的主要原因；（3）请说明并披露报告期内发行人产品售价与同行业可比上市公司同类产品的销售价格对比情况，说明产生差异的主要原因及合理性；说明同行业可比上市公司的选择依据，样本选择是否完备、可比；（4）说明相同产品在报告期外销、内销、直销、经销等不同模式下的毛利率差异情况，并解释出现差异的主要原因及合理性；（5）说明发行人主要产品在不同经销商之间销售价格对比情况，是否存在重大差异。请保荐机构和申报会计师就上述问题核查并发表明确意见。

发审会问题 1. 报告期内，发行人纸箱收入、毛利占比逐年上升，纸箱销售量与销售收入增速较高，发行人前五大客户集中度较高。请发行人代表：（1）说明向前五大客户销售产品的毛利率差异较大且跨年波动较大的原因，主要客户与发行人及关联方之间是否存在关联关系；（2）说明报告期内收入增长是否与固定资产的增加相匹配；（3）说明报告期内发行人生产人员数量变动的原因及合理性，与经营业绩是否匹配；单位生产人员营业收入高于同行业可比上市公司的原因及合理性；（4）与同行业可比上市公司提价情况比较，说明发行人、实际控制人及其关联方是否与主要客户存在私下协议对提价进行补偿等安排措施；（5）结合产品价格、原材料价格、原材料存货等因素的变动，对比同行业可比上市公司数据，说明2017年上半年营业收入下滑、毛利率上升及净利润增长的原因及合理性；（6）说明发行人存货周转率低、毛利高的合理性。请保荐代表人说明核查的方法、过程，并发表明确核查意见。

2. 报告期内，发行人瓦楞纸箱产能利用率分别为88.28%、99.81%、100.79%、78.09%，瓦楞纸板产能利用率分别为50.97%、54.40%、64.94%、47.50%。请发行人代表结合纸箱行业整体产能与需求、现有产能、在建产能、拟募投产能等情况，说明新建产能是否能够有效消化。请保荐代表人说明核查的方法、过程，并发表明确核查意见。

案例分析　龙利得股份主要从事瓦楞纸箱、纸板的生产和销售，报告期内实现净利润约为3200万元、3700万元、4400万元、2800万元，虽然报告期内业绩快速增长但行业相对传统，技术含量不高，毛利率水平也不高，存在产能过剩的风险，公司报告期内的业绩规模在当前审核标准下没有优势，公司所处行业也并非目前审核政策所支持的，这应该是公司被否的主要原因和前提。

此外，在对公司所处行业前景不看好的前提下，发审委对公司直接材料成本占主营业务成本比例过高、客户集中、供应商集中、应收账款账面价值逐年提升、存货余额高等问题表示质疑。

案例5

北京中视电传传媒广告股份有限公司（2018年5月29日被否）

——公司所处行业及经营模式传统，企业内部经营问题多

案例背景　中视电传从事媒体广告经营业务，主要包括媒介代理和客户代理业务。拥有央视综艺频道（CCTV-3）、央视电视剧频道（CCTV-8）、央视军事农业频道（CCTV-7）及电影频道等多个频道的整频道或部分时段的媒体广告资源，与纳爱斯集团、海信集团、东阿阿胶、恒安集团、中国移动、完达山、苏宁电器等众多行业知名品牌建立了长期稳定的合作关系。

报告期（2015～2017年）内，公司营业收入分别为109,734.08万元、156,212.39万元、258,447.14万元；净利润分别为8354.68万元、

6670.08 万元、13,337.96 万元；扣非后归母净利润分别为 7011.33 万元、7472.83 万元、12,877.08 万元。

反馈意见 招股说明书披露，发行人是专业从事媒体广告经营的综合型广告运营商，主营业务包括媒介代理业务和客户代理业务。请在招股说明书中补充披露：（1）电视媒体资源的选择标准和依据，策划、设计的广告产品的内容和类型，发行人在策划、设计中的价值体现；（2）以列表形式披露媒介代理业务中广告公司、广告主的收入金额及占比，各频道的收入金额及占比，主要客户的收入金额及占比；（3）客户代理业务中整合传播策略的含义，广告投放监测和效果评估的方法；（4）以列表形式披露客户代理业务中电视、互联网、院线等各渠道的收入金额及占比，广告公司、广告主的收入金额及占比，主要客户的收入金额及占比；（5）不业务模式、不同客户类型、不同渠道的定价方法，与行业可比公司是否一致，是否为业内通行做法；（6）收入确认原则，是否符合相关会计准则，是否约定了需要第三方评测数据来检验服务和付款进度；（7）报告期内，主要客户在确认服务已经提供的过程中是否出现过与发行人在收入认定上不一致的情形。如有，请具体说明情况和原因。请保荐机构和申报会计师对上述问题进行核查并发表核查意见，论证发行人收入的会计处理是否符合会计准则和规范性要求。

发审会问题 报告期内，发行人主要供应商为央视和央影，向二者采购占比合计分别为 89.40%、90.85% 和 97.46%。发行人与央视和央影签署的采购合同均为一年期合同。请发行人代表说明：（1）发行人与央视、央影等合作关系的稳定性，是否存在被其他广告代理商替代的风险；（2）发行人业务对央视和央影是否存在重大依赖，发行人是否具备对外独立开展业务的能力；（3）获取广告资源的方式是否合法合规，是否符合行业惯例，是否存在商业贿赂或不正当竞争情形；（4）互联网等新媒体广告对发行人业务及持续盈利能力的影响，发行人的应对措施。请保荐代表人说明核查过程、方法，并发表核查意见。

案例分析 从中视电传所处行业及业务类型来看，公司业务实质是广告媒介代理和客户代理，公司本身并不拍摄广告或者宣传广告，主要从电视台采购了广告的渠道资源，然后分包或者分销出去。中视电传所处行业较传统，所从事具体业务没有充足的技术含量，行业并非受广大投资者欢迎的“朝阳”行业。

除了行业和经营模式不被看好之外，中视电传的业务模式决定了公司独立性很难保证，很可能依附于某一个广电集团甚至是某一个频道来开展业务；此外，公司财务规范性较差，该行业存在很多定价和成本不透明的情形，导致核查困难，近两年，该行业几乎没有 IPO 成功的案例。

从中视电传企业自身经营情况来看，中视电传向央视和央视影音采购的占比均高于 90%，且持续增加，最后一年直接接近 98%；毛利率持续下降，说明发行人的行业竞争力在持续下降；报告期内实现的返利金额与业务规模不对应，被怀疑存在通过返利调节业绩。因此，中视电传自身业绩增长及盈利水平亦存在问题。

因此，总体来说，虽然中视电传申报期规模较大，充分满足 IPO 业绩要求。但行业及经营模式不被看好，公司内部经营亦存在很多问题，属于典型的“一般的行业中一般的企业”类型，未能通过 IPO 审核。

（三）应对建议

总体来说，监管机构倾向于好的行业中的好企业，这种类型的企业通过率最高；对于好行业中暂时一般的企业，只要不存在其他合规性障碍，通过率较高；对于一般行业中好的企业，存在一定的审核风险，需要采取措施降低风险；对于一般行业中一般的企业，则审核风险较大，需要考虑以时间换空间，尽可能降低审核风险。具体应对建议如下：

1. 好行业中暂时一般的企业

（1）若业绩规模一般，可通过增长性、行业优势及核心技术优势等进行弥补

若拟 IPO 企业报告期内的经营业绩虽达到发行条件，但总体规模较小，明显低于同行业上市公司水平，则需要从以下几个方面进行弥补和解释：

①报告期内的经营业绩虽然规模小，但增长性良好，至少保证上会前业绩出现“耐克型”增长或保持平稳增长；

②公司所处行业属于战略新兴产业，如信息技术、高端装备、新材料、生物、新能源汽车、新能源、节能环保、数字创意等，这些战略新兴产业受到国家重点扶持，证监会对这些行业的企业包容性会更好；

③公司具备核心技术优势，且不断加大研发投入，在细分领域有一定的行业地位，未来持续盈利能力不存在重大不确定性。

此外，对于好行业中暂时一般的企业，为进一步降低审核风险，也可选择推迟申报期，夯实业绩再申报。

（2）若规范性差，则审核风险较大，需要整改后再申报

对于好行业中暂时一般的企业，若想顺利过会，前提是在规范运作方面不存

在重大瑕疵，特别是在合法合规、内控有效、股权清晰、信息披露等方面。

对于暂时一般的企业，即使行业前景好，监管机构也会对其从严审核，重点关注业绩真实性、规范运作。如吉林科龙建筑节能科技股份有限公司（2016 年 5 月 20 日被否），尽管扣非净利润在上会前保持了较好的增长且属于战略性新兴产业，但因报告期内大额现金交易、关联方资金拆借持续存在，被质疑内控的有效性而被否。

2. 一般行业中好的企业

对于一般行业中好的企业，监管机构重点关注该类型企业业绩的真实性及业绩的可持续性。

（1）避免监管机构对企业业绩的真实性产生质疑

如果拟 IPO 企业所处行业较为传统或行业前景一般，则会给监管机构留下企业未来持续盈利能力可能存在重大不确定性的不良印象，即使企业报告期内业绩规模大，且保持良好增长，监管机构容易质疑企业业绩的真实性。

因此，对于该类企业，为降低审核风险，应避免监管机构对企业业绩真实性产生质疑。例如，企业的关键指标如毛利率、期间费用率等应与同行业公司保持一致；采购价格、销售价格不存在异常；对大供应商、大客户不存在重大依赖及不存在关联关系等。

（2）避免监管机构对企业业绩含金量存在质疑

如果拟 IPO 企业行业前景一般，为降低审核风险，企业业绩含金量应有所保证，如报告期内的其他业务收入比例不能太高；政府补助和税收优惠等非经常性损益占净利润的比例不能太高；净利润的提升不能过多依赖降低期间费用等；应收账款账面价值与营业收入成正比例关系；经营性现金流量净额不能过低等。

（3）不存在重大规范运作瑕疵

对于一般行业中好的企业，本身就存在较大的审核风险，如果还存在重大规范运作瑕疵，则被否率会大大提升。因此，该类企业应谨小慎微，待不存在重大规范性问题后再申报 IPO。

（4）保持行业优势地位和核心技术优势

优秀的行业地位和核心技术优势，是拟 IPO 企业行业一般但企业质地好的证明，能够更好地说明企业业绩真实性和含金量，也能为企业后续持续盈利能力提供有效保证，更容易通过监管机构的审核。

3. 一般行业中一般的企业

对于一般的行业中一般的企业，如所处行业传统，产能过剩，所处行业市场需求缩减的同时，拟 IPO 企业报告期内的经营业绩增长性差，甚至逐年下滑，或者企业规范性差，存在法律、财务、内控等方面的瑕疵，则审核风险较大，被否率很高。

拟IPO企业若处于这种情形，建议以时间换空间的方式，推迟申报期。在申报前，对公司的业务进行调整，做好战略规划，在现有业务的基础上，选择行业产业链上附加值高、技术含量高的产品进行研发和推广，夯实业绩，再择期申报IPO。

二、经营环境

（一）理论基础

经营环境是影响企业生产经营活动的外部条件，包括市场供需变化、竞争对手、技术革新等市场因素，以及国内外政治环境、经济环境、技术环境、社会环境等非市场因素。

IPO审核法定条件中“不得有影响企业持续盈利能力的事项”，包含“发行人所处行业的经营环境已经或者将发生重大变化”。

IPO审核中，经营环境变化的考量因素一般包括以下几个方面：

1. 上下游行业发展状况变化对发行人所处行业产生重大影响，如下游行业大面积亏损甚至消失、原材料成本价格波动极高且对公司净利润影响的敏感度很高等；

2. 产业政策和环保等方面的政策发生重大不利变化，例如《产业结构调整指导目录》对发行人所处行业的归类变化；

3. 市场竞争态势变化，例如新产品、新技术、新商业模式的出现，行业中竞争对手之间的大规模并购重组等；

4. 外贸环境变化，如出口业务较大的公司受汇率波动、进口国政策调整、反垄断和反倾销等政策的影响等；

5. 主要消费群体消费行为变化等。

主要法条规定如下：

▶ 相关法条：

《首发业务若干问题解答（二）》

问题12：部分首发企业存在报告期营业收入、净利润等经营业绩指标大幅下滑情形，中介机构在核查中应如何把握相关情况对其持续盈利能力的影响？

答：如首发企业在报告期内出现营业收入、净利润等经营业绩指标大幅下滑的情形，中介机构应重点关注是否存在可能对企业持续盈利能力和投资者利益有重大不利影响的事项，充分核查经营业绩下滑的程度、性质、持续时间等方面；发行人应按经营业绩下滑专项信息披露要求做好披露工作。……（2）发行人存在最近一年（期）经营业绩较报告期最高值下滑幅度未超过 50% 情形的，发行人及中介机构应区分不同情况予以论证核查：①对于发行人因经营能力或经营环境发生变化导致经营业绩出现下滑的情形，发行人应充分说明经营能力或经营环境发生变化的具体原因，变化的时间节点、趋势方向及具体影响程度；正在采取或拟采取的改善措施及预计效果，结合前瞻性信息或经审核的盈利预测（如有）情况，说明经营业绩下滑趋势是否已扭转，是否仍存在对持续盈利能力产生重大不利影响的事项；保荐机构应对上述情况予以充分核查，获取明确的证据，并发表明确意见。在论证、核查和充分证据基础上，合理判断该情形的影响程度。……

《首发管理办法》第三十条第二项 发行人不得有下列影响持续盈利能力的情形：……（二）发行人的行业地位或发行人所处行业的经营环境已经或者将发生重大变化，并对发行人的持续盈利能力构成重大不利影响……

《中小企业板信息披露业务备忘录第 9 号——重大经营环境变化》（2015 年修订）（一）对经营活动产生重大影响的国内法律、行政法规、部门规章以及政府政策的调整，如税收、环保等方面。

（二）外部经营环境发生重大变化，主要包括：新的行业标准影响市场竞争格局；产品价格大幅变动；市场出现的替代产品严重损害公司产品销售；自然灾害对公司生产经营产生重大影响；与上市公司有重大业务或交易的国家或地区的贸易环境出现重大变化，如反倾销、新的技术标准、环保标准等。

（三）公司内部经营环境发生重大变化，主要包括：公司产品结构或市场结构重大调整；主要供货商或关键客户变化可能导致利润大幅变动；获取新的资质或市场准入证明；新产品得到生产许可；提供新的服务以及进入新的业务领域；新的销售模式可能导致销售收入大幅变动；原材料、燃料、动力成本变化对公司利润产生重大影响；关键生产技术革新；公司内部新的重大项目建设；非正常停产、生产事故、产品事故对公司经营产生重大影响等。

（四）其他对上市公司股票及其衍生品种交易价格可能或已经产生较大影响的信息。

（二）审核关注点及典型案例

监管机构对经营环境的审核主要关注企业经营环境是否发生重大变化，以及变化是否对发行人的持续盈利能力构成重大不利影响，只有同时满足上述两个条件才会对 IPO 造成实质性影响。关于经营环境，主要审核关注点如下：

1. 报告期内发行人所处行业的经营环境是否已经或将要发生重大不利变化；

2. 经营环境变化的时间节点、趋势方向及对企业的具体影响程度；

3. 发行人是否采取积极措施扭转局面并合理预期效果；

4. 发行人持续盈利能力是否存在重大不确定性，相关信息披露和风险揭示是否充分；

5. 发行人报告期内经营业绩下滑的主要原因和合理性，经营业绩是否存在继续大幅下滑的风险，主要产品是否存在被其他产品替代的风险；

6. 相关政策改革方案对发行人生产经营的影响，是否有充分的应对措施。

相关案例：

案例 1

四川里伍铜业股份有限公司（2017 年 4 月 10 日被否）

——第一大客户康西铜业异地搬迁暂停冶炼，被质疑经营环境是否发生重大变化，加上报告期内净利润持续下滑，被质疑未来的持续盈利能力

案例背景 里伍铜业主要经营矿产资源和水电资源业务，主要产品为经采选后的铜、镍精矿、高镍锍和水电，以及铜、镍原矿中各种伴生矿种。报告期（2012 ~ 2015 年 6 月）内，公司营业收入分别为 48,025.86 万元、49,376.42 万元、45,080.67 万元、21,019.09 万元；归母净利润分别为 18,508.48 万元、13,209.10 万元、11,147.51 万元、3860.71 万元。

有色金属采选业属于资金密集型行业，矿产资源的勘探专业性强，并伴有较大的风险和不确定性，从探明矿床到开采，建设周期长，配套、基础设施投入很大，且生产过程中安全生产和环境保护要求高。

报告期内，康西铜业一直是公司的第一大铜精矿销售客户。2012 ~ 2014 年，公司对其销售收入占公司营业收入比例分别为 61.8%、64.37%、65.73%。双方自公司设立就开始合作，主要业务往来是公司向其销售铜精矿。

反馈意见 发行人主要产品铜精矿产量来源较为单一。请在招股说明书“业务与技术”章节中补充披露挖金沟铜矿、协作坪铂镍矿停产时间、停产原因，预计恢复生产时间；中咀铜矿、黑牛洞铜矿的筹备进度，预计投产时间。

发审会问题 请发行人代表结合发行人第一大客户四川康西铜业有限责任公司（以下简称“康西铜业”）拟异地搬迁重建并暂停冶炼，以及铜矿石价格变化、公司出产铜矿石品位、主要矿山里伍铜矿的实际开采量、实际服务年限和截至目前的在手订单情况等，进一步说明：（1）报告期内发行人所处行业的经营环境是否发生重大不利变化；（2）发行人向云南铜业股份有限公司、康

西铜业的销售是否具备商业合理性、可持续性，是否属于收入对存在重大不确定性的客户的依赖。请保荐代表人说明对前述事项的核查程序、依据和结论。

案例分析 里伍铜业被质疑经营环境发生重大变化，影响持续盈利能力。主要体现在两个方面，一是公司第一大客户康西铜业拟搬迁暂停冶炼，报告期内公司对康西铜业销售收入占比达60%以上，如果康西铜业不再向公司采购，则会对公司经营业绩产生重大影响，另外，公司前两大客户康西铜业和云南铜业占公司收入的80%左右，这两家公司原先是公司关联方，后通过高管辞职的方式解除了关联关系，但监管机构对关联关系解除的真实性及合理性存在质疑；二是公司存在探矿权和采矿权无法延续的风险，里伍铜业不能保证在目前有效的许可期内勘探或开采完毕公司及下属子公司矿区内的所有矿产资源，也不能保证在许可期届满后，一定能够获得有关矿权的延续批准或取得勘查作业区内矿产资源的采矿权。如果里伍铜业拥有的探矿权或采矿权到期因特殊情况未能及时延续，或者公司未来新增控制的矿产资源不能及时取得相应权证，将导致公司无法正常开展采选作业，从而对公司的生产经营带来负面影响。

此外，公司报告期内的净利润呈逐年下降趋势，公司解释为“公司属于周期性行业，受国际国内铜价整体呈下降趋势及财务费用上升等因素影响”。另外，公司主要矿山里伍铜矿上部矿体品位高，下部矿体品位相对较低，公司按设计自上而下开采，随着开采深度的变化，矿石品位通常呈下降趋势，受此影响，里伍铜矿未来几年铜精矿（含铜）产量可能下降。因此，公司未来经营业绩存在持续下滑，甚至出现净利润亏损的风险。

综上所述，发审委质疑公司经营环境发生不利变化，继而影响持续盈利能力。再加上公司报告期内的净利润持续下滑，让发审委质疑公司未来的持续盈利能力。就算公司实际控制人是国资委，并且是金融扶贫的示范县，亦未能获得监管机构的认可。

案例 2

杭州华光焊接新材料股份有限公司（2017年1月4日被否）

——主要产品存在被替代的风险，被质疑经营环境发生重大变化，加上业绩下滑，被质疑未来的持续盈利能力

案例背景 华光新材主要从事钎焊材料的研发、生产和销售。产品主要包括银钎料和铜基钎料两大类，因钎焊技术主要应用于精密部件的制造，在空调和冰箱等制冷设备、电机、汽车、仪器仪表、电气设备、硬质合金、航

空航天器件、五金卫浴等制造领域有着广泛应用。所以公司的主要客户为格力电器、美的集团、三花控股、哈电集团、东电集团、湘电集团等。报告期（2013 ~ 2016 年 1 ~ 9 月）内，公司营业收入分别为 57,029.11 万元、48,949.36 万元、37,152.27 万元、31,505.63 万元；扣非后归母净利润分别为 3689.93 万元、2821.63 万元、1475.33 万元、2012.60 万元。

由于银价格昂贵，对钎焊材料行业下游客户形成了一定的成本压力，报告期内公司部分下游客户通过使用降银钎料，或者通过自身产品研发和工艺改进，以铜基钎料或其他方式替代银钎料的使用来降低钎焊材料的采购成本。使用降银钎料并不会影响公司银钎料的销量，但银钎料替代则会对公司银钎料的销量造成影响。

反馈意见 根据招股说明书披露，2013 ~ 2015 年，公司营业收入分别为 57,029.11 万元、48,949.36 万元、37,152.27 万元。公司按产品类别列示了营业收入的具体构成。请在招股说明书“管理层讨论与分析”中：（1）按产品的应用领域（制冷设备、电机等）和销售模式（直销、经销等）分别补充列示报告期各期主营业务收入构成，从产品类别、应用领域、销售模式三个维度，结合销量、平均售价以及下游行业的变化，量化分析报告期各期各类别收入的变动情况及原因。（2）补充披露发行人主营业务收入中的“其他”收入的具体内容。（3）请在招股说明书“风险因素”中补充披露公司所处行业产品低银化趋势和公司银钎料产品占营业收入一半以上，销售收入和销售数量逐年下滑的事项。

发审会问题 发行人报告期内经营业绩下滑的主要原因和合理性，经营业绩是否存在继续大幅下滑的风险，主要产品之一银钎料是否存在被其他产品替代的风险，所处经营环境是否已经发生或将要发生重大变化，持续盈利能力是否存在重大不确定性，相关信息披露和风险揭示是否充分。

案例分析 公司核心产品银钎料销售持续下滑，有市场需求波动的原因，也有该产品被替代的原因，下游客户通过使用降银钎料，或者通过自身研发和改进工艺，用铜钎料代替银钎料，以降低钎焊材料的采购成本。银钎料替代会对公司银钎料的销量造成影响，而公司的铜钎料尚处于市场推广阶段。因此，公司的主营产品存在被替代的风险，也即经营环境已经发生或将要发生重大变化。

经营业绩方面，华光新材 2013 年至 2015 年钎料销售持续收缩，净利润连续 3 年下滑，降幅介于 23% ~ 46%，且招股书中提示了经营业绩下滑的风险，说明如果未来国内经济走势继续下行，原材料价格短期内大幅下跌，公司营业利润、净利润等指标可能会出现同比下滑 50% 以上的情况。

虽然业绩下滑不构成 IPO 的实质障碍，但华光新材业绩下滑的同时，因为市场需求的变化，产品还存在可能被替代的风险，监管机构质疑其市场经营环境发生变化，进而影响公司未来的持续盈利能力。

案例 3

湖南盐业股份有限公司（2018 年 1 月 16 日通过）

——盐业体制改革，公司经营环境发生重大变化但未对持续盈利能力构成重大不利影响

案例背景 湖南盐业的主营业务为盐及盐化工产品的生产与销售。主要产品为食盐、两碱用盐、小工业盐及芒硝。报告期（2014 ~ 2017 年 1 ~ 6 月）内，公司营业收入分别为 227,185.59 万元、225,883.67 万元、217,563.52 万元、101,888.21 万元；扣非后归母净利润分别为 16,068.07 万元、17,494.85 万元、12,023.32 万元、8055.22 万元。

报告期内，公司食盐产品的营业收入分别为 132,276.26 万元、131,693.35 万元、134,937.83 万元、46,915.72 万元。2016 年 4 月 22 日，国务院发布了《盐业体制改革方案》（国发〔2016〕25 号），在坚持食盐专营制度基础上推进供给侧结构性改革。根据该方案，2017 年 1 月 1 日至 2018 年 12 月 31 日为改革过渡期，过渡期内主要取消了食盐产销区域限制，具体规定："取消食盐批发企业只能在指定范围销售的规定，允许向食盐定点生产企业购盐并开展跨区域经营，省级食盐批发企业可开展跨省经营，省级以下食盐批发企业可在本省（区、市）范围内开展经营。鼓励盐业企业依托现有营销网络，大力发展电子商务、连锁经营、物流配送等现代流通方式，开展综合性商品流通业务。"

反馈意见 2016 年 4 月 22 日，国务院实施了《盐业体制改革方案》（国发〔2016〕25 号），在坚持食盐专营制度基础上推进供给侧结构性改革，从 2017 年 1 月 1 日开始，放开所有盐产品价格，取消食盐准运证，允许现有食盐定点生产企业进入流通销售领域，食盐批发企业可开展跨区域经营。请发行人补充说明上述改革方案对发行人生产经营的影响，发行人的经营环境是否发生重大变化，是否对发行人的持续盈利能力构成重大不利影响，是否符合《首发管理办法》的相关规定；发行人应对上述改革方案的具体措施及有效性；招股说明书中的"在我国现行食盐专营制度下，食盐供应纳入国

家计划，价格由政府统一制定”“各省盐业公司须在本区域内组织食盐的销售及供应，不得跨区域经营”等表述是否准确，是否存在前后矛盾或不一致情形。请保荐机构、发行人律师对上述事项进行核查，并发表明确意见。

发审会问题 2016 年 4 月 22 日，国务院下发《盐业体制改革方案》，2017 年 12 月 26 日，国务院通过第 696 号令修改《食盐专营办法》。请发行人代表:（1）说明上述改革和专营办法修改对发行人生产经营的具体影响；结合食盐在发行人营业收入中的占比，2017 年食盐销售收入、毛利率、应收账款等的变化，说明发行人的经营环境是否发生重大变化，是否对发行人的持续盈利能力构成重大不利影响；（2）说明针对上述改革方案和专营办法拟采取的应对措施，说明应对措施对发行人未来业绩的具体影响；（3）为应对盐业体制改革，发行人于 2016 年年底提供多种员工分流渠道，导致当年的离职补偿费用和内退精算费用增加较多，说明员工分流措施的政策依据，是否违反《劳动合同法》及相关规定，未来是否存在大规模裁员或者类似安排与举措。请保荐代表人说明核查过程、依据，并发表明确核查意见。

案例分析 国务院印发的《盐业体制改革方案》的施行，使我国食盐行业经营环境发生较大变化，取消食盐产销区域限制，市场竞争会有所加剧，行业内企业需要进一步提升竞争实力，以保证及扩大市场份额。湖南盐业作为湖南最大的产销一体的盐企，在华南地区已经形成了一定的市场基础。公司三大盐矿分布在湖南和江西境内，毗邻贵州省、广西省、广东省和福建省等无井矿盐的省份，具备区位及运输优势。发行人报告期内业绩规模较大，业绩平稳，面对行业经营环境的变化，可凭借市场及区位优势，保证公司的持续盈利能力。

案例 4

福建省闽华电源股份有限公司（2018 年 5 月 22 日被否）

——产品开始征收消费税并存在被替代风险，环保问题突出，被质疑行业经营环境发生不利变化

案例背景 闽华电源主营业务为研发、生产和销售铅酸蓄电池核心部件极板及成品铅酸蓄电池。报告期（2014 ~ 2017 年上半年）内，公司营业收入分别为 106,428.56 万元、99,139.32 万元、116,892.42 万元、54,403 万元；净利润分别为 3884.61 万元、5191.30 万元、6220.21 万元、2362.39 万元。

公司所处行业为制造业（C）中的电气机械和器材制造业（C38），细分行业为电池制造（C384）。闽华电源产品大量使用重金属铅，生产过程

中存在铅污染风险。

根据国家财政部、税务总局于2015年1月26日联合颁布的《关于对电池、涂料征收消费税的通知》（财税〔2015〕16号），自2016年1月1日起，铅酸蓄电池按4%税率征收消费税。

反馈意见 招股说明书披露，自2016年1月1日起铅酸蓄电池开始征收消费税，客户采购成本上升，短期内蓄电池采购量下降，从而导致公司蓄电池产量下降，蓄电池生产车间人数减少。请结合铅酸蓄电池消费税税率、客户采购量变动等因素，分析说明该因素对发行人经营业绩的影响，未来是否可能造成经营业绩下滑的风险。

发审会问题 请发行人代表根据目前电池制造行业中铅酸蓄电池和锂离子电池等新材料电池的发展趋势，说明发行人行业地位及所处行业经营环境是否已经或者将发生重大变化，并对持续盈利能力构成重大不利影响。请保荐代表人说明核查方法、过程，并发表明确核查意见。

案例分析 闽华电源主要产品为铅酸蓄电池核心部件极板及成品铅酸蓄电池。铅酸电池为世界上产量最大的电池产品，生产量占全部电池总量的50%。从竞争数量、行业增长率、退出壁垒、同质化程度，以及竞争层次来看，铅酸蓄电池行业处于成熟阶段，市场上现有企业竞争激烈。但是，随着锂电池生产和应用的不断发展，电池行业内部优势资金与科研实力转移，一定程度上限制了铅酸蓄电池科技创新的发展。加上铅酸电池生产过程中大量使用重金属铅，如果不能有效控制污染物排放，会对环境造成不良影响，铅酸电池发展面临着较大的社会舆论压力。因此，发审委关注闽华电源所处行业经营环境变化对其持续盈利能力的影响。

从铅酸电池的行业增长性来看，以传统的铅酸蓄电池为动力的电动自行车行业发展已达到饱和阶段，对国内铅酸蓄电池的应用推动有所放缓。随着新能源汽车电池部分对传统汽车铅酸蓄电池的逐渐替代，尤其是2020年及以后，其替代影响和冲击将进一步攀升。因此国内铅酸蓄电池产销有不断收缩可能，行业后期整体的发展或将处于相对被动的格局中。

此外，铅酸电池自2016年1月1日起开始征收消费税，客户采购成本上升，蓄电池采购量下降，导致公司产量下降，这也表明了经营环境发生变化。

因此，在全国生态环境保护的趋势下，在IPO、再融资和并购重组审核中重点关注环保问题的大背景下，闽华电源所处的行业经营环境可能发生的变化以及环保问题被重点关注，可能成为被否的主因。

案例 5

新疆交通建设集团股份有限公司（2018 年 9 月 4 日通过）

——新的行业政策未导致公司经营环境发生重大不利变化

案例背景 新疆交建主营业务为公路、桥梁、隧道、市政工程等基础设施的施工、勘察设计与试验检测，以及路桥工程施工主材料的贸易业务。报告期（2014 ~ 2017 年 9 月）内，公司营业收入分别为 300,773.34 万元、234,821.32 万元、231,069.38 万元、573,038.95 万元；归母净利润分别为 8156.51 万元、17391.52 万元、17,265.02 万元、20,895.18 万元。

财政部《关于规范政府和社会资本合作（PPP）综合信息平台项目库管理的通知》，要求各省级财政部门要切实履行项目库管理主体责任，统一部署辖内市、区、县财政部门开展集中清理工作。财政部政府和社会资本合作中心负责开展财政部 PPP 示范项目的核查清理工作，并对各地项目管理库清理工作进行业务指导。各省级财政部门应于 2018 年 3 月 31 日前完成本地区项目管理库集中清理工作，并将清理工作完成情况报财政部金融司备案。2018 年 3 月，新疆国资委召开专题会议，要求对 2017 年以来的政府投资项目进行排查，摸清政府隐性债务情况。

发审会问题 2017 年年末发行人尚未完工的 PPP 项目合同金额为 221.11 亿元，占尚未完工合同总金额的 53.94%。请发行人结合近期财政部《关于规范政府和社会资本合作（PPP）综合信息平台项目库管理的通知》（以下简称“财政部 92 号文”）等相关法律法规及政策变化情况说明：（1）相关项目是否已纳入财政部政府和社会资本合作中心 PPP 项目库，入库项目是否存在被退库的风险；（2）政府出资有关财政预算是否经地方人大批准，是否存在不确定性；（3）财政部 92 号文及相关 PPP 最新政策变化是否会对发行人业务产生重大不利影响，经营环境是否发生重大不利变化，是否会对持续盈利能力造成不利影响，相关风险是否充分披露。

案例分析 关于发审委提出的“财政部 92 号文及相关 PPP 最新政策变化是否会对发行人业务产生重大不利影响，经营环境是否发生重大不利变化，是否会对持续盈利能力造成不利影响”，新疆交建在《补充法律意见书十二》中进行了解释与回复，具体如下：（1）公司正在施工的 PPP 项目大多已纳入财政部 PPP 项目库，在手订单充足，财政部 92 号文及 PPP 最新政策对公司业务未产生重大不利影响；（2）财政部 92 号文及相关 PPP 最新政策客观上提高了政府对目前仍在库 PPP 项目的支付能力。财政部 92 号文发布后，新疆维吾尔自治区各地方政府对各地 PPP 项目进行了集中检查和清理，根据证券日报报道，新疆维吾尔自治区共清退 PPP 项目 222 个，位列全国第一，退库项目投资额为 1491 亿元，位列全国第二，PPP 项目清库工作，剔除了不符合相关法律、法规的 PPP 项目，客观上减少了政府未来债务，从而增强了各地政府对目前仍在推进的 PPP 项目的支付能力。由于公司目前在执行的 PPP 项目大多仍然在库，或正在办理入库手续，因此财政部 92 号文及 PPP 最新政策客观上提高了公司相关项目的资金保障水平；（3）财政部 92 号文及相关 PPP 最新政策对新疆地区 2018 年的固定资产投资额未产生重大不利影响，新疆地区 2018 年以及未来一段时间固定资产投资、基础设施投资将继续增长，公司所处经营环境并未出现重大不利变化。

总体来说，新疆交建虽然遇到产业政策变化，但该变化并未对公司的持续盈利能力造成重大不利影响，且公司报告期内的经营业绩处于持续增长态势，用事实说明了公司的盈利能力，获得了监管机构的认可。

（三）应对建议

根据发行条件，如果拟 IPO 企业经营环境已经或将要发生重大变化，且可能对企业的可持续盈利能力造成重大不利影响，这种情形下，将对 IPO 上市构成实质性障碍。因此，企业应首先注意经营环境是否发生了重大变化，如果确实发生了重大变化，需要说明该变化不对企业的持续盈利能力造成重大不利影响。关于经营环境，具体应对建议如下：

1. 对企业所处经营环境进行分析，判断是否发生重大变化

拟 IPO 企业经营环境变化主要包括：对经营活动能够产生重大影响的法律、法规及相关产业政策调整，如税收、环保政策变化；行业市场竞争格局变化、地区贸易环境变化、市场出现替代产品；企业产品结构或市场结构重大调整、关键生产技术革新等。

如果拟 IPO 企业内外部出现以上变化，则说明经营环境发生了变化。公司应在 IPO 申报资料中作出充分信息披露，解释该经营环境变化的时间节点、趋势方向及具体影响程度。

2. 论证经营环境变化对公司的持续盈利能力不构成重大不利影响

如果拟 IPO 企业经营环境发生重大变化，应在招股说明书和法律意见书等申报资料中论证经营环境变化对公司的持续盈利能力不构成重大不利影响，如经营环境变化后，公司依然与主要客户、供应商保持着稳定的合作关系，议价能力不受影响；公司市场份额不受影响；公司在手订单稳定、充足等。案例如新疆交建（股票

代码 002941，2018 年 9 月 4 日过会）。

3. 积极采取措施降低经营环境变化对公司造成的不利影响

如果拟 IPO 企业经营环境确实发生了不利变化，公司应积极采取措施扭转局面，降低经营环境变化对公司造成的不利影响，并合理预期效果。例如，如果产品存在替代风险，公司在尽量保持原产品订单和产量、销量的同时，应顺应市场需求，加大研发投入，研发新产品，实现新旧产品的平稳过度和转换，说明公司新品研发和推广效果。

4. 报告期内经营业绩增长更具说服力

从以往审核案例来看，拟 IPO 企业经营环境发生变化，如果企业报告期内的经营业绩呈持续增长态势，则更能通过监管机构的审核。反之，如果企业报告期内经营业绩下滑或增长缓慢，则容易被质疑企业经营环境是否发生重大变化，是否影响企业未来的持续盈利能力。

因此，如果企业报告期内经营业绩持续增长，则说明经营环境变化不影响企业未来的持续盈利能力，更具说服力。

5. 中介机构发表对公司可持续盈利能力不构成重大不利影响的明确意见

保荐机构、律师应在相关申报资料中对拟 IPO 企业经营环境变化情况进行分析说明，并发表对公司可持续盈利能力不构成重大不利影响的明确意见。

6. 全面披露经营环境变化对公司影响的风险提示

在招股说明书“风险因素”章节对公司经营环境变化情况进行披露，并就对公司可能存在的不利影响作出必要的风险提示及相应的应对措施说明。

第二节　公司的核心竞争优势

竞争优势是企业在产品、价格、技术、市场、品牌、资源等方面综合形成的相较于竞争对手更强的优势，持续的竞争优势能使企业取得相应的行业优势地位，所以行业地位是竞争优势的具体外在体现。通常来说，优势地位明显的企业有更强的盈利能力，更能获得资本市场的青睐。

IPO 审核过程中，公司的核心竞争力是影响持续盈利能力的重要因素，是发行上市审核中的重要关注点之一。

虽然优秀的企业在产品、价格、技术、市场、品牌、资源等方面都有其独到之处，但实际上，一两条可精练的“核心竞争优势”才真正决定了企业的行业地位和未来的发展。

一般来讲，企业的竞争优势有以下五个层次：

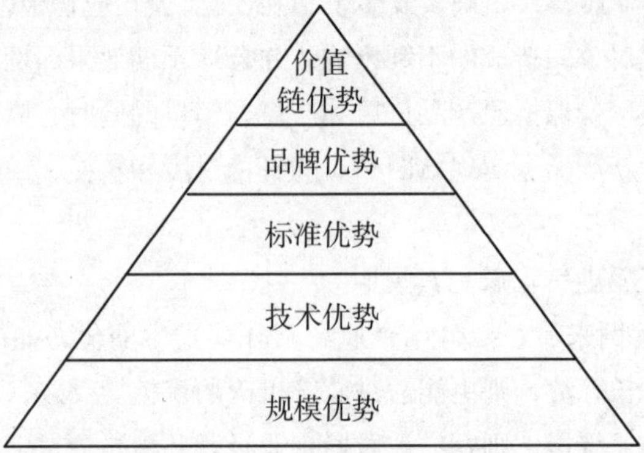

从企业的竞争层次图可以看出，从上往下，上一层次的竞争都包含下一层次的竞争，越往上，竞争要素越丰富，竞争优势越综合。普通的中小企业，一些为整机或成套设备配套生产零部件的企业处于拼价格、拼技术层次；一般具有规模和品牌、提供整机或整体解决方案的企业，都处于向所有竞争层次都覆盖的拼价值层次。

公司核心竞争力所处的阶段与行业地位呈正相关关系。

一、规模优势

企业的规模优势通常体现为企业以更低的成本和更低的销售价格，以提高市场份额，保持较高的市场占有率。2017 年 380 家过会企业中，细分市场占有率超过了 10% 的约占 50%。

1. 市场占有率数据来源

通常情况下，证明企业市场占有率的第三方数据来源于以下渠道：

（1）政府部门出具的直接数据；

（2）第三方权威机构直接数据；

（3）通过政府部门或第三方机构的宏观数据，推算出公司市场占有率。

2. 分析市场占有率需要注意的事项

（1）为表明公司的竞争优势，需要对产品市场占有率进行披露。许多企业在上会时被要求补充市场占有率。

（2）在定义细分市场时，既要避免“大市场，小企业”（说明行业竞争激烈，缺少规模效应），又要避免“小市场、大企业”（说明行业市场存在天花板）。细分市场的定义除了影响证监会对公司市场占有率、竞争地位判断外，也会对募集资金用途可行性评价产生影响。

（一）审核关注点及典型案例

关于规模优势，监管机构主要关注企业市场占有率情况及相关数据取得的合理性等，具体审核关注点如下：

1. 请发行人代表结合同行业公司市场份额、经营状况等，对发行人在区域市场的竞争格局、市场占有率、竞争优势等进行分析说明；

2. 报告期内发行人同行业上市及非上市公众公司的对比说明；上述公司的基本情况；说明选取上述公司的原因、依据及合理性；主要竞争对手的主要财务数据，主营业务及收入情况，主要产品及贡献当期收入情况，主要产品市场占有率；

3. 发行人有关市场占有率数据的取得是否具备合理性。

相关案例：

案例 1

襄阳长源东谷实业股份有限公司（2019 年 1 月 9 日更新预披露招股说明书）

——通过第三方市场数据推算公司主要产品市场占有率

案例背景 长源东谷一直致力于柴油机核心零部件的研发、生产及销售。公司凭借多年积累的研发、生产及管理经验，在柴油机核心零部件细分行业具有较高的知名度，与福田康明斯、东风康明斯等知名发动机生产企业建立长期稳定合作关系，产品及服务受到客户的认可，市场占有率不断提升。

案例分析 长源东谷在招股书中披露了“发行人的行业地位及市场占有率”，首先，根据中国汽车工业协会的统计数据，列示了我国柴油汽车产销量情况，具体如下：

项目	2018 年 1 ～ 6 月	2017 年	2016 年	2015 年
柴油汽车产量（万辆）	164.20	317.68	275.60	250.72
柴油汽车销量（万辆）	169.19	313.79	273.93	251.63

公司主要产品以柴油机缸体、缸盖为主，主要为柴油汽车发动机配套，按照缸体、缸盖与发动机 1:1 的配比来测算，则公司主要产品的市场占有率如下：

主要产品	年度	销量（万件）	柴油汽车产量（万辆）	市场占有率（%）
缸体	2018 年 1 ~ 6 月	19.53	164.20	11.89
	2017	35.47	317.68	11.17
	2016	26.16	275.60	9.49
	2015	22.06	250.72	8.80
缸盖	2018 年 1 ~ 6 月	25.97	169.19	15.35
	2017	47.03	317.68	14.80
	2016	33.69	275.60	12.22
	2015	30.52	250.72	12.17

案例 2

亿嘉和科技股份有限公司（2018 年 4 月 3 日通过）

——通过国网江苏省电力公司及其下属公司公开招标信息统计公司产品市场占有率情况

案例背景 亿嘉和主营业务是为电力系统提供以数据采集处理为核心的巡检机器人产品和智能化服务，通过对电力设备、设施的基本信息、运行状态的数据采集、自动化监测和故障预警，实现"输电、变电、配电"各环节、"天上、地面、地下"全范围运检覆盖，从而维护电力设备、设施的安全稳定运行，提升供电效率。

反馈意见 关于行业发展。请发行人：（1）请按照《公开发行证券的公司信息披露内容与格式准则第 1 号——招股说明书）》第 42 条和第 43 条规定披露行业内的主要企业和主要企业的市场份额，市场供求情况及变动原因，上下游行业发展状况对本行业及其发展前景的有利和不利影响，发行人在行业中的竞争地位，包括发行人的市场占有率、近三年的变化情况及未来变化趋势等。（2）结合国内外同行业情况，说明发行人所处细分行业及上下游行业的基本情况，包括行业规模、主要公司、发展模式及特点、技术水平、竞争状况、产品情况等。（3）结合竞争对手的研发情况、技术水平、产品质量等，补充披露发行人核心技术的竞争优势及其先进性；发行人核心技术是否存在被近年国际、国内市场上其他技术替代、淘汰的风险，如存在，请做重大事项提示。请保荐机构对上述问题进行核查并发表意见。

案例分析 关于公司在行业内整体市场的占有率情况，公司主要通过国网江苏省电力公司及其下属公司公开招标信息统计公司产品市场占有率情况，具体如下：

报告期内，公司主要为电力系统提供以数据采集处理为核心的巡检机器人产品和智能化服务。其中，巡检机器人产品主要为室外机器人和室内机器人，智能化服务主要包括基础数据服务和状态数据服务中的无人机巡检服务。

公司省内市场占有率为当年参与的国网江苏省电力公司及其下属公司室内机器人产品中标情况按照金额计算的占比；室外机器人和隧道机器人尚未开展大规模采购，未单独统计中标率。

产品类型	2017 年	2016 年	2015 年	合计
发行人省内巡检机器人销售总台数（台）	346	267	50	663
发行人省内市场占有率（%）	90.66	91.88	79.67	—

案例 3

宁波润禾高新材料科技股份有限公司（2017 年 10 月 18 日通过）

——被要求补充说明公司区域市场竞争格局、市场占有率、竞争优势，在招股书和补充法律意见书中作了补充披露

案例背景 润禾材料系专业从事有机硅深加工产品及纺织印染助剂产品研发、生产和销售的国家级高新技术企业。报告期（2014 ~ 2017 年 1 ~ 6 月）内，公司营业收入分别为 26,789.44 万元、26,859.53 万元、30,109.58 万元、17,988.72 万元；扣非后归母净利润分别为 1869.20 万元、2649.78 万元、3541.57 万元、1031.58 万元。

发审会问题 请发行人代表结合浙江省内传化智联等同行业公司市场份额、经营状况等，对发行人在区域市场的竞争格局、市场占有率、竞争优势等进行分析说明。请保荐代表人发表核查意见。

案例分析 根据目前的审核实践，越来越多的企业在反馈意见及发审会问题中被问及市场竞争格局、市场占有率、核心竞争优势等问题，拟 IPO 企业在制作上市申报材料时，需要详细分析并披露公司所处细分行业市场容量、市场份额等数据。

润禾材料在 2017 年 9 月 29 日报送的招股说明书中增加披露了“公司

的市场占有率及未来变化趋势”相关内容，说明根据中国氟硅有机材料工业协会统计，公司嵌段硅油市场占有率位列同行业前三名。此外，润禾材料中介机构在《补充法律意见书（五）》中，逐一说明了公司各项产品的市场占有率情况，并说明公司主要聚焦差异化竞争的细分市场，在相关领域拥有较强的竞争地位。

案例 4

苏州宇邦新型材料股份有限公司（2017 年 12 月 27 日被否）

——细分行业市场容量小，被质疑行业市场前景及募投项目产能消化能力

案例背景 宇邦新材致力于高性能光伏焊带的研发、生产和销售，主要产品有互连带和汇流带，客户涵盖晶澳太阳能、晶科能源、天合光能、协鑫集成等行业巨头。根据招股说明书披露，公司所属细分行业为“太阳能光伏焊带行业”。

报告期（2014 ~ 2017 年 1 ~ 6 月）内，公司营业收入分别为 46,558.29 万元、43,884.44 万元、46,123.53 万元、32,136.51 万元；归母净利润分别为 10,721.79 万元、9171.97 万元、6982.49 万元、2831.56 万元。

光伏焊带属于光伏组件的重要辅助材料之一，由于中国光伏相关的行业协会及权威机构没有对细分行业的整体市场容量及市场占有率等指标进行统计和排名，亦无法通过公开信息获取主要竞争对手光伏焊带销售价格和销售数量等数据。发行人采用推算的方式，假设各竞争对手产品销售价格与发行人相同，通过各竞争对手光伏焊带产品年销售收入推算销量，从而推算各自市场占有率。发行人 2017 年 1 ~ 6 月在光伏焊带细分行业的市场占有率为 17.75%。

反馈意见 招股说明书简要披露了行业竞争格局和主要竞争对手的情况。请发行人补充披露：报告期内发行人同行业上市及非上市公众公司的对比说明；上述公司的基本情况；说明选取上述公司的原因、依据及合理性；主要竞争对手的主要财务数据，主营业务及收入情况，主要产品及贡献当期收入情况，主要产品市场占有率。

发审会问题 发行人目前市场占有率近 18%，产能约 8000 吨，募投项目拟扩产 11,000 吨。请发行人代表结合市场竞争格局、低毛利率现状等说明消化募投项目产能的措施、募投项目实施的可行性与必要性。请保荐代表人说明核查方法和过程，并发表明确核查意见。

案例分析 发行人所处行业定位为太阳能光伏焊带行业，公司定义的行业属于非常细分的市场，以公司目前的业绩规模，公司测算的市场占有率已

达 18%，说明该细分行业市场容量较小，存在行业天花板，宇邦新材行业定位处于典型的“小市场、大企业”情形，监管机构对行业市场容量及行业市场前景存在质疑。另外，公司募投项目计划再扩产 1 倍以上，若产能全部消化，则发行人市场占有率将至 40%，监管机构质疑发行人的产能消化能力。

（二）应对建议

规模优势是企业核心竞争力的体现之一，也是企业具备 IPO 上市条件的基础，也即能够满足 IPO 的业绩指标要求。关于企业的规模优势，具体应对建议如下：

1. 充分披露公司的规模优势

拟 IPO 企业应充分披露公司所处市场供需关系、市场容量、公司市场占有率以及公司报告期内的营业收入、净利润、产能产量等方面的信息，以说明公司主营业务具备规模优势，未来发展前景可观。

2. 注意市场占有率的测算具备合理性

很多拟 IPO 企业皆在招股书中说明公司产品具备市场竞争力，具备行业领先地位。但产品的市场占有率是最直接、最具说服力的证据。企业在测算市场占有率时，应有理有据，例如，通过权威机构提供的细分市场容量数据，结合公司销量测算市场占有率；通过下游产品的市场容量数据，再根据上下游产品的配套比例，结合公司销量测算市场占有率等。

3. 注意细分市场定义的合理性

拟 IPO 企业在对主营业务与产品进行细分市场定义时，应避免“大市场、小企业”，这容易给监管机构留下公司规模效应不足的印象；也要避免“小市场、大企业”，过高的市场占有率，说明公司所处细分市场需求存在天花板，公司未来业绩规模容易受到限制。

二、技术优势

技术优势是企业核心竞争力的表现之一，技术水平突出可有效保证企业持续盈利能力。拟 IPO 企业通常通过以下三个方面体现公司的技术优势：

1. 专利数量

拥有的专利数量是企业技术水平的外在表现之一，至少说明企业研发投入较大，具备一定技术基础。

2. 具有技术创新性、领先性，权威机构鉴定

2017 年 380 家过会企业中，绝大多数的企业都声称自己具有较强的研发能力

和技术优势，但只有约20家企业能够凭借第三方权威机构出具的科技成果鉴定、与国内外同类型产品的性能参数对比测试报告证明公司的产品和技术具有较强的创新性和领先性。

3. 荣获国家级科技奖励和荣誉

在2017年IPO成功过会的380家企业中，有近50家企业荣获了国家级科技奖励和荣誉，这些荣誉包括了国家重点新产品、国家重点科技专项、国家技术发明奖、国家科学技术进步奖、建筑工程鲁班奖、中国土木工程詹天佑大奖、国家优质工程奖、绿色建筑创新奖。

这些来自国家级、国务院部委级别的殊荣，成为了政府对企业技术实力、产品前景的有力背书。

（一）审核关注点及典型案例

关于技术优势，监管机构主要关注企业专利情况、科技成果情况、技术纠纷、技术依赖等，具体审核关注点如下：

1. 发行人专利技术等发生纠纷及诉讼的具体情况，该纠纷对发行人研发和生产经营的影响；

2. 报告期内发行人核心技术相关的收入和利润情况；

3. 发行人核心技术是否存在对外部的重大依赖，发行人业务和资产是否独立完整；

4. 与同行业可比公司对照说明发行人的技术来源、优势及劣势、新产品的研发进度等情况。

相关案例：

案例1

君禾泵业股份有限公司（2017年5月23日通过）

——公司不断进行技术创新，专利数量众多

案例背景　君禾泵业专业从事家用水泵及其配件的研发、设计、制造及销售。主要产品包括潜水泵、花园泵、喷泉泵及深井泵等四大系列，产品广泛应用于家庭供排水、排污，园林和农业灌溉，居家清洗和美化等领域。主要客户包括安海、凯驰、OBI（欧倍德）、翠丰、安达屋等大型跨国公司。

据招股说明书披露，公司针对国内家用水泵行业的现状，多年以来坚持技术领先的理念，在引进吸收先进工艺基础上，结合公司具体生产条件不断创新改进，在长期生产实践中不断积累沉淀，通过引进先进生产设备和自主研发设计了一系列新产品、核心技术及关键生产工艺，在国内同行业中处于领先地位。目前公司核心技术及关键生产工艺主要用于产品生产加工环节。

案例分析 君禾泵业在报告期内不断加大研发投入，专利数量众多，具备技术优势，据招股书披露，公司被评为浙江省专利示范企业，截至2016年年底，公司拥有的各项国内专利203项，其中发明专利13项、实用新型专利51项、外观设计专利139项；拥有各项境外专利52项，其中实用新型专利2项、外观设计专利50项。经过多年的自主创新和持续研发投入，公司积累了丰富的产品研发经验，在家用潜水泵、花园泵等主要产品领域具有较强的技术优势。技术优势成了公司核心竞争力之一。

案例2

宇环数控机床股份有限公司（2017年8月22日通过）

——取得多项科技成果鉴定，具备技术优势

案例背景 宇环数控一直专业从事数控磨削设备及智能装备的研发、生产、销售与服务，为客户提供精密磨削与智能制造技术综合解决方案，产品可广泛应用于消费电子、汽车工业、新材料、仪器仪表等领域。报告期（2014 ~ 2016年）内，公司营业收入分别为9958.77万元、11,032.15万元、25,999.38万元；归母净利润分别为1804.08万元、2254.64万元、8036.58万元。

案例分析 宇环数控取得多项科技成果鉴定，具备技术优势。报告期内，公司先后通过了15项科学技术成果鉴定，其中YHM77110高精度立式双面研磨（抛光）机床等4项成果通过了中国机械工业联合会鉴定，YHDM580B/1高精度数控立式双端面磨床、YH2M8169 3D磁流抛光机等11项成果通过了湖南省机械工业协会鉴定，鉴定结论为国内领先、国际先进或国际领先。截至招股说明书签署日，公司拥有专利权79项，计算机软件著作权20项，已形成对自身核心技术和产品的专利保护体系。

案例3

北京华远意通热力科技股份有限公司（2017年7月18日通过）

——研发项目荣获国家技术发明奖

案例背景 华通热力主营业务为热力供应、节能技术服务。截至2016 ~ 2017年供暖季末，公司已实施供热总面积约2446万平方米，是北京最大的民营科技型供热企业之一。公司以技术创新推动企业发展，广泛应用智能供热节能控制系统、分时分区控制系统、供热管网控制优化系统、烟气余热回收、节电控制技术、热泵系统等先进节能环保技术。公司享有“防腐高效低温烟气冷凝余热深度利用技术”在天然气供热锅炉烟气余热利用领域的独家实施权，该技术荣获 2014 年国家技术发明二等奖，达到国际领先水平。

案例分析 公司的竞争优势中，技术优势居于首位，公司聘请了国内暖通行业著名院士和教授组成顾问团队，与北京建筑大学共同成立“北京建筑大学——华通热力节能环保科技中心”，与清华大学、北京建筑大学、哈尔滨工业大学、大连理工大学等多家高校开展合作，全面开展供热节能技术的创新与研发，提升公司核心科技实力，引领行业技术提升与进步。

公司在供热节能领域以领先者的姿态推动行业技术革新与进步——通过多方合作及自主创新，公司在供热领域先后掌握了“烟气余热回收”“空气热泵源供生活热水”“气候补偿技术”等多项核心技术。其中，公司参与研发的“防腐高效低温烟气冷凝余热深度利用技术”在国际上处于领先水平并迅速成为北京市重大科技成果转化落地项目，并荣获国家技术发明奖。在远程控制技术领域，公司自主研发的“供热系统智能控制技术”已在供热项目中成功应用，实现了对关键热工参数时时监控——在掌握运行状态的同时还能对突发情况做到防患。该技术同时获得“北京市科学技术进步奖”“国家火炬计划产业化示范项目”“中关村科技型创新技术基金无偿资助项目”等奖项，并入选“中国绿色采购网环保节能产品目录”。

截至招股书签署日，公司先后获得实用型专利 31 项、外观设计专利 5 项、发明专利 5 项、软件著作权 24 项。公司掌握的智能供热节能控制系统、分时分区控制系统、供热管网控制优化系统、烟气余热回收等多项具有行业先进水平的节能技术，已广泛用于城市小区锅炉供热系统，为国家节能减排和空气治理做出了积极的贡献；公司曾荣获全国节能突出贡献示范单位、中国节能服务产业先进单位、节能中国先进单位奖；公司项目曾荣获北京市科学技术奖、中国节能服务产业优秀示范项目、中国合同能源管理优秀示范项目等荣誉。

案例 4

申联生物医药（上海）股份有限公司（2018 年 1 月 23 日被否）

——核心技术存在纠纷，被质疑存在重大依赖

案例背景 申联生物是一家专业从事兽用生物制品研发、生产、销售及服务

的高新技术企业，主要产品为口蹄疫疫苗，是市场上拥有猪口蹄疫合成肽疫苗产品最齐全的企业。我国目前对口蹄疫实施强制免疫，以政府采购为主，申联生物目前仅生产猪口蹄疫合成肽疫苗。

UBI 原为公司的控股股东，目前持有公司 20.85% 股权，2007 ~ 2014 年，申联生物与 UBI 就技术支持、技术使用费等事项发生多起纠纷及诉讼，时间跨度长达 8 年。股改前夕，双方重新签订了《关于“猪合成肽口蹄疫疫苗”及其延伸技术的技术费协议》，约定“猪合成肽口蹄疫疫苗”专利权归 UBI 所有，未来申联生物可以申请“猪口蹄疫合成肽”延伸产品的新专利，专利权归公司所有。未来申联生物需按销售收入的 3% 向 UBI 支付技术使用费。

反馈意见 请发行人:（1）请补充披露 UBI 是否为发行人的技术、资产、业务、人员等方面提供支持，发行人与 UBI 在资产、业务、机构、人员及财务等方面是否存在混同，发行人与 UBI 签署《关于“猪合成肽口蹄疫疫苗”及其延伸技术的技术费协议》的原因、背景情况及协议主要内容，发行人与 UBI 就猪合成肽口蹄疫疫苗的专利技术等发生纠纷及诉讼的具体情况，该纠纷对发行人研发和生产经营的影响；（2）请补充披露猪合成肽口蹄疫疫苗及其延伸技术对发行人的重要程度，报告期内发行人与该技术相关的收入和利润情况；（3）请保荐机构和发行人律师核查发行人拟研发的技术及新兽药产品、募投项目是否可能导致与 UBI 的业务竞争；（4）请保荐机构和发行人律师结合猪合成肽口蹄疫疫苗及其延伸技术的具体用途、未投入发行人的原因和今后的处置方案等分析对发行人资产完整性和独立性的影响，是否存在相关解决方案；（5）请保荐机构和发行人律师结合上述情况，对 UBI 是否与发行人存在实质同业竞争，发行人核心技术是否存在对 UBI 的重大依赖，发行人业务和资产是否独立完整，是否构成本次发行上市的障碍发表明确意见。

发审会问题 发行人与 UBI 之间曾存在纠纷。请发行人代表：（1）结合发行人历史沿革、与 UBI 纠纷及协商解决过程、发行人目前主要产品的专利持有情况，说明其对 UBI 技术是否存在重大依赖，与 UBI 之间是否彻底解决纠纷，目前是否存在仲裁事项，是否存在影响发行人核心技术独立性的重大不利情形，以及对潜在纠纷的解决及补偿方式；（2）与同行业可比公司对照说明发行人的技术来源、优势及劣势、新产品的研发进度及新药注册证书进展情况。请保荐代表人说明核查方法、依据，并发表明确核查意见。

案例分析 从披露信息来看，申联生物只有一种兽药产品，即猪的口蹄疫疫苗，报告期内主营收入全部来源于此。虽然招股书中一直强调公司研发技术高超，有 30 项发明专利且获得过国家进步二等奖，且已研发出针对猪口蹄疫的其他类型的更高级的疫苗，但公司单一产品甚至单一型号的销售现状，存在较大的经营风险。

公司与原合作方 UBI（美国医药公司）存在技术纠纷，UBI 与公司之间的技术纠纷自 2006 年一直持续到公司申报 IPO，方才提出了一个看似合理的解决方案，由公司向 UBI 交纳技术使用费。首先，双方在 2014 年签署了一个协议，约定在 2009 年第四季度之前免收技术费，在 2009 年第四季度至 2013 年，按照“申联生物”年销售额之 10% 计提交纳技术费，2014 年的技术费按销售收入的 3% 计算交纳。2015 年年底，双方又签署了一个补充协议，在协议中双方同意部分减免 2014 年的技术费，减免后金额为 600 万元；2015 年度、2016 年度、2017 年度、2018 年度以及 2019 年度每年技术费为 985 万元。虽然上述技术纠纷初步得到解决，但仍然存在隐患。

此外，由于公司产品单一，业务收入主要来自于这一项专利技术产品，而该项技术的所有权不属于发行人，未来的经营风险较大，因此未能获得监管机构的认可。

案例 5

江苏蓝电环保股份有限公司（2018 年 2 月 6 日被否）

——关键技术对供应商存在重大依赖

案例背景 蓝电环保主要从事电除尘器、布袋除尘器、电布袋除尘器以及脱硫脱硝设备的研发、制造和销售业务；报告期（2014 ~ 2017 年 1 ~ 9 月）内，公司营业收入分别为 21,442.35 万元、23,503.23 万元、18,763.16 万元、17,208.87 万元；净利润分别为 3742.42 万元、3944.79 万元、2583.47 万元、2830.48 万元。除尘器和脱硫设备相关的销售、服务收入占到公司主营业务收入的 90% 以上，是公司主要盈利来源。

招股说明书披露，公司从 2011 年开始，与成都华西工业气体有限公司、成都华西化工科技股份有限公司及成都益志科技有限责任公司（三家公司互为关联方，统称“成都华西”）开展合作，由其提供脱硫项目的设计、专利及技术服务以及项目所需的溶液分布器、脱盐设备、离子液等材料。

反馈意见 报告期内，发行人与成都华西合作的脱硫项目收入占当年全部脱硫收入的比例分别为 100%、100%、76.35% 和 70.03%。（1）请补充披露公司与成都华西的合作背景和过程、合作协议的具体内容、双方的主要权利义务安排及合作期限，是否存在终止合作的风险，如果存在，对发行人生产经营及财务状况的影响；（2）请保荐机构和发行人律师核查发行人与成都华西合作的内容是否属于脱硫业务的核心和关键环节，发行人是否存在对成都华西的重大依赖，发行人脱硫业务是否具备独立性和完整性，并发表明确意见；（3）请保荐机构和发行人律师核查成都华西是否与发行人、实际控制人、主要股东、董事、监事、高级管理人员及其亲属存在关联关系，是否存在成都华西实际控制人、控股股东、董事、监事、高级管理人员持有或代持发行人股份的情况；（4）请保荐机构和发行人律师说明上述情况对于发行人独立性和完整性的影响，发行人是否对成都华西存在重大依赖，并就该等情形是否构成本次发行上市的障碍发表意见。

发审会问题 招股说明书披露，发行人生产的脱硫设备采用离子液脱硫，属于国内领先的脱硫技术，发行人 2011 年 7 月与成都华西签订《合作协议》合作开拓脱硫业务，相关收入占当期全部脱硫收入的比例分别为 76.35%、24.48% 及 35.74%。请发行人代表说明：（1）与成都华西合作的背景及原因，合作协议的可持续性，如合作协议终止，是否有足够的应对措施，是否会对生产经营和财务状况造成重大不利影响，是否存在影响持续盈利能力的不利情形；（2）核心技术是否具备完整性和独立性，对成都华西是否构成重大依赖；（3）与成都华西是否存在关联关系或其他利益安排。请保荐代表人说明核查方法、依据，并发表明确核查意见。

案例分析 从发审会问题来看，监管机构主要质疑蓝电环保与成都华西合作的背景及原因，询问背后是否构成重大依赖，是否存在关联关系或其他利益安排。

成都华西是专业的离子液脱硫的设计、技术服务及相关设备的供应商，蓝电环保与成都华西开展合作，双方自 2011 年 7 月签订《合作协议》以来，蓝电环保作为项目牵头方，负责项目的制造、采购、工程施工等，而成都华西主要是提供脱硫项目的设计、专利及技术服务以及项目所需的溶液分布器、脱盐设备、离子液等材料。报告期内，双方合作的脱硫项目收入占当期全部脱硫收入的比例分别为 100%、76.35%、24.48% 及 35.39%。近年来，市场上成熟掌握离子液脱硫技术的公司增加，公司开始尝试与成都华西以外的公司开展离子液脱硫技术的合作，再加上非离子液法脱硫项目影响以及市场竞争加大的影响，因此造成蓝电环保与成都华西双方间的合作逐渐减少，占比不断下滑。虽然公司已意识到自身过度依赖成都华西的脱硫技术，遂主动寻求其他方合作，但是，由于公司自身核心技术不具备完整性和独立性，若成都华西出于战略调整的考虑，决定终止与公司合作，短期内在一定程度上影响公司脱硫业务的开拓。

因此，发行人的离子液脱硫技术虽然属于行业领先水平，但由于该技术依赖于合作方，存在一定的不确定性，因此受到监管机构的质疑。

（二）应对建议

具备技术优势的企业更容易通过 IPO 审核，但拟 IPO 企业核心技术不允许存在重大瑕疵，也不允许存在重大依赖。具体应对建议如下：

1. 多角度论证公司具备技术优势

对于大多数行业内企业来说，能够 IPO 上市，通常具备一定的技术实力。拟 IPO 企业需要在招股书等申报材料中多角度论证公司的技术优势。

（1）具备核心技术专利，且专利数量多

拟 IPO 企业若拥有较多的专利，特别是发明专利，则说明企业一直在致力于研发工作，公司业务及产品具有技术含量。因此，制造业、软件开发等行业企业在加大研发投入的同时，应注重科研成果转化，申请核心技术专利。

（2）具有第三方权威机构出具的科技成果鉴定

第三方权威机构出具的科技成果鉴定、与国内外同类型产品的性能参数对比测试报告，能够证明公司的产品和技术具有较强的创新性和领先性，更具说服力。

（3）荣获国家级科技奖励和荣誉

国家级科技奖励和荣誉，例如，国家重点新产品、国家重点科技专项、国家技术发明奖、国家科学技术进步奖、建筑工程鲁班奖、中国土木工程詹天佑大奖、国家优质工程奖、绿色建筑创新奖等，是政府对企业技术实力的有力背书，是企业顺利 IPO 的加分项。

2. 避免存在重大技术纠纷

重大技术纠纷会给企业的持续盈利能力造成重大不确定性。根据首发规则，发行人的商标、专利、专有技术以及特许经营权等重要资产或技术的取得或者使用不应存在重大不利变化的风险。发行人若因商标、专利、专有技术以及特许经营权与第三方发生纠纷并出现诉讼，本着风险导向的审核理念，轻者会延缓审核进程，重则构成实质性障碍。

因此，拟 IPO 企业在申报前，应对公司的专利技术进行梳理与规范，避免在报告期内仍存在重大技术纠纷。

3. 避免核心技术对外部存在重大依赖

如果企业核心技术对外部存在重大依赖，则说明公司缺乏独立性，审核风险较大。如果企业存在使用他人专利技术的情形，应尽早解决，至少应避免核心技术对外部不存在重大依赖。

三、标准优势

制定标准可以有效规避无序竞争，淘汰不符合标准的企业，提高竞争门槛，提升整个行业的水准。

企业在生产经营过程时，涉及的标准主要包括以下 4 个层次：国家标准、行业标准、地方标准、企业标准。最终的国家标准通常由最初的企业标准发展而来。国务院有关部门在制定行业或者国家标准时，也会邀请行业内的企业参与标准的编制，受邀企业或是拥有较强的技术实力，抑或是拥有较大的市场占有率或行业知名度。能够参与行业或者国家标准的编写和修订，既是为了规划行业发展，也是为了争夺企业在行业内的话语权，形成对自己有利的条款，筑高行业壁垒，掌握行业制高点。后进入者则成为市场的追随者，在竞争中相对处于弱势地位。

在 2017 年 380 家过会企业中，约 60 家企业参与了国家或行业标准编写或修订，占过会企业的 15% 左右。

（一）审核关注点及典型案例

关于标准优势，监管机构主要关注企业主营产品所适用的具体标准、相关标准的制定单位、相关标准是否发生变化等，具体审核关注点如下：

1. 说明发行人行业是否存在行业标准、发行人的产品是否符合相关行业标准，是否存在质量问题，报告是否存在纠纷及潜在纠纷；

2. 请发行人说明是否具备全部生产必须的证书，是否存在不具备必备资质开展生产经营的情形；

3. 说明发行人的证书是否存在续期的实质性障碍；

4. 报告期内的产品合格率变化情况，是否存在大额退货情形；

5. 发行人所属行业的行业标准是否在可预见未来存在重大调整的情形，如是，发行人是否能够满足相关标准。

相关案例：

案例 1

山东大业股份有限公司（2017 年 9 月 19 日通过）

——《胎圈用钢丝》国家标准主要承担制定单位

大业股份主营业务为胎圈钢丝、钢帘线及胶管钢丝的研发、生产和销售。其中，胎圈钢丝和钢帘线属于轮胎骨架材料，胶管钢丝属于胶管骨架材料。报告期（2014 ~ 2017 年 1 ~ 6 月）内，公司营业收入分别为 112,690.47 万元、113,488.01 万元、140,126.59 万元、84,141.91 万元；净利润分别为 4477.34 万元、7255.25 万元、14,300.19 万元、6874.93 万元。

大业股份为中国橡胶工业协会副会长单位，是中国橡胶工业协会骨架材料专业委员会副理事长单位，董事长窦勇先生是中国橡胶工业协会副会长。公司为《胎圈用钢丝》国家标准主要承担制定单位。公司胎圈钢丝产品被中国橡胶工业协会推荐。

公司是中国最大的专业生产胎圈钢丝企业。根据中国橡胶工业协会骨架材料委员会的相关数据统计，2014 年及 2015 年，公司胎圈钢丝产量和国内产量占比情况如下：

项目	2014 年度	2015 年度
公司胎圈钢丝产量（万吨）	17.73	18.41
国内胎圈钢丝产量（万吨）	64.2	64.8
占国内胎圈钢丝产量比例（%）	27.62	28.41

案例 2

江苏精研科技股份有限公司（2017 年 9 月 6 日通过）

——参与行业标准起草工作

精研科技主要为智能手机、可穿戴设备、笔记本及平板电脑等消费电子领域和汽车领域大批量提供高复杂度、高精度、高强度、外观精美的定制化 MIM 核心零部件产品，产品涵盖了诸如手机卡托、摄像头装饰圈、按键、穿戴设备表壳、表扣、笔记本散热风扇、汽车零部件等多个细分门类。

报告期（2014 ~ 2017 年 1 ~ 6 月）内，公司营业收入分别为 21,042.79 万元、45,418.13 万元、70,915.72 万元、41,476.31 万元；净利

润分别为 3260.24 万元、11,970.29 万元、16,155.14 万元、7674.63 万元。

公司立足于 MIM 行业十余年，非常注重对技术研发能力的持续提升，随着公司研发投入的不断增加及先进人才的持续引进，公司已形成了较为深厚的技术积累。公司参与了行业标准《金属注射成形材料—第一部分：烧结低合金钢、不锈钢技术条件》（标准编号：JB/T13067.1-2017，实施时间：2017 年 7 月 1 日）的起草工作，并担任中国钢结构协会粉末冶金分会的理事单位，组织承建了“常州市粉末注射成型工程技术研究中心”及“江苏省钛合金粉末注射成型技术工程中心”两个大型技术研究项目，公司的工业设计中心 2017 年 1 月还被江苏省经信委认定为“江苏省工业设计中心”，同时公司还获得了“江苏省民营科技企业”“江苏省科技型中小企业”“第十一届常州市科学技术杰出贡献奖”等多项荣誉。

案例 3

天津锐新昌科技股份有限公司（2018 年 12 月 18 日预披露招股说明书）

——被要求补充披露产品是否符合行业标准，是否能应对行业标准的变化

案例背景　锐新昌主要从事工业精密铝合金部件的研发、生产和销售。公司的工业精密铝合金部件是基于铝合金挤压成型工艺，并经过后续精、深加工而制成的各种铝合金功能和结构部件。报告期（2015 ~ 2018 年 1 ~ 6 月）内，公司营业收入分别为 24,110.87 万元、26,004.98 万元、29,939.50 万元、17,573.61 万元；扣非后归母净利润分别为 4489.48 万元、4554.10 万元、4617.91 万元、2657.96 万元。

反馈意见　关于发行人的资质。请发行人：（1）补充披露发行人是否具备全部生产必须的证书，是否存在不具备必备资质开展生产经营的情形；（2）说明发行人行业是否存在行业标准、发行人的产品是否符合相关行业标准，是否存在质量问题，报告是否存在纠纷及潜在纠纷；（3）说明发行人的证书是否存在续期的实质性障碍，如行业标准发生变化，发行人是否存在不能满足行业标准的风险。请保荐机构、律师核查并发表意见。

案例分析　据招股书披露，公司所属行业为工业精密铝合金部件制造业，行业现行有效的主要标准均为推荐性国家标准。公司所遵循的标准包括原材料、积压、深加工等方面的 22 项标准，标准的发布部门主要为国家质量监督检验检疫总局 / 国家标准化管理委员会。

公司所处行业为技术密集型行业，从原材料采购、生产加工、质量检测等皆需遵循严格的技术标准和控制指标，技术要求较高。

反馈意见中被要求补充披露产品是否符合相关行业标准，相关证书是否存在续期的实质性障碍，是否可以应对行业标准变化等，虽然公司在招股书中没有作相关说明和披露，后续在更新的招股书和补充意见书中应该会有所说明。

案例 4

四川英杰电气股份有限公司（2019 年 4 月 8 日报送招股说明书上会稿）

——被要求补充披露产品是否符合行业标准，是否存在质量纠纷

案例背景 英杰电气主要从事以功率控制电源、特种电源为代表的工业电源设备研发、生产与销售。产品主要应用于光伏新能源用单晶硅、多晶硅和以半导体、光纤、玻璃玻纤（含 TFT 液晶玻璃基板）为代表的新材料领域，以及冶金、机械制造、石油化工、电化学等传统工业领域。

报告期（2016 ~ 2018 年）内，公司营业收入分别为 17,418.63 万元、27,720.60 万元、41,019.73 万元；净利润分别为 3443.73 万元、7216.39 万元、11,320.01 万元。

反馈意见 关于发行人的资质。请发行人：（1）披露是否具备生产经营所须的全部资质、认证、许可，取得过程是否合法化合规；说明相关资质、认证、许可的有效期及是否覆盖报告期；（2）发行人的产品是否符合相关国家标准、行业标准，报告期内是否存在产品质量纠纷或存在潜在纠纷。请保荐机构、发行人律师核查上述问题、说明核查过程并发表核查意见。

案例分析 据招股书披露，公司产品所涉及到的电力电子设备主要有系列功率控制器类电源、特种电源等。公司主要依据的规范标准有：《电气控制设备》（GB/T 3797—2016）、《机械电气安全机械电气设备第 1 部分：通用技术条件》（GB 5226.1—2008）、《半导体变流器通用要求和电网换相变流器》（GB/T 3859.1—2013、GB/T 3859.2—2013）、《低压开关设备和控制设备第 4-2 部分：接触器和电动机起动器》（GB/T 14048.6—2016）、《高压开关设备和控制设备标准的共用技术要求》（GB/T 11022—2011）、《低压成套开关设备和控制设备第 1 部分：总则》（GB/T 7251.1—2013）等。

此外，公司持有编号为 AQB Ⅲ JX（川 F）20130006 的《安全生产标

准化证书》，公司为安全生产标准化三级企业（机械电气制造），发证时间为 2017 年 1 月 16 日，有效期至 2020 年 1 月。

反馈意见中被要求补充披露产品是否符合相关国家标准、行业标准，是否存在质量纠纷。公司招股书中披露了主要客户的发出商品情况，是否存在纠纷，并说明这些产品皆不存在质量纠纷。

案例 5

深圳市易天自动化设备股份有限公司（2019 年 4 月 12 日报送招股说明书上会稿）

——被要求补充披露产品是否存在行业标准，是否符合标准，是否存在质量问题

案例背景 易天股份是国内优秀的电子专用设备供应商，基于精准对位、精准贴附技术，致力于为客户提供专业化、高性能的国产化电子专用设备。公司目前主要产品为平板显示器件生产设备，可广泛应用于平板显示器件中显示模组的组装生产，并向半导体微组装设备等领域拓展。

报告期（2016 ~ 2018 年）内，公司营业收入分别为 22,813.88 万元、29,410.65 万元、43,152.42 万元；净利润分别为 2,108.19 万元、4741.41 万元、7672.25 万元。

反馈意见 请发行人说明是否具备全部生产必需的证书，是否存在不具备必备资质开展生产经营的情形；说明行业是否存在行业标准、发行人的产品是否符合相关行业标准，报告期内的产品合格率变化情况，是否存在大额退货情形，是否存在质量问题，报告是否存在纠纷及潜在纠纷；说明发行人的证书是否存在续期的实质性障碍，如行业标准发生变化，发行人是否存在不能满足行业标准的风险。请保荐机构、律师核查并发表意见。

案例分析 易天股份所处行业为专用设备制造业，具体产品为平板显示器件生产设备，该产品的生产组装通常需要依据一定的行业技术标准和相关资质证书，因此，监管机构在反馈意见中要求公司补充披露行业是否存在标准，公司产品是否符合相关行业标准，产品质量情况及行业标准若发生变化公司能否应对等。

从披露的招股书来看，公司暂未对上述问题进行披露，后续上会时及相关补充法律意见书中，公司应该会给出详细解释分析。

案例 6

科博达技术股份有限公司（2019 年 3 月 29 日更新预披露招股说明书）

——被要求补充披露行业标准是否在可预见未来存在重大调整的情形

案例背景 科博达股份是汽车智能、节能电子部件的系统方案提供商。专注于汽车照明控制系统、电机控制系统、能源管理系统和车载电器与电子等汽车电子产品的研发、生产和销售，拥有主光源控制器、辅助光源控制器、氛围灯控制器、中小型电机控制系统、机电一体化、DC/DC 转换模块、DC/AC 逆变器、电磁阀等多类产品。

报告期（2016 ~ 2018 年）内，公司营业收入分别为 161,658.02 万元、216,162.87 万元、267,536.08 万元；净利润分别为 25,547.03 万元、35,227.41 万元、52,757.45 万元。

反馈意见 请保荐机构和发行人律师核查并补充披露：（1）生产、研发、经营、销售是否符合国家相关法律法规的规定，是否具备全部生产资质，是否存在不具备相关资质开展生产的情形，是否存在违法违规情形；说明发行人相关资质取得过程的合法合规性；（2）说明发行人拥有资质到期后是否存在续期的实质性法律障碍；（3）发行人所属行业的行业标准是否在可预见未来存在重大调整的情形，如是，发行人能够满足相关标准。请保荐机构、律师核查并发表意见。

案例分析 关于反馈意见提到的“公司所处行业的行业标准是否在可预见未来存在重大调整的情形”，科博达股份在招股书中作了如下披露：

我国汽车电子行业经过多年发展，业内已形成较为完整成熟的演化发展体系。相关行业标准近年来随着基础工业水平和大众消费观念的升级而同步保持着不断地更新与提升，但标准的演化提升是一个循序渐进的过程，遵循相关科学领域和前沿技术的客观发展规律，在可预见的未来几年中公司产品所处行业标准不会出现颠覆性变革或重大调整的情形。

与此同时，公司高度重视技术研发工作，积极跟踪和顺应行业发展趋势，研发团队对行业发展方向有着深刻理解，拥有丰富的汽车电子相关领域的管理经验和研发实力。公司参与起草了我国“汽车高压气体放电灯用电子镇流器”、“柴油机电动式输油泵技术条件”和“汽车用点烟器及点烟器座式电源插座”等国家行业标准，并成功进入奥迪、保时捷、宝马、福特等全球技术领先的整车厂商的技术开发体系，在新标准、新产品的前期开发阶段即可与客户进行同步研发，为公司有能力紧随行业技术标准的最新发展趋势奠定了坚实的基础。

即使相关行业标准会随着时代进步而不断发生更新与调整，但是鉴于公司能够与业内领先的整车厂商建立长久稳固的合作关系，参与前瞻性技术标准的同步研发。同时公司重视研发体系人才队伍的建设，近年来持续加大研发投入并始终保持着高新技术企业的领先地位，使公司拥有足够的经验和实力在行业标准演化调整的过渡期内做到与时俱进、主动应对，有能力满足最新的行业技术标准的相关要求。

（二）应对建议

具备标准优势的企业更能彰显卓越的行业地位和综合竞争实力。此外，拟 IPO 企业需严格遵循相关国家标准、行业标准，不可出现严重的质量纠纷。关于标准优势，具体应对建议如下：

1. 注意信息披露

从以往审核案例来看，很多企业特别是制造业企业、高新科技企业都被要求补充披露产品是否符合相关标准，是否存在质量纠纷，相关标准是否可能发生变化及公司如何应对。因此，为降低审核风险，建议公司在 IPO 申报材料中主动完整披露产品所遵循的国家标准、行业标准等，产品质量纠纷情况，相关标准是否有资质证书，是否存在续期风险等。

2. 避免核心产品存在质量纠纷

核心产品存在质量纠纷会对企业未来的持续盈利能力造成重大不确定性，也影响企业规范性。如果拟 IPO 企业存在类似问题，需要在申报前解决。

3. 说明公司产品质控稳定，能充分应对相关标准的变化和提升

很多拟 IPO 企业在反馈意见中被要求补充披露产品相关标准是否存在变化的可能，公司能否应对标准的提升和变化。公司应在招股书中对此进行主动说明，从公司的研发投入、技术领先优势、质量控制情况等方面说明公司应对相关标准变化的能力和措施。

四、品牌优势

企业的品牌优势，表面上是品牌影响力，实际是企业规模，以及产品的功能、技术、质量、服务、美誉度等的综合体现。

在 IPO 审核实践中，企业具备以下几点，则可被认为有明显的品牌优势。

1. 荣获中国驰名商标

品牌和商标往往是合一的，只有在法律保护下的品牌才能健康生存。因此，

商标特别是驰名商标是企业品牌的直接外在表现。

驰名商标，是国家工商行政管理局商标局，根据企业的申请，官方认定的一种商标类型，在国内为公众广为知晓并享有较高声誉。对于消费者而言，驰名商标代表着良好的商品质量和商业信誉。对于商家而言，驰名商标意味着较高的市场占有率和经济利益，同时也是企业巨大的无形资产。2017 年 380 家过会企业中，约有 5% 的企业荣获过中国驰名商标。

2. 行业协会排名榜居前列，荣获行业大奖

2017 年在 380 家过会企业中，获得了行业大奖或者在行业协会的排名榜上位居前列的企业约占过会企业的 25%。授予这些企业榜单和奖励的行业协会、媒体都具有较强的权威性。与通过其他第三方信息证明公司行业地位的手段相比，争取行业权威协会和媒体背书的难度相对较低。

取得靠前的行业排名，获得行业大奖是企业行业地位的直接体现，也提升了企业在行业内的品牌知名度。

（一）审核关注点及典型案例

关于品牌优势，在审核中均落脚于具体的商标使用情形，监管机构主要关注企业所拥有商标的具体情况、是否存在权利瑕疵、获得行业大奖情况，排名情况等，具体审核关注点如下：

1. 发行人无偿使用他人商标，或商标无偿提供他人使用，是否涉及关联方利益输送，是否影响业务独立性和资产完整性；

2. 发行人无偿使用他人商标涉及产品具体范围、金额、占比及影响；

3. 发行人自主品牌在尚未注册商标的国家或地区销售，是否存在纠纷和风险；

4. 发行人是否存在商标、专利等知识产权被注销、终止、被第三方提起异议或无效宣告等异常情况，对发行人生产经营是否产生重大不利影响；

5. 发行人有关商号和商标管理的相关内部控制制度的建立健全和有效执行情况。

相关案例：

案例 1

名臣健康用品股份有限公司（2017 年 9 月 28 日通过）

——坚持品牌发展战略，公司旗下品牌被认定为“广东省著名商标”和“中国驰名商标”

名臣健康成立于 1994 年，自成立以来一直扎根日化行业，目前是一家研发、生产、销售健康护理用品的高新技术企业，主要产品包括洗发水、护

发素、沐浴露、啫喱水及护肤品等。公司一直致力于打造中国日化行业的民族品牌，推出了“蒂花之秀”“美王”“高新康效”“依采”“绿效”“可妮雅”“利口健”“小琦琪”“金狮”等品牌旗下的多种高性价比的产品，树立了良好的品牌形象和市场口碑。

公司坚持品牌发展战略，重视渠道建设，公司品牌“蒂花之秀”“美王”被认定为“广东省著名商标”，其中“蒂花之秀”被认定为“中国驰名商标”。

案例 2

万马科技股份有限公司（2017 年 7 月 12 日通过）

——商标依赖他人授权，申报前承诺不再使用他人商标

案例背景 万马科技主营业务为通信与信息化设备的研发、生产、系统集成与销售。公司自成立以来即立足于通信设备产业，专注于为通信运营商和广电公司提供传输网和接入网整套通信网络配线及信息化机柜设备、应用解决方案和技术服务。报告期（2014 ~ 2016 年）内，公司营业收入分别为 24,795.73 万元、37,976.93 万元、37,055.14 万元；净利润分别为 389.18 万元、3200.86 万元、3691.57 万元。

公司在申报期内无偿使用关联企业万马集团许可的三个商标，对应的产品销售占比在申报期均接近 100%。公司于 2016 年 6 月提交 IPO 申报材料，在此之前出具承诺，自 2016 年 6 月 1 日起 12 个月内，公司将逐步在自产品上使用自有商标，12 个月后不再在自产品上使用万马集团许可的商标。公司招股书披露的履行承诺结果如下：2014 年、2015 年、2016 年、2017 年 1 ~ 6 月，对应主要产品的销售占比分别为 99.70%、98.40%、96.87% 和 13.83%。2017 年 6 月 21 日，公司与万马集团签订《关于终止商标使用许可的协议》，公司不再使用万马集团拥有的商标。

反馈意见 1. 补充披露报告期公司无偿使用万马集团有限公司拥有的商标是否涉及关联方利益输送；2. 关于商标使用。根据保荐工作报告，公司无偿使用万马联合控股集团的三个商标相关产品收入占全部营业收入比例在 90% 以上，公司已作出未来 12 个月内逐步在自产产品上使用自有商标的承诺。请在招股说明书中：（1）补充披露公司无偿使用万马联合控股集团的三个商标涉及产品具体范围、金额、占比及影响；（2）详细客观披露前述情况对公司业务独立性影响。请保荐机构、会计师核查并发表意见。

发审会问题 请发行人代表结合自产产品的特点，说明发行人使用万马集团

相关商标与否对发行人的产品销售是否会产生重大影响。请保荐代表人对发行人开展业务的独立性发表核查意见。

案例分析 虽然商标依赖他人授权的情况在现实中比较常见，但由于涉及企业资产完整性问题、授权双方权利义务厘清问题、交易价格公允性问题及由此引起的会计处理问题等，企业应尽早采取应对措施，防患于未然。

万马科技虽然在申报期无偿使用万马集团许可的三个商标，但在最后一年大幅减少了对应主要产品的销售比例，且签订协议，承诺不再使用万马集团拥有的商标，使商标依赖他人授权问题得到有效解决，得到监管机构认可。

案例 3

青岛英派斯健康科技股份有限公司（2017 年 8 月 9 日通过）

——与关联方共用商标

案例背景 英派斯是一家专注于全品类、多系列健身器材开发、制造、销售及品牌化运营的健身器材品牌厂商，致力于打造兼具功能性、科技感与安全性的各式健身器材，满足消费者多样化的健身需求，塑造“值得信赖的健身专家”的企业与品牌形象。报告期（2014 ~ 2016 年）内，公司营业收入分别为 69,045.29 万元、73,090.88 万元、77,865.42 万元；净利润分别为 7431.99 万元、7617.74 万元、8518.96 万元。

除公司及控股子公司使用“英派斯”商号之外，公司实际控制人控制的英派斯集团、英派斯健管、江苏英派斯投资、南京英派斯管理、济南英派斯健身、重庆渝中区英派斯健身、成都英派斯健身，以及公司的部分经销商和直营客户存在使用“英派斯”商号的情形。同时，英派斯集团、英派斯健管的部分商标与公司的商标，虽然核定使用的具体商品范围不同，但标志相似。

反馈意见 1. 请保荐机构、发行人律师核查并说明英派斯集团与发行人主营业务的区别和联系，历史上是否存在资产混同、人员公用、采购、销售渠道相同，商标、专利、技术等混用情形，是否存在同业竞争，是否存在违法违规情况；2. 请保荐机构、发行人律师核查并说明发行人向英派斯集团无偿转让商标的背景、原因和合理性，请保荐机构、发行人律师就是否损害发行人利益发表核查意见。

发审会问题 请发行人代表进一步说明：（1）发行人将部分商标以账面价格0元转让给英派斯集团的原因、定价依据及公允性；（2）英派斯集团现有注册商标的使用情况，未注入发行人的原因，是否影响发行人资产的完整性；（3）发行人与关联方、相关企业共用相同或相似的商标、商号，对发行人生产经营是否产生重大不利影响，是否存在纠纷和风险，发行人是否已采取相应规范措施及其进展情况；（4）发行人自主品牌在尚未注册商标的国家或地区销售，是否存在纠纷和风险；（5）发行人是否存在商标、专利等知识产权被注销、终止、被第三方提起异议或无效宣告等异常情况，对发行人生产经营是否产生重大不利影响；（6）相关信息和风险是否充分披露。请保荐代表人发表核查意见。

案例分析 健身器材作为消费品，共用商号及商标标识相近可能导致客户、供应商或消费者对商号或商标出现误读、混淆，也存在由于相关企业生产经营中的不当行为，对公司商誉或业务形成不利影响的风险。关于共用商标及商标标识相近问题，英派斯在招股书中作了“共用商号及商标标识相似的风险”的风险提示。

关于发审会中被问询的“发行人与关联方、相关企业共用相同或相似的商标、商号，对发行人生产经营是否产生重大不利影响”，英派斯在招股书和补充法律意见书中作了一定解释，其认为：“发行人关联方使用‘英派斯’商号主要系历史原因形成，英派斯集团、英派斯健管使用‘英派斯’商号均早于发行人。除苏州英派斯健身俱乐部有限公司、日照英派斯健身俱乐部有限公司、淮安英派斯健身俱乐部有限公司原系英派斯健管子公司，后续转让过程中未变更名称外，其他发行人经销商、英派斯健管加盟商使用‘英派斯’商号均系自行向工商行政管理机关申请获得。报告期内，发行人对上述使用‘英派斯’商号的主体实现的收入占发行人营业收入的比例小于3%，占比较低，未对公司业务开展产生重大不利影响。”

总体来说，商标混用构成了英派斯上市的一大隐患，但最终公司通过了监管机构的审核，原因可能有两个，一是“英派斯”商号属于公司所有，相较于拟上市主体使用他人商标，公司将自己的商标给他人使用，风险较低，且该商标属于公司众多商标之一；二是公司对上述使用“英派斯”商号的主体实现的收入占比较低，未对公司业务开展产生重大不利影响。

案例 4

广州惠威电声科技股份有限公司（2017 年 6 月 6 日通过）

——商标许可他人使用，签订相关使用协议起到约束作用

案例背景 惠威科技主要从事各类音响设备、扬声器的研发、生产和销售。报告期（2014 ~ 2016 年）内，公司营业收入分别为 22,882.57 万元、24,495.29 万元、24,348.50 万元；净利润分别为 3493.35 万元、3441.15 万元、3802.69 万元。

惠威科技部分经销商使用了“惠威”作为其公司商号，惠威科技与其签订了《关于“惠威”商号使用的协议书》。

反馈意见 请补充披露公司目前所拥有的商标、专利和非专利技术的取得时间和方式，补充说明相关合作开发的原因，与相关合作方的利益分成机制，请保荐机构和发行人律师对公司所使用的上述财产的权属情况进行核查并发表明确意见。

发审委问题：请发行人代表进一步说明：（1）发行人授权四川维优科技有限责任公司使用“惠威”商标、授权部分经销商使用“惠威”作为其商号的原因及其合理性，履行的相关法定程序，是否合法有效，是否存在其他利益安排；（2）签署协议的主要内容和有效执行情况，发行人保护自身声誉不受被许可方损害采取的有效措施；（3）发行人取得和使用 HIVI、惠威等商标，是否符合《商标法》《反不正当竞争法》等相关法律、法规或国际惯例，是否可能侵犯同行业利益造成不正当竞争，是否存在诉讼、争议或者潜在纠纷；（4）发行人有关商号和商标管理的相关内部控制制度的建立健全和有效执行情况；（5）相关信息和风险是否充分披露。请保荐代表人发表核查意见。

案例分析 惠威科技被发审委问及商标使用权、商标纠纷问题，主要涉及两点：一是惠威科技使用“惠威”商标、授权部分经销商使用“惠威”作为其商号的原因及其合理性；二是发行人取得和使用 HIVI、惠威等商标，是否符合《商标法》《反不正当竞争法》等相关法律、法规或国际惯例。

惠威科技在招股书和补充法律意见书（五）中作了补充披露和解释：鉴于发行人拥有的“惠威”商标尚未被认定为驰名商标，发行人无法限制其他企业在除发行人及其子公司注册地之外的其他地区或行业使用“惠威”作为商号；为了最大限度地保护发行人的商号及商誉，发行人采取了以下措施：首先，对于在企业名称或店铺招牌、虚拟店铺名称中已使用“惠威”商号的

授权经销商，发行人与其签订了“惠威”商号使用协议，约束其使用“惠威”商号的范围及用途；其次，对于计划引入的授权经销商，如该类经销商使用“惠威”商号，发行人将不引入其作为授权经销商，如其以后使用“惠威”商号，发行人将终止与其合作；最后，发行人将持续提升“惠威”的品牌价值和知名度，尽早申请认定为驰名商标。

案例 5

中国出版传媒股份有限公司（2017 年 7 月 21 日通过）

——公司在行业排行榜位居前列

中国出版是以图书、报刊、电子音像等出版物出版为主业，是集出版、发行、物资供应、印刷等业务于一体的大型出版企业。

公司自 2013 年以来连续四年入选法国《图书周刊》、德国《书业报告》、美国《出版商周刊》、英国《书商》和巴西《出版新闻》五家国际著名出版媒体联合发布的“全球出版业五十强排行榜”。根据新闻出版广电总局发布的《2015 年新闻出版产业分析报告》，在总体经济规模方面，公司在 119 家出版传媒集团中位居第 8。

（二）应对建议

品牌优势是企业综合实力的体现，特别是对于直接面对终端消费者的企业来说，拥有影响力的著名商标是品牌实力的体现，此外，对于绝大多数企业来说，在所在行业协会排名前列或获得行业大奖皆能体现公司的品牌影响力。但是，拟 IPO 企业的品牌不能存在重大瑕疵，特别是企业的商标，应尽量避免存在瑕疵或独立性问题。关于品牌优势，具体应对建议如下：

1. 注册商标，不断提升品牌影响力

注册商标，方能使企业品牌受到法律保护。因此，企业应树立商标意识，提前做好商标的梳理、申请、整合与保护工作。并致力于获得中国“驰名商标”称号，为企业的品牌背书。

2. 避免存在重大商标瑕疵

商标是企业最重要的无形资产之一，对企业的日常经营和长远发展起着至关重要的作用。商标问题不仅可能引起“发行人主要资产存在重大权属纠纷”的质疑，还可能因“取得或者使用存在重大不利变化的风险”而影响企业持续盈利能力乃至持续经营能力。因此，拟 IPO 企业若有上市计划，应对重大商标瑕疵，如核心产品使用他人商标，无偿许可他人使用商标、存在商标权纠纷等问题进行梳理与解决，避免IPO进程因商标问题而功亏一篑。

3. 在行业协会中提升品牌影响力

对于大多数企业来说，如果在所在行业协会排名中居于前列，或者公司重要人员在行业协会中担任重要角色，则说明公司在细分行业中具备一定的综合实力和品牌影响力。因此，拟IPO企业应重视行业协会的相关政策，提高参与度，提升在行业协会的影响力。

五、价值链优势

波特的“价值链”理论揭示，企业与企业的竞争，不只是某个环节的竞争，而是整个价值链的竞争，而整个价值链的综合竞争力决定企业的竞争力。价值链优势作为企业竞争优势的最高层次，主要体现在以下几个方面：

1. 提供完整系统解决方案，能使顾客价值最大化

只有给顾客提供完整的产品系统解决方案，并通过对方案的系统分析和优化，找出满足顾客效用最大，顾客成本最小的方案，才能满足顾客价值最大化。不能提供完整系统解决方案，或者不了解完整系统解决方案，就很难对顾客价值最大化作出精细的分析，对顾客的消费偏好变化和市场需求也就难以作出及时准确的判断。这也是很多零部件配套企业很难拥有产业价值链的控制力，一般都处于产业价值链低端的主要原因。

2. 掌握有稀有资源

稀有资源就是只有极少数现在的或潜在的竞争对手才可能拥有的资源。依据此标准，掌握有稀有资源的企业已具备强大的竞争优势，行业地位显著，盈利空间大，盈利水平高。

过去两年过会的企业中，有多家企业具有军工类涉密资质，但仅有极少数企业的产品直接用于国家要害部门信息安全、现役主战装备和军队指挥调度系统，该类领域的供应商资格属于稀有资源。

由于国家要害部门信息安全、现役主战装备、军队指挥调度领域保密级别高，对该领域申报企业的技术和客户信息都有较多豁免披露内容，但能够入选成功进入该类领域，也充分体现了企业的技术实力和行业地位。

3. 企业的价值链控制力和在行业中的地位，通过定价权能够最直观的表现出来

根据企业自身的资源状况以及市场环境等，制定出拥有价值链稀缺资源控制力的战略和经营策略，并通过企业的日常经营逐步实现。

苹果公司在智能手机价值链上的控制力，以及苹果公司在智能手机市场上的领先地位，使苹果公司拥有苹果手机充分的定价权，其他品牌手机定价

基本是参照市场同类产品和自身的成本加成定价，属于跟随定价，缺乏自主定价权。

由于资源有限，企业不可能在所有的市场中进行资源配置，企业只能在某一个细分市场中，为目标顾客提供满足顾客期望的价值，使目标顾客价值最大化，才能在细分市场中取得最大的市场份额。从整个产业价值链的流向上看，从上游到下游，经过每个环节，都进行了价值增值，下游环节的价值都高于上游环节的价值，最终使顾客端价值处于整个产业价值链的最高点。

（一）审核关注点及典型案例

价值链优势，是企业竞争优势的最高层次，如果企业拥有价值链优势，会优先受到资本市场的青睐，通过率很高。关于价值链优势，监管机构通常关注：企业为客户提供整体解决方案的技术含量，企业拥有的稀有资源的可持续性，企业的行业地位和定价能力等。

相关案例：

案例 1

亿嘉和科技股份有限公司（2018 年 4 月 3 日通过）

——提供行业较为领先的智能技术服务和基于机器人的系统解决方案，具备行业领先优势

亿嘉和主营业务是为电力系统提供以数据采集处理为核心的巡检机器人产品和智能化服务，通过对电力设备、设施的基本信息、运行状态的数据采集、自动化监测和故障预警，实现“输电、变电、配电”各环节、“天上、地面、地下”全范围运检覆盖，从而维护电力设备、设施的安全稳定运行，提升供电效率。

报告期（2015 ~ 2017 年）内，公司营业收入分别为 19,015.11 万元、26,199.85 万元、37,388.02 万元；扣非后归母净利润分别为 4012.55 万元、7060.77 万元、12,401.40 万元。

电力巡检机器人属于新兴行业，核心技术水平主要体现在电力行业自动化水平、机器人本体技术水平、机器人数据采集与处理水平、专家系统及人工智能水平、大数据应用及一体化管理水平等几大方面。目前，我国 A 股市场尚无以智能化改造、基础数据服务以及无人机巡检服务为主营业务的上市公司，亿嘉和提供行业较为领先的智能技术服务和基于机器人的系统解决方案，能够快速响应客户及市场需求，具备行业竞争优势。

案例 2

深圳欣锐科技股份有限公司（2018 年 1 月 17 日通过）

——为新能源汽车行业提供车载电源全方位整体解决方案，实现顾客效用最大化

欣锐科技是专注于新能源汽车车载电源的研发、生产、销售和技术服务的国家高新技术企业。产品包括车载 DC/DC 变换器、车载充电机及以车载 DC/DC 变换器、车载充电机为核心的车载电源集成产品，公司车载电源产品可广泛应用于乘用车、客车、专用车等各类新能源汽车领域。

报告期（2014 ~ 2017 年 1 ~ 9 月）内，公司营业收入分别为 10,483.06 万元、34,559.89 万元、58,527.79 万元、32,412.32 万元；净利润分别为 1218.84 万元、9190.38 万元、12,631.42 万元、5567.06 万元。

公司是最早从事车载电源产品研发、生产、销售和服务的企业之一，主要为新能源汽车行业提供车载电源全方位整体解决方案，历经十年，已在业务实践与拓展中积累了丰富的行业经验和优质客户资源并确立了车载电源领域的优势地位，能够为新能源汽车厂商提供整体方案，实现顾客效用最大。

案例 3

北京安达维尔科技股份有限公司（2017 年 9 月 20 日通过）

——拥有行业内稀缺资源，综合竞争力强

安达维尔是集航空机载设备研制、航空机载设备维修、测控设备研制、飞机加改装和航材贸易等业务为一体的航空技术解决方案综合提供商。公司为军方、商业航空、通用航空及航空制造企业等用户提供系统化航空产品及相关技术保障的解决方案，综合实力处于行业领先地位。公司陆续获得了中国 CAAC、欧洲 EASA、美国 FAA 三大全球主流适航主体颁发的维修许可资质。

公司航空座椅产品在国内军用直升机座椅领域占据大部分的市场份额，包括驾驶员抗坠毁座椅、机械师座椅等 40 余款各类型座椅，广泛配装于多型军用直升机，并在实际应用中发挥了重要的安全保护作用。公司的座椅抗坠毁吸能技术、防弹技术等已非常成熟，处于国内领先水平。

在航空产业链内，公司业务涉及了机载设备研制、机载设备维修、测控设备研制、飞机加改装、航材贸易等多领域，形成了跨度较深的纵向一体化优势，在资源共享、人力保障、技术支持、市场优势互补等方面越来越凸显其综合性优势作用。

安达维尔主要客户群体为军方及军工企业、航空公司，客户实力雄厚，

稳定的大客户资源、技术实力以及资质皆属于行业内的稀缺资源，构成了安达维尔综合竞争力。

案例 4

成都爱乐达航空制造股份有限公司（2017 年 7 月 19 日通过）

——军民融合，与中航工业多家下属单位保持着紧密的业务联系，订单稳定

爱乐达立足航空领域，主要从事飞机机身、机翼、尾翼、起落架等机体相关零部件的精密加工业务。坚持“军民融合，一体两翼”的发展思路，同时开展军品和民品业务。已与行业主要客户建立了广泛而深入的合作关系，客户覆盖中航工业下属多家军机主机厂、成飞民机等多家民用客机分承制厂，以及一批航空装备主修厂和多家科研院所。获得中航工业下属飞机制造单位“优秀供应商”荣誉。

爱乐达是系国内最早一批涉足航空零部件制造的民营企业之一，凭借着先发优势，与国内航空器设计、制造单位一起研发以奠定批量化生产基础，与中航工业多家下属单位保持着十分紧密的业务联系，订单稳定。

案例 5

深圳市新产业生物医学工程股份有限公司（2017 年 12 月 27 日通过）

——综合毛利率高达 90%，拥有较强的产品定价权

新产业生物主营系列全自动化学发光免疫分析仪器及配套试剂，是国内该领域的领先者。主要产品有试剂、仪器及配套软件、配件等。公司立足于体外诊断行业，以“做中国体外诊断领域的领导者，做全球体外诊断领域的先行者”为愿景，依靠丰富的产品种类优势，以及在全自动化学发光免疫分析领域的技术研发优势，为客户提供免疫生化检测的整体解决方案，为客户创造出更大价值。

公司具备价值链优势，主要体现在以下几点：一是公司致力于为客户提供免疫生化检测的整体解决方案，满足客户价值最大化要求；二是公司具备体外诊断产品的核心技术，并具有较强的自主创新能力和良好的成长性，在国内体外诊断行业尤其是化学发光细分领域中具有较为突出的行业地位，拥有产品定价权，能够维持高的毛利率水平；三是公司试剂经过了十多年的研发，品种齐全，部分品种具备国内同行业独家资源，产品销售定价参照进口品牌，具有较强的定价权，报告期试剂的综合毛利率达 89.99%。

（二）应对建议

具备价值链优势的企业通常拥有行业领先地位，更容易通过 IPO 审核。拟 IPO 企业可从以下几个方面形成价值链优势。

1. 系统整体解决方案提供商

企业成立之初，往往主营一种或少数几种产品，随着规模的扩大，逐渐往系统整体解决方案提供商转变，系统整体解决方案提供商能为客户提供整体方案，有利于资源整合，提升效率。

从企业竞争实力来看，系统整体解决方案提供商拥有更高的话语权，具备价值链优势，因此，拟 IPO 企业应注意业务及相关资源整合，增加研发投入，由单一产品配套商向整体解决方案提供商转变。

2. 深耕细分行业，提升市场定价权

企业有了一定市场定价权，说明了企业具备优势的行业地位，说明公司具备持续盈利能力，未来发展前景可期。建议拟 IPO 企业深耕细分行业，逐渐提升在细分市场的话语权和定价权。

第七章

公司业绩的质量

企业业绩是上市审核的核心内容，拟 IPO 企业报告期内的业绩不仅代表着企业是否满足上市审核对过去的要求，更是企业未来的发展趋势和持续盈利能力最重要的推测基础。报告期内公司业绩的质量表现是企业能否通过审核的最重要影响因素，所以，研究分析对企业业绩质量评价的标准和维度能够帮助企业找出问题，进而有针对性的解决问题，降低上市审核的风险。

通过梳理近几年证监会的审核案例，关于拟 IPO 企业的业绩问题，证监会的主要关注点具体体现在四个方面：业绩的增长性、合理性、含金量以及不确定性，本章分别从这四个方面分析拟 IPO 企业业绩的质量。

第一节　业绩的增长性

业绩的增长性是企业最直观的成长性证明，也是最重要，最受关注的上市审核点之一。如果拟 IPO 企业报告期内业绩保持持续增长，说明企业具备成长性，未来持续盈利能力存在一定保障，较容易获得监管机构的认可；反之，如果拟 IPO 企业报告期内的经营业绩处于下滑状态，则可能说明企业外部经营环境、内部经营模式、竞争优势等发生不利变化，未来经营业绩可能会进一步下滑，持续盈利能力无法得到有效保障，所以业绩的增长性对企业 IPO 能否通过审核至关重要。

一、业绩增长

（一）理论基础

除了2009年创业板发行条件中对企业业绩成长性（利润增长或营业收入增长率不低于30%）有要求外，目前适用的主板、中小板和创业板发行条件均对成长性没有定量或定性的要求。但在IPO审核实践中，对拟IPO企业的业绩规模及成长性均有较高的要求，甚至市场比较一致认为最近一年扣非后归母净利润金额要远高于法定标准。

▶ 相关法条：

《首发管理办法》

第二十六条第一款第一、二项　发行人应当符合下列条件：(一)最近3个会计年度净利润均为正数且累计超过人民币3000万元，净利润以扣除非经常性损益前后较低者为计算依据；(二)最近3个会计年度经营活动产生的现金流量净额累计超过人民币5000万元；或者最近3个会计年度营业收入累计超过人民币3亿元。

《创业板首发管理办法》

第十一条　发行人申请首次公开发行股票应当符合下列条件：（一）发行人是依法设立且持续经营三年以上的股份有限公司。有限责任公司按原账面净资产值折股整体变更为股份有限公司的，持续经营时间可以从有限责任公司成立之日起计算；（二）最近两年连续盈利，最近两年净利润累计不少于一千万元；或者最近一年盈利，最近一年营业收入不少于五千万元。净利润以扣除非经常性损益前后孰低者为计算依据；（三）最近一期末净资产不少于二千万元，且不存在未弥补亏损；（四）发行后股本总额不少于三千万元。

《首次公开发行股票并在创业板上市管理暂行办法》（2009年通过，2014年5月14日已废止）

第十条第二款　最近两年连续盈利，最近两年净利润累计不少于一千万元，且持续增长；或者最近一年盈利，且净利润不少于五百万元，最近一年营业收入不少于五千万元，最近两年营业收入增长率不低于百分之三十。净利润以扣除非经常性损益前后孰低者为计算依据。

1. 业绩增长的审核影响

拟IPO企业的成长性备受监管机构关注，而成长性最直接的表现就是企业报告期内经营业绩的增长。

虽然企业个体存在差异，能否通过 IPO 审核需要综合考量各方面的因素，但总体来说，业绩增长的企业过会的概率远高于业绩下滑的企业。主要原因有以下三点：

（1）拟 IPO 企业报告期内经营业绩持续增长，容易给证监会留下“好企业”的整体印象，对其他规范性问题的容忍度更高；

（2）如果拟 IPO 企业报告期内经营业绩下滑或大幅波动，容易被监管机构质疑未来的持续盈利能力，以及经营业绩是否会继续恶化；

（3）如果拟 IPO 企业业绩下滑或者大幅波动，监管机构会对该类企业的业绩规模要求更高，对企业财务数据真实性要求更严格、更谨慎，对影响企业持续盈利能力的不确定因素的审查更严格。

2. 业绩增长的类型

从最近几年的审核案例来看，监管机构认可的企业业绩增长曲线通常有五种，即类线性增长、速度加快型增长、NIKE 型曲线增长，速度放缓型增长，业绩平稳型。通常情况下，在企业业绩真实的前提下，增长率越高越容易通过审核。

五种业绩曲线表现形式如下：

（1）类线性增长

类线性增长，是指企业业绩增长以近似一次函数 $y=kx+b$ 形式的增长，k（斜率，也即业绩增长率）越大，增长速度越快。

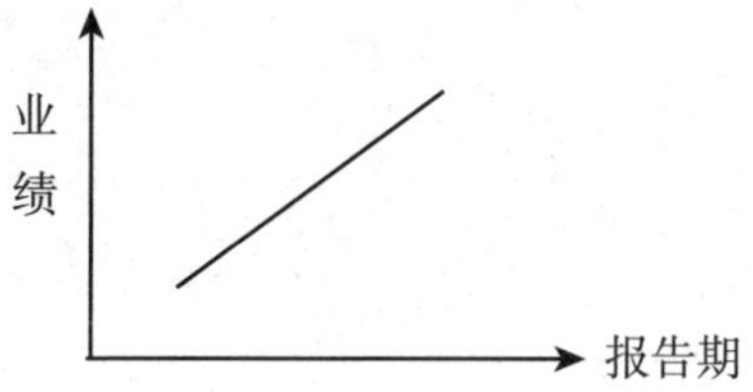

（2）速度加快型增长

速度加快型增长，即企业的业绩增长率逐渐变大。

增长率 = 增长额 / 上期数据 ×100%=（本期数据 – 上期数据）/ 上期数据 ×100%。

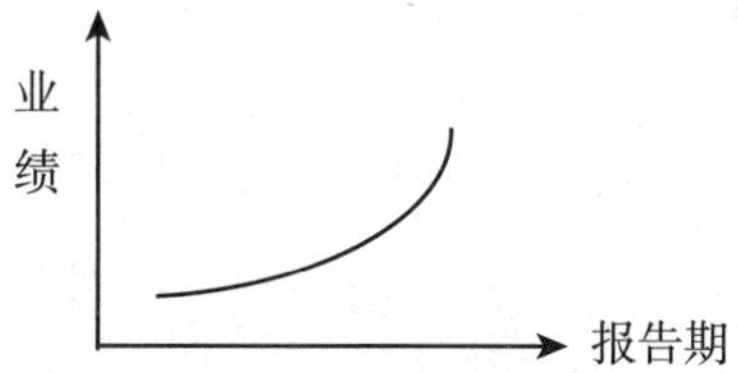

（3）NIKE 型曲线增长

NIKE 型曲线增长是指拟 IPO 企业在报告期内的第一年或第一年、第二年业绩下滑，之后又恢复高速增长的态势，且报告期后期业绩较前期的业绩总体呈增长态势。

2008 年国际金融危机后，面对企业业绩普遍下滑的状况，针对当时创业板成长性的要求，监管机构曾经提出过 NIKE 型的增长标准。即报告期三年里，如果企业业绩在中间一年较第一年有所下滑，但第三年又超过了第一年，此增长类型即为 NIKE 型（形状类似 NIKE 的商标）增长，是符合发行条件的。但是，如果第三年较中间一年有所增长，但仍然低于第一年，则不符合发行条件关于成长性的要求。虽然现在创业板发行条件已经取消成长性的要求，这一窗口指导意见也已经失效，但其中体现的审核思路仍然可以借鉴。

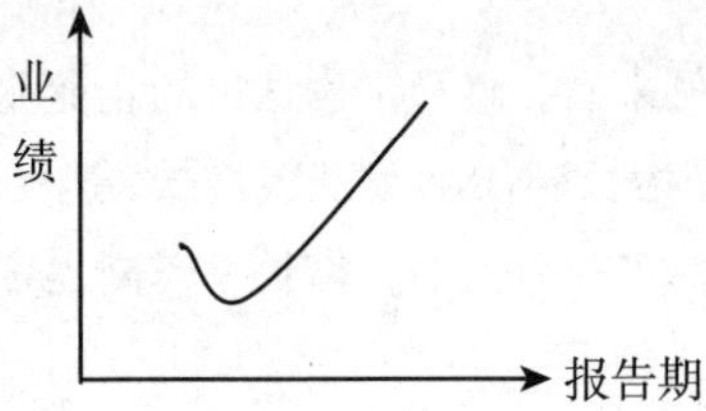

（4）速度放缓型增长

速度放缓型增长是指拟 IPO 企业的业绩增长率逐渐变小。

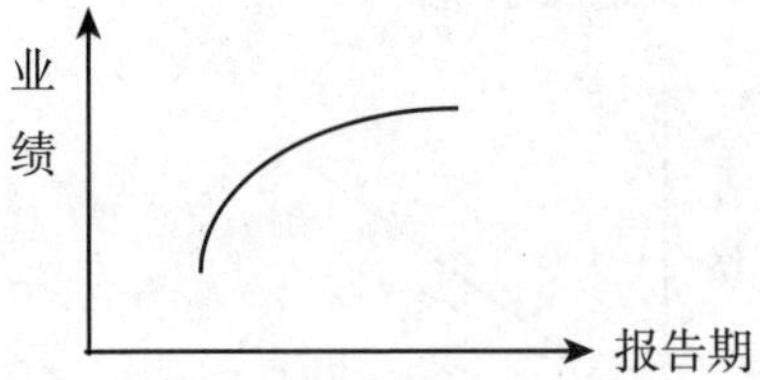

（5）业绩平稳型

业绩平稳型是指拟 IPO 企业整个报告期内业绩波动不大，基本维持在一个平稳的状态。业绩平稳型严格来说不属于业绩增长类型，但其仍然属于 IPO 可以接受的一种类型，此处可以理解为增长率为零的业绩增长极端情形。

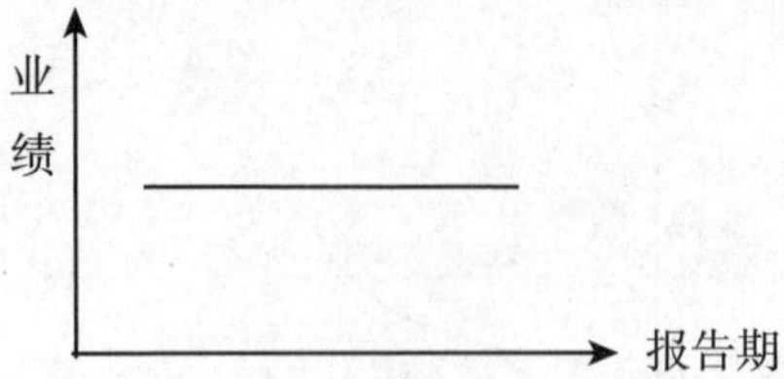

（二）审核关注点及典型案例

关于业绩增长，监管机构主要关注以下几点：

1. 发行人业绩的变动情况，包括收入利润规模、产销量及其变动趋势、变动原因等；

2. 如果发行人报告期内业绩增长较快，是否说明了业绩增长较快的原因、增长主要来自哪些客户、发行人产品在该等客户的销售情况；

3. 预计是否可以完成未来的业绩承诺，并说明发行人的业绩增长预计的依据，预计是否合理、业绩增长是否可持续；

4. 发行人的成长性，业务拓展及经营业绩的增长是否存在局限性，是否影响业绩增长的可持续性；

5. 影响公司未来业绩增长稳定性的风险因素。

相关案例：

案例 1

宁波永新光学股份有限公司（2018 年 6 月 26 日通过）

——报告期内营业收入、净利润呈类线性增长

案例背景　永新光学主要从事光学显微镜、光学元件组件和其他光学产品的研发、生产和销售。

报告期（2015 ~ 2017 年）内，公司营业收入分别为 38,425.06 万元、42,093.44 万元、51,388.81 万元；净利润分别为 4997.03 万元、8578.01 万元、10,670.24 万元；扣非后归母净利润分别为 5831.90 万元、7746.98 万元、9451.77 万元。公司报告期内营业收入、净利润等业绩指标呈类似直线增长态势。

案例分析　永新光学 2017 年扣非后归母净利润比 2016 年增加 1704.79 万元，2016 年比 2015 年增加 1915.08 万元，扣非后归母净利润呈类线性增长的态势，监管机构在反馈意见和发审会阶段并未对企业业绩的增长性产生质疑，此类型的增长属于监管机构比较认可的一种业绩增长表现。

案例 2

浙江长城电工科技股份有限公司（2018 年 1 月 30 日通过）

——报告期内净利润呈类线性增长

案例背景　长城股份主营业务为电磁线的研发、生产和销售，产品广泛应用

于电机、电器等实现电能和磁能转换的场合，是国民经济中重要的工业基础产品。目前公司产品已形成上千个规格，产品应用可覆盖工业电机、家用电器等领域。

报告期（2015 ~ 2017 年）内，公司营业收入分别为 288,971.44 万元、322,869.62 万元、458,395.09 万元；净利润分别为 5236.90 万元、11,384.70 万元、17,742.29 万元。公司报告期内营业收入、净利润等业绩指标呈类似直线增长态势。

案例分析 长城股份 2017 年净利润较 2016 年增长 6357.59 万元，2016 年净利润较 2015 年增长 6147.80 万元，报告期内业绩呈类似直线增长态势。监管机构在反馈意见和发审会阶段皆未提及对业绩增长性的质疑，结合案例 1 可见，监管机构对业绩类线性增长非常认可，表明企业处于持续增长状态，未来发展可期。

案例 3

富士康工业互联网股份有限公司（2018 年 3 月 8 日通过）

——业绩增长速度加快

案例背景 富士康股份是全球领先的通信网络设备、云服务设备、精密工具及工业机器人专业设计制造服务商，为客户提供以工业互联网平台为核心的新形态电子设备产品智能制造服务。

报告期（2015 ~ 2017 年）内，公司营业收入分别为 27,279,999 万元、27,271,265 万元、35,454,385 万元；净利润分别为 1,435,010.90 万元、1,439,017.70 万元、1,621,992.60 万元；归母净利润分别为 1,435,034 万元、1,436,570 万元、1,586,761 万元。公司报告期最后两年的经营业绩处于快速增长态势。

案例分析 富士康股份 2016 年净利润与 2015 年持平，未见明显增长，但 2017 年较 2016 年增长速度较快，营业收入增长 30%，净利润增长 12.71%。

对于此种类型的业绩增长，如果没有其他因素表明企业未来业绩会停止增长或将会下滑，亦会得到证监会的认可，审核通过的概率较大。

案例 4

广东丸美生物技术股份有限公司（2019 年 4 月 30 日通过）

——报告期内净利润呈 NIKE 型增长态势

案例背景　丸美股份自成立以来主要从事各类化妆品的研发、设计、生产、销售及服务。目前旗下拥有“丸美”、“春纪”和“恋火”三个品牌。

报告期（2015 ~ 2017 年）内，公司营业收入分别为 119,123.02 万元、120,812.52 万元、135,232.34 万元；净利润分别为 28,143.46 万元、23,218.97 万元、30,622.20 万元；扣非后归母净利润分别为 26,758.09 万元、22,101.96 万元、29,550.84 万元。

案例分析　丸美股份报告期内净利润呈 NIKE 型增长态势，报告期内，2016 年净利润较 2015 年下降了 17.40%，2017 年较 2016 年增长了 33.70%，2017 年较 2015 年增长了 10.44%。

对于此种 NIKE 型增长，监管机构最为关注的是业绩下滑年份，业绩下滑的主要原因，导致公司业绩下滑的内外部因素是否已经全部消除，如果相关因素已经全部消除，不会对公司未来的持续盈利能力造成不利影响，则此种增长类型是可以被监管机构认可的。关于 2016 年净利润下降的原因，丸美股份招股书中作了披露与解释，主要原因是公司 2016 年加大了产品的宣传力度，新增多位明星代言，结合新产品上市进行各类宣传和推广活动，销售费用增加，但销售收入未得到同比增长，导致净利率下降。2017 年，公司密切关注广告投放效率、控制广告宣传费用的支出，销售费用率恢复到 2015 年的水平，净利润提升。

案例 5

芜湖伯特利汽车安全系统股份有限公司（2018 年 1 月 30 日通过）

——报告期内业绩增长速度放缓

案例背景　伯特利主要从事汽车制动系统相关产品的研发、生产和销售，同时具备机械制动系统产品和电控制动系统产品的自主正向开发能力。

报告期（2014 ~ 2017 年 1 ~ 6 月）内，公司营业收入分别为 80,002.05 万元、147,092.23 万元、221,232.71 万元、105,220.72 万元；净利润分别为 5902.27 万元、17,643.12 万元、31,969.03 万元、14,773.45 万元；归母净利润分别为 6390.55 万元、16,592.46 万元、27,230.98 万元、12,297.64 万元。公司报告期内净利润和营业收入增长速度放缓。

案例分析 公司2015年、2016年业绩稳步增长，2017年由于市场环境等因素，业绩增长放缓，公司在招股书中作了业绩增长放缓的风险提示，发审委并未对公司业绩增长放缓提出质疑。

如果拟IPO企业在市场环境、行业趋势、技术更新、竞争壁垒等方面存在优势，即使报告期内业绩增长放缓，仍可以获得监管机构的认可。

案例6

浙江捷昌线性驱动科技股份有限公司（2018年6月12日通过）

——报告期内业绩增长速度放缓

案例背景 捷昌驱动主要从事线性驱动系统的研发、生产和销售。公司已掌握自主研发的智能线性驱动技术，为大量需要驱动应用的智能终端产品（如ICU电动病床，电动升降桌等）提供运动控制解决方案。

报告期（2014～2017年1～6月）内，公司净利润分别为4018.73万元、9939.27万元、12,905.72万元、7235.37万元，业绩增长放缓。

案例分析 公司2015年净利润较2014年增长5920.54万元，2016年较2015年增长2966.45万元。根据招股书披露，预估公司2017年收入61,769.58万元，净利润14,470.74万元，2017年（预估）较2016年增长1565.02万元，公司报告期内业绩增长速度放缓。

监管机构在审核过程中并未对公司持续盈利能力产生质疑，公司顺利通过审核。业绩增长速度放缓不存在审核障碍。

案例7

北京新兴东方航空装备股份有限公司（2018年7月3日通过）

——业绩波动较小，基本保持平稳状态

案例背景 新兴装备主营业务是以伺服控制技术为核心的航空装备产品的研发、生产、销售及相关服务，主要产品包括机载悬挂/发射装置类、飞机信息管理与记录系统类、综合测试与保障系统类和军用自主可控计算机类等航空装备产品。公司产品可广泛应用直升机、固定翼飞机、无人机等航空装备领域，属于军民两用的高科技产品。

报告期（2015～2017年）内，公司营业收入分别为25,022.07万元、25,407.40万元、30,660.86万元；净利润分别为10,578.72万元、11,087.73万元、11,655.79万元；扣非后归母净利润分别为10,355.57万元、

10,947.81 万元、11,457.10 万元。

案例分析 新兴装备报告期内净利润波动较小，2016 年较 2015 年增长 4.81%，2017 年较 2016 年增长 5.12%。基本保持平稳状态，公司属于科技创新型企业，产品应用于军工领域，属于军民两用的高科技产品，监管机构对此类企业往往更加包容，最终顺利通过审核。

（三）应对建议

总体来说，拟 IPO 企业只要报告期内处于业绩增长状态，审核风险相对较低，但监管机构对不同类型的业绩增长，认可度有所区别。通常来说，监管机构更偏爱业绩类线性增长、速度加快型增长的企业；对于 NIKE 型曲线增长、速度放缓型增长的企业，虽然不乏很多通过的案例，但存在一定的审核风险；对于业绩平稳型的企业，则很可能被质疑未来持续盈利能力。

因此，对于拟 IPO 企业来说，保持业绩持续增长能够增加过会的概率，通常来说，如果企业的经营业绩真实性不被质疑，则增长速度越快，通过率越高。

关于业绩增长，主要应对建议如下：

1. 提前规划业绩

（1）结合所在行业的发展周期，提前对业绩进行合理规划，保证业绩稳步增长，使企业报告期内经营业绩呈现更好的增长曲线；

（2）选择恰当的申报期进行申报，不可急于求成；

（3）对企业未来的持续盈利能力做好充分规划与分析，可从宏观经济形势、行业发展趋势、技术更新速度、市场竞争格局、采购成本变动、产品价格调整等多方面进行分析，说明企业未来的持续盈利能力不存在问题，未来增长前景可期。

2. 提升企业经营业绩

（1）内生式增长，从自身商业模式、产品种类、产品品质等方面入手，完善商业模式，选择高附加值的产品，提高公司产品市场占有率和利润率；

（2）外延式发展，选择合适的时机，采取并购等方式提升公司业绩。

3. 确保业绩的真实性不被质疑

企业业绩的增长趋势需要与行业景气周期、细分行业市场容量、同行业盈利水平等保持一致。具体来说，拟 IPO 企业的经营业绩增长性及盈利水平需要与同行业可比公司进行横向对比，亦要与企业不同年度的数据进行纵向对比，确保不存在明显的重大差异。以避免被质疑企业业绩的真实性。否则，即使企业业绩增长曲线非常完美，也很难获得监管机构的认可。

二、业绩下滑

（一）理论基础

总体来说，拟 IPO 企业如果出现业绩下滑的情形，则 IPO 的通过率较低。大多数面临上会企业出现业绩下滑后选择撤回材料，终止审查，待企业业绩转好后再行申报。如 2018 年共有 217 家企业终止审查，其中业绩下滑是“撤退”主因。

业绩下滑企业上会否决率较高，但并不必然被否，监管机构需要结合企业业绩下滑的程度和原因进行综合判断，如果业绩下滑的原因并非来自企业自身，而是因为暂时受行业周期或产业政策的不利影响，但不利影响在短时间内可以缓解或消除，如果理由充分，可以获得监管机构的认可；如果企业处于完全竞争行业，仅因自身原因出现业绩下滑，则很难被容忍。

同时，监管机构对拟 IPO 企业报告期业绩下滑和通过发审会后业绩下滑的审核态度及要求略有不同，具体如下：

1. 报告期业绩下滑

如拟 IPO 企业在报告期内出现营业收入、净利润等经营业绩指标大幅下滑的情形，需要中介机构重点关注是否存在可能对企业持续盈利能力和投资者利益有重大不利影响的事项，充分核查经营业绩下滑的程度、性质、持续时间等方面；发行人应按经营业绩下滑专项信息披露要求做好披露工作。

（1）最近一年（期）经营业绩较报告期最高值下滑幅度超过 50% 情形的，应全面分析下滑幅度超过 50% 的具体原因，审慎说明该情形及相关原因对持续盈利能力是否构成重大不利影响。如无充分相反证据或其他特殊原因能够说明发行人仍能保持持续盈利能力外，一般应重点关注并考虑该情形的影响程度。

（2）最近一年（期）经营业绩较报告期最高值下滑幅度未超过 50% 情形的，应区分不同原因进行论证核查，如因经营能力或经营环境发生变化、属于强周期行业、不可抗力或偶发性特殊业务事项等导致。保荐机构应针对不同情况获取明确的证据，发表明确的核查意见。

（3）专项信息披露与专项核查的具体要求：

①发行人应充分说明核心业务、经营环境、主要指标是否发生重大不利变化，业绩下滑程度与行业变化趋势是否一致或背离，发行人的经营业务和业绩水准是否仍处于正常状态，并在重大事项提示中披露主要经营状况与财务信息，以及下一报告期业绩预告情况，同时充分揭示业绩变动或下滑的风险及其对持续盈利能力的影响。

②保荐机构、申报会计师需要就经营业绩下滑是否对持续盈利能力构成重大

不利影响发表专项核查意见，详细分析发行人业绩变动的原因及合理性，明确说明业绩预计的基础及依据，核查发行人的经营与财务状况是否正常，报表项目有无异常变化，是否存在影响发行条件的重大不利影响因素，出具明确意见。

2. 通过发审会后业绩下滑

部分已通过发审会的发行人最近一期经营业绩或预计下一报告期经营业绩与上年同期相比，出现不同程度的下滑。根据业绩下滑的幅度与性质，进行分类处理，具体如下：

（1）下滑幅度不超过 30% 的

过会后的最近一期经营业绩与上年同期相比下滑幅度不超过 30%，且预计下一报告期业绩数据下滑幅度也不超过 30% 的，发行人需提供最近一期至下一报告期乃至全年主要经营状况及财务数据的专项分析报告，充分说明发行人的核心业务、经营环境、主要指标是否发生重大不利变化，业绩下滑程度与行业变化趋势是否一致或背离，发行人的经营业务和业绩水准是否仍处于正常状态，并按照及时性指引的要求在重大事项提示中披露主要经营状况与财务信息，以及下一报告期（指经审计或审阅财务报表截止日后）业绩预告情况，同时充分揭示业绩变动或下滑风险。

保荐机构需对上述情况及发行人经营业绩变化趋势、持续盈利能力出具专项核查意见，详细分析发行人业绩变动的原因及合理性，明确说明业绩预计的基础及依据，核查发行人的经营与财务状况是否正常，报表项目有无异常变化，是否存在影响发行条件的重大不利影响因素，发表明确意见。

在过会企业提交上述补充材料后，在招股说明书充分信息披露、保荐机构核查无重大不利变化且发行人仍符合发行条件基础上，将按照相关程序安排后续核准发行工作。此类企业发行上市后，如发现发行人关于上述业绩变动的信息披露及保荐机构核查意见存在虚假记载、误导性陈述或重大遗漏的，证监会将视情节轻重，依据相关法律、法规、规章予以严肃查处。

（2）下滑幅度超过 30% 但不超过 50% 的过会企业

过会企业最近一期或预计下一报告期经营业绩与上年同期相比下滑幅度超过 30% 但不超过 50% 的，发行人如能提供经审核的下一年度盈利预测报告，同时，提供最近一期至下一年度主要经营状况及财务数据的专项分析报告，以及保荐机构对上述情况及发行人经营业绩变化趋势、持续盈利能力出具专项核查意见；说明经营业绩下滑趋势已扭转，不存在对持续盈利或持续经营能力以及发行条件产生重大不利影响的事项，保荐机构应对上述情况予以充分核查，获取明确的证据，并发表明确意见；符合上述要求，将按照相关程序安排后续核准发行工作。

（3）下滑幅度超过 50% 以上的过会企业

过会后的最近一期经营业绩与上年同期相比下滑幅度超过 50%，或预计下一报告期业绩数据下滑幅度将超过 50% 的，基于谨慎稳妥原则，暂不予安排核准发行事项，待其业绩恢复并趋稳后再行处理或安排重新上发审会。

相关法条：

《首发业务若干问题解答（二）》

问题 12：部分首发企业存在报告期营业收入、净利润等经营业绩指标大幅下滑情形，中介机构在核查中应如何把握相关情况对其持续盈利能力的影响？

答：如首发企业在报告期内出现营业收入、净利润等经营业绩指标大幅下滑的情形，中介机构应重点关注是否存在可能对企业持续盈利能力和投资者利益有重大不利影响的事项，充分核查经营业绩下滑的程度、性质、持续时间等方面；发行人应按经营业绩下滑专项信息披露要求做好披露工作。

（1）发行人存在最近一年（期）经营业绩较报告期最高值下滑幅度超过 50% 情形的，发行人及中介机构应全面分析经营业绩下滑幅度超过 50% 的具体原因，审慎说明该情形及相关原因对持续盈利能力是否构成重大不利影响。如无充分相反证据或其他特殊原因能够说明发行人仍能保持持续盈利能力外，一般应重点关注并考虑该情形的影响程度。

（2）发行人存在最近一年（期）经营业绩较报告期最高值下滑幅度未超过 50% 情形的，发行人及中介机构应区分以下不同情况予以论证核查：

①对于发行人因经营能力或经营环境发生变化导致经营业绩出现下滑的情形，发行人应充分说明经营能力或经营环境发生变化的具体原因，变化的时间节点、趋势方向及具体影响程度；正在采取或拟采取的改善措施及预计效果，结合前瞻性信息或经审核的盈利预测（如有）情况，说明经营业绩下滑趋势是否已扭转，是否仍存在对持续盈利能力产生重大不利影响的事项；保荐机构应对上述情况予以充分核查，获取明确的证据，并发表明确意见。在论证、核查和充分证据基础上，合理判断该情形的影响程度。

②对于发行人认为自身属于强周期行业的情形，发行人应结合所处行业过去若干年内出现的波动情况，分析披露该行业是否具备强周期特征；比较说明发行人收入、利润变动情况与行业可比上市公司情况是否基本一致；说明行业景气指数在未来能够改善，行业不存在严重产能过剩或整体持续衰退。结合上述要求，保荐机构应对发行人属于强周期行业的依据是否充分发表专项核查意见。满足以

上条件的，其业绩下滑可不认定为对持续盈利能力构成重大不利影响的情形。

③对于发行人报告期因不可抗力或偶发性特殊业务事项导致经营业绩下滑的情形（如自然灾害造成的一次性损失、大额研发费用支出、并购标的经营未达预期导致巨额商誉减值、个别生产线停产或开工不足导致大额固定资产减值、个别产品销售不畅导致大额存货减值、债务人出现危机导致大额债权类资产减值或发生巨额坏账损失、仲裁或诉讼事项导致大额赔偿支出或计提大额预计负债、长期股权投资大幅减值等），发行人应说明不可抗力或偶发性特殊业务事项产生的具体原因及影响程度，最近一期末相关事项对经营业绩的不利影响是否已完全消化或基本消除；结合前瞻性信息或经审核的盈利预测（如有）情况，说明特殊业务事项是否仍对报告期后经营业绩产生影响进而影响持续盈利能力。保荐机构应对特殊业务事项是否影响发行人持续盈利能力发表专项核查意见。若特殊业务事项的不利影响在报告期内已完全消化或基本消除，披露的前瞻性信息或经审核的盈利预测（如有）未出现重大不利变化，其业绩下滑可不认定为对持续盈利能力构成重大不利影响的情形。

针对经营业绩下滑，发行人应作专项信息披露，中介机构应作专项核查。具体要求包括：①发行人应充分说明核心业务、经营环境、主要指标是否发生重大不利变化，业绩下滑程度与行业变化趋势是否一致或背离，发行人的经营业务和业绩水准是否仍处于正常状态，并在重大事项提示中披露主要经营状况与财务信息，以及下一报告期业绩预告情况，同时充分揭示业绩变动或下滑的风险及其对持续盈利能力的影响。②保荐机构、申报会计师需要就经营业绩下滑是否对持续盈利能力构成重大不利影响发表专项核查意见，详细分析发行人业绩变动的原因及合理性，明确说明业绩预计的基础及依据，核查发行人的经营与财务状况是否正常，报表项目有无异常变化，是否存在影响发行条件的重大不利影响因素，出具明确意见。

净利润以最近一年（期）扣除非经常性损益合计数前后孰低的净利润为计算依据，与前期同一口径数值进行比较。

《首发业务若干问题解答（二）》

问题 24：申请在主板、中小板、创业板上市的首发企业，在通过发审会后经营业绩出现下滑的，在程序上是否推进其核准发行，日常监管中如何把握？

答：部分已通过发审会的发行人最近一期经营业绩或预计下一报告期经营业绩与上年同期相比，出现不同程度的下滑。考虑到企业业绩波动受经济周期、行业周期以及自身经营等多种因素的影响，本着实事求是、分类处理、充分信息披露及风险揭示的原则，根据业绩下滑的幅度与性质，结合《关于首次公开发行股票并上市公司招股说明书财务报告审计截止日后主要财务信息及经营状况信息披露指引》（证监会公告〔2013〕45 号，以下简称及时性指引）的相关要求，予以分类处理，具体如下：

（1）下滑幅度不超过 30% 的

过会后的最近一期经营业绩与上年同期相比下滑幅度不超过 30%，且预计下一报告期业绩数据下滑幅度也不超过 30% 的，发行人需提供最近一期至下一报告期乃至全年主要经营状况及财务数据的专项分析报告，充分说明发行人的核心业务、经营环境、主要指标是否发生重大不利变化，业绩下滑程度与行业变化趋势是否一致或背离，发行人的经营业务和业绩水准是否仍处于正常状态，并按照及时性指引的要求在重大事项提示中披露主要经营状况与财务信息，以及下一报告期（指经审计或审阅财务报表截止日后）业绩预告情况，同时充分揭示业绩变动或下滑风险；保荐机构需对上述情况及发行人经营业绩变化趋势、持续盈利能力出具专项核查意见，详细分析发行人业绩变动的原因及合理性，明确说明业绩预计的基础及依据，核查发行人的经营与财务状况是否正常，报表项目有无异常变化，是否存在影响发行条件的重大不利影响因素，发表明确意见。

在过会企业提交上述补充材料后，在招股说明书充分信息披露、保荐机构核查无重大不利变化且发行人仍符合发行条件基础上，将按照相关程序安排后续核准发行工作。该类企业发行上市后，如发现发行人关于上述业绩变动的信息披露及保荐机构核查意见存在虚假记载、误导性陈述或重大遗漏的，我会将视情节轻重，依据相关法律、法规、规章予以严肃查处。

（2）下滑幅度超过 30% 但不超过 50% 的过会企业

过会企业最近一期或预计下一报告期经营业绩与上年同期相比下滑幅度超过 30% 但不超过 50% 的，发行人如能提供经审核的下一年度盈利预测报告，同时，提供最近一期至下一年度主要经营状况及财务数据的专项分析报告，以及保荐机构对上述情况及发行人经营业绩变化趋势、持续盈利能力出具专项核查意见；说明经营业绩下滑趋势已扭转，不存在对持续盈利或持续经营能力以及发行条件产生重大不利影响的事项，保荐机构应对上述情况予以充分核查，获取明确的证据，并发表明确意见；符合上述要求，将按照相关程序安排后续核准发行工作。

（3）下滑幅度超过 50% 以上的过会企业

过会后的最近一期经营业绩与上年同期相比下滑幅度超过 50%，或预计下一报告期业绩数据下滑幅度将超过 50% 的，基于谨慎稳妥原则，暂不予安排核准发行事项，待其业绩恢复并趋稳后再行处理或安排重新上发审会。

过会后的“最近一期”可以是中期（一季度、半年度、三季度），也可以是新增补的会计年度；“经营业绩”以扣除非经常性损益合计数前后孰低的净利润为财务数据的计算依据；“财务数据”应为已审计报告期财务数据、按照及时性指引要求经审阅季度财务数据。

（二）审核关注点及典型案例

关于业绩下滑，监管机构主要关注以下几点：

1. 业绩下滑的原因，相关因素是否已经消除，未来业绩是否有继续下降的趋势；
2. 针对业绩下滑，发行人采取的应对措施有哪些，相关风险是否充分披露；
3. 业绩是否有回升的空间，业务拓展及经营业绩的增长是否存在局限性；
4. 未来持续盈利能力如何保证，具体从哪些方面进行业绩改善。

相关案例：

案例 1

浙江叁益科技股份有限公司（2018 年 4 月 3 日被否）

——市场竞争格局发生重大变化，报告期内营业收入和净利润大幅下降，
被质疑未来持续盈利能力存在重大不确定性

案例背景　叁益科技是一家专业从事人防专用设备的研发、生产和销售的高新技术企业，公司的产品主要应用于国家人防建设，目前正积极推进新型北斗卫星通信防空防灾警报设备的研发、生产和销售。

报告期（2015 ~ 2017 年）内，公司营业收入分别为 51,645.90 万元、25,548.03 万元、25,014.20 万元，逐年下降；净利润分别为 20,181.14 万元、4747.26 万元、5104.04 万元，净利润总体亦呈下降趋势。

发审会问题　报告期内，发行人主营业务收入逐年下降，主营业务毛利率下滑幅度较大，其中防化设备收入、单价持续下降，新增订单和在手订单均持续减少。请发行人代表说明：（1）主营业务收入逐年下降，尤其是 2016 年度较 2015 年度大幅下降的原因及合理性，未来主营业务收入下滑趋势是否仍将持续；（2）2017 年自产原材料对防化设备单位成本的实际影响，防化设备外部市场变化及单价持续降低是否对主营业务及未来持续盈利能力产生重大不利影响；（3）主要产品订单依然呈现下滑趋势的原因及对未来持续盈利能力的影响；（4）主要防护设备产品中防护门 2017 年年末在手订单大幅减少的原因及合理性，是否存在期末集中提前确认收入情形，该产品毛利率大幅下滑对未来防护设备业务的影响；（5）部分防化产品未经国家指定

的质检机构检测而直接对外销售并确认收入的情形是否符合企业会计准则的规定。请保荐代表人说明核查过程、依据，并发表明确核查意见。

案例分析 叁益科技主要产品为防护设备和防化设备两大类，产品主要用于人防工程领域，公司主要依靠资质壁垒在市场上实现了相对垄断地位，尤其是在浙江省地区，公司依靠当地的市场以及长期合作的关系，不仅业绩稳定还实现了较高的毛利水平（毛利率 60% 左右），但从 2015 年开始，监管机构放开了防化设备的生产资质审批，具备资质的企业由 6 家增加至 34 家，对原有的市场竞争格局造成巨大的冲击。公司作为老牌企业，理应对此重大市场变革做好充分应对准备，但从最终业绩来看，公司明显受到了政策及市场变化的重大冲击，2016 年收入下降了 50%，净利润从 2 亿多元下降至不足 5000 万元，下降幅度高达 75%。虽然公司在积极采取措施保证业绩的稳定，且 2016 年开发了新的高毛利产品，但最终 2017 年业绩也只能与 2016 年持平，很难回到 2015 年的水平。

此外，公司在手订单不足，产品销售单价大幅下降，存货周转率逐年降低，这些重要财务数据和指标预示着公司未来的持续盈利能力存在较大的不确定性。

案例 2

北京建工环境修复股份有限公司（2018 年 1 月 16 日被否）

——报告期内业绩波动大，报告期最后一期业绩大幅下滑，被质疑未来的持续盈利能力

案例背景 建工修复是国内最早专业从事土壤修复服务的高新技术企业之一，并以此为基础逐步拓展多种污染类型的土壤修复、水体（地表水、地下水）修复、生态修复业务布局。公司目前主营业务为包括土壤修复、水体（地表水、地下水）修复和生态修复在内的环境修复咨询、设计、工程承包等。

报告期（2014 ~ 2017 年 1 ~ 6 月）内，公司营业收入分别为 41,629.51 万元、44,549.92 万元、107,444.35 万元、26,600.00 万元；净利润分别为 3720.26 万元、2843.08 万元、6843.29 万元、1303.27 万元。

发审会问题 发行人 2016 年营业收入和净利润分别为 10.74 亿元和 6843.29 万元，2017 年 1 ~ 6 月营业收入和净利润分别为 2.66 亿元和 1303.27 万元，变化幅度较大。请发行人代表：（1）结合同行业可比公司、客户集中度较高等因素，说明 2016 年度业绩较以往年度大幅上升的原因及其合理性；（2）结合季度性波动、在手未结算订单、施工周期、收入确认

方法等因素，说明 2017 年 1 ~ 6 月业绩下滑的原因，是否可能持续下滑，发行人采取的应对措施，相关风险是否充分披露。请保荐代表人说明核查方法、过程、依据，并发表明确核查意见。

案例分析 建工修复的主要问题是盈利能力不稳定，2016 年业绩出现大幅上涨，但 2017 年又大幅下滑，2017 年上半年的业绩为 2016 年的 1/4，下降了一半左右。监管机构问询公司业绩变化幅度大的原因，业绩是否可能持续下滑，是否做了风险提示及应对措施。因此，从根本来说，监管机构质疑的是发行人的持续盈利能力。

从招股书披露信息来看，建工修复为土壤修复市场龙头企业，公司业绩最高峰的 2016 年，营业收入达 10 亿元左右，净利润 7000 万元左右，这对于行业龙头来说，规模不算太大，公司所处行业尚处于不成熟状态，市场比较分散。此外，公司很多项目来源政府推动，并非完全的市场行为。因此，公司所处行业现状并不被监管机构看好。在这样的前提下，公司业绩又存在大幅波动，特别是 2017 年业绩出现大幅下滑，不得不让发审委质疑公司的持续盈利能力。

此外，公司收入确认方式（工作量法）给公司损益带来较大影响，以及因为特定的业务模式导致的大额项目占款，使公司现金流紧张，这都让监管机构担忧公司的持续盈利是否存在较大的风险，因此，最终未能通过审核。

案例 3

欣贺股份有限公司（2018 年 1 月 5 日被否）

——报告期内经营业绩下滑，被质疑持续盈利能力

案例背景 欣贺股份主营中、高端女装的设计、生产和销售。公司自主研发经营七大品牌：JORYA、JORYAweekend、ΛNMΛNI（恩曼琳）、GIVHSHYH（巨式国际）、CAROLINE（卡洛琳）、AIVEI 和 QDA。其中 JORYA、JORYAweekend 品牌为公司的核心品牌，而 QDA 品牌是发行人于 2011 年创立的流行时尚精品品牌，并于 2012 年 12 月 7 日进入市场，目前尚处于起步和培养阶段。2013 年，发行人开始经销国际知名品牌——万宝龙。

2013 ~ 2015 年，公司营业收入分别为 20.96 亿元、22.18 亿元、18.13 亿元；净利润分别为 3.63 亿元、5.31 亿元、3.60 亿元。2016 ~ 2017 年，公司净利润分别为 1.85 亿元、1.92 亿元。

发审会问题 报告期内发行人营业收入和净利润持续大幅下降，门店数量

持续减少，门店平效持续下滑。请发行人代表：（1）分析上述指标变化情况和原因，与同行业可比上市公司是否一致，进一步说明发行人经营模式、产品结构、经营环境是否已经发生重大变化，对发行人的持续经营盈利能力是否构成重大不利影响；（2）结合行业现状、可比上市公司数据及在手订单情况进一步说明 2017 年 1 ~ 6 月业绩止跌回升的原因及可持续性；（3）说明报告期发行人改善经营情况和措施，结合商品库龄变化情况进一步说明是否取得相关成效。请保荐代表人说明核查依据、方法和过程并明确发表核查意见。

案例分析　除去 2014 年业绩上涨，欣贺股份报告期内营业收入和净利润总体上皆处于下滑状态。直到上会前，公司 2016 年、2017 年净利润只有 1.85 亿元、1.92 亿元，净利润水平远远低于 2014 年。发审会问题中，公司因营业收入和净利润持续大幅下降，被问及一系列问题，实质是质疑公司未来的持续盈利能力。

从以往审核案例来看，如果企业能力普通，且报告期内业绩下滑，则审核风险很大，被否率很高，需要拟 IPO 企业予以高度重视并做好提前规划。

案例 4

中信建投证券股份有限公司（2018 年 4 月 3 日通过）

——行业周期性导致报告期内业绩逐年下滑，但行业优势地位显著及股东背景强大，仍成功过会

案例背景　中信建投主要业务为证券经纪；证券投资咨询；与证券交易、证券投资活动有关的财务顾问等。中信建投近年来经营业绩优于行业平均水平，投行业务稳居行业前二，其余主营业务逐渐“强势进军”行业前五。2016 ~ 2017 年度，国内证券行业经营业绩较往年有所下滑，系整个经济环境的影响。

目前，中信建投证券已成为第 11 家“A+H”股上市券商，目前共有 10 家券商已经登陆 H 股和 A 股，分别是中信证券、国泰君安证券、华泰证券、海通证券、广发证券、招商证券、银河证券、光大证券、东方证券和中原证券。年报显示，中信建投证券 2017 年实现营业收入 113.03 亿元，位居“A+H”股上市券商第六位。

据招股书披露，2014 ~ 2017 年，中信建投净利润分别为 33.98 亿元、86.52 亿元、53.13 亿元、40.62 亿元。

发审会问题　2016 年和 2017 年，发行人经营性现金净流量远低于同期净

利润，尤其是2017年出现大额负数。请发行人代表说明：（1）2016年和2017年经营性现金净流量远低于同期净利润、2017年大额负数的原因及其合理性;（2）相关会计处理是否符合企业会计准则的规定，是否符合行业惯例。请保荐代表人说明核查过程、依据，并发表明确核查意见。

案例分析 根据招股书披露，2014～2017年，中信建投证券净利润逐年下降，但营业收入仍位居“A+H”股上市券商第六位，业绩下滑受整个行业经济环境的影响，各大券商都有业绩下滑的迹象。值得注意的是，中信建投2016年净利润下降39%；2017年利润下降24%。此外，中信建投2016年、2017年经营性现金净流量远低于同期净利润，且2017年出现大额负数。

尽管如此，中信建投仍然成功过会，主要原因有两个：一是其卓越的行业地位，虽然报告期内业绩下降，但主要原因是受行业经济环境的影响，资本市场本身所具有的周期性导致，并不意味着未来持续盈利能力出现问题；二是其强大的股东背景，根据招股书显示，中信建投证券具有国资背景，北京国有资本经营管理中心持股37.04%，为第一大股东。据了解，北京国有资本经营管理中心是经北京市人民政府批准设立的国有独资的大型投资控股公司；而其第二大股东，则是“国家队”成员中央汇金投资有限责任公司，持股32.93%，中央汇金投资有限责任公司是经过国务院授权，对国有重点金融企业进行股权投资的国有投资公司；第三大股东则是券商龙头中信证券股份有限公司，持股5.89%；第四大股东是综合性跨行业国际集团世纪金源投资集团有限公司。强大的股东背景为其顺利过会起到了积极的作用。

案例5

亚普汽车部件股份有限公司（2018年3月13日通过）

——因偶发性特殊业务事项导致报告期内业绩下滑，获证监会认可

案例背景 亚普股份是专业从事汽车（主要是乘用车）燃油燃料系统的设计开发、制造和销售的汽车零部件企业。

报告期（2015～2017年）内，公司营业收入分别为621,644.05万元、655,593.48万元、707,543.41万元；净利润分别为3.97亿元、3.88亿元、3.58亿元，净利润逐年下降。

发审会问题 报告期内发行人存在向第二大股东华域汽车的控股股东上汽集团及其子公司、合营公司销售商品、提供劳务的关联交易，且占比较高。请发行人代表说明：（1）发行人与华域汽车关联方交易的必要性及未来变动

趋势、关联交易的决策机制、定价原则，发行人是否已经建立相关制度以保证未来交易价格的公允性；（2）报告期内发行人对华域汽车关联方采购或销售的单位价格及毛利和对第三方采购或销售的单位价格和毛利，是否存在差异及其原因；（3）发行人取得华域汽车关联方的订单方式，是否存在需履行招投标程序而未履行的情形，发行人与华域汽车关联方的合作关系是否稳定；（4）发行人营业收入或净利润对华域汽车关联方是否存在重大依赖、发行人与华域汽车关联方的合作关系对发行人持续盈利能力是否产生不利影响。请保荐代表人说明核查过程、依据，并发表明确核查意见。

案例分析 亚普股份报告期内净利润逐年下降，发审会问题中提到关联方合作对发行人的持续盈利能力的影响，关于业绩增长性相关的问题并未过多提及。查阅其招股说明书发现，2017 年公司净利润较大下滑主要原因是公司对商誉计提大额减值所致，属于证监会认可的偶发性特殊业务事项导致经营业绩下滑的情形，并且经预计公司 2018 年 1 ~ 3 月的业绩将实现同比大幅上升，为公司顺利通过审核提供了积极的证据。

值得关注的是，公司控股股东是国投高科技投资有限公司，国投高科技投资有限公司是中国国投高新产业投资有限公司的子公司，主要负责除能源、交通、矿产之外综合型投资业务，也是国家产业技术研究与开发资金试行创业风险投资和中央财政资金参股设立创业投资基金的受托管理机构。公司实际控制人为中国国投高新产业投资有限公司，中国国投高新产业投资有限公司成立于 1995 年 5 月，是国务院批准设立的国家投资控股公司和中央直接管理的国有重要骨干企业之一，强大的股东背景也成为公司通过审核的积极因素之一。

（三）应对建议

总体来说，如果拟 IPO 企业报告期内经营业绩下滑，通过 IPO 的概率将大大降低，针对业绩下滑的企业，除了前文提到的，需要提升自身业绩、提前规划业绩、选择合适的申报期外，还可以对业绩下滑进行合理解释，争取能够获得监管机构的认可。

1. 从市场环境、经营环境等方面入手，充分说明经营能力或经营环境发生变化的具体原因，变化的时间节点、趋势方向及具体影响程度；正在采取或拟采取的改善措施及预计效果，结合前瞻性信息或经审核的盈利预测情况，说明经营业绩下滑趋势已经扭转。

2. 从公司内部入手，解释业绩下滑主要是因为不可抗力或偶发性特殊业务事项导致，如自然灾害造成的一次性损失、大额研发费用支出、并购标的经营未达预期导致巨额商誉减值、个别生产线停产或开工不足导致大额固定资产减值、个别产品销售不畅导致大额存货减值、债务人出现危机导致大额债权类资产减值或发生巨额坏账损失、仲裁或诉讼事项导致大额赔偿支出或计提大额预计负债、长期股权投资大幅减值等。

说明不可抗力或偶发性特殊业务事项产生的具体原因及影响程度，特殊业务事项的不利影响在报告期内已完全消化或基本消除，披露的前瞻性信息或经审核的盈利预测未出现重大不利变化，不会对公司持续盈利能力构成重大不利影响。

3. 从行业周期方面入手，说明公司属于强周期行业，结合所处行业过去若干年内出现的波动情况，分析披露该行业的强周期特征；比较说明发行人收入、利润变动情况与行业可比上市公司情况基本一致；说明行业景气指数在未来能够改善，行业不存在严重产能过剩或整体持续衰退等。

4. 从公司行业地位、核心竞争优势着手，说明公司业绩虽然下滑，但只是暂时状态，行业前景看好，且公司处于行业龙头企业地位，未来持续盈利能力不存在问题。

第二节　业绩的合理性

自第十七届发审委上任以后，业绩真实合理性、持续盈利能力、规范运行、独立性成为 IPO 被否的四大主因，其中经营业绩真实合理性逐渐成为 IPO 被否的最大杀器。通常来说，监管机构无法直接判定一家企业的业绩是否真实，企业业绩不真实在申报材料上主要表现为披露的各种数据、各项业务、会计处理、商业逻辑等存在不合理之处，所以在上市审核中，监管机构对企业业绩是否真实合理主要从财务数据合理性、会计处理合理性及商业合理性三个方面来判断。

通常来说，企业业绩不真实，最直观的表现就是相关财务数据不合理，同时会计处理不合理也是业绩不合理的可能表现之一，其次还有一些经济事项、业务模式等从商业逻辑上考虑会存在一定的不合理之处，由此带来的商业合理性也可能导致企业业绩不合理、不真实。

一、财务数据合理性

（一）理论基础

财务数据是企业商业活动经过会计加工后的反映，是企业上市的硬指标，同时也是判断企业未来持续盈利能力的基础。监管机构要求拟 IPO 企业报告期内的业绩必须真实、准确，并能够反映行业及公司的特征。如果拟IPO企业的财务数据不合理，则可能最终反映的是公司的业绩不真实，因此财务数据合理性受到监管机构的重点关注。

1. 财务数据不合理形成的主要原因

造成财务数据不合理的原因有很多，总体来说，主要有以下三种：

一是业绩美化包装，如果企业的财务数据经过了刻意、过度包装，则容易脱离企业的真实业务情况，可能会引起企业财务数据的异常；

二是会计核算不规范，如果企业会计核算不规范，则最终的财务数据可能与企业业务情况不符，从而被监管机构质疑财务数据的合理性；

三是客观原因，如市场环境突然变化、企业内部改制等，可能导致企业的财务数据存在异常之处。

针对上述三种原因造成的财务数据不合理，监管机构的审核侧重点和容忍度有所不同。如果因业绩美化包装造成，则审核风险较大，被否率很高；如果因为会计核算不规范造成，审核风险相对较大，但企业可以通过整改的方式，尽量降低审核风险；如果因为市场环境突然变化等一些客观原因，企业只要注意解释和披露真实情况，监管机构通常能够认可，审核风险较低。

2. 财务数据不合理的表现形式

监管机构通常通过三个维度来分析和判断拟IPO企业财务数据的合理性：一是与同行业公司的对比；二是与不同年度的对比；三是指标之间的钩稽对比。

（1）与同行业公司对比

行业的发展往往决定了企业的发展，在相同的行业背景和经营环境下，不同的企业会在很多方面都表现出一致性，因此监管机构通常将拟IPO企业的关键财务指标与同行业可比公司进行对比，以判断拟IPO企业经营业绩和财务数据的合理性。

具体来说，证监会通常关注毛利率、净利率、期间费用率、营业收入增长率、净利润增长率等财务指标，将之与同行业可比公司平均数据进行对比。若拟IPO企业的关键财务指标与同行业差异较大，甚至呈反向变动，则会被监管机构问询，审核风险较大。

（2）与不同年度对比

除了与同行业公司对比，拟IPO企业关键财务数据在报告期内不同年度的波动情况亦受到监管机构重点关注。包括营业收入、净利润、毛利率、期间费用率、现金流量净额等，这些财务数据反映了企业的业绩状况、盈利水平，同时，也可以折射出企业商业模式、盈利模式等的变化。

如果上述关键财务数据在不同年度间波动幅度大，存在异常，则会引起监管机构的关注和问询，质疑财务数据和业绩的合理性。

（3）指标间的钩稽对比

监管机构除了关注上述单个指标与同行业公司对比及与不同年度对比是否存在异常外，在IPO审核过程中，监管机构还关注不同指标间的钩稽配比关系是否合理。在财务报表中，各个科目之间都存在直接或间接的联系，有些钩稽关系是直接的，即不同科目之间可以构成联动；而有的科目间的钩稽关系是间接的，通常不构成固定的联动关系，但两者有着密切的关系。不同指标间的钩稽关系不匹配，容易被监管机构质疑财务指标合理性和业绩合理性。

3. 监管机构重点关注的财务数据 / 财务指标

具体到财务数据方面，监管机构主要关注两个层面：一是单个财务数据 / 财务指标的合理性，重点包括营业收入、营业成本、毛利率、期间费用（率）、净利润（率）、经营活动现金流量净额等；二是不同财务数据 / 财务指标之间的钩稽匹配关系。重点包括：净利润与其他项目的匹配关系；营业收入与其他项目的匹配关系；销售价格、采购价格的匹配关系等。

（1）单个财务数据 / 财务指标的合理性

①营业收入

监管机构关注营业收入的合理性，主要包括：营业收入的增长趋势与同行业平均水平是否相符；企业不同年度间的营业收入水平波动情况是否合理；营业收入的构成是否合理，不同产品的占比波动幅度是否过大；营业收入是否真正实现等。

②营业成本

监管机构关注营业成本的合理性，除了关注营业成本的构成，即“料、工、费”的归集构成是否合理，营业成本的结转是否准确、完整、合理，是否与同行业平均水平一致，不同年度波动情况是否合理外，通常也会与企业购买商品、接受劳务所支付的现金流、应付账款、应付票据、预付账款、存货等结合起来分析判断。

③毛利率

毛利率是反映企业盈利能力的核心指标之一，备受监管机构关注。毛利率可以反映企业产品价格水平、成本控制能力及基本盈利能力，体现了公司综合竞争力。也就是说，毛利率异常可能预示着企业产品结构、价格水平、成本结构等存在问题。

通常来说，监管机构主要关注毛利率的以下异常情形：A. 毛利率高于或低于同行业可比上市公司水平；B. 毛利率与行业所处经济周期不符；C. 收入大幅下滑而毛利率却保持稳定；D. 原材料采购成本上升，毛利率同步上升；E. 毛利率波动幅度大；F. 相似业务或产品毛利率差异大；G. 相同产品不同客户的毛利率差异大。

④期间费用

企业所处行业不同、经营模式不同、销售模式不同，期间费用也会不同，监管机构关注期间费用合理性，主要通过期间费用率来判断。企业的期间费用率与同行业平均水平是否相符；企业不同年度间的期间费用率波动情况是否合理等。

上市申报材料中，拟IPO企业会详细披露报告期内各年度期间费用明细项目情况，监管机构对各项费用的年度变化对比，很容易能发现指标的异常变动。一般情况下，各项销售费用和管理费用会随着收入的变动而发生同向变动，如收入增加，运输费用也会相应增长，差旅费用同样会相应增长。但有些费用项目与收入变动的关联度较小，如折旧摊销，在企业没有大额资产购进和处置的情况下，每年的发生额会比较稳定。再如，职工薪酬，在收入阶段性下降的期间，职工薪酬不会随之下降。

总体来说，期间费用的大多明细科目与公司业务相匹配，如果这些匹配关系存在异常，会带来一定的审核风险。

⑤净利润

净利润是反映企业业绩水平的核心指标，受到监管机构的重点关注。一方面监管机构关注净利润的金额是否符合《首发管理办法》的要求，未来是否会持续盈利并增长；另一方面关注企业的净利润是否真实合理，在同行业中所处的地位是否与之匹配等。

净利润的真实合理性，通常需要与营业收入、经营性现金流量净额等数据对比来判断。例如，公司经营活动现金流量净额远低于同期的净利润水平，甚至为负，则会引起监管机构对利润真实性和含金量两方面的质疑。

⑥经营活动现金流量净额

一般来说，经营活动现金流量净额越高，说明企业自身造血能力越强，有助于企业的健康持续发展；若经营活动现金流量净额为负，则需要企业通过经营外的途径筹措资金来保证经营业务的运转，可能会导致公司资金紧张，甚至出现资金链断裂的情形，影响公司持续发展。

此外，监管机构通常将经营活动现金流量净额与净利润、营业收入等财务数据结合起来，综合分析判断其合理性。

（2）不同财务数据/财务指标之间的钩稽匹配关系

通过对企业不同财务数据/财务指标进行勾稽匹配对比，可以发现企业数据的不合理之处，进而可以判断企业业绩是否真实。上市审核中，对数据的匹配对比不仅局限于财务报表项目，企业申报资料中的任何业务数据都可能与其他指标有一定的匹配关系，如企业用电量与产品产量具有趋同关系，企业经销商数量与销售额具有一定的趋同关系等。这些数据对比都会受到监管机构的关注。

事实上，一个健康稳定经营的企业，其财务报表反映出来的诸多数据都有一定的联动关系，在上市审核中，最受监管机构关注的数据匹配关系是净利润与其他项目的匹配关系，营业收入与其他项目的匹配关系以及采购与销售的匹配关系。

①净利润与其他项目的匹配关系

通常来说，净利润与营业收入、营业成本、期间费用、经营性现金流量净额等应具有钩稽匹配关系，呈同向或反向变动。如果这些财务数据间的钩稽关系存在异常，则会引起监管机构的质疑。例如，企业营业收入持续增长而净利润持续下降，销售收入、毛利率增长不明显而净利润大幅增长等，很可能会被监管机构问询，审核风险较大。

②营业收入其他项目的匹配关系

首先，营业收入与应收账款具有匹配关系。通常来说，营业收入增长会随着应收账款的增长，但一些企业营业收入增长幅度远小于应收账款增长幅度，也就是说，企业大量收入没有真正实现回款，在这种情形下，监管机构一方面可能质疑业绩的真实性，销售收入是否真正实现；另一方面会质疑业绩的含金量，大量的应收账款是否存在坏账风险，企业是否具备持续盈利能力等。

其次，营业收入与经营性现金流量具有匹配关系。如果企业收入金额与销售商品、提供劳务所收到的现金流量总体一致，则表明企业收入质量较高；如果企业收入金额远高于销售商品、提供劳务所收到的现金，则说明企业存在大量的赊销，或者说明企业可能虚增收入；如果企业收入金额低于销售商品、提供劳务收到的现金，则说明企业收回了以前年度的应收账款，或者说明企业少计了收入。

此外，营业收入与差旅费、广告费、运输费用等较多项目具有匹配关系，在审核中都会被监管机构关注。

③销售价格、采购价格的匹配关系

通常来说，产品销售价格按照“成本＋合理利润”的方式定价。产品销售价格与原材料采购价格应呈同方向变动，若原材料采购价格上升，则产品销售价格也会相应提高。如果销售价格与采购价格出现异常波动，则会被监管机构质疑企业采购与销售数据是否合理，是否真实。

（二）审核关注点及典型案例

结合众多上市审核案例，对于财务数据的合理性，监管机构主要将企业财务数据与同行业公司对比，与不同年度对比，以及不同指标间钩稽对比。具体审核关注点如下：

1. 与同行业公司对比的审核关注点及典型案例

监管机构关注拟IPO企业与同行业公司对比，主要侧重于同行业公司标的选择、变动趋势以及差异过大的原因等，具体审核关注点如下：

（1）选择的同行业公司是否具有可比性；

（2）发行人各财务数据变动趋势与同行业的平均水平是否一致；

（3）发行人的指标数据与同行业的差异是否过大，发行人是否合理解释。

相关案例：

案例 1

北京中视电传传媒广告股份有限公司（2018 年 5 月 29 日被否）

——报告期内毛利率、期间费用率下降，且明显低于同行业平均水平

案例背景 中视电传是专业从事媒体广告经营的综合型广告运营商，主营业务包括媒介代理和客户代理业务。报告期（2015 ~ 2017 年）内，公司营业收入分别为 109,734.08 万元、156,212.39 万元、258,447.14 万元；扣非后归母净利润分别为 7011.33 万元、7472.83 万元、12,877.08 万元。

2015 ~ 2017 年，公司毛利率分别为 14.47%、9.87%、9.01%；期间费用分别为 3967.85 万元、5137.25 万元、5437.78 万元；期间费用率分别为 3.62%、3.29%、2.10%；同行业上市公司平均期间费用率分别为 6.43%、6.82%、6.70%。

发审会问题 报告期内，发行人主营业务毛利率逐年下降，低于同行业可比上市公司；销售费用率和管理费用率显著低于同行业可比上市公司。请发行人代表说明：（1）报告期毛利率变动较大的原因；媒介代理业务及客户代理业务毛利率差异较大的原因；（2）毛利率与同行业可比上市公司存在差异的原因及合理性；（3）报告期销售费用、管理费用等项目的变动趋势与业务收入增长、实际业务情况是否匹配，是否存在少计费用的情况；（4）期间费用率显著低于同行业可比上市公司的原因及合理性。请保荐代表人说明核查过程、方法，并发表核查意见。

案例分析 中视电传的主营业务毛利率逐年下降，由 2015 年的 14.47%，下降至 2017 年的 9.01%。较同行业可比上市公司 2016 年毛利率 11.89%，2015 年 11.73% 来说，公司 2016 年、2017 年毛利率水平较低，且下降幅度较大。对此，公司解释 2016 年毛利率低的主要原因是公司为继续深化与央视合作，于 2015 年与央视签订 CCTV-8 整频道全国广告资源代理协议的合作意向。2016 年受该业务处于第一年开拓期经营亏损影响，毛利率低于

同行业平均水平。虽然这样的解释存在合理之处，但是这也折射出另一个问题，即公司业绩依赖于“央视”，且在集中度不断提高的情况下，未采取任何改善措施，毛利率的“天花板”可以预见，毛利率提升异常艰难，可能影响企业的持续盈利能力。

对于期间费用，一般情况下，销售费用、管理费用会随着收入的变动而发生同向变动，如果变动趋势不一致，则会被质疑，需要作出合理解释，否则就有调节利润的嫌疑。而本案例中，公司解释 2017 年费用率下降的主要原因系 2017 年收入大幅增加，期间费用额虽有所增加，但期间费用率下降，这种解释显然不能让监管机构信服，最终未能通过审核。

案例 2

湖南五新隧道智能装备股份有限公司（2018 年 6 月 21 日被否）

——营业收入变动趋势与同行业上市公司不一致，被质疑业绩真实性和持续盈利能力

案例背景 五新隧装专业从事隧道施工智能装备的研发、生产、销售及租赁。报告期（2014 ~ 2017 年 1 ~ 6 月）内，公司营业收入分别为 12,731.72 万元、15,351.50 万元、26,718.25 万元、14,339.36 万元；净利润分别为 1002.95 万元、3008.37 万元、4748.68 万元、3222.70 万元。

报告期内，公司营业收入变动趋势与同行业上市公司不一致。具体如下：

公司名称	2017 年 1 ~ 6 月		2016 年度		2015 年度		2014 年度
	金额（万元）	同比变动（%）	金额（万元）	同比变动（%）	金额（万元）	同比变动（%）	金额（万元）
创力集团	54,450.59	21.28	90,091.71	-10.54	100,711.38	-26.39	136,812.47
冀凯股份	12,955.54	28.37	22,509.30	-19.64	28,010.03	-8.69	30,675.33
鞍重股份	7248.83	69.70	9099.36	-43.68	16,157.44	-31.07	23,438.84
山河智能	177,034.93	109.96	199,160.37	36.77	145,619.73	-20.84	183,957.15
发行人	14,339.46	13.34	26,718.25	74.04	15,351.50	20.58	12,731.72

发审会问题 报告期内，发行人营业利润增速同比超过收入增速。请发行人代表说明：（1）2016 年度收入增幅较大，2017 年度收入增幅较小，2016 年度、2017 年度净利润增幅大于收入增幅的原因及合理性；（2）发行人营业收入变动趋势与行业可比公司不一致的原因，发行人的盈利能力能否持续。请保荐代表人发表核查意见。

案例分析 从上表数据可以看出，公司整个报告期内营业收入增长态势与同行业可比上市公司不符。2014 ~ 2016 年，公司营业收入呈快速增长态势，而同行业上市公司总体成负增长状态。2017 年，工程机械行业回暖，同行业上市公司营业收入实现了大幅增长，而公司增长速度却放缓。

对于此问题，公司的解释是：“由于所处发展阶段不一致，以及各所处具体细分行业及其下游行业发展周期、下游行业国家产业政策情况的不同，发行人与同行业上市公司之间各营业收入变动情况存在一定差异”，而这种解释未能获得监管机构的认可，公司报告期内业绩的真实性和持续盈利能力受到了质疑。

案例 3

安徽泰达新材料股份有限公司（2017 年 7 月 31 日被否）

——产品采购销售价格异于同行，被质疑合理性

案例背景 泰达新材在精细化工领域专业从事重芳烃氧化系列产品研发、生产与销售，系专业生产精细化学品的高科技企业，主要产品包括偏苯三酸酐和均苯三甲酸。报告期（2014 ~ 2016 年）内，公司营业收入分别为 16,953.10 万元、20,644.40 万元、17,534.90 万元，扣非后净利润分别为 1761.29 万元、2685.62 万元、2689.17 万元。

目前，国内偏酐行业内集中度较高，各公司产品国内销售价格相差不大，竞争力主要体现在成本的控制能力方面。报告期内，公司偏酐产品单位成本处于行业较低水平。2014 ~ 2016 年，偏酐产品单位成本行业平均值分别为 11,864.43 元 / 吨、10,753.61 元 / 吨、8144.27 元 / 吨；泰达新材分别为 11,260.94 元 / 吨、10,764.24 元 / 吨、7817.89 元 / 吨。

反馈意见 报告期内发行人毛利率分别为 23.31%、25.28% 和 27.46%，毛利率波动较大且逐年递增，同行业可比上市公司的毛利率波动与发行人存在较大差异。请发行人补充说明：（1）报告期内产品的定价机制，公司产品

价格与行业产品价格变化趋势是否一致，并结合不同产品的单价及变化、客户构成、产品差异等因素详细说明产品毛利率变动较大的原因，分析毛利率变化与产品售价、成本变动之间的匹配性；（2）选取同行业上市公司的依据、范围，说明可比上市公司的选取是否全面，同行业可比上市公司的毛利率波动与发行人存在较大差异的原因及合理性；（3）2015 年及 2016 年上半年在主要原材料偏三甲苯和冰醋酸均价大幅下降的情况下，公司主要产品偏苯三酸酐及均苯三甲酸销售均价下降比例不一致且差异较大的原因及合理性。请保荐机构和会计师核查上述事项并发表明确意见，同时请保荐机构核查对应的销售合同、销售票据以及对应的销售回款，说明报告期内产品销售价格的真实性。

发审会问题 发行人主要产品偏苯三酸酐销售价格低于同行业可比公司，主要原材料采购价格高于同行业上市公司，请发行人代表结合发行人的产量、市场销量、占有率远低于可比公司的情况说明：（1）主要产品单位生产成本低于同行业可比公司的合理性；（2）各类产品的投入产出率的变化情况；（3）燃料动力、水电单耗大幅下降的原因。请保荐代表人发表核查意见。

案例分析 偏苯三酸酐是公司核心产品，年收入占比 80% 以上，据招股书披露数据来看，该产品销售价格低于同行业可比公司，2014 ~ 2016 年，公司偏苯三酸酐的销售价格分别为 14,598.51 元 / 吨、14,678.86 元 / 吨、11,481.36 元 / 吨；行业平均销售价格分别为 14,874.59 元 / 吨、15,522.53 元 / 吨、12,406.17 元 / 吨。报告期内，公司偏苯三酸酐的销售价格低于行业均值 1.9%、5.7%、8.05%。

而主要原材料采购价格却高于同行业可比公司，此外，公司偏酐产品单位成本低于同行业可比公司，据招股书披露，偏苯三酸酐主要生产成本为原材料成本和人工成本。因此，公司原材料采购价格高于同行，而产品单位成本低于同行，是明显不合理的。

总体来说，泰达新材报告期内销售、采购价格皆异于同行，且在原材料采购价格高于同行的同时，产品单位成本却在下降，公司采销等数据不合理，引起了监管机构质疑。

此外，泰达新材于 2018 年 11 月底发布公告，宣布公司自 2017 年 7 月首发上会被否后，将再度开启上市辅导，从最新的披露资料来看，公司调整了部分业务数据及员工薪酬等数据，说明公司针对 2017 年 7 月的这次上会审核被否的原因，进行了整改，也说明2017年申报时的财务数据确实存在一些问题。

2. 与不同年度对比的审核关注点及典型案例

监管机构关注拟IPO企业不同年度财务数据的对比，主要侧重于企业各年度营业收入、净利润、成本、期间费用率、现金流量净额等关键财务指标波动是否存在异常及合理性，具体审核关注点如下：

（1）公司各年度业绩变化情况，营业收入、净利润等指标的波动是否正常，若不正常是否有合理的解释；

（2）收入、成本、费用的构成是否重大变化，以及发生重大变化的合理性；

（3）各年度毛利率是否存在大幅波动或者其他异常，造成异常的原因，是否有合理解释；

（4）各年度期间费用率是否存在大幅波动或者其他异常，以及产生重大异常的原因，是否具备合理性；

（5）经营活动现金流量净额是否发生大幅变动，是否持续为负数；

（6）报告期最后一年业绩大幅增长的原因及合理性。

相关案例：

案例1

深圳市明微电子股份有限公司（2018年2月27日被否）

——报告期最后一期毛利率大幅增长，解释原因未获得发审委认可

案例背景 明微电子是一家专业从事集成电路的技术研发、设计、测试和销售的高新技术企业。报告期（2014～2017年1～6月）内，公司营业收入分别为2.39亿元、2.22亿元、3.12亿元、1.81亿元；净利润分别为2804.90万元、1817.51万元、3884.85万元、3627.04万元；扣非后归母净利润分别为1693.92万元、624.28万元、3053.98万元、2666.57万元。

报告期（2014～2017年1～6月）内，公司综合毛利率分别为26.25%、25.43%、26.85%、32.35%；可比公司平均毛利率分别为38.29%、35.27%、33.83%、35.86%。

报告期内，公司分项产品毛利率及变动情况如下：

产品类型	2017 年 1 ~ 6 月		2016 年度		2015 年度		2014 年度
	毛利率（%）	变动百分点	毛利率（%）	变动百分点	毛利率（%）	变动百分点	毛利率（%）
LED 显示屏类	24.73	5.30	19.43	2.10	17.33	-5.05	22.38
LED 照明及电源类	35.89	3.65	32.24	-1.00	33.24	0.28	32.96
LED 景观亮化类	55.03	1.98	53.06	-0.22	53.27	1.75	51.52
其他类	27.18	0.82	26.36	-4.46	30.82	6.11	24.72
主营业务毛利率	32.35	5.50	26.85	1.42	25.43	-0.81	26.25

报告期内，除了 LED 显示屏类产品销售价格较稳定外，其他产品销售单价皆呈下降趋势。

发审会问题 发行人报告期各期综合毛利率分别为 26.25%、25.43%、26.85% 和 32.35%，2017 年毛利率同比上升较快。请发行人代表说明：（1）发行人主要产品销售单价呈下降趋势，而综合毛利率持续上升的原因及其合理性；（2）前十名直销客户毛利率低于经销商毛利率的原因及其合理性；（3）LED 景观亮化产品毛利率显著高于同行业可比公司的原因及其合理性。请保荐代表人发表核查意见。

案例分析 公司报告期前三年毛利率均在 26% 左右，2017 年 1 ~ 6 月增长至 32.35%。分项产品中增长最快的是 LED 显示屏类，公司给出的解释是：“2016 年下半年推出的第二代 2K 高刷恒流驱动芯片，优势进一步显现，所以销售单价有所提高，从而销售收入持续增长；公司采用集成电路设计行业通行的 Fabless 运营模式，这有效降低了公司的运营成本，公司专注于集成电路设计研发，报告期内，公司不断优化芯片设计、改进封装工艺，降低了成本。”

但是，从招股书披露的产品单价数据来看，除了 LED 显示屏类产品的销售单价比较稳定外，其他产品单价均呈下降趋势。此外，对于改进封装工艺、优化芯片设计，降低成本，招股说明书中也并未详细解释改进成本，不足以让监管机构信服。

同时，明微电子本次是第二次申报，前次于2012年2月撤回材料，本次申报报告期内营业收入、净利润等业绩指标快速增长，同样让监管机构质疑快速增长的原因及真实性。

案例2

哈尔滨城林科技股份有限公司（2017年5月17日被否）

——细分产品毛利率波动幅度大，发行人未给出合理解释，被质疑业绩真实性

案例背景 城林科技为声环境治理整体方案提供商，主营业务为燃气轮机、航空发动机/燃气轮机试车台、分布式能源站/电厂等配套消声过滤装备的研发、设计、定制、安装及售后服务，产品主要应用于航空、船舶、电力、分布式能源、石油/天然气、航天、通信等诸多领域。

报告期内，公司各细分产品毛利率波动幅度较大，具体情况如下：

指标及项目		2016年度	2015年度	2014年度
毛利率（%）	试车台配套消声过滤装备	55.95	67.19	53.88
	燃气轮机配套消声过滤装备	23.48	44.31	44.64
	分布式能源站/电厂配套消声过滤装备	53.10	50.69	46.10
	柴油机配套消声过滤装备	59.20	51.92	36.96
	技术服务	98.41	100.00	82.67
	其他	52.13	62.07	27.60
	合计	51.31	55.60	50.38

反馈意见 据招股说明书披露，发行人业务按合同内容分为消音降噪设备整体配套和技术服务两类，报告期内，技术服务收入占比分别为3.97%、4.56%、2.49%、13.31%。（1）请发行人补充披露技术服务的业务内容、运营模式、报告期内收入增长的原因；（2）请发行人说明技术服务的合同签订方式、与消声过滤装备合同签订是否存在绑定或其他限制关系，补充披露技术服务的收入确认方式；（3）请发行人提供报告期内主要的技术服务的客户、合同内容、合同金额、当期确认收入金额及占比、毛利率；（4）请发行人披露报告期内消声降噪设备整体配套和技术服务的毛利率，并分析毛利率变化的原因及合理性，说明毛利率的真实性；（5）请发行人提供报告期的收入

截止性测试过程，是否存在提前确认收入的情形。请保荐机构和申报会计师就上述问题核查，说明详细的核查过程、核查方法，并就核查结论发表明确意见。

发审会问题 1. 发行人报告期内净利润分别为2698.44万元、2312.14万元、2864.10万元，发行人实现技术服务收入分别为661.61万元、377.92万元、1202.21万元，毛利率分别为82.67%、100%、98.41%，售后服务费分别为561.96万元、619.03万元、670.15万元，2016年发行人收入增长主要来源技术服务收入，2016年的技术服务收入较2015年增长800多万元。（1）请发行人代表解释说明2016年度技术服务收入大幅增长的合理性，说明报告期内安装服务和维修服务占技术服务收入的比例，并说明报告期内各年度售后服务费与服务收入的关系；（2）根据发行人提供的合同，约定发行人的部分技术服务的内容包括拆卸、除锈、安装、清理等，请发行人代表说明上述服务投入的成本和归集情况；（3）发行人提供技术服务的毛利率比较高，主要是在已经研发形成的各种设计图纸、方案等基础上进行适当调整，研发过程中的费用已经在当期费用化。请保荐代表人说明，发行人关于技术服务收入和成本的会计处理是否符合会计准则中的配比原则，并说明对服务收入真实性的核查过程及核查结论。

2. 发行人2016年度技术服务收入的毛利为1183.10万元，毛利率为98.41%；其他产品收入的毛利为513.21万元，毛利率为52.13%。请保荐代表人：（1）说明对北京华宇埃斯特科技发展有限公司、哈尔滨龙航仓储设备制造有限公司交易的核查过程，并对技术服务收入、其他产品收入的真实性发表明确的核查意见；（2）进一步说明招股说明书中对毛利率的分析是否考虑了技术服务收入的影响，对影响发行人毛利率较高的因素是否已充分披露发表核查意见。

案例分析 监管机构在反馈意见和发审会问题中都提到了毛利率和营业收入的问题，城林科技2016年毛利率高的技术服务收入实现了大幅增长，引起了监管机构的质疑，主要怀疑公司通过毛利率很高的技术服务收入人为调增利润。

从数据来看，报告期内公司净利润分别为2698.44万元、2312.14万元、2864.10万元，利润规模较小；公司技术服务毛利率分别为85.21%、100%、98.41%，毛利率较高；2016年发行人收入增长主要来源技术服务收入，监管机构质疑公司是否通过毛利率高的技术服务收入来调整净利润。

此外，技术服务和其他收入的毛利占比从2014年的8.16%提高到2016年的19.73%，发审委询问了公司提供技术服务和其他服务的北京华宇埃斯特科技发展有限公司、哈尔滨龙航仓储设备制造有限公司的公司性质、与发行人的业务合作渊源、2016年度技术服务和其他收入各前两名合同对应的发票开具、收款情况及期末应收账款金额。

案例3

北京品恩科技股份有限公司（2017年6月7日被否）

——收入构成各年度差异大、分布无规律，毛利率逐年下降，被质疑合理性及持续盈利能力

案例背景 品恩科技主营业务为面向部队与公共安全等领域进行管理信息化软件的研发与销售，提供技术服务与解决方案。报告期（2014～2016年）内，公司营业收入分别为5758.47万元、12,133.04万元、21,550.23万元，每年近乎翻倍增长；净利润分别为1029.41万元、4443.19万元、4795.39万元，2016年度净利润增长不明显。

报告期内，公司主营业务收入构成变动大，具体情况如下：

收入类别	2016年度		2015年度		2014年度	
	金额（万元）	占比（%）	金额（万元）	占比（%）	金额（万元）	占比（%）
软件产品	123.93	0.58	1842.05	15.19	4466.44	77.56
解决方案	20,923.86	97.12	6651.49	54.85	675.62	11.73
技术开发	369.89	1.72	2885.64	23.80	71.82	1.25
运维服务	39.31	0.18	507.92	4.19	94.34	1.64
硬件销售	87.84	0.41	239.94	1.98	450.25	7.82
合计	21,544.83	100.00	12,127.04	100.00	5758.47	100.00

发审会问题 发行人报告期内发行人软件产品、解决方案、技术开发三项主要收入各年度差异大、分布无规律，2016年度经营性现金流为负。2016年度来自第一大客户中国电子科技集团公司某科研单位下属某单位/公司签订的合同共有63个，合同金额为2166.95万元，截至2017年4月30日，双方再次签订53个合同，合同金额合计15,312.60万元。请发行人代表说明：（1）2015年度技术开发、2016年度解决方案业务内容的差异，以及收入

快速增长的原因；（2）2017 年 1 ~ 5 月在手订单的签订以及收入利润的实现情况，2017 年第一季度的盈亏情况。

请保荐代表人对下述问题进行说明并发表核查意见：（1）与中国电子科技集团公司某科研单位下属某单位 / 公司签订合同未招投标的原因，发行人取得上述业务是否符合法律法规，是否额外支付其他费用；（2）发行人对该客户是否存在重大依赖；（3）对发行人持续盈利能力的影响、风险等信息披露是否充分。

案例分析 品恩科技的主要客户为部队及政府单位、涉军国有科研院所、军工及安防（公共安全）行业的设备生产商及系统集成商。公司的收入结构受部队客户的需求变化而变化，因此公司的销售收入结构呈现大幅度变动，进而影响公司整体盈利水平。

报告期最后一期，在收入大幅度增长的情况下，净利润增长并不明显，2014 ~ 2016 年公司的毛利率分别为 84.02%、65.89%、60.93%，总体呈下降的趋势，监管机构对发行人的持续盈利能力产生了质疑。对于收入构成变化的问题，发审委实际上是质疑公司业绩增长的可持续性。同时，公司 2016 年经营性现金流量为负，进一步增加了发审委对公司未来持续盈利能力的担忧。

案例 4

浙江春晖智能控制股份有限公司（2018 年 1 月 26 日被否）

——营业收入、净利润大幅增长，销售费用率下降，被质疑业绩真实性

案例背景 春晖智控专业从事流体控制阀和控制系统的研究、开发和制造，产品涉及油气控制产品、燃气控制产品、供热控制产品、空调控制产品、内燃机配件等。

报告期（2014 ~ 2017 年 1 ~ 6 月）内，公司营业收入分别为 25,399.76 万元、28,706.82 万元、35,398.85 万元、26,220.30 万元；净利润分别为 1736.10 万元、2152.81 万元、3351.23 万元、3134.91 万元；销售费用占营业收入的比例分别为 6.05%、6.23%、5.47%、4.62%，呈下降趋势；同行业平均销售费用率分别为 5.30%、6.50%、6.17%、5.50%。

发审会问题 发行人 2017 年营业收入、净利润大幅增长。请发行人代表说明：（1）2015 年以后固定资产未大幅增加，供热控制产品产能、销量大幅增加的原因及合理性；（2）2017 年销售费用率、管理费用率下降的原因及合理性；（3）2017 年对老客户收入增长的原因及合理性；（4）2017 年对

健泰实业的收入比去年同期大幅增加的具体原因和真实性，及相关货款的回收情况；（5）报告期内应收账款、应收商业承兑汇票持续增加的原因，对主要客户的信用政策是否一致，是否存在放宽信用政策扩大收入规模的情形。请保荐代表人说明核查过程、依据，并发表明确核查意见。

案例分析 公司 2017 年营业收入、净利润实现了大幅增长，供热控制产品产量、销量大幅增加，而销售费用率、管理费用率却呈下降趋势，让监管机构质疑公司业绩的真实性。通常来说，产品销量和销售费用是同比增长的，如果存在异常，需要合理解释，而公司在预披露的招股书中说明该差异主要与公司经营规模、员工人数、产品区域竞争态势及其资质情况、国外市场营销网络建设等因素有关，但并未作进一步具体的合理性分析与解释，加大了审核风险。

3. 指标间钩稽对比的审核关注点及典型案例

监管机构关注拟 IPO 企业指标间的钩稽对比，主要侧重于不同相关联的指标间的勾稽匹配关系是否合理，如净利润与销售收入、运输费用与营业收入、销售价格与采购价格、产量与销量等，具体审核关注点如下：

（1）净利润与收入不呈同向变动的原因及合理性；

（2）原材料采购成本上升，毛利率反而上升的原因及合理性；

（3）相似业务或者产品毛利率差异大的原因及合理性；

（4）相同产品不同客户毛利率差异大的原因及合理性；

（5）销售价格、采购价格不呈同向变动的原因及合理性；

（6）运输费用与营业收入走势不匹配的原因及合理性；

（7）净利润与经营活动现金流量净额差异大或者变化趋势不一致的原因及合理性；

（8）用电量与产量不呈同向变动的原因及合理性；

（9）产量与销量不呈同向变动的原因及合理性。

相关案例：

案例 1

上海龙旗科技股份有限公司（2018 年 1 月 3 日被否）

——营业收入持续增加而净利润却下滑，经营活动现金流持续为负且金额较大

案例背景 龙旗科技定位于移动终端领域，是一家专业提供移动终端设备设

计方案和生产服务的高新技术企业。

2013 ~ 2017 年 1 ~ 6 月，公司营业收入分别为 536,496.17 万元、688,764.64 万元、815,698.00 万元、834,479.66 万元、348,413.25 万元；扣非后归母净利润分别为 4460.10 万元、1077.39 万元、14,026.86 万元、12,634.81 万元、1386.80 万元。

反馈意见 据招股说明书披露，最近三年及一期，公司扣除非经常性损益后归属于普通股股东的净利润分别为 4460.10 万元、1077.39 万元、14,026.86 万元及 286.16 万元，波动较大。请发行人：（1）2013 ~ 2015 年，公司营业收入呈增长趋势，而扣除非经常性损益后归属于普通股股东的净利润为 4460.10 万元、1077.39 万元、14,026.86 万元，详细说明扣除非经常性损益后归属于普通股股东的净利润大幅波动且与营业收入增长趋势不一致的原因及合理性；（2）详细说明 2016 年上半年业绩大幅下滑的原因，并就盈利状况与去年同期进行详细对比，结合下游主要客户的出货量、市场占有率等经营状况以及公司的订单获取量、新开拓客户进展等因素说明发行人盈利状况下降趋势是否将持续。请保荐机构和申报会计师核查上述事项并发表意见，说明核查方法、核查范围、核查取得的证据和核查结论。

发审会问题 报告期内，发行人营业收入持续增加而净利润大幅下滑，投资收益占营业利润的比例较高，2016 年和 2017 年 1 ~ 6 月，经营活动现金流持续为负且金额较大。2017 年 1 ~ 11 月经营活动现金流仍为负。此外，报告期内，发行人前五大客户占比 70% 以上，客户集中度较高。请发行人代表:（1）结合所处行业地位、行业整体发展趋势及主要客户市场地位的变化情况，与同行业可比上市公司对比，说明未来经营情况是否存在重大不利变化，持续盈利能力是否存在重大不确定性；（2）2015 年度主营业务收入较 2014 年度增长的情况下，销售费用、管理费用中的职工薪酬却下降的原因及合理性；（3）结合智能手机行业发展趋势并对比发行人上一年度同期经营情况，说明 2017 年度盈利预测报告的谨慎性和可实现性。请保荐代表人说明核查方法、过程，并发表明确核查意见。

案例分析 根据龙旗科技 2017 年 12 月更新后的招股书，2014 ~ 2016 年营业收入持续增加，而净利润却呈下降趋势，特别是 2017 年上半年，扣非后归母净利润仅 1386.80 万元，仅占 2016 年的 15.85%。发审委问询公司营业收入持续增加而净利润大幅下滑的原因，关注的核心要点其实是发行人是否存在重大的经营风险以及未来是否具备持续盈利能力。

具体关注角度方面，主要是收入和净利润的变动趋势、客户的变动情况、应收账款大幅增加、经营现金流持续为负、期间费用与销售收入变动不一致等。经营现金流紧张反映了公司采购付款周期短、销售回款周期长的经营模式，最近一年和一期现金流大幅恶化体现出了公司经营的困境。同时，虽然公司做了 2017 年的盈利预测，但最终没能获得认可，被问及盈利预测报告是否审慎的问题。

案例 2

杭州申昊科技股份有限公司（2018 年 7 月 17 日被否）

——主营产品销售单价下降、原材料采购价格上涨，毛利率却持续上升

案例背景　申昊科技主营业务围绕电力设备状态监测、检测领域，已形成输变电监测设备为核心、配电及自动化控制设备为辅的主营业务格局。报告期（2015 ~ 2017 年）内，公司营业收入分别为 13,477.16 万元、17,746.83 万元、26,589.80 万元；净利润分别为 2208.18 万元、4658.55 万元、6548.58 万元；主营业务毛利率分别为 49.15%、51.74%、54.27%。

报告期（2015 ~ 2017 年）内，公司主要产品智能巡检机器人的销售单价分别为 85.64 万元 / 套、85.44 万元 / 套、73.96 万元 / 套，呈逐年下降的趋势。

发审会问题　报告期内，发行人销售收入增长较快且主要来源智能巡检机器人，但主要产品智能巡检机器人销售价格逐年下降。请发行人代表说明：（1）主要产品智能巡检机器人降价原因，产品毛利率未来是否会出现大幅下降的风险；（2）发行人销售价格下降，原材料采购价格上涨的情况下，毛利率持续上涨及净利润增长幅度高于收入增长幅度的原因及合理性。请保荐代表人说明核查方法、过程，并发表核查意见。

案例分析　本案例中，发审委主要关注营业收入与产品销售单价、原材料采购价格、毛利率之间的勾稽配比关系，而申昊科技报告期内主营产品销售单价下降，且原材料采购价格上涨，毛利率反而上升，这几者之间的关系明显不合理。

从具体数据来看，采购供应商与采购价格方面，申昊科技前五大供应商存在波动，2015 年第一大供应商杭州艾参威电力科技有限公司，2016 年、2017 年均不在前五名供应商之列，同时，2016 年申昊科技向第三大供应商北京双杰电气股份有限公司采购了同样的功能模块，但采购价格高

于艾参威。从招股书可以发现，公司频繁更换大供应商的结果就是采购原材料价格波动幅度大，主要原材料功能模块报告期内单价分别为 267.16 元 / 个、601.18 元 / 个、1762.42 元 / 个，2016 年、2017 年增幅分别为 125.03%、193.16%；另外，原材料配套整机采购单价分别为 428.85 元 / 个、18,819.93 元 / 个、20,559.22 元 / 个，2016 年增长幅度高达 42.9 倍。公司对此的解释是，各期原材料采购明细品类的不同导致了原材料的平均价格波动较大。

公司报告期内毛利率呈明显上涨趋势，从成本端来看，公司原材料采购成本从 2015 ~ 2017 年都出现 20% 至几百倍的上涨，因此材料成本也从 2015 年的 6492.28 万元上涨到 2017 年的 11,175.17 万元。同时，报告期内的人工费用分别为 108.95 万元、244.39 万元、390.89 万元，制造成本分别为 251.88 万元、490.30 万元、593.07 万元，也呈上涨趋势。从销售端来看，占销售收入比重达 55.08% 的核心业务—智能巡检机器人的销售单价从 2015 年的 85.64 元下降至 2017 年 73.96 元，下降了 13.6%；占销售收入比重 7.74% 的油色谱的销售单价从 2015 年的 12.29 元下降至 2017 年 11.25 元，下降了 13.9%；占销售收入比重 5.92% 的图像 / 视频在线监测装置的销售单价从 2015 年的 4.07 元下降至 2017 年 1.00 元，下降了 75.06%；占销售收入比重 12.15% 的故障在线监测装置的销售单价维持在 0.12 元。一边是成本的不断上升，另一边是产品价格的下降，最后反映出来的结果却是主营毛利率和综合毛利率的节节上升，这是明显不合理的。

总体来说，由于以上种种数据之间的不匹配，导致发审委对公司业绩的真实合理性和持续盈利能力产生了质疑。

案例 3

科华控股股份有限公司（2017 年 11 月 10 日通过）

——运输费用与营业收入走势不匹配，但合理披露与解释获得认可

案例背景　科华控股是一家专业从事涡轮增压器关键零部件产品的研发、生产及销售的高新技术企业。报告期内，公司主营业务产品包括涡轮壳及其装配件、中间壳及其装配件和其他机械零部件。报告期（2014 ~ 2017 年 1 ~ 6 月）内，公司营业收入分别为 50,532.47 万元、61,658.29 万元、73,485.83 万元、40,336.18 万元；净利润分别为 5969.55 万元、8102.25 万元、10,033.86 万元、5357.24 万元；运输费用分别为 741.39 万元、

644.36 万元、656.29 万元、455.13 万元。

发审会问题 发行人中间壳及其装配件产品 2014 年、2015 年、2016 年、2017 年 1 ~ 6 月毛利率存在变动。请发行人代表说明：（1）2015 年霍尼韦尔全球采购策略变化对发行人不同型号产品价格的影响，以及中间壳及其装配件产品毛利率下降的主要原因；（2）2015 年中间壳及其装配件产品平均成本上升，销售给霍尼韦尔日本毛利率仍然上升的主要原因及其合理性；（3）结合不同型号产品原材料采购价格、成本、销售单价等变化情况说明 2016 年、2017 年 1 ~ 6 月毛利率变动的主要原因；（4）报告期发行人发生的运输费用与营业收入走势不相匹配的原因及合理性。请保荐代表人说明核查方法、依据，并发表明确核查意见。

案例分析 通常来说，如果企业运输费用全部由自企业身承担，运输费用应与企业营业收入走势趋于一致。但是，公司报告期内的营业收入一直呈上升趋势，而运输费用总体上是下降的，两者的勾稽匹配关系存在问题。这让监管机构质疑公司营业收入的真实性。

关于运输费用的异常，公司在招股书中给出了相对合理的解释，表明公司 2015 年起改变了运输方式，减少了空运，增加了陆运和海运，因此降低了运输费用。同时，公司也提供了具体的运输费用数据，获得了发审委的认可。

因此，财务数据往往与企业的运营模式、管理模式等相关，一些企业虽然表面上财务数据不合理，但经过有效的解释，仍然可以获得监管机构的认可，这充分体现了完善信息披露的必要性。

案例 4

武汉微创光电股份有限公司（2018 年 7 月 3 日被否）

——业绩规模小，且经营性现金流量净额与同期净利润变动趋势不一致

案例背景 微创光电是一家以视频监控传输技术和视频监控平台软件技术为核心，专业从事安防视频监控系统和设备研发、生产和销售的高新技术企业。公司产品广泛运用于道路交通、平安城市等安防视频监控领域。

报告期（2014 ~ 2016 年）内，公司营业收入分别为 7821.48 万元、10,186.25 万元、11,568.79 万元；净利润分别为 1528.15 万元、2860.78 万元、3237.08 万元；经营活动产生的现金流量净额分别为 552.43 万元、-333.76 万元、793.14 万元，经营性现金流量净额与同期净利润变动趋势不一致。

发审会问题 请发行人代表说明：（1）报告期末应收账款占营业收入比例较高、报告期内应收账款周转率低于同行业可比公司均值的原因及合理性；（2）经营性现金流量净额与同期净利润不相匹配的原因及合理性；（3）报告期期间费用率下降以及低于同行业可比公司的原因及合理性；（4）公司高管人员、技术人员等各类人员薪酬是否显著低于可比公司水平，是否存在压低人工成本增加经营业绩的情形。请保荐代表人说明核查过程、依据及核查结论。

案例分析 从业绩情况来看，微创光电净利润、经营性现金流量净额皆不太理想，而这两大指标受到证监会的重点关注，是反映拟 IPO 企业盈利水平的核心指标。从行业来看，公司所处的安防监控系统制造业，属于深红海行业，竞争十分激烈，未来发展潜力也有限。基于此，发审委重点关注公司的持续盈利能力和业绩真实性。

从具体数据来看，公司报告期内净利润持续增加，而 2015 年的经营性现金流量净额却是负数，这两者的匹配关系看起来不合理。虽然公司在招股书中对 2015 年经营性现金流量净额为负的原因进行了大致解释，但并未罗列详细的数据进行分析，对发审委来说，说服力不足。

此外，公司核心高管们的年税前薪酬均不足 20 万元，引起了发审委的极大关注，2017 年，董事长兼总经理陈军的税前薪酬为 19.65 万元，董事兼副总经理李俊杰的税前薪酬为 18.82 万元，身兼董事、财务总监、董秘等三个核心职务的王昀的税前薪酬仅为 18.82 万元，且相较于 2016 年，此三名核心高管的年薪仅各增加了 500 元。公司作为武汉东湖高新区的企业，薪酬水平与当地的经济和工资水平不匹配。

（三）应对建议

结合审核案例及监管机构的审核关注点，针对财务数据的合理性，有以下几点应对建议：

1. 主要财务数据与同行业公司的对比，具备合理性

由于企业所处行业的发展阶段不同，所处细分行业不同，以及销售模式、生产模式及经营模式等的不同，一些财务数据 / 财务指标与同行业公司存在一定的差异是正常的，只要充分分析解释与披露，通常可获得监管机构的认可。但如果差异过大，且没有充足理由让发审委信服，则审核风险较大，特别是当企业业绩规模较小或企业核心竞争力不强时，监管机构会质疑企业的持续盈利能力，这种情况下，

一些主要财务数据与同行业公司对比，如果差异过大，则被否率很高。

拟IPO企业在整改规范和准备上市申报材料时，关于主要财务数据与同行业公司的对比，可注意以下几个方面：

（1）围绕公司所处行业、主营业务、主要产品等，选择具有可比性的同行业公司标的进行对比；

（2）企业综合毛利率、分产品毛利率、营业收入增长率等与同行业可比公司存在明显差异的，应针对公司具体情况及单个产品情况进行差异性细致分析，以充分说明产生差异的合理性；

（3）期间费用率与同行业可比公司存在明显差异的，由于每个企业自身经营会有差异性，费用结构可能会有所不同，应该分明细，对占比较大的单个费用进行具体分析；

（4）净利润及其增长率与同行业可比公司存在明显差异的，应结合利润表的项目，对影响净利润的重要因素进行详细分析，以说明合理性；

（5）分析差异时注意从多角度进行全面分析，包括销售模式、生产模式、采购模式、客户结构、产品的性能和定位等。

2. 不同年度的主要财务数据对比，具备合理性

将企业不同年度的主要财务数据作纵向对比，一方面可以看出企业的整体经营情况及未来持续盈利能力，另一方面可以看出企业发展是否存在异常。只要企业财务数据是真实的，一些财务数据波动幅度大，经过合理解释，通常可以获得认可，但如果财务数据涉嫌造假，则企业很难通过分析解释让监管机构信服。

关于企业不同年度的主要财务数据对比，需要注意以下几个方面：

（1）对于公司总体业绩异常的情形，需围绕市场环境、公司产品结构、生产规模、销售模式发生变化等原因解释不同年度业绩变化的合理性，尤其对于增长或者下降幅度较大的情形需要重点分析；

（2）对于收入、成本、费用结构发生重大变化的，需结合公司实际情况，针对收入、成本、费用项目中的具体明细进行分析；

（3）对于各年度毛利率变化异常的，需要从单个产品毛利率着手，具体分析各类产品对应的收入、成本构成对毛利率造成的影响；

（4）对于期间费用率异常的，需要单独分析三大期间费用，发现异常的要对各个费用明细作进一步分析，必要时还需要结合其他业务因素，如销售费用中的薪酬增加，是否存在销售人员人数增加或者业绩增长提成增多等情况；

（5）对经营活动现金流量净额大幅波动的，需要对销售商品提供劳务收到的现金、收到的税费返还、购买的商品接受劳务支付的现金、支付给职工以及为职工

支付的现金、支付的各项税费，特别是收到的以及支付的其他与经营活动有关的现金等明细进行具体分析，重点关注金额较大的项目。

3. 关键财务数据 / 财务指标之间的勾稽匹配关系，具备合理性

业绩的合理性往往与数据的真实性相联系，如果数据的真实性出现问题，相关财务数据 / 财务指标之间的勾稽匹配关系很可能会出现破绽，审核风险较大。但是如果财务数据是真实的，指标之间的勾稽配比存在的一些异常可以通过合理分析解释，获得监管机构认可。

关于关键财务数据 / 财务指标之间的勾稽匹配关系，需要注意以下几个方面：

（1）关注净利润与收入变动趋势，往往监管机构主要关注收入大幅增长但净利润却增长不明显，或者与之相反的情况，遇到此类情形，发行人需要全面的分析成本、费用等的构成，找出变动趋势不一致的主要原因，说明其合理性；

（2）关注毛利率与收入、成本的变动趋势，比如，单位成本明显提高，毛利率保持不变等，出现明显异常的需要结合收入、成本构成具体分析；

（3）关注不同产品之间的毛利率，相似业务或产品的毛利率差异过大、相同产品不同客户的毛利率差异较大需要重点关注，注意整改规范，或分析解释，说明其合理性；

（4）关注销售价格、采购价格的变动趋势是否一致，一般监管机构主要关注采购价格上升，销售价格未上升甚至下降的情形，会让监管机构质疑公司市场竞争力，或者质疑公司业绩是否合理，是否存在调节利润的可能；

（5）经营活动现金流量净额与净利润的差异或者变化趋势可以结合公司具体情形，从构成经营活动现金流量表的具体明细进行一一分析，说明其合理性。

二、会计处理合理性

（一）理论基础

规范的会计核算与财务管理能够全面反映公司的经营过程、经营模式及经营成果。会计处理不规范、不合理会直接导致企业的经营状况不能被真实反映，从而使得拟 IPO 企业对外披露的财务报表及其他重要财务数据不准确、不真实，进而影响投资人或潜在投资者对企业财务状况、经营成果及真实经营业绩的可靠性判断。因此，会计处理合理性受到监管机构的重点关注。证监会要求拟 IPO 企业及上市企业严格按照企业会计准则的要求，审慎进行会计处理，为投资者提供真实可靠的经营业绩报告。

对于拟 IPO 企业来说，造成会计处理不合理的原因主要有两类：

一类是客观原因，即企业财务基础差，财务人员素质偏低，财务内控管理缺失，

会计处理较随意，导致企业会计处理不规范、不合理。这在很多中小民营企业，特别是家族式中小民营企业中非常普遍。但是，企业要IPO上市，通常需要接受保荐机构及会计师的辅导，这些中介机构会协助企业进行规范整改，因此，企业的财务基础和财务水平通常会在IPO申报前有质的提升。

另一类是主观原因，即刻意进行不合理的会计处理。实务中，一些拟IPO企业为满足IPO业绩条件或虚增“美化”业绩，会通过一些不合理的会计处理方式调节利润，甚至虚增利润。

无论是哪类原因，企业会计处理不合理皆会受到监管机构的质疑，对于第一类情形，监管机构会质疑公司内控的有效性，对于第二类情形，监管机构会质疑公司业绩的真实性和未来的持续盈利能力，皆存在较大的审核风险。

会计处理不合理可体现在企业财务核算过程中的各个方面及各个会计科目。其中最受监管机构关注的是影响企业最终经营业绩的不合理事项，即与企业收入、成本、费用、利润直接相关的不合理的会计处理，如完工百分比应用的合理性、研发支出处理的合理性、公允价值运用的合理性、股份支付处理的合理性、收入相关的特殊处理合理性、资产减值处理的合理性、折旧与摊销处理的合理性等。具体如下：

1. 完工百分比法应用的合理性

完工百分比法是根据完工的比例确认收入和成本的一种方法，主要被用于劳务或工程工期较长的项目，如建造项目、软件开发项目等。

完工百分比法的具体计算公式为

本期确认的收入＝劳务总收入 × 本期末止劳务的完工进度－以前期间已确认的收入

本期确认的成本＝劳务总成本 × 本期末止劳务的完工进度－以前期间已确认的成本

其中，劳务总收入、劳务总成本和各期的完工进度是三项必备的已知条件，也是完工百分比法执行的必要基础。

三项要素中劳务总收入最容易确定，因其来自企业外部，至少有外部因素的参与并留下痕迹。通常以合同总额为准，但财务核算时要考虑主合同之外是否有补充合同，业务部门要考虑实际劳务进度及成本是否已超出主合同约定而需订立补充合同。

劳务总成本是企业估计数额，而且大多数情况下是主观估计。是否具备估计的条件，以及估计的客观性、准确性是合理执行完工百分比法的核心。

根据企业会计准则的相关规定，当年完工进度确认的方式主要有三种，即成本比例法、工作量比例法和专业测量法。除了专业测量法带有一定的客观性外，无论工作量比例法还是成本比例法都是通过估计和计算实现的，必须建立在特定的业务基础，特别是设计合理且执行有效的企业内部控制基础之上。

所以在实务中，完工百分比法确认收入和成本容易受企业操控，提前或推后确认相关收入及成本，进行利润调节，操纵业绩。

监管机构对完工百分比法的审核侧重于以下三个方面：

一是劳务总成本的估计是否合理、准确，是否建立在详细且具备操作性的预算的基础上进行估计，并经项目甲乙丙三方（包括监理机构）确认，随着项目进度的推进，预期项目成果即将完成，预计总成本是否与实际成本差异较大，是否需要变更，如果需要变更，是否经过严谨的审核；

二是完工进度确认方式的合理性，即公司所选择的确定完工进度的方法是否与项目特点相适应，是否与同行业公司一致，是否符合会计准则的要求；

三是内外部证据链的匹配性与合理性，完工进度的确认主要取决于外部客户对进度的认可，以及内部证据的佐证，单独依据内部证据或外部证据对完工进度进行确认都是不完整的。因此，此类拟 IPO 企业应注意收入确认方式以及相关证据链完整披露。

相关法条：

《企业会计准则第 14 号——收入》

第十条　企业在资产负债表日提供劳务交易的结果能够可靠估计的，应当采用完工百分比法确认提供劳务收入。

完工百分比法，是指按照提供劳务交易的完工进度确认收入与费用的方法。

第十二条　企业确定提供劳务交易的完工进度，可以选用下列方法：（一）已完工作的测量。（二）已经提供的劳务占应提供劳务总量的比例。（三）已经发生的成本占估计总成本的比例。

《企业会计准则第 15 号——建造合同》

第十八条　在资产负债表日，建造合同的结果能够可靠估计的，应当根据完工百分比法确认合同收入和合同费用。完工百分比法，是指根据合同完工进度确认收入与费用的方法。

第二十一条　企业确定合同完工进度可以选用下列方法：（一）累计实际发生的合同成本占合同预计总成本的比例。（二）已经完成的合同工作量占合同预计总工作量的比例。（三）实际测定的完工进度。

2. 研发支出处理的合理性

根据《企业会计准则第 6 号——无形资产》及其应用指南，企业内部研究开发项目研究阶段的支出，应当于发生时计入当期损益。开发阶段的支出，同时满足下列条件的，才能确认为无形资产：

（1）完成该无形资产以使其能够使用或出售在技术上具有可行性。

（2）具有完成该无形资产并使用或出售的意图。企业应该能够说明其开发无形资产的目的。

（3）无形资产产生经济利益的方式，包括能够证明运用该无形资产生产的产品存在市场或无形资产自身存在市场；无形资产将在内部使用的，应当证明其有用性。

（4）有足够的技术、财务资源和其他资源支持，以完成该无形资产的开发，并有能力使用或出售该无形资产。

（5）归属于该无形资产开发阶段的支出能够可靠地计量。

实务中，虽然企业会计准则对研发费用资本化的条件作了具体规定，但无明确的操作标准，研发费用是否作资本化处理，通常由企业管理层与产、供、销、研发、财务等内部部门进行判断决策，一些企业可能通过不合理的研发费用资本化或费用化处理，从而达到操纵利润的目的。因此，拟 IPO 企业研发支出处理的合理性受到监管机构的重点关注。

3. 公允价值运用的合理性

随着时间的推移，企业一些资产的市场价格会发生变动，也就是资产公允价值的变动。在财务会计处理中，公允价值变动在交易性金融资产、投资性房地产等会计事项的计量中常被使用。

根据企业会计准则的规定，交易性金融资产期末按公允价值进行计量，投资性房地产的后续计量可采用成本模式和公允价值模式。通常来说，按成本模式计量，对企业利润的影响比较稳定，不受公允价值变动的影响，不容易调增或调减资产价值，降低了企业操纵利润的可能；而采用公允价值模式进行后续计量，能使投资性房地产的账面价值更加及时、客观地反映市场的公允价值，风险较大，收益也较大，期末按投资性房地产的公允价值调整其账面价值，差额计入损益，不计提折旧或摊销。

按公允价值进行后续计量的会计处理如下：资产负债表日，企业应按资产的公允价值高于其账面余额的差额，借记“交易性金融资产——公允价值变动”，“投资性房地产——公允价值变动”科目，贷记利润表的“公允价值变动损益”科目；公允价值低于其账面余额的差额，做相反的会计分录。期末，将“公允价值变动损益”科目余额转入“本年利润”科目。

从监管机构的审核态度来看，拟 IPO 企业的投资性房地产以公允价值进行后续计量，会被监管机构问询会计处理的合理性，存在一定的审核风险。例如，红星美凯龙家居集团股份有限公司（2017 年 12 月 5 日过会）、温州康宁医院股份有限公司（2018 年 1 月 23 日被否）在上会时皆被问及。拟 IPO 企业需要论证其投资性房地产符合采用公允价值模式进行后续计量的条件，申报会计师需对企业是否符合上述条件进行核查并发表明确意见。

证监会 2019 年 3 月 25 日发布的《首发业务若干问题解答（二）》中，对拟 IPO 企业投资性房地产后续计量采用公允模式明确了相应的审核标准和意见如下：

鉴于目前 A 股同类上市公司普遍以成本模式对投资性房地产进行计量，计价模式不同导致报表列报存在较大差异，并可能影响投资者价值判断。其差异对经营成果的影响主要表现在两方面：一是公允价值模式下投资性房地产不需计提折旧（或摊销），从而少计成本；二是公允价值模式下投资性房地产应以资产负债表日的公允价值计量，通常会确认公允价值变动收益，该部分收益在相关投资性房地产出售或处置前，相应公允价值变动收益非现实实现（产生现金流入或形成收款权利）。因此，发行人应在招股说明书中充分披露以下事项：

（1）发行人投资性房地产采用公允价值模式计量与采用成本模式计量的具体差异，披露按成本模式下模拟测算的财务数据，在招股说明书“重大事项提示”及“风险因素”中就投资性房地产采用公允价值计量而导致的公允价值变动风险及与同行业上市公司财务数据不具可比性的情况进行充分风险揭示。

（2）分析披露近几年国内投资性房地产价格持续上涨趋势的特殊性及可持续性，在招股说明书“重大事项提示”及“风险因素”中就公允价值变动收益占比较大对未来分红的影响进行充分风险提示。

（3）要求发行人承诺上市后后续持续披露选用的会计政策选择对上市公司利润的影响。

（4）要求评估师说明其选用的评估方法、评估值的确定依据等是否符合评估准则等规定。

（5）发行人在对投资性房地产采用收益现值法进行评估时，应合理确定房地产收益口径，不能笼统地以合同收入全额认定为房产租赁类收入。根据资产评估准则的规定，评估师运用收益法评估不动产时，应当了解不动产未来收益应当是不动产本身带来的收益；即在预计房地产未来收益时，应合理剔除附加经营管理活动所产生的相关收益，明确将物业本身所直接带来的纯租金收入作为测算的归集标准。发行人若认为难以依据合同直接划分房产租赁类收入和经营管理收入的，应对相关收入进行合理拆分，并详细论证拆分的依据。

保荐机构及申报会计师应对上述事项进行核查并发表明确意见。

4. 股份支付处理的合理性

股份支付是以股份为基础的支付。股份支付的实质就是企业用股权或参照股票价值来支付报酬从而换取对企业的服务，大多数情况下与企业实施员工股权激励计划有关。

如果企业的某种股权转让或增资入股行为被认定为股份支付，需要按照《企业会计准则第11号——股份支付》进行会计处理，其中最典型的就是，按照该股份支付的公允价值与实际支付价值之间的差额确认为管理费用，同时相应的计入资本公积。

股份支付作为非经常性损益，会影响企业的当期净利润，实务中，一些企业为避免影响经营业绩，不将员工股权激励认定为股份支付，或者将股份支付的公允价值确认过低等，都会被监管机构质疑会计处理的合理性。

5. 收入相关的特殊处理合理性

IPO审核过程中，一些特殊情形的收入确认的合理性受到监管机构的重点关注，这些特殊情形的收入处理存在操纵利润的可能，如退货处理、销售返利处理、委托加工模式与B/S业务模式（净额法与总额法）等。

销售退回在会计处理上存在不同的处理方式，根据会计准则的规定，退货时尚未确认收入的，将已确认的发出商品转回库存商品；退货时已确认收入成本的，当期红字冲回；资产负债表日后退货的，作为资产负债表日后调整事项处理，会计上追溯调整报告期，税务上视汇算清缴办理情况作报告年度或退货年度的纳税调整。退货的处理方式存在操作空间，拟IPO企业存在通过退货调节利润的可能。因此，拟IPO企业对退货应谨慎处理，需要考虑产品销售时是否真的达到了销售收入确认条件，是否需要预计销售退回状态，是否存在多确认收入的情况存在。

销售返利是一种合法的商业促销方式，但销售返利不同的会计处理方式会影响企业经营业绩，一些企业将收到的销售返利充当收入进行处理，一些企业将支付的销售返利充当销售费用进行处理，因此，给了拟IPO企业调节利润的空间。具体销售返利相关分析在“销售业务的关注要点—销售费用”章节有详细介绍，在此不作赘述。

企业的经营模式中，委托加工模式与B/S模式（独立的购销业务模式）容易被混淆，一些企业的业务实质为委托加工模式，但试图通过B/S模式进行会计处理，即用“总额法”确认收入，存在调节业绩的嫌疑。具体委托加工模式与B/S模式相关分析在“生产业务的关注要点—委托加工”章节有详细解释，在此不作赘述。

6. 资产减值处理的合理性

资产减值是指资产的可收回金额低于其账面价值。资产减值对象包括：长期股权投资、采用成本模式计量的投资性房地产、固定资产、生产性生物资产、无形资产、商誉等。

计提资产减值的情形主要有两类：一类是可转回的资产减值，如存货、应收账款、可供出售金融资产等的减值；另一类是不可转回的资产减值，如固定资产等长期资产的减值。其中，可转回的资产减值为很多拟 IPO 企业所用，因为对存货、应收账款等计提减值更具合理性，且后续可以转回，有利于调节各期利润。

因此，存货、应收账款、可供出售金融资产等可转回的资产减值受到监管机构的重点关注，如果企业存在异常的资产减值或转回的情形，必然会被问询和质疑。此外，应收账款坏账准备的计提比例是审核重点，拟 IPO 企业应确保公司应收账款坏账准备计提政策与行业内通常做法一致，计提比例不能过低。

相关法条：

《企业会计准则第 8 号——资产减值》

第二条　资产减值，是指资产的可收回金额低于其账面价值。本准则中的资产，除了特别规定外，包括单项资产和资产组。资产组，是指企业可以认定的最小资产组合，其产生的现金流入应当基本上独立于其他资产或者资产组产生的现金流入。

7. 折旧与摊销处理的合理性

实务中，一些企业试图通过改变折旧、摊销的方法和年限来起到调节利润的目的。例如，鹏博士（600804），2016 年账面固定资产 115.18 亿元，2017 年发布公告对于固定资产年限进行调整，将折旧年限从 8 年调整为 15 年，经调整后，净利润当年增加 3.01 亿元，占上一年净利润的 39.66%。

IPO 审核过程中，监管机构主要关注折旧与摊销方法及年限调整是否合理，以及调整后是否对净利润产生较大影响。通常情况下，拟 IPO 企业应保持报告期内折旧与摊销年限及方法的一致性，避免被质疑刻意调节利润。

（二）审核关注点及典型案例

对于会计处理合理性，监管机构主要关注对企业经营业绩有直接影响的不合理的会计处理，即影响企业收入、成本、费用、利润等会计处理方法。主要审核关注点如下：

1. 项目收入确认与实际完工进度是否存在差异，完工进度是否符合实际情况，相关收入确认是否符合企业会计准则的规定；

2. 销售返利政策及执行情况，是否符合行业惯例，相关会计处理是否恰当；

3. 应收账款坏账准备计提比例是否与同行业一致，是否存在无法收回的风险；

4. 固定资产折旧政策是否符合实际生产经营情况，是否存在减值情形，是否对发行人报告期内的业绩产生重大不利影响；

5. 说明报告期内生产人员人数、平均薪酬、产量变动情况的合理性，是否存在跨期确认薪酬以调节各期成本费用的情形；

6. 说明各期跨期项目收入的毛利率变化情况及其原因，发行人收入、成本确认与归集是否真实、完整、准确，是否存在跨期调节收入的情况，是否存在其他利益安排。

相关案例：

案例 1

北京建工环境修复股份有限公司（2018 年 1 月 16 日被否）

——按工作量法确认完工进度，被质疑未用成本法的原因及合理性

案例背景 建工修复是国内最早专业从事土壤修复服务的高新技术企业之一，并以此为基础逐步拓展多种污染类型的土壤修复、水体（地表水、地下水）修复、生态修复业务布局。公司目前主营业务为包括土壤修复、水体（地表水、地下水）修复和生态修复在内的环境修复咨询、设计、工程承包等。

报告期（2014 ~ 2016 年）内，公司营业收入分别为 41,629.51 万元、44,549.92 万元、107,444.35 万元；净利润分别为 3720.26 万元、2843.08 万元、6843.29 万元。

公司根据建筑工程个别合同的完工百分比确认收益及成本，合同完工百分比按已经完成的合同工作量占合同预计总工作量的比例确定。

反馈意见 招股说明书披露，发行人采用完工百分比法确认建造合同收入，将监理确认的工程量（产值）作为已经完成的合同工作量进行确认；分包商按月度提交当月的工程量确认单及工程结算单，经项目部审核确认后，报经济运营管理中心审核备案，以经济运营管理中心审核确认后的工程量确认单及过程结算单作为过程付款的依据。请补充披露合同预计总工作量的确定方式；工程量（产值）的具体含义，工程量（产值）和投入成本的关系，各期完成工程量（产值）的确定方式及其客观性；报告期，发行人和监理确认的

已完成工程量（产值）是否存在重大差异及其解决机制；分包部分工程量的确定方式及其客观性，与发行人工程量确认单中确认的工程量是否一致。请保荐机构、会计师核查发行人完工百分比的确定是否符合《企业会计准则》，报告期，发行人完工百分比的计算是否准确、客观、各期保持一致，并发表明确意见。

发审会问题 发行人报告期内采用完工百分比法确认建造合同收入，根据已经完成的合同工作量占合同预计总工作量的比例确定完工百分比。请发行人代表说明：（1）完工百分比未选用成本法的原因；（2）与工作量法比较，采用成本法对公司报告期经营业绩的影响，相关会计处理是否合理、谨慎。请保荐代表人说明核查方法、过程、依据，并发表明确核查意见。

案例分析 建工修复主要从事环境修复的设计与工程承包业务，其业务性质和业务特点是适用建造合同的完工百分比法确认收入的。完工百分比法中完工进度的确认有成本法、工作量法和测量法三种，发行人根据已经完成的合同工作量占合同预计总工作量的比例确定完工百分比，而未选用行业主流的成本法，让监管机构质疑选用此方法的合理性，为何未选用成本法。针对发审委的一系列问题，在已披露的招股说明书中，发行人仅说明了收入确认的具体方法。

公司曾在 2017 年 7 月 30 日被暂缓表决，当时暂缓表决的原因之一可能是收入确认的问题，半年之后，公司再一次上会，仍未能通过审核，原因可能依然与此有关。公司在更新后的招股说明书中并没有对收入的具体操作方法和流程进行详细的说明，未采用成本法的原因也未作具体解释，发审委提到的采用成本法对公司报告期经营业绩的影响，公司公开披露资料中也未作具体测算。

公司未采用成本法进行完工进度的确认，可能与公司成本核算难度大有关，工程承包类企业普遍存在成本核算难的问题，这也反映了公司财务核算不规范的问题。

案例 2

上海广联环境岩土工程股份有限公司（2017 年 12 月 19 日被否）

——应收账款坏账准备计提比例偏低，被质疑合理性

案例背景 广联环境是一家专注于环境岩土工程领域的专业服务提供商。公司主营业务为环境岩土工程，主要产品为工程勘察（含岩土工程勘察、设计、

监测，水文地质勘察、工程测量等），地下水综合治理（含基坑降水、止水、回灌等设计与施工）以及地下工程（含地基处理、基础托换、顶管工程、基坑工程、桩基工程等施工）。

报告期（2014 ~ 2017 年 1 ~ 6 月）内，公司营业收入分别为 32,582.40 万元、34,556.63 万元、31,586.49 万元、15,958.85 万元；净利润分别为 1518.50 万元、2264.07 万元、3107.21 万元、1440.24 万元；

各报告期（2014 ~ 2017 年 1 ~ 6 月）末，公司应收账款余额分别为 28,256.88 万元、36,061.32 万元、37,872.57 万元、37,094.60 万元，占当期营业收入的比例分别为 86.72%、104.35%、119.90%、232.44%。

公司应收账款坏账准备计提比例如下：

单位：%

公司名称	1 年以内	1 ~ 2 年	2 ~ 3 年	3 ~ 4 年	4 ~ 5 年	5 年以上
中化岩土	5	10	30	50	70	100
东方新星	5	10	30	50	50	100
城地股份	3	10	50	100	100	100
平均	4.33	10	36.67	66.67	73.33	100
本公司	5	10	20	30	50	100

反馈意见 说明“工程施工在获得客户、监理确认并进行结算前体现为对客户的实质性应收债权”的表述是否准确，合并分析应收账款和工程施工的综合减值准备计提比例的合理性；结合应收账款和工程施工的减值准备计提政策、与同行业差异情况、减值准备实际计提情况，说明应收账款和工程施工综合减值准备计提比例低于同行业可比公司的原因及合理性分析、计提是否充分及判断依据、按照同行业可比公司计提标准进行计提对发行人报告期经营业绩的具体影响。

发审会问题 报告期内，发行人建造合同的应收账款确认时点、金额和收入确认时点、金额一致，与同行业可比上市公司采用的方法存在差异；账龄分析法坏账准备计提比例明显低于同行业水平、影响金额较大。此外，报告期内，发行人单个项目不同期间毛利率波动较大。请发行人代表说明：（1）坏账准备的计提是否充分、谨慎、合理，是否符合公司经营的实际情况；（2）相关的会计处理是否真实、准确，是否符合企业会计准则的相关规定，相关的内部控制制度是否健全并有效执行。请保荐代表人说明核查方法、过程及依据并发表核查意见。

案例分析 虽然广联环境在招股书中详细披露了完工百分比法收入确认的具体规则、完工进度的具体确认方式以及外部证据的获取情况，但公司完工百分比收入和应收账款确认的合理性仍受到发审委的质疑，实践中，工程类公司采用完工百分比法确认收入容易操纵收入和利润。

关于广联环境应收账款坏账准备的计提比例和金额，发审委认为其明显低于同行业水平，且影响金额较大。从公司披露的坏账准备计提比例来看，公司账龄在 2 ~ 3 年、3 ~ 4 年、4 ~ 5 年的坏账准备计提比例为 20%、30% 和 50%，而同行业相同账龄的应收账款坏账准备计提比例平均为 36.67%、66.67% 和 73.33%，公司选用的比例偏低较多。再加上公司各期末应收账款余额大，公司利润规模较小，坏账准备计提比例偏低会大幅提升公司净利润，因此，受到监管机构重点关注。

案例 3

海宁中国家纺城股份有限公司（2017 年 10 月 31 日被否）

——将内部改造、装修等费用计入固定资产核算，未作长期待摊费用处理，折旧年限长，被质疑合理性

案例背景 海宁股份主要从事布艺专业市场的经营和管理，由其举办、经营和管理的“海宁家纺装饰城”和“海宁家纺城国际贸易中心”是全国领先的布艺专业市场之一。市场内主要经营产品包括窗帘布、沙发布、家具装饰布、布艺装饰制品和生活用布艺制品等。

报告期（2014 ~ 2017 年 1 ~ 6 月）内，公司营业收入分别为 7910.04 万元、12,610.67 万元、14,076.40 万元、7433.84 万元；扣非后归母净利润分别为 2648.22 万元、3859.33 万元、4160.10 万元、2607.86 万元。

各报告期（2014 ~ 2017 年 1 ~ 6 月）末，公司长期待摊费用余额分别为 0 万元、0 万元、405.92 万元、360.72 万元。

发审会问题 发行人家纺装饰城二楼、三楼内部改造工程、国贸中心消防暖通工程、内装修工程未作长期待摊费用处理，而是转入投资性房地产或固定资产统一核算，折旧年限原本设定为 30 年，后调整为 10 年。请发行人代表说明前述会计处理是否符合《企业会计准则》规定。请保荐代表人说明核查

方法、依据并发表核查意见。

案例分析 通常来说，内部改造工程、内装修工程等应作长期待摊费用处理，公司将其转入投资性房地产或固定资产统一核算，存在不合理性。长期待摊费用的摊销年限一般较短，通常为 10 年，而房屋建筑物等固定资产的摊销年限较长，一般为 30 ~ 50 年，不同摊销年限会直接影响各期的净利润，摊销年限长则每年需要摊销的费用就少，净利润则会增加。海宁股份将内装修等费用计入投资性房地产或固定资产核算，可能是为了进行业绩调整，因此，受到了监管机构的质疑，虽然公司之后又将折旧年限调整为 10 年，仍被发审委问询是否符合《企业会计准则》规定。

案例 4

深圳西龙同辉技术股份有限公司（2017 年 2 月 17 日被否）

——压缩费用增加业绩，审计咨询费大幅减少，被质疑会计处理合理性

案例背景 西龙同辉是一家专业从事智能 IC 卡及相关设备研发、生产、销售和服务的高新技术企业，主营业务包括卡片制造和卡片个人化服务、智能 IC 卡应用系统集成及整体解决方案等。

报告期（2014 ~ 2016 年）内，公司营业收入分别为 26,611.62 万元、24,754.74 万元和 24,867.27 万元，扣除非经常性损益后的净利润分别为 2203.44 万元、1803.10 万元和 2274.23 万元。

发审会问题 发行人报告期管理费用中审计咨询费分别为 55.08 万元、58.66 万元、11.88 万元，其中年报审计费用为 4.14 万元、3.35 万元、3.86 万元，律师顾问费用为 9.43 万元、0 元、0 元。请发行人代表说明报告期收购两个子公司及 IPO 过程中的审计费用、律师顾问费用列报的报表项目及会计处理方法。

案例分析 西龙同辉 2015 年、2016 年营业收入没有实现增长，但净利润实现了大幅增长，主要原因可能是公司减少了期间费用，通过压缩费用来增加业绩的迹象过于明显，因此引起了监管机构的质疑。

公司期间费用的减少还包括了年报审计费、律师顾问费等中介服务费用，由 2014 年的 55.08 万元减少至 2016 年的 11.88 万元，被发审委现场问询审计咨询费列报的报表项目及会计处理方法。

进一步查询发行人的招股说明书发现，报告期各期末，公司其他应收款

分别为 413.21 万元、610.85 万元和 736.79 万元，公司解释其他应收款余额主要为上市费用、各种押金、保证金、出口退税款等，各期余额有所增加主要由于上市费用增加所致。由此可以判断，公司上市前已支付相关上市费用几百万，但未将支付的上市费用计入期间费用，而是将其计入其他应收款，以此增加利润的意图较为明显，相关会计处理合理性受到质疑。

案例 5

北京全时天地在线网络信息股份有限公司（2017 年 11 月 29 日被否）

——将供应商返利作为收入进行确认，被否后再次申报时进行差错更正调整

案例背景 天地在线自成立以来，一直专注于为客户提供互联网广告及企业级 SaaS 营销服务，目前已经发展成为国内互联网营销服务领域具有品牌影响力的领先企业。公司目前业务主要包括网络广告营销服务和企业级 SaaS 销售及推广服务。报告期（2014 ~ 2017 年 1 ~ 6 月）内，公司营业收入分别为 39,401.79 万元、73,126.42 万元、99,595.87 万元、65,753.47 万元；其中，网络广告营销服务（搜索引擎类和展示类）收入分别为 32,494.62 万元、61,468.52 万元、84,623.53 万元、56,392.34 万元，占营业收入比例分别为 82.47%、84.06%、84.97%、85.76%。公司扣非后归母净利润分别为 2237.56 万元、4359.81 万元、4917.23 万元、3092.54 万元。

报告期内，公司腾讯企业产品的采购折扣情况及毛利率变动情况如下：腾讯企业产品毛利率 2015 年比 2014 年有所上升，主要是 2015 年公司腾讯企业产品业务厂商任务完成率高，获得了更低的阶段折扣，采购折扣从 2014 年 0.43 元 / 市场指导价（每元）下降致 0.41 元 / 市场指导价（每元），销售折扣基本保持稳定，从 79 折略微降低至 78 折，整体毛利率有所上升。腾讯企业毛利率 2016 年比 2015 年下降幅度较大，主要是 2016 年腾讯企业产品销售及推广服务的合作方式发生变更和渠道收入占比增长所致。公司开展企业 QQ、营销 QQ、腾讯企点等腾讯企业产品销售及推广服务，2016 年 6 月之前，公司按约定的折扣价向腾讯支付采购款；2016 年 6 月开始，腾讯公司为了加强对下游公司的管理，提高对终端客户的服务水平，维护合理、统一的产品价格体系，降低自身风险，并与下游公司建立更紧密的业务合作关系，在全国范围内统一变更了与下游公司的业务合作方式。公司按市场价全额向腾讯付款后，腾讯再根据公司的销售服务完成情况向公司支付服

务费。

报告期内，公司腾讯企业产品收入成本结构如下：

项目	2017年1～6月	2016年度	2015年度	2014年度
收入确认金额（万元）	8749.38	13,848.12	10,873.84	6658.77
成本确认金额（万元）	7450.48	9962.02	6281.62	4282.39
毛利率（%）	14.85	28.06	42.23	35.69
其中，服务费收入（万元）	4227.08	2564.96	—	—

反馈意见 请发行人：（1）说明并披露发行人与渠道类客户之间的销售模式、定价方法、收入确认时点、信用政策与其他类型客户是否存在差异；按业务类别（搜索引擎类、展示类、企业级SaaS销售及推广、网站建设、公众号搭建等）说明各类别的主要客户及报告期各期收入金额；（2）结合行业特点、发行人各业务类别、销售模式（直销、渠道）说明并披露收入确认的具体方法、时点及结算的具体过程，是否与行业惯例一致，是否符合企业会计准则的相关规定。

发审会问题 请发行人代表说明：（1）2017年1～6月发行人渠道代理商销售收入为2.15亿元，占比32.75%，其收入确认是否符合会计准则相关规定；（2）渠道代理商是否与发行人存在关联关系；（3）量化分析渠道冲量造成的亏损与其带来的供应商返点的关系，说明大部分的渠道带来毛利为负的合理性，说明该种销售推广模式的可持续性，补充说明发行人的核心竞争力；（4）结合终端客户的情况，说明发行人部分客户尤其个人渠道客户报告期内销售收入变动较大的原因及合理性，发行人对自然人客户李云鹏的销售真实性，渠道模式销售的真实性；（5）第三方回款比例较大的原因，分析说明相关销售收入的真实性，发行人就第三方回款采取的内部控制措施；（6）发行人披露因合作模式调整，腾讯和上海微问自2016年既是供应商，又是客户，使得腾讯为发行人第一大客户，其实质是腾讯是对发行人采购业务的返点，请从实质重于形式的原则判断，说明其收入确认是否符合企业会计准则相关要求；（7）2017年1～6月展示类业务大幅增长的合理性。请保荐代表人说明核查方法、依据，并发表明确核查意见。

案例分析 天地在线主要为客户提供互联网广告及企业级SaaS营销服务，

主要采购方为腾讯、360、搜狗等强势的互联网巨头。公司作为代理商，收到上游供应商的返利后，会计处理应该是冲减成本比较合理，但公司将该返利以服务费的形式确认了收入，导致公司毛利率异常，收入虚增，未能得到监管机构的认可。

2019 年，天地在线重新进行了申报，于 2019 年 4 月 9 日报送了更新的招股书，招股书中公司将对供应商返现事项进行了前期会计差错更正调整，说明公司审慎核查了供应商返现的业务实质，认为供应商返现属于对当期采购成本的补偿，按照冲减当期成本的会计处理更加谨慎，公司自 2017 年度起，将供应商给予的返现按照冲减当期营业成本进行账务处理，并对前期的会计处理作为会计差错更正进行追溯调整。更正后，2016 年营业收入金额 96,232.94 万元，累计影响营业收入 -3362.93 万元。至此，公司彻底更正了前次申报中返利会计处理不合理的事项。

案例 6

浙江科维节能技术有限公司（2017 年 4 月 5 日被否）

——应收账款减值计提不充分，涉嫌虚增利润

案例背景 科维节能是专业从事节能服务的高新技术企业，主营业务为能量系统优化节能技术的研发、推广及应用，通过合同能源管理模式为客户提供节能诊断、规划设计、资金筹措、实施改造、运营管理等全过程的专业化服务。报告期（2014 ~ 2016 年）内，公司营业收入分别为 10,778.62 万元、9880.74 万元、10,622.68 万元；扣非后净利润分别为 4106.63 万元、3089.87 万元、2973.14 万元。

据招股书披露，2014 ~ 2016 年年末，公司应收账款账面价值分别为 9678.43 万元、9936.55 万元、9356.45 万元，占流动资产的比例分别为 68.19%、77.71%、66.45%。

截至 2016 年年末，公司有 36 个项目处于违约状态（包括诉讼已判决、已调整，但暂未执行完毕的项目），涉及项目应收账款账面余额为 1860.87 万元，涉及固定资产账面原值为 622.23 万元。

反馈意见 （1）请发行人说明与主要客户的货款结算方式，并进一步分析应收账款金额较大的原因；（2）请发行人说明前十大应收账款客户的名称、金额、占比、应收账款到期日及期后回收情况，结合客户的实际经营情况分析应收账款的回收风险，并说明相关坏账准备计提是否充分合规；（3）报

告期内，发行人存在较大金额坏账准备计提及冲回事项，请发行人列表说明报告期内坏账准备冲回的具体金额及原因，是否与实际经营情况相符，并说明应收账款相关内部控制执行的有效性；（4）请保荐机构和会计师核查上述事项并发表明确意见。

发审会问题 请发行人代表：（1）说明诉讼后和解及诉讼审理中的三家客户的具体名称，涉及诉讼和执行的最新进展情况；（2）说明截至报告期末，超过信用期未履约的应收账款总额，是否有新的诉讼事项；（3）说明未履行招投标程序的112个项目截至2016年年末对应的应收账款余额及减值准备计提金额；（4）补充说明在唐山港陆钢铁有限公司未按调解书约定足额及时支付款项的前提下，认定应收账款可收回的依据；（5）说明报告期2014～2016年度前10名客户“一次性分享”业务截至2016年年末应收账款余额及减值准备计提金额、诉讼情况；（6）以嘉兴石化有限公司2014年度“一次性分享”确认的1643.85万元（专业设备原值及计提折旧均为378.73万元）为例，补充说明该项目确认的收入、毛利情况；（7）说明各报告期对于单项计提的坏账准备是否已做纳税调整。请保荐代表人对上述问题发表核查意见。

案例分析 科维节能报告期内存在大量应收账款，占流动资产比例较高，公司出于谨慎性原则，分别对账龄在1～2年（含2年）、2～3年（含3年）、3年以上的应收账款计提了10%、50%、100%的坏账准备。但公司未对未履行招标程序及处于违约状态的项目计提合理的坏账准备。且从实际数据来看，公司截至2016年年末，有44.62%的项目未履行招标程序，且有36个项目处于违约状态，无法收回的可能性较大，需要单独计提坏账准备，且对公司净利润的影响较大。因此，公司应收账款坏账准备计提不充分问题，增大了审核风险，甚至成了被否的主要原因之一。

案例7

山东玻纤集团股份有限公司（2017年11月7日被否）

——固定资产计提折旧的方法不合理受到质疑

案例背景 山东玻纤主要从事玻璃纤维及其制品的研发、生产与销售，公司作为高新技术企业，在过去发展的过程中逐渐淘汰传统的坩埚法技术拉丝生产工艺，自2008年开始使用池窑法生产玻璃纤维。报告期（2014～2017年1～6月）内，公司营业收入分别为102,716.24万元、112,100.46万元、

132,288.85 万元、84,708.31 万元；扣非后归母净利润分别为 5956.30 万元、8546.96 万元、11,793.56 万元、5417.56 万元。

由于在玻纤生产过程中铂铑合金会产生损耗，公司将铂铑合金作为贵重金属纳入固定资产进行核算，但是并不计提折旧，而是将生产过程中的损耗额计入生产成本。

反馈意见 请发行人说明：（1）结合铂铑合金漏板的损耗周期、产品特性，以及同行业可比公司的会计政策等，补充披露将含铂铑合金漏板作为固定资产核算的适当性；（2）披露生产过程中铂铑合金损耗的具体确认方法、依据、各期铂铑合金损耗的实际金额以及同行业可比公司摊销损耗金额的方法，说明发行人未按照使用年限摊销铂铑合金漏板的适当性以及各期确认摊销金额的合理性和准确性。请保荐机构和发行人会计师对上述会计政策和摊销方法的选择是否符合企业会计准则的规定进行核查并发表明确核查意见。

发审会问题 发行人报告期末固定资产中铂铑合金余额为 9.3 亿元，占资产总额的 30%，采用将损耗计入制造费用的方式摊销。各报告期末可变现净值均小于期末账面余额，且差异较大。请发行人代表进一步说明现有摊销政策是否符合公司生产经营的实际情况，是否存在减值情形，若计提减值准备，是否会对发行人报告期内的业绩产生重大不利影响。请保荐机构代表说明发行人是否符合《首发管理办法》第 23 条和第 26 条规定。

案例分析 本案例中，铂铑合金漏板是玻纤生产中非常重要也是比较特殊的一种生产资料，使用周期一般为 8 ~ 15 个月，且价值较高，故公司将其作为固定资产进行核算。但是公司并未按照会计准则的要求对该资产计提折旧，而是采用自行制定的方法进行摊销，因该计提方式较复杂，且容易被利用来调整利润，故监管机构提出了质疑。

同时，对比同行业公司对铂铑合金的处理方式，虽然都将铂铑合金作为固定资产核算，但其他公司基本采用平均年限法、工作量法等较为谨慎和符合会计准则要求的方式计提折旧。公司采用的折旧方式缺乏合理依据及不符合谨慎性原则，未能获得监管机构认可。

（三）应对建议

对于会计处理的合理性，主要应对建议如下：

1. 尽早树立规范意识，并由专业财务人员指导

财务规范是企业实现 IPO 上市的前提条件。因此，企业发展到一定规模后，

应尽早树立规范意识，财务规范工作往往不是一蹴而就的，企业规模越大，规范的难度系数越高。而且不是所有财务问题都可以在后期通过规范解决，有些财务障碍一旦形成将无法挽回。

此外，很多民营中小企业在发展初期，财务基础较差，会计处理较随意。为加快上市进程，少走弯路，企业应聘请具有行业经验的财务人员，并聘请有经验、负责任的专业团队进行辅导规划。

2. 参照同行业上市公司的通行做法进行会计处理

对于特定行业、特殊经营模式下的一些特殊的会计处理方法，拟IPO企业应将自身的会计处理方式与同行业标的公司进行分析对比，从而判断公司会计处理的合理性。同时，对于一些特殊的会计处理方法，公司应主动告知中介机构，并征求中介机构的意见。

例如，按照完工百分比法确认收入的建造合同，需要有充足的内外部证据来确认完工进度，常见的内部证据有项目合同、项目进度表、项目月报、成本核算单；外部证据有客户确认单、监理报告、供应商结算单等。此类企业可参考同行业上市公司的方法，按照相应的凭据进行完工进度确认，从而确认相应收入和成本。同时，按照同行业上市公司的方法梳理出规范的业务流程，并严格执行。

3. 会计处理应基于谨慎性原则

会计谨慎性原则是企业会计核算中一项重要原则，运用广泛，可防止抬高资产和收益，压低负债和费用，并起到预警风险和化解风险的作用，这一规则在证券市场中尤其重要。故公司除应参考同行业公司会计处理方法外，遇到实务中较少出现或无参考案例时，应遵循谨慎性原则进行会计处理，以避免监管机构质疑公司虚增利润，降低审核风险。

三、商业合理性

商业竞争环境是复杂多变的，但企业的一切商业行为皆须符合商业规律和正常商业逻辑。IPO审核中，监管机构越来越关注拟IPO企业经济业务的商业合理性，在很多审核案例中皆关注到此类问题。实务中，一切看起来逻辑不顺畅的问题皆有可能被监管机构质疑商业合理性。

对于申报IPO企业来说，商业合理性可能存在在企业的股权转让、销售模式、交易活动等经营活动中的诸多方面，本节主要关注与经营业绩相关的商业合理性。如成立不久的公司即成为发行人的供应商或经销商，非关联方无偿授权发行人使用商标，第一大客户同时是发行人的第一大供应商等。此类存在商业逻辑不合理的事项可能影响企业业绩的合理性与真实性，因此受到监管机构的重点关注。

（一）审核关注点及典型案例

商业逻辑不合理通常体现在企业股权转让、商业模式以及日常经营的方方面面。从最近两年的审核案例来看，与业绩相关的商业合理性，监管机构主要关注以下几个方面：

1. 新成立不久的公司即成为发行人主要供应商 / 主要客户的原因及商业合理性；

2. 向同一家公司同时采购和销售的商业合理性，是否对其存在重大依赖；

3. 发行人与（特殊）供应商 / 客户的合作模式及商业合理性、交易价格公允性；

4. 主要产品经销模式毛利率大幅高于直销模式的原因及商业合理性；

5. 在行业景气度下降的背景下，部分代理商由非买断式代理转为买断式代理的原因与商业合理性；

6. 说明固定资产规模增幅与主要产品产能增幅不匹配的具体原因和商业合理性；

7. 人员没有增加的情况下营业收入逐年大幅增加的原因和商业合理性；

8. 将“商标”等资产无偿借与他人使用的商业合理性，是否存在利益输送。

相关案例：

案例 1

浙江春晖智能控制股份有限公司（2018 年 1 月 26 日被否）

——住房公积金月缴存基数明显不合理，仅为 126 ~ 159 元 / 月

案例背景　春晖智控专业从事流体控制阀和控制系统的研究、开发和制造，产品涉及油气控制产品、燃气控制产品、供热控制产品、空调控制产品、内燃机配件等。报告期（2014 ~ 2017 年 1 ~ 6 月）内，公司营业收入分别为 25,399.76 万元、28,706.82 万元、35,398.85 万元、26,220.30 万元；扣非后归母净利润分别为 1620.92 万元、1939.18 万元、2954.79 万元、3026.51 万元。

反馈意见　请发行人说明缴纳社会保险和住房公积金的员工人数、未缴纳的员工人数及原因、企业与个人的缴费比例、缴纳的起始日期，是否存在需要补缴情况。如需补缴社会保险费和住房公积金，请发行人说明补缴的金额与措施，分析补缴对发行人经营业绩的影响。请保荐机构、发行人律师核查并就发行人社会保障的具体执行情况对本次发行上市的影响发表明确意见。

发审会问题 发行人报告期内未缴纳住房公积金的人数占员工总数的90%以上。请发行人代表说明：（1）当地的住房公积金缴纳政策；（2）未缴纳住房公积金的情形是否存在被相关政府部门处罚的可能；（3）发行人测算得出报告期补缴住房公积金月缴基数仅为126～159元/月的合理性。请保荐代表人说明核查过程、依据，并发表明确核查意见。

案例分析 首先，春晖智控未缴纳住房公积金的人数占员工总数的90%以上，未缴纳住房公积金人员比例过高，被监管机构质疑合法合规性，从最近两年过会案例来看，申报IPO企业社保及住房公积金缴纳比例基本为90%以上。

其次，职工住房公积金月缴基数通常为上年度月均工资，春晖智控年人均工资为6.61万元，月人均工资为5508.33元，按照公积金缴存基数计算方法，公司测算得出报告期补缴住房公积金月缴基数仅为126～159元/月，是明显不合理的。

公积金未足额缴纳及不合理的补缴计算，或说明了公司内控的不规范，并对公司管理费用、净利润造成影响。

案例2

世纪恒通科技股份有限公司（2017年9月13日被否）

——大幅增加单次推广成本较高的外包呼叫人员比例，违背商业合理性

案例背景 世纪恒通是移动信息服务提供商，从事移动增值业务，属于电信增值业务范畴。公司主要客户为国内三大电信运营商，最终服务用户为移动手机用户，报告期内公司直接来自三大电信运营商收入合计占主营业务收入比例在96%以上，是公司收入的主要来源。

报告期（2014～2017年1～6月）内，公司营业收入分别为20,528.43万元、25,237.99万元、52,396.85万元、25,897.38万元；扣非后归母净利润分别为2196.22万元、1670.91万元、3416.02万元与2016.54万元。

发审会问题 发行人招股说明书披露2014年度、2015年度、2016年度及2017年1～6月，扣非后净利润为2196.22万元、1670.91万元、3416.02万元和2016.54万元。报告期各期末，公司在职员工数分别为2753人、1860人、1553人与1228人，人数逐年减少。发行人解释业务推广重心由自有呼叫逐步向外协外包方式转移。但从发行人提供的外呼公司

的成本与发行人自行外呼成本的比较看，自行呼叫的单次成本明显低于外呼的成本。报告期，发行人流动到外包公司的员工总数为 1153 人。请发行人代表说明：（1）在营业收入大幅增长的情况下报告期员工人数大幅减少的原因；（2）在外包呼叫的单次推广成本较高的情况下，发行人选择大幅增加第三方推广的比例的原因及合理性；（3）主要外包公司的情况，外包公司是否具有相应资质；其推广业务是否符合《通信短信息服务管理规定》等相关法律法规；（4）发行人报告期需补缴的社会保险、住房公积金金额（测算值）占公司当期利润总额的比例为 38.14%、33.01%、7.85%、2.27%，未交纳五险一金占比较高，是否符合相关法律法规的规定。请保荐代表人发表核查意见。

案例分析 世纪恒通 2014 年、2015 年职工薪酬占主营业务成本的比例皆高于 40%，职工薪酬主要为支付给公司自有呼叫人员的工资。自 2015 年起，公司将部分呼叫推广工作外包给了第三方。2014 ~ 2017 年 1 ~ 6 月，公司职工薪酬占营业成本的比例逐年下降，由 2014 年的 65.50% 下降至 2017 年 1 ~ 6 月的 12.59%，同时，公司逐年提高了第三方推广比例。但是第三方推广的成本明显高于自行外呼成本，这种情形下，公司大幅增加第三方推广的比例，让发审委质疑其商业合理性。

世纪恒通招股书关于此问题作了一定的披露和解释，提高第三方推广比例，主要是因为业务政策变化、员工离职率提高、满足运营商考核等原因引起的。而这个解释未能让发审委信服。根据发审会问题，监管机构首先关注的是公司的业绩规模，之后问询员工人数大幅减少、第三方推广比例大幅增加、五险一金补缴金额等都是基于公司业绩规模而提出的质疑，也就是质疑公司规模不大的情形下，是否还有进一步减少业绩规模的其他因素。而公司并未解释清楚呼叫外包对经营业绩的具体影响程度。

案例 3

珠海市赛纬电子材料股份有限公司（2017 年 9 月 13 日被否）

——第一大客户同时成为公司第一大供应商，被质疑商业合理性和业绩真实性

案例背景 赛纬电子主要从事定制化锂离子电池电解液的研发、生产与销售，主要产品 70% 以上是动力类电解液，也就是电动汽车或者电动自行车用的锂电池。公司 2014 年和 2015 年扣非后净利润分别为 1927.38 万元、1760.59 万元，2016 年业绩大幅增加至 4986.61 万元，而且 2017 年上半

年的业绩为 2706.35 万元，预计与 2016 年的业绩水平持平。

2015 ~ 2017 年 1 ~ 6 月，公司对第一大客户沃特玛的销售收入占公司营业收入比例分别为 11.63%、45.93%、47.46%。2017 年 1 ~ 6 月，公司向沃特玛的采购金额达到 6379.48 万元，沃特玛成为公司的第一大供应商，占比达到 47.98%。

发审会问题 1. 2015 ~ 2017 年 1 ~ 6 月，发行人对第一大客户沃特玛的销售收入占公司营业总收入的比例分别为 11.63%、45.93% 和 47.46%，发行人向沃特玛销售产生的毛利额占公司毛利总额的比例分别为 4.79%、45.18% 和 34.03%。2017 年 1 ~ 6 月发行人向沃特玛的采购金额达到 6379.48 万元，沃特玛成为发行人的第一大供应商，占比达到 47.98%。截至 2017 年 6 月 30 日，公司对沃特玛的应收账款和应收票据合计 8598.90 万元，其中应收账款 1898.90 万元、应收商业承兑汇票 6700.00 万元。请发行人代表：（1）说明沃特玛既是发行人第一大客户又是第一大供应商的合理性和必要性，说明沃特玛对发行人后续经营的重要性；（2）发行人向沃特玛采购六氟磷酸锂，采购款项直接从发行人应收沃特玛销售款项中抵扣，说明抵销应付账款和应收账款对发行人报告期现金流量表和利润表的影响，说明上述会计处理是否能准确反映发行人的经济业务；（3）说明发行人向沃特玛采购六氟磷酸锂的价格远高于市场平均价格的原因，说明发行人向沃特玛销售产品的价格是如何确定的，并据此说明与沃特玛的合作模式属于商品买卖还是属于委托加工；（4）公司对沃特玛的产品销售价格，是在对方提供的主要原材料的价格基础上加成计算而来，请说明从沃特玛采购原材料后，在公司提供产品之前，原材料的价格的波动是否会影响向对方的销售价格，请说明该交易模式对双方而言，是否符合风险和报酬的转移的条件，交易的实质是委托加工还是产品销售；（5）请同时从销售和采购的角度分析，公司的生产经营对沃特玛是否存在依赖。请保荐代表人对上述问题发表核查意见。

2. 招股说明书披露发行人按合同（订单）约定发货，待买方签收并验收合格后或于验收期满未提出异议后确认收入。请发行人代表：（1）结合与沃特玛的《采购订单》以及销售补充协议，进一步说明报告期实际执行的收入确认政策是否与披露的政策相一致；（2）说明 2015 年度确认与沃特玛销售的最初时间；（3）说明报告期末对已背书或贴现但资产负债表日尚未到期的商业承兑汇票如何列报；（4）进一步说明与沃特玛销售和采购业务合作的可持续性及交易的实质。

请保荐代表人：（1）对发行人收入确认具体政策披露的充分性和准确性发表核查意见；（2）对发行人与收入确认相关的内部控制发表核查意见。

案例分析 据招股书披露，赛纬电子主要产品为定制化锂离子电池电解液。2015 ~ 2017 年 1 ~ 6 月，公司对第一大客户沃特玛的销售收入占比分别为 11.63%、45.93%、47.46%。2017 年开始，公司为提高资金利用效率、缓解资金压力，降低合作双方的经营风险，同时沃特玛为保障电解液品质、保障电解液供应和提高产品市场竞争力，扩大双方持续的合作规模，公司向沃特玛采购六氟磷酸锂，采购款从公司对沃特玛的应收账款中抵扣；2017 年 1 ~ 6 月公司向沃特玛的采购金额达到 6379.48 万元，沃特玛成为公司的第一大供应商，占比达到 47.98%。

从正常商业逻辑角度来看，赛纬电子与沃特玛之间的模式应属于委托加工，而不是独立购销模式，沃特玛是公司第一大客户也是第一大供应商，销售采购占比高，同时，公司向沃特玛采购价格也较高，发审委重点问询双方交易实质是商品买卖还是委托加工。

此外，值得注意的是，据相关新闻报告，2017 年排名国内动力电池装机量前三的沃特玛，于 2018 年上半年出现了大幅业绩下滑，排名已跌出前 10 名，甚至到了即将倒闭的边缘，其母公司坚端沃能面临着巨额的债务，发生供应商堵门讨债事件，引发舆论热议。

案例 4

海南中和药业股份有限公司（2018 年 4 月 17 日被否）

——学术会议次数由 332 次 / 年增长至 2676 次 / 年，被质疑合理性

案例背景 中和药业主要从事多肽类及核苷类药物的研发、生产和销售，是国内最早专业研发生产“全化学合成多肽类药物”的制药企业之一。报告期（2015 ~ 2017 年）内，公司营业收入分别为 35,257.67 万元、49,878.31 万元、70,339.50 万元；归母净利润分别为 14,088.55 万元、18,332.19 万元、21,634.32 万元。

报告期（2015 ~ 2017 年）内，公司业务推广费分别为 8779.44 万元、16,121.91 万元、32,661.30 万元；占销售费用的比例分别为 86.77%、90.64%、93.46%。其中，学术会议费分别为 2308.85 万元、8359.91 万

元、18,491.49 万元；占业务推广费的比例分别为 26.30%、51.85%、56.62%。委托推广服务商举办学术会议的次数分别为 332 次、1095 次、2676 次；公司通过自行举办、赞助等方式参与的学术会议次数分别为 8 次、22 次、25 次。

反馈意见 根据招股说明书披露：销售费用主要包括业务推广费、职工薪酬等。请发行人补充披露：（1）业务推广费的具体分项构成和金额、费用归集、核算方式及会计处理具体情况、预提市场推广费用的时点、金额、比例和依据以及核销费用的时点、过程及依据，说明是否符合《企业会计准则》的规定，并结合推广活动开展情况详细分析业务推广费的合理性；（2）业务推广费支出的对手方情况，是否存在直接汇入供应商及无商业往来第三方账户的情形；（3）推广活动相关组织和支出情况，包括频次、内容、人次、费用报销情况等，并说明是否具有合理性；（4）是否在推广活动中给予过相关医生、医务人员、医药代表及客户回扣、账外返利、礼品，是否存在承担上述人员或其亲属境内外旅游费用等变相商业贿赂行为；（5）结合订单获取方式、流程，补充披露相关内部控制制度能否有效防范商业贿赂风险，及相关内部控制制度的执行情况及是否具有有效性。请保荐机构和会计师对销售费用的真实、完整、费用发票的合规性、与销售活动的相关性以及是否符合《反不正当竞争法》进行核查，说明核查程序、比例并发表核查意见。

发审会问题 发行人报告期销售费用率较高且逐年增长，业务推广费占比较高。请发行人代表说明：（1）合作推广服务商的选取标准，相关协议、管理制度及其执行情况；（2）报告期合作推广服务商服务情况，主要市场推广模式、市场推广工作内容、付费标准等；（3）报告期业务推广费大幅增加的原因，是否与收入和业务规模相匹配；（4）报告期学术会议从 2015 年的 332 次增长到 2017 年的 2676 次的原因及合理性，学术会议相关内控制度及其执行情况；（5）业务推广费使用是否存在不当利益安排，是否能够有效防范商业贿赂风险，相关内控制度是否健全有效。请保荐代表人说明核查过程、依据，并发表明确核查意见。

案例分析 因为医药行业“两票制”政策的推行，公司销售模式改变，由经销转为配送模式，公司开始自行承担学术推广费用，因此，公司报告期内的学术推广费用大幅提升，具备一定的商业合理性。但是，公司报告期委托推广服务商举办学术会议次数从 2015 年的 332 次增长到 2017 年的 2676 次，也即 2017 年全年平均每天开会 7 ~ 8 次，会议的增长及合理性让监管机构产生了质疑，公司被问询学术会议增长快的原因及合理性，相关内控有效性，以及是否存在不当利益安排。

案例 5

北京新时空科技股份有限公司（2018 年 2 月 7 日被否）

——业务主要集中在华东、华中地区，主要劳务外包商却是北京企业，被质疑合理性

案例背景　新时空股份主营业务为照明工程业务及与之相关的照明工程设计、照明产品的研发、销售，主要应用于文旅表演、城市空间与公共建筑等景观照明领域。

报告期内（2015 ~ 2017 年），公司营业收入分别为 34,701.88 万元、60,110.78 万元、89,065.26 万元；净利润分别为 3071.42 万元、7858.20 万元、12,580.30 万元。

为提高施工效率，公司将安装劳务分包给其他企业，报告期（2015 ~ 2017 年）内，公司向前五大劳务分包商采购金额占劳务成本比例分别为 70.50%、78.47%、75.75%。其中，向北京地区企业采购劳务的比例分别为 31.02%、78.47%、68.29%。公司 2016 年、2017 年前五大分包商基本全部为北京企业。

发审会问题　报告期发行人存在向无劳务分包资质单位采购劳务的情形，2015 年前 10 名劳务分包单位中，向无劳务分包资质单位的采购金额占比为 50.84%。报告期发行人项目分布各地，但主要劳务分包商为北京企业。请发行人代表说明：（1）发行人项目分布在各地，但主要劳务分包商为北京企业的原因及合理性，是否存在实为自身员工而由劳务分包企业代为开票的情况，该等北京的劳务分包商与发行人及其关联方是否存在关联关系；（2）劳务分包是否存在行政处罚风险，该等情形是否构成发行人本次发行上市的法律障碍。请保荐代表人说明核查过程、依据及明确核查意见。

案例分析　通常来说，劳务公司有一定的地域属性，跨地区从事建筑安装劳务的情形较少，从公司营业收入区域分布来看，公司业务主要集中在华东、华中地区，而公司却把劳务主要分包给北京企业，明显不合理。对此，监管机构直接提出质疑，公司是否存在实为自身员工而由劳务分包企业代为开票的情况，该等北京的劳务分包商与发行人及其关联方是否存在关联关系。可见，公司劳务分包商问题直接影响了公司 IPO 过会。

案例 6

深圳雷杜生命科学股份有限公司（2018 年 1 月 10 日被否）

——28 家公司刚成立即成为发行人经销商，被质疑合理性及是否存在关联关系

案例背景 雷杜股份是国内具有一定市场领先地位的体外诊断仪器及配套试剂的专业提供商，主要从事生化分析、免疫分析、凝血分析、血细胞分析等领域的体外诊断仪器及配套试剂的研发、生产和销售。

报告期（2014 ~ 2017 年 1 ~ 6 月）内，公司营业收入分别为 20,030.57 万元、19,766.35 万元、21,361.46 万元、11,969.91 万元；净利润分别为 5263.23 万元、5402.51 万元、5055.89 万元、2531.04 万元。

公司采用“经销商销售为主、直销为辅”的销售模式，收入主要来自国内外的经销商。2014 年年底至 2017 年 6 月底，公司经销商家数分别为 867 家、813 家、837 家、634 家，其中国内经销商分别为 671 家、587 家、624 家、477 家，国外经销商分别为 196 家、226 家、213 家、157 家，经销商销售额占主营业务收入的比例分别为 75.70%、75.93%、76.46%、72.75%。公司与经销商并未签署对合作期限等事项有约束力的合同。

发审会问题 报告期内，发行人采用以经销商为主，直销渠道为辅的销售模式。请发行人代表说明：（1）经销商的选取标准，经销商与发行人实际控制人、董监高及其关联方等是否存在关联关系，经销商的最终销售情况，是否存在利用经销商输送利益、虚增收入等情形；（2）福州康尚医疗等 28 家公司刚成立即成为发行人经销商的原因及合理性，这些刚成立的经销商是否符合前述经销商的选取标准；（3）报告期内发行人所有的经销商是否均取得《医疗器械经营企业许可证》，发行人的经营商销售该类型产品是否需要其他资质许可文件，如有，经销商是否满足相关要求；（4）对经销商未签署合作期限等事项有约束力的合同是否符合行业惯例，是否为发行人主导，相关原因及合理性，该做法是否对发行人经销业务的持续开展产生不利影响。请保荐代表人说明核查过程和方法，并明确发表意见。

案例分析 公司主要采用经销模式进行销售，福州康尚医疗等 28 家公司刚成立即成为公司经销商，明显缺乏商业合理性，引起了监管机构的质疑。通常来说，医药经销商需要积累到一定程度，方能够具备市场影响力，才能获得订单。雷杜股份选择新成立的公司做经销商，可能这些经销商与公司存在实质的关联关系，公司能对这些经销商实现控制，以便调节利润或实现其他目的，因此，监管机构质疑公司经销商销售的真实合理性，是否存在利益输送、

虚增收入等情形。

此外，相对于医药生产企业来说，医药流通企业处于更加强势地位，公司未跟经销商签署对合作期限等事项有约束力的合同，原因可能是公司市场竞争力和市场地位不足所致，而公司与上述 28 家新成立的经销商合作，则可以加强控制力，进一步加剧了监管机构对公司经销商真实合理性的质疑。

案例 7

陕西康惠制药股份有限公司（2017 年 3 月 13 日通过）

——报告期内存在被许可无偿使用他人商标的情形，但理由合理，且所涉产品非主营产品，销售占比低，获得认可

案例背景 康惠制药主营业务为中成药品的研究、开发、生产与销售。目前公司下设 3 个药品生产基地，拥有 107 个药品生产批准文号，共有片剂、硬胶囊剂、颗粒剂、口服液、酒剂、合剂、茶剂、膏药、软膏剂、搽剂、洗剂、酊剂等 18 条 GMP 认证制剂生产线。主要产品为：坤复康胶囊（片）、复方双花片、消银颗粒、附桂骨痛胶囊、芪药消渴胶囊、复方清带灌注液等。

报告期（2013 ~ 2016 年 1 ~ 6 月）内，公司营业收入分别为 32,806.45 万元、37,573.15 万元、37,978.51 万元、14,722.87 万元；净利润分别为 5582.22 万元、6274.19 万元、6220.52 万元、2119.58 万元。

公司报告期内存在被许可无偿使用他人商标的情形。其中，湖北京康药业有限公司许可公司销售“西帕依麦孜彼子片”产品时使用“国研列康宝”商标；西安天远医药科技开发有限公司许可公司销售“心舒宁片”产品时使用“天远今清”商标；武汉纽莱孚生物科技有限公司许可公司销售“抗栓胶囊”产品时使用“黄元御”商标。该等商标许可涉及产品的销售情况如下：

年度	西帕依麦孜彼子片		心舒宁片		抗栓胶囊	
	销售收入（万元）	占比（%）	销售收入（万元）	占比（%）	销售收入（万元）	占比（%）
2016 1 ~ 6 月	46.76	0.32	37.08	0.25	32.81	0.22
2015	153.98	0.41	131.15	0.35	378.04	1.00
2014	235.29	0.63	123.58	0.33	142.68	0.38
2013	161.35	0.49	50.31	0.15	77.34	0.24

发审会问题 请发行人代表进一步说明：湖北京康药业有限公司、武汉纽莱孚生物科技有限公司、西安天远医药科技开发有限公司无偿许可发行人使用其商标的合理性及真实性，发行人与上述企业是否存在关联关系，发行人及其股东、实际控制人是否通过其他方式支付上述三家企业的商标使用费或有其他利益安排。

案例分析 康惠制药成功过会与其优秀的行业地位和核心竞争力有关，公司四大主营产品复方双花片、消银颗粒、坤复康胶囊、复方清带灌注液为国家中药保护品种，也是公司的独家产品。公司凭借着上述独家产品，保持了报告期内良好的经营业绩。此外，公司不断加大研发投入，新产品也被市场看好，因此给监管机构留下的很好的印象。

公司报告期内存在被许可无偿使用他人商标的情形，引起了监管机构的质疑。康惠制药在申报资料中关于无偿使用他人商标作了解释，具体如下：湖北京康药业有限公司、陕西天远药业有限公司与湖北广恩堂药业有限公司分别为发行人“西帕依麦孜彼子片”、“心舒宁片”与“抗栓胶囊”产品的经销商。“西帕依麦孜彼子片”、“心舒宁片”与“抗栓胶囊”为发行人的非主营产品，该等产品的销售主要采用经销商推广模式，即发行人负责上述产品的生产，同时与上述经销商签订买断式销售合同，以较低的价格将产品销售给上述经销商，由经销商主要负责产品品牌的建设与产品营销推广工作，并承担相应的品牌建设与产品推广费用。由于上述经销商除代理发行人的产品外，还代理了其他生产企业的产品，故经销商出于自身市场开拓及经营需要、统一公司形象及品牌标识度、更加稳固与发行人的合作关系等考虑，希望发行人在相应产品上使用经销商自身或其合作伙伴拥有的商标；发行人为了充分利用经销商的市场开拓、推广职能，同意该等经销商的请求，在由该等经销商负责推广销售的产品上使用相关经销商推荐的商标。

从以上解释来看，公司被许可无偿使用他人商标具备合理性，且报告期内西帕依麦孜彼子片、心舒宁片与抗栓胶囊实现的销售收入占公司销售收入的比例很低，总占比不超过 2%，为公司的非主营产品，对公司生产经营不构成重大影响，最终监管机构给予了过会的决定。

（二）应对建议

IPO 审核过程中，一切违背商业规律以及缺乏合理商业逻辑的行为皆会受到监管机构的质疑。为降低审核风险，拟 IPO 企业应注意商业逻辑合理性。主要应对建议如下：

1. 提前梳理和规范企业各方面的商业合理性

拟 IPO 企业在有上市计划时，应该在中介机构的协助下，梳理与规范公司的商业模式、业务流程、历次股权转让过程以及企业日常经营细节，确保企业各方面皆具备商业合理性，以降低审核风险。

2. 注意不合理事项不能影响企业的持续盈利能力和业绩真实性

拟 IPO 企业在整改规范时，应注意把握不合理事项对企业的影响程度，特别是证监会重点关注的企业持续盈利能力和业绩真实性。如果拟 IPO 企业的商业逻辑不合理之处很可能影响企业的持续盈利能力或业绩真实性，则审核风险较大，被否率很高。

（1）注意商业合理性不对企业的持续盈利能力产生影响，也即拟 IPO 企业的不合理事项不能对企业目前及未来的业绩持续增长造成影响。例如，企业规模较小，企业应缴纳的住房公积金不合理，如果测算的补缴金额会对净利润产生较大影响，甚至使企业的业绩指标未能达到 IPO 审核标准，则监管机构会因公积金缴纳或测算得不合理，进而质疑企业的持续盈利能力。

（2）注意商业合理性不对企业的业绩真实性产生影响，也即不能因为拟 IPO 企业的不合理事项让监管机构质疑其业绩真实性。从以往审核案例来看，因为企业商业模式以及日常经营中的一些不合理事项导致监管机构对公司业绩真实性产生质疑的，不胜枚举。例如，企业人为设计一系列行动或者交易，新设立的或规模较小的企业在报告期内突击成为公司第一大客户或供应商，这不太符合基本的商业逻辑，容易引起监管机构对业务真实性的质疑；再如，在没有充足理由的情形下，拟 IPO 企业选择采购成本明显偏高的供应商或与销售价格明显偏低的客户进行合作；拟 IPO 企业直销模式下毛利率水平比经销模式低等，这些明显不合理的商业行为皆会引起接管机构的质疑，审核风险较大。

3. 注意信息披露与解释

关于商业合理性，拟 IPO 企业应在申报资料中作详细的信息披露与解释，主要需要注意以下两个方面：

（1）如果企业的一些表面看似不合理事项，如特定的业务模式，特殊的业务行为等，其实质确实是真实的。拟 IPO 企业应提前与中介机构沟通原因与细节，在中介机构协助下，梳理不合理事项的形成原因、过程及企业自身的合理性，并在申报资料中作完整信息披露与解释，信息披露时需尽量注意逻辑合理性。

（2）企业在经营过程中不免存在一些不规范与不合理之处，若不合理事项对企业的实质影响不大，或不对企业的持续盈利能力和合规性等核心审核关注点造成较大影响，建议企业在规范后如实披露即可，充分分析说明虽然该行为不合理，但不对企业持续经营与合规性造成实质影响，且承诺日后不再发生类似情形。

第三节 业绩的含金量

报告期内的业绩是衡量企业持续盈利能力的基础。监管机构除了关注拟IPO企业业绩的增长性、合理性外，对业绩的含金量同样关注，业绩含金量低是拟IPO企业报告期内业绩质量瑕疵的表现之一，监管机构要求企业业绩具备“含金量”或报告期内业绩“含金量”逐渐提高。

业绩的含金量低主要表现为两类：一类是企业报告期内非经常性收入占比较高，主营业务收入无增长、增长不明显，甚至大幅下降，如企业经营业绩依赖税收优惠、政府补助、投资收益等；另一类是企业净利润的增长依赖的是成本、应收账款、经营性现金流量净额等其他指标的“牺牲”，如放宽信用政策增加收入、降低成本费用提升业绩、经营性现金流量净额低等。

一、经营业绩依赖政府补助和税收优惠

税收优惠政策是国家利用税收调节经济的具体手段，用来鼓励和扶持某些特殊地区、产业、企业和产品的发展。同时，地方政府为了支持当地产业或企业的发展，也会通过各种形式给予企业一定的补助。这些税收优惠和政府补助构成企业收入的一部分，但实质上并不能证明企业整体经营情况是否良好，不属于企业通过市场行为获取的收入，因此在判断企业是否具有良好的经营情况时，应排除该部分收入的影响。如果企业实现的利润中政府补助和税收优惠占比比较大，则说明企业主营业务盈利能力较弱，业绩含金量低。

通常情况下，政府补助和税收优惠存在一定的不确定性，国家相关政策随时可能发生变化，企业过多依赖政府补助和税收优惠，如果政策变化，容易受到巨大冲击，甚至影响企业的持续经营。

实务中，部分政府补助通过税收返还的形式发放给企业，也属于企业享受的税收优惠，拟IPO公司对税收优惠的依赖，主要包括增值税退税以及企业所得税的优惠税率，增值税退税主要包括销售软件产品退税、销售军品退税以及销售废旧物资退税等；所得税优惠主要包括高新技术企业优惠税率、软件企业优惠税率，农业企业优惠税率、西部大开发企业优惠税率等。上市审核中，税收优惠依赖重点关

注以下几个方面：

1. 税收优惠的合法性

合法的税收优惠都明确有国家税务层面的文件依据，地方性的一些税收优惠政策并不符合法律法规，实质上属于地方财政的返还或奖励。尽管收到的税收优惠都计入营业外收入，但合法的税收优惠形成的营业外收入不属于非经常性损益，利润指标中无须扣除，不合法的税收优惠属于非经常性损益，利润指标中应予以扣除。

2. 税收优惠的持续性

税收优惠在可预见期间内可以持续享受，如持续满足高新技术企业资格而享受15%的企业所得税税率，国家长期扶持自主软件研发故增值税返还政策能够持续享有等，能够有利地保证拟IPO企业的持续盈利能力。如果税收优惠不能持续，则可能对拟IPO企业的持续盈利能力在短期内造成不利影响。

3. 税收优惠占净利润的比例

对税收优惠的依赖，主要体现于其占净利润的比例。如果占净利润的比例超过一半甚至更高，或者高于同行业水平，且假定其未享受税收优惠的条件下，报告期内盈利能力较差甚至亏损，则很可能税收优惠依赖会成为审核过程中的实质性障碍。如果税收优惠占净利润比例虽比较高，但假定其未享受税收优惠的条件下，报告期内拟IPO企业仍然具有较强的盈利能力，则一般也不视作存在税收优惠依赖。

总体来说，如果企业报告期内享受的税收优惠符合国家法律法规的相关规定，且在未来可预见的经营期间内不会发生变化，则认为其税收优惠具有持续性及稳定性，一般不构成税收优惠依赖；如果企业报告期内享受的地方性税收优惠属于越权审批或无正式的法律批文，或者偶发性的，则该税收优惠应计入“非经常性损益”，企业净利润扣除非经常损益后仍达到发行条件，且最近一期报告期占净利润的比例未超过30%，并有减少趋势的，一般也认为不存在严重依赖。

相关法条：

《首发管理办法》

第二十七条　发行人依法纳税，各项税收优惠符合相关法律法规的规定。发行人的经营成果对税收优惠不存在严重依赖。

（一）审核关注点及典型案例

关于经营业绩依赖政府补助和税收优惠，监管机构主要关注以下几点：

1. 报告期内发行人享受的政府补助以及税收优惠是否合法合规；

2. 报告期内发行人享受的税收优惠金额占同期净利润的比例是否过高，发行人经营成果是否对税收优惠存在严重依赖；

3. 未来如果国家政策发生变化，是否对业绩造成不利影响。

相关案例：

案例 1

重庆圣华曦药业股份有限公司（2017 年 5 月 2 日被否）

——报告期内净利润增长缓慢，且对政府补助和税收优惠存在重大依赖，被质疑持续盈利能力

案例背景　圣华曦主营业务为化学药品制剂、原料药和医药中间体的研发、生产和销售。报告期（2014 ~ 2016 年）内，公司营业收入分别为 38,812.45 万元、39,113.02 万元、43,427.84 万元；净利润分别为 5535.19 万元、10,430.18 万元、8556.06 万元；扣非后归母净利润分别为 5197.15 万元、4869.57 万元、6412.39 万元。

报告期（2014 ~ 2016 年）内，公司营业外收入中政府补助金额分别为 1315.56 万元、7036.37 万元、3798.78 万元。

反馈意见　请发行人补充披露报告期内各项政府补助等资金的内容、依据和到账时间，说明政府补助计入当期损益或递延收益的划分标准、依据和金额。请保荐机构和会计师核查并说明发行人政府补助会计处理是否符合《企业会计准则》的规定。

发审会问题　请发行人代表进一步说明报告期内享受的税收优惠和政府补助的具体项目、金额及依据和收款情况，报告期会计利润与所得税费用的调整过程，相关的会计处理是否符合企业会计准则的规定，公司的盈利对税收优惠和政府补助是否存在严重依赖，以及未来是否能够持续享受税收政策优惠，相关风险揭示和披露是否充分。请保荐代表人发表核查意见。

案例分析　从圣华曦的财务数据和政府补助的种类来看，公司享受的政府补助和税收优惠金额大、品类全。从金额及占比来看，公司报告期内（2014~2016 年）所享受的政府补助和税收优惠金额分别为 1315.56 万元、7036.37 万元、3798.78 万元；占当年净利润的比例分别为 23.77%、67.46%、44.40%；从品类看，公司享受了安置残疾人增值税退税、安置残疾人城镇土地使用税退税、安置残疾人房产税退税、老厂拆迁项目摊销、医药中间体项目、医药产业扶持补助专项补贴、迁建制剂基地建设项目摊销等 38 项政府补助

和税收优惠。公司在招股书中就政府补助和税收优惠作了详细的信息披露，就合规性作了说明，且将政府补助在净利润中作了剔除，做法比较规范。

但是，剔除掉政府补助和税收优惠后，公司报告期内净利润分别为4219.63万元、3393.81万元、4757.28万元，报告期内净利润增长幅度不大，2015年甚至出现了业绩下滑，因此，监管机构对公司的持续盈利能力产生了质疑，怀疑公司的盈利对税收优惠和政府补助存在重大依赖。若未来相关政策变化，则可能会对公司的持续盈利能力产生重大影响。

案例2

浙江鸿禧能源股份有限公司（2017年11月14日被否）

——行业不景气，报告期内业绩增长性差，政府补助金额大，被质疑持续盈利能力

案例背景 鸿禧能源是一家专业从事太阳能发电系统的设计、研发、建设、利用以及从事多晶太阳能电池片、太阳能电池组件的生产和销售的高新技术企业。报告期（2014 ~ 2017年1 ~ 6月）内，公司营业收入分别为152,649.02万元、189,694.26万元、199,525.50万元、119,803.88万元；归母净利润分别为6343.23万元、13,050.98万元、12,008.44万元、7234.50万元。

报告期（2014 ~ 2017年1 ~ 6月）内，公司政府补助金额分别为927.66万元、1412.57万元、2127.84万元、1738.74万元。

发审会问题 发行人在报告期内取得的政府补助较多，公司的发展在较大程度上依赖于政府扶持和补贴政策的支持。请发行人代表结合自身的经营情况和行业特点进一步说明未来的盈利能力能否持续，面对行业政策的变化采取的应对措施。

案例分析 太阳能光伏发电以其对环境的友好性，是一种可持续发展的可再生能源，但现阶段太阳能光伏电池应用成本明显高于传统发电方式，该行业的商业运作和大规模推广应用主要依赖于政府扶持和补贴政策。报告期（2014 ~ 2017年1 ~ 6月）内，公司政府补助占当期净利润的比例分别为14.62%、10.82%、17.72%、24.03%，政府补助占比逐年提升。剔除政府补助，公司报告期内净利润分别为5415.57万元、11,638.41万元、9880.60万元、5495.76万元，预估2017年度净利润为10,991.52万元，公司报告期内净利润出于波动状态，增长不明显。

此外，公司所处的光伏行业前两年处于整体低迷状态，对行业内企业的生产经营产生重大影响，特别是对公司属于光伏电池片的生产企业来说，会产生直接的影响，因此，公司报告期内业绩增长性不理想，政府补助比例高，加上行业不景气，让监管机构质疑公司是否对政府补助和税收优惠存在重大依赖，公司未来持续盈利能力是否存在问题。

案例 3

杭州申昊科技股份有限公司（2018 年 7 月 17 日被否）

——业绩增长性好，但政府补助和税收优惠占净利润比例高，被质疑合法合规性及是否存在重大依赖

案例背景 申昊科技成立于 2002 年，自 2007 年开始介入智能电网监测设备领域，从事输变电监测设备、配电及自动化控制设备的研发、生产及销售。

报告期（2015 ~ 2017 年）内，公司营业收入分别为 13,990.17 万元、19,356.50 万元、28,270.44 万元；净利润分别为 2208.18 万元、4658.55 万元、6548.58 万元；扣非后归母净利润分别为 1646.70 万元、4438.21 万元、6190.34 万元。

报告期（2015 ~ 2017 年）内，公司因高新技术企业减免所得税金额分别为 292.54 万元、573.05 万元、936.28 万元，分别占当期净利润的 13.25%、12.30%、14.30%；公司收到软件产品增值税退税金额分别为 278.54 万元、1903.52 万元、716.66 万元，扣除相应所得税后分别占当期净利润的 10.72%、34.73%、9.30%；公司收到的政府补助分别为 661.95 万元、256.23 万元、415.15 万元，分别占当期净利润的 29.97%、5.50%、6.34%。公司收到的税收优惠和政府补助合计占当期净利润的比例分别为 53.94%、52.53%、29.94%。

反馈意见 请发行人补充说明报告期内享受的税收优惠、收到的主要政府补助的具体内容、依据，请保荐机构、核查发行人所取得税收优惠、政府补贴的合法合规性，并就发行人业绩是否依赖于税收优惠和政府补助发表核查意见。

发审会问题 报告期内，发行人税收优惠和政府补助合计占当期利润总额的比例较高。请发行人代表说明报告期各期各项税收优惠及政府补助的具体内容以及对净利润的具体影响金额，发行人利润的可持续性，是否严重依赖税收优惠和政府补助。请保荐代表人说明核查方法、过程，并发表核查意见。

案例分析 从上述反馈意见和发审会问题来看，关于申昊科技政府补助和税收优惠方面，监管机构主要关注其取得的合法合规性、可持续性及是否构成严重依赖。

关于合法合规性，就高新技术企业税收优惠而言，较多拟 IPO 企业都会享受，一般不存在太大影响；发审委关注的核心应该是增值税软件退税的问题，公司退税金额从 200 多万元一直增加至 1000 多万元，2016 年更是高达 1900 万元。增长速度非常快，如此快的增长速度及较大金额，发审委质疑其真实性与合理性，公司可能存在通过一些技术处理进行骗取软件退税的情形。此外，软件退税按照相关规定，是计入经常性损益的，这会在很大程度上影响公司各期的经营业绩。

关于可持续性和是否构成严重依赖，虽然公司扣非后净利润增长性良好，但公司政府补助和税收优惠占净利润的比例过高，因此让发审委产生了质疑。

案例 4

龙岩卓越新能源股份有限公司（2018 年 1 月 10 日被否）

——经营业绩严重依赖政府补助和税收优惠，且经营业绩波动大，被质疑未来的持续盈利能力

案例背景 卓越新能主要以废油脂为原料，通过纯化、甲酯化、分馏等生产工艺技术，从事生物柴油（脂肪酸甲酯）及其深加工产品的研发、生产与销售。公司主营业务属于国家鼓励、重点支持和优先发展的生物质再生资源领域，是体现我国循环经济和资源综合利用水平的重要产业，对我国经济可持续发展、推进资源能源替代、减轻环境压力、减少地沟油回流餐桌等具有重要的战略意义。

报告期（2014 ~ 2017 年 1 ~ 9 月）内，公司营业收入分别为 67,998.41 万元、44,662.55 万元、46,582.00 万元、60,214.69 万元；净利润分别为 5049.20 万元、842.14 万元、5045.02 万元、3192.43 万元；扣非后归母净利润分别为 4652.40 万元、684.74 万元、4776.15 万元、2817.12 万元。

2014 ~ 2017 年 1 ~ 9 月，公司享受的政府补助（增值税先征后退、即征即退款、其他政府补助）金额分别为 9093.91 万元、4712.39 万元、4369.28 万元、6266.13 万元；占当期净利润的比例分别为 180.11%、559.57%、86.61%、196.28%。

2014 ~ 2017 年 1 ~ 9 月，公司享受的企业所得税税收优惠金额分

别为1441.43万元、646.18万元、2095.67万元、1996.55万元；占当期净利润的比例分别为28.55%、76.73%、41.54%、62.54%。消费税税收优惠金额（测算）分别为11,497.47万元、15,862.06万元、15,410.84万元、16,290.18万元，占当期净利润的比例分别为227.71%、1883.54%、305.47%、510.28%。

2014～2017年1～9月，公司享受的政府补助和税收优惠占当期净利润的比例合计分别为436.36%、2519.85%、433.61%、769.10%。

反馈意见 2012～2014年，发行人税收优惠和政府补助占当期利润总额的比例分别是110.90%、96.68%和218.56%。请披露消费税税收优惠的金额、占当期利润总额的比例，披露税收优惠和政府补助占当期净利润的比例；请保荐机构、申报会计师对发行人是否存在对税收优惠和政府补助的重大依赖，上述依赖是否对其持续盈利能力构成重大影响发表意见。

发审会问题 报告期发行人获得的政府补助和税收优惠占净利润的比例高，分别为436.36%、2519.85%、433.61%、769.10%。发行人招股说明书中披露了增值税和消费税优惠政策调整的风险。请发行人代表：（1）分析政府补助和税收优惠的持续性；（2）说明是否对政府补助及税收优惠存在重大依赖。请保荐代表人说明核查方法、过程，并发表明确核查意见。

案例分析 生物柴油行业属于国家鼓励、重点支持和优先发展的行业，为扶持行业内企业实现良性发展，国家先后出台了相关扶持政策，卓越新能的发展与政府的支持有着密切的关系。卓越新能对政府补助、税收优惠、消费税优惠存在严重依赖，公司报告期内享受的政府补助和税收优惠占当期净利润的比例合计分别为436.36%、2519.85%、433.61%、769.10%，是公司重要利润来源。

虽然公司净利润高度依赖于政府补助和税收优惠，与生物柴油行业的产业鼓励政策直接相关，但政府补助和税收优惠对于生物柴油行业是否具有持续性，尚存在一定的不确定性，公司一旦失去相应的政策补贴，存在净利润直接下滑的风险，监管机构质疑公司未来的持续盈利能力。

此外，公司报告期内经营业绩存在大幅波动，2014～2017年1～9月，扣非后归母净利润分别为4652.40万元、684.74万元、4776.15万元、2817.12万元，总体呈下滑趋势。

总体来说，卓越新能高度依赖政府补助和税收优惠，加上报告期内经营业绩波动大且总体呈下滑趋势，让监管机构质疑公司未来的持续盈利能力，成了被否的主因之一。

案例 5

新疆东方环宇燃气股份有限公司（2018 年 4 月 24 日通过）

——政府补助金额大，但报告期内业绩增长较理想，最终获得认可

案例背景 东方环宇是以城市燃气供应为主，包括 CNG 汽车加气、居民生活用气、工商业客户用气，覆盖燃气供应管网建设和供热业务，以及围绕燃气市场开发的设备安装等业务，并为客户量身订制燃气供应解决方案的燃气综合服务商。报告期（2014 ~ 2017 年 1 ~ 6 月）内，公司营业收入分别为 33,146.84 万元、34,913.64 万元、32,531.48 万元、24,119.47 万元；净利润分别为 10,710.14 万元、9501.21 万元、14,297.39 万元、5008.09 万元。

报告期（2014 ~ 2017 年 1 ~ 6 月）内，公司政府补助金额分别为 3284.61 万元、3068.98 万元、10,103.10 万元、6240.31 万元。政府补助项目主要包括：天然气购销倒挂补贴、天然气价差补贴、民用供暖补贴等。

发审会问题 请发行人代表说明：（1）经营业绩是否对政府补助存在重大依赖，相关政府补贴是否具有可持续性和稳定性，是否存在对持续盈利能力构成重大不利影响的因素；会计处理前后不一致的原因，是否符合会计准则相关规定；（2）在营业收入呈上升趋势的情况下，归属于母公司所有者净利润大幅下降的原因，经营环境是否发生重大变化，是否会对发行人的持续盈利能力构成重大不利影响。请保荐代表人说明核查过程、依据，并明确发表核查意见。

案例分析 东方环宇报告期内政府补助金额较大，但报告期内净利润规模也较大，虽然 2015 年净利润略有下降，但 2016 年实现了大幅增长，属于“NIKE”型增长曲线，这种类型的业绩增长一般可以获得监管机构的认可。

虽然公司获得的政府补助金额较大，但公司本身的经营业绩也非常可观，因此，降低了监管机构对公司未来持续盈利能力的疑虑。同时，公司享受 IPO 绿色通道，此次也是第三次安排上会审核，相关事项也经过了发审委的一再审核，最终成功过会。

（二）应对建议

拟 IPO 企业的经营业绩高度依赖政府补助和税收优惠，会导致公司未来的持

续盈利能力存在一定的不确定性，因为政府补助和税收优惠与国家政策息息相关，如果国家政策发生重大调整，拟 IPO 企业失去相应税收优惠和政府补助，则会导致业绩大幅缩水，甚至影响公司的持续经营。

关于经营业绩依赖政府补助和税收优惠，主要应对建议如下：

1. 合法享受税收优惠和政府补助

一些受国家鼓励和扶持的行业，如新能源行业、医药行业及软件行业等高新科技行业，这些行业内企业取得政府补助和税收优惠是普遍现象，但需要注意相关税收优惠和政府补助取得时的合法合规性，不得通过一些手段或技术处理骗取国家的政府补助和税收优惠。这是获得监管机构认可的前提。

2. 在净利润中作扣除，说明不存在重大依赖

对于拟 IPO 企业来说，政府补助和税收优惠应该是“锦上添花”，而不是“雪中送炭”，企业应将政府补助和税收优惠在净利润中作扣除，说明剔除了政府补助和税收优惠，公司报告期内的经营业绩也是非常理想的，净利润规模符合审核要求，且增长性良好，不存在对政府补助和税收优惠的重大依赖。

3. 说明所享受税收优惠和政府补助的可持续性

从相关政府补助和税收优惠政策发布的时间、发布部门、发布目的，以及未来政策的可持续性判断等方面进行详细分析，说明公司所享受的税收优惠和政府补助具备可持续性，未来几年具有确定性，经营业绩可以得到有效保证。

4. 详细的信息披露

拟 IPO 企业应在招股说明书等申报资料中，设立专门章节对政府补助和税收优惠进行详细的信息披露，包括但不限于，报告期内所享受的政府补助和税收优惠的具体项目、依据和金额，公司取得相关补助和优惠的合法合规性，报告期内政府补助和税收优惠对净利润的影响，政府补助和税收优惠的可持续性等。

二、经营业绩依赖投资收益

投资收益是指企业对外投资所得的收入，如企业对外投资取得股利收入、债券利息收入以及与其他单位联营或者合营所分得的利润等。其中通过对外投资、联营或者合营等来提高公司净利润的现象比较常见，投资收益已成为上市公司拉动利润增长的一大利器。

对于拟IPO企业来说，报告期内经营业绩依赖投资收益是业绩含金量低的表现，表明公司主营业务内生增长乏力，未来持续盈利能力存在问题。此外，处置金融资产等产生的投资收益是可以人为控制的，存在操纵利润的可能性，容易受到监管机构的质疑。

因此，拟 IPO 企业的经营业绩不能过度依赖投资收益，应该控制好报告期内投资收益的比例，提高利润的含金量。

1. 对投资收益占净利润比例的把握

《首发管理办法》对发行人持续盈利能力条件中，要求发行人不得有“最近 1 个会计年度的净利润主要来自合并报表范围以外的投资收益”的情形，通常是指发行人最近 1 个会计年度的投资收益不超过当期合并报表净利润的 50%。

对该款限制性要求的把握，不仅关注发行人来自合并财务报表范围以外的投资收益对盈利贡献程度，还关注发行人纳入合并报表范围以内主体状况、合并财务报表范围以外投资对象业务内容以及招股说明书相关信息披露等情况。

2. 投资收益占比较高的审核豁免情形

如发行人能够同时满足以下三个条件，则最近 1 个会计年度投资收益占净利润比例较高情况不构成影响发行人持续盈利能力条件的情形：

（1）发行人如减除合并财务报表范围以外的对外投资及投资收益，仍须符合发行条件要求，包括具有完整产供销体系，资产完整并独立运营，具有持续盈利能力，如不含相关投资收益仍符合首发财务指标条件。

（2）被投资企业主营业务与发行人主营业务须具有高度相关性，如同一行业、类似技术产品、上下游关联产业等，不存在大规模非主业投资情况。

（3）需充分披露相关投资的基本情况及对发行人的影响。发行人如存在合并报表范围以外的投资收益占比较高情况，应在招股说明书“风险因素”中充分披露相关风险特征，同时，在管理层分析中披露以下内容：①被投资企业的业务内容、经营状况，发行人与被投资企业所处行业的关系，发行人对被投资企业生产经营状况的可控性和判断力等相关信息；②发行人对被投资企业投资过程、与被投资企业控股股东合作历史、未来合作预期、合作模式是否属于行业惯例、被投资企业分红政策等；③被投资企业非经常性损益情况及对发行人投资收益构成的影响，该影响数是否已作为发行人的非经常性损益计算；④其他重要信息。

相关法条：

《首发管理办法》

第三十条第四项　发行人申报文件中不得有下列影响持续盈利能力的情形：……（四）发行人最近 1 个会计年度的净利润主要来自合并财务报表范围以外的投资收益。

《首发业务若干问题解答（二）》

问题 14：若申请在主板、中小板上市的首发企业存在最近 1 个会计年度投资收益占净利润的比例较高的情形，上述事项是否影响发行条件？

答：首发办法对发行人持续盈利能力条件中，要求发行人不得有“最近 1 个会计年度的净利润主要来自合并报表范围以外的投资收益”的情形，通常是指发行人最近 1 个会计年度的投资收益不超过当期合并报表净利润的 50%。

对该款限制性要求的把握，不仅关注发行人来自合并财务报表范围以外的投资收益对盈利贡献程度，还关注发行人纳入合并报表范围以内主体状况、合并财务报表范围以外投资对象业务内容以及招股说明书相关信息披露等情况。

如发行人能够同时满足以下三个条件，则最近 1 个会计年度投资收益占净利润比例较高情况不构成影响发行人持续盈利能力条件的情形：

（1）发行人如减除合并财务报表范围以外的对外投资及投资收益，仍须符合发行条件要求，包括具有完整产供销体系，资产完整并独立运营，具有持续盈利能力，如不含相关投资收益仍符合首发财务指标条件。

（2）被投资企业主营业务与发行人主营业务须具有高度相关性，如同一行业、类似技术产品、上下游关联产业等，不存在大规模非主业投资情况。

（3）需充分披露相关投资的基本情况及对发行人的影响。发行人如存在合并报表范围以外的投资收益占比较高情况，应在招股说明书“风险因素”中充分披露相关风险特征，同时，在管理层分析中披露以下内容：①被投资企业的业务内容、经营状况，发行人与被投资企业所处行业的关系，发行人对被投资企业生产经营状况的可控性和判断力等相关信息；②发行人对被投资企业投资过程、与被投资企业控股股东合作历史、未来合作预期、合作模式是否属于行业惯例、被投资企业分红政策等；③被投资企业非经常性损益情况及对发行人投资收益构成的影响，该影响数是否已作为发行人的非经常性损益计算；④其他重要信息。

（一）审核关注点及典型案例

关于经营业绩依赖投资收益，监管机构主要关注以下几点：

1. 报告期内发行人投资收益的取得是否合法合规；

2. 报告期内发行人享受的投资收益的金额占同期净利润的比例是否过高，发行人经营成果是否对投资收益存在严重依赖；

3. 未来投资收益一旦减少，是否对业绩造成不利影响，发行人是否还能维持正常的持续盈利能力。

相关案例：

案例 1

上海龙旗科技股份有限公司（2018 年 1 月 3 日被否）

——经营业绩依赖投资收益，且报告期内经营性现金流为负，被质疑持续盈利能力

案例背景 龙旗科技定位于移动终端领域，是一家专业提供移动终端设备设计方案和生产服务的高新技术企业。

报告期（2014 ~ 2017 年 1 ~ 6 月）内，公司营业收入分别为 689,372.61 万元、815,698.00 万元、834,479.66 万元、348,413.25 万元；净利润分别为 16,796.53 万元、16,784.08 万元、13,837.44 万元、2511.95 万元；扣非后归母净利润分别为 305.01 万元、11,891.22 万元、12,634.81 万元、1386.80 万元。

报告期（2014 ~ 2017 年 1 ~ 6 月）内，公司取得的投资收益分别为 8293.70 万元、9644.92 万元、3067.36 万元、2680.69 万元；营业利润分别为 17,189.95 万元、17,900.49 万元、14,443.17 万元、3666.71 万元；投资收益占营业利润的比例分别为 48.25%、53.88%、21.24%、73.11%。

反馈意见 关于金融资产、理财产品及投资收益等。报告期内，发行人持有的金融资产、理财产品金额较大，且投资收益金额较大。请发行人：（1）说明持有大量金融资产的原因及合理性，发行人是否建立相应的资金使用制度和内部控制措施，相关内控是否有效；（2）说明其他流动资产中银行理财产品的具体情况、变动原因及收益情况，进行银行理财的原因，是否履行必要的决策程序，上述银行理财是否符合金融资产特征，如符合，请按金融资产进行会计处理；（3）说明各类金融资产、银行理财产品会计处理方法是否合规，会计分类是否正确，并说明各报告期末的资产状况，相关资产是否真实、准确、完整，是否存在大额亏损情形，若存在，说明是否充分计提减值准备；（4）逐项说明各类投资收益是否准确计入非经常性损益，是否存在应计入非经常性损益而未计入的情形，并列示报告期内投资收益占利润总额的比例，就投资收益对经营业绩的影响补充作风险提示。

发审会问题 报告期内，发行人营业收入持续增加而净利润大幅下滑，投资收益占营业利润的比例较高，2016 ~ 2017 年 1 ~ 6 月，经营活动现金流持续为负且金额较大。2017 年 1 ~ 11 月经营活动现金流仍为负。此外，报告期内，发行人前五大客户占比 70% 以上，客户集中度较高。请发行人代表：

结合所处行业地位、行业整体发展趋势及主要客户市场地位的变化情况，与同行业可比上市公司对比，说明未来经营情况是否存在重大不利变化，持续盈利能力是否存在重大不确定性。

案例分析 公司的投资收益主要来源于处置部分子公司、购买的基金产品等金融资产以及持有进科投资等股权产生的收益，其他来源使用暂时闲置资金购买短期保本型理财产品、货币基金等产生的收益以及用于质押开具银行承兑汇票的理财产品产生的收益。投资收益本身就不具有持续性和稳定性，未来若无法持续取得较高投资收益，将对公司整体利润水平造成负面影响。

报告期（2014 ~ 2017 年 1 ~ 6 月）内，公司投资收益占营业利润的比例较高。同时，2016 ~ 2017 年 1 ~ 6 月，公司经营活动现金流持续为负且金额较大，2017 年 1 ~ 11 月经营活动现金流仍为负。同时，报告期内上海龙旗前五大客户占比 70% 以上，客户集中度较高。综合判断，龙旗科技的利润质量不高，主营业务贡献的利润占比较低，其盈利能力受到严重质疑。

案例 2

浙江时代电影院线股份有限公司（2017 年 5 月 31 日被否）

——经营业绩依赖投资收益，且报告期内净利润下滑，被质疑持续盈利能力

案例背景 时代院线主营业务为电影的院线发行与影院放映，具体包括向旗下影院发行电影、经营管理旗下影院及影院的投资、开发和建设等。报告期（2014 ~ 2016 年）内，公司营业收入分别为 35,229.69 万元、38,631.43 万元、40,409.90 万元；净利润分别为 4040.08 万元、5069.36 万元、3366.85 万元。

报告期（2014 ~ 2016 年）内，公司投资收益分别为 1109.49 万元、1942.11 万元、978.55 万元，分别占利润总额的 19.61%、28.98%、19.37%，占净利润的 27.46%、38.1%、29.06%，主要为来自参股影院取得的投资收益和对参股影院借款的利息收入。

反馈意见 请发行人代表进一步说明：（1）请说明 2015 年投资收益增长的主要原因；（2）投资收益占利润总额的比重较大，请说明发行人对投资收益是否有依赖性。请保荐机构和申报会计师核查上述情况，明确发表意见。

发审会问题 请发行人代表进一步说明：（1）发行人通过参股影院获取投

资收益在行业内是否普遍；（2）发行人最近一个会计年度的净利润是否主要来自合并报表范围以外的投资收益，投资收益的确认是否符合《企业会计准则》的规定；（3）发行人是否能够及时取得与投资收益相关的现金流入。请保荐代表人发表核查意见。

案例分析 相对于公司的净利润规模水平，公司通过参股影院获取投资收益占据了较大的比例，基本维持在30%左右，公司经营业绩对投资收益存在一定的依赖。同时，分析投资收益和净利润的变动趋势发现，2016年公司投资收益减少了近1000万元，同时净利润也大幅缩水，公司净利润对投资收益存在一定的依赖。

从公司净利润的增长曲线来看，总体上处于下滑状态，申报期最后一年净利润没有超过第一年，业绩下滑企业的审核风险通常较大，更加剧了监管机构对公司未来持续盈利能力的质疑。

案例3

仙鹤股份有限公司（2018年2月27日通过）

——对合营企业确认的投资收益占净利润比例较高，但报告期内经营业绩增长性好，最终获得认可

案例背景 仙鹤股份主营业务为特种纸研发、生产和销售。发行人主要产品可划分为烟草行业用纸、家居装饰用纸、商务交流及防伪用纸、食品与医疗包装用纸、标签离型用纸、电气及工业用纸、热转印用纸、低定量出版印刷用纸和其他共九大系列产品。

报告期（2015～2017年）内，公司营业收入分别为190,913.60万元、219,591.36万元、304,708.18万元；扣非后归母净利润分别为12,868.67万元、19,073.38万元、36,192.11万元。

夏王纸业系公司与德国夏特共同成立的合营企业，双方各持有其50%股权。根据财政部2014年7月颁布的《企业会计准则第40号——合营安排》中的相关认定标准，公司与德国夏特对夏王纸业实施共同控制。根据财政部2014年7月颁布的《企业会计准则第2号——长期股权投资》，公司对夏王纸业的长期股权投资按照权益法进行核算。2015年、2016年和2017年，公司按照权益法核算确认的对夏王纸业投资收益分别为8726.67万元、13,969.25万元、17,909.33万元。

发审会问题 发行人报告期对合营企业夏王纸业的投资收益占发行人同期扣非后归母净利润的比例较高。请发行人代表说明：（1）发行人与德国夏特

合资经营夏王纸业的原因及背景；发行人、德国夏特及夏王纸业之间的业务定位与划分；（2）发行人与夏王纸业在资产、人员、财务、机构、业务及技术等方面的独立性和完整性，是否存在竞争关系；（3）发行人和夏王纸业联合采购木浆的价格折扣是否合理、公允，是否存在负担或转移费用等情形；共用采购渠道是否对发行人独立性形成重大影响；（4）发行人盈利能力是否过度依赖合营公司；是否符合《首发管理办法》第 30 条第 4 项的规定。请保荐代表人发表核查意见。

案例分析 报告期（2015 ~ 2017 年）内，公司对夏王纸业的投资收益占同期扣除非经常性损益后归属于母公司股东的净利润的比重分别为 67.81%、73.24%、49.48%。但是，公司报告期内扣除非经常性损益后归属于母公司股东的净利润的金额分别为 3863.81 万元、4452.96 万元、18,429.10 万元，公司报告期内经营业绩良好，且持续增长，说明公司主营业务具备持续盈利能力。此外，公司投资收益占净利润的比重虽然较高，但有逐年降低的趋势，报告期最后一年降至 50% 以下。

总体来说，虽然公司投资收益占净利润的比例较高，但扣除投资收益后，净利润等财务指标仍满足发行条件。且公司投资的夏王纸业与公司主营业务具有高度相关性，不属于非主业投资。另外，招股书中对相关投资的基本情况及对发行人的影响进行了详细的信息披露，符合《首发业务若干问题解答（二）》问题 14 规定的“不构成影响发行人持续盈利能力条件的情形”，因此获得了监管机构的认可。

案例 4

常熟市汽车饰件股份有限公司（2016 年 11 月 9 日通过）

——合并报表外的投资收益比例高，被质疑不符合首发条件，但中介机构解释是由于行业特性造成，设立合营企业可以保证公司主营业务的持续盈利能力，最终获得认可

案例背景 常熟汽饰主要从事研发、生产和销售乘用车内饰件业务，是国内乘用车内饰件主要供应商之一。公司目前主要客户包括上海通用、一汽大众、奇瑞汽车、北京奔驰等国内知名整车厂及伟巴斯特、延锋汽车饰件、恩坦华等知名汽车零部件一级供应商。

2013 ~ 2015 年，公司营业收入分别为 85,185.23 万元、108,835.07 万元、102,122.39 万元；归母净利润分别为 17,927.17 万元、20,199.54 万元、22,349.05 万元。

2013 ~ 2015 年，公司的投资收益分别为 11,095.30 万元、12,384.82

万元和 13,537.30 万元，占同期归属于母公司所有者的净利润的比例分别为 61.86%、61.31% 和 60.67%。公司投资收益主要来自参股公司长春派格（公司持股 49.999%）、常熟英提尔（公司持股 40%）和长春英提尔（公司持股 40%）。发行人投资收益占比较高，且与参股子公司长春派格、长春英提尔、常熟英提尔、芜湖麦凯瑞存在一定关联往来。

反馈意见 请落实以下问题：（1）请补充核查并披露发行人主要参股子公司长春英提尔、常熟英提尔、芜湖麦凯瑞、长春派格等与发行人经营相同或类似业务，发行人未对其控股并纳入合并报表的原因；参股子公司主要合作方的基本情况、合作的必要性、是否存在对合作方的重大依赖，合作方是否有其他合作伙伴、是否存在合作方变更合作伙伴的风险……

（2）请保荐机构补充说明上述子公司报告期内的经营情况，包括但不限于收入、销量、主要客户、成本、成本构成、毛利、期间费用等；发行人是否符合《首发管理办法》第 37 条中的相关规定、是否对联营企业及其关联方存在重大依赖，并发表专项核查意见。

（3）请保荐机构、会计师核查并说明实际控制人及其关联方是否存在与参股子公司的控股股东及其关联方的资金往来或其他异常资金往来的情况，说明执行的核查程序，并发表核查意见。

发审会问题 报告期内，发行人的投资收益绝大多数来自于联营企业的投资收益，投资收益占同期归属于母公司净利润的比例较高。请发行人代表进一步说明，发行人剔除投资收益及关联交易后，独立经营的业务和财务情况，上述情形是否构成《首发管理办法》规定的影响发行人持续盈利能力条件中“最近一个会计年度的净利润主要来自合并报表范围以外的投资收益”的情形，相关的信息和风险是否充分披露。请保荐代表人发表核查意见。

案例分析 由常熟汽饰的主要财务数据可知，公司报告期内三个会计年度对参股公司的投资收益占合并报表后净利润的比例分别为 61.86%、61.31% 和 60.67%，比例皆超过了 50%，理论上，应当属于《首发管理办法》规定的影响发行人持续盈利能力条件中“最近一个会计年度的净利润主要来自合并报表范围以外的投资收益”的情形。

常熟汽饰《法律意见书》中对该问题的意见是：首先承认“发行人最近一个会计年度的净利润主要来自合并报表范围以外的投资收益”的事实。然后从汽车零部件行业的特殊性及参股公司的营利性角度进行分析，说明发行人通过设立合资企业，除了获得投资收益外，也促进了自身业务的发展，实现了营业收入的增长。从而得出“此等情形并未对发行人的持续盈利能力构成实质性不利影响，对发行人本次发行上市不构成实质性法律障碍”的结论。保荐机构意见与律师意见一致。

总体来说，常熟汽饰虽然从表面数据来看，存在“最近一个会计年度的净利润主要来自合并报表范围以外的投资收益”的情形。但是造成该现象的根本原因是汽车配饰行业特性造成的，公司设立合资企业，是为了保证主营业务的持续发展，具备合理性。同时，扣除投资收益的影响，公司净利润等财务指标仍满足发行条件。招股书中对相关投资的基本情况及对发行人的影响亦进行了详细的信息披露，因此，虽然公司投资收益占净利润的比例较高，但符合《首发业务若干问题解答（二）》问题 14 规定的“不构成影响发行人持续盈利能力条件的情形”，获得了监管机构的认可。

（二）应对建议

如果拟 IPO 企业报告期内的经营业绩依赖投资收益，表明公司主营业务内生增长乏力，业绩含金量不足，可能影响未来的持续盈利能力。因此，为降低审核风险，拟 IPO 企业应逐渐降低投资收益占营业利润和净利润的比例，同时，保持主营业务利润持续增长，说明公司持续盈利能力不存在问题。

1. 逐渐降低投资收益的比例

通常来说，投资收益占净利润的比例不宜超过 50%，否则存在较大的审核风险。对于拟 IPO 企业来说，建议在报告期内逐渐降低投资收益的比例，且争取最后一期降到 50% 以下。对于投资收益比例虽然不足 50%，但仍然较高的，亦需要逐渐降低比例，以降低审核风险。

2. 保证报告期内扣非后净利润的持续增长

如果企业投资收益金额大，但报告期内经营利润良好，且保持持续高速增长，足以说明公司未来持续盈利不存在问题，通常可以获得监管机构的认可。

因此，对于拟 IPO 企业来说，最核心的是保持主营业务的内生增长力，方能获得监管机构的认可。

3. 尽量将参股公司进行控股合并，纳入合并报表范围

如果参股公司不属于纯碎的投资性质，建议拟 IPO 企业将参股公司进行控股合并，纳入合并报表范围核算，变投资收益为主营业务利润。同时需要注意控股合并的时机和价格。

4. 说明投资收益比例高不影响公司的持续盈利能力

（1）说明公司具有完整产供销体系，资产完整并独立运营，具有持续盈利能力，

如不含相关投资收益仍符合首发财务指标条件。

（2）说明被投资企业主营业务与公司主营业务须具有高度相关性，如同一行业、类似技术产品、上下游关联产业等，不存在大规模非主业投资情况。

5. 完善信息披露

充分披露相关投资的基本情况及对公司的影响，在招股说明书“风险因素”中充分披露相关风险特征，同时，在管理层分析中披露以下内容：

（1）被投资企业的业务内容、经营状况，公司与被投资企业所处行业的关系，公司对被投资企业生产经营状况的可控性和判断力等相关信息；

（2）公司对被投资企业投资过程、与被投资企业控股股东合作历史、未来合作预期、合作模式是否属于行业惯例、被投资企业分红政策等；

（3）被投资企业非经常性损益情况及对公司投资收益构成的影响，该影响数是否已作为公司的非经常性损益计算；

（4）其他重要信息。

三、放宽信用政策增加收入

信用政策是指企业在赊销过程中，对应收账款进行规划与控制而确立的基本原则性行为规范，主要包括信用标准、信用等级、信用期限、收账政策等内容。

在销售过程中，企业给予不同信用等级顾客的付款期限被称为信用期限，对于信用期的长短，不同行业不同企业会有所不同。一般来说，销售信用期过短，对顾客的吸引力会下降，销售额会受到影响；销售信用期过长，对销售额增加有利，但应收账款及相应坏账损失也会增加。所以对销售信用政策尤其是信用期的调整对销售收入的影响较大。

上市实务中，部分企业由于各种原因导致营业收入、净利润增长放缓或未能增长，通过放宽信用政策的方式，暂时性地刺激销售来保证申报期业绩的良好表现，在审核中不被监管机构认可。

放宽信用政策刺激销售，虽然可以带来营业收入、净利润的大幅增长，但同时也会带来应收账款的大量增加，应收账款周转率的下降，经营活动现金流量的下降。由此带来企业坏账损失和现金流的紧张，最终影响企业的持续经营能力。所以当企业应收账款的增长速度大于收入的增长速度时，业绩的含金量会大打折扣。因此，企业应该根据自身特点，制定合适的信用政策并尽量在申报期内不发生重大变化，避免给上市审核带来较大风险。

（一）审核关注点及典型案例

关于放宽信用政策增加收入的问题，监管机构主要关注以下几点：

1. 应收账款增长率高于收入增长率（应收账款周转率逐年下降）的原因及合理性，坏账准备计提是否充分；

2. 申报期内信用政策的制定与执行情况，是否发生过变更；是否存在通过放松信用政策刺激销售的情形；

3. 销售信用期调整的周期、标准及流程，以及上述信用期调整的原因，对发行人财务状况和经营成果可能产生的影响；

4. 各期末主要应收账款期后回款进度；

5. 与同行业可比上市公司之间应收账款周转率水平差异较大的原因；

6. 报告期营业收入与应收款项波动不一致的原因；

7. 特定客户应收账款余额逐年增长且占销售收入的比例较高的原因及其合理性，是否存在放宽信用政策促进销售情形。

相关案例：

案例 1

深圳市安健科技股份有限公司（2017 年 12 月 27 日被否）

——报告期内对部分客户放宽了信用政策

案例背景 安健科技是一家专业的数字医疗影像设备供应商，主要从事数字 X 线摄影产品研发、生产、销售、服务，是国内少数拥有自主知识产权的数字 X 线摄影产品整机提供商，具备从探测器、高压发生器、软件、机架等核心部件到数字 X 线摄影产品整机的核心技术和工艺能力。

报告期（2014 ~ 2017 年 1 ~ 6 月）内，公司营业收入分别为 20,370.15 万元、24,626.38 万元、30,280.43 万元、14,712.47 万元；扣非后归母净利润分别为 2826.65 万元、2229.44 万元、3767.52 万元、1784.87 万元。

各报告期末，公司应收账款期末账面价值分别为 2693.82 万元、3929.09 万元、7034.01 万元、6674.49 万元，占流动资产比重分别为 23.55%、27.03%、31.94%、31.41%。

反馈意见 请发行人，（1）补充说明并披露报告期内应收账款波动原因及合理性，在经销为主的模式下应收账款余额仍较大的原因；（2）补充说明应收账款账龄的划分方法及合理性；（3）补充说明报告期内新增应收账款情况；（4）补充说明报告期内是否存在有争议、涉诉等情形的应收账款；（5）补充说明报告期各期末逾期应收账款情况，包括主要客户名称、未回收金额、未回收原因等；（6）补充说明截止招股说明书签署日，报告期各期末应收账款的回款情况；（7）补充说明报告内应收账款的核销情况及原因；（8）结合同行业上市公司、客户资质等情形，补充说明应收账款坏账政策是否谨慎、合理，报告期内应收账款坏账准备计提是否充分。请保荐机构、申报会计师对上述问题进行核查并发表明确意见，重点说明对应收账款真实性的核查过程。

发审会问题 发行人以境内销售、经销为主，报告期内应收账款增长幅度超过主营业务收入增长幅度。请发行人代表说明：（1）结合收入的季节性波动、退出经销商的款项回收情况、信用政策变化情况、发出商品变化情况等按直销和经销模式具体说明及披露报告期内收入和应收账款波动不一致的原因；（2）合作较长、信用较好的经销商的确定标准，并披露相关首付款比例、账期的具体约定情况，发行人部分客户报告期末与 2016 年度相比存在首付款比例降低及 / 或信用期延长，前述调整是否属于信用政策放宽的情形，报告期内是否存在主要客户的信用期限发生变化以突击确认收入的情形。

案例分析 安健科技 2016 年应收账款增长率为 79.02%，营业收入增长率为 22.96%，应收账款增速大幅高于收入增速。通常来说，应收账款增速大幅高于营业收入增速，可能说明两个问题：一是公司对下游客户的话语权在变弱，客户拖欠款项；二是公司为刺激销售，主动放宽了信用政策。

本案例中，安健科技在招股书中披露了对客户的信用政策为：对于合作较长、信用较好的经销商或终端医疗机构，公司的整体信用政策通常为：0 ~ 50% 合同总价款作为首付款，需在合同签订后一定期间内支付；剩余款项需在发货且装机验收合格后一定期间内进行支付；少数客户给予一定的尾款作为质保金。对于新合作、信用较低的经销商或终端医疗机构，公司的整体信用政策通常为全款发货或者 50% ~ 90% 的合同总价款作为首付款。此外，公司披露了前十大客户的主要信用期限，可以发现，公司给予了部分客户较长的信用期，特别是对合作较长、信用好的经销商，给予了较长信用期、较低首付款或降低首付款比例的信用政策。例如，公司对经销商济南康卓商贸有限公司信用期从 1 ~ 6 个月延长为 3 ~ 6 个月；对 2016 年开始合作的甘肃华海医疗科技有限公司给予 12 个月信用期；对乌鲁木齐辉诺康泰医疗器械有限公司的信用期由 1 ~ 3 个月延长为 12 个月；对长沙新时代医药有限公司信用期由 1 ~ 6 个月延长为 1 ~ 12 个月等。

可见，公司报告期内确实主动对部分客户放宽了信用政策，从而实现了营业收入和净利润的增长，但公司整体业绩规模偏小，公司通过放宽信用政策来实现业绩增长的方式未能得到监管机构的认可。

案例 2

深圳市贝斯达医疗股份有限公司（2018 年 1 月 26 日被否）

——客户付款能力有限，公司放宽信用政策刺激销售，应收款项账面价值不断增加，但回款困难

案例背景　贝斯达是一家集大型医学影像诊断设备研发、制造、销售和服务为一体的专业制造商和全面解决方案的服务提供商，始终以客户需求为导向，为医疗机构提供硬件、软件和服务的全面解决方案。

报告期（2014 ~ 2017 年 1 ~ 9 月）内，公司营业收入分别为 29,035.92 万元、31,194.69 万元、35,621.54 万元、30,101.04 万元；扣非后归母净利润分别为 6225.60 万元、8118.86 万元、8455.08 万元、6115.74 万元。

公司应收账款科目主要核算信用期在一年以内的应收款项，主要包括保修及服务收入、单独出售的软件销售收入、胶片收入以及回款期在一年以内的设备款。对于回款期超过一年的应收款项则通过长期应收款核算。各报告期末，公司应收款项余额分别为 45,953.44 万元、64,920.18 万元、73,172.74 万元、87,600.25 万元，其中，长期应收款占应收款项 80% 以上。公司应收款项账面价值占营业收入的比例分别为 139.31%、184.33%、178.00%、254.59%。

反馈意见　根据招股说明书披露，报告期内，发行人应收款项包括应收账款、一年内到期的非流动资产和长期应收款，发行人应收账款科目主要核算信用期在一年以内的应收款项，主要包括保修及服务收入、单独出售的软件销售收入、胶片收入以及回款期在一年以内的设备款。对于回款期超过一年的应收款项则通过长期应收款核算。报告期各期末发行人应收款项余额分别为 45,953.44 万元、64,920.18 万元和 73,172.74 万元。请发行人：（1）结合各类产品收入变动情况，量化分析各类应收款项期末余额变动的原因；（2）说明“7%”的折现率的测算依据、同行业可比公司范围是否完整、发行人折现率是否合理、报告期内是否发生变化；（3）结合同行业可比公司坏账准备计提比例，说明一年以内应收账款坏账准备计提比例低于同行业可比公司的原因及合理性、坏账准备计提比例是否符合谨慎性原则、坏账准备计提是否充分，说明报告期内坏账准备单项计提情况（包括金额、原因、履行的相关程序及是否存在期后转

回）；（4）说明各期末应收账款期后回款情况、回款比例，各类客户的平均回款周期、长期未回款客户的情况；（5）说明主要直销客户和经销商信用期在报告期内是否发生变化、是否存在放宽信用期限的情形、报告期内超出信用期限的应收账款余额及坏账准备计提是否充分。

发审会问题 报告期内，发行人各期应收款项余额较大。请发行人代表：（1）结合收入的季节性波动、信用政策变化情况，说明报告期业务收入与应收款项波动不一致的原因，是否存在放宽信用政策的情况；（2）结合分期收款销售模式的具体内容，说明是否得到了有效的执行，是否存在延长分期收款期限，随意改变收款比例的情形；（3）结合报告期长期应收款（包括一年内到期非流动资产）逾期的主要终端用户、逾期金额及时间、第三方代偿等情况，说明长期应收款逾期款项余额持续增长的原因；（4）结合同行业可比公司情况，说明坏账准备计提是否充分。请保荐代表人发表核查意见。

案例分析 公司产品为大型医学影像诊断设备，单价较高，如公司主导设备磁共振成像系统单价通常在 200 万 ~ 600 万元，客户通常还会随同购买一些配套产品，公司客户主要集中在社会资本参与的健康医疗机构及经销商，规模相对较小，通常一次性付款存在一定困难，主要通过购买设备后的运营收入按月支付公司货款，公司给予客户的账期是 1 ~ 5 年。

从公司应收款项余额及占营业收入的比例来看，公司回款较为困难，应收款项余额累计越来越大，且从招股书披露来看，公司对部分客户存在延长分期收款期限和降价销售的情形，且公司报告期内与客户存在多起买卖合同诉讼，主要原因是公司起诉客户未及时付款。

此外，贝斯达在被否后，于 2019 年 3 月 27 日更新了招股说明书，计划申报科创板，根据更新后的招股书显示，公司 2018 年实现营业收入 4.71 亿元，较上一年增长了 13.49%，实现净利润 1.08 亿元，较上一年增长 4.64%。但是贝斯达的应收款项结构正趋于恶化，2018 年，贝斯达应收账款总额为 1.73 亿元，其中 1 年内应收账款占比从 2017 年的 71.65% 下降到 2018 年的 54.42%；长期应收款总额为 7.57 亿元，其中逾期 1 年以上的应收款占比从 2016 年的 4.23% 上涨到 2018 年的 8.15%，比例上接近翻倍，绝对数值上也达到了 6170 万元。此外，公司近年来涉及的 21 起案件中，有 12 起是买卖合同纠纷，大部分原因为贝斯达起诉客户未及时付款。

可见，贝斯达应收款项长期影响着公司经营业绩的质量，因为客户的付款能力有限，公司为促进销售，不得不放宽信用政策。但是，信用政策的放宽带来的是应收款项余额的不断增加，且催收困难，监管机构对公司未来的持续盈利能力产生质疑，最终成了被否的原因之一。

案例 3

上海汇得科技股份有限公司（2018 年 5 月 22 日通过）

——对第一大客户放宽信用政策，但发行人业绩规模较大，增长性良好

案例背景 汇得科技主营业务为聚氨酯树脂产品的研发、生产、销售与技术服务，主要产品为合成革用聚氨酯（PU）、聚氨酯弹性体原液和聚酯多元醇。

报告期（2015 ~ 2017 年）内，公司营业收入分别为 113,058.39 万元、117,386.68 万元、142,612.20 万元；净利润分别为 5387.12 万元、9875.75 万元、11,148.96 万元。

2015 年年末至 2017 年年末，公司应收账款账面价值分别为 18,409.43 万元、23,856.57 万元、23,029.47 万元；占营业收入的比例分别为 16.28%、20.32%、16.15%。

公司对客户的信用政策一般为 60 ~ 75 天，报告期内，公司在 2016 年对个别企业的信用期进行了调整，从 2016 年开始，上海亨斯迈聚氨酯有限公司及其关联公司的账期由月底结清变更为月结 45 ~ 60 天，安徽省宁国市星意合成革有限公司的账期由月结 90 天变更为月结 60 天，浙江泰鑫合成革有限公司由月结 60 天变更为月结 30 天。

反馈意见 关于应收账款。2014 年年末、2015 年年末及 2016 年年末，发行人应收账款余额分别为 31,519.10 万元、21,269.70 万元和 27,332.54 万元，余额较大且存在波动。请发行人在“管理层讨论与分析”中补充披露发行人的信用政策，对主要客户信用期，相关政策报告期内是否存在变更，各报告期末应收账款超过信用期的具体情况及原因，各报告末应收账款期后回款情况，报告期内各月末应收账款余额的变动情况（重点分析各报告期末前后数月的变动原因），并结合业务模式及信用条件分析披露应收账款余额较大的原因，对各主要客户应收账款余额占对其销售金额的比例是否存在较大变动，报告各期末前五名应收账款与前五名客户是否匹配，对于新增客户及欠款超过一年的客户，请补充披露其欠款情况及财务状况，是否存在无法支付的情况。

发审会问题 请发行人代表：（1）说明应收账款余额较大、应收账款周转率低于同行业上市公司的原因及合理性；（2）说明 2017 年发行人销售收入增长而期末应收账款余额减少的原因及合理性；（3）说明对上海亨斯迈、

浙江康成的应收账款余额逐年增长且占销售收入的比例较高的原因及其合理性，是否存在放宽信用政策促进销售情形；（4）说明1年以上应收账款余额逐年增长的原因及合理性；（5）结合应收账款期后回款及同行业可比上市公司情况，说明坏账准备计提是否充分。请保荐代表人发表明确核查意见。

案例分析 公司2016年起，将第一大客户上海亨斯迈聚氨酯有限公司及其关联公司的账期由月底结清变更为月结45～60天，该信用政策变动的直接结果是2015年和2016年，公司对亨斯迈的销售收入分别为6565.58万元和8164.00万元，作为第一大客户，销售收入同比增长24.35%。2016年年末，来自亨斯迈的应收账款余额上涨至3415.89万元，同比上涨409.17%。对亨斯迈放宽信用政策所增加的应收账款余额占当期应收账款余额总增长的45.28%，对2016年应收账款同比大增起到了主要作用。因此，公司被质疑存在放宽信用突击营收的情形。

但是，汇得科技最终成功过会，原因可能是公司虽然涉嫌放宽信用政策调增业绩，但公司整体规模较大，且营业收入和净利润皆呈逐年上涨趋势，剔除公司放宽信用政策增加的业绩，公司的业绩指标仍符合IPO条件，因此获得了认可。

案例4

无锡智能自控工程股份有限公司（2017年5月2日通过）

——因市场竞争环境变化及行业特征，公司适度放宽信用政策实现了收入小幅增长，获得认可

案例背景 无锡智能主营业务为智能控制阀及其配件的研发、生产和销售以及检维修服务。报告期（2014～2016年）内，公司营业收入分别为28,637.70万元、25,534.56万元、27,362.83万元；净利润分别为5387.60万元、4269.16万元、4574.22万元；应收账款余额分别为15,124.63万元、18,763.38万元、19,514.56万元。

反馈意见 公司存在较大比例的1～2年的应收账款。请招股说明书中补充披露：（1）报告期各期末公司应收账款及其占营业收入比例波动原因，公司在营业收入未大幅增长的情况下应收账款大幅增长的原因；（2）公司存在较大比例1～2年应收账款的原因；（3）补充披露公司的信用政策及执行情况，在报告期内是否发生变化及原因；（4）各期末应收账款期后回款情况，是否符合公司与客户的信用期约定，报告期公司应收账款账龄逐渐变长的原因并请充分提示风险；（5）结合公司各期末应收账款账龄情况，公司报告

期坏账实际核销情况、公司与同行业可比公司坏账计提政策对比情况等补充说明公司应收账款坏账准备计提是否充分。请保荐机构、会计师说明核查过程、方法和结论，并发表明确意见。

发审会问题 请发行人代表进一步说明：（1）报告期在营业收入未大幅增长的情况下，应收账款持续增长的原因和合理性；（2）发行人是否存在放宽信用期政策以获取中标订单的情形，应收账款持续增加是否源于过度的信用政策，发行人的信用政策是否发生变化，相关的经营风险和财务风险是否充分披露；（3）报告期各期发行人对前十名销售客户的信用政策及实际执行情况，报告期各期应收账款前十名客户期后回款情况，发行人关于应收账款相关内控制度的有效执行情况；（4）报告期各期应收账款坏账准备计提是否充分，质保金收回是否存在风险。相关信息及风险是否充分披露。请保荐代表人发表核查意见。

案例分析 公司各报告期末应收账款余额占营业收入的比例分别为52.81%、73.48%、71.32%，2014 年与 2016 年收入基本持平，但应收账款却增加了 4400 万元，应收账款与收入的增长不匹配。根据招股说明书中披露，应收账款余额的增长部分原因是公司销售合同的信用期出现变化。公司所处行业的主要订单获取方式为招投标，随着市场竞争的加剧、宏观经济增速的下滑，公司主要客户给出的招标条件中对合同付款条件趋向苛刻，包括安装调试款比例上升，预付款比率下降等，从而在客观上延长了部分客户的信用期限，客户对于合同付款的条款持续保持谨慎。客户信用期的变化使公司销售回款的时间变长，应收账款余额占营业收入的比例上升。

公司 2016 年对比 2015 年收入小幅增长，其中放宽信用期对收入的增长有促进作用，公司放宽信用政策与市场环境的变化及行业特征相关，具备一定的合理性，最终获得了监管机构的认可。

（二）应对建议

放宽信用政策可以增加收入，通常也增加了坏账损失的风险，对于收入稳步增长的企业来说，根据客户的信誉度评级适当的调整信用期的做法是可行的，但为了增加利润从而放宽信用期的企业，监管机构会重点关注其信用政策的调整是否合理。从本质来说，企业能否过会取决于企业自身质地和放宽信用政策的潜在影响，如果剔除放宽因素，公司依然能够实现可观的业绩，则影响不大，否则放宽信用政策就会成为重大障碍。

对于放宽信用政策增加收入问题，主要应对建议如下：

1. 信用政策放宽需要具备合理性

企业的销售政策及信用政策需要符合行业特征、业务特征及市场环境，不能为了增加报告期的销售收入，而刻意放宽信用政策，这会让监管机构质疑公司业绩的真实性和未来的持续盈利能力，审核风险较大。例如，为了应对市场竞争环境的变化，公司适当调整和放宽信用政策，这是可以被理解的。

2. 注意营业收入增长和应收账款增长的匹配性

通常来说，营业收入增长率和应收账款增长率呈正相关关系，营业收入增长率略大于应收账款增长率更可以说明公司业绩的含金量高，更容易被认可与接受。反之，如果公司应收账款增长率明显大于营业收入增长率，监管机构会质疑公司是否刻意通过放宽信用政策来增加收入，报告期内业绩是否真实，审核风险较大。

3. 避免大额收入增长对应大额应收账款

从以往审核案例来看，如果拟 IPO 企业报告期内营业收入实现了大幅增长，且与行业发展趋势不符的，监管机构就会关注公司应收账款余额，如果大额收入增长对应大额应收账款增加，则会被监管机构问询，审核风险较大。

4. 进行必要的风险提示和信息披露

如果拟 IPO 企业报告期内应收账款余额较高，应在招股说明书及其他申报材料中作必要的风险提示和说明，给出有效的应对建议。例如，说明公司虽然应收账款余额较大，但公司客户较稳定，客户实力雄厚，及时回款不存在问题；或说明公司应收账款余额大，是由业务特征与行业特性造成的，同行业公司亦存在相同情形，且公司已采取多种措施进行了改进等。

另外，公司应主动在相关章节就销售政策、信用政策、应收账款核算方法、应收账款收回及坏账准备计提情况等作详细披露与说明，以消除监管机构的疑虑。

四、降低成本费用提升业绩

上市申报中，一些企业营业收入增长不明显，遂通过降低成本费用的方式来提升净利润水平。针对这种情形，如果是企业通过科学有效的手段和措施进行成本控制和效率提升，是可以被鼓励和认可的，但如果是为了满足 IPO 经营业绩的要求，而刻意地压低成本费用，则不被支持，一旦被发现相关数据不真实或相关钩稽关系不合理，则审核风险较大。例如，在人工成本日益增加的整体市场行情下，员工的人均薪酬降低；公司办公租赁场所未变更，租赁费用却大幅降低等。这些都明显存在不合理之处，容易被监管机构质疑。

（一）审核关注点及典型案例

关于降低成本费用提升业绩的问题，监管机构主要关注以下几点：

1. 发行人报告期内的成本费用率对比其他年度，或者对比同行业是否过低；

2. 发行人报告期内各项成本费用明细是否出现异常，比如人员数量未明显减少的情况下，薪酬大幅降低等。

相关案例：

案例 1

深圳清溢光电股份有限公司（2017 年 4 月 17 日被否）

——公司期间费用率远低于同行业可比公司，且存在代关联方付款的情形，被质疑原因及合理性

案例背景 清溢光电主要为国内外的品牌厂商提供掩膜版的设计开发、生产制造等专业服务。报告期（2014 ~ 2016 年）内，公司营业收入分别为 31,710.64 万元、33,409.23 万元、31,466.32 万元；营业成本分别为 20,572.98 万元、20,849.12 万元、20,939.26 万元；销售费用分别为 1774.56 万元、1867.88 万元、1662.01 万元；管理费用分别为 2901.23 万元、3573.82 万元、3029.11 万元。

公司期间费用率与可比公司路维光电对比情况如下：

项目	公司名称	2016 年度	2015 年度	2014 年度
销售费用率（%）	路维光电	12.00	8.40	6.45
	可比行业平均	4.53	3.13	2.51
	本公司	4.88	5.59	5.60
管理费用率（%）	路维光电	12.78	15.28	10.40
	可比行业平均	9.48	9.33	8.34
	本公司	9.94	10.70	9.15
财务费用率（%）	路维光电	2.35	4.48	4.20
	可比行业平均	1.46	2.00	1.72
	本公司	5.68	1.52	2.32
三费合计 / 营业收入（%）	路维光电	27.14	28.16	21.05
	可比行业平均	15.46	14.46	12.56
	本公司	20.50	17.81	17.07

反馈意见 请发行人在“管理层讨论与分析”中对比同行业可比上市公司分析披露发行人期间费用率变动的原因及合理性、与营业收入变动情况变动趋势匹配性，是否存在关联方或潜在关联方代发行人承担成本或代垫费用的情况。请保荐机构和会计师就上述问题进行详细核查并发表意见。

发审会问题 请发行人代表进一步说明：（1）销售费用率、管理费用率远低于可比公司路维光电的具体原因和合理性；（2）是否存在关联方或潜在关联方代公司承担成本或代垫费用的情况。请保荐代表人进一步说明对于发行人关联方或潜在的关联方是否代公司支付相关费用的核查情况，并对发行人是否存在内部控制风险发表核查意见。

案例分析 清溢光电报告期内销售费用率分别为 5.60%、5.59%、4.88%，管理费用率分别为 9.15%、10.70%、9.94%。路维光电系公司主要竞争对手，可比期间路维光电销售费用率分别为 6.45%、8.40%、12.00%，管理费用率分别为 10.40%、15.28%、12.78%，销售费用率、管理费用率均比发行人高出较多，发行人在 2017 年 4 月 6 日的招股说明书中说明路维光电在可比报告期内生产、销售规模约为发行人的 1/3，因其规模较小并且还处于向大尺寸、高精度掩膜版领域发展的开始阶段，报告期内产品结构与发行人存在较大差异，其广告宣传、市场拓展投入较大，没有规模优势，故在主要费率上与发行人可比性相对较小，发行人较路维光电相比，主要费率较低，具有一定的规模效应。发行人在国内掩膜版生产领域规模相对较大、产品覆盖的应用领域广泛，使其规模效应相对明显，故发行人管理费率较路维光电相比相对较低。同时也具体说明路维光电销售费用率高主要是开拓新产品软性线路板（FPC）市场所致，管理费用率高主要是研发新型产品、培养新人才相关的成本高所致。

但 2017 年 4 月 17 日发审会依旧还是质疑了销售费用率、管理费用率远低于可比公司路维光电的具体原因和合理性，同时也对发行人是否存在关联方或潜在关联方代公司承担成本或代垫费用的情况表示质疑。原因之一是因为公司关联方为公司代收代付货款以及实际控制人通过公司为关联方代付部分款项，使证监会对公司的解释存在质疑。

案例 2

浙江绩丰岩土技术股份有限公司（2017 年 6 月 13 日被否）

——平均薪酬呈现下降趋势，被质疑压低薪酬支出调节利润

案例背景 绩丰岩土主要从事地基与基础工程业务，以及建筑物资租赁服务

业务。公司报告期（2014 ~ 2016 年）内，员工人均月薪分别为 6387.64 元、5625.80 元、5834.60 元；净利润分别为 4779.64 万元、4778.36 万元、5395.28 万元；经营活动产生的现金流量净额分别为 1596.75 万元、3381.40 万元、1028.20 万元。

反馈意见 请公司在招股说明书中披露员工薪酬政策和上市前后高管薪酬安排、薪酬委员会对工资奖金的规定，分普通、中层、高层三层次分析披露薪酬水平、员工总薪酬、平均薪酬及增长情况，并与行业水平、当地企业进行对比披露，同时说明公司是否存在劳务派遣及其相关工资水平。请保荐机构、会计师发表明确核查意见。

发审会问题 请发行人代表进一步说明，报告期内，发行人员工平均薪酬呈现下降趋势的原因，是否存在压低薪酬支出调节利润的情形。请保荐代表人发表核查意见。

案例分析 公司员工平均薪酬呈现下降趋势，证监会怀疑发行人存在压低薪酬支出调节利润的情形。对于此问题，公司在招股书中作了解释，主要如下：公司员工分为高层员工、中层员工和普通员工，平均薪酬下降主要系普通员工平均薪酬下降，发行人在 2017 年 5 月 2 日预披露的招股说明书中给出的解释是：（1）子公司岩坛信息于 2015 年 6 月对外转让，转让前，由于该公司主要从事网站开发、运营与维护，普通从业人员的专业程度较高、所要求薪资相对较高，从而使得公司 2014 年度普通员工的平均薪酬较高；（2）2014 年度，发行人普通员工人数变化不大，均在 190 人左右上下波动，2015 年度，发行人普通员工人数大幅增加，从年初的 190 人左右升至年末的 220 多人，从而使得按照年末人数计算的平均薪酬有所下降。

除了员工平均薪酬下降的问题，证监会对公司是否存在放松信用政策增加收入的情形表示怀疑，报告期各期经营活动产生的现金流净额均低于当年净利润，关联方资金往来也出现异常等，这些综合原因让证监会对公司的持续盈利能力产生怀疑。

案例 3

武汉微创光电股份有限公司（2018 年 7 月 3 日被否）

——期间费用和高管薪酬显著低于同行，被质疑刻意压低费用维持经营业绩

案例背景 微创光电是一家以视频监控传输技术和视频监控平台软件技术为核心，专业从事安防视频监控系统和设备研发、生产和销售的高新技术企业，

致力于为用户提供专业级视频监控系统整体解决方案。

报告期（2015 ~ 2017 年）内，公司营业收入分别为 10,186.25 万元、11,568.79 万元、15,063.80 万元；净利润分别为 2857.09 万元、3240.78 万元、4535.22 万元。

反馈意见　请发行人说明销售费用率低于中威电子、略高于英飞拓的原因；量化分析管理费用率低于同行业上市公司的原因；细化销售费用中办公、差旅、通信及运杂费的相关披露，说明相关费用金额较大的合理性，运杂费与营业收入的匹配关系；说明 2015 年、2016 年列报了维护费的原因，未预提保修支出的合理性及预提保修支出对报告期经营成果的影响；披露销售费用中业务招待费、宣传费波动较大的合理性；披露 2015 年管理费用、研究开发费用、差旅办公和通讯费金额下降的原因，以及职工薪酬逐年下降的原因；说明报告期内主要研发项目名称、研发内容、目前进展情况、拟达到的目标、费用构成；说明发行人如何准确地划分和核算各项研发支出，是否存在应计入其他成本、费用项目的支出计入研发费用的情形；说明利息支出的计算过程；请保荐机构、申报会计师就上述事项进行核查并发表核查意见，并就报告期内是否存在关联方、潜在关联方为发行人承担成本、代垫费用的情形发表核查意见。

发审会问题　请发行人代表说明：（1）报告期末应收账款占营业收入比例较高、报告期内应收账款周转率低于同行业可比公司均值的原因及合理性；（2）经营性现金流量净额与同期净利润不相匹配的原因及合理性；（3）报告期期间费用率下降以及低于同行业可比公司的原因及合理性；（4）公司高管人员、技术人员等各类人员薪酬是否显著低于可比公司水平，是否存在压低人工成本增加经营业绩的情形。请保荐代表人说明核查过程、依据及核查结论。

案例分析　微创光电虽然报告期内实现了净利润的持续增长，但相对于行业市场容量和竞争状态来说，公司业绩体量并不大，对于业绩规模较小的拟 IPO 企业来说，关于期间费用率低于同行、人员薪酬偏低问题几乎成了反馈意见的标配。

公司应收账款金额以及占营业收入占重越来越高，从而顺延导致经营现金流越来越差，说明了公司市场竞争力在减弱，生产经营压力越来越大。另外，公司期间费用尤其是高管和核心人员薪酬显著低于可比公司水平，说明公司可能在生产经营不利的情况下，试图通过缩减开支来维持目前的业绩水平。

案例4

广东日丰电缆股份有限公司（2019年3月26日通过）

——报告期内管理费用率和销售费用率逐年降低，但仍高于同行业平均水平，且业绩增长性较好，最终获得认可

案例背景 日丰电缆是一家自主研发并专业制造橡套类电线电缆的企业，主要从事电气设备和特种装备配套电缆的研发、生产和销售，产品主要包括空调连接线组件、小家电配线组件、特种装备电缆和其他电缆四大类，并广泛应用于家用电器、机器人、风力发电、海洋工程、港口机械、建筑机械、造船业、电动工具、仪器仪表、计算机通讯控制等领域。公司与美的集团、格力电器、海信科龙、TCL集团、奥克斯空调等家电巨头及振华重工、大汉建机等国内知名装备制造企业建立了长期合作关系

报告期（2015～2017年）内，公司营业收入分别为67,708.10万元、83,453.83万元、125,953.71万元；净利润分别为2310.03万元、5012.29万元、6182.19万元。

报告期（2015～2017年）内，公司销售费用率分别为4.04%、4.13%、3.33%，行业平均销售费用率分别为3.38%、3.99%、3.74%；公司管理费用率分别为8.01%、7.31%、6.02%，行业平均管理费用率分别为5.46%、4.69%、4.24%。

发审会问题 请发行人代表说明：（1）报告期内应收款项增加较快的原因及合理性，是否存在放松信用政策刺激销售的情况，应收账款的期后回款情况和逾期情况，坏账计提政策是否谨慎，减值计提是否充分；（2）报告期内销售费用率、管理费用率持续下降的原因及合理性，是否存在通过压低期间费用率调节利润的情形；（3）报告期内期货交易的情况及相关风险，相关内控制度及执行的有效性；（4）实际控制人近亲属夫妻分别担任仓库收发环节负责人，对内部控制有效性的影响。请保荐代表人说明核查依据、过程，并发表明确核查意见。

案例分析 首先，日丰电缆报告期内的营业收入和净利润均实现了大幅增长，业绩增长性良好，这给监管机构留下了好的印象；其次，从具体数据来看，虽然公司报告期内的管理费用率和销售费用率呈下降趋势，但与同行业平均水平相比，仍然要高；最后，公司在招股书中就公司销售费用率和管理费用率下降作了说明解释，说明公司后期与美的集团、格力电器、青岛海尔等公司建立了长期稳定合作关系，因此客户维护和售后成本有所降低，这个理由

可以被监管机构认可，最终通过了审核。

（二）应对建议

合理地降低成本费用当然是提升业绩的一种方式，但如果降低成本费用运用了不正当的手法，使一些固定成本明显减少或者明显低于合理水平的，会受到监管机构的重点关注，可能会被质疑降低成本费用的合理性，进而质疑公司业绩的含金量。

对于降低成本费用提升业绩问题，应对建议如下：

1. 注意成本费用各期的变动情况与营业收入相匹配

监管机构关注拟 IPO 企业是否存在降低成本费用提升业绩的情形，主要从相关财务数据进行着手，因此，拟 IPO 企业需要注意成本费用各期的变动情况是否合理，以及与营业收入是否存在联动的匹配关系，提前做好财务规划和整改工作。

2. 注意期间费用率、毛利率等关键指标与同行业可比公司趋于一致

除了横向的企业不同年度的成本费用对比关注外，监管机构还主要将拟 IPO 企业的期间费用率、毛利率等关键指标与同行业可比公司的相应指标进行对比，以分析其是否存在异常。

从以往审核案例来看，很多拟 IPO 企业在上会审核时被问及期间费用率低于同行业可比上市公司的原因及合理性问题，因此，需要拟 IPO 企业予以重视。特别是对于业绩增长性差的企业来说，如果期间费用率、毛利率等指标明显偏低于同行业可比公司，会被质疑刻意降低成本费用调节利润，审核风险较大。

3. 合理的成本费用降低需详细的信息披露与解释

除了刻意降低成本费用提升业绩的情形外，实务中不乏一些企业通过了科学有效的管理和内部控制措施，从而合理地降低了成本费用的情形，对于此情形，拟 IPO 企业需要做好详细的信息披露与解释，说明公司降低成本费用的方式、过程及最后的成果，并充分说明其合理性，以获得监管机构的认可。

五、经营现金流量净额低

经营活动现金流净额是指企业在一个会计年度经营活动产生的现金流入与经营活动产生的现金流出的差额，说明了企业经营活动产生现金的能力。一般来说，企业财务状况越好，现金净流量越多，所需资金越少；企业经营净现金流量为负或者偏低，说明企业需筹集更多的资金来满足生产经营所需。因此，如果企业经营活动现金流量净额偏低，甚至为负，即使营业收入实现了大幅增长，仍说明其业绩含金量较低，会被质疑未来的持续盈利能力。

通常来说，企业经营活动现金流量净额低主要有以下四个方面的原因：

1. 应收账款、应收票据大幅增加，或预收账款大幅减少，可能是因为公司产品市场竞争力下降、下游客户议价能力增强、放宽信用周期、主要客户拖欠货款或者销售模式变化等原因；

2. 存货占用资金较多，可能是因为销售不景气存货积压，也可能是因为预估存货价格会上升从而大量囤货；

3. 向供应商大量预付款项或支付应付账款，可能由于支付大量拖欠供应商的货款，或者非自愿的支付货款等；

4. 本期发生与业务相关、但不计入当期损益的大额其他经营性用途现金支付，如支付押金、保证金等。

经营活动现金流量净额是证监会衡量拟IPO企业经营业绩含金量的重要指标，若企业报告期内经营活动现金流量净额低或存在异常，则会被重点关注。

相关法条：

《首发管理办法》

第二十一条　发行人资产质量良好，资产负债结构合理，盈利能力较强，现金流量正常。

（一）审核关注点及典型案例

对于经营现金流量净额低的情形，监管机构主要关注以下几点：

1. 发行人报告期内经营现金流量净额情况，是否存在某一期明显减少，或者为负的情况，特别是报告期最后一期；

2. 造成报告期内经营现金流量净额低的原因，未来经营现金流量净额低的情形是否可以改善；

3. 经营现金流量净额低是否会对未来持续盈利能力造成不利影响；

4. 为了防止现金流量净额低对未来正常经营造成影响，发行人是否有相应的应对风险的策略。

相关案例：

案例 1

上海秦森园林股份有限公司（2018 年 10 月 10 日被否）

——报告期前三年经营现金流量持续为负，且金额有所增加，与当期净利润不一致，被质疑持续盈利能力

案例背景　秦森园林是一家致力于城市生态园林景观营建的综合型园林企

业，具有“园林研发—景观设计—苗木种植—工程施工—园林养护”全产业链综合服务能力。公司主营业务为园林工程施工、园林景观设计、园林养护及苗木种植。

报告期（2014 ~ 2017 年 1 ~ 6 月）内，公司营业收入分别为 48,440.83 万元、65,926.62 万元、78,923.42 万元、42,622.88 万元；净利润分别为 4328.59 万元、6930.33 万元、5794.39 万元、3905.57 万元；公司经营活动产生的现金流量净额分别为 -7274.41 万元、-3925.04 万元、-9037.75 万元、4911.34 万元，报告期前三年持续为负、且金额有所增加。

此外，2014 ~ 2016 年，公司应收账款周转率分别为 4.15、3.45、2.10；存货周转率分别为 1.00、0.85、0.72。均逐年下降。

发审会问题 请发行人代表说明：（1）报告期净利润波动较大、其增幅与营业收入增幅不一致、经营性现金流量净额与当期净利润不一致的原因及合理性，是否与采购、销售、信用等政策相匹配；（2）各期园林工程收入与采购金额增幅的差异较大的原因。请保荐代表人说明核查依据、过程并发表明确核查意见。

案例分析 园林建设具有公益性质，通常由政府买单，因此，工程回款通常较慢，这属于行业普遍现象，从财务数据上看，公司最大的风险体现在现金流上，报告期前三年，其经营活动现金流量净额持续大额未负，且与当期净利润不一致。此外，公司还存在净利润波动大、应收账款周转率低、存货周转率低的问题，一旦市场、客户等发生不利变化，会严重影响公司的持续盈利能力。此外，公司 90% 的募集资金拟用于补充流动资金，也进一步说明了公司现金流非常紧张的局面。

案例 2

浙江力邦合信智能制动系统股份有限公司（2018 年 10 月 23 日被否）

——经营活动现金流差，同时公司存在大额资金拆借和违规融资，被质疑持续盈利能力

案例背景 力邦合信从事乘用车制动系统相关产品的研发、制造和销售业务，主要产品包括电子驻车制动系统（EPB）、盘式制动器及制动器零部件等。

报告期（2015 ~ 2017 年）内，公司营业收入分别为 58,500.11 万元、112,300.15 万元、141,038.33 万元；净利润分别为 4888.16 万元、9705.09 万元、22,584.21 万元；经营活动产生的现金流量净额分别为 3915.94 万元、-3657.68 万元、2343.52 万元。

反馈意见 关于现金流量表。（1）请发行人结合通过票据收款、支付的情况，说明报告期内营业收入与销售商品、提供劳务收到的现金的差异，说明报告期内营业成本、采购支出与购买商品、接受劳务支付的现金的差异；（2）补充说明收到和支付其他与经营活动有关的现金、收到和支付其他与筹资活动有关的现金的主要内容；（3）说明取得子公司及其他营业单位支付的现金净额的主要内容。

发审会问题 报告期内，发行人净利润迅速增长，经营活动产生的现金流量净额低于净利润水平，主营业务毛利率呈增长趋势，2017 年度净利润增长速度明显大于营业收入的增长，2017 年度应收账款周转率及存货周转率下降明显。请发行人代表：（1）说明报告期经营活动现金净流量与净利润不匹配的原因及合理性；（2）说明毛利率逐年上升的原因以及合理性，与细分同行业同类产品毛利率变动趋势是否一致；（3）说明 2017 年度净利润水平增长明显大于营业收入增长的原因，应收账款周转率及存货周转率明显低于以前年度的原因及合理性；（4）2018 年 1 ~ 6 月业绩同比变动情况；（5）结合目前下游汽车行业的整体发展情况、主要客户及相关配套车型的销售情况等，说明收入增长的可持续性，招股说明书中相关风险揭示是否充分。请保荐代表人说明核查依据、过程并发表明确核查意见。

案例分析 2015 ~ 2017 年，公司累计净利润约 3.72 亿元，但累计经营性净现金流仅约 0.26 亿元，二者有着巨大的偏差，属于典型的业绩含金量差的类型。此外，公司为了解决现金流紧张的问题，除通过向关联方筹借大量资金的方式为公司补充运营资金外，还通过职工代表监事林玉云间接从关联的小额贷款公司融资，并违规配合关联方从银行进行信用证融资 2500 万元，2015 ~ 2016 年分别向关联方借入约 5 亿元、0.75 亿元。

这是一个典型的因经营现金流问题，导致大额资金拆借和违规融资的案例。公司形成了“低毛利—低净利—现金流差—造血能力弱—债务问题—融资能力直线下降—违规融资”的恶性循环。

案例 3

广东波斯科技股份有限公司（2018 年 6 月 26 日被否）

——应收票据和应收账款余额大，经营现金流差，且存在单一客户依赖，被质疑持续盈利能力

案例背景 波斯科技一直专注于从事各类功能色母粒、普通色母粒和其他高分子复合材料的研发、生产和销售业务。报告期（2014 ~ 2017 年 1 ~ 6 月）

内，公司营业收入分别为 22,442.11 万元、20,177.37 万元、21,328.20 万元、17,241.83 万元；净利润分别为 4853.97 万元、4436.19 万元、5302.44 万元、4146.04 万元；经营活动产生的现金流量净额分别为 2374.73 万元、3127.01 万元、4206.33 万元、-4545.81 万元。

发审会问题 发行人应收账款及应收票据余额较大，应收账款周转率低于同行业上市公司。2017 年收入和利润均大幅上升，经营活动现金流量净额大幅下降。请发行人代表说明发行人是否存在通过放宽信用提升业绩的情况，并说明上述指标变动的原因及合理性。请保荐代表人说明核查依据、核查过程并发表明确意见。

案例分析 各报告期末，公司应收票据期末余额分别为 7106.42 万元、8709.34 万元、3559.10 万元、11,941.26 万元，相对于公司的营业收入规模来说，金额较高。各报告期末，公司应收账款期末余额分别为 6159.05 万元、3991.49 万元、9893.06 万元、8145.67 万元，余额较高。应收账款与应收票据合计占营业收入的比例超过了 50%。导致了公司报告期内经营现金流较差。

另外，波斯科技的产品及客户非常明确，产品应用于白色家电领域，主要客户是格力，报告期内，公司对格力的销售占比一直超过 50%，且没有明显的下降趋势，对单一大客户存在较大依赖，加剧了监管机构对公司持续盈利能力的质疑。

案例 4

中铝国际工程股份有限公司（2017 年 12 月 26 日通过）

——报告期每年经营活动现金流皆为负，但仍成功过会，实际控制人为国资委，业务模式特殊

案例背景 中铝国际是中国有色金属行业领先的技术、工程服务与设备提供商，能为有色金属产业链各个阶段提供完整业务链综合工程解决方案。公司的主营业务是工程设计及咨询、工程及施工承包、装备制造及贸易。

报告期（2014 ~ 2016 年）内，公司营业收入分别为 1,888,496.74 万元、1,944,952.92 万元、2,476,561.95 万元；净利润分别为 83,276.58 万元、67,038.95 万元、132,844.33 万元；扣非后归母净利润分别为 43,935.27 万元、22,866.58 万元、40,734.30 万元；经营活动产生的现金流量净额分别为 -94,269.13 万元、-47,506.84 万元、-119,235.69 万元。

反馈意见 申报材料显示，发行人各期经营活动产生的现金流量净额分别为-220,390.16万元、-94,269.13万元、-47,506.84万元、-129,892.46万元，与当期净利润的比例分别为-127.72%、-113.20%、-70.86%、-315.08%。请补充披露在招股说明书“管理层讨论与分析”部分补充：（1）经营活动产生的现金流量净额长期为负的原因，是否可能影响可持续经营能力，与当期净利润不匹配的原因及合理性，是否与同行业可比公司存在重大差异。（2）经营活动产生的现金流量净额主要构成、大额变动及与相关会计科目勾稽情况。（3）支付给职工以及为职工支付的现金，是否与期间费用中职工薪酬变动相匹配，请分析原因及合理性。（4）支付的各项税费的现金支出，与报表相关项目的匹配性。请保荐机构、会计师说明核查过程、方法和结论，明确发表核查意见。

发审会问题 报告期，发行人经营活动现金流量净额与净利润不匹配，连年出现较大金额的负值；从应收账款来看，发行人的应收账款存在较多的逾期情形；报告期末，发行人的资产负债率超过70%。发行人解释经营活动现金流量净额为负主要是由于BT项目占用资金、对部分优质工程客户提供财务支持。请发行人代表：（1）梳理BT业务及其它工程垫资项目，说明经营活动现金流量净额连年为负的原因，并结合国家目前的相关政策，说明工程垫资项目是否面临较大经营风险；（2）说明发行人目前的融资能力与资信状况，分析是否足以持续支持当前的公司经营模式；（3）说明发行人对资金运营方面的风险管控措施，并说明是否存在较大的偿债风险。请保荐代表人发表明确核查意见。

案例分析 公司报告期内每年经营活动现金流皆为负，但仍通过了审核，属于极少数连续四年经营性现金流为负仍过会的企业，可能的原因有两个：一是公司实际控制人为国务院国资委，属于“国家队”成员，对公司融资筹资提供了良好的保证，2016年公司通过发行债券方式募集资金超过34亿元；二是公司的业务特征，公司业务来自工程及施工承包，采用BT业务模式，存在大量的业务占用资金。

（二）应对建议

如果企业经营活动产生的现金流量净额较低甚至为负，即使经营业绩实现了增长，也会被监管机构质疑，因为这意味着企业经营业绩含金量较低，未来持续盈利能力存在不确定性。因此，企业注意经营业绩增长的同时，需要注意经营现金流量与经营业绩的匹配性。

通常来说，企业经营性现金流量净额低，与企业议价能力弱、信用政策放宽、存货高、供应商议价能力强及其他大额经营现金支付相关。

针对经营现金流量净额低的问题，应注意以下几点：

1. 注意经营现金流量与营业收入、净利润的匹配性

经营活动现金流量净额与营业收入应具有匹配性，且经营活动现金流量净额应不低于净利润，否则会被质疑业绩的含金量以及未来持续盈利能力。

2. 合理的解释与披露

一些企业因为业务模式、业务发展阶段、行业特征等原因，导致经营活动现金流量净额较低，这种情形下，只要企业所处行业较景气，业绩增长性良好，是可以被监管机构认可的。

可以从客观的角度进行解释，如公司生产规模扩大造成存货、费用及经营性应收应付项目变动较大；行业市场竞争环境发生变化，属于行业普遍现象，但未来发展前景良好等。

3. 针对经营现金流量低形成的主要原因，合理应对

（1）如果公司经营现金流量较低，与净利润规模不匹配，主要原因是客户较强势，公司信用政策较宽松，应收账款大幅增加，或预收账款大幅减少所致。则应在申报资料中说明公司客户综合实力强，为行业龙头企业，公司与其保持长期稳定的合作关系，虽信用期长，但皆按期回款，不存在无法收款的风险。同时，如果公司能够作出剔除掉放宽信用政策增加的收入和净利润的业绩测算，且新测算的业绩规模和增长性皆较好，更能获得监管机构的认可。

（2）如果是因为企业屯积存货占用了大量资金，导致经营现金流量较低，则需在招股书中进行特别披露和风险提示。说明上游原材料市场价格波动大，预计未来一段时间内原材料价格会大幅上涨，因此，公司使用了大量经营性资金，导致经营现金流量净额下降，但这只是暂时的，未来经营现金流量净额会得到明显改善。

（3）如果公司经营现金流量较低是向供应商大量预付款项或支付应付账款造成的，则容易被监管机构质疑公司的市场地位和市场竞争力，公司应尽量改善对供应商的还价议价能力，说明改进措施及报告期内经营现金流量虽然较低但在逐渐改善。此外，注意说明向供应商预付款为行业共性，并提供具体例证。

第四节　业绩的不确定性

业绩的不确定性，主要是指企业未来几年的经营业绩无法预先估计，存在很多不确定性因素,这些不确定性因素可能导致企业未来经营业绩大幅波动甚至下滑，影响企业的持续盈利能力。

从表现形式上看，如果拟 IPO 企业的各种指标和因素都在向着非常不利的方向变动，则说明企业未来的经营业绩存在重大不确定性。

相关法条：

《首发管理办法》

第三十条　发行人不得有下列影响持续盈利能力的情形：

（一）发行人的经营模式、产品或服务的品种结构已经或者将发生重大变化，并对发行人的持续盈利能力构成重大不利影响；

（二）发行人的行业地位或发行人所处行业经营环境已经或者将发生重大变化，并对发行人的持续盈利能力构成重大不利影响；

（三）发行人最近 1 个会计年度的营业收入或净利润对关联方或者存在重大不确定性的客户存在重大依赖；

（四）发行人最近 1 个会计年度的净利润主要来自合并财务报表范围以外的投资收益；

（五）发行人在用的商标、专利、专用技术以及特许经营权等重要资产或技术的取得或者使用存在重大不利变化的风险；

（六）其他可能对发行人持续盈利能力构成重大不利影响的情形。

从上述法条来看，公司经营模式变化、产品（服务）结构变化、公司所处行业地位及经营环境变化、重大客户依赖、大额投资收益、资产或技术的重大不利变化等皆会影响公司的持续盈利能力，其中公司所处行业地位及经营环境变化、重大客户依赖、大额投资收益等在相关章节已作了具体分析和介绍。本节主要分析企业经营模式的变化、产品（服务）的变化、重要资产或技术的变化给企业未来持续盈利能力带来的重大不确定性，以及在手订单下滑可能导致的企业未来经营业绩的不确定性。

拟 IPO 企业要想证明未来具有持续盈利能力，需要减少这些不确定性因素，将这些不确定性因素排除后，企业上市审核的通过率将会有一定的提高。

一、经营模式变化带来的不确定性

企业的经营模式通常包括采购模式、生产模式、销售模式、服务模式、研发模式、综合盈利模式等，经营模式的变化意味着改变了企业已经稳定运行的某种方式，这种改变可能是企业尝试性的创新，也可能是行业内其他企业已经验证的更好模式，但无论模式的改变被论证风险多低，对拟 IPO 企业自身来说，仍然没有经过时间的验证，改变可能有利于企业发展，也可能不利于企业发展，结果具有不确定性——经营模式的变化可能会导致企业业绩存在不确定性，对拟 IPO 企业的持续盈利能力造成不利影响，因此，受到监管机构的重点关注。另外，经营模式中的销售模式变化对企业经营业绩的影响最大，影响最直接，因此，销售模式的转变倍受监管机构的关注。

查阅众多 IPO 审核案例发现，证监会反复提到过公司的经营模式是否发生了重大变化，是否对持续盈利能力构成重大不利影响。实务中，发审委通过多种途径对企业经营模式是否发生重大变化进行审核判断，如通过比较公司主营业务和销售费用增长幅度的差异，公司渠道模式等重要运营信息的披露是否充分，相关财务指标是否发生重大变化等。进而判断变化是否对企业持续盈利能力构成重大不利影响。

（一）审核关注点及典型案例

关于经营模式发生重大变化带来的不确定性，监管机构主要审核关注点如下：

1. 发行人经营模式是否发生变化及发生何种变化，包括销售模式、采购模式、生产模式、研发模式等的变化；

2. 经营模式变化对公司经营业绩是否有影响，影响多大，对发行人的持续盈利能力是否会构成不利影响；

3. 经营模式变化对公司各项财务指标是否有重大影响，如毛利率、净利率等；

4. 经营模式变化是否导致发行人开展的业务所占的市场份额发生变化，经营稳定性是否发生变化，是否有市场份额降低的迹象。

相关案例：

案例 1

南通国盛智能科技集团股份有限公司（2018 年 3 月 27 日被否）

——报告期内销售模式由直销逐渐转为经销，经销毛利率远高于同行，被质疑经销收入真实性和经营模式变化导致的业绩可持续性

案例背景 国盛智科是一家从事数控机床和机床附件制造的高新技术企业，

主要包括数控机床业务、精密钣焊业务、机床铸件业务，其中数控机床业务占比最高，包括数控机床光机、数控机床整机。企业根据客户不同的需求，形成了“两头在内、中间在外”的经营模式，即主机厂家根据客户需求对产品前后端进行整体设计，外购关键功能部件，将其与自身生产的结构件、电力电子系统等自制部件整合，最终完成整机的组装工作。

销售模式上，公司整体采用直销与经销相结合的模式。其中，针对不同的产品，公司采用不同的销售模式，公司精密钣焊业务、机床铸件业务只采用直销的方式，数控机床业务采用经销、直销相结合的方式，不同销售模式下，发行人针对同一类产品制定差异化的销售政策、信用政策。

在本次申报中，报告期内公司直销模式的比例逐年下降，经销模式的比例逐年上升，直销、经销的比例如下：

类别	2017 年 1 ~ 6 月		2016 年度		2015 年度		2014 年度	
	收入（万元）	占比（%）	收入（万元）	占比（%）	收入（万元）	占比（%）	收入（万元）	占比（%）
直销	15,706.66	58.64	30,262.75	75.13	28,168.02	87.72	35,139.01	92.65
经销	11,077.51	41.36	10,018.66	24.87	3944.88	12.28	2786.34	7.35
合计	26,784.17	100.00	40,281.41	100.00	32,112.90	100.00	37,925.35	100.00

继本次上会被否后，国盛智科于 2019 年又重新进行了申报，于 2019 年 3 月 28 日报送了更新的招股说明书，在最新的招股书中，国盛智科披露的销售模式为：数控机床整机以经销为主，机床本体以直销为主，高端装备结构件（精密钣焊件、铸件和注塑机部件）全部为直销。与前一次申报保持一致。本次申报期内，具体直销、经销比例如下：

类别	2018 年度		2017 年度		2016 年度	
	收入（万元）	占比（%）	收入（万元）	占比（%）	收入（万元）	占比（%）
直销	36,748.69	49.76	31,594.04	54.64	30,228.13	75.04
经销	37,102.77	50.24	26,227.13	45.36	10,053.28	24.96
合计	73,851.46	100.00	57,821.17	100.00	40,281.41	100.00

发审会问题 报告期内，发行人经销规模增幅较大。请发行人代表说明：（1）经营模式变化的背景及原因，经销规模大幅提升的合理性；（2）经销

商是否与发行人、控股股东及董监高存在关联关系，是否为发行人前员工；（3）以经销为主的数控机床报告期平均单价持续提升，与同行业公司产品单价变动趋势不一致的原因及合理性；（4）向经销商支付服务费和顾问费的相关政策，与经销商在数控机床维护、运输等配套服务方面的具体约定及会计核算情况；（5）不同类型经销商实现最终销售的模式，终端销售是否真实。请保荐代表人发表核查意见。

案例分析 据招股书披露，公司报告期内销售模式由直销为主逐渐转为经销为主，主要是由于产品结构的变化，以经销为主的数控机床业务不断扩大，数控机床整机业务收入由 2016 年的 9031.88 万元增加至 2018 年的 37,102.77 万元。数控机床产品的主营业务收入占比从 2014 年的 61.65% 增加至 2017 年 1 ~ 6 月的 80.14%。从分产品收入数据来看，公司数控机床整体业务收入在大幅上升的同时，以直销模式销售的高端结构件的销售收入金额并未下降，只是增长幅度不如数控机床整体业务。这样的业绩数据是相对合理的。

但是，公司经销模式下的毛利率和客户构成让监管机构产生了质疑。毛利率方面，公司数控机床综合毛利率显著高于同行业平均水平，且在 2019 年 3 月披露的招股书中，公司数控机床业务毛利率分别为 31.97%、30.43%、29.10%，呈逐年下滑趋势，但仍高于同行业上市公司平均水平，2018 年同行业公司海天精工的毛利率只有 23.51%。发审委质疑公司高毛利率的真实性及可持续性。

客户构成方面，2017 年上半年，国盛智科的前十大客户中有 8 家均是经销商，其中第一大客户台州市黄岩鑫锐机电有限公司、第三大客户盛稷数控均为报告期内新增的整机经销商之一。且该两公司均为 2016 年新成立的公司，成立不久便与国盛智科展开合作，成为公司的特许经销商。国盛智科与上述客户之间的销售收入真实性令人质疑，发审委质疑其是否最终实现了销售。

总体来说，国盛智科被否的原因之一为经营模式变化给公司业务带来的不确定性。具体来说，因经销为主的数控机床整体业务规模的大幅扩大导致公司经销模式收入比例逐年提升，而经销模式的毛利率又远高于同行业水平，且新成立不久的公司即成为公司特许经销商，这让监管机构质疑公司经销业务的真实性和可持续性。

案例 2

国安达股份有限公司（2018 年 7 月 10 日被否）

——经销收入比例提升，毛利率畸高，被质疑经销收入的真实性，销售模式变化对业绩的可持续性

案例背景 国安达是国内新能源汽车电池箱、客车发动机舱自动灭火装置的主要供应商，长期致力于火灾早期探测预警、自动灭火技术的研究与应用开发，专业从事自动灭火装置的研发、生产及销售。报告期（2015 ~ 2017 年）内，公司营业收入分别为 12,390.12 万元、16,872.83 万元、19,195.06 万元；扣非后归母净利润分别为 1862.56 万元、3723.41 万元、4644.39 万元。

公司产品主要为超细干粉自动灭火装置与电池箱专用自动灭火装置等，产品应用于交通运输、电力电网等领域。公司根据自身产品特点、下游市场分散集中程度、主要客户采购习惯等因素，采用直销与经销并举的销售模式。其中，如销售对象为产品安装使用方，则公司将其作为直销客户；非安装使用方则为经销客户。

报告期内，公司产品销售模式的规模及占比情况如下：

销售模式	2017 年度		2016 年度		2015 年度	
	收入（万元）	占比（%）	收入（万元）	占比（%）	收入（万元）	占比（%）
直销	9776.05	50.94	8404.06	49.83	8175.10	66.04
经销	9413.88	49.06	8460.31	50.17	4203.34	33.96
合计	19,189.93	100.00	16,864.37	100.00	12,378.43	100.00

公司对长期配套的整车厂商、电力电网企业等主要采取直销模式；新产品、下游客户分散的产品主要通过经销渠道进行推广销售。公司经销收入增长较快主要是新产品电池箱专用自动灭火装置于 2015 年下半年推向市场，市场需求较大，公司通过汽配贸易商快速将产品推广至各地市场，从而实现经销收入较多所致。

报告期内，公司不同销售模式下毛利率情况如下：

项目	2017 年度	2016 年度	2015 年度
直销毛利率（%）	61.63	59.52	59.15
经销毛利率（%）	51.26	57.86	49.57

反馈意见 据招股说明书披露，发行人采用直销与经销并举的销售模式；与

经销商的合作采用包销模式，即买断式销售；报告期向前三大客户销售占比分别为 62.75%、54.37%、60.02%。请发行人：（1）说明直销客户和经销客户划分依据，在客户、产品类别、取得订单方式、发货及收款流程、结算方式、信用政策、收入确认、退换货政策等方面的差异情况，经销产品实际使用客户、实现最终销售情况；说明并补充披露采用经销模式的具体原因，报告期发行人销售模式是否发生重大变化及判断依据，报告期经销模式销售金额及占比持续上升、2016 年度经销销售金额及占比大幅上升的具体原因，与同行业可比公司变动趋势是否一致、是否符合行业特征、是否对发行人未来持续盈利能力构成不利影响，发行人对经销商是否存在重大依赖；（2）说明各期直销模式下客户数量、各期新增客户数量、销售金额及占比；说明报告期发行人对经销商管理相关内控制度制定及执行情况，各期各级经销商数量及变动原因分析，新增经销商数量、当期销售金额及占比，退出经销商数量、上期销售金额及占比；说明经销模式定价政策，报告期向经销商销售是否存在销售折扣、返利等情况。

发审会问题 报告期发行人经销与直销并举，经销收入占比较高，综合毛利率较高且显著高于同行业公司。请发行人代表说明：（1）2015 年度发行人直销比例为经销收入占比的 2 倍，2016 年、2017 年经销占比与直销占比基本持平的原因。（2）毛利率显著高于同行业公司的原因及合理性。（3）产品销售模式是否发生重大变化，及对发行人生产经营的影响。（4）报告期内前五大客户在发行人销售中的占比情况。请保荐代表人说明核查方法、过程、依据并发表核查意见。

案例分析 证监会 2017 年 6 月 9 日集中公布 2017 年 1 ~ 4 月 35 家终止审查及 18 家未通过发审会的 IPO 企业名单，国安达名列其中。当时国安达终止审查的原因是：“发行人经销商的最终销售情况存疑，向单一供应商采购金额较小，采购较为分散。”

公司 2015 年之后，经销收入占比大幅提升，所占比例与直销基本持平。因此，发审委问询具体原因及产品销售模式是否发生重大变化。此外，发审委注意到公司毛利率远高于同行业平均水平，整体毛利率水平为 60% 左右，而同行业平均毛利率为 30% 左右，公司毛利率超过同行业 1 倍，虽然可能会存在产品差异的问题，但盈利水平差距如此大，对于充分竞争的市场来说，这是明显不符合常理的。因此，发审委质疑公司经销收入是否真实，销售模式的变化对公司未来持续盈利能力带来不确定性。

案例 3

海南中和药业股份有限公司（2018 年 4 月 17 日被否）

——销售模式由经销商模式转变为配送商模式，造成毛利率和销售费用异常

案例背景 中和药业主要从事多肽类及核苷类药物的研发、生产和销售，是国内最早专业研发生产“全化学合成多肽类药物”的制药企业之一。报告期（2015 ~ 2017 年）内，公司营业收入分别为 35,257.67 万元、49,878.31 万元、70,339.50 万元；归母净利润分别为 14,088.55 万元、18,332.19 万元、21,634.32 万元。

医药制造企业一般不直接面对消费者，主要通过医院和药店渠道进行药品销售。销售模式可分为直销、经销、配送等。经销模式下，医药企业主要对接各地经销商，借助本地化的经销商力量向各医药终端进行销售；配送商模式下，药品生产企业选择具有实力的商业企业作为配送商，由配送商将产品销售给医疗终端；直销模式下，医药企业拥有大量销售人员，直接对接各医院和药店等渠道，通过学术会议等方式进行专业化的医药推广工作。

报告期内，公司不同模式下的销售情况如下：

销售模式	2017 年度		2016 年度		2015 年度	
	金额（万元）	占比（%）	金额（万元）	占比（%）	金额（万元）	占比（%）
经销商模式	17,182.37	24.43	23,737.42	47.59	17,595.03	49.90
配送商模式	53,106.97	75.50	26,051.68	52.23	17,516.47	49.68
直销模式	50.16	0.07	88.92	0.18	146.17	0.41
合计	70,339.50	100.00	49,878.02	100.00	35,257.67	100.00

反馈意见 请发行人补充披露：（1）“配送商”的销售模式中“配送商”的含义，“配送商”是不是经销商，经销和直销模式下的销售金额及比例。请保荐机构核查相关信息披露的准确性和适当性。（2）请发行人补充披露经销模式下对经销商的管理方式（分类方式）及个数，经销商与发行人之间是代销还是买断关系，主要经销商的基本情况；补充说明经销模式下前二十名客户的情况（包括工商登记情况、发行人对其销售情况、经销商销售发行人产品的终端医院情况）。（3）请发行人补充披露直销模式下的具体销售情况。（4）请保荐机构核查发行人前二十名客户之间是否存在关联关系、前十名供应商之间是否存在关联关系、前二十名客户及前十名供应商之间是

否存在关联关系或重叠情况、前二十名客户及前十名供应商是否与发行人及其关联方存在关联关系。

发审会问题 发行人产品销售以经销商和配送商模式为主，报告期配送商模式下的销售占比逐年提高。请发行人代表说明：（1）经销商、配送商的选择标准，与发行人的权利义务关系，相关协议、管理制度及其执行情况；（2）报告期经销商、配送商数量、配送商平均销售金额等变动的原因及合理性；（3）报告期主要经销商和配送商的进销存情况，是否实现最终销售，是否存在囤货情况；（4）销售模式变化对公司经营策略、经营状况及未来发展趋势的影响。请保荐代表人说明核查过程、依据，并发表明确核查意见。

案例分析 因为医药行业“两票制”的影响，中和药业的经营模式和财务指标发生了重大变化，公司报告期内配送模式占比逐年提高取代了经销模式，毛利率持续增加，销售费用从 8000 万元增加至 3.2 亿元。虽说公司经营模式的变化及相应的财务指标的变化是由行业政策引起的，但变动幅度较大，相关数据增幅较大，引起了监管机构的质疑。

“两票制”核心目的是保证医药流通领域价格的透明，防止医药价格的多层加价，因此，“两票制”对直营模式的医药企业影响不大，但对于经销模式的企业则有本质的影响，公司报告期内逐渐降低经销模式的比例，提升配送商模式比例，配送商模式从本质来说，也是直销模式的一种，只是配送商负责最后一公里的产品配送，配送商只方负责配送，而不负责其他任何跟销售有关的责任和义务。因此，公司报告期内销售模式确实发生了重大变化。但这种变化是合理的，引起监管机构质疑的应该是销售模式变化之后带来的毛利率和销售费用的异常。

综合毛利率方面，2015 ~ 2017 年，公司综合毛利率分别为 83.65%、86.41%、89.35%，高于同行业平均水平，行业平均毛利率在 75% 左右；销售费用方面，公司报告期内业务推广费大幅增加，从 2015 年的 8000 余万元增加至 2017 年的 3.2 亿元。虽然这两大财务指标的变化是由销售模式变化造成的，但变化存在异常，特别是业务推广费，本来就是证监会的审核重点，医药企业应保证市场推广费的金额和变动趋势在相对可控范围之内，才能被获得认可，但公司业务推广费金额大，且每年召开的学术会议从 300 多次直接增加至 2600 多次，显然是超出了监管机构的接受范围。

案例 4

深圳市和宏实业股份有限公司（2017 年 6 月 2 日被否）

——苹果端子被盗，被终止 MFi 制造授权，经营模式、产品结构可能发生重大变化

案例背景　和宏股份专注于消费电子外设产品领域，是国内领先的弱电信号传输产品专业供应商，主要为国内外大卖场、全球知名消费电子配件品牌商提供面向个人用户的信号传输连接线及相关产品，产品应用涵盖移动终端、影音等中高端消费电子领域。

报告期（2013 ~ 2016 年 1 ~ 6 月）内，公司营业收入分别为 66,532.75 万元、97,094.37 万元、105,521.80 万元、50,330.39 万元；扣非后归母净利润分别为 4867.58 万元、10,874.39 万元、14,228.57 万元、5803.58 万元。

报告期内发行人经营模式包括 ODM、OEM 和自有品牌，主要为 ODM，销售收入占比均在 90% 以上，发行人 ODM 经营模式主要为作为 ODM 厂商向国际大卖场、国际知名消费电子配件品牌商和知名电商进行销售；自有品牌尚处于培育期。公司于 2008 年取得苹果公司 MFi 认证，经授权可生产苹果产品相关外置配件，2016 年 11 月，被苹果公司终止 MFi 制造授权。

发审会问题　2016 年 9 月，发行人仓库管理员盗窃苹果端子。2016 年 11 月，发行人被苹果公司终止 MFi 制造授权。请发行人代表进一步说明，（1）发行人的关键物料管理、员工管理，以及与生产相关内部控制制度是否健全并得到有效执行。上述事件发生后，发行人采取了哪些措施完善相关内部控制制度。（2）发行人是否继续申请 MFi 制造授权，目前进展情况。（3）对在手未执行的苹果产品订单有何影响。执行该等订单是否需要获得苹果公司的认可。（4）对发行人相关存货资产有何影响，存货跌价准备的计提是否充分。（5）对募投项目及消化产能有何影响。（6）向具有 MFi 制造授权的厂商进行定制化采购等措施是否需要苹果公司的认可或批准，该措施是否切实可行。（7）取消 MFi 授权后，发行人经营模式、产品品种结构是否会发生重大变化，对持续盈利能力是否会构成重大不利影响。请保荐代表人发表核查意见。

案例分析　MFi 是苹果公司根据 iphone、ipod 和 ipad 的周边产品，制订的一种发展计划与授权认证程序。拥有 MFi 制造授权，就可以生产苹果手机、平板电脑的数据线、充电器等配件。苹果配件产品价格较高，利润可观，很多企业都积极申请。2016 年 9 月，宏股份仓库管理员盗窃苹果端子，

2016 年 11 月，公司被苹果公司终止 MFi 制造授权。从发审会问题来看，发审委提出的主要问题就是公司被苹果终止 MFi 制造授权一事，因该事件质疑公司内控有效性、取消授权对在手未执行订单的影响、公司未来经营模式和产品结构是否会发生重大变化，是否会影响持续盈利能力。

因公司报告截止日为 2016 年 6 月，而苹果公司终止 MFi 制造授权发生在 2016 年 11 月，因此，事件是否会导致未来经营模式和产品结构变化尚存在不确定性。虽然招股书中未披露 MFi 制造授权带来的销售收入情况，但公司移动终端电子连接产品的收入比例占据总收入的 60% 以上，说明公司被终止 MFi 制造授权可能带来的不利影响很大，可能会严重影响公司未来的经营业绩。

（二）应对建议

从众多审核案例来看，监管机构质疑企业经营模式发生重大变化给未来持续盈利能力带来不确定性，侧重于关注企业销售模式是否确实发生了重大变化、具体原因及合理性，是否会给未来经营业绩带来重大不确定性。例如，企业的销售模式由直销为主转为了经销为主；由线下销售为主转为了线上销售与线下销售相结合模式等。这种情形下，如果公司业绩波动幅度大，则会被质疑是否因经营模式变化导致公司未来的持续盈利能力存在不确定性。

针对经营模式变化带来的不确定性，主要应对建议如下：

1. 在 IPO 申报期内尽可能保持企业经营模式的稳定性，尤其是销售模式的稳定性。

2. 如果企业报告期内经营模式确实发生了变化，则要侧重说明经营模式未发生重大不利变化，不会导致公司未来业绩存在重大不确定性，公司报告期内经营业绩的持续增长是最好的证明。

3. 应避免因为经营模式变化，而导致一些关键财务指标，如毛利率、期间费用等发生异常。如果经营模式的变化导致企业报告期内业绩处于下滑状态，则审核风险较大，建议拟 IPO 企业先夯实业绩，选择合适的申报期再进行申报。

4. 必要的风险提示。如果企业报告期内经营模式确实发生了变化，需要在招股书开篇作必要的风险提示，并说明应对措施。

二、产品（服务）结构变化带来的不确定性

《首发管理办法》规定发行人的主营业务不能发生重大变化，但拟 IPO 企业产品（服务）结构发生重大变化在实践中是允许的，变化的新老产品之间应存在必

然联系，这种联系可以从广义的范围去理解，如产业链的上下游产品、一个技术不同的发展路径或者发展阶段、同样的产品应用在不同的领域、不同的产品应用在相同的客户，等等。

但需要注意的是，产品（服务）结构的变化应该是循序渐进的，符合基本商业逻辑，且产品（服务）结构的变化需要提升报告期内的经营业绩，避免经营业绩出现大幅波动或下滑，否则会被监管机构质疑产品（服务）结构的变化是否给企业未来持续盈利能力造成重大不确定性。

除了变化后的经营业绩表现，如果公司产品（服务）结构发生重大变化的时间离报告期最后一期太近，亦容易被质疑变化对未来持续盈利能力的影响。

此外，如果公司产品（服务）结构发生重大变化后业绩增长性良好，打消了监管机构对公司持续盈利能力的质疑，但可能会被问询主营业务是否发生变化或是否主营一种业务，需要企业在申报时作好充分披露及上会时作好合理解释的准备。

（一）审核关注点及典型案例

关于产品（服务）结构变化带来的不确定性，主要审核关注点如下：

1. 发行人产品（服务）品种有无增减变动，各产品占全年营业收入比例是否发生大幅变动；

2. 发行人开展的业务所占的市场份额是否发生变化，是否有市场份额降低的迹象；

3. 发行人产能利用率是否发生大幅波动，是否表明产品（服务）结构发生变化；

4. 产品（服务）结构的变化对发行人业绩的影响；

5. 多种业务之间的关系，说明发行人是否符合“主要经营一种业务”的发行条件；

6. 多种产品是否属于同一类产品，报告期内发行人产品结构的变化是否构成主营业务的重大变化。

相关案例：

案例 1

宁波震裕科技股份有限公司（2017 年 4 月 18 日被否）

——产品向下游延伸，但新产品毛利率波动大，盈利能力弱，对公司持续盈利能力产生不确定性影响

案例背景　震裕科技是专业从事电机铁芯级进模及冲压制品的技术研发、生产、销售的高新技术企业，公司主要产品为电机铁芯精密级进模及电机铁芯冲片。

报告期（2014 ~ 2016 年）内，公司营业收入分别为 14,696.61 万元、18,718.22 万元、22,418.39 万元；净利润分别为 2295.58 万元、2379.56 万元、2280.61 万元。

公司报告期内产品结构情况如下：

项目	2016 年度		2015 年度		2014 年度	
	金额（万元）	占营收比例（%）	金额（万元）	占营收比例（%）	金额（万元）	占营收比例（%）
模具业务	16,454.7	73.40	16,877.6	90.17	14,243.23	96.92
冲压业务	4995.08	22.28	1595.27	8.52	320.96	2.18
主营收入小计	21,449.8	95.68	18,472.8	98.69	14,564.19	99.10

发审会问题 根据招股说明书，报告期内发行人扣除非经常性损益后归属于母公司所有者的净利润分别为 19,978,102.91 元、20,940,427.25 元、21,486,910.62 元，且模具业务收入增长放缓，冲压业务收入大幅增长，冲压业务毛利率分别为 -61.89%、-17.49%、8.52%。其他业务（边角料及其他）收入分别为 152.75 万元、269.08 万元、989.28 万元。请发行人代表：（1）说明冲压业务 2016 年收入大幅增长的原因，报告期内冲压业务毛利率偏低且大幅波动的原因，该业务增长是否具备持续性；（2）结合发行人模具业务的部分客户从事冲压业务的情况，说明是否存在该类模具客户流失的风险；（3）结合模具和冲压业务的生产工艺、竞争对手、客户结构和毛利率等，说明两种业务是否属于同一业务，说明 2016 年用电量下降的原因，2016 年董监高及其他核心人员薪酬总额下降的原因；（4）结合冲压业务在手订单情况、单位成本是否下降等说明目前冲压业务盈利能力是否得到实质性改善；（5）进一步说明综合毛利率远高于同行业水平的原因；（6）补充说明报告期其他业务的毛利率以及仅在 2016 年度出现大额材料销售的原因；（7）说明其他业务（边角料及其他）的收入、成本确认原则。请保荐代表人对发行人其他业务的真实性发表核查意见。

案例分析 公司报告期内的收入结构发生了较大的变化，报告期第一年即 2014 年主要从事模具业务，之后逐渐降低模具业务的比例，冲压业务比例得到提高，直到 2016 年，模具业务占比下降为 73.40%，冲压业务占比提升至 22.28%。模具业务和冲压业务具备一定联系，模具业务为销售模具给客户，然后由客户使用模具进行冲压，现在公司不仅向客户销售模具，还直接提供冲压服务，与现有部分客户的业务形成竞争关系。

公司 2016 年冲压业务大幅增加，但冲压业务毛利率变动幅度大，且整体水平较低，毛利率水平从 2014 年的 -61.89% 逐步转为 2016 年的 8.52%，说明公司冲压业务的稳定性和盈利能力不佳，发展前景和盈利能力存在较大的不确定性。公司大力发展冲压业务将对未来业绩产生重大不利影响。

此外，公司虽然报告期内业绩保持稳定，但总体规模较小，且公司所处行业相对传统，行业竞争格局和竞争环境基本保持稳定，公司业绩后续持续增长缺乏想象空间。

案例 2

苏州恒铭达电子科技股份有限公司（2018 年 11 月 13 日通过）

——因客户结构和经营战略调整，公司产品结构发生变化，但未给未来经营业绩带来重大不确定性

案例背景 恒铭达主营业务为消费电子功能性器件的设计、研发、生产与销售，产品已广泛应用于手机、平板电脑、笔记本电脑、智能穿戴设备等消费电子产品及其组件。报告期（2015 ~ 2017 年）内，公司营业收入分别为 30,581.40 万元、31,849.19 万元、44,939.15 万元；扣非后归母净利润分别为 5760.18 万元、6746.15 万元、10,190.85 万元。

报告期内，按产品使用功能划分，收入结构情况如下：

产品名称	2017 年度		2016 年度		2015 年度	
	金额（万元）	比例（%）	金额（万元）	比例（%）	金额（万元）	比例（%）
消费电子功能性器件	8060.59	18.20	7809.84	25.04	17,609.67	65.01
消费电子防护产品	21,919.93	49.49	14,003.93	44.90	9048.34	33.40
消费电子外盒保护膜（终端品牌指定）	14,309.30	32.31	9375.11	30.06	428.91	1.58
合计	44,289.82	100.00	31,188.88	100.00	27,086.91	100.00

报告期内，按应用领域划分，收入结构情况如下：

产品名称	2017 年度		2016 年度		2015 年度	
	金额（万元）	比例（%）	金额（万元）	比例（%）	金额（万元）	比例（%）
手机功能性器件	28,893.42	65.24	21,906.41	70.24	13,766.09	50.82
平板电脑功能性器件	5234.40	11.82	4156.51	13.33	9081.48	33.53
手表及其他消费电子功能性器件	10,162.00	22.94	5125.97	16.44	4239.34	15.65
合计	44,289.82	100.00	31,188.88	100.00	27,086.91	100.00

发审会问题 报告期内，发行人主营业务收入持续增长，产品结构变动较大。请发行人代表说明：（1）公司的行业地位、核心竞争力、核心技术以及主营产品衍变过程；（2）2017 年度主营业务收入大幅增长的原因及合理性；变动趋势与同行业可比公司是否一致；（3）消费电子功能性器件、消费电子防护产品和消费电子外盒保护膜三类产品是否属于同一类产品，报告期内发行人产品结构的变化是否构成主营业务的重大变化。请保荐代表人说明核查依据、过程并发表明确核查意见。

案例分析 从上表可以看出，恒铭达报告期内产品结构变动较大，产品按功能划分，消费电子功能性器件的收入占比逐年下降；按应用领域划分，手机功能性器件占比最大，占据一半以上份额，且总体成上升趋势。

从公开披露资料可以看出，公司产品结构变动较大的主要原因是公司调整了客户结构及经营战略，自 2015 年下半年起，公司经营战略重点逐步倾向于对技术工艺要求水平更高的终端品牌商指定交易类产品，为立讯精密等客户批量供应手机、手表连接器防护类功能器件、为广达供应手表防护功能性器件产品等。此外，2016 年、2017 年，公司先后成为苹果手机、平板电脑、手表及笔记本电脑防护类产品的重要供应商之一，开始为富士康、和硕、伟创力批量供应终端品牌商指定交易产品。

因此，公司因为调整客户结构及经营战略，所以产品结构发生了较大变动，但是，这种变动并未给公司未来业绩造成重大不确定性，因为新的客户结构更加稳固和具备可持续性，如成为公司第一大客户的富士康，其系全球最大的电子产业科技制作服务商，公司与其合作具备稳定性和可持续性。因此，最终获得了监管机构的认可。

案例 3

深圳市铂科新材料股份有限公司（2018 年 9 月 4 日通过）

——市场需求及市场分工变化，导致产品结构发生变化，主营产品比例不断提升，不影响未来持续盈利能力

案例背景 铂科新材自设立以来一直从事合金软磁粉、合金软磁粉芯及相关电感元件产品的研发、生产和销售，为电能变换各环节电力电子设备或系统实现高效稳定、节能环保运行提供高性能软磁材料、模块化电感以及整体解决方案。

报告期（2015 ~ 2017 年）内，公司营业收入分别为 14,079.55 万元、22,873.87 万元、33,905.55 万元；扣非后归母净利润分别为 3165.89 万元、5525.63 万元、6527.33 万元。

报告期内，公司主营业务收入构成情况如下：

产品	2017 年		2016 年		2015 年	
	金额（万元）	比例（%）	金额（万元）	比例（%）	金额（万元）	比例（%）
合金软磁粉	1426.60	4.23	476.30	2.10	412.17	2.94
合金软磁粉芯	31,795.87	94.24	20,846.86	91.99	10,690.71	76.20
电感元件	506.44	1.50	1327.54	5.86	2891.79	20.61
其他	9.29	0.03	12.01	0.05	35.27	0.25
合计	33,738.19	100.00	22,662.71	100.00	14,029.94	100.00

反馈意见 2014 年、2015 年、2016 年和 2017 年 1 ~ 3 月，发行人合金软磁粉芯收入占比分别为 52.34%、76.20%、91.99% 和 92.81%，占比逐年上升；电感元件收入占比分别为 47.12%、20.65%、5.86% 和 3.50%，收入金额及占比逐年下降。请发行人：（1）结合原材料、用途、下游客户等因素，补充披露合金软磁粉芯与电感元件两种业务之间的关系，说明发行人是否符合“主要经营一种业务”的发行条件。（2）补充披露发行人设立以来主营业务、主要产品的演变过程，披露报告期内发行人收入结构发生较大

变化的具体原因。请保荐机构核查上述问题并发表意见，请发行人律师核查问题（1）并发表意见。

发审会问题 报告期发行人营业收入结构变化较大，其中，合金软磁粉芯收入占比较高且逐年上升，电感元件收入占比逐年下降。请发行人代表说明：（1）报告期收入结构变化较大的原因，对公司未来持续盈利能力是否具有重大影响；（2）报告期主要客户变动的原因及合理性，发行人是否与主要客户存在关联关系，是否存在利益输送情形；（3）报告期发行人与交易对方既有采购又有销售的原因及必要性，交易是否真实，定价是否公允。请保荐代表人说明核查依据、过程并发表明确核查意见。

案例分析 关于公司是否符合“主要经营一种业务”的发行条件。公司的主要产品包括合金软磁粉（制造合金软磁粉芯的核心材料）、合金软磁粉芯（电感元件的核心产品）、电感元件。三种产品是同一业务不同环节的产品形态，属于同一业务链条的不同环节，因此符合“主要经营一种业务”的发行条件。

关于公司收入结构变化较大的原因及对未来持续盈利能力的影响。根据招股书披露，公司收入结构发生较大变化的原因主要系近年来下游客户对合金软磁粉芯的需求持续增加；同时2015年国内已经逐步形成了合金软磁粉芯生产、电感元件制造的专业化分工，行业龙头用户一般向市场上已经较为成熟的电感元件制造商采购电感元件，由电感元件制造商向公司采购合金软磁粉芯。

因此，铂科新材产品结构发生变化的主要原因是市场需求及市场专业化分工的变化造成的，公司的主要产品为合金软磁粉芯，后续占营业收入比例不断上升，说明公司合金软磁粉芯业务具备竞争优势，而电感元件收入及占比下降，也是市场分工的结果，公司电感元件收入比例本身就不大，加上合金软磁粉芯业务的扩大，总体上不会对公司未来经营业绩造成重大不利影响，因此得到了监管机构的认可。

案例4

亿嘉和科技股份有限公司（2018年4月3日通过）

——电力系统市场需求变化，导致公司产品结构发生变化，报告期内业绩增长良好，未来不存在重大不确定性

案例背景 亿嘉和主营业务是为电力系统提供以数据采集处理为核心的巡检机器人产品和智能化服务，通过对电力设备、设施的基本信息、运行状态的

数据采集、自动化监测和故障预警，实现“输电、变电、配电”各环节、“天上、地面、地下”全范围运检覆盖，从而维护电力设备、设施的安全稳定运行，提升供电效率。

报告期（2015 ~ 2017 年）内，公司营业收入分别为 19,015.11 万元、26,199.85 万元、37,388.02 万元；扣非后归母净利润分别为 4012.55 万元、7060.77 万元、12,401.40 万元。

公司的主营业务收入按产品类别构成及比例如下：

主营业务类型	2017 年度		2016 年度		2015 年度	
	金额（万元）	比重（%）	金额（万元）	比重（%）	金额（万元）	比重（%）
智能巡检机器人	28,492.31	76.58	17,357.91	66.47	4246.76	26.69
智能化改造	8292.06	22.29	—	—	—	—
基础数据服务	—	—	7889.25	30.21	10,684.22	67.14
状态数据服务	420.15	1.13	868.58	3.33	983.11	6.18
合计	37,204.51	100.00	26,115.74	100.00	15,914.09	100.00

反馈意见 关于主营业务演变，请发行人：（1）补充披露公司业务快速发展的原因和合理性，数据服务与巡检机器人等业务发展是否具有稳定性、可持续性，相关主营业务的披露是否准确；（2）结合报告期电子网络设备、数据服务与巡检机器人三个产品的关联度及销售收入结构变化情况，说明报告期公司业务构成是否发生重大变化，是否符合《首发管理办法》第 12 条的规定；（3）补充披露公司业务的发展脉络和演变情况，说明发行人自成立以来至报告期末所从事业务的传承关系，并从市场、技术、人员储备等多角度进行描述。请保荐机构核查并发表明确意见。

发审会问题 发行人主营业务分智能化产品和智能化服务，报告期内收入结构变化较大。请发行人代表说明：（1）2014 年以后业务快速发展、智能巡检机器人收入大幅增加、产品结构发生重大变化的原因及合理性；（2）报告期内数据业务逐年下降，其中 2017 年基础数据服务收入为零、状态数据服务中的无人机巡检服务为零的原因及合理性，智能化服务收入是否具有可持续性；（3）2017 年新增智能化改造收入的原因及可持续性，该业务按一次性验收确认收入是否符合同行业惯例；（4）2015 年基础数据服务和 2016 年、2017

年智能巡检机器人，2017 年智能化改造业务之间的关系，该业务未来发展是否稳定，是否符合《首发管理办法》主营业务三年未发生重大变化的相关规定。请保荐代表人说明核查过程、依据，并发表明确核查意见。

案例分析 亿嘉和的产品和所处行业具备先天优势，电力机器人细分行业市场前景较好，技术含量较高，加上公司盈利能力较好，给监管机构留下了“好行业、好企业”的印象。这是公司能够顺利过会的重要前提。

关于主营业务是否发生重大变化。据招股书披露，公司报告期内始终坚持“智能化产品 + 智能化服务”的发展战略，为电力系统提供以数据采集处理为核心的巡检机器人产品和智能化服务。鉴于电力电缆基础数据服务与巡检机器人业务虽然业务表现形式不同，但均围绕客户电力数据采集与处理的需求；电力电缆基础数据服务业务为充分发挥巡检机器人在电缆线路故障预警以及精确诊断等方面的作用提供了前提和支撑；电力电缆基础数据服务业务的开展是隧道机器人运行的前提；巡检机器人业务与电力电缆基础数据服务业务之间的业务沿革符合商业逻辑，属于自然演化；巡检机器人业务与电力电缆基础数据服务业务技术存在相通性。因此，数据服务与巡检机器人业务高度关联，发行人主营业务突出，最近三年未发生重大变化。

关于收入结构变化较大的原因及合理性。公司的智能巡检机器人主要用于电力系统输电、变电及配电设备的智能化巡检，包括室内机器人、室外机器人、隧道机器人。公司报告期内智能巡检机器人收入占比逐年上升，主要原因是室内机器人在电力系统不断推广，逐步得到认可，因此销售规模不断扩大；同时，2017 年，电力系统对尚未实现智能化巡检的配电站提出了“一机多站”的设想，从而衍生了智能化改造业务，因此，公司 2017 年开始产生了大量的智能化改造业务收入。另外，公司智能化服务主要包括两类：基础数据服务、状态数据服务，其中基础数据服务收入逐年下降，由 2015 年的 67.14% 下降至 2017 年的 0，主要原因是基础数据服务的需求产生了变化，基础数据服务市场需求主要集中在江苏、福建、天津等地区，而对于某一特定地区，其总需求量相对较为固定，随着业务的深入开展，该地区原有业务会逐渐减少，市场需求的进一步拓展依赖于新增业务，而新增业务市场容量的释放要慢于原有业务，公司基础数据服务业务集中在江苏市场，报告期内基础数据服务业务收入变动趋势主要受国网江苏省电力公司对该业务的招标量变动的影响。

总体来说，亿嘉和产品收入结构的变化主要是电力市场需求的变化造成的，公司积极应对电力市场的相关政策及市场需求，围绕着业务链条进行细分产品调整，报告期内营业收入实现了大幅增长，获得了监管机构的认可。

案例 5

无锡上机数控股份有限公司（2018 年 9 月 4 日通过）

——报告期内产品结构发生了重大变化，但实现了经营业绩大幅增长，未来持续盈利能力可期，获得认可

案例背景 上机数控定位于高端智能化装备制造领域，是一家专业从事精密机床的研发、生产和销售的高新技术企业。根据产品类别和应用领域的划分，公司产品分为高硬脆材料专用加工设备和通用磨床设备两大类别。产品主要用于光伏及蓝宝石等行业。

报告期（2015 ~ 2017 年）内，公司营业收入分别为 14,323.56 万元、29,752.02 万元、63,302.53 万元；净利润分别为 1133.25 万元、5116.80 万元、18,937.14 万元。

报告期内，公司部分产品收入变动情况如下：

项目	2017 年度		2016 年度		2015 年度	
	金额（万元）	比例（%）	金额（万元）	比例（%）	金额（万元）	比例（%）
光伏专用设备小计	58,661.84	93.88	23,871.47	82.26	2251.75	17.21
蓝宝石专用设备小计	371.79	0.60	2176.41	7.50	7306.84	55.84
通用磨床小计	3453.09	5.52	2971.38	10.24	3527.73	26.96
合计	62,486.73	100.00	29,019.26	100.00	13,086.31	100.00

反馈意见 招股说明书披露，发行人报告期各期主营业收入分别为 12,880.18 万元、13,086.31 万元、29,019.26 万元、20,577.35 万元。2014 年收入主要来自光伏专用设备和通用磨床，2015 年光伏专用设备和通用磨床收入大幅下降，新增蓝宝石专用设备销售且成为主要收入来源，2016 年和 2017 年上半年光伏专用设备收入大幅增长且成为主要收入来源，蓝宝石专用设备和通用设备收入递减。（1）请说明以上收入结构变化的原因，与行业变化和业务变动趋势是否一致，并结合各类设备收入的变化、主要客

户的变化说明发行人各类产品收入是否具有可持续增长能力，相关的风险提示是否充分；（2）请将各类产品细分至最末级，在招股说明书中列表披露收入金额、占比和单价的情况，并详细分析各类产品收入波动的原因和合理性；（3）请按产品类别详细说明并披露收入确认的方法、时点、依据、主要确认凭据、确认频率，说明风险报酬转移时点的确认是否符合会计准则的规定；（4）结合报告期内各业务面对的下游客户及其行业、市场供需及变化趋势，以及各类业务的数量、单价变化情况，详细定量说明各类业务收入波动的原因，并结合发行人业务结构说明综合收入波动的原因。请保荐机构和发行人会计师说明对发行人收入真实性、准确性、确认时点进行核查，说明核查的方法、程序、范围，说明发行人收入波动与发行人业务情况和行业变动趋势是否一致，并就发行人收入的真实性、准确性、发行人是否存在跨期确认收入的情况发表明确核查意见。

发审会问题 发行人报告期内产品结构及客户结构发生了重大变化。请发行人代表说明：（1）报告期收入结构变化的基本情况及原因，与行业变动趋势是否一致，相关的风险是否充分提示；（2）前述变化是否构成发行人最近3年主营业务发生重大变动；（3）2016年以来光伏专用设备销售大幅增长的原因及合理性，光伏专用设备是否具有较大的市场拓展空间，持续盈利能力是否存在重大不确定性；（4）其他光伏产品，比如薄膜太阳能等产品的发展趋势对发行人业务的影响；（5）2016年发行人蓝宝石专用设备和通用设备收入下降的主要原因，相关机器设备等固定资产及原材料等是否存在减值情况。请保荐代表人说明核查依据、过程并发表明确核查意见。

案例分析 上机数控报告期内营业收入和净利润均得到了大幅增长，业绩增长性良好。

报告期内，公司光伏专用加工设备收入占主营业务收入的比例分别为17.21%、82.26%、93.88%，公司所生产的光伏专用加工设备与下游光伏行业的发展密切相关，公司披露称：“近年来，在得益于国家不断出台产业支持政策的引导下，光伏行业的市场格局由严重依赖出口转变为内销和外销双向驱动的产业结构，产业整体健康得到了较大改善”。

客户方面，公司已与协鑫集团、阿特斯、晶科能源、奥瑞德等国内主要光伏、蓝宝石厂商建立了长期稳定的合作关系，良好优质的客户群体为公司未来的发展奠定了基础。

总体来说，公司报告期内产品结构发生了重大变化，但这种变化实现了公司业绩的大幅增长，且与优质大客户建立了长期稳定的合作关系，未来持续盈利能力可期，因此获得了监管机构的认可。

案例 6

深圳市华阳国际工程设计股份有限公司（2018 年 11 月 27 日通过）

——产品结构发生变化，但原产品收入稳定，新产品符合行业发展趋势，获得认可

案例背景 华阳国际主营业务为建筑设计和研发及其延伸业务，目前主要包括建筑设计、造价咨询、工程总承包等业务。公司致力于发展成为以设计研发为龙头，以装配式建筑和 BIM 为核心技术的全产业链布局的设计科技企业。

报告期（2015 ~ 2017 年）内，公司营业收入分别为 45,093.04 万元、47,549.11 万元、59,268.05 万元；净利润分别为 7143.76 万元、9621.51 万元、10,623.25 万元。

具体业务结构及占比如下：

业务类型	2017 年		2016 年		2015 年	
	金额（万元）	占比（%）	金额（万元）	占比（%）	金额（万元）	占比（%）
一、建筑设计	45,784.77	77.25	42,749.82	89.91	44,146.34	97.90
其中：常规建筑设计	36,771.99	62.04	37,138.22	78.10	38,318.06	84.98
装配式建筑设计与技术咨询	7512.58	12.68	4182.85	8.80	4351.87	9.65
BIM 设计与技术咨询	1500.21	2.53	1428.74	3.00	1476.41	3.27
二、造价咨询	5540.31	9.35	4731.55	9.95	946.70	2.10
三、工程总承包	7942.97	13.40	67.74	0.14	—	—
合计	59,268.05	100.00	47,549.11	100.00	45,093.04	100.00

发审会问题 发行人以居住建筑产品设计业务为主，报告期内，发行人收入结构发生了一定程度的变化。请发行人代表：（1）说明房地产行业长期调控对公司业务、经营模式及持续盈利能力的影响，公司的应对措施；（2）说明报告期内业务收入结构变化，特别是剔除造价咨询、工程总承包业务，原有

常规建筑设计收入下滑的主要原因及影响，是否对持续盈利能力构成重大不利影响；（3）结合目前以规划设计业务为主的态势，分析发行人的竞争优势和核心竞争力。请保荐代表人说明核查依据、过程并发表明确核查意见。

案例分析 华阳国际报告期内营业收入和净利润均实现了大幅增长，经营业绩良好。虽建筑设计业务占比逐年下降，造价咨询和工程总承包业务占比逐年上升，但建筑设计业务收入并没有下降，保持稳定状态。

华阳国际顺应行业发展趋势，全面展开全过程工程咨询及工程总承包业务，并于 2017 年 5 月获评为首批国家全过程工程咨询试点单位。公司工程总承包业务的开展迅速为公司贡献大量营收，近两年该业务收入分别为 67.74 万元和 7942.97 万元。

总体来说，公司报告期内产品结构虽然发生了变化，但该变化未造成经营业绩的重大不确定性，整体朝着好的方向发展，获得了监管机构的认可。

（二）应对建议

拟 IPO 企业只要主营业务没有发生重大变化，报告期内产品（服务）结构发生重大变化可以被理解和允许，但产品（服务）结构的变化应助力公司经营业绩的增长，不能导致未来持续盈利能力存在重大不确定性。

针对产品（服务）结构变化带来的不确定性，主要应对建议如下：

1. 在选择申报期时应尽量避免产品（服务）结构重大转型期间，选择业绩稳定的期间作为申报期较为稳妥。

2. 拟 IPO 企业在申报期内要慎重改变产品（服务）结构，如果要变化，需要充分的理由解释变化不会对公司的持续盈利能力产生负面影响。最直接的就是产品（服务）结构发生重大变化后，公司报告期内经营业绩的实现了持续增长；或者公司原产品收入利润规模保持稳定，新产品实现了快速增长，导致公司产品（服务）结构发生变化。

3. 新产品应该比原产品更具竞争力和附加值，对公司未来的发展是重大利好，而不是因为业绩增长乏力临时增加新产品突击增加收入和利润。

4. 新产品应符合行业技术发展趋势，未来的销售能够保持稳定持续，未来的经营业绩需要有好的预期。

5. 创业板需要满足“主营一种业务”的发行条件，拟 IPO 企业需要注意产品（服务）结构变化的比例，其他业务收入和净利润占比不宜超过 30%；主板亦需要论证新旧产品之间的联系，说明主营业务没有发生重大变化。

三、重要资产或技术变化带来的不确定性

拟 IPO 企业所拥有的土地、房产、专利、核心技术、特许经营权等是公司持续生产经营的关键资源，如果这些关键资产和技术的取得或者使用存在重大不利变化会给企业的持续经营带来重大不确定性，因此，受到监管机构的重点关注。

（一）审核关注点及典型案例

关于重要资产或技术存在重大不利变化带来的不确定性，主要审核关注点如下：

1. 发行人土地、房产等重要资产的取得或使用是否存在重大不确定性，是否会对未来的持续盈利能力产生重大不利影响；

2. 发行人核心技术、专利、特许经营权等的取得或使用是否存在重大不确定性，是否会对未来的持续盈利能力产生重大不利影响；

3. 结合发行人租赁房屋的期限说明是否存在法律纠纷或潜在纠纷，是否存在影响公司持续盈利能力的重大不利情形；

4. 公司未来持续使用房产及土地是否存在重大不确定性，房产及土地对发行人经营与财务情况是否会产生重大不利影响。

相关案例：

案例 1

杭州申昊科技股份有限公司（2018 年 7 月 17 日被否）

——租赁生产经营场所，购买生产用地进程尚存在不确定性

案例背景 申昊科技主营业务围绕电力设备状态监测、检测领域，已形成输变电监测设备为核心、配电及自动化控制设备为辅的主营业务格局。报告期（2015 ~ 2017 年）内，公司营业收入分别为 13,477.16 万元、17,746.83 万元、26,589.80 万元；净利润分别为 2208.18 万元、4658.55 万元、6548.58 万元；主营业务毛利率分别为 49.15%、51.74%、54.27%。

公司主要办公及生产用房产均为租赁房产，租赁期较短，发行人已购买生产所需用地，厂房建设预计在 2018 年 12 月完成，以减轻该等房屋租赁的变动对发行人的生产经营造成重大不利影响。

发审会问题 发行人招股说明书披露，公司主要的生产经营场所以租赁方式取得。请发行人代表：（1）结合租赁房屋的期限说明是否存在法律纠纷或潜在纠纷，是否存在影响公司持续盈利能力的重大不利情形；（2）说明发

行人购买生产用地的进程，是否存在重大不确定性，是否需要作出风险提示。请保荐代表人说明核查方法、过程，并发表核查意见。

案例分析 拟 IPO 企业租赁生产经营场所虽然不必然会构成上市的实质性障碍，但属于减分事项。特别是针对生产型企业来说，出于资产独立性考虑，一般不得向关联方租赁土地厂房。此外，企业租赁的生产经营场所需要具备合法合规性、不存在潜在风险、不存在搬迁带来的不确定性，避免影响公司的正常持续经营。

申昊科技所租赁的生产经营场所位于杭州未来科技城，属于工业园区，园区设施完备，交通方便，但若未来受环境、政策、租金等因素影响，现租赁期满后出租方不再向公司出租该等房屋，则公司需要重新选择生产经营场所，搬迁时间及产生的费用等可能会对公司正常经营产生不利影响。而公司所购买的生产用地尚未建成，尚存在一定的不确定性，因此，监管机构质疑公司生产经营场所是否会给公司未来的经营带来不确定性。

案例 2

安佑生物科技集团股份有限公司（2018 年 1 月 23 日被否）

——土地和房产皆存在瑕疵，且生猪养殖行业特殊，相关资产的取得和使用存在重大不利变化，带来持续经营的不确定性较大

案例背景 安佑生物主要从事饲料的研发、生产和销售，产品包括猪饲料、水产饲料、禽饲料和反刍饲料等，其中猪饲料是最主要的产品。

招股说明书披露，发行人计入固定资产账面价值为 18,322.95 万元的房产尚未取得房产权属证明，账面价值为 4234.85 万元的房产尚未同时取得《建设用地规划许可证》、《建筑工程规划许可证》和《建筑工程施工许可证》，存在无法办理房产权属证明的风险。发行人计入无形资产账面价值为 1672.50 万元的土地使用权尚未取得土地权属证明。

此外，发行人租赁的国有划拨地存在法律瑕疵，租赁的多处农村集体土地存在集体土地使用权流转程序瑕疵。

反馈意见 1. 招股书披露，公司租赁、承包房屋、土地主要用作养殖、生产、办公、仓储或辅助用房。其中，大部分土地租赁系租赁农村集体土地从事生猪养殖业务。请保荐机构和发行人律师核查并说明：（1）发行人租赁的集体所有土地使用权的取得方式和法律依据，是否履行了相关集体土地使用权流转政策规定的决议、审批和登记程序，是否符合《农村土地承包法》、《农

村土地承包经营权流转管理办法》、《关于促进规模化畜禽养殖有关用地政策的通知》（国土资发〔2007〕220号）及《关于完善设施农用地管理有关问题的通知》（国土资发〔2010〕155号）等相关法律、法规以及当地人民政府关于集体建设用地流转的规定，是否合法有效，是否存在争议和纠纷；（2）请保荐机构、发行人律师就发行人土地租赁是否涉及占用基本农田、是否符合土地利用规划和用途、是否符合相关法律法规的规定进行核查。

2.（1）请进一步说明发行人上述房产和土地未取得相关权属证明的原因，预计取得权属证明的时间，是否存在不能取得的实质障碍；（2）请保荐机构和发行人律师核查公司是否可能因为上述问题被行政处罚或承担法律责任；（3）对于存在瑕疵的房产和土地，请结合相关房产和土地用途、面积及占比，分析说明上述瑕疵对发行人生产经营的影响，并就上述问题以及发行人资产是否完整、是否构成本次发行上市的实质障碍发表明确意见。

发审会问题 发行人拥有的部分房产及土地尚未取得权属证书，还存在部分无法办理权属证明的情形、未签订土地出让合同的情形、未取得建筑工程施工许可证即开工建设的情形。发行人租赁的国有划拨地存在法律瑕疵，租赁的多处农村集体土地存在集体土地使用权流转程序瑕疵。请发行人代表说明：（1）未来持续使用前述房产及土地是否存在重大不确定性，是否存在被处罚的风险和其他法律风险，该等情况是否构成重大违法违规；（2）前述瑕疵房产及土地对发行人经营与财务情况的影响；（3）金坛猪场相关租赁资产作为融资租入固定资产和无形资产入账的依据，是否符合企业会计准则相关规定，出租方破产进展及对发行人该猪场生产经营的影响，相关资产减值准备是否充分。请保荐代表人说明核查过程和方法，并发表明确核查意见。

案例分析 安佑生物的自有和租赁土地、房产皆存在问题，主要如下：

1. 自有土地。发行人计入无形资产账面价值为1672.50万元的土地使用权尚未取得土地权属证明。对于未取得的原因以及办理权证的进展无法给出合理解释，可能会因此问题受到行政处罚或承担法律责任。同时对于瑕疵土地上的房产权属办理也受到影响。

2. 租赁土地。发行人租赁的土地系集体所有土地使用权，招股说明书并未说明土地的用途是否为基本农田，也并未取得相关部门关于集体土地使用的审批文件，监管机构对于发行人是否符合土地利用规划和用途、是否符合相关法律法规的规定表示质疑。

3. 自有房产。截至招股说明书签署日，账面价值为3855.50万元的房产已进行了整改，已取得《建设用地规划许可证》、《建筑工程规划许可证》和《建筑工程施工许可证》等，房产权属证明还未办理；账面价值为2600.38万元的房产尚未同时取得《建设用地规划许可证》、《建筑工程规划许可证》和《建筑工程施工许可证》，存在无法办理房产权属证明的风险。2017年6月30日发行人共计46项房屋或在建工程尚未取得所有权证书，瑕疵问题过于突出。

4. 租赁房产瑕疵。公司租赁的部分房屋或土地没有产权证书，租赁的多处农村集体土地存在集体土地使用权流转程序瑕疵，存在依法终止使用人使用的可能。

总体来说，公司上述土地和房产问题，不仅构成法律上的瑕疵，而且会对公司未来的持续经营造成不利影响，且公司上述资产用于生猪养殖，很难短时间在找到合适的替代性场所，该资产的取得和使用存在的不利变化对公司未来持续盈利能力造成的不确定性较大。

案例3

鸿合科技股份有限公司（2019年4月4日通过）

——报告期内经营业绩快速增长，上会前夕遇专利侵权诉讼且金额巨大，虽成功过会，但未来仍然存在重大不确定性

案例背景　鸿合科技主营业务为智能交互显示产品及智能视听解决方案的设计、研发、生产与销售，主要面向教育信息化领域，同时向办公、会议会展、传媒等商用市场拓展，为用户提供技术领先、综合全面的产品，形成了以智能交互平板、电子交互白板、投影机、视频展台等智能交互显示产品为基础，智能视听解决方案为拓展和延伸的多媒体电子产品业务。公司产品的主要用户为中小学校和高校、幼教、培训机构、企事业单位和政府机构等。

公司报告期（2015～2018年1～6月）内，营业收入分别为184,924.31万元、272,076.64万元、361,694.82万元、181,321.85万元，归属于母公司股东的净利润分别为5448.85万元、6176.27万元、20,433.46万元、10,567.10万元；扣除非经常性损益后归属于母公司股东的净利润分别为5622.45万元、13,379.51万元、21,712.85万元、8741.96万元。

上会前夕，A股上市公司视源股份（002841.SZ）在美国对鸿合科技子公司深圳市鸿合创新信息技术有限责任公司及新线互动公司（以下统称鸿合科技子公司）提起诉讼，案件已经在美国德州东区法院立案，指其涉嫌制造、

进口、销售、许诺销售侵犯视源股份专利权利的智能交互平板，给视源股份造成巨大经济损失，视源股份要求鸿合科技子公司永久停止制造、进口、销售、许诺销售侵犯视源股份专利的智能交互平板，并进行赔偿。

发审会问题 2018 年 12 月，视源股份子公司广州视睿对发行人提起诉讼。请发行人代表说明：（1）截至目前涉及的专利诉讼、专利无效申请进展情况；（2）2019 年 1 月发行人向国家知识产权局专利复审委员会提出对专利权的无效宣告请求，专利复审委员会宣告上述专利权无效的可能性；（3）上述涉及专利不构成核心专利的依据是否充分，广州视睿提请赔偿金额的依据和理由，发行人目前作出的不存在侵犯相关专利权的依据是否充分；（4）发行人报告期内与涉诉专利有关产品的生产、销售及目前存货及订单情况；（5）发行人专利布局及发行人核心技术的竞争优势，是否存在被国际、国内市场上其他技术替代的风险；（6）关于智能交互平板产品的三项核心技术未申请专利的原因，同行业可比公司是否就相关技术申请专利，是否涉及潜在诉讼，是否对发行人的持续盈利能力造成重大不确定影响。请保荐代表人说明核查依据、过程并发表明确核查意见。

案例分析 此次是视源股份向鸿合科技发起的第二次诉讼，2017 年年底，视睿电子以涉嫌侵犯其 4 件专利的专利权为由，起诉深圳鸿合及母公司鸿合科技，要求鸿合科技及深圳鸿合停止侵权行为、销毁侵权专用模具并赔偿 1.43 亿元。作为教育信息化领域的两大企业，智能交互平板是视源股份和鸿合科技的主打产品。从视源股份的市场份额、盈利水平、专利数量来看，视源股份占据着更加优势的地位。此外，2015 年以来，除了智能交互平板，鸿合科技的其他产品都增长乏力，而智能交互板的快速增长完全靠海外客户 Promethean 的驱动，鸿合科技的境外营收占比近三年来陡然增加。2015 年、2016 年境外营业收入占主营业务收入的比例分别为 6.34%、8.02%，到了 2017 年境外营收占比陡增至 23.60%，2018 年上半年更是上升至 40.66%。但公司与 Promethean 合作的过程中，存在销售账期长，毛利率相对较低的问题，营业收入虽然大幅增长，但现金流未得到相应改善。

公司最终仍然成功过会，可能是公司的行业地位和报告期内的业绩大幅增长有关，公司属于国内智能交互显示产品制造领域的龙头品牌。数据显示，2015 ~ 2017 年，公司电子交互白板和智能交互平板（IWB 产品）的销量连续三年位列全球第一。2017 年，公司 IWB 产品销量在全球市场份额为 23%。业绩方面，2017 年，公司实现营业收入 36.17 亿元，同比增长 33%；归母净利润 2.04 亿元，同比增长 2 倍有余。但是，仍不能否认，公司存在的专利诉讼问题，可能会给公司未来的持续盈利能力带来重大不确定性。

（二）应对建议

拟 IPO 企业如果报告期内重要资产或技术存在重大不利变化的可能性，则审核风险较大，需要提前予以规范。针对该问题，主要应对建议如下：

1. 存在不利变化的资产或技术应该是不影响公司正常生产经营的非核心资产和技术。

2. 如果公司的核心资产或核心技术，如公司生产经营场所、核心产品所使用的技术等存在不确定性，则审核风险较大，需要提前予采取有效的应对措施，或者待不确定性因素解决后再进行申报。

例如，公司如果为生产型企业，且所处行业特殊，如养殖业、化学制品业、医药生产业等对生产经营场所环保要求高，而公司所处的房产和土地为租赁所得，则会被质疑存在重大不确定性，审核风险较大。针对此种情形，公司应采取措施最大限度降低不确定性，如选择合适的地点，购置相关土地和房产，取得相应资质，具备随时搬迁的条件。

如果公司产品所涉及的核心技术为共同所有，或者相关专利涉及诉讼、纠纷等问题，则会被质疑未来的经营业绩存在重大不确定性，审核风险较大。针对此情形，公司应说明共同所有的技术非公司核心技术，且公司已与相关方签订了长期的合作协议，不存在重大不确定性；如果相关专利涉及诉讼或其他纠纷，则应尽量在报告期外。

3. 对于特定行业和特定经营模式下的特许经营权等问题，可以说明是行业惯例，且特许经营权时间长，公司行业优势地位和核心竞争优势明显，不存在重大不确定性。

4. 如果企业报告期内重要资产或技术存在重大不利变化的可能性，公司应该在招股书中作必要的风险提示和详细的信息披露，以减轻监管机构的质疑。

5. 报告期内优势的行业地位及良好的业绩增长更容易获得监管机构的认可。

四、在手订单下滑带来的不确定性

在手订单是指已签订合同，但尚未交付的订单。通常情况下，生产至销售完成整个周期较长的企业，如大型工程类、大型设备生产组装类、周期较长的系统集成类企业的在手订单情况会被重点关注，因为此类企业的合同服务期较长，单笔合同额大，如果在手订单不充足或下滑，则可以预计到未来一段时间的经营业绩无法得到保障，使得公司的未来持续盈利存在重大不确定性。相反，如果此类企业在手订单充足，则说明公司未来业绩可期，未来的营业收入和净利润的最低值可以有效预计，未来的持续盈利能力有保障。

从众多审核案例来看，企业在手订单下滑会对申报期业绩产生直接影响，部分企业经营业绩直接下滑，也有部分企业经营业绩暂时保持平稳状态。实务中，大多数企业业绩下滑会终止IPO审核，待业绩增长再进行申报。如果企业选择继续上会，则需要充分证明未来订单的可持续性，甚至披露招股说明书预披露日至上会日之间新签合同的数量及金额，以说明公司报告期内的在手订单虽然下滑了，但公司不断签订新的订单，未来的经营业绩不会因为在手订单下滑带来重大不利变化和重大不确定性。

（一）审核关注点及典型案例

关于在手订单下滑带来的不确定性，主要审核关注点如下：

1. 发行人在手订单是否充足，是否有下降的趋势，是否会带来业绩的整体下滑；

2. 发行人在手订单下滑的具体原因，是市场行情变化还是客户流失，或者其他情形；

3. 发行人重大客户是否发生变化，变化的具体原因，变化后是否会对公司业绩产生不利影响；

4. 发行人是否过度依赖某个供应商或者客户或者关联方，一旦丧失，公司的业绩是否会下滑；

5. 发行人未来业绩预测，订单下滑是否会引起业绩大幅下滑，针对订单下滑是否有相应应对措施。

相关案例：

案例 1

浙江叁益科技股份有限公司（2018年4月3日被否）

——报告期内业绩不断下滑，在手订单下滑，产能利用率下降，被质疑未来经营业绩存在重大不确定性

案例背景 叁益科技是一家专业从事人防专用设备的研发、生产和销售的高新技术企业，公司的产品主要应用于国家人防建设，目前正积极推进新型北斗卫星通信防空防灾警报设备的研发、生产和销售。

报告期（2015～2017年）内，公司营业收入分别为51,645.90万元、25,548.03万元、25,014.20万元，逐年下降；净利润分别为20,181.14万元、4747.26万元、5104.04万元，净利润总体亦呈下降趋势。

公司大额在手订单主要为尚未执行完毕的人防门合同和警报设备合同。报告期内，公司大额在手订单情况如下：

年份	大额在手订单金额（万元）	
	人防门合同	警报设备合同
2017年年末	6720.79	159.00
2016年年末	9623.88	—
2015年年末	11,522.13	—

反馈意见 补充披露报告期有关大额订单合同的签订依据、执行过程，报告期各期获取订单情况、已完成订单情况，截至目前在手订单情况；说明报告期各期的销售是否有相应订单支持，并说明发行人报告期各期完成订单与销售规模的匹配关系。

发审会问题 报告期内，发行人主营业务收入逐年下降，主营业务毛利率下滑幅度较大，其中防化设备收入、单价持续下降，新增订单和在手订单均持续减少。请发行人代表说明：（1）主营业务收入逐年下降，尤其是2016年度较2015年度大幅下降的原因及合理性，未来主营业务收入下滑趋势是否仍将持续；（2）2017年自产原材料对防化设备单位成本的实际影响，防化设备外部市场变化及单价持续降低是否对主营业务及未来持续盈利能力产生重大不利影响；（3）主要产品订单依然呈现下滑趋势的原因及对未来持续盈利能力的影响；（4）主要防护设备产品中防护门2017年年末在手订单大幅减少的原因及合理性，是否存在期末集中提前确认收入情形，该产品毛利率大幅下滑对未来防护设备业务的影响；（5）部分防化产品未经国家指定的质检机构检测而直接对外销售并确认收入的情形是否符合企业会计准则的规定。请保荐代表人说明核查过程、依据，并发表明确核查意见。

案例分析 叁益科技主营业务收入逐年下降，尤其是2016年度较2015年度大幅下降，且年末在手订单的数量也是在不断下降，业绩不断下滑，且没有充足的在手订单予以支持，业绩很有可能会持续下滑。

同时，公司报告期内防护设备系列产品的产能利用率分别为98.93%、

80.39%、85.62%，防化设备系列产品的产能利用率分别为116.07%、47.60%、69.30%，均呈现总体下降趋势，证明公司的持续盈利能力存在问题，业绩存在重大的不确定性，虽然公司在招股说明书中用较大篇幅说明自己的在手订单充足，业绩看好，但实际数据胜于一切，监管机构仍质疑公司在手订单下滑、产能利用率下降会导致公司未来的业绩存在重大不确定性。

案例2

合容电气股份有限公司（2017年终止审查）

——报告期内净利润呈下降趋势，在手订单下滑，被质疑未来业绩具有较大不确定性

案例背景　合容电气是一家专业从事高压无功补偿装置及核心部件研发、生产与销售的电网节能与电能质量优化设备供应商。主要产品包括并联无功补偿装置、串联无功补偿装置、柱上式无功自动补偿装置、滤波型无功补偿装置、直流输电用无功补偿装置、电容器、电抗器等。

报告期（2013～2016年1～6月）内，公司营业收入分别为32,194.49万元、32,736.68万元、35,583.20万元、15,753.40万元；扣非后归母净利润分别为4726.66万元、2701.07万元、2898.27万元、1172.55万元。

合容电气于2016年9月9日预披露招股说明书后，于2017年上半年终止审查，证监会公布的终止审查的主要原因为：发行人在手订单下滑，且报告期后新签订单的数量和质量未及预期，未来业绩具有较大不确定性；发行人销售费用率和管理费用率持续下降。

反馈意见　1.招股说明书披露显示发行人2015年销售费用、管理费用支出较2014年下降的幅度较大，与收入变动方向不一致。请保荐机构对发行人收入变动趋势与销售费用、管理费用不一致的原因进行核查并发表核查意见。

2.发行人报告期内各期末存货余额占流动资产的比例较大且不存在存货减值情形。（1）请保荐机构结合发行人各期末订单在手情况、生产模式等对发行人期末各类存货余额是否存在订单支持进行核查并发表核查意见。（2）请会计师说明对发行人报告期内对存货余额期末真实存在以及存货跌价计提是否充分的审计方法、审计过程以及审计结论。

案例分析　合容电气采取订单式生产的经营模式，主要客户为国家电网、南

方电网及所属电力公司等企业，以投标的方式从电网公司获取订单。该模式特点下，公司电网系统客户具有较大的依赖性，公司订单量受电网政策影响大。公司报告期内在手订单下滑，且报告期后新签订单的数量和质量未及预期，说明公司未来的持续盈利能力可能存在重大不利变化。同时，从公司报告期内净利润规模来看，总体也处于下滑状态，印证了公司在手订单下滑在经营业绩的直接影响，因此，监管机构为了提高首发企业申报质量，给出了终止审查的决定。

案例 3

上海阿波罗机械股份有限公司（2018 年终止审查）

——在手订单和新增订单下滑，未来经营业绩存在重大不确定性

案例背景　阿波罗股份为新三板挂牌企业，2016 年进行 IPO 申报，主要从事各类高端核电用泵系统以及核燃料循环、后处理相关设备的集成研发设计、生产制造、供应链管理以及延伸服务等，公司主要产品为核电用泵（各类核级泵及重要非核级泵）和核电相关后处理设备。

IPO 申报时，报告期（2014 ~ 2016 年）内，公司营业收入分别为 17,537.40 万元、33,757.02 万元、37,897.67 万元；净利润分别为 737.17 万元、4488.63 万元、5023.88 万元。

根据公司新三板公布年报数据来看，公司 2017 年、2018 年营业收入分别为 35,508.08 万元、27,290.75 万元；净利润分别为 3006.40 万元、244.22 万元，业绩呈下滑趋势。

反馈意见　请在招股说明书“管理层讨论与分析”章节中补充披露：（1）各期各收入确认模式下的收入、成本、毛利、毛利率情况；（2）各期末建造合同的主要在手订单情况，包括但不限于客户名称、合同起始日期、预计总收入、预计毛利率、实际完工进度、实际结算情况、实际已发生成本、当期确认收入、预计完工时间；（3）各期建造业务的新增、完工订单情况；（4）各期建造业务的合同追加情况，追加前后的合同金额、毛利率等差异对比；（5）报告期内是否存在客户对发行人的各类施工、完工奖励，如存在，请说明具体的金额、对应的项目、核算依据，以及相关的会计处理；（6）各期末产品购销收入的在手订单数量、金额，各期新增销售订单数量、金额，各期实际完工订单数量、金额；（7）可比公司的收入确认政策，是否与发行人一致；（8）报告期内各季度的收入情况。请保荐机构、会计师补充说明对上述事项及建造收

入完工进度、收入确认时点的准确性，预计毛利率的准确性，实际发生成本的真实性、完整性等执行的核查程序，并发表核查意见。

案例分析 阿波罗2016年4月1日预披露招股说明书，2017年8月反馈意见时，被要求披露在手订单情况，2018年10月8日终止审查。从招股说明书和股转系统披露年报来看，公司2016 ~ 2018年，经营业绩处于持续下滑状态，2018年扣非后净利润为亏损状态。

关于在手订单情况，从公司招股书披露数据来看，2014 ~ 2016年，公司各期末在手订单金额（合同总收入）分别为137,849.87万元、140,913.20万元、137,849.87万元，在手订单基数较大，但总体上没有增长；结合公司新三板年报披露数据，公司2014 ~ 2018年，建造业务的新增订单金额分别为36,422.99万元、39,188.79万元、6816.59万元、14,589.13万元、9350.42万元，从2016年开始新增订单处于大幅下滑趋势。同时，公司报告期内经营性现金流量净额为负。进一步加剧了公司业绩下滑的风险，被迫终止审查。

案例4

深圳市中孚泰文化建筑建设股份有限公司（2018年1月10日取消审核）

——在手订单下滑，业绩下降，经营活动净现金流恶化，
未来的持续盈利能力存在重大不确定性

案例背景 中孚泰以声学装饰工程技术和声光电集成技术的研发及应用为核心，向客户提供包括声环境工程规划设计、声学装饰施工、声光电集成、设备配置为一体的建筑声学工程整体解决方案，主要承接对声环境有较高要求的建筑空间的声学装饰工程与设备配置业务，广泛应用于文化、教育、体育、旅游、娱乐、商业等领域，如剧院、音乐厅、戏院、多功能厅、礼堂、广电中心、会议中心、电影院、体育馆、旅游剧场、展览馆、博物馆等。

报告期（2014 ~ 2017年1 ~ 6月）内，公司营业收入分别为72,936.96万元、64,900.97万元、74,762.13万元、31,152.98万元；扣非后归母净利润分别为3580.91万元、2565.87万元、3255.25万元、1896.11万元；经营活动现金流量净额分别为2471万元、495万元、-510万元、-1084万元。

报告期各期末，公司在手订单及其执行情况具体如下：

单位：万元

项目	2017 年 1 ~ 6 月	2016 年	2015 年	2014 年
期末在手订单金额①	49,415.10	55,050.39	52,455.56	69,752.01
累计已确认收入金额（注）②	—	18,850.53	42,978.20	68,915.58
执行占比（③ = ② / ①）	—	34.24%	81.93%	98.80%

注：累计已确认收入为各期末在手订单截至 2017 年 6 月末累计确认收入金额。

反馈意见 1. 请发行人：补充披露报告期内发行人业绩呈下滑趋势且 2015 年大幅下降的具体原因；说明发行人报告期内各期末在手订单金额。补充披露我国宏观经济形势、房地产行业调控政策对发行人业务承揽、项目回款等方面的具体影响以及发行人的应对措施，并就相关内容进行补充风险提示。结合文化建筑的投资规模及变动情况，补充披露发行人所处行业的市场容量及变化趋势，以及对发行人未来业绩的影响。

2. 招股说明书披露：报告期内，发行人主营业务收入出现一定波动。请发行人结合行业数据、同行业上市公司数据、新增客户的情况等，分析并披露报告期内发行人各类业务收入变动的合理性；披露发行人期末在手订单的执行情况。请保荐机构、申报会计师核查并发表核查意见。

案例分析 从上表数据来看，公司报告期内在手订单处于下滑状态，且报告期内经营业绩存在大幅波动，且总体处于下滑状态。此外，公司报告期内营业收入含金量每况愈下，应收账款占比七成，周转率逐年下降，且经营活动现金流量净额逐年减少，最后两期为负，种种迹象表明，公司经营业绩存在问题，未来的持续盈利能力存在重大不确定性，因此，监管机构给出了取消审核的决定。

案例 5

宁波水表股份有限公司（2018 年 9 月 27 日通过）

——各期末在手订单下滑，但每年新增订单上涨，业绩增长性良好，获得认可

案例背景 宁波水表主要从事机械水表和智能水表的研发、生产、销售。公司主要生产 8 ~ 500 毫米全系列民用、工业用冷、热机械水表和智能水表等

600多个品种产品，产品销往国内31个省、市、自治区，并出口欧洲、北美、南美、非洲、东南亚、中亚、中东等80多个国家和地区。报告期（2014～2017年1～6月）内，公司营业收入分别为79,844.91万元、73,470.94万元、82,620.22万元、37,208.15万元；净利润分别为8491.48万元、9369.25万元、13,088.95万元、5274.27万元。

报告期各期销售订单情况及完成情况如下：

单位：万元

项目	2017年1～6月	2016年度	2015年度	2014年度
期初未完成订单	9524.08	13,376.67	9794.24	13,117.20
本期新增订单	33,418.49	77,554.47	75,838.24	72,220.93
本期订单合计	42,942.57	90,931.14	85,632.48	85,338.13
本期完成订单	36,794.54	81,407.06	72,255.80	75,543.89
期末在手订单	6148.04	9524.08	13,376.67	9794.24

反馈意见 招股说明书披露，发行人销售模式分为直销和经销，其中部分内销和绝大部分外销系通过经销模式进行。报告期内，发行人向前五大客户销售收入占当期收入比重分别为12.30%、12.19%和14.80%，客户较为分散。请补充披露报告期有关大额订单合同的签订依据、执行过程，报告期各期获取订单情况、已完成订单情况，截至目前在手订单情况；说明报告期的销售是否有相应订单支持，并说明发行人报告期完成订单与销售规模的匹配关系。

发审会问题 发行人主要从事机械水表和智能水表的研发、生产、销售。报告期各期末在手订单逐期下降，2016年度、2017年度营业收入小幅下降。请发行人代表：（1）说明报告期各期末在手订单变动趋势及原因，是否存在营业收入进一步下降的风险；（2）结合发行人的行业地位和核心竞争力，说明发行人的业务前景及潜在风险。请保荐代表人说明核查依据、过程并发表明确核查意见。

案例分析 从上表数据来看，宁波水表虽然报告期内期末在手订单总体处于下滑状态，但2015年实现了大幅上涨，在手订单处于一种波动状态。公司每年新增订单额处于逐年递增趋势，每年订单合计数也呈上涨趋势，说明各期末在手订单虽然下滑，但订单总量是上涨的，公司不会因为在手订单的下滑导致经营业绩存在重大不确定性。

同时，公司报告期内的经营业绩表现良好，营业收入和净利润皆呈逐年递增趋势，且公司报告期内的经营活动产生的现金流量金额分别为 9812.21 万元、7951.21 万元、15,347.81 万元、-1871.46 万元。公司在未获得外部股权融资的情况下，过去三年一期累计现金净增加 5529 万元。且公司报告期内毛利率持续提高，由 2014 年的 25.15% 增加至 2017 年的 34.91%。以上种种数据表明，公司未来的持续盈利能力可期，不存在重大不确定性。

（二）应对建议

对于生产到销售交付周期较长的企业来说，在手订单情况是公司未来几年经营业绩情况的直接表现和保证，因此，受到监管机构的重点关注。

关于拟 IPO 企业在手订单下滑带来的不确定性，主要应对建议如下：

1. 重点关注是否有在手订单下滑的情况，这种情况一般会被证监会问及，选择申报期时也尽量不要选择在手订单下滑的区间，充足的在手订单，呈增长趋势的业绩才是证监会认为有持续盈利能力的企业；

2. 分析在手订单下滑的原因，无论是市场环境变化造成，还是客户流失，还是产品出现重大质量问题等，然后根据具体原因提出相应的应对策略，说明在手订单下滑是暂时的，公司已采取措施逐渐缓解；

3. 分析各项财务指标，如营业收入、净利润、现金流量净额、毛利率、产能利用率、利润增长率等，说明公司虽然各期末在手订单下滑，但每年仍有大量的新增订单，公司经营业绩和业绩含金量总体呈上升趋势，公司不会因为在手订单的下滑给未来经营业绩造成重大不确定性；

4. 报告期内在手订单下滑的，应积极采取应对措施，在报告期后至上会前开拓新的业务渠道，签订新的订单合同，扭转下滑趋势，并将在手订单的上升作为向监管机构证明未来持续盈利能力的重要证据。

第八章

募集资金运用

募集资金是指上市公司公开发行证券（包括首次公开发行股票、配股、增发、发行可转换公司债券、发行分离交易的可转换公司债券等）以及非公开发行证券向投资者募集的资金。拟 IPO 企业募集资金运用受到重点关注，主要体现在募集资金的使用方向、募投项目的合法合规要求、募投项目的可行性、合理性与必要性、募投项目的市场前景与盈利能力等四个方面。

第一节　募集资金运用导述

一、募集资金运用的审核要求

证监会 2016 年之后发布的《首发管理办法》删除了关于募集资金运用的发行条件要求，改为了信息披露要求，但因为募集资金运用的重要性，募投项目直接影响了企业未来的持续盈利能力，所以实际审核中，对募集资金的审核与关注并未降低要求，相关审核要求仍然可以参照 2006 年《首发管理办法》（第〔32〕号令）第二章第五节关于募集资金运用的相关规定。

▶ 相关法条：

《首发管理办法》（2006 年第 32 号令）

第二章第五节第三十八条　募集资金应当有明确的使用方向，原则上应当用于主营业务；除金融类企业外，募集资金使用项目不得为持有交易性金融资产和可供出售的金融资产、借予他人、委托理财等财务性投资，不得直接或者间接投资于以买卖有价证券为主要业务的公司。

第三十九条　募集资金数额和投资项目应当与发行人现有生产经营规模、财务状况、技术水平和管理能力等相适应。

第四十条　募集资金投资项目应当符合国家产业政策、投资管理、环境保护、土地管理以及其他法律、法规和规章的规定。

第四十一条　发行人董事会应当对募集资金投资项目的可行性进行认真分析，确信投资项目具有较好的市场前景和盈利能力，有效防范投资风险，提高募集资金使用效益。

第四十二条　募集资金投资项目实施后，不会产生同业竞争或者对发行人的独立性产生不利影响。

第四十三条　发行人应当建立募集资金专项存储制度，募集资金应当存放于董事会决定的专项账户。

第四十九条　中国证监会在初审过程中，将征求发行人注册地省级人民政府是否同意发行人发行股票的意见，并就发行人的募集资金投资项目是否符合国家产业政策和投资管理的规定征求国家发展和改革委员会的意见。

二、募集资金运用的信息披露要求

从《公开发行证券的公司信息披露内容与格式准则第 1 号——招股说明书》，到《公开发行证券的公司信息披露内容与格式准则第 28 号——创业板公司招股说明书》，以及文件的历次修订，证监会对于首次公开发行股票募集资金的信息披露要求均进行了详细描述，目前，主板、中小板和创业板对于募集资金的信息披露要求也基本一致，主板和创业板发审委的合并也预示着监管审核要求的趋同。

▶ 相关法条：

《公开发行证券的公司信息披露内容与格式准则第 1 号——招股说明书》（2015 年修订）

第一百零六条　发行人应披露：

（一）预计募集资金数额；

（二）募集资金原则上应用于主营业务。按投资项目的轻重缓急顺序，列表披露预计募集资金投入的时间进度及项目履行的审批、核准或备案情况；

（三）若所筹资金不能满足项目资金需求的，应说明缺口部分的资金来源及落实情况。

第一百零七条　发行人应披露保荐人及发行人律师对募集资金投资项目是否符合国家产业政策、环境保护、土地管理以及其他法律、法规和规章规定出具的结论性意见。

第一百零八条　发行人应披露募集资金专项存储制度的建立及执行情况。

第一百零九条　发行人应披露董事会对募集资金投资项目可行性的分析意见，并说明募集资金数额和投资项目与企业现有生产经营规模、财务状况、技术水平和管理能力等相适应的依据。

第一百一十条　发行人应披露募集资金投资项目实施后不产生同业竞争或者对发行人的独立性不产生不利影响。

第一百一十一条　募集资金用于扩大现有产品产能的发行。

人应结合现有各类产品在报告期内的产能、产量、销量、产销率、销售区域，项目达产后各类产品新增的产能、产量，以及本行业的发展趋势、有关产品的市场容量、主要竞争对手等情况对项目的市场前景进行详细的分析论证。

募集资金用于新产品开发生产的，发行人应结合新产品的市场容量、主要竞争对手、行业发展趋势、技术保障、项目投产后新增产能情况，对项目的市场前景进行详细的分析论证。

第一百一十二条　募集资金投入导致发行人生产经营模式发生变化的，发行人应结合其在新模式下的经营管理能力、技术准备情况、产品市场开拓情况等，对项目的可行性进行分析。

第一百一十三条　发行人原固定资产投资和研发支出很少、本次募集资金将大规模增加固定资产投资或研发支出的，应充分说明固定资产变化与产能变动的匹配关系，并充分披露新增固定资产折旧、研发支出对发行人未来经营成果的影响。

第一百一十四条　募集资金直接投资于固定资产项目的，发行人可视实际情况并根据重要性原则披露以下内容：

（一）投资概算情况，预计投资规模，募集资金的具体用途，包括用于购置设备、土地、技术以及补充流动资金等方面的具体支出；

（二）产品的质量标准和技术水平，生产方法、工艺流程和生产技术选择，主要设备选择，核心技术及其取得方式；

（三）主要原材料、辅助材料及燃料的供应情况；

（四）投资项目的建设完工进度、竣工时间及达产时间、产量、产品销售方式及营销措施；

（五）采取的环保措施以及环保设备和资金投入情况；

（六）投资项目的选址，拟占用土地的面积、取得方式及土地用途，投资项目有关土地使用权的取得方式、相关土地出让金、转让价款或租金的支付情况以及有关产权登记手续的办理情况；

（七）项目的组织方式、项目的实施进展情况。

第一百一十五条　募集资金拟用于合资经营或合作经营的，除需披露第一百一十四条的内容外，还应披露：

（一）合资或合作方的基本情况，包括名称、法定代表人、住所、注册资本、实收资本、主要股东、主营业务，与发行人是否存在关联关系；投资规模及各方投资比例；合资或合作方的出资方式；合资或合作协议的主要条款以及可能对发行人不利的条款。

（二）拟组建的企业法人的基本情况，包括设立、注册资本、主营业务、组织管理和控制情况。不组建企业法人的，应详细披露合作模式。

第一百一十六条　募集资金拟用于向其他企业增资或收购其他企业股份的，应披露：

（一）拟增资或收购的企业的基本情况及最近一年及一期经具有证券期货相关业务资格的会计师事务所审计的资产负债表和利润表；

（二）增资资金折合股份或收购股份的评估、定价情况；

（三）增资或收购前后持股比例及控制情况；

（四）增资或收购行为与发行人业务发展规划的关系。

第一百一十七条　募集资金拟用于收购资产的，应披露：

（一）拟收购资产的内容；

（二）拟收购资产的评估、定价情况；

（三）拟收购资产与发行人主营业务的关系。

若收购的资产为在建工程的，还应披露在建工程的已投资情况、尚需投资的金额、负债情况、建设进度、计划完成时间等。

募集资金向实际控制人、控股股东及其关联方收购资产，如果对被收购资产有效益承诺的，应披露效益无法完成时的补偿责任。

第一百一十八条　募集资金用于偿还债务的，应披露债务产生的原因及用途、偿债的总体安排及对发行人财务状况、偿债能力和财务费用的具体影响。

第一百一十九条　募集资金用于补充营运资金的，发行人应披露补充营运资金的必要性和管理运营安排，说明对公司财务状况及经营成果的影响和对提升公司核心竞争力的作用。

《公开发行证券的公司信息披露内容与格式准则第 28 号——创业板公司招股说明书》（2015 年修订）

第八十七条　发行人募集资金应当围绕主营业务进行投资安排，列表简要披露募集资金使用的具体用途、预计募集资金数额、预计投资规模、预计投入的时间进度情况。

第八十八条　发行人应根据重要性原则披露募集资金运用情况：

（一）募集资金的具体用途，简要分析募集资金具体用途的可行性及其与发行人现有主要业务、核心技术之间的关系；

（二）投资概算情况。发行人所筹资金如不能满足预计资金使用需求的，应说明缺口部分的资金来源及落实情况；如所筹资金超过预计募集资金数额的，应说明相关资金在运用和管理上的安排；

（三）募集资金具体用途所需的时间周期和时间进度；

（四）募集资金运用涉及履行审批、核准或备案程序的，应披露相关的履行情况；

（五）募集资金运用涉及环保问题的，应披露可能存在的环保问题、采取的措施及资金投入情况；

（六）募集资金运用涉及新取得土地或房产的，应披露取得方式、进展情况及未能如期取得对募集资金具体用途的影响；

（七）募集资金运用涉及与他人合作的，应披露合作方基本情况、合作方式、各方权利义务关系；

（八）募集资金向实际控制人、控股股东及其关联方收购资产，如果对被收购资产有效益承诺的，应披露效益无法完成时的补偿责任；

（九）募集资金的专户存储安排。

第八十九条　发行人应披露董事会对募集资金投资项目可行性的分析意见，并说明募集资金数额和投资项目与企业现有生产经营规模、财务状况、技术水平和管理能力等相适应的依据。

第九十条　募集资金用于偿还债务的，应披露债务产生的原因及用途、偿债的总体安排及对发行人财务状况、偿债能力和财务费用的具体影响。

第九十一条　募集资金用于补充营运资金的，发行人应披露补充营运资金的必要性和管理运营安排，说明对公司财务状况及经营成果的影响和对提升公司核心竞争力的作用。

第九十二条　发行人使用自有资金或其他资金已先期投资于募集资金具体用

途的，应披露募集资金具体用途的启动及进展情况、发行人已投资的资金来源、本次募集资金拟投资的资金数额。

第二节　募集资金使用方向

IPO 审核过程中，监管机构要求拟 IPO 企业募集资金应当有明确的使用方向，原则上应当用于主营业务，同时需要注意避免产生同业竞争、导致经营模式变更等。

一、审核关注点及典型案例

关于募集资金使用方向，主要审核关注点如下：

1. 与公司的主营业务和长期发展目标一致，无重大跨行业风险，是否存在本质上开展了新业务；

2. 募投项目是否产生同业竞争，或者对独立性有不利影响；

3. 募投项目完成后是否存在经营模式、业务模式变更；

4. 企业是否确实需要资金。

相关案例：

案例 1

广东南方新媒体股份有限公司（2019 年 1 月 29 日通过）

——被质疑募投项目是否会导致公司业务模式、盈利方式发生重大变化

案例背景　新媒股份是全国领先的新媒体业务运营商。经广东广播电视台授权，公司独家运营与广东 IPTV 集成播控服务、互联网电视集成服务、互联网电视内容服务配套的经营性业务。报告期内，公司主营业务包括 IPTV、互联网电视、有线电视网络增值服务、省外专网视听节目综合服务、手机视频等新媒体业务。

报告期（2016 ~ 2018 年）内，公司营业收入分别为 30,465.52 万元、44,595.79 万元、64,316.41 万元，归母净利润分别为 5047.59 万元、10,981.29 万元、20,519.90 万元。

公司拟使用募集资金 107,553.18 万元投入两个项目，其中全媒体融合云平台建设项目 42,410.18 万元，占比 39.43%；版权内容采购项目 65,143.00 万元，占比 60.57%。版权内容采购项目为一次性买断方式采购

版权，报告期内公司一次性买断方式采购版权金额分别为 254.72 万元、421.51 万元、925.12 万元。

发审会问题 报告期内发行人直接采购版权金额占当期营业成本的比例较低，募集资金到账后三年，发行人版权采购拟投入金额较大。请发行人代表说明：（1）此次募集资金外购版权具体采购方式，以及会计处理方式；（2）募集资金拟版权采购金额与报告期直接采购版权金额的关系以及数据差额较大的原因，与同行业可比上市公司趋势是否一致，行业政策和市场环境是否面临重大变化；（3）发行人购买版权是否会导致业务模式、盈利方式发生重大变化，购买版权对收入、成本、毛利率的具体影响，预计每年版权摊销金额是否会严重影响发行人的盈利能力，是否制定有效措施应对可能因此导致发行人未来经营业绩亏损的风险，是否充分披露。请保荐代表人说明核查依据、过程并发表明确核查意见。

案例分析 据招股书披露，新媒股份计划在上市后三年内共计投入 8 亿元资金（其中使用募集资金 65,143 万元），以一次性买断方式采购版权内容，而报告期内公司一次性买断方式采购版权金额分别仅为 254.72 万元、421.51 万元、925.12 万元。发审委质疑版权内容采购募投项目会导致公司业务模式、盈利方式发生重大变化，每年版权摊销金额会严重影响发行人的盈利能力。

针对此问题，公司在更新的招股书中进行了详细的解释，说明了版权内容对公司业务、营收的重要性，以及未上市公司和同行业上市公司因为资金实力的区别对公司购买版权方式的区别，说明了募投项目用于一次性版权内容采购的合理性和必要性，公司业务模式、盈利方式不会发生重大变化。

同时，公司通过数据测算的方式对公司使用募集资金采购版权内容对盈利水平的影响进行了分析，最终认为，公司加大投入直接采购版权内容能够带来营业收入提高，也将导致营业成本增加，业务收入增量可以覆盖版权内容摊销增量，但是由于存在新增版权内容摊销因素，预计上市后三年内，公司主营业务成本增加幅度将会超过主营业务收入增加幅度，主营业务毛利率水平将会降低，但不会严重影响公司的盈利能力。

案例 2

河南省交通规划设计研究院股份有限公司（2017 年 10 月 25 日通过）

——发行人建设项目与主业的协同性受到质疑

案例背景 设研院主营业务包括咨询、规划、勘察、设计、测绘、试验、检测、监测、监理、项目管理等工程咨询服务。核心业务为交通领域建设工程勘察设计咨询。报告期（2014 ~ 2017 年 1 ~ 6 月）内，公司营业收入分别为 37,546.94 万元、40,479.04 万元、59,145.68 万元、35,609.61 万元；净利润分别为 3719.93 万元、4994.79 万元、12,971.86 万元、6802.71 万元。

公司募集资金用途主要用于五个方面：一是提升生产能力项目；二是提升管理能力项目；三是提升研发能力项目；四是补充流动资金；五是偿还银行贷款。

发审会问题 发行人募集资金运用涉及补充流动资金和大楼建设项目：发行人募集资金投资项目中的“提升生产能力项目”涉及二期研究中心主楼建设项目，“提升研发能力项目”涉及科技研发中心大楼建设项目，且项目均涉及人才引进项目，请发行人代表说明前述建设项目与发行人主业的协同性、项目投向的合理性及必要性。请保荐代表人发表核查意见。

案例分析 设研院募投项目中的“提升生产能力项目”“提升研发能力项目”皆涉及大楼建设项目，且均涉及人才引进，发审委质疑发行人建设项目与主业的协同性。

除极少数情况外，绝大多数的行业及公司并不匮乏合理的募集资金的使用方向。公司招股书从行业发展前景、市场需求、公司的不足和日后服务能力提升等方面说明了项目投资的必要性与合理性，关于“提升生产能力项目”和“提升研发能力项目”中涉及大楼建设项目和人才引进，公司说明：“随着业务范围的不断扩大和人员数量的不断增加，公司现有办公场所已经无法满足需求，公司下属子公司检测公司长期在外开展工作，公司急需加快基础设施建设，改善公司办公环境，提高公司整体工作效率。”另外，人才引进与公司未来产能的扩大和研发投入的加大相关，也具备合理性。

公司招股书和法律意见书中，中介机构皆发表了专业意见，说明“设研院募投项目均与公司主营业务一致，如成功实施后，可大幅提升公司的服务能力，并提高技术水平与生产效率”。

案例 3

河北养元智汇饮品股份有限公司（2017 年 12 月 12 日通过）

——营销网络建设费用占募集资金总额近 90%

案例背景 养元饮品的主营业务主要以核桃仁为原料的植物蛋白饮料的研

发、生产和销售。报告期（2014 ~ 2017 年 1 ~ 6 月）内，公司营业收入分别为 82.62 亿元、91.17 亿元、89.00 亿元；净利润分别为 18.31 亿元、26.20 亿元、27.41 亿元、10.00 亿元。

公司此次募集资金主要用于以下两个方面：一是营销网络建设及市场开发项目；二是衡水总部年产 20 万吨营养型植物蛋白饮料项目，其中营销网络建设及市场开发项目拟投入 289,967.20 万元，占拟募集资金总额的 88.79%。

反馈意见 报告期各期末公司其他流动资产余额分别为 5,373,242,467 元、4,514,806,709 元、6,307,594,262 元，主要为购买的理财产品，有保本保收益型、保本浮动收益型、非保本浮动收益型等。请在招股说明书中补充披露公司购买的理财产品的资金来源、具体内容、期限、利率等，并结合上述内容披露相关理财收益是否计入非经常性损益及原因，以及公司存在较大规模货币资金和理财产品的情况下募集资金投资“营销网络建设及市场开发项目”等项目的合理性和必要性。请保荐机构、会计师说明核查过程、方法和结论，并发表明确意见。

发审会问题 发行人此次募集资金 29 亿元（占募投资金总额的 90%）投向营销网络建设及市场开发项目。请发行人代表：（1）结合现有经营模式说明募投项目的合理性；（2）说明在经销商规模进一步扩大过程中经销商进入和退出的主要条件及管理措施。请保荐代表人说明核查过程、依据，并发表明确核查意见。

案例分析 养元饮品存在重广告、轻研发的问题，每年两三亿元的广告费，研发费用的投入仅数百万元。此次募集资金的绝大部分也将用于广告，募集资金 29 亿元（占募投资金总额的 90%）投向营销网络建设及市场开发项目。

正如公司在招股说明书中所提，养元饮品上市，除了募集资金运用于两个投资项目之外，更期望通过 IPO 实行上市目标，转变为上市公司，从而充分利用资本市场的监督机制保持全面、持久规范；提升社会公众关注度和品牌知名度；借助公众公司的透明度和公信力开展业务、吸引人才；利用上市公司特有的对管理层和员工的激励机制如股权激励计划和员工持股计划对管理层和核心人员实施有效的股权激励和约束，提高经营效率；进一步巩固和强化竞争优势、行业地位，不被竞争对手赶超。

此外，养元饮品之所以能够过会，主要原因是养元饮品是一家比较优秀的公司，各项财务数据较为优秀，好于 A 股市场的大部分公司。且养元饮品在细分市场市占率最高，具有较强的品牌影响。而且，养元饮品大量的广告投入也是为了加强品牌宣传，品牌优势属于快消品的核心竞争力之一，只有塑造好品牌，维护好品牌，占领消费者的心智，产品才能从打价格战的桎梏中跳出来，逐渐形成产品定价权。

二、应对建议

拟 IPO 企业在考虑募集资金运用时，需要注意募集资金的使用方向，需要把握以下原则：

1. 募集资金原则上应用于主营业务；
2. 募投项目不能影响独立性及不造成同业竞争；
3. 募集资金金额应与公司规模及业绩水平相匹配。

需要注意的是，拟 IPO 企业在申报前应审慎考虑募集资金金额及募投项目，规模不宜过大。特别是对于报告期内经营业绩不是持续增长状态的企业来说，如果上会前业绩出现下滑，募集资金金额太大会引起监管机构对于募集资金合理性与必要性的质疑，加大审核风险。

第三节　募投项目的合法合规要求

合法合规性是募集资金运用的最基本要求，企业的募集资金投资项目应符合国家产业政策、投资管理、环境保护、土地管理，以及其他法律、法规和规章的规定。

一、审核关注点及典型案例

关于募投项目的合法合规要求，具体审核关注点如下：

1. 发行人违规使用募集资金及变更募集资金用途事项是否构成重大违法违规；
2. 发行人新三板挂牌期间募集资金使用违规、违反公开承诺等情形，发行人采取了何种应对措施，是否构成本次发行的障碍；
3. 发行人募集资金投资项目所涉土地、房产等是否资质齐全、合规；
4. 发行人募投项目是否满足环保要求，是否取得相关批复；
5. 发行人募投项目是否符合国家产业政策。

相关案例：

案例 1

深圳市贝斯达医疗股份有限公司（2018 年 1 月 26 日被否）

——新三板挂牌期间募集资金使用存在违规

案例背景 贝斯达是一家集大型医学影像诊断设备研发、制造、销售和服务为一体的专业制造商和全面解决方案的服务提供商。主要产品包括五大系列：磁共振成像系统、医用 X 射线设备、核医学设备、彩色超声诊断系统、医疗信息化软件。报告期（2014 ~ 2017 年 1 ~ 9 月）内，公司营业收入分别为 29,035.92 万元、31,194.69 万元、35,621.54 万元、30,101.04 万元；净利润分别为 6449.31 万元、8318.06 万元、9330.92 万元、7010.36 万元。

公司新三板挂牌期间，于 2017 年 3 月定向发行 2496 万股股票，募集资金 20,417.28 万元，根据股票发行方案的约定，上述募集资金 20,417.28 万元用于对两家全资子公司的投资以及补充公司流动资金。公司将上述募集资金中的 3839.23 万元用于归还银行贷款及利息，公司存在未经董事会、股东大会决议擅自变更募集资金用途的情形。

反馈意见 贝斯达在新三板挂牌时，存在未取得股份登记函前，提前使用募集资金的情形，未经董事会、股东大会决议变更募集资金用途的情形。发行人违规使用募集资金及变更募集资金用途事项是否违反股转系统的规定，是否被采取自律监管措施，是否受到行政处罚，是否构成重大违法违规行为，是否对本次发行上市产生实质影响。

发审会问题 发行人在新三板挂牌期间募集资金的使用存在违规情形，发行人于 2016 年 9 月 6 日披露了《关于违规提前使用募集资金的致歉公告》，发行人实际控制人、董事长兼总经理出具了“承诺函”。请发行人代表说明：（1）针对上述募集资金使用违规、违反公开承诺等情形，发行人采取了何种应对措施，相关责任人员是否承担了相应责任；（2）发行人募集资金使用相关内控制度是否健全并有效执行；发行人如何确保本次发行募集资金使用合规；（3）发行人是否有切实可行的制度安排以确保发行人及其董监高、实际控制人和其他股东等主体相关承诺得到妥当履行；（4）报告期募集资金使用违规情形对本次发行是否构成障碍。

案例分析 贝斯达在新三板挂牌期间违规使用募集资金的问题，导致发审委质疑其在本次发行上市中规范使用募集资金的内控有效性，以及违规使用募集资金是否给本次发行构成实质影响障碍。

此种情形属于新三板企业转板上市存在的问题，因此，新三板企业在挂牌后要注意信息披露一致性，日常运行规范性。

案例 2

新疆火炬燃气股份有限公司（2017 年 11 月 21 日通过）

——募投项目所涉土地截至上会日未取得土地权属证书，但有主管部门预审意见

案例背景 新疆火炬主营业务为城市燃气的输配、销售以及燃气设施设备的安装。目前公司城市燃气业务的经营区域包括“一市两县”，即喀什市、疏附县、疏勒县。报告期（2014 ~ 2017 年 1 ~ 6 月）内，公司营业收入分别为 28,455.75 万元、30,948.96 万元、31,517.73 万元、16,335.94 万元；净利润分别为 8055.71 万元、9902.78 万元、11,660.09 万元、3644.04 万元。

截至招股说明书披露日，公司募投项目所涉土地，仅有 1 宗土地已按出让方式取得，其余 10 宗土地仅获得土地主管部门预审意见。

反馈意见 请发行人区分客户类型补充披露“一市两县”天燃气的销售量、销售额、销售毛利及毛利率情况，并对波动情况和未来趋势进行分析说明；并结合目前销售情况与潜在客户情况补充说明募投项目可行性。请保荐机构和会计师对上述事项进行核查并发表核查意见。

发审会问题 发行人募集资金投资项目所涉土地，除 1 宗土地已按出让方式取得外，其余 10 宗土地仅获得土地主管部门预审意见。发行人预计将于 2017 年 11 月底取得土地权属证书。请发行人代表说明该预计期限是否合理及采取措施的有效性。请保荐代表人说明核查方法、依据，并发表明确核查意见。

案例分析 新疆火炬 2017 年 9 月 26 日已经上会，上会结果为暂缓表决；2017 年 11 月 21 日重新上会且过会。公司首次披露的招股说明书（8 月 31 日报送）中，详细披露了募投项目所需土地国土资源局的批文（预审文件、审查意见），且在最新的招股说明书（2017 年 12 月 20 日披露）中说明已取得 10 宗土地土地所有权证书，土地权属问题解决方案明确，审核风险低。

2017 年至今，暂未出现因为募投项目的合法合规性问题被否的案例，原因之一为募投项目的合法合规性问题所涉及的细节较明确，一旦触碰将是审核红线。因此，企业应十分注意募投项目在国家产业政策、投资管理、环

境保护、土地管理，以及其他法律、法规和规章等方面的合法合规性。

二、应对建议

募投项目只有在合法合规的前提下，方可实施。具体来说，拟IPO企业所选择的募投项目应具备以下几点：

1. 募投项目符合国家产业政策、环保要求及其他法律法规的规定；
2. 募投项目应办理相关核准和备案手续；
3. 募投项目具备相应的经营资质。

第四节　募投项目实施的可行性、合理性、必要性

募投项目的可行性、合理性、必要性是募投项目能否成功实施并给企业带来持续业绩增长的重要论证角度，也是监管机构关于募投项目问询最多的问题，设计合理的、必要的、可行的募投项目是拟IPO企业通过证监会审核的前提。

一、审核关注点及典型案例

关于募投项目实施的可行性、合理性及必要性，主要审核关注点如下：

1. 募投项目与企业现有情况相适应。是否有足够的核心技术人员及业务人员，是否有足够的技术及规模化生产工艺储备，企业财务状况、管理能力是否与之相适应。
2. 募集资金到位后，募投项目是否具备顺利实施的条件，如土地使用权的获取情况，有关产品的认证或审批情况、项目是否取得环保批文等。
3. 募投项目对企业经营发展的必要性，是否属于产业链上下游延伸、扩大公司规模、提高市场占有率、改善公司财务结构等。
4. 是否能过增强企业的核心竞争力。
5. 募投项目本身的必要性。

相关案例：

案例1

浙江捷众科技股份有限公司（2017年11月10日被否）

——规模过度扩张，质疑可行性、合理性、产能消化能力

案例背景　捷众科技是一家专注于研发、生产和销售精密汽车零部件的

高新技术企业。公司主要产品为汽车雨刮系统零部件和汽车门窗系统零部件，尤其是精密塑料齿轮等精密注塑件在国内具有较高的知名度。报告期（2014 ~ 2017 年 1 ~ 6 月）内，公司营业收入分别为 17,065.07 万元、17,353.11 万元、20,062.82 万元、9153.95 万元；净利润分别为 2252.69 万元、2805.70 万元、5044.43 万元、2308.17 万元。

本次募集资金共计 40,180 万元，将用于下列四个投资项目：（1）年产 8000 万件汽车雨刮系统零部件技术改造项目；（2）年产 9000 万件汽车门窗系统零部件技术改造项目；（3）年产 500 副精密模具技术改造项目；（4）研发中心与营销中心技术改造项目。本次发行募集资金到位后发行人资产规模约增长 200%，生产设备增长 10 余倍。

反馈意见 关于募集资金运用。（1）请发行人详细说明本次募集资金项目的合规性、合理性、必要性和可行性。提供项目所需资金的分析与测算依据，说明募投用地是否合法合规。（2）请发行人结合募投项目产品的市场容量、行业景气程度、主要竞争对手的产品、发行人市场占有率，补充说明发行人是否具有开发或消化募投项目新增产品或产能的能力及具体措施。（3）请发行人对招股说明书中所披露的募集资金投向的项目名称、数额、内容及具体情况与所取得项目政府批文存在差异的原因进行说明，并对募投项目目前的建设进展情况进行披露，相关批文是否仍在有效期内。

发审会问题 本次发行募集资金到位后发行人资产规模约增长 200%，生产设备增长 10 余倍，雨刮器系统零部件扩产 8000 万件，门窗系统零部件扩产 9000 万件。请发行人代表结合主要产品的产能、产量、产能利用率、产销率以及行业发展趋势、产品的市场容量、国内外目前已投产及在建项目产能、管理、技术、市场、人力、场地等方面的储备及主要竞争对手等情况，说明本次投资扩产项目的可行性、必要性及产能消化措施。

案例分析 公司资产规模约增长 200%，生产设备增长 10 倍，发审委质疑资金投资项目缺乏可行性、必要性及产能消化措施。

通常来说企业的第一稿 IPO 申报文件及首次反馈回复非常重要，如果没有充足的理由，盲目预测募投项目产能，与实际市场容量不相符的情况或所投项目、产品未来无足够的客户、市场份额、有产无销，都会遭到发审委质疑募投项目的可行性、合理性。

案例2

苏州宇邦新型材料股份有限公司（2017年12月27日被否）

——市场占有率高，产能进一步扩大是否能消化

案例背景　宇邦新材致力于高性能光伏焊带的研发、生产、销售，经过近十年的努力，公司已经发展成为我国光伏焊带行业规模较大的行业标杆企业之一，是国内光伏焊带主要的供应商之一。报告期（2014～2017年1～6月）内，公司营业收入分别为46,558.29万元、43,884.44万元、46,123.53万元、32,136.51万元；净利润分别为11,132.14万元、9171.97万元、6982.49万元、2831.56万元。

公司本次募集资金将全部用于公司主营业务相关项目及补充与主营业务相关的流动资金。主要用于光伏焊带生产基地建设项目、技术中心升级建设项目、补充营运资金三大类。

反馈意见　发行人拟投入募集资金33,700.00万元的光伏焊带生产基地建设项目筹建厂房所需的吴中经济开发区土地由于正式"招拍挂"程序尚未启动，该项目建设用地暂未取得土地使用权。请发行人补充披露：相关建设用地使用权的办理进展及预计取得时间，说明发行人取得上述土地使用权是否存在法律障碍，本次募投项目的实施是否存在重大不确定性。

发审会问题　发行人目前市场占有率近18%，产能约8000吨，募投项目拟扩产11,000吨。请发行人代表结合市场竞争格局、低毛利率现状等说明消化募投项目产能的措施、募投项目实施的可行性与必要性。

案例分析　发行人目前市场占有率近18%，拟募投项目计划将现有产能扩大至2.4倍，发审委质疑募投项目产能能否消化。

从招股书中可以看出，报告期内，公司综合毛利率分别为35.17%、34.63%、26.28%、15.63%，呈下降趋势，说明了公司所在行业的竞争较为激烈，产品利润持续下滑，最终导致公司报告期内净利润呈逐年下降趋势。在此情形下，拟募投项目计划将现有产能扩大至2.4倍，所面临的产能消化压力将会非常大。

案例3

国金黄金股份有限公司（2017年11月7日被否）

——被质疑以自主生产代替外协生产的必要性

案例背景　国金黄金主要从事贵金属产品的研发、设计、生产和销售。根据

生产材质的不同，可分为金制、银制和其他材质类产品；根据实物形态的不同，可分为邮品、纪念币、纪念册、生活器皿、挂饰挂件等贵金属产品。报告期（2015～2017年）内，公司营业收入分别为20.36亿元、36.89亿元、43.63亿元；净利润分别为1.67亿元、4.48亿元、4.68亿元。

公司本次募集资金拟用于黄金谷黄金珠宝产品研发制造项目（一期）及贵金属营销中心与货品管理中心建设项目，通过本次发行募集资金投资项目的建设，公司将进一步降低外协生产的占比。

反馈意见 发行人外协加工比例较高，报告期外协加工比例在90%以上。补充披露发行人募集资金项目实施后生产模式是否会发生变化，如发生变化，请披露发行人生产相关产品有无技术“瓶颈”，在人员、技术等方面的准备情况，如存在不确定性，请做重大事项提示。

发审会问题 发行人披露本次募投项目达产后将逐步实现对现有外部产能的替代。请发行人代表结合报告期自产、外协生产和直接采购三种模式的金额、比例、趋势，说明募投项目必要性及对生产模式的影响。请保荐代表人说明上述情形是否属于《首发管理办法》第30条第1款规定的情形，并明确发表核查意见。

案例分析 国金黄金反馈问题主要是质疑发行人募集资金的可行性，是否有相应的人员、技术配备；发审委会议主要质疑公司募投项目的必要性及对生产模式的影响。募集资金用于投资生产基地及设备，代替外协生产及直接采购（报告期），是否有充足的必要性，是否对生产模式有影响。

国金黄金的业务模式决定了公司的生产主要通过外协的方式来进行，而募投项目实施后公司将具备自主生产的能力，也即可以用自产代替外协。虽然说募投项目的实施影响经营模式而不影响发行条件，但对生产经营的影响会比较大，从外协生产转变为自主生产，不仅仅是要求资金的投入，可能还会涉及技术、人员、客户、资金等诸多问题。这也是为什么监管机构反复问询发行人募投项目的可行性与必要性的原因。

二、应对建议

募投项目的可行性、合理性与必要性是监管机构审核重点。对于拟IPO企业来说，募投项目需要做到以下几点：

1. 募投项目需要切合公司发展的实际。对于企业明显缺乏相关生产经验、无竞争地位优势、产业饱和的项目，不建议作为募投项目。

2. 注意产业政策的变化。最近几年由于国家推行经济转型，缓解经济下行压力，强调“大众创业、万众创新”经济发展方针。在金融领域表现得较为明显的是，募投热点短时间内层出不穷，却都有“一阵风”倾向。而拟IPO企业从申报到过会往往需要较长一段时间，因此，存在一些企业在申报时，选了当下的热点作为募投项目，但是等到上会时却发现，其热点爆冷，得不到监管机构支持。因此，选择募投项目时，应充分研究细分行业的生命周期和市场前景，确保募投项目的可行性、合理性与必要性不被质疑。

3. 确保项目具备可行性。只有拟IPO企业的实际情况能保证募投项目顺利实施，方能保证募集资金运用能够切实可行。具体来说，拟IPO企业应具备项目实施的有关条件，如已经取得项目建设需要的土地或有关批准的文件；拟IPO企业的人员、财务、技术和经营管理水平能够满足相关投资项目实施的要求。同时，募投项目最好在实践中证明可行，如在已成功项目的基础上进行复制和扩大，符合正常的商业逻辑，而非盲目扩张。

第五节　募投项目的市场前景及盈利能力

募投项目直接决定了拟IPO企业未来的持续盈利能力，因此，募投项目的市场前景及盈利能力受到监管机构重点关注。

一、审核关注点及典型案例

关于募投项目的市场前景及盈利能力，主要审核关注点如下：

1. 募投项目是否具有较好的市场前景和盈利能力，可有效防范投资风险，提高募集资金使用效益；

2. 募投项目市场竞争（容量）情况、销售（消化产能）的保障措施，收入和利润预测的可靠性，合理的投资回收周期；

3. 项目形成的资产折旧、研发支出对发行人未来经营成果的影响。

相关案例：

案例 1

浙江鸿禧能源股份有限公司（2017 年 11 月 14 日被否）

——募投项目与行业发展趋势不一致，被质疑募投项目的市场前景及盈利能力

案例背景　鸿禧能源是一家专业从事太阳能发电系统的设计、研发、建设及利用以及从事多晶太阳能电池片、太阳能电池组件的生产和销售的高新技术

企业。报告期（2014 ~ 2017 年 1 ~ 6 月）内，公司营业收入分别为 15.26 亿元、18.97 亿元、19.95 亿元、11.98 亿元；净利润分别为 6343 万元、13,050.98 万元、12,008.44 万元、7234.50 万元。

为了能够有效解决公司发展所面临的多晶太阳能电池片产能“瓶颈”问题，公司此次募集资金计划投资分布式光伏电站建设项目、年产 600MW 太阳能电池片技术改造项目、鸿禧能源研发中心建设项目及补充流动资金。

反馈意见 请补充说明募投资金投向的盈利前景及项目风险、是否符合国家产业政策。请补充披露：（1）公司募集资金项目实施后各产品的销售对象，说明与现有目标客户是否相同；（2）结合公司目前的主要客户、客户的产量、未来几年的生产情况及未来该行业市场的发展状况等因素详细分析募集资金项目的市场前景；（3）结合公司募集资金投资项目对原材料的需求，详细分析公司未来产能扩大后如何保证原材料的正常供应；（4）分析公司产品未来市场价格走势、市场竞争情况；（5）详细披露各投资项目固定资产投资的具体内容及用途；并将公司目前固定资产规模与生产能力的配比情况，与本次募集资金投资项目的固定资产投资规模与将形成的生产能力的配比情况进行比较分析，若存在重大差异，请披露存在重大差异的原因，并在此基础上披露固定资产投资的合理性。分析披露募集资金投资项目新增固定资产折旧、费用等增长进而影响公司经营业绩的情况。

请补充说明发行人募集资金投资项目实施后，是否用于主业、是否会对发行人的独立性产生不利影响。

发审会问题 根据由工业和信息化部电子信息司指导完成的《中国光伏产业发展路线图》（2016 年版），单晶硅电池市场份额将会逐步扩大，而多晶硅电池的市场份额将逐步下降。且根据其数据，单晶硅电池的平均转化效率高于多晶硅电池。发行人募资项目之一为多晶硅电池片生产。请发行人代表说明所用募投项目技术路线是否与行业发展趋势一致，是否会出现募资项目经营业绩不达预期的情形。

案例分析 鸿禧能源被质疑募投项目技术路线与行业发展趋势不一致，募资项目经营业绩不达预期。也就是质疑募投项目的市场前景及盈利能力。

根据相关资料，单晶硅的效果比多晶硅好，且国家发布了政策支持单晶硅的发展，而发行人却使用募集资金去发展多晶硅，显然不太符合行业发展趋势，除非有十分充足的理由，而鸿禧能源的招股书及其他公开披露资料未对这一情况进行解释。

案例 2

万通智控科技股份有限公司（2017 年 3 月 28 日通过）

——募投项目产品在报告期内收入、产能利用率、产销率持续下降，被质疑产品的市场前景

案例背景 万通智控是从事轮胎气门嘴、轮胎气压监测系统（TPMS）以及相关工具及配件研发、生产和销售的专业制造商。报告期（2014 ~ 2016 年）内，公司营业收入分别为 30,246.56 万元、28,930.26 万元、31,038.74 万元，扣非后归母净利润分别为 3745.03 万元、3646.37 万元、4558.39 万元。

公司主营业务收入分为轮胎气门嘴、TPMS 和工具及配件三类，报告期内，轮胎气门嘴销售收入占公司主营业务收入均在 65% 以上，为公司营业收入的主要来源，属于传统业务；TPMS 产品为公司报告期内新研发投产的产品，附加值高，属于新兴业务；工具及配件系公司为满足客户产品系列化需求，作为轮胎气门嘴、TPMS 产品的配套，属于辅助业务。

公司 TPMS 产品的销售收入在报告期内下降 39.23%，产能利用率从 2014 年的 79.22% 下降到 2016 年的 53.75%，产销率从 2014 年的 96.68% 下降到 2016 年的 87.74%。

公司拟将 IPO 募集资金全部投入 TPMS 产品的生产。

反馈意见 根据招股说明书，2013 年、2014 年、2015 年和 2016 年 1 ~ 6 月，发行人轮胎气门嘴产品的产能利用率分别为 103.92%、101.61%、100.40%、48.34%，TPMS 产品的产能利用率分别为 24.80%、79.22%、67.89%、11.43%。

请发行人补充披露：发行人的生产组织形式及生产经营场所分布情况；2016 年上半年主要产品产能利用率大幅下降的原因，发行人的在手订单与往年同期相比是否出现大幅下滑，发行人的生产经营、所处行业是否发生重大不利变化，如存在，请就相关内容进行补充风险提示。请保荐机构进行核查并发表明确意见。

发审会问题 发行人 TPMS 产品的销售收入在报告期内下降 39.23%，产能利用率从 2014 年的 79.22% 下降到 2016 年的 53.75%，产销率从 2014 年的 96.68% 下降到 2016 年的 87.74%。发行人耗用七年时间研制和开发 TPMS 产品，为此出资 400 万元向上海砾石电子购买 TPMS 非专利技术，引进大量研发技术人员，尽力将 TPMS 产品发展成为发行人新的利润增长点。发行人拟将 IPO 募集资金全部投入 TPMS 产品的生产。报告期内发行人按每在德国、美国和英国销售一个可编程 TPMS 产品，向 Schrader 公司支付 1

美元的专利使用费。

请发行人代表详细说明，报告期内 TPMS 产品的销售收入持续下降的原因及其合理性；是否和发行人与美国公司 CONTINENTAL 的专利诉讼有关；发行人披露在美诉讼只涉及一对多的 TPMS 产品，但向 Schrader 支付专利使用费的可编程 TPMS 在 2016 年的销量较 2015 年下降 60.81% 的原因及其合理性。结合发行人有关 TPMS 产品的在手订单，说明 TPMS 产品的市场前景以及消化募投项目产能的有效措施。请保荐代表人发表核查意见。

案例分析 万通智控主营业务收入分为轮胎气门嘴、TPMS 和工具及配件三类，其中 TPMS 产品为公司报告期内新研发投产的产品，附加值高，属于新兴业务；收入占比 10% ~ 20%。公司拟将 IPO 募集资金全部投入 TPMS 产品的生产，但报告期内 TPMS 产品的销售收入下降 39.23%，产能利用率从 2014 年的 79.22% 下降到 2016 年的 53.75%，产销率从 2014 年的 96.68% 下降到 2016 年的 87.74%。发审委质疑 TPMS 产品的市场前景以及募投项目产能消化能力。

从上述指标来看，新兴业务 TPMS 产品在报告期内收入下降，产能利用率下降，产销率下降，的确会让人质疑其市场前景，万通智控从两个方面进行了相应的解释。

一方面，报告期内 TPMS 产品销售规模出现下降是由于欧洲地区冬季胎更换市场受到原装一对一传感器产品的冲击，专利诉讼案致使公司延缓了新产品在北美市场的投放，国内 TPMS 强制性安装法规未及时出台等导致，具有客观原因。

另一方面，TPMS 是继 ABS、安全气囊之后的第三大安全系统，汽车安全化、环保化及智能化的发展方向将促进 TPMS 产品需求加速增长，我国 TPMS 强制性安装法规颁布时间也预期临近，新车 TPMS 的强制安装及旧车更换新的 TPMS 构成了市场对胎压监测系统的巨大需求。TPMS 产品的市场前景良好，公司募投项目产能消化不存在重大不确定性。

案例 3

厦门延江新材料股份有限公司（2017 年 4 月 18 日通过）

——目前产品产能利用率低，被质疑募投项目再扩大产能消化的可能性，通过阐述战略规划和实施计划获得认可

案例背景 延江股份主要从事一次性卫生用品面层材料的研发、生产和销售，致力于为客户提供创新型的面层材料。公司主要产品为打孔无纺布和 PE 打

孔膜，主要是用作卫生巾、纸尿布等一次性卫生用品的面层材料。报告期（2014～2016年）内，公司营业收入分别为36,954.99万元、46,469.38万元、59,925.96万元；净利润分别为4286.46万元、6491.20万元、8980.39万元。

公司此次募集资金主要用于投资年产22,000吨打孔无纺布项目。

反馈意见 关于产能。请发行人披露报告期内打孔无纺布、PE打孔膜和无纺布腰贴产能利用较低的原因；结合未来市场和行业发展情况、发行人现有产品的产能及其利用情况、市场竞争状况等因素，分析并说明募集资金投资项目“年产22,000吨打孔无纺布项目”的产能消化的可行性；披露报告期内热风无纺布、PET膜的产能、产量、销量、产能利用率、产销率，涉及自用的，披露内部使用和外部销售的数量，说明自产、外购热风无纺布数量与打孔无纺布、PE打孔膜产量之间的匹配关系。请保荐机构、申报会计师核查并发表意见。

发审会问题 报告期内打孔无纺布产能利用率逐年降低、PE打孔膜和无纺布腰贴产能利用率较低。请发行人代表结合未来市场和行业发展情况、发行人现有产品的产能及其利用情况、市场竞争状态等因素，分析并说明募集资金投资项目“年产22,000吨打孔无纺布项目”的产能消化的可能性，说明募投项目的合理性。请保荐代表人发表核查意见。

案例分析 延江股份主要生产打孔无纺布和PE打孔膜，采用直销的销售模式，主要客户是佰利、恒安、宝洁等卫生用品龙头企业，本次募集资金用于扩充热风无纺布和纺粘无纺布的产能，以实现对外规模化销售，该项目是对公司现有产品的补充，以实现行业内全面丰富的面层材料产品种类和成熟多样的后加工处理技术，充分满足市场需求。该项目符合公司发展战略需要。

为更好实现产能消化，延江股份制定了明确的未来三年战略目标，包括产品技术提升计划、产能扩充计划、市场拓展计划、人才发展计划、再融资计划、国际扩张计划等，使得募投项目具备合理性与可行性，未来盈利能力不存在问题。

二、应对建议

募投项目拥有广阔的市场前景，募集资金运用具备可营利性才会被证监会认可。具体来说，拟IPO企业募集资金投资项目实施后，对企业的收入、成本的影响应该是正面的，不能使企业的财务状况恶化。需做好以下几点：

1. 做好项目收益预测分析。分析此次募集资金对公司财务状况和经营业绩的影响。如果项目能够独立核算，分析说明达产前后的效益情况，以及预计达产时间，预测基础，依据是否合理；项目若不能独立核算，详细分析说明募集资金投入后对公司财务状况和经营成果的积极影响。

2. 若募集资金用于新产品开发。充分分析说明新产品的市场容量、主要竞争对手、行业发展趋势、技术保障、项目投产后新增产能等情况，并对项目的市场前景作出明确判断。

第六节　各行业募集资金投向总结

总体来说，拟 IPO 企业募集资金可用于扩产扩建、技术升级改造、研发新项目新产品、补充流动资金、营销网络建设、偿还银行贷款等方面。但从以往审核案例来看，不同行业募集资金投向和投入比例有所不同，主要根据行业特征、市场前景及企业经营模式来决定。

IPO 审核过程中，企业在选择募投项目及制定募集资金使用计划时，应结合同行业上市公司募集资金使用情况，审核考虑与决定，避免因为募投资金问题而影响公司上市。

一、各行业募集资金投向总结

对 2017 年至今 IPO 企业的募集资金投向进行梳理，上市公司最多的前几大行业募集资金投向及大致比例总结归纳如下：

序号	行业分类	资金投向及大致比例
1	制造业	1. 扩产扩建（增加并改进现有生产线，增加生产基地 / 车间）：30% ~ 90%； 2. 生产线技术改造升级（包括提升自动化程度）：20% ~ 50%； 3. 补充流动资金：10% ~ 30%； 4. 研发新项目新产品 / 技术改进：5% ~ 20%（部分药企比例较高 50% 以上）； 5. 营销网络建设（市场开发）：5% ~ 20%； 6. 偿还银行贷款：10% ~ 30%； 7. 信息系统建设 / 升级：3% ~ 10%

续表

序号	行业分类	资金投向及大致比例
2	电力、热力、燃气及水生产和供应业	1. 扩产扩建［项目制，投资新的项目（产品）］：80% ~ 100%； 2. 对外投资：10%； 3. 技术研发：5% ~ 10%； 4. 流动资金：10% ~ 20%
3	建筑业	1. 扩产扩建（购置设备、生产基地、产业链延伸）：10% ~ 100%； 2. 技术研发 / 技术改进：3% ~ 10%； 3. 补充流动资金（工程项目营运资金）：50% ~ 80%； 4. 营销网络建设：5% ~ 10%； 5. 信息系统建设 / 升级：3% ~ 10%； 6. 偿还银行贷款：10% ~ 20%
4	批发和零售业	1. 技术研发 / 技术改造：5% ~ 10%； 2. 扩大规模（基础设施）：40% ~ 90%； 3. 流动资金（营运资金）：20% ~ 30%； 4. 物流中心建设：10% ~ 30%； 5. 信息系统及电商平台建设：5% ~ 15%； 6. 营销网络 / 营销服务平台建设：50% ~ 90%
5	交通运输、仓储和邮政业	1. 扩大规模（增加基础设施、设备投入）：40% ~ 100%； 2. 补充流动资金：10% ~ 30%； 3. 物流中心及物流系统建设：20% ~ 50%； 4. 信息平台建设：5% ~ 15%； 5. 偿还银行贷款：10% ~ 20%； 6. 技术研发：5% ~ 10%
6	信息传输、软件和信息技术服务业	1. 产品升级 / 改进 / 规模扩大：30% ~ 90%； 2. 服务网络 / 系统升级 / 信息系统：10% ~ 20%。 3. 技术研发 / 技术改造：5% ~ 25%； 4. 偿还银行贷款：10% ~ 20%； 5. 流动资金：10% ~ 20%； 6. 营销网络建设：10% ~ 20%

二、典型成功案例

（一）制造业：蒙娜丽莎集团股份有限公司（2017 年 10 月 31 日通过）

1. 募集资金使用方向

蒙娜丽莎致力于高品质建筑陶瓷产品研发、生产和销售，产品以陶瓷砖和陶瓷薄板为主，广泛用在住宅装修装饰和公共建筑装修装饰中。

本次募集资金运用均是围绕公司主营业务进行的。是公司持续提升核心竞争力,完成战略布局,实现长期可持续发展的重要途径。具体募集资金用途及占比如下:

序号	募集资金用途	计划投入募集资金（万元）	占比（%）
1	生产线技术改造升级：超大规格陶瓷薄板及陶瓷薄砖生产线技术改造项目	30,510.38	18.62
2	生产线技术改造升级：总部生产基地绿色智能制造升级改造项目	28,778.72	17.57
3	扩产扩建：陶瓷薄板复合部件产业化项目	18,405.78	11.24
4	扩产扩建：工业大楼建设项目	16,961.09	18.29
5	营销网络建设：营销渠道升级及品牌建设项目	10,342.60	6.31
6	技术研发：研发中心升级建设项目	5814.28	3.55
7	偿还银行贷款及补充运营资金	40,000.00	24.42

从上表看出，蒙娜丽莎募集资金用途中，生产线技术改造升级占比36.19%；扩产扩建占比29.53%；营销网络建设占比6.31%；技术研发占比3.55%；偿还银行贷款及补充运营资金占比24.42%。基本符合制造业募集资金用途范围及比例。

2. 募投项目的合法合规要求

保荐机构经核查后认为，发行人本次发行上市的募集资金投资项目符合国家产业政策、环境保护、土地管理，以及其他法律、法规和规章规定。发行人律师认为，发行人本次募集资金投向项目已得到公司有权机构的批准或授权，并在政府部门办理了相关备案手续，相关项目符合当地环境保护政策，已经通过项目环评，募集资金投资项目合法合规。

3. 募投项目实施的可行性、合理性、必要性

（1）超大规格陶瓷薄板及陶瓷薄砖生产线技术改造项目

首先本项目实施后，公司大型化、定制化、薄型化陶瓷产品的生产能力将显著提升，产能及产品的先进性得到强化，有利于公司抢占市场先机、满足下游市场的需求，进入新的细分市场。然后，本项目厚度控制在6毫米以内，受国家政策的鼓励和扶持，具备政策的可行性；发行人已开始试生产，生产工艺比较成熟，具备技术的可行性。最后，公司配套以多样的市场营销和市场开发策略，本项目具备市场消化的能力。

（2）总部生产基地绿色智能制造升级改造项目

首先，项目实施后，总部生产基地的清洁生产水平将得到进一步提高，自动化程度得到显著提升，公司陶瓷砖类别产品的产品结构得到改善。然后，国务院发布《中国制造 2025》，全面推进钢铁、有色、化工、建材、轻工、印染等传统制造业绿色改造，本项目受产业政策鼓励和支持；本项目完成后拟生产的高附加值产品包括“罗马宝石”、“罗马御石”和“奢华仿古砖”，属于公司近年推出的将创新技术和内涵理念充分结合的新产品，已取得较好的市场反响，具备市场和技术的可行性。

（3）陶瓷薄板复合部件产业化项目

本项目实施后，公司能够面向一体化、装配化的应用场景，特别是大规模装修装饰工程，提供以陶瓷薄板为核心材料的复合装饰部件，有助于公司深度挖掘陶瓷薄板市场，满足房地产开发商的一站式采购需求，进一步发挥公司的技术优势。

（4）工业大楼建设项目

本项目拟通过建设工业大楼，扩大公司产品展示规模，同时对各职能中心进行扩建升级，提升公司在创意设计、能源管理、环境监测、供应链管理、市场营销和人力资源方面的能力。能够保持发行人竞争优势，适应行业发展趋势的需要。

（5）营销渠道升级及品牌建设项目

本项目的实施有利于发行人掌控核心终端渠道，提升品牌知名度；提升客户对产品和品牌认识；顺应行业发展趋势，创新商业模式。

（6）研发中心升级建设项目

本项目将在公司现有技术储备和研发能力的基础上，结合国家认定企业技术中心、省市区三级院士工作站、博士后科研工作站三大平台，拟投资 5814.28 万元建设新材料研发、新工艺研发和新应用研发三大实验室、分析测试室以及中试车间，并通过引进先进的研发、试生产设备，进一步提升公司的研发创新能力，为未来研发项目的顺利实施奠定坚实基础。

4. 募投项目的市场前景和盈利能力

上述项目实施后，公司市场前景更加广阔，以超大规格陶瓷薄板及陶瓷薄砖生产线技术改造项目为例,超大规格陶瓷薄板面积是公司原有陶瓷薄板产品的数倍，装饰效果非常独特,公司将采用的先进技术工艺还能够实现陶瓷薄板的定制化生产，市场前景因而更加广阔。陶瓷薄砖具有薄型化、小型化、易于在二次装修中使用的特点，在年轻人中易于推广，也具有较好的市场前景。

5. 信息披露

蒙娜丽莎在招股说明书中关于募集资金板块的信息披露内容如下：

（1）本次募集资金投资项目与发行人现有业务的关系，发行人从事募集资金项目在人员、技术、市场等方面的储备情况，说明募集资金用于主营业务，且公司已储备相应的人员、技术、市场，具备可行性。

（2）募集资金运用概况。

①募集资金投资项目具体信息，包括项目名称，项目投资额、预计使用募集资金额、预计投入的时间进度、备案项目编号；

②募集资金的专户存储安排；

③募集资金投资项目合规性意见，包括保荐机构、发行人律师的核查意见。

（3）董事会对募集资金投向项目可行性的分析意见。

①本次募集资金投资项目具有明确的投资方向，全部用于主营业务，与公司现有业务、核心技术具有紧密的关系，是公司持续提升核心竞争力，完成战略布局，实现长期可持续发展的重要途径。

②本次募集资金数额和投资项目与公司现有生产经营规模、财务状况、技术水平和管理能力等相适应。

（4）募集资金投资项目实施后对独立性的影响。

（5）本次募集资金投资项目的可行性、合理性、必要性。

包括项目概况、项目实施的必要性分析、项目实施的可行性分析、项目新增产能消化措施、项目投资概算、项目组织方式和实施进度安排、环保影响及措施等。

（6）募集资金运用对公司主要财务状况及经营成果的影响。

（二）电力、热力、燃气及水生产和供应业：北京华远意通热力科技股份有限公司（2017 年 7 月 18 日通过）

1. 募集资金使用方向

华通热力主营业务为热力供应、节能技术服务。截至 2016 ~ 2017 年供暖季末，华通热力已实施供热总面积超过 2400 万平方米。本次募投项目围绕公司现有主业，且未产生同业竞争或对独立性产生不利影响，“扩大供暖投资运营项目”模式与现有经营模式—生产服务模式一致。

华通热力募集资金用途及占比如下：

序号	募集资金用途	计划投入募集资金（万元）	占比（%）
1	扩大供暖投资运营项目	10,000.00	45.95
2	节能改造工程项目	8000.00	36.76
3	研发中心项目	1000.00	4.60
4	补充流动资金	2761.45	12.69

从上表可以看出，华通热力募集资金用途在合理范围内。

2. 募投项目的合法合规要求

扩大供暖投资运营项目：项目已取得备案文号；第三方服务商提供采暖，有助于节能减排，符合目前的政策导向；项目建设内容不在环保部规定的范围内，产生的主要污染物废水、废气皆符合国家和北京市地方管理要求。

节能改造工程项目：拟在现有项目基础上进行节能改造，符合国家节能环保的政策方向，该项目对环境影响轻微，其建设内容不在环保部《建设项目环境影响评价分类管理名录》规定的范围。

3. 募投项目实施的可行性、合理性、必要性

（1）扩大供暖投资运营项目：公司是北京地区最早实施“供暖投资运营”模式的企业之一，该项目实施的目的是为了扩大业务规模（设计供热面积超过 400 万平方米，扩大规模 16.67%），提升北京地区的市场占有率，项目能满足公司战略布局并有助于提升公司竞争力。

（2）节能改造工程项目：供热行业总体发展势头良好，节能环保已经成为供热行业发展的必然趋势，华通热力节能改造工程项目符合国家产业政策。烟气余热回收、气候补偿调控系统、自动化能耗监控系统、冷凝炉更新工程等项目的技术改造，皆能改进现有产品的技术水平，节能、增效、降排、提高使用寿命、自动化水平。

（3）研发中心项目：包括研发中心项目和客户服务管理系统开发项目，公司虽已有一定的研发基础，但主要通过与外部科研单位合作，自主研发力量及产业化效率较低，公司拟建一座环保研发中心并配备相应设备，可突破目前研发制约的“瓶颈”，加速科技成果转化和产业化进程。

客户服务管理系统开发项目，实现 7×24 小时不间断的客服服务，提升业主满意度，树立品牌形象；减少人力资源开支，降低服务成本；系统对市场需求进行动态分析，提高公司的市场应变能力。

（4）补充流动资金：公司规模扩大需要的营运资金需求扩大；供暖项目在运营期主要为能源支出，即购买天然气和电费，不能赊购；且北京市政府对燃料补贴政策拨付资金时间不确定，因此资金垫付压力较大。

公司资产负债率 61.67%，具有一定偿债压力，利用募集资金偿还银行借款降低资产负债率具有必要性。

4. 项目的市场前景及盈利能力

北京市集中供热覆盖率与欧美发达国家相比仍然相对较低，仍然有较大发展空间。“十三五”期间乃至今后相当长的时期内，随着城市化率的提高，区域小锅炉的拆除和旧城区的管网建设改造为北京市集中供热市场创造了巨大而持续的需求。

5. 信息披露

华通热力招股说明书对募集资金运用的披露如下：

（1）本次募集资金规模及投资计划概览。

①本次募集资金投资项目；

②募集资金投资项目投资计划（时间计划，不同阶段资金投入计划）。

（2）投资项目概况。

①扩大供暖投资运营项目（项目内容、项目投资背景、项目实施的必要性、项目市场主要竞争对手及市场竞争情况、投资概算和资金筹措、供暖投资运营业务的商业模式和运营流程、项目采用的主要设备、技术和工艺流程情况、项目建设规模与建设进度计划、环保、项目的经济效益分析）；

②节能改造项目（同上）；

③研发中心项目（项目内容、项目投资的背景、项目实施的必要性、投资概算和资金筹措、项目建设方案、环保、项目选址、项目的经济效益分析）；

④补充流动资金（补充流动资金的合理性及必要性、相关资金的管理安排、补充流动资金对公司财务状况及经营成果的影响）。

（3）募集资金运用对公司财务状况和经营成果的影响。

（三）建筑业：深圳市维业装饰集团股份有限公司（2017 年 3 月 3 日通过）

1. 募集资金使用方向

维业股份主要从事建筑装饰工程的设计与施工，主营业务包括建筑装饰工程施工业务（公共建筑装饰工程施工、住宅精装修施工）、建筑装饰设计业务。

维业股份募集资金投资建筑装饰部品部件工厂化项目，属于产业链上游延伸，改变目前原材料全部外购的现状，与企业长期发展目标一致。设计研发中心项目、营销网络建设、信息化建设、偿还银行借款等募投项目皆是围绕着公司主营业务及日常经营开展。具体募集资金用途及占比如下：

序号	募集资金用途	计划投入募集资金（万元）	占比（%）
1	扩产扩建（产业链延伸）：建筑装饰部品部件工厂化项目	22,944.65	53.91
2	设计研发：设计研发中心项目	3873.67	9.10
3	营销网络建设：营销网络建设项目	3176.45	7.46
4	信息化建设：信息化建设项目	2567.57	6.03
5	偿还银行借款	10,000.00	23.49

从上表可以看出，维业股份募集资金用途中：扩产扩建（产业链延伸）占比53.91%；设计研发占比9.10%；营销网络建设占比7.46%；信息化建设占比6.03%；偿还银行借款占比23.49%。基本符合建筑业募集资金用途范围及比例。

2. 募投项目的合法合规要求

建筑装饰部品部件工厂化项目所需用地已取得土地所有权证书，亦取得广东省的环评批复。建筑装饰业与房屋建筑紧密相关，符合国家产业政策。

其他募投项目亦满足合法合规要求。

3. 募投项目实施的可行性、合理性、必要性

（1）建筑装饰部品部件工厂化项目。

维业股份已连续13年入选中国建筑装饰“百强”企业前列，行业知名度较高，品牌信誉较强；中层以上管理人员深耕建筑装饰业数十年，经营管理经验及专业技术经验丰富，多次获得国家建筑奖项，证明项目水平较高；在全国各地设有16家分公司，市场需求稳定可靠。

建筑装饰业最近几年平均每年以10%的速度增长，上游行业的迅速发展为建筑装饰行业提供了强大的物质基础，市场上对建筑装饰部品部件产品的需求大，但公司基本也是通过外购取得，此项目投产后，外部采购将大幅减少（现在基本全部外购），可保证原材料质量可靠。同时，交货工期将不再受制于上游供应商，规模化生产、现场安装，将大大提高装饰部品部件的质量，也是装饰工艺业今后的发展趋势。

（2）设计研发中心项目。

该项目主要侧重于设计中心建设。建筑装饰业在设计和施工方面的结合十分紧密，具备设计和施工双重资质与能力的企业方能在行业内做大做强。

维业股份拥有建筑装饰设计专项甲级、建筑幕墙工程设计专项甲级资质，且目前拥有一支规模为44人的设计研发团队，在设计和技术研发方面具备一定的基础。

（3）营销网络建设项目

设立分公司是建筑类企业发展一定程度后的通常做法，作用是客户关系维护与市场拓展，维业股份在5个城市建立营销服务中心，可进一步扩大和完善营销网络，促进规模扩张。

（4）信息化建设项目

搭建各大经营管理系统，全面提升公司对主营业务数据的集成管理与科学应用能力，提升决策效力，降低运营成本。

在全国各地设立分公司，对母公司管理水平要求较高，设立信息管理系统，

有利于完善分公司的信息沟通及管理。

（5）偿还银行借款

维业股份资产负债率 82.66%，高于同行业上市公司，拟偿还银行借款 1 亿元，可使公司的财务风险降低至可控范围内（将至 60.06%）。

4. 项目的市场前景及盈利能力

旅游业、金融业、商业、房地产开发等第三产业的发展直接拉动了建筑装饰业的迅速发展。新型城镇化发展路径、二三线城市经济的快速发展、建筑业竣工面积持续高速增长，皆为建筑装饰业带来广阔市场空间。“十三五”期间建筑装饰业行业规模发展目标为 2020 年总产值 4.7 万亿元，年均增长率 7%，增长幅度 38.24%。

国内装饰行业中的大型骨干企业均在推行工厂化，只有工厂化生产才能提高装饰工程的性价比，而且工厂化可以通过产品功能改善与升级去引领与开拓更宽阔的市场，提升盈利能力。

5. 信息披露

维业股份在招股说明书中关于募集资金板块的信息披露内容如下：

（1）募集资金投向风险。

①募集资金投资项目的市场风险与实施风险；

②新增折旧导致的利润下降风险。

（2）本次公开发行股票募集资金的必要性和合理性。

（3）本次募集资金投资项目与公司现有业务的关系以及发行人从事募集资金项目在人员、技术、市场等方面的储备情况。

（4）募集资金运用概况。

①本次发行募集资金运用方案；

②募集资金的管理与运用。

（5）募集资金投资项目介绍。

包括项目概况、项目实施背景（市场前景大）、项目实施的必要性分析、项目实施的可行性、项目投资概算、投资项目建设方案、主要原材料、动力供应情况、项目实施计划、项目的环保情况、投资项目的效益分析等。

（6）新增固定资产折旧对公司未来经营成果的影响。

（7）募集资金运用对公司财务状况和经营成果的整体影响。

（四）批发和零售业：大参林医药集团股份有限公司（2017 年 6 月 6 日通过）

1. 募集资金使用方向

大参林一直专注于中西成药、参茸滋补药材及中药饮片、保健品、医疗器械及其他商品的直营连锁零售业务。

大参林募集资金主要用于营销网络建设、物流中心建设、信息化建设及补充流动资金，上述募投项目属于“批发和零售业”常规投资方向；项目皆是围绕着公司主营业务进行的。

招股说明书已披露说明公司与控股股东及关联方之间不会新增同业竞争，且不存在对发行人独立性产生不利影响。具体募集资金用途及占比如下：

序号	募集资金用途	计划投入募集资金（万元）	占比（%）
1	医药连锁营销网络建设项目	91,770.00	50.98
2	玉林医药物流中心建设项目	15,000.00	8.33
3	信息化建设项目	10,360.00	5.76
4	补充流动资金项目	62,870.00	34.93

从上表可以看出，大参林募集资金项目投入资金占比符合行业内上市企业的常规标准。

2. 募投项目的合法合规要求

除补充流动资金项目外，其他募投项目皆已取得备案编号；医药零售行业属于国家鼓励类行业，与国家产业政策相符；环保方面，对于需要环评的“玉林医药物流中心建设项目”，已取得环评批复；土地方面，“玉林医药物流中心建设项目”所需土地，公司已取得土地所有权证书。

3. 募投项目实施的可行性、合理性、必要性

（1）医药连锁营销网络建设项目

公司在华南地区已形成了一定的品牌影响力，门店数量众多，在此基础上进行门店数量扩张，经营风险较低，可有效发挥规模效应，提升市场占有率，提升品牌影响力。

扩张速度方面，大参林目前处于发展扩张期，报告期内，门店数量为1602家、1921家、2409家，医疗连锁营销网络建设项目拟在三年内新增门店1311家，扩张速度与公司过去三年接近，投资规模较合理。

扩张战略方面，大参林以华南市场为基础，逐步向周边省市扩张，符合医药零售业的发展趋势。

（2）玉林医药物流中心建设项目

从行业发展趋势来看，医药电商正蓬勃兴起。大参林正积极布局医药电商业务，已设立电商事业部，建立官方商城，且在天猫、京东、1号店等购物平台为消费者

提供医药产品。大参林医药电商业务发展基础好，未来有望进一步提升，对物流配送的要求将越来越高。

经过多年建设，公司已建成了九大物流配送仓库，在物流体系建设、运营和管理方面已积攒了丰富的经验及相应的管理人才、物流人才。

随着营销网络的扩张，现有的物流仓储与配送体系将逐渐难以满足自身业务发展的需要，募投物流仓储配送中心，可对广西地区形成有效覆盖，增强配送能力和配送效率，提高企业竞争实力。

（3）信息化建设项目

随着业务规模的增长，公司需要处理的信息及数据将越来越大。募集资金拟投资核心系统升级换代、集团网络改造及 POS 机升级等 10 个信息化建设项目。升级信息化系统，可以加强公司整体业务集成，优化集团整体管控水平。

（4）补充流动资金项目

医药零售业务在经营过程中需要向上游企业采购商品然后再向零售客户销售，对资金需求量大；且随着门店数的增加，公司的流动资金保有量和流动资金需求将随之增加。

4. 项目的市场前景及盈利能力

近年来，为推进医药流通行业的健康发展，国家先后推出《“十三五”深化医药卫生体制改革规划》《全国药品流通行业发展规划（2016–2020 年）》等多项法律法规及行业政策，鼓励行业发展连锁经营模式、提高行业集中度。根据规划，未来我国批发百强企业销售额占药品批发市场总额 90% 以上，目前仅有 28.80%，还有较大差距。

同时 2006 ~ 2015 年，我国零售药店市场规模年均复合增长率达 11.93%，保持了持续增长。零售药店市场规模的持续扩大。

以上政策导向及市场规模不断扩张为募投项目的发展提供了广阔的市场空间和良好的市场环境，而公司已拥有十分丰富的营销网络拓展经验，未来的市场前景和盈利能力可期。

5. 信息披露

大参林在招股说明书中关于募集资金板块的信息披露内容如下：

（1）本次募集资金运用计划

包括预计募集资金总量及拟投资项目、募集资金专项存储安排、实际募集资金量与投资项目需求出现差异时的安排、募集资金投资项目备案情况、募集资金投资项目的合规性、董事会对募集资金投资项目的可行性分析、募集资金投资项目实施后对公司同业竞争和独立性的影响等。

（2）募集资金投资项目具体情况

①医药连锁营销网络建设项目（项目概况、项目建设的必要性、项目实施的可行性、目标市场情况、项目组织与实施、项目建设周期和投资概算、项目经济效益分析、项目的环境影响）；

②玉林医药物流中心建设项目（同上）；

③信息化建设项目（同上）；

④补充流动资金项目（项目概况、必要性与合理性）。

（3）募集资金运用对公司财务状况和经营成果的影响

①对公司财务状况的影响；

②对公司经营成果的影响。

（五）交通运输、仓储和邮政业：广东原尚物流股份有限公司（2017 年 7 月 21 日通过）

1. 募集资金使用方向

原尚股份募集资金项目全部用于主营业务的发展，用于物流基地建设、信息化建设及补充流动资金。募投项目实施后，将显著提高公司的收入规模，强化核心竞争力，巩固市场地位。

募投项目的上市主体为原尚股份及下属子公司，募集资金投资项目实施后，不会产生同业竞争或者对本公司的独立性产生不利影响。具体募集资金用途及占比如下：

序号	募集资金用途	计划投入募集资金（万元）	占比（%）
1	合肥物流基地项目	19,688.13	58.68
2	天津物流基地项目	7488.60	22.32
3	信息化建设项目	1375.99	4.10
4	补充流动资金	5000.00	14.90

从上表可以看出，原尚股份募投项目及投资比例符合“交通运输、仓储和邮政业”常规标准及常规投资方向。

2. 募投项目的合法合规要求

保荐机构和发行人律师认为：发行人本次公开发行股票募集资金投资项目符合国家产业政策、投资管理、环境保护、土地管理，以及其他法律、法规和规章规定的情形。

3. 募投项目实施的可行性、合理性、必要性

（1）合肥物流基地项目、天津物流基地项目

经过多年的发展，原尚股份在人员、技术、市场等方面已经具备了实施募集资金投资项目的各项条件。

人员方面：公司组建了一支拥有理论知识和实践经验的专业人才队伍；

技术储备：公司经过多年的运营发展，具有成熟的物流基地拓展模式及运营管理经验，具备坚实的技术储备；

市场储备方面：原尚股份已进入国内知名汽车品牌厂商供应商体系，包括广汽本田、东风本田、广汽乘用车、广汽三菱、广汽菲亚特、江淮汽车和一汽大众等。优质的客户资源为公司开拓国内市场提供了稳定通畅的销售渠道。

若投资建设及运营合肥、天津物流基地，配合已有的长春和武汉物流基地，公司在该等地区的物流服务将会更加全面，服务质量将进一步提高，运营成本也会进一步降低。并以此为契机公司可努力争取与当地整车制造厂商开展合作。

（2）信息化建设项目

升级现有信息管理系统、增加信息管理设备、搭建市场营销管理、客户关系管理、物流配送管理、总部支持决策控制及人力资源管理等功能于一体的信息系统。可有效提升专业物流服务水平，巩固和扩大公司在现代物流服务领域的竞争优势。

（3）补充流动资金

募集资金中用于补充流动资金，主要用作外协厂商的日常结算、支付大型客户投标保证金等方面，可以缓解资金压力，降低资产负债率，减少财务费用，提升公司盈利能力。

4. 项目的市场前景及盈利能力

现代物流服务行业是我国产业结构调整和升级的重要支柱性产业，而汽车零配件物流作为现代物流的重要组成部分，受到了国家各级主管单位的政策扶持。2016 年汽车产销分别为 2811.88 万辆和 2802.82 万辆，继续保持增长势头。

合肥物流基地项目建成后，预计第 2 年下半年开始投产，至第 4 年全部达产，正常经营年份可实现营业收入 2.30 亿元，实现净利润 3848.45 万元，预计投资利润率 19.86%。

天津物流基地项目建成后，第 2 年下半年开始投产，至第 4 年全部达产，正常经营年份可实现营业收入 7630.74 万元，实现净利润 1251.39 万元，投资利润率 16.98%。

5. 信息披露

原尚股份在招股说明书中关于募集资金板块的信息披露内容如下：

（1）募集资金投资项目的基本情况。

包括本次发行募集资金投资项目概况、募集资金余缺的处理方案、保荐机构和发行人律师意见、募集资金专项存储制度、对募集资金投资项目可行性的分析意见。

（2）投资项目的必要性分析。

包括实现公司业务可持续发展的需求、进一步完善公司物流网络的需要、提高公司营运效率的需要。

（3）募集资金投资项目对同业竞争和独立性的影响。

（4）投资项目概况。

①合肥物流基地项目（项目简介、项目投资概算、项目实施主体及主要建设内容、设备选型方案、原料供应、工艺流程、项目环保情况、项目经济效益分析）。

②天津物流基地项目（同上）。

③信息化建设项目（同上）。

④补充流动资金（项目简介、项目实施合理性、流动资金管理）。

（5）募集资金投资项目对财务状况及经营成果的影响。

包括对净资产和每股净资产的影响、对资产负债率的影响、对每股收益和净资产收益率的影响、新增固定资产折旧及无形资产摊销对盈利水平的影响。

（六）信息传输、软件和信息技术服务业：中孚信息股份有限公司（2017 年 5 月 17 日通过）

1. 募集资金使用方向

中孚信息主营业务为信息安全产品研发、生产、销售及信息安全服务。其募投方向为产品升级、技术研发、营销网络建设、补充流动资金。项目皆围绕着主营业务进行。产品升级项目用于优化和完善产品结构；研发中心建设、营销及服务平台建设是为主营业务技术提升及销售升级。流动资金是为缓解公司日常经营资金压力。具体募集资金用途及占比如下：

序号	募集资金用途	计划投入募集资金（万元）	占比（%）
1	产品升级：信息安全保密检查防护整体解决方案	9067.00	30.70
2	产品升级：商用密码客户端安全产品	7965.00	26.97
3	技术研发：研发中心建设	4567.00	15.46
4	营销网络建设：营销及服务平台建设	2937.00	9.94
5	补充流动资金	5000.00	16.93

以上募投方向符合信息传输、软件和信息技术服务业常规投资方向。投资比例亦没有存在异常。

2. 募投项目的合法合规要求

上述募投项目一、二、三、四皆已通过相关部门核准，且募投项目一、二、三皆已取得环保批复，同意项目建设。此外，中孚信息募投项目符合国家产业政策要求，且与行业未来发展趋势相符。

3. 募投项目实施的可行性、合理性、必要性

（1）信息安全保密检查防护整体解决方案。

中孚信息是行业信息安全保密领域的供应商之一，产品有信息安全保密产品、商用密码产品、信息安全服务等。现有的安全保密检查防护产品属于行业内的基础性产品之一，该项目符合国家信息安全保密战略的需要及顺应行业发展趋势的需要，项目实施后，公司可以建立较完善的保密技术防范体系，提升产品的竞争力，进一步增强了公司的持续盈利能力。

（2）商用密码客户端安全产品。

该项目是在现有产品基础上，进行软件和硬件架构优化、安全功能扩展，能够提高产品的稳定性、兼容性，扩大产品的行业应用范围。顺应了金融财税领域应用系统的安全性需求增强的发展趋势。通过该项目的投入，可以提升公司在金融、工商、税务领域的竞争优势。

（3）研发中心建设项目。

研发中心建设是为产品升级与改进服务的，此次募投研发方向主要是面向私有云的信息安全保密检查防护系列产品研发与移动终端信息安全管理平台研发。符合信息安全行业发展的方向，顺应安全技术发展的趋势。

（4）营销及服务平台建设项目。

公司主要采用生产过程外包（低技术含量部分）的生产模式，营销服务网络及产品技术水平是公司盈利及规模扩大的核心要素，现有销售模式为对重点客户直销，对其他客户进行买断式经销，营销及服务平台建设项目可以有效解决公司直销模式下的市场及客户覆盖面不足的问题。

（5）补充流动资金。

中孚信息计划投入 5000 万元用于补充流动资金，可以保证公司生产经营所需资金，降低资产负债率，增加财务安全，属于行业内上市企业通行做法。

4. 项目的市场前景及盈利能力

随着云计算、物联网、移动互联、大数据等新兴技术的发展，信息安全越来越显示出其重要性。此外，为推动信息安全产业的发展，国家出台了一系列鼓励行

业发展的产业政策，为行业发展提供了良好的契机。国家已将信息安全上升到国家战略高度，因此行业前景可观。

在行业趋势方面，加强内部行为监控与防范、从单一产品向信息安全整体解决方案发展是全球信息安全市场两大发展趋势，信息安全保密检查防护整体解决方案项目、商用密码客户端安全产品项目，符合行业发展趋势。

5. 信息披露

中孚信息在招股说明书中关于募集资金板块的信息披露内容如下：

（1）募集资金运用的基本情况。

（2）募集资金投资项目与公司主营业务的关系。

（3）募集资金投资项目的具体情况。

①信息安全保密检查防护整体方案项目。

包括项目概况、项目建设的必要性、项目建设资金计划、项目配备与组织、项目环保情况。

②商用密码客户端安全产品（同上）。

③研发中心建设项目（同上）。

④营销及服务平台建设项目（同上）。

⑤补充流动资金。

图书在版编目(CIP)数据

IPO企业上市实战攻略:业务盈利问题深度剖析 / 白小飞著. -- 北京: 法律出版社,2020
ISBN 978-7-5197-4198-3

Ⅰ. ①I… Ⅱ. ①白… Ⅲ. ①上市公司-企业利润-研究-中国 Ⅳ. ①F279.246

中国版本图书馆CIP数据核字(2020)第021213号

IPO企业上市实战攻略
——业务盈利问题深度剖析
IPO QIYE SHANGSHI SHIZHAN GONGLÜE
—YEWU YINGLI WENTI SHENDU POUXI

白小飞 著

责任编辑 薛 晗 田 浩
装帧设计 鲍龙卉 鲁 娟

出版 法律出版社
总发行 中国法律图书有限公司
经销 新华书店
印刷 中煤(北京)印务有限公司
责任校对 杨锦华
责任印制 胡晓雅

编辑统筹 法商出版分社
开本 710毫米×1000毫米 1/16
印张 40
字数 739千
版本 2020年4月第1版
印次 2020年4月第1次印刷

法律出版社/北京市丰台区莲花池西里7号(100073)
网址/www.lawpress.com.cn
投稿邮箱/info@lawpress.com.cn
举报维权邮箱/jbwq@lawpress.com.cn
销售热线/400-660-8393
编辑电话/010-83938130

中国法律图书有限公司/北京市丰台区莲花池西里7号(100073)
全国各地中法图分、子公司销售电话:
统一销售客服/400-660-8393/6393
第一法律书店/010-83938432/8433
西安分公司/029-85330678
重庆分公司/023-67453036
上海分公司/021-62071639/1636
深圳分公司/0755-83072995

书号:ISBN 978-7-5197-4198-3
定价:145.00元
(如有缺页或倒装,中国法律图书有限公司负责退换)

法律与商业联结的扛鼎之作　实践与前沿联系的集大成者

PE 私募股权

张兰田律师团队最新作品，顾功耘、陈琦伟、冯卫东、冯唐、吕红兵、张兰田联合推荐

私募股权投资基金合规与运营

夏　青　王俞人　著

定价：168 元　出版时间：2019 年 5 月

本书对私募基金融、投、管、退的全流程工作，以直接的实务操作经验、现行有效的法规和窗口指导意见为基础，进行了专项深入研究和梳理，优化了专业技术问题的解决方案，归纳总结了详尽的实务操作指引，对私募实务工作和行业健康发展，具有重要的指导和参考意义。

私募基金划归证监会监管后面世的 PE 实务类书籍　一部中国 PE 行业法律百科全书

私募股权基金筹备、运营与管理：法律实务与操作细节

刘乃进　著

定价：68 元　出版时间：2015 年 5 月

本书按照 PE 的生命周期，对 PE 的基本特征、筹备、设立、运营、退出等进行了全面、细致的阐释，同时对 PE 实务中的一些重要问题进行了深入剖析。实务操作资料选取翔实，可以说是中国 PE 行业性文件的阶段性成果集大成者。

专注高品质的私募基金实务，打造有品位的 PE 交流平台

私募基金实务精要

刘乃进　主编

定价：88 元　出版时间　2017 年 9 月

本书专注于高品质的私募基金实务，致力于推动私募基金在实务技术层面的整体发展。全书分八个部分：登记、备案；筹备、设立；合格投资者与基金募集；基金投资与合规运营；基金相关的金融投资；大资管；私募基金行业发展；民事纠纷与刑事责任。全书实务性较强，对私募实践具有较好的参考价值。

探讨私募实务难点，直击痛点，提供解决方案

私募基金实务精要 2

刘乃进　主编

定价：108 元　出版时间：2018 年 6 月

本书探析私募领域的实务难点与热点，主要涵盖：设立、登记、入会与备案；私募基金的合规性管理；基金投资；非标债权与通道业务；PPP 业务；政府产业引导基金；IPO 与并购重组；法律尽职调查；司法判例等版块，为私募实务领域的人士提供专业指南。

关注私募领域最新、最热问题，提供实务解决方案

私募基金实务精要 3

刘乃进　主编

定价:108 元　出版时间:2019 年 5 月

本书涵盖监管与筹备设立、内部管理、对外投资、与私募投资相关证券市场规则、私募基金与国资管理、风险管理与争议解决、尽职调查等七大板块，凝聚众多私募基金行业一线从业人员实务经验，直击私募实务领域的痛点、热点，为私募从业人员提供全方位的实务指引。

Corporate · MA 公司法 · 并购重组

165 个实务要点深度释解　120 个典型案例专业剖析

公司法司法实务与办案指引(第三版)

云　闯　著

定价:98 元　出版时间:2019 年 8 月

本书根据近年来公司法实务中出现的新问题以及最新的国家立法(如《民法总则》)、司法解释(如《公司法司法解释(四)》和《公司法司法解释(五)》)的内容进行了全面修订，增加了如人力资本出资、出资义务加速到期、实际出资人执行异议之诉裁判逻辑、强制分红、关联交易损害责任、公司担保等内容，更新了最新的公司法实务案例，为公司从业人员提供详实的实务指引。

全方位展示应用场景及在股权设计工作中应当关注的核心问题，提供专业解决方案

股权架构解决之道

于强伟　著

定价:98 元　出版时间:2019 年 1 月

股权架构是所有公司顶层设计中核心的内容之一，它的设计是否科学合理将会在根本上影响相关各方的利益安排，在这个意义上，可以毫不夸张地说，公司的运营“成也股权，败也股权”。《股权架构解决之道》的内容就是围绕股权架构及其设计这一基本问题，结合大量的真实案例，系统地讨论了股权架构的本源、主线、核心规则等问题，并根据企业生命周期所处的不同阶段，将股权架构分为三大类型，即初创期公司的股权架构、股权激励的股权架构、股权融资时的股权架构，全方位地展示了股权架构设计的应用场景，以及在设计工作中应当关注的核心问题。最后，从风险管理角度分三个方面梳理了股权架构设计过程中亟需注意的三大风险(税务风险、合规风险、刑事风险)，期望公司在实操过程中避免踩踏红线，能够安全、健康地实现利益更大化。

新规解读，方案设计，实务指引，案例剖析

上市公司并购重组解决之道

申林平　主编

定价:99 元　出版时间:2016 年 3 月

由广发证券、中信证券、招商证券、安信证券、国信证券、华泰联合证券等具有丰富并购重组实务经验的财务顾问提出指导意见，并经过多次讨论和修改，使得本书在内容、角度、专业上都具有独特性和权威指导性。全面介绍上市公司并购重组新政，以法律法规为基础进行实务案例剖析，是对上市公司并购重组案例的一次全面梳理和研究，对上市公司并购重组涉及的法律法规、规章及规范性文件进行分类列举，内容充实具体，实用性强。

公司并购全流程指引：决策策划、实务操作、流程控制

公司资本行动：并购策划与流程指引

张远堂　著

定价：78 元　出版时间：2012 年 9 月

本书力图于解决企业并购的决策策划、实务操作和流程控制中的重点、难点问题。从如何制订公司发展战略和如何选择目标市场开始，按照企业并购的业务程序，逐步进入企业并购的交易流程，就交易流程中的重点、难点问题，分别提出各类并购的风险和应对策略，书中援引真实案例，并且配有疑难问题讨论，着力于帮着读者提高企业并购实务操作能力，解决公司资本运作中的实际问题。

企业管理经营创业人员必备　168 个法律风险防范要点 全流程控制实操指南

完美的风险防范——企业常见法律风险识别与控制

陈宏义　主编

定价：78 元　出版时间：2017 年 2 月

将企业从设立到终止，在设立形态的选择、企业内部治理、合同管理、投融资、劳动用工、知识产权、刑事犯罪等方面，对企业常见的法律风险进行了全方位分析。以简明的实操案例，结合最新的法律法规以及当下司法领域认可的审判理念，对企业运营中出现的法律问题有针对性地提出解决措施，对潜在的法律风险全方位地给予防范建议。意使民营企业的发展更趋合理与规范，避免成为短线企业。

TAX 资本税法 · 财务会计

会计小白入门必备　财务经理进阶必选　券商股民修养提升

这就是会计——资本市场的会计逻辑

饶　刚　金　源　著

定价：99 元　出版时间：2019 年 8 月

两位作者结合他们在资本市场上的实践，分享了他们对会计的深刻感悟。这些感悟对于很多微观主体改进会计工作乃至整个经营管理工作，对于个人的职业成长，都有很大的参考价值。看这本书，更像在听作者讲故事，听他们在剖析一个又一个事例，阐述他们的洞见和感悟。作者的良苦用心就是想告诉读者：在资本市场上，会计和会计信息是十分重要，但会计信息本身有其局限性，离开了数字背后的主体、客体以及产生这些数字的经济活动，不能结合大量关联信息去解读，数字本身是并有多大意义，只是基于数字来做决策，甚至会犯严重的错误。作者结合自己丰富的工作经历，用许多生动的事例，不厌其烦地阐述了这个道理。

深度剖析上市公司财务做账、信息披露、监管部门 IPO 财务监管的实务热点、难点

IPO 财务核查解决之道：案例剖析与操作指引

投行小兵　著

定价：88 元　出版时间：2017 年 6 月

本书重点对各种特定销售模式的会计准则、财务处理、财务监管等进行实务分析，通过解读全新政策规定，多角度剖析上市公司财务做账、信息披露、监管部门 IPO 财务监管的热点、难点问题，特别重视应用细节的提示，旨在为广大拟上市企业家及财务工作者提供全方位的实务操作指引和全新的解决思路。

深度解读内部控制、会计处理、特定经营模式、持续经营能力等实务热点

IPO 财务核查解决之道 2 :内部控制与案例指引

投行小兵　著

定价:139 元　出版时间:2019 年 5 月

本书从投行实操的角度,去关注财务问题对 IPO 审核的影响,采用案例分析与核查方法指引的形式,重点关注内部控制问题,这个问题尽管宽泛,但是在某些会计核算环节还是非常重要的一个保障,尤其是对于一些交易对象广泛、交易数据庞杂的特殊行业。本书是投行从业人员从制度体系学习过渡到业务实践的有效参考,也是系统了解 IPO 业务重点问题和关键环节的实务指导手册。

资本业务全流程税收政策　资本业务专项税收政策　资本业务涉外税收政策

资本业务税法指南

刘小玮、张兰田　著

定价:98 元　出版时间:2018 年 6 月

本书是业内第一本完全从税收法律规定角度解读资本业务的专著,涵盖了资本市场主要的运作方式和税种,直接回答了实务工作中各方最关心的问题:纳税义务。这样的分解和归纳是重要和富有实战意义的创新,有助于各方准确把握税法要件、防范税收风险、提高投资效率、合法筹划并降低税负。

企业成功进行资本运作税法实务操作的必备工具书

企业并购重组税法实务:原理、案例及疑难问题剖析

雷霆　著

定价:88 元　出版时间:2015 年 8 月

本书构建并完整地介绍了企业并购重组的税法原理和税收规则的框架体系;对企业并购重组的定义、交易架构、交易流程以及交易实质进行了详细的理解和剖析;对企业重组的所得税处理以及涉及的其他税种以公式、图表等方式进行了总结,并且有大量的案例分析;对立法和实务中的疑难问题进行了专门的归集、整理和分析,对立法改进和实务操作具有借鉴和指导意义。

企业投资并购重组全流程节税指南

资本之税:企业投资并购重组节税实务(第二版)

张远堂　著

定价:59 元　出版时间:2015 年 6 月

在市场经济的环境下,公司的投资、并购和重组时有发生,律师或法律顾问在这个过程中承担着设计模式、路径和方法的重要职责,首先必须保证企业投资、并购、重组行为合法、可行、有利,但同时也应当考虑企业行为的成本,其中就包括税收成本。税收成本是企业发展必须考虑的一个重要因素,本书紧贴现代企业的发展实际,梳理了国家现行税法和税收政策中有关企业投资、并购、重组的规定,并结合大量企业节税操作真实案例,具有很强的实务操作性和可读性。

企业上市 · IPO · 新三板

典型案例剖析　权威上市指导

企业上市解决之道

投行小兵　著

定价:68 元　出版时间:2011 年 5 月

本书精心挑选极具代表性的百余家企业上市真实案例,剖析这些企业或成功上市或被否决的原因,梳理企业上市过程中遇到的常见问题,揭示产生问题的根源、审核部门关注的重点及解决相关问题的思路和对策。案例具体生动、论述浅显易懂,专业人士处理企业上市难题的借鉴宝典,非专业人士了解企业上市相关问题的实用指南。

典型案例剖析　权威上市指导　解决思路延伸

企业上市解决之道 2:案例延伸与对策分析

投行小兵　著

定价:99 元　出版时间:2012 年 1 月

本书是作者再一次的全面洗涤和超越,再一次的深入思考和升华。案例更加丰富也更加有层次,评析更加深入也更加周全,思路更加明晰也更加具有指导意义,法规更加简练也更加有针对性。通过剖析企业或成功上市或被否决的原因,梳理了企业在上市过程中遇到的常见问题,为解决企业上市遇到的及审核部门关注的相关问题提供思路和对策。

典型案例剖析　审核重点关注　权威上市指导

企业上市解决之道 3:案例提炼与审核关注

投行小兵　著

定价:108 元　出版时间:2013 年 6 月

本书是投行小兵企业上市解决之道系列的完美收官力作,与《企业上市解决之道》和《企业上市解决之道 2:案例延伸与对策分析》属于同一系列,但是与前两本书内容没有任何重合之处。本书是对前两本书进一步的延伸,从主体资格(出资、股权、改制问题)、特殊经营模式、财务会计和规范运行等几个方面,并根据目前中国证监会的最新政策,对于相关典型案例做了进一步的提炼和深入剖析,重点分析了审核部门关注重点及解决相关问题的思路和对策。

全方位解密投行人的工作、生活与梦想

IN 投行:鸡汤没毒放心喝

投行小兵　著

定价:79 元　出版时间:2018 年 6 月

圈子,不是年轻人成功的捷径;你朋友圈随手转发的,恰恰就是你失去的;投行基本功,决定了你业务的下限;投行软实力,决定了你前途的上限……本书作者有多年的投行工作经历。全书分三大部分内容:生活态度、职场经验、业务思考。全方位解密投行人的工作、生活与梦想,为初入投行的新人指点迷津,为在投行中摸爬滚打的同仁梳理思路,也为投行中的佼佼者提供一个感悟的平台。

全景展现中国投行的真实生存状态　如实披露一线投行人士的心路历程

投行十年:我在投行的日子

投行小兵　著

定价:49 元　出版时间:2015 年 1 月

本书作者作为一名多年投行工作的亲历者和实践者,以局内人的身份,记录中国投行人士的心路历程和真实的工作、生活状态,书中不乏投行工作的经典案例与操作,对有志于进入投行工作的读者而言,可以在入行前更真实地了解到行业状态;对于投行业内人士也是很有价值的借鉴。

公司上市过程中的故事流传　上市公司运行中的警示经典

上市那些事——与公司上市和上市公司有关

投行小兵　著

定价:49 元　出版时间:2013 年 1 月

在资本市场这个"江湖"中,总是有一些广为流传的上市故事,或令人瞠目结舌,或匪夷所思。即使已经无法考证其真正来源,但却在市场的口口相传中越来越经典,越来越具有警示意义。本书即讲述了资本江湖中非常精彩的上市故事,语言诙谐幽默,相信可为广大资本市场从业者带来启示。

120 + 上市问题　300 + 案例分析　400 + 法律法规　800 + 审核要点

IPO 企业上市实战攻略:法律合规问题深度剖析

白小飞　著

定价:139 元　出版时间:2019 年 8 月

本书详细阐述了每一个专题的理论基础知识,包括专题涉及的法律法规、问题产生的原因以及目前对上市的影响等,不论是对于企业管理层还是中介服务机构,均有助于其全面提升 IPO 理论知识水平、判断问题的专业水平以及解决问题的能力。为使读者更直接地感受到监管机构对相关问题的审核态度与问询思路,本书在案例剖析时将证监会对涉及问题的反馈意见与发审会现场问题直接引用,监管机构的问询问题清晰且明确,更有助于读者理解相关问题与审核实务。

投行先锋论坛鼎力推荐,"饶叫兽"继《饶胖说新三板:董秘 · 资本实务二十讲》之后的全新力作,从企业内部解析规范运作和公司治理,为 IPO 读者提供全新运作视角

饶胖说 IPO:规范运作和公司治理

饶钢　著

定价:88 元　出版时间:2018 年 4 月

规范运作和公司治理是 IPO 永恒的课题,正如饶胖在本书中讲的:"IPO 就是两只手,一手抓业绩,一手抓规范,业绩是基础,规范是条件。"按监管要求做好规范工作,建立健全公司治理体系并保证有效运作是每一个 IPO 企业必须迈过的门槛。怎样把法规的条条框框运用到千变万化的企业管理中是一个技术活,也是一个经验活。市面上讲 IPO 书多是中介机构写的,饶胖是难得的研究型董秘和 CFO,在 IPO 一线拼搏多年,既懂技术又有实战经验,这本书从企业内部理解、把握规范运作和公司治理,给了读者一个全新的视角,所有心向 IPO 的朋友都应该读一读。

近 300 个实操案例分析　企业上市全流程指引　最新法律法规解读

企业上市案例剖析与操作指引

苏　生　著

定价:128 元　出版时间:2017 年 1 月

本书从实务概要入手,整合梳理基本流程和规定、尽职调查、辅导、申报与审核、首发条件等知识要点,再进一步细分主体资格、规范运行、财务与会计、募集资金运用等方面内容,全方位准确聚焦法律问题,指引企业上市实务操作。

上市模式选择　程序步骤指引　基本方案设计　问题预见处理

香港上市实务精讲与案例分析

申林平　主编

定价:88 元　出版时间:2018 年 10 月

本书是港交所修订上市规则后面世的一部系统介绍内地企业来港上市操作实务的专业书籍。作者凭借多年工作积累的丰富经验,高屋建瓴,深入浅出,为寻求来港上市的内地企业提供了深入的上市策略和模式分析、完整的上市操作流程、全面的法律问题解读、系统化的解决方案、翔实的案例参考以及上市规则改革的最新进展等丰富内容,相信对企业家、大股东、企业财务人员、私募股权投资机构、战略投资者以及投行业内人士都极具专业价值。

资本裂变　转版分层　IPO 转战新三板　新三板实战全方位操作指南

新三板实战操作之道

投行小兵　著

定价:118 元　出版时间:2017 年 3 月

新三板自 2013 年年底扩容之日起已经接近三年的时间,整个资本市场的监管进入了一个全新的周期,这个周期的主题就是控制风险、保持稳定。与之相对应,一切与这个原则相悖的做法都要从紧从慢。在新的监管环境下,新三板的行业规则在悄然改变,本书为投行小兵全对新三板的全新思考,全方位、多角度深入剖析企业资本裂变、转板分层、IPO 转战新三板等实务热点、疑难点,特别重视操作细节的提示,力求为企业提供全方位操作指南,对实务工作者具有较强的借鉴参考价值。

段子　干货　视听

饶胖说新三板:董秘·资本实务二十讲

饶　钢　洪卫青　著

定价:68 元　出版时间:2017 年 8 月

叶檀高度评价,新三板五大专业平台鼎力推荐,董秘、投资者、企业玩转新三板资本市场的必读指南。

剖析典型案例　梳理疑难问题　提供解决对策

走向资本市场:企业上市尽职调查与疑难问题剖析

张国峰　著

定价:128 元　出版时间:2013 年 10 月

本书剖析了 2006 年我国新股发行制度改革以来,成功上市企业与被否决企业的真实案例,梳理了拟上市企业在上市过程中遇到的各种常见问题,并提供了解决问题的对策!

资深投行律师多年经验总结　投行人士必备经典

证券公司投资银行类业务法律问题实操解析

吴则涛　著

定价:109 元　出版时间:2019 年 1 月

本书以证券公司投资银行类业务法律问题为研究对象,结合作者多年相关法律服务实操经验,从准入篇、股东篇、历史沿革篇、股权激励篇、业务资质篇、私募基金篇、并购重组篇、市场监管篇九方面,对相关重要法律问题进行了深入剖析,为从业人员提供了较为详尽的实操指引。适合从事境内 IPO、并购重组、投融资、新三板等资本证券业务以及(拟)上市/挂牌公司、证券公司、投资公司、律所事务所、咨询公司等机构的业内人士参考使用,并对学习、研究、参与证券公司投资银行类业务法律实务的其他人士亦有重要参考价值。

PPP

PPP 领域多年畅销图书,全方位提供 PPP 项目实务指引

PPP 项目运作实务

周兰萍　主编

定价:88 元　出版时间:2016 年 5 月

本书基于作者及其团队参与的数百个 PPP 项目评审及咨询经验精心提炼而成,分别从操作指南、典型领域实务、常见问答等角度为 PPP 项目参与方提供全方位的实务指引。重点着墨于 PPP 项目运作中最为关键的操作流程、采购方式、合同要点、项目融资及财税处理等方面,结合地下综合管廊、城市综合开发、轨道交通、海绵城市等新兴领域进行实务解读,并辅以流程图示、对比表格等可视化工具,具有综合性强、实务性强和专业度高等特点。

10 类 PPP 困境各个击破,提供 50 种典型问题的破解方案,精选 50 个疑难热点实务解答

PPP 项目困境破解与再谈判

周兰萍　周月萍　主编

定价:98 元　出版时间:2019 年 1 月

PPP 模式在快速的发展过程中也面临着诸多挑战,而要依法合规、有理有据、圆满高效地解决这些"成长的烦恼",本书将当下 PPP 项目面临的困境分为退库困境、融资困境、合规监管困境等十大类别,选取了近五十种困境典型进行深入剖析并逐一给出了破解对策建议,精选实务中热点、典型问题进行纯干货解答。本书有利于广大 PPP 从业者认知问题、判断是非和专业知识水平的提升,为 PPP 全行业提供了解决问题的智慧。